LE DÉSÉQUILIBRE CONTRACTUEL EN DROIT MALIEN

Pour une réforme du droit des contrats

Collection « Études africaines »
dirigée par : Denis Pryen

Forte de plus de mille titres publiés à ce jour, la collection Études africaines fait peau neuve. Elle présentera toujours les essais généraux qui ont fait son succès mais se déclinera désormais également par séries thématiques : droit, économie, politique, sociologie, etc.

Joseph-Eric Nnomenko'o, *Problématique foncière et trajectoires de développement en Afrique subsaharienne, L'exemple du Cameroun,* mars 2020.

Jean-Pierre Kabanyishi Mukuna, *La conception juridique du contat d'assurance-vie, Etude comparative des Codes français et congolais*, février 2020

Daddy-Arthur Lukwasa Ndembe, Trésor Ntumba Mutombo, *Pratique des finances publiques, Acteurs, outils, procédures et méthodes*, février 2020

Robert Kong, *Apprendre à mourir chez Platon*, février 2020

Valérie Medori Touré, *Les enfants de la rue à Ouagadougou, Entre mobilité, socialisation et stigmatisation*, février 2020

Martin Fortuné Mukendji Mbandakulu, *L'éthique de l'enseignant, Le contexte de la République démocratique du Congo*, février 2020.

Didier Loukakou, Boubou Keïta, *Les défis du droit des affaires en Afrique, Mélanges I*, février 2020.

Jean-Claude Eloundou, *Afrique : ton développement en question*, janvier 2020.

Almoustapha Ibrahima MAIGA

LE DÉSÉQUILIBRE CONTRACTUEL EN DROIT MALIEN

Pour une réforme du droit des contrats

Préface du Pr Isaac Yankhoba N'DIAYE

L'Harmattan

5-7, rue de l'École-Polytechnique ; 75005 Paris

http://www.librairieharmattan.com

ISBN : 978-2-343-19104-1
EAN : 9782343191041

A ma mère Messaouda …

PREFACE

La thèse de Monsieur Almoustapha Ibrahima Maiga ne pouvait avoir une fortune modeste : au-delà du titre déjà expressif, la diversité des questions agitées et la pertinence des réponses apportées légitiment à suffisance la nécessité de sa publication.

L'auteur est parvenu à démontrer, parfois avec aisance, que le désengagement du législateur face au déséquilibre (première partie) ne renvoie pas toujours à une bonne gestion des rapports contractuels. La conception individualiste de l'autonomie de la volonté, l'usage fait de l'équité et de la bonne foi, voire le recours à des standards plus ou moins émergents et variés (le solidarisme, les principes du raisonnable, de la cohérence, de la confiance légitime, du juste et de l'utile, de la proportionnalité), n'ont pas abouti à instaurer un traitement judicieux du déséquilibre contractuel.

C'est dans une perspective sensiblement identique que se situerait l'adaptation conventionnelle que l'on constate être d'un recours timide ou d'une admission mitigée, aussi bien à l'égard des contrats lésionnaires que par rapport aux bouleversements économiques postérieurs à la conclusion du contrat.

En réalité, selon l'auteur, c'est la méthode d'approche jusque là utilisée qui serait inadaptée, la justice et l'utilité contractuelles étant appréciées à l'aune de mécanismes dépourvus de vigueur ; ce serait par ce que la compréhension de la dynamique contractuelle mise en œuvre se trouve être peu compatible avec le contexte du moment soumis à une instabilité permanente et à des schémas parfois rugueux.

On comprend alors que Monsieur Maiga puisse solliciter avec enthousiasme l'intervention du législateur dans le déséquilibre contractuel (deuxième partie), comme pour revenir à la célèbre formule de « la loi qui libère ».

Cette intervention devrait pouvoir se manifester par des mécanismes préventifs et correctifs du déséquilibre des pouvoirs, en prenant ainsi en compte la dimension économique des situations visées ; il serait aussi nécessaire de procéder à la réhabilitation et au renouvellement de la justice contractuelle.

La finalité est de trouver un point de convergence entre la régulation opérée dans le droit spécial et les voies empruntées par le droit commun permettant de mieux gérer le risque contractuel ; c'est aussi la reconnaissance des valeurs humaines tout en assurant la flexibilité et la sécurité, traduction contemporaine de la justice contractuelle. C'est un regard pénétrant qui vient ainsi se poser sur le contrat dans ses multiples déclinaisons.

L'argumentaire de Monsieur Maiga quoique séduisant, n'est pas tout à fait nouveau ; mais c'est dans le style et la présentation que l'on mesure toute la finesse d'esprit de l'auteur : ses aptitudes à la recherche, à la bonne synthèse, la clarté et la précision dans le propos, et tout cela dans une discipline qui constitue l'une des charnières fondamentales du droit, le droit des contrats.

Il y a là autant d'atouts qui préfigurent une brillante carrière universitaire. Et à l'issue de l'analyse, il est possible de convenir avec l'auteur que l'identité contractuelle doit aujourd'hui être détachée de tout exclusivisme idéologique, car étant plurielle ; elle peut ainsi refléter à la fois les aspérités conjoncturelles et le souci de stabilité, l'efficacité et l'utilité sociale.

La réforme du droit malien (africain ?) souhaitée et défendue avec autant d'ardeur et de ferveur ne saurait toutefois être cantonnée principalement à l'obligation de renégociation, même si celle-ci constitue une rupture déjà annoncée et attendue. Il ne faudrait alors surtout pas que cette légère inclinaison porte ombrage à l'éclat d'ensemble.

Il reste que la contribution de Monsieur Maiga apporte de nouvelles et enrichissantes perspectives à la doctrine africaine et au droit des contrats.

Isaac Yankhoba N'DIAYE

Professeur des universités.

Doyen honoraire

Ancien Vice- président du Conseil constitutionnel

Je remercie le Professeur Mayatta N'DIAYE M'BAYE pour avoir accepté d'encadrer cette thèse. Qu'il trouve dans ce travail, l'expression de ma profonde gratitude.

Je remercie les Professeurs Isaac Yankhoba N'DIAYE, Aminata CISSE NIANG, Abdoul Aziz DIOUF, Brehima KAMENA, Cheikh Abdou Wakhab N'DIAYE pour leur participation à ce jury de soutenance.

SOMMAIRE

LISTE DES PRINCIPALES ABREVIATIONS

Adde	:	ajouter
Aff.	:	Affaire
Al.	:	Alinéa
AJDA	:	Archives de la philosophie du droit
Art.	:	Article
BALO	:	Bulletin des annonces légales Obligatoires
BGB	:	Burgerliches Gesetzbuch (Code Civil Allemand)
Bull.civ	:	Bulletin Civil
C. Civ.	:	Code Civil
C.p.c	:	Nouveau code de procédure Civile
C/	:	Contre
CA	:	Cour D'appel
Cass	:	Cour de cassation
Cass. 1ère	:	1ère Chambre Civile
Cass. Ass. Plén	:	Assemblée plénière de la Cour de cassation
Cass. Civ	:	Cour de cassation, chambre civile
Cass. Com	:	Cour de cassation, chambre commerciale
Cass. Crim	:	Cour de cassation, chambre criminelle
Cass. Soc.	:	Chambre sociale de la Cour de cassation
CCJA	:	Cour commune de justice et d'arbitrage
CDCACE	:	le centre de droit civil des affaires et du contentieux économique
CEMAC	:	Communauté économique et monétaire de l'Afrique Centrale
CERDIP	:	Centre d'études et de recherche en droit et institutions Politiques
Ch. Dr	:	Cahier De Droit
Chron	:	Chronique
COCC	:	Code des Obligations Civiles et Commerciales du Sénégal
Concl.	:	Conclusions
D.	:	Recueil Dalloz
Doc	:	Doctrine
Dr. Et Patr.	:	Droit et Patrimoine

Dr. Fam.	:	Droit de la Famille
Ed.	:	Édition
Ex.	:	Exemple
Fasc.	:	Fascicule
Gaz. Pal	:	Gazette Du Palais
GIE	:	Groupement d'Intérêt Économique
Ibid	:	Au Même Endroit
In	:	Dans
Infra	:	Ci-dessous
J.	:	Jurisprudence
J.C.P	:	Juris-Classeur Périodique
L.G.D.J.	:	Librairie générale de droit et de Jurisprudence
LPA	:	Les Petites Affiches
Not.	:	Notamment
Obs.	:	Observations
OHADA	:	Organisation pour l'harmonisation en Afrique du Droit des Affaires
OMC	:	Organisation mondiale du commerce
Op. Cit.	:	Opus Citatum, Œuvre Citée Auparavant
Ord.	:	Ordonnance
P.	:	Page(s)
P.A	:	Les Petites Affiches
P.U.A.M	:	Presses Universitaires D'Aix-Marseille
PDEC	:	Principes du Droit Européen du Contrat
Préc.	:	Précité(e)
Préf.	:	Préface
Rapp.	:	Rapport
R.B.D.	:	Revue burkinabé de droit
R.C.D.	:	Revue camerounaise de droit
RDC	:	Revue de Droit Commercial
R.I.D.C.	:	Revue internationale de droit comparé
R.J.A.	:	Revue juridique africaine
R.J.C	:	Revue de Jurisprudence Commerciale
R.J.D. A	:	Revue de Jurisprudence de Droit des Affaires
R.S.D.	:	Revue sénégalaise de droit
R.T.D. C	:	Revue Trimestrielle de Droit Commercial

R.T.D. Civ	:	Revue Trimestrielle de Droit Civil
R.T.D. Com	:	Revue Trimestrielle de Droit Commercial
Rép. Civ. Dalloz	:	Encyclopédie Dalloz, Répertoire de Droit Civil
Rép. Defrénois	:	Répertoire Defrénois
Rév. Soc.	:	Revue des Sociétés
RGO	:	Régime Général des Obligations du Mali
RTD	:	Revue Trimestrielle de Droit
RTD. Civ.	:	Revue Trimestrielle de Droit Civil
RTD. Com	:	Revue Trimestrielle de Droit Commercial
S.	:	Suivant
Somm	:	Sommaire
Spéc	:	Spécialement
Supra	:	Ci-dessus
T.G.I.	:	Tribunal de grande instance
T	:	Tome
Th	:	Thèse
Trad	:	Traduction
UEMOA	:	Union Économique et monétaire Ouest Africaine
V.	:	Voir
Vol	:	Volume

« Le droit n'est pas cet absolu dont souvent nous rêvons. Le droit est droit, sans doute, mais les hommes le plient en tous sens, le ploient à leurs intérêts, à leurs fantaisies voire à leur sagesse. Flexible droit, droit sans rigueur. Faut-il, d'ailleurs, s'en lamenter ? Il peut être salutaire que le droit ne soit pas cette massue, ce sceptre qu'on voudrait qu'il fut ».

J. CARBONNIER[1]

[1] J. CARBONNIER, Flexible droit. Pour une sociologie du droit sans rigueur, 6ème éd., LGDJ, Paris, 1988, p. 379.

INTRODUCTION

1. Après les indépendances, les pays africains se sont dotés de législations dans différents domaines de la vie juridique[2]. Certains ont conservé le droit des contrats hérité de la période coloniale notamment les traditions Portugaise en Guinée-Bissau, Espagnole en Guinée équatoriale, Belge en République démocratique du Congo. Le Cameroun a la particularité d'être bijural en réunissant les deux systèmes juridiques à savoir la tradition Française et la Common Law. Le Niger, le Burkina Faso, le Togo et la Côte d'Ivoire restent dans le sillage d'une application du Code civil Français[3]. Cinquante années après les indépendances, le droit Français résiste encore à cet élan législatif africain à travers l'application, dans plusieurs domaines non réglementés, du Code civil et du Code du commerce[4]. Le Sénégal[5], avec le Code des obligations civiles et commerciales, et le Mali, avec le régime général des obligations[6], sont vraisemblablement les deux pays membres de l'OHADA[7] à légiférer en matière contractuelle[8].

---

[2] V. sur l'introduction du Code civil dans les anciennes colonies françaises K. M'BAYE, " Le destin du Code civil en Afrique", in Le Code civil 1804-2004, Livre du bicentenaire, Paris, 2004, p. 515-537 ; J. ANDERLINDEN, « Les systèmes juridiques africains », PUF, 1983, p. 77 ; G. DIOUF, *La résistance du droit coutumier africain aux législations coloniales et postcoloniales*, thèse Université Cheikh Anta Diop de Dakar sous la direction de Seydou DIOUF, 2014, p. 58.

[3] Le Code civil du 31 mars 1803 est rendu applicable au Niger par décret du 6 aout 1901 et par l'article 76 de la constitution du 8 novembre 1960. Il semblerait que le Burkina Faso et la Côte d'Ivoire soient restés sur la dynamique de l'arrêté du gouverneur du 5 novembre 1830 promulgué au Sénégal destiné à l'application du Code civil français de 1804 dans toute l'Afrique occidentale française et le décret du 6 août 1901 portant réorganisation du service de la justice en Guinée, au Dahomey et en Côte d'Ivoire. Le Code civil français est applicable au Togo dans sa version mis à jour au 1er mai 1956 actuellement en vigueur.

[4] P.-T. FALL, « Normes communautaires et sécurité juridique », Nouvelles Annales Africaines, - Revue de la Faculté de Sciences Juridiques et politiques de Dakar, n°1, 2007, p.199.

[5] Le Code civil a été promulgué au Sénégal par arrêté du gouverneur du 5 novembre 1830 et étendu à toute l'Afrique-Occidentale française par le décret du 6 aout 1906. Pour l'historique, la loi du 24 avril 1833 disposait pour le Sénégal que ce territoire de la colonie est considéré, dans l'application du Code civil, comme partie intégrante de la métropole par arrêté du 5 novembre 1830. Ces textes, au moment de leur promulgation étaient applicables aux indigènes des quatre communes de plein exercice (Dakar, Gorée, Rufisque et Saint-Louis) dans la mesure où les autres pays n'étaient pas sous l'emprise directe et permanente du colon. Aujourd'hui, c'est le Code des obligations civiles et commerciales du 10 juillet 1963 qui est en vigueur au Sénégal.

[6] Le Mali a connu l'application du Code civil français suite à l'extension de sa promulgation du Sénégal à toute l'Afrique-Occidentale française par décret du 6 aout 1901. Pour les autres textes de droit privé, la législation commerciale et des sociétés, applicables au Mali au moment de l'indépendance, était essentiellement fondées sur le Code de commerce de 1807 rendu applicable outre – mer par la loi du 7 décembre 1850 et divers décrets pris entre 1850 et 1870 ; la loi du 24 juillet 1867 sur les sociétés anonymes et en commandites par actions rendue applicable en Afrique par décret du 30 décembre 1868 ; la loi du 17 mars 1909 relative à la vente et au

2. Du latin *contractus* dérivé de *contrahere*, le contrat signifie rassembler, réunir[9]. Cette apparente simplicité est symptomatique de la complexité des contours de la notion. L'œuvre de définition est essentielle à l'élaboration de toute science juridique qui fournit une base de réflexion solidement construite dans la quête d'une solution juste. Les définitions ne sont que des arguments condensés, des raisonnements implicites repliés dans une formule brève qu'il faut redéployer dans chaque espèce pour leur redonner vie, pour les éprouver à nouveau et pour y puiser un peu de justice[10]. Dans le domaine contractuel, le législateur malien s'y est déployé dans l'article 21 du RGO qui dispose que : « le contrat est une convention par laquelle une ou plusieurs personnes s'obligent envers une ou plusieurs autres à donner, à faire ou à ne pas faire quelque chose[11] ». Il est l'habillage juridique d'une opération économique[12]. Ce but économique en fait le moteur ou l'animateur de l'acte, il le vivifie[13]. L'extension notionnelle du contrat est tributaire des enjeux patrimoniaux et de la divergence des intérêts dont il ne cesse de faire montre en tant que pilier du

---

nantissement du fonds de commerce avec des variantes d'application selon les territoires Français en Afrique ; la loi du 18 mars 1919 relative au registre du commerce ; la loi du 7 mars 1925 sur les sociétés à responsabilité limitée, la loi du 30 juin 1926 adoptée en ce qui concerne les baux commerciaux, les décrets du 22 septembre 1935 et du 9 octobre 1936. Cependant, pendant la période coloniale, ces textes n'étaient pas applicables à tous. En effet, les sujets français, c'est-à-dire les indigènes non citoyens, gardaient leurs coutumes V. B. KAMENA, « Vers une inversion des rapports de force en droit privé malien ? », Revue des sciences juridiques et politiques du CAMES, vol.1, n° 1, 2015, p. 121. Aujourd'hui, le régime général des obligations du 29 Août 1987 du Mali, régissant les obligations civiles et commerciales, constitue le droit commun des contrats.

[7] L'organisation pour l'harmonisation en Afrique du droit des affaires comprenant 17 pays dont le Benin, le Burkina Faso, Cameroun, Centrafrique, Comores, Congo, Côte d'Ivoire, Gabon, Guinée, Guinée-Bissau, Guinée Équatoriale, Mali, Niger, Sénégal, Tchad, Togo et République démocratique du Congo.

[8] M. FONTAINE, Note explicative de l'Avant-projet d'acte uniforme sur le droit des contrats, rédigé à la demande de l'Institut international de l'unification du droit privé (UNIDROIT) tel que transmis au Secrétariat Permanent de l'OHADA en septembre 2004 et intégrant l'amendement au Chapitre introductif (article 00/1) en vue de la coordination avec l'avant-projet d'Acte uniforme sur le contrat de consommation transmis au Secrétariat Permanent de l'OHADA en septembre 2005, p. 7 disponible sur www.ohada.com.

[9] *Vocabulaire juridique,* sous la direction de G. CORNU, PUF 8ème éd., V. ''contrat''. Selon CORNU, un contractant est : « une personne qui se lie par contrat ». Le Code civil Français de 1804 parlait indistinctement des « parties contractantes » dans les art. 1113, 1138, 1156 et 1165 ou des « contractants » dans les articles 1121, 1590, 1780 al. 2 et 1818.

[10] C. ATIAS, « Définir les définitions juridiques ou définir le droit ? », RRJ 1987, p. 1081, n°10 ; V. aussi sur la question des définitions J.-L. BERGEL, Théorie générale du droit, 4ème éd., Dalloz, 2003, n°184. La définition d'un concept juridique doit en déduire la substance et en révéler les critères distinctifs. Elle doit identifier les éléments constitutifs du concept envisagé et caractériser les relations qui les unissent.

[11] Art. 21 du RGO Malien ; art. 1101 du Code civil Français et art. 40 du COCC Sénégalais.

[12] FRISON- ROCHE, « *Remarques sur la distinction de la volonté et du consentement en droit des contrats* », RTD civ.1995.573, spéc. n° 8.

[13] Note sous CA de Lyon, 11 mai 1942, JCP éd. G, 1943, II, 2007 ; V. Ph. STOFFEL-MUNCK, *L'abus dans le contrat*, Essai d'une théorie, LGDJ, 2000, préf. R. BOUT, n°667, p. 488.

droit civil[14]. Dans son postulat libéral hérité de la colonisation française, le contrat est un engagement, une convention, un accord de volonté[15] générateur d'effets de droit c'est-à-dire d'obligations juridiques[16]. L'autonomie de la volonté fait de la toute puissante volonté individuelle, la principale source des obligations contractées, l'épicentre des contrats. En vertu d'un consentement librement exprimé, les obligations contractuelles doivent recevoir exécution. Nul ne peut se plaindre d'un quelconque défaut d'intérêt une fois que le contrat est conclu[17]. Ce contrat valablement formé ne peut qu'être équilibré[18] d'où la formule de FOULLEE "Qui dit contractuel, dit juste"[19].

3. Le déséquilibre est la définition négative de l'équilibre qui possède une origine étymologiquement latine : *aequilibrum* composé de deux mots latins *libra* désignant la balance et *aequus* signifiant égal[20]. L'équilibre désigne l'exactitude de la balance[21] qui incarne la justice en plus d'être un instrument de mesure. L'équilibre est une égalité de force entre deux ou plusieurs choses qui s'opposent ou un état de repos de ce qui est soumis à de telles forces[22]. Ces définitions traduisent deux approches de l'équilibre. En premier lieu, l'équilibre est synonyme d'équivalence concrète ou objective. En second lieu, c'est le maintien d'un rapport de force, d'une stabilité des conventions. L'expression équilibre contractuel date du XXème siècle dans la logique de substitution à une expression plus ancienne qui est l'équivalence des prestations ou encore la théorie du juste prix[23]. Cette dernière représente une

---

[14] Sur le contrat en tant que pilier du droit civil V. J. CARBONNIER, *Flexible droit : pour une sociologie sans rigueur*, L.G.D. J., 10ème éd. 2001. pp. 549 et s.

[15] J. GHESTIN, « L'utile et le juste dans le contrat », D.1982, chron. ; C. THIBIERGE-GUELFUCCI, « Libres propos sur la transformation du droit des contrats », RTD civ.1997, p. 357, spéc. p. 360 ; M. VILLEY, *Préface historique à l'étude des notions de contrat*, Archives de Philosophie du Droit, T. XVIII, Sirey, 1968, p.1 et s.

[16] L. BOY, « Les utilités du contrat », LPA, 10 septembre 1997, n° 109, p. 3 spéc. p. 3 ; R. LIBCHABER, « Réflexions sur les effets du contrat », in Mél. J.-L. Aubert, Propos sur les obligations et quelques autres thèmes fondamentaux du droit, Dalloz, 2005, p.211, spéc. p. 215. Il est clair que l'effet spécifique du contrat, stricto sensu, réside dans la production d'obligations : l'article 1101 C. civ. est là pour nous le rappeler.

[17] G. TABI TABI, « La remise en cause contemporaine du volontarisme contractuel », Les Cahiers de droit, vol. 53, n° 3, 2012, p. 577- 622.

[18] V. LASBORDES, *Les contrats déséquilibrés*, préf. C. Saint – Halary HOUIN, PUAM, 2000, n°1 p.18.

[19] C'est une reprise de la thèse soutenue par Kant au XVIIIème siècle E. KANT, Éléments métaphysiques de la doctrine du droit, trad. Barni, 1854, p. 53 cité par B. Starck, H. Roland et L. Boyer, Droit civil, *Les obligations*, 2. Contrat, LITEC, 6° éd., 1998, spéc., n° 7, p.5, : " nul ne peut vouloir ce qui n'est pas conforme à ses intérêts ; V. aussi V. LASBORDES, *Les contrats déséquilibrés*, thèse préc., p.17, n°1.

[20] L. FIN - LANGER, *L'équilibre contractuel*, préf. C. THIBIERGE, LGDJ, 2002 Tome, n° 2, p. 3.

[21] La balance symbolise la justice sur l'effigie des professions juridiques et judiciaires au Mali.

[22] Définition du Petit Robert édition 2002 V. '' équilibre''.

[23] L. FIN-LANGER, *L'équilibre contractuel*, thèse préc. n°6, p. 8. Selon l'auteur : « Le droit romain ne connait pas un principe d'équivalence pour deux raisons essentielles : d'une part, il

appellation philosophique de la justice commutative[24]. La commutativité dans l'article 24 du RGO malien est la possibilité offerte à chacune des parties, dès la formation du contrat, d'apprécier le montant de sa prestation et l'avantage que lui procure ce contrat[25]. C'est la conformité aux engagements contractuels tels que voulus par les parties lors de leur conclusion. Dans ce sens, l'équilibre des conventions est subjectif. Toute approche utilitairement extérieure et objective, en dehors de l'équilibre voulu par les parties, est inconcevable. Les conventions valablement formées ne peuvent qu'être équilibrées dans la mesure où les parties sont les meilleurs juges de leurs intérêts.

4. Le débat sur le déséquilibre contractuel revient inlassablement sur le devant de la scène juridique[26]. Malgré cela, son champ épistémologique est

---

n'existe aucune théorie générale mais seulement des dispositions éparses et ponctuelles. D'autre part, ce souci ne correspondait pas aux besoins et aux idées de l'époque » ; V. aussi J. LARTIGOLLE, Justice *commutative et droit positif*, thèse Bordeaux 1957, p. 29 à 33.

[24] L. FIN- LANGER, *L'équilibre contractuel*, thèse préc. n° 7, p. 9.

[25] Article 24 du régime général des obligations au Mali.

[26] A.- A. NGWANZA, « L'équilibre contractuel dans l'avant-projet d'acte uniforme sur le droit des contrats », Rév. dr. unif. 2008, page 497 ; V. LASBORDES, *Les contrats déséquilibrés*, thèse préc. ; S. Le GAC-PECH, *La proportionnalité en droit privé des contrats,* préf. H. MUIR Watt, LGDJ, 2002, n° 9, p. 210 ; L. FIN- LANGER, *L'équilibre contractuel*, thèse préc. ; C. THIBIERGE- GUELFUCCI, « Libres propos sur la transformation du droit des contrats », RTD. Civ.1997, p. 357, spéc. p. 379 ; A. BENABENT, « L'équilibre contractuel : une liberté contrôlée » L. P. A., 06/05/1998, p. 14 ; D. MAZEAUD, « Le principe de proportionnalité et la formation du contrat », L. P. A du 06 mai 1998, p.15 ; M. BEHAR–TOUCHAIS, « Existe-t-il un principe de proportionnalité en droit privé ? », Rapport introductif au colloque du 20 mars 1998, L.P.A. 30 septembre 1998 ; D. MAZEAUD, « Les nouveaux instruments de l'équilibre contractuel, Ne risque-t-on pas d'aller loin ? », in la nouvelle crise du contrat, Dalloz 2003, p.135 ; G. PIETTE, *La correction du contrat*, PUAM, 2004 ; D. SOW., *Le déséquilibre dans les relations entre la banque et les usagers*, thèse Université Cheikh Anta Diop de Dakar 2008 ; M. GOMY, *Essai sur l'équilibre contractuel de la convention de non concurrence*, P.U. Perpignan, 1999 ; H. DOWIDAR, *Du déséquilibre des prestations dans la convention de crédit- bail*, thèse, Bordeaux, 1990 ; M. E. PANCRAZI- TIAN, *La protection judiciaire du lien contractuel*, P.U.A.M., 1996 ; M.A. PEROT- MOREL, *De l'équilibre des prestations dans la conclusion du contrat,* thèse Grenoble, Dalloz, 1961 ; G. TABI TABI, *Les nouveaux instruments de gestion du processus contractuel*, thèse université Laval Québec 2011; L. GRYNBAUM, *Le contrat contingent : L'adaptation du contrat par le juge sur habilitation du législateur*, Bibl. dr. privé, L.G.D. J., 2004, tome 389, n° 37; B. KAMENA., « Vers une inversion des rapports de force en droit privé malien ? », Revue des Sciences juridiques et politiques du CAMES, vol.1, n°1, 2015, p.118 et s. ; P. SIMLER, « L'équilibre du contrat en droit du crédit », p.15 et s. ; M. BEHAR–TOUCHAIS, « L'équilibre du contrat en droit commercial », p. 27 à 40 ; D. TRAMIER, « L'équilibre dans les conventions d'honoraires d'avocat », p. 42 et s. ; G. LARDEUX, « L'équilibre contractuel et la sécurité juridique », p. 59 à 74 ; A. BUGADA, « Équilibre contractuel et justice sociale », p. 75 et s. ; F. LICHERE, « L'équilibre contractuel et intérêt général », p. 83 à 97 in Laboratoire de Droit privé & de Sciences criminelles, Équipe Pierre KAYSER Fédération de recherche, « D*roits, pouvoirs et sociétés* », FR CNRS, n° 3076 sous la direction de Gwendoline LARDEUX, PUAM, 2012 ; L.THIBIERGE, *Le contrat face à l'imprévu*, éd. Economica, 2011, n° 2 ; L.THIBIERGE, « Le traitement du déséquilibre économique par le droit commun des contrats », Actes du Séminaire organisé par le Centre de droit civil des affaires et du contentieux économique, Paris X Nanterre Ouest la défense, sous la

immensément labouré mais reste encore en friche. La diversité des causes du déséquilibre contractuel ne facilite pas une approche définitionnelle unitaire. L'observation maintes fois renouvelée de mécanismes assurant l'équilibre dans les contrats ne serait dès lors que celle de techniques du droit dont il n'est pas avéré qu'un principe commun les réunit. Pour NGWANZA, il s'agit de savoir si l'intérêt de chacune des parties est correctement protégé dans le contrat[27]. Selon LASBORDES, en dépit de ce qui peut apparaître comme une évidence, le contrat déséquilibré est celui présentant un déséquilibre au détriment de l'une des parties[28]. En l'apercevant exclusivement sous l'angle de la valeur des prestations, le déséquilibre contractuel est un manque de contrepartie juste entre les obligations réciproques des parties. C'est dire qu'en le reliant seulement à l'inéquivalence des prestations, notamment dans la lésion et l'imprévision, nous le limiterons à un aspect économique. La notion a une connotation juridique incluant le pouvoir à travers la régulation des comportements dans certains contrats spéciaux. Ce qui nous oblige à mettre également l'accent sur le déséquilibre subjectif extensible à d'autres formes juridiques d'exploitation de la vulnérabilité d'autrui. Sans nulle prétention à l'exhaustivité, la caractérisation stricte du déséquilibre contractuel par l'inéquivalence des prestations est une assimilation réductrice. L'égalité entre les contractants n'est parfaite que dans une utopie décalée de la réalité du droit des contrats. S'il y a quelque chose qui rassemble les auteurs, c'est le caractère

---

direction de Manuella Bourassin et Janine Revel, 2013, p. 233 ; M. BEHAR- TOUCHAIS, « Un déséquilibre significatif à deux vitesses », Semaine juridique, hebdomadaire n° 21, 25 mai 2015 ; L. AYNÈS, « Le nouveau droit des contrats : une affaire de techniciens ? », Droit et Patrimoine, n° 232, Janvier 2014 ; L. AYNÈS, « La cause inutile et dangereuse », Droit et Patrimoine, n° 240, Octobre 2014 ; K. ASUNCION PLANES, *La réfaction du contrat*, préf. PICOD Y., L.G.D.J, Biblio. droit privé, Tome 476, 2006, p. 26 et s.; G. CHANTEPIE, *La lésion*, thèse Paris 1 Panthéon – Sorbonne, 2005, p. 24, n° 30.

[27] A.- A. NGWANZA, *L'équilibre contractuel dans l'avant-projet d'acte uniforme sur le droit des contrats*, Rév. dr. unif. 2008, p. 497. L'auteur estime que : « par opposition au courant libéral, les partisans de la moralisation des transactions professent que trop de liberté tue la justice car entre le riche et le pauvre c'est la liberté qui opprime. Ainsi, deux thèses s'opposent, l'une affirme que seul le contrat garantit la justice entre les parties et l'autre énonce que le contrat doit reposer sur la justice. En fait, la vraie question sous-jacente à la querelle doctrinale ... est celle de l'équilibre contractuel qui renvoie à un seuil d'équivalence des prestations et non à une parfaite commutativité. L'achoppement liberté contractuelle / justice contractuelle a des conséquences directes sur le droit positif, car la doctrine libérale va octroyer de larges pouvoirs aux contractants tout en assurant l'intangibilité de la transaction. La doctrine justicialiste va s'employer par contre à encadrer l'*animus contrahendi*, voire la corriger par le forçage judiciaire ». Par ailleurs, l'auteur affirme également que : « le terme raisonnable, son antonyme et l'adverbe qui en découlent apparaissent 65 fois dans l'avant-projet d'acte uniforme portant droit des contrats. Ce qui montre l'attachement, de l'avant-projet d'acte uniforme portant droit des contrats, à une éthique contractuelle en guise de répression contre toute pratique inique », p. 500.

[28] V. LASBORDES, *Les contrats déséquilibrés*, op. cit. n°17, p.41.

excessif[29] du déséquilibre contractuel qui se caractérise par l'extrême onérosité et un changement fondamental de l'obligation[30] en cas de bouleversements de circonstances économiques. Le déséquilibre est structurel lorsqu'il englobe une inéquivalence congénitale des prestations dans les contrats lésionnaires. C'est un abus de pouvoir demandant une régulation des comportements des parties dans certains contrats spéciaux. Ainsi, nous mettrons l'accent sur les causes et les physionomies du déséquilibre en valeur ou en pouvoir, juridique ou économique susceptibles d'influencer le maintien de ce à quoi s'engagent les contractants. Dans notre approche, le déséquilibre contractuel est un manque ou une rupture d'intérêts du contrat occasionné par une inéquivalence des prestations ou un abus de pouvoir au détriment du contractant le plus vulnérable. La partie faible qui est protégée peut être particulièrement le débiteur impécunieux[31] de bonne foi en droit commun, le minoritaire en droit des sociétés commerciales, le consommateur en droit de la consommation ou en droit de la concurrence. Le fondement de la faiblesse d'une partie est différent en fonction des contrats concernés. La particularité de l'obligation entre le créancier et le débiteur n'est pas conciliable avec l'idée d'une partie faible dans les rapports d'obligation en droit commun des contrats. Par contre, la régulation des comportements contractuels a pour finalité de protéger le consommateur vulnérable des griffes du professionnel aguerri. C'est dans une logique similaire et dans une autre situation que les minoritaires sont défendus contre les abus des majoritaires en droit des sociétés commerciales. L'abus de pouvoir d'une partie forte est sanctionné à cause de la faiblesse d'un autre contractant faible en situation de vulnérabilité. L'autorité est un rapport, une relation entre les hommes dans laquelle l'un d'entre eux se trouve dans une position de supériorité[32].

5. Deux voies favorisent la prévention et le traitement de l'inéquivalence congénitale ou ultérieure des prestations ou des pouvoirs en droit commun et dans les contrats spéciaux. D'un côté, l'adaptation conventionnelle anticipe la survenance du déséquilibre dans les contrats de longue durée. De l'autre côté, le traitement judiciaire a pour but de corriger les déséquilibres structurel et conjoncturel au risque de le faire contre la volonté du créancier. Ces deux modes de traitement par les parties et le juge, desquels se désengage le législateur, portent sur le déséquilibre en valeur en droit commun. Par contre, l'intervention corrective du législateur sanctionne les abus dans le déséquilibre

---

[29] D. MAZEAUD, sous Civ.1ère, 2 juin 2004, RDC 2004, n°4, p. 927. L'auteur distingue l'excessif du profond en ajoutant cet autre caractère du déséquilibre contractuel D. MAZEAUD, sous Civ. 1ère, 16 mars 2004, RDC 2004, n° 3, p.642.

[30] L. GRYNBAUM, *Le contrat contingent, l'adaptation du contrat par le juge sur habilitation du législateur,* préf. Michelle Gobert, LGDJ, 2004, n° 26-27, pp. 26-27.

[31] L. - F. XAVIER, « Réflexions sur l'impécuniosité », Petites Affiches, Lextenso - éditions 20 juin 2014, p.7, n° 123.

[32] G. LEWKOWIEZ et M. XIFARAS, *La méthode du droit, repenser le contrat,* éd. Dalloz, 2009, p. 62.

des pouvoirs. Le but de cette démarche est de cerner l'ensemble des dispositifs légaux, judiciaires ou conventionnels permettant à la partie en situation de faiblesse de conserver sa contrepartie attendue et justifiée dans le contrat. La prévention et le traitement du déséquilibre contractuel s'opèrent par plusieurs acteurs avec des outils et des objectifs différents. Ce qui exige une distinction entre une multitude de notions voisines pouvant prêter à confusion et même à spéculation. Des voix autorisées s'y sont magistralement déployées. D'abord, la correction est le fait d'effectuer un changement en vue d'apporter des améliorations, de supprimer des défauts en contribuant à promouvoir et à maintenir l'équivalence dans les contrats[33]. Elle tisserait une consanguinité avec des notions auparavant utilisées comme la modification[34], la révision[35] ou même l'adaptation[36]. Le traitement[37] purge le contrat du déséquilibre qui en est la pathologie en le maintenant, tant que possible, dans le but de restaurer une justice rompue. Ensuite, la notion de rééquilibrage est préférée par des auteurs qui y décèlent l'avantage de satisfaire la justice contractuelle tout en préservant la sécurité des transactions[38]. L'harmonie entre la sécurité et la justice dans le rééquilibrage des contrats se limite clairement à la suppression des déséquilibres les plus flagrants. Enfin, le traitement du déséquilibre prône une bonne santé économique du contrat par la réalisation ultérieure et organisée d'une justice en diluant les conséquences d'une sécurité des transactions fondée sur l'autonomie de la volonté. Le défaut ou l'absence de maintien de la contrepartie génère une diversification croissante des causes du déséquilibre que certains auteurs n'hésitent pas à dénoncer de crise du

[33] L'équivalence est une seule facette économique à laquelle l'équilibre ne saurait être réduit en ce sens que ce dernier englobe des aspects juridiques V. à ce propos V. LASBORDES, *Les contrats déséquilibrés*, thèse préc. p.203 et s.

[34] G. PIETTE, *La correction du contrat*, thèse préc. p.7. Pour lui, la correction, plus restreinte que la modification, implique un rééquilibrage des obligations des parties. La modification constitue un changement qui peut se faire sans aucun lien avec le déséquilibre contractuel. Elle partage avec la correction, le fait d'opérer un changement. Contrairement à la correction, la modification n'a pas pour but de remédier au défaut d'équivalence et peut être un changement par les parties pour mieux adapter le contrat à leurs situations et à leurs attentes.

[35] G. PIETTE, *La correction du contrat*, thèse préc. p.7. Pour lui, la correction, plus large que la révision, ne remédie pas, au contraire de la révision, qu'aux seuls déséquilibres apparaissant en cours d'exécution mais vise aussi les déséquilibres existant dès la formation du contrat. ; V. aussi C. JAMIN, « La révision et intangibilité du contrat ou la double philosophie de l'article 1134 du Code civil », préc. p. 47. Aux dires de l'auteur, pour qu'il ait révision, il faut un état initial, ainsi qu'une différence entre cet état et un état postérieur. En effet, la révision suppose un passé qui précède le déséquilibre perturbant le contrat. Elle est une forme de correction mais toute correction n'est pas une révision parce qu'une clause réputée non écrite n'est pas une révision mais une correction.

[36] S. TISSEYRE, *Le rôle de la bonne foi en droit des contrats : Essai d'analyse à la lumière du droit anglais et du droit européen*, thèse Paris I Panthéon – Sorbonne, 2010, n° 292, p. 236. Pour lui, l'adaptation a pour vocation la survie du contrat, il n'entraine pas forcément sa disparition.

[37] Nous utiliserons indistinctement le traitement et la correction dans le sens de l'amélioration des contrats déséquilibrés surtout au profit du débiteur de bonne foi.

[38] V. LASBORDES, *Les contrats déséquilibrés*, op. cit., p.555, n° 644.

contrat[39]. Aujourd'hui, faut-il encourager la pérennité contractuelle au prix d'une flexibilité[40] ou doit-on maintenir, corriger ou anéantir les contrats déséquilibrés ?[41] La diversité des solutions apportées n'y remédie pas de façon satisfaisante. Nous apporterons notre contribution.

6. L'ensemble des mécanismes de prévention et de traitement des contrats déséquilibrés feront l'objet de notre étude dans les contrats synallagmatiques à titre onéreux[42] assujettissant chacune des parties à donner ou à faire quelque chose[43]. Du point de vue temporel, nous exclurons la phase précontractuelle, en dépit de la contractualisation des pourparlers, pour privilégier le traitement du déséquilibre dans les contrats déjà formés. Nous n'exagérerons pas la portée du déséquilibre dans les contrats aléatoires[44] en mettant l'accent sur l'ensemble des conventions qui subordonnent globalement leur économie à l'incertitude du hasard et de l'imprévu sous toutes ses facettes. La seule composante du hasard qui nous intéresse est l'imprévu qui se distinguerait de l'imprévisible et de l'incertain[45]. Nous exclurons les contrats à titre gratuit en raison de l'absence de contrepartie même s'ils sont parfois considérés comme des contrats aléatoires déséquilibrés en valeur par nature[46]. Les contrats

---

[39] H. BATIFFOL, « La crise du contrat et sa portée », Archives de Philosophie du Droit, T. XVIII, Sirey, 1968, p.13 ; M. MEKKI, *L'intérêt général et le contrat,* LGDJ, 2004, préf. J. Ghestin, n° 5, p. 5. Selon ce dernier, le contrat est conçu comme une notion relative et protéiforme, ce que le contrat gagne en extension, il le perd en compréhension.

[40] P. LEMAY, *Le principe de la force obligatoire du contrat à l'épreuve du développement de l'unilatéralisme,* Bibliothèque des thèses, éditions Mare et Martin 2014, p. 283 et s., n° 196.

[41] M. MEKKI, « Les doctrines sur l'efficacité du contrat en période de crise », RDC, 2010, p. 383.

[42] Art. 23 du régime général des obligations dispose : « *Le contrat est à titre onéreux lorsque chacune des parties reçoit un avantage* » ; V. également les art. 1106 du Code civil français et art. 44 al.1 du Code des obligations civiles et commerciales au Sénégal.

[43] B. STARCK, H. ROLAND et L. BOYER, *Obligations*, tome 2 : Le contrat, spéc. n° 63.

[44] Pour une vision plus large des contrats aléatoires V. J. DEPREZ, « La lésion dans les contrats aléatoires », RTD civ., 1955, p. 1, n° 3. Pour lui, la spéculation est l'âme des contrats aléatoires avec une philosophie qui fait reposer l'opération économique sur le hasard en l'abandonnant toute entière aux caprices de la fortune avec l'idée prégnante d'absence d'équivalence. L'aléa, qu'il soit juridique ou économique, empêche fondamentalement les parties d'évaluer le solde de leurs prestations. C'est précisément ce que souligne la Cour de Cassation française lorsqu'elle juge que : « l'aléa existe dès lors qu'au moment de la formation du contrat les parties ne peuvent apprécier l'avantage qu'elles en retireront parce que celui-ci dépend d'un événement incertain » Cass. civ. 3ème, 4 juillet 2007, Bull. Civ. III, n° 124, CCC 2007, obs. L. LEVENEUR ; Defr. 2007, p. 1535, note Y. DAGORNE-LABBE, et p. 1737, note E. SAVAUX.

[45] L.THIBIERGE, Le *contrat face à l'imprévu,* thèse préc. n° 2, p. 3. Pour lui, le substantif désigne simplement ce qui n'a pas fait l'objet de prévision. Ainsi, peut être qualifié d'imprévu l'événement auquel les parties n'ont pas songé, peu importe qu'elles aient été en mesure de le prévoir ou que cet événement s'avère faste ou néfaste. L'imprévu, selon lui, n'est pas synonyme de chance, de hasard ou d'incertitude. Bien au contraire, si les parties ont jugé un événement incertain, cela signifie qu'elles y ont songé. L'auteur estime que la distinction semble minimisée en droit positif.

[46] V. LASBORDES, *Les contrats déséquilibrés*, op. cit. n° 24, p. 43.

administratifs[47] échappent à notre étude sauf quand l'État se comporte comme une personne morale de droit privé[48].

7. La finalité d'une intervention corrective dans les contrats déséquilibrés est de les revivifier[49] pour un renouvellement de la justice rompue dans ces conventions. Ce qui n'est pas instinctivement un sacrifice lapidaire de la sécurité des transactions. Le choix sémantique du traitement répond plus à la recherche d'originalité autour d'un concept rassembleur de l'ensemble des instruments remédiant au déséquilibre en droit des contrats que la prétentieuse dissimulation d'un exploit intellectuel. Les artères qui mènent à la restauration de l'équilibre rompu sont multiples. Tandis que le juriste de la Common Law parle de remèdes à l'inexécution *(remédies)*, son homologue civiliste français parle de sanctions de l'inexécution. La nuance dépasse incontestablement l'engouement théorique pour une distinction pratique entre la sanction et le remède. Parler de sanction invite à raisonner en termes de responsabilité : le débiteur est-il responsable ou doit- on l'exonérer[50] ? On quitterait l'approche répressive pour épouser celle curative donc thérapeutique dans le traitement du déséquilibre contractuel. L'approfondissement des réponses à ces interrogations a fait dire que le droit n'a que faire de l'égalité, de l'équivalence des prestations dans les contrats[51].

[47] Les contrats administratifs sont naturellement déséquilibrés par rapport aux contrats de droit privé. Certaines notions, comme l'autonomie de la volonté et la force obligatoire du contrat, y sont étouffées ; V. sur la notion l'équilibre financier dans les contrats administratifs FIN - LANGER, *L'équilibre contractuel*, thèse préc., n°5, p. 5 à 7.

[48] Nous ne traiterons ni le contrat de délégation de service public ou le contrat d'occupation du domaine public c'est-à-dire les contrats administratifs selon la loi. V. à ce propos, Y. GAUDEMET, « Traité de droit administratif », L.G.D.J., tome II, « Droit administratif général », 16ème édition, 2001, spéc. p. 673 et s., n° 1409 et ss. ; ni les contrats par application des critères jurisprudentiels tenant aux parties (pour être administratif, le contrat doit être conclu par une personne publique au minimum ou par des personnes publiques) et aux caractéristiques du contrat (pour être administratif, le contrat doit être en relation avec le service public ou comporter des éléments exorbitants du droit commun).

[49] L'approche terminologique deee la revivification nous permet de soutenir sa complexité en ce sens qu'elle ne figure dans aucun ouvrage de vocabulaire juridique, ni dans les tables des matières des traités et manuels consacrés à l'étude du droit des contrats. Nous l'avons présenté dans le cadre du Séminaire en droit des contrats à l'université Cheikh Anta Diop de Dakar en DEA, promotion 2006-2007 sous la direction de la professeure Aminata CISSÉ NIANG, agrégée des facultés de droit. Nous avons rencontré le qualificatif « revivifié » dans la thèse de S. N'DIRE DIAGNE, *Les montages contractuels,* UCAD 2015, n° 449, p.199 qui parle de "sanction revivifiée" en évoquant "la caducité dans les montages contractuels sous l'angle de la" résurgence d'une sanction « endormie »". V. également n° 519, spéc. 228 ; V. aussi Note sous CA de Lyon, 11 mai 1942, JCP éd. G, 1943, II, 2007 préc. ; Ph. STOFFEL-MUNCK, *L'abus dans le contrat*, Essai d'une théorie, LGDJ, 2000, préf. R. BOUT, n° 667, p. 488.

[50] L.THIBIERGE, « Le traitement du déséquilibre économique par le droit commun des contrats », art. préc. p. 233.

[51] L.THIBIERGE, « Le traitement du déséquilibre économique par le droit commun des contrats », art. préc. p. 236.

8. L'intérêt d'une intervention corrective dans le déséquilibre contractuel est son originalité à concilier la sécurité et la justice pour plus de flexibilité et de cohérence. Si c'est au nom de la justice qu'il faut supprimer le déséquilibre contractuel, il faut rappeler que c'est au nom de la sécurité qu'il faut maintenir le lien contractuel[52]. Pour cela, il est inéluctable de démontrer que la liberté contractuelle ne protège plus suffisamment la partie faible. C'est une inversion de la logique qui considère que la sécurité contractuelle est strictement basée sur la protection du créancier en droit commun. Dans une étude consacrée à la protection du débiteur, un auteur parlait de considérations générales de morale, de justice et d'équité en leur impulsant une nouvelle dynamique. Ce qui a fait dire à son préfacier qu'il se mêle de la protection du débiteur, mais qu'il ne s'agit pas d'une surprotection qui conduirait à la modification des rapports de force en créant de nouveaux forts[53]. La notion de « partie faible » comporte des risques consistant à considérer une société multinationale comme étant la partie vulnérable dans les contrats d'affaires. Nous en avons certainement conscience. Pourtant, nous ne tomberons pas dans cette généralisation coupable qui tuerait les spécificités dans chaque type contrat. Si la notion de « partie faible » est utilisée en droit de la consommation, c'est pour contourner la raideur du droit commun des obligations à consacrer un traitement judiciaire équitable de l'inéquivalence des prestations. Le droit civil n'intervient qu'après la conclusion du contrat et prévoit peu de mesures efficaces de traitement du déséquilibre des prestations. Diverses techniques préventives[54] et curatives émergent et s'émancipent dans le traitement du déséquilibre des pouvoirs spécialement dans quelques contrats spéciaux.

Le désengagement du législateur face au déséquilibre des prestations en droit commun, au profit de l'autonomie de la volonté, n'est-il pas sans incidence sur le droit positif malien ? Pour y répondre, il sera d'abord indispensable d'étudier le désengagement du législateur face au déséquilibre des prestations en droit commun, pour ensuite constater les avancées remarquables de son intervention dans le déséquilibre des pouvoirs dans certains contrats spéciaux et enfin requérir une réforme du droit des contrats qui fera l'objet de notre contribution.

9. Le droit commun malien des contrats hérité de la période coloniale est resté inchangé[55] dans ses fondements philosophiques. Il est fortement marqué

---

[52] V. LASBORDES, *Les contrats déséquilibrés*, op. cit, n°16. p. 38.

[53] S.- S. K. TAMEGUE, *La protection du débiteur dans les procédures individuelles d'exécution*, préf. J. Overstake, Harmattan, 2004, p. 18 - 23, n° 14 - 8. Le préfacier redoutait que son ouvrage ne soit un « bréviaire » à l'usage du débiteur malhonnête. p.13

[54] V. LASBORDES, *Les contrats déséquilibrés*, thèse préc. p. 390, n° 428.

[55] G. CORNU, « Regards sur le titre III du livre III du Code civil, Des contrats ou des obligations conventionnelles en général », in Les cours de droit, 1977, p. 1. C'est aussi le cas dans le RGO malien et le COCC sénégalais. Cependant, nous précisons que cette analyse est sous réserve du projet d'ordonnance portant réforme du droit des contrats de 2015 applicable en octobre 2016 en France.

par l'autonomie de la volonté faisant de la volonté individuelle, l'épicentre du contrat. Pour cela, le législateur se désengage de la prévention et du traitement du déséquilibre des prestations en laissant aux parties la faculté d'y remédier sous la houlette de cette majestueuse autonomie de la volonté. L'approche libérale de la volonté individuelle est opposée à toute forme de légitimation d'un déséquilibre contractuel. Les parties ont la latitude d'aménager le contrat pour éviter le déséquilibre ou adapter leur engagement en toute liberté et en toute égalité. Toutefois, la conception actuelle de l'égalité devant la loi ne suffit plus pour assoir entièrement et définitivement l'égalité des droits. Elle n'en est que l'affirmation nécessaire et partielle, complétée utilement par des textes dans différents domaines. L'égalité est réaménagée lorsque le consommateur est considéré comme la partie faible à l'initiative du législateur qui le dote d'un droit naturel à l'information dans le traitement du déséquilibre des pouvoirs. Par contre, les minoritaires mandatent et habilitent les dirigeants sociaux des pouvoirs de gestion de la structure sociétaire. L'adaptation conventionnelle démontre l'emprise de la volonté des parties sur les moyens et la finalité du traitement du déséquilibre contractuel en droit commun. Cela s'opère par les clauses d'indexation ou d'échelle mobile, les clauses de variation du prix et les clauses de hardship qui seraient de faux remèdes à l'imprévision. Ces clauses ne sont pas réglementées en droit malien à la différence du droit sénégalais[56] et dans l'avant-projet d'acte uniforme portant droit des contrats dont l'adoption prendra en compte l'adaptation conventionnelle et judiciaire du déséquilibre conjoncturel et structurel[57]. La liberté d'une déjudiciarisation des différends montre les affinités entre les modes alternatifs de règlement de ces différends contractuels et leur pacification à l'« africaine ». Ce qui n'empêche pas les parties de recourir au juge. La portée de l'autonomie de la volonté privilégie une sécurité des transactions basée sur la volonté individuelle en droit commun. Il est regrettable que l'individualisme à outrance de l'autonomie de la volonté soit inconciliable avec les fondements propices au traitement judiciaire des contrats déséquilibrés. Nonobstant l'extrême onérosité de l'exécution des contrats conjoncturellement déséquilibrés, la revalorisation de ces contrats en cours n'est pas possible contre la volonté du créancier. Cela n'est plus protecteur du débiteur, même de bonne foi, dans les relations commerciales nationales et internationales à cause des instabilités économiques et monétaires dans les pays africains. Lorsque la volonté lie et que le juge ne peut délier, il y a problème.

10. L'obstruction au traitement autoritaire suscite le débat sur la crainte que le juge, faute d'une volonté réelle décelable, ne suppose une volonté normale

---

56 V. sur les clauses monétaires l'art. 185 et sur les clauses d'échelle mobile l'art. 186 du COCC sénégalais.

57 Art. 3 – 10 de l'avant-projet d'acte uniforme portant des contrats.

ou une volonté morale[58]. L'interdiction faite au juge de corriger le déséquilibre en droit commun est destinée à l'empêcher s'immiscer dans le contrat en l'interprétant dans le sens qui lui paraît le plus conforme à l'équité[59]. La révision du contrat pourrait aller à l'encontre de ce qui a été initialement voulu[60] au point d'en déduire un pouvoir de réfection du contrat[61], du grossissement de son contenu obligationnel ou même de son forçage par le juge. L'autonomie de la volonté suppose que toutes les personnes sont égales entre elles et que le contrat est juste donc équilibré depuis sa formation. Il s'agit là d'une publicisation de la liberté et de la justice contractuelles. Malgré cela, ces notions ont des teneurs conformes à la sécurité contractuelle individualiste et égoïste en droit commun. Le contrat est une technique juridique qui n'est plus qu'une présomption de justice à cause de la prolifération de nouvelles formes de déséquilibres des pouvoirs et des prestations. Le désengagement du législateur face au traitement de l'inéquivalence des prestations en droit commun est légèrement remédié par son intervention dans le déséquilibre des pouvoirs dans les contrats spéciaux. L'utilité d'une ingérence dans le déséquilibre conjoncturel résulte du constat de l'impossibilité matérielle pour les cocontractants de dompter les conséquences des aléas sur les obligations contractuelles. L'environnement d'exécution des conventions peut altérer la volonté des contractants de bonne foi en leur privant des moyens d'honorer leurs promesses. C'est l'érosion du temps sur la volonté initiale des parties d'exécuter le contrat. Certes, la finalité de la prévention et du traitement du déséquilibre des prestations et des pouvoirs n'est pas d'autoriser le débiteur malhonnête de ne pas payer ses dettes. L'équivoque mérite d'être levée sur toute forme d'approbation d'une irresponsabilisation des contractants. Nous nous désolidarisons radicalement de toute idée de protection de l'escroc ou d'une victimisation délétère d'un contractant pour une faiblesse à toutes fins utiles. Cependant, notre préoccupation est d'éviter, par exemple, que l'extrême onérosité pouvant conduire à l'insolvabilité dans l'exécution des contrats de longue durée ne soit pas une présomption de mauvaise foi.

Les concepts adaptés au traitement de l'inéquivalence des prestations par le juge sont enchainés par le législateur à cause d'une sécurité des transactions basée sur la liberté dans l'engagement en droit commun des contrats. C'est le respect étroit de la parole donnée entre particuliers dans l'exécution des contrats. Le désengagement du législateur malien est un désaveu du juge dans

---

[58] J. DUPICHOT, *Pour un retour aux textes : défense et illustration du « petit guide-âne » des articles 1156 à 1164 du Code civil*, Mélanges Flour 1979, p.186.

[59] A. BENABENT, Droit civil, Les obligations, 9ème éd., Domat, Montchrestien, 2003, n° 273, p. 198.

[60] J. FLOUR, J.-L. AUBERT et E. SAVAUX, Droit civil, *Les obligations*, 1. L'acte juridique, 11ème éd., Armand Colin, 2004, n° 398, p. 307.

[61] J. DUPICHOT, *Pour un retour aux textes : défense et illustration du « petit guide-âne » des articles 1156 à 1164 du Code civil*, art. préc. n°19.

la correction contraignante du déséquilibre des prestations au détriment des intérêts du créancier. En droit commun, le déséquilibre est lésionnaire dans la formation et conjoncturel dans l'exécution du contrat[62]. Le déséquilibre structurel est traité dans l'article 55 du RGO qui dispose que : « la lésion résultant du déséquilibre des prestations promises dans le contrat au moment de sa formation n'entraîne la nullité ou rescision qu'en vertu d'une disposition expresse de la loi[63] ». A la différence du droit français[64] qui adopterait une approche subjective de la lésion[65], à l'exception de certains arrêts de la Cour de cassation[66], c'est l'approche objective de la lésion[67] qui est consacrée au Mali[68].

11. Le déséquilibre conjoncturel renvoie à l'article 77 du RGO qui est l'assise législative[69] de la force obligatoire des contrats que rien n'affecterait en droit commun. Les fondements de traitement ne seraient performants que grâce à une interprétation extensive de la bonne foi, de l'équité, de la cause et bien d'autres notions revigorées ou en quête de légitimité. D'abord, il n'y a pas de définition unanime de la bonne foi[70] malgré son plébiscite législatif[71]

---

[62] V. dans ce sens pour le dynamisme doctrinal conduisant jusqu'au projet d'ordonnance 2015 : J. GHESTIN, Ch. JAMIN, M. BILLAU, *Effets du contrat*, n°290, Ch. LARROUMET, *Contrat*, n°403 ; Ph. MALINVAUD, *Obligations*, n° 295 ; B. STARCK, H. ROLAND, L. BOYER, *Contrat*, n°1404, F. TERRÉ, Ph. SIMLER, Y. LEQUETTE, *Obligations*, n° 470 ; J.-L. MOURALIS, V° *Imprévision*, in Rép. Civ. Dalloz 2003, n° 3 ; Ph. JOUARY, *Contribution à l'étude de la valeur en droit privé des contrats*, th. Paris I, 2002, n° 618, n°16 ; Ph. STOFFEL-MUNCK, *Regard sur la théorie de l'imprévision. Vers une souplesse contractuelle en droit privé français contemporain*, préf. R. Bout, av.- prop. A. SERIAUX, PUAM, 1994, n° 82.

[63] Art. 55 du RGO Malien ; art. 1118 du Code civil Français et art. 75 du COCC sénégalais.

[64] Avant l'ordonnance n° 2016 -131 du 10 février 2016 portant réforme du droit des contrats, du régime général et de la preuve des obligations ratifiée par la loi n° 2018 -287 du 20 avril 2018 publiée au Journal officiel du 21 avril 2018.

[65] J. FLOUR, J.- L. AUBERT, E. SAVAUX, *Les obligations*, 1, *L'acte juridique*, op.cit., n° 245, p. 194. Selon eux : « les auteurs classiques ont développé une conception subjective de la lésion, selon laquelle celle-ci constituerait une présomption de vice du consentement : dès lors que l'une des parties a fait une affaire aussi mauvaise, c'est qu'elle s'est trompée, ou a été trompée, ou a été contrainte ».

[66] F. TERRÉ, Ph. SIMLER, Y. LEQUETTE, *Droit civil, Les obligations*, op.cit., n°314, p. 320.

[67] Selon cette conception objective de la lésion, la rescision ne repose pas simplement sur une analyse du consentement et des vices que l'on peut y présumer. Elle est fondée sur une considération de justice commutative qui, de façon exceptionnelle, est imposée à l'accord des volontés J. FLOUR, J.-L. AUBERT, E. SAVAUX, *Les obligations*, 1, *L'acte juridique*, op.cit., n° 245, p. 194.

[68] S.- F. CISSOUMA, *Droit civil, Les obligations au Mali*, 1ère édition, Agence malienne d'édition et de communication 2011, p. 95.

[69] Art.77 du RGO malien – 1134 du Code civil français – 96 du COCC sénégalais - 33 du Code civil congolais, livre III.

[70] Cependant, il y a une détermination du contenu au moyen de termes voisins comme la loyauté, l'honnêteté, l'intégrité, la fidélité, la droiture, la véracité, le souci de coopération et de collaboration, l'absence de mauvaise volonté, l'absence d'intention malveillante, l'altruisme contractuel. Être de bonne foi, c'est être convaincu de la véracité de ses propos. Être de mauvaise foi renvoie alors à l'absence de loyauté, de sincérité dans ses propos et dans ses actes.

dans la sphère contractuelle[72]. Elle est composée des obligations de loyauté et de coopération. Renoncer à faire éclater la notion de bonne foi serait de renoncer à la définir différemment que par de vagues sentiments et à lui donner un réel contenu juridique[73]. Ensuite, l'équité[74] est une notion changeante qui relèverait plus du sentiment que de la réalité lorsqu'elle se réfère à un ensemble de moyens visant à faire respecter la justice commutative en protégeant l'équilibre voulu dans le contrat. Du latin *aequitas* ou égalité[75], l'équité[76] confère au juge la faculté d'apprécier la bonne exécution du contrat afin de le compléter tout en assurant un équilibre entre les intérêts divergents. Enfin, la cause est un fondement éventuel de traitement judiciaire du déséquilibre contractuel par un cumul des causes objective et subjective. Aux termes de l'article 56 du RGO malien : « le contrat est nul pour cause immorale ou illicite lorsque le motif déterminant la volonté des parties est contraire à l'ordre public ou aux bonnes mœurs. Le caractère déterminant du motif est établi lorsqu'il résulte des circonstances de formation du contrat que les parties ne pouvaient en ignorer la cause[77] ». La cause a longtemps été la « carte d'identité » du droit français[78]. L'engouement théorique laisse la place à l'inévitable souci pratique dans le réajustement des paramètres d'appréciation de la cause par le juge dans le traitement contrats déséquilibrés.

La bonne foi évoque la qualité d'une personne qui parle, agit avec loyauté, selon sa conscience. V. Le MAXIDICO, *Dictionnaire encyclopédique de la langue française*, Paris, éd. de la Connaissance, 1996.

[71] Art. 77 al. 3 du RGO malien ; art. 42 de la Convention de Vienne ; 1/7 des principes d'Unidroit ; 1.106 des Principes du droit européen des contrats ; art.1134 du Code civil français de 1804.

[72] V. la bonne foi de l'associé minoritaire B. KAMENA, *La situation de l'associé minoritaire en France et dans l'espace*, Université Pierre Mendes France (Grenoble II) juin 2005, p.43 et s. Selon le Professeur NZOUABETH : « cette règle (bonne foi) est si générale qu'elle est imprécise ». Il explique que le devoir de bonne foi, en droit des sociétés comme en droit civil, s'analyse en un devoir de loyauté qui implique un comportement non fautif. Autrement dit, aucun associé ne doit contrarier ni l'intérêt commun, ni l'intérêt social. V. D. NZOUABETH, *Les litiges entre associés*, thèse Université Cheikh Anta Diop de Dakar 2005, p. 23.

[73] Y. PICOD, *Le devoir de loyauté dans l'exécution du contrat*, Thèse Dijon, préface de Couturier (G.), Paris : LGDJ, 1989, p. 12.

[74] Son rayonnement en droit processuel ne fait plus l'objet d'un doute : « L'équité entendue comme une sensibilité généreuse n'a pas de place dans la notion de procès équitable » V. M.-N. GAMANDA, *Le droit à un procès équitable*, Paris, édit. Droit et idées nouvelles, p. 18. Le législateur exige le respect du principe d'équité à travers la notion de procès équitable dans l'article 1er de la loi n° 01 – 080 AN – RM du 20 août 2001 portant Code de procédure pénale au Mali.

[75] J. PRADEL, *Procédure Pénale*, Paris, CUJAS, 12ème édit., 2004, p. 336.

[76] Elle peut désigner souvent la manière de résoudre les litiges en dehors des règles de droit, selon les critères tels que l'amour de la paix, la morale, etc. C'est la justice naturelle, exercée avec modération, indépendamment du droit positif.

[77] Art. 56 complété par l'art. 57 du RGO malien.

[78] C. GRIMALDI, « Les maux de la cause ne sont pas qu'une affaire de mots », Recueil Dalloz, n° 14 du 16 avril 2015 ; D. MAZEAUD, « Pour que survive la cause en dépit de la réforme », Droit et Patrimoine, n°240, octobre 2014.

La cause objective est le but immédiat que poursuivent les parties et empêche le juge de se livrer à un examen des mobiles, de la psychologie individuelle[79] des contractants[80]. Il y a équilibre des prestations lorsque le contrat réalise un optimum de création de richesses pour un échange de données[81]. Les contrats causés ne sont pas déséquilibrés[82]. Le juste commutatif contrôle la contrepartie dans l'engagement et la cause objective est incompatible avec toute auscultation judiciaire des mobiles les plus lointains. Pourtant, cette cause objective a connu des applications éprouvées par des altérités inhérentes aux différentes catégories de contrats. Pour traiter le déséquilibre contractuel, la cause objective n'est plus un mécanisme primitif pour juger de la valeur initiale de la contrepartie. De plus en plus, la conception objective est prise en compte dans le traitement des contrats lésionnaires en faveur de la cause suffisante qui est une valeur économique compensatoire de l'appauvrissement. Le montant de l'enrichissement doit être justifié par celui de l'appauvrissement. Le traitement judiciaire des contrats déséquilibrés peut passer par une subjectivisation portant sur le contrôle des mobiles.

12. La fonction complétive du traitement judiciaire du déséquilibre découle de l'interprétation des suites du contrat[83]. L'interprétation judiciaire extensive porte atteinte à la sécurité des transactions par une révision autoritaire des contrats structurellement ou conjoncturellement déséquilibrés en droit commun. En l'absence de contestation du traitement conventionnel, toute interprétation à fortiori judiciaire devient inutile. Par contre, en cas de contestation à cause de la divergence des intérêts, l'intervention du juge est incontournable et porteuse du risque d'interprétation des notions à contenu variable comme la bonne foi, la cause, l'équité, la proportionnalité, la fraternité, le juste, l'utile, le raisonnable, le principe d'estoppel, le solidarisme contractuel. Ces fondements judiciaires de traitement des contrats déséquilibrés peuvent les corriger contre la volonté du créancier. Le législateur malien se désengage face au déséquilibre contractuel en droit commun en empêchant le juge étatique d'y procéder à travers une interprétation créatrice des notions floues. Pourtant, il ne faut pas denier tout intérêt aux notions floues[84] car elles ne le deviennent davantage que lorsqu'elles représentent une menace contre la sécurité des transactions qui est celle du créancier dans le

---

[79] J. FLOUR, J. L. AUBERT et E. SAVAUX, *Les obligations* ; Tome 1 : l'acte juridique, préc., n° 256.

[80] G. PIETTE, op.cit. n° 500, p. 260.

[81] L. GRYNBAUM, *Le contrat contingent. L'adaptation du contrat par le juge sur habilitation du législateur*, préf. M. GOBERT, Bibl. dr. privé, t. 399, LGDJ, 2004, n°56.

[82] S. TANAGHO, *De l'obligation judiciaire, problème moral et technique de la révision du contrat par le juge*, th. Paris. LGDJ, 1956.

[83] A.- J. KERHUEL, *L'efficience stratégique du contrat, un champ d'action de la liberté contractuelle*, thèse Université Paul Cézanne – Aix Marseille III, 2008, p. 152 où l'auteur parle « d'une interprétation économique du contrat ».

[84] V. FORTIER, « La fonction normative des notions floues », *RRJ*, 1991-3, pp.755-768.

traitement judiciaire du déséquilibre contractuel. La censure des fondements judiciaires asphyxie la réalisation ultérieure d'une justice contractuelle en immobilisant l'expression de la volonté initiale.

Le contrat n'est plus la source d'obligations nécessairement justes parce que voulues par les parties qui s'engagent[85]. La rigueur du droit commun fléchit dans plusieurs contrats spéciaux par une intervention du législateur dans la prévention et le traitement du déséquilibre des pouvoirs. Le traitement de la lésion est déplacé du droit commun vers le droit spécial[86].

13. Nombreuses sont les études qui ont été menées sur les relations entre le droit des obligations et celui des procédures collectives[87], le droit de la consommation[88] et le droit de la concurrence[89], le droit du travail[90] et le droit des sociétés[91]. La doctrine contemporaine se caractériserait par un débordement de la théorie générale grâce à un mouvement législatif du droit spécial[92]. Le droit des contrats spéciaux s'étend au détriment de la théorie

---

[85] V. LEGRAND et D. BAZIN-BEUST, « Droit de la consommation/ droit des contrats : le bilan 20 ans après », Petites Affiches lextenso – éditions du 15 avril 2015, p. 4, n° 75.

[86] V. pour une analyse similaire, Ph. JOUARY, *Contribution à l'étude de la valeur en droit des contrats*, th. Paris 1, 2002, n°531.

[87] S. SABATHIER, « *Le droit des obligations à l'épreuve du droit des procédures collectives* », thèse Toulouse I, 2000 ; Y. GUYON, « Le droit des contrats à l'épreuve du droit des procédures collectives », in Le contrat au début du XXIème siècle, Études offertes à J. Ghestin, LGDJ, 2001, p.405 ; M. H MONSÈRIÉ, « Aperçu sur les apports récents de la confrontation du droit des procédures collectives et du droit des obligations », in Prospectives du droit économique, Dialogues avec M. JEANTIN, Dalloz, 1999, p. 429.

[88] N. CHARDIN, *Le contrat de consommation de crédit et l'autonomie de la volonté*, LGDJ, 1998 ; G. ALPA, « Les nouvelles frontières du droit des contrats », in le contrat au début du XXIème siècle, Études offertes à J. GHESTIN, LGDJ, 2001, p.1 ; M. BORYSEWICZ, « Les règles protectrices du consommateur et le droit commun des contrats », in Études offertes à P. KAYSER, t.1, 1979, PUF, p.91 ; J. CALAIS-AULOY, « L'influence du droit de la consommation sur le droit civil des contrats », RTD civ. 1994, p.239 et s. ; JP PIZZIO, « La protection des consommateurs par le droit commun des obligations », RTD com. 1999, p.53.

[89] F. DREIFUSS-NETTER, « Droit de la concurrence et droit commun des obligations », RTD civ. 1990, p. 369 ; M. Malaurie-VIGNAL, « Droit de la concurrence et droit des contrats », D. 1995, Chron. p. 51.

[90] G. LYON-CAEN, « Du rôle des principes généraux du droit civil en droit du travail », RTD civ. 1974, p. 229 ; JJ. DUPEYROUX, « Droit civil et droit du travail : l'impasse », Dr. soc. 1988, p.371 ; J. PELISSIER, « Droit civil et contrat individuel de travail », Dr. soc. 1988, p.387 ; C. SAINT- DIDIER, « *Droit du travail et droit des obligations, étude d'une opposition* », thèse, Aix/Marseille III, 1996 ; C. RADÉ, « *Droit du travail et responsabilité civile* », LGDJ, bibl. de dr. privé, t. 282, 1997.

[91] M. JEANTIN, « Droit des obligations et droit des sociétés », in Mélanges L. Boyer, Presse univ. des Sc. Soc. de Toulouse I, 1996, p. 317 ; JP. BERTREL, « Liberté contractuelle et sociétés. Essais d'une théorie du juste milieu endroit des sociétés. », RTD com.1996, p. 595. ; Du même auteur, « Le débat sur la nature de la société », *in Études A. SAYAG, Litec,* 1998, p.131.

[92] G. CORNU, *Regards sur le Titre III du livre II du code civil'' Des contrats et des obligations conventionnelles en général''* (Essai de lecture d'un titre du code), n° 29, p. 20.

générale[93]. Selon JESTAZ, si nous n'y prenons pas garde, la théorie générale risque un jour de tourner à vide tandis que de leur côté les contrats spéciaux relèveraient, chacun pour ce qui les concerne, d'une sorte de technologie primaire[94]. Le droit des affaires serait un droit civil au sang-froid[95]. CARBONNIER stigmatise l'état de dégradation dans lequel se trouvait la théorie générale des contrats à la fin de XXème siècle[96]. Que de chemin parcouru depuis le temps où la Cour de cassation énonçait que les juges ne pouvaient modifier la convention des parties pour quelle qu'équitable puisse paraître leur décision[97]. Le droit spécial nourrit la théorie générale par de riches apports originaux qui l'infléchissent ou le modifient de façon dissimulée ou éclatante[98]. En effet, la majeure partie des contrats spéciaux sont réglementés en droit OHADA qui est partie intégrante de l'arsenal juridique du droit positif malien[99]. Le législateur OHADA se propose de garantir la

---

[93] Ph. MALAURIE, *Droit civil, contrats spéciaux*, préc. pp. 30 et 35.

[94] Ph. JESTAZ, « L'évolution du droit des contrats spéciaux dans la loi depuis 1945 », in l'évolution contemporaine du droit des contrats, PUF, Publications de la Faculté des Sciences Sociales de Poitiers, 1986, p.135.

[95] M.-A. FRISON- ROCHE, « Remarques sur la distinction de la volonté et du consentement en droit des contrats », RTD civ. 3, juill-sept. 1995, p. 573, n°1.

[96] J. CARBONNIER, *Droit civil*, T.4, *Les obligations*, PUF. Thémis, 22ème éd. 2000, n°114 p. 228.

[97] Civ. 6 mars 1876 DP. 1876, 1, 193 note Giboulot ; S. 1876, 1, 161 ; 8 mai 1933, DH. 1933, 395.

[98] P. LE TOURNEAU, « Quelques aspects de l'évolution du droit des contrats », Mélanges offerts à Pierre Raynaud, Dalloz – Sirey 1985, pp. 349 et s. et n° 4, p. 351 ; V. pour les apports du droit spécial au droit commun des contrats M. CABRILLAC, « Remarques sur la théorie générale du contrat et les créations récentes de la pratique commerciale », Mélanges dédiés à G. MARTY, Université des sciences sociales de Toulouse, 1978, pp. 235 et s. ; G. ROUHETTE, « Droit de la consommation et théorie générale du contrat », études offertes à René Rodière, pp. 237 et s.

[99] La loi n°94-048 du 30 décembre 1994 autorisant la ratification du Traité relatif à l'harmonisation du droit des affaires en Afrique et le décret n°95-012/P-RM du 11 janvier 1995 portant ratification du Traité relatif à l'harmonisation du droit des affaires en Afrique. Les textes communautaires OHADA composent le droit positif malien dans ces domaines : acte uniforme révisé relatif au droit des sociétés commerciales et du groupement d'intérêt économique adopté le 30/01/2014 à Ouagadougou (Burkina Faso) entrée en vigueur : 05/05/2014 publié dans le journal officiel n° spécial du 04/02/2014 ; acte uniforme révisé portant sur le droit commercial général adopté le 15/12/2010 à Lomé (Togo) entrée en vigueur : 16/05/2011 publié dans le journal officiel n° 23 du 15/02/2011 ; acte uniforme révisé portant organisation des sûretés adopté le 15/12/2010 à Lomé (Togo) date d'entrée en vigueur : 16/05/2011 publié dans le journal officiel n°22 du 15/02/2011 ; acte uniforme relatif au droit des sociétés coopératives adopté le 15/12/2010 à Lomé (Togo) entrée en vigueur : 16/05/2011 publié dans le journal officiel n° 23 du 15/02/2011 ; acte uniforme relatif aux contrats de transport de marchandises par route adopté le 22/03/2003 entrée en vigueur : 01/01/2004 publié dans le journal officiel n°13 ; acte uniforme portant organisation et harmonisation des comptabilités des entreprises adopté le 24/03/2000 publié dans le journal officiel n° 10 ; acte uniforme relatif au droit de l'arbitrage adopté le 11/03/1999 entrée en vigueur : 11/06/1999 publié dans le journal officiel n°8 ; acte uniforme portant organisation des procédures collectives d'apurement du passif adopté le 10/04/1998 à Libreville (Gabon) entrée en vigueur : 01/01/1999 publié dans le journal officiel n° 7 ; acte

sécurité juridique et judiciaire, l'essor des activités économiques en plus de la promotion des investissements dans la perspective d'éviter le marasme économique[100]. La sécurité juridique est essentielle au développement économique[101]. A cet effet, l'attractivité d'un pays est un ensemble de politiques économiques, fiscales, douanières et institutionnelles élaborées par les autorités pour renforcer leur capacité à attirer et à retenir les investisseurs[102]. La réussite de la mission d'intégration économique par la sécurité juridique et judiciaire[103] n'est pas hors de portée du législateur en droit OHADA en dépit des réticences avisées de MESTRE qui rappelait à une époque qu'un regard porté sur le contrat via l'OHADA n'est pas de prime abord très enrichissant[104].

14. L'intervention corrective du législateur, dans la protection contre la vulnérabilité naturelle du consommateur ou situationnelle de l'actionnaire minoritaire, se manifeste par des remèdes de prévision et de correction de l'abus grace aux sanctions plus adaptées en droit de la concurrence, en droit de la consommation et en droit des sociétés commerciales. Dans la prévention du déséquilibre des pouvoirs, le législateur anticipe l'abus dans les contrats de

---

uniforme portant organisation des procédures simplifiées de recouvrement et des voies d'exécution adopté le 10/04/1998 à Libreville (Gabon) entrée en vigueur : 10/07/1998 publié dans le journal officiel n° 6.

[100] Préambule du traité portant révision du traité relatif à l'harmonisation du droit des Affaires en Afrique adopté le 17/10/2008 au Québec (CANADA). V. aussi F. O. ETOUNDI, « Les principes d'Unidroit et la sécurité juridique des transactions commerciales dans l'avant-projet d'acte uniforme sur le droit des contrats », Revue de droit uniforme, Institut international de l'unification du droit privé, Vol X, 2005, p.2.

[101] P. MEYER, « La sécurité juridique et judiciaire dans l'espace », Ohadata D- 06-50, p. 1, n° 1.

[102] I. NGOUHOUO, *Les investissements directs étrangers en Afrique centrale*, attractivité et effets économiques, thèse sc. Éco., Université du sud de Toulon Var, 2008, p. 53.

[103] M. KIRSCH « *Historique de l'OHADA* », Revue Penant n° spécial OHADA n° 827 mai-août 1998 pp.129. Analysant la réglementation applicable au droit des sociétés dans les pays africains de la Zone Franc, l'auteur écrivait que : « le constat unanime de la situation pouvait se résumer par la formule suivante : insécurité juridique et judiciaire » ; V. aussi P. TIGER, « *Le droit des affaires en Afrique – OHADA* », Que sais- je ?, éd. PUF, nov. 1999, p. 2. L'auteur analyse l'insécurité comme étant la situation d'incertitude dans laquelle peut se trouver un opérateur économique sur l'issue d'une éventuelle procédure à laquelle il pourrait être partie et son impuissance à infléchir le cours de la justice dans le sens de l'équité si besoin était.

[104] J. MESTRE, « *Regards contractuels sur l'OHADA* », Actes du colloque sur la sécurisation des investissements des entreprises en Afrique Francophone : Le droit OHADA, organisé par le centre de droit économique de l'université Paul – Cézanne d'Aix-en-Provence le 20 mars 2009, Ohadata D-10-14 p.1. Selon lui : « un colloque portant sur la sécurisation juridique des investissements en l'Afrique de l'ouest pouvait difficilement faire l'impasse sur la matière contractuelle ! Car s'il est une matière ou l'objectif de sécurité est prédominant, c'est bien celle des contrats. Prévisions des parties, loi arrêtée par elles pour gouverner l'avenir, respect ensuite de cette loi, tels sont en effet les axes majeurs d'une matière qui est, par ailleurs, au cœur de la vie économique et des opérations quotidiennement bâties par les acteurs ». Toutefois, il faut rappeler que nous maintenons ces propos dans leur contexte. D'autres réformes ont participé à la qualité législative du droit africain en matière contractuelle notamment la récente et abondante réforme des actes uniformes.

société et de consommation grâce à une obligation d'information à la charge des vendeurs professionnels et des dirigeants sociaux. Ces remèdes légaux de prévention sont protecteurs des consommateurs et des actionnaires minoritaires dans leurs intérêts catégoriels. L'information est dérisoire à défaut d'être absente dans les rapports entre le débiteur et le créancier en droit commun. Par contre, les actionnaires minoritaires et les consommateurs sont des contractants en position de faiblesse en bénéficient dans leurs situations respectives. Les fondements de leur vulnérabilité sont différents. Les sujets de droit sont parfois présumés incapables de défendre leurs intérêts[105]. Pour fortifier la protection contre la vulnérabilité du consommateur, ce dernier serait comme un « enfant donc la main doit être guidée ». Dans les contrats de société, le pouvoir n'est pas basé sur la domination ou la dépendance en raison de l'égalité entre associés. Dans la réalisation du profit, la source du pouvoir est conventionnelle grâce au mandat de l'ensemble des actionnaires qui investit les dirigeants de prérogatives dans la gestion sociale. Entre les particuliers, l'identification et la protection automatique d'une partie faible sont redoutées pour leur risque de victimisation ou même d'irresponsabilité d'un contractant. Le principe est ainsi une égalité juridique parfaite des contractants à s'engager sans contrainte pour ne pas se plaindre d'un déséquilibre ultérieur des prestations. Le respect de la parole donnée est constaté dans la force obligatoire du contrat dont les atteintes sont incompatibles avec la sécurité des transactions basée sur l'autonomie de la volonté. Le droit de rétractation du consommateur l'autorise à examiner à tête reposée les conséquences d'un achat ou de prendre conseil auprès de ses proches bref de ne s'engager qu'après réflexion. C'est une atteinte, quoique brève, à la force obligatoire telle qu'acceptée en droit commun. Pendant longtemps, la notion de professionnel a été liée à la spécialité[106]. Deux critères sont utilisés pour identifier le consommateur : un critère fondé sur la destination du contrat conclu c'est-à-dire sur la nature des besoins à satisfaire et un autre critère fondé sur l'incompétence et l'ignorance. La rupture d'égalité entre le professionnel et le consommateur est évidente. Le premier est muni de la maitrise technique et technologique du produit à la différence du second qui se régalerait dans une certaine « incapacité » légalement consacrée. Cette protection paternaliste du consommateur présente des limites à cause des incertitudes liées à la notion de vulnérabilité. L'abus de faiblesse est subjectif et suppose qu'un professionnel abuse de l'ignorance, de la vulnérabilité du consommateur. Entre particuliers, le dosage de la subjectivité n'échappe pas à la vigilance du législateur qui n'habilite pas le juge à utiliser cette subjectivité des fondements pour corriger le déséquilibre contractuel surtout contre la volonté du créancier. Il est étonnant de constater qu'en droit de la

105 V. LASBORDES, *Les contrats déséquilibrés*, op. cit.p. 32, n° 11.

106 Cass. 1ère civ.20 octobre 1992 : comm. 32.- CA Besançon, 10 juin 1994 : contrats, conc. consom. 1995, comm.23.- CA Riom, 18 janv.1995 : contrats conc. consom. 1995, comm.172.

consommation, l'âge et la situation sociale d'un contractant sont susceptibles de générer des situations d'abus de faiblesse même si l'appréciation dépend de la nature de l'achat effectué et de la personnalité du consommateur concerné. Un achat, aussi farfelu soit-il en principe, ne présume pas du caractère automatiquement abusif de l'opération. Tous les achats ne sont pas assimilables à l'abus de faiblesse au motif qu'ils désavantageraient le consommateur. La protection des actionnaires minoritaires est analysable dans la même situation mais dans un contexte différent.

15. Aux termes de l'article 4 : « la société commerciale est créée par deux (2) ou plusieurs personnes qui conviennent, par un contrat, d'affecter à une activité des biens en numéraire ou en nature, ou de l'industrie, dans le but de partager le bénéfice ou de profiter de l'économie qui peut en résulter. Les associés s'engagent à contribuer aux pertes dans des conditions prévues par le présent acte uniforme. La société commerciale est créée dans l'intérêt commun des associés[107] ». Le contrat de société est un contrat collaboratif, de coopération, d'échange et d'organisation où la force obligatoire a une acception particulière réduisant sa portée. C'est l'ascendance d'une flexibilité, d'une l'intelligence économique en droit des sociétés commerciales sur une rigueur parfois stérile et individuellement égoïste d'une partie au contrat en droit commun. Dans la recherche du profit, la sécurité contractuelle est plus collective qu'individuelle dans les sociétés commerciales. La réalisation ciblée de la justice contractuelle consiste à doter les actionnaires minoritaires de contre-pouvoirs dans l'exercice d'une gestion démocratique de ces sociétés par la majorité dirigeante.

16. Les remèdes légaux de prévention du déséquilibre des pouvoirs sont assurés par les procédures d'alerte manifestant la volonté du législateur d'inciter les dirigeants sociaux à réagir pour éviter leurs déroutes portant atteinte à la continuité de l'exploitation. La poursuite de l'intérêt social peut être menacée ou altérée par les abus des actionnaires majoritaires poursuivant des objectifs personnels. C'est la consécration légale d'un droit à la transparence pour les actionnaires minoritaires par l'information préalable qui est disponible dans les procédures d'alerte, dans l'expertise de gestion où elle peut être permanente[108] ou occasionnelle[109]. L'information préventive est un instrument de moralisation de la gestion sociale permettant un examen de l'intérêt social indissociable de la déloyauté et des abus de pouvoir des dirigeants sociaux. La collaboration égalitaire cumulée à la volonté de

[107] Art. 4 AUSCGIE révisé.

[108] A.-M. NJANDEU, *L'intérêt social en droit des sociétés*, pref. Paul Gerard Pougoue, L'harmattan, 2009, n°335, p.212 ; A. –M. CARTRON et B. MARTOR, L'actionnaire minoritaire dans les sociétés de droit, Dossier, Le droit uniforme africain des affaires issu de l'Ohada, Cahiers droit de l'entreprise, n° 1, Janvier – Février 2010, p. 23.

[109] A.-M. NJANDEU, *L'intérêt social en droit des sociétés*, préc. n°336, p. 214 ; A.-M. CARTRON et B. MARTOR, « L'actionnaire minoritaire dans les sociétés de droit », préc. n° 1, Janvier – Février 2010, p. 24.

s'associer distinguent le contrat de société, d'autres notions voisines comme le contrat de travail. En plus de ces mesures préventives, il est des moyens légaux de correction des abus dans les contrats de société et de consommation.

17. D'un côté, le droit de la consommation s'intéresse à une clause spécifique du contrat conclu entre le consommateur et le professionnel en contrôlant leur équilibre une à une. Le droit de la concurrence vise plus généralement le contrat dans son ensemble[110]. La concurrence est l'ensemble des règles juridiques qui organisent le jeu des rapports de rivalité et de coopération entre les entreprises dans leur démarche de conquête ou de préservation d'une clientèle[111]. Les deux domaines se ressemblent à s'y perdre dans la protection directe et indirecte du consommateur. L'interdiction ou la restriction des pratiques individuelles vise à réguler les comportements contractuels dans les relations entre professionnels et consommateurs. Aux nombres de ces pratiques, nous comptons l'imposition d'un prix de revente, la vente à des prix ou à des conditions discriminatoires, la vente à perte[112], le refus de vente ou les ventes forcées. Le législateur moralise indirectement, en interdisant ou en encadrant, plusieurs pratiques peuvant être malhonnêtes. Le législateur UEMOA se réserve une compétence exclusive dans la prohibition des ententes, aides d'États et abus de position dominante. Le renouvellement de la notion d'abus de droit et de la capacité des associations à ester en justice contribuent à une protection encourageante du consommateur. La conception classique de l'abus en droit commun des contrats ne justifierait pas la correction du déséquilibre des connaissances et des compétences au profit du consommateur. L'abus n'est plus seulement l'usage d'un droit dans l'intention de ne pas nuire à autrui, il est également une obligation de veiller aux intérêts de son cocontractant. Autrement dit, abuser de son droit ce n'est pas seulement agir contre autrui dans l'intention de lui nuire mais c'est aussi agir dans son seul intérêt sans égard pour celui de son cocontractant. C'est finalement faire preuve d'égoïsme, de déloyauté dans l'appréciation de l'intérêt d'autrui. Ce qui constitue la preuve irréversible qu'au désengagement du législateur face au déséquilibre des prestations en droit commun se substitue un contournement de son intervention dans un droit de la régulation correcteur du déséquilibre des pouvoirs. La régulation est une forme d'intervention des autorités publiques en amont de l'exercice d'une activité ou de nombreuses activités économiques qui sont liées. Elle constitue l'ensemble des techniques permettant d'instaurer et de maintenir un équilibre économique optimal requis par un marché qui est incapable en lui-même de le produire. Le législateur fait

---

[110] M. BEHAR-TOUCHAIS, « La sanction du déséquilibre dans significatif dans les contrats entre professionnels », RDC 2009, p. 202.

[111] A. KANTÉ, « Réflexions sur le droit de la concurrence et la protection des consommateurs dans l'UEMOA : L'exemple du droit Sénégalais », Ohadata D-06-03, Nouvelles Annales africaines n°1- 2009, p. 1

[112] A. SAKO, « La législation communautaire de la concurrence et les mécanismes alternatifs de règlement de règlement des conflits commerciaux », Ohadata D- 05 -12, p. 8.

recours au droit de la régulation, dans les girons de l'ordre public concurrentiel, pour contourner les faiblesses du traitement du déséquilibre contractuel des prestations en droit commun et celui des pouvoirs dans plusieurs contrats spéciaux. Ce qui fait intervenir des tiers régulateurs dans l'assainissement de l'environnement d'exécution des contrats notamment dans le domaine de la télécommunication au Mali. La protection des minoritaires en droit des sociétés s'inscrirait dans une perspective similaire avec des mécanismes plus directs de sanction des abus.

18. De l'autre côté, les sociétés commerciales répondent à une communauté d'intérêts qui en fait un contrat spécifique exigeant une lecture relativement assouplie de la force obligatoire par rapport aux contrats de droit commun. La divergence des intérêts requiert une vigilance accrue des actionnaires minoritaires à cause des règles de démocratie qui gouvernent les sociétés commerciales. Les dirigeants sociaux ont une obligation de loyauté, envers les actionnaires minoritaires, dont les atteintes sont sanctionnées par le juge pour rééquilibrer les pouvoirs. Cette intervention judiciaire légitimement admise et légalement consacrée peut conduire, au pire des cas, à la disparition du contrat de société ou à la désignation d'administration provisoire. Le traitement du déséquilibre des pouvoirs dans les contrats spéciaux ne corrige réellement que le comportement des contractants. Le traitement de ce déséquilibre interne au contrat doit être complété par celui du déséquilibre externe qui ne dépendrait pas du comportement des parties. Notre contribution pour une réforme du droit des contrats démontre, à la lumière du droit comparé, que les mécanismes disponibles en l'état actuel du droit positif malien ne corrigent que le déséquilibre portant sur les abus de pouvoir dans certains contrats spéciaux. Ce qui ne résorberait pas le déni du déséquilibre conjoncturel d'où l'indispensable consécration d'une obligation légale de renégociation judiciaire des contrats devenus déséquilibrés en droit commun. La finalité de la production législative dans les pays africains devra s'orienter vers l'élaboration d'un droit des contrats adapté aux réalités de la mondialisation de l'économie et de la globalisation des échanges économiques. L'indifférence face à l'instabilité de l'environnement économique est une exclusion du déséquilibre externe dans l'exécution paisible des obligations contractuelles. La force majeure ne décanterait plus les incommodités financières produites par l'extrême onérosité dans l'exécution des contrats déséquilibrés par l'imprévu dirimant. L'autonomie de la volonté est une proclamation exaltée de la liberté contractuelle qui ne protège plus les contractants. L'environnement d'exécution des contrats n'est plus épargné par l'instabilité notamment des bouleversements de circonstances économiques. La correction judiciaire des injustices dans les transactions introduirait un élément d'insécurité affaiblissant ces contrats[113]. La pertinence et la portée de ce type raisonnement sont simplificatrices de la réalisation ultérieure de la justice et de la sécurité

[113] I. SIDIBÉ, « L'insécurité juridique et ses ambigüités », art. préc. 2014, p. 89.

dans les contrats de longue durée. Il suffit pour s'en convaincre de constater que la conception classique de l'autonomie de la volonté, consacrant la liberté de l'individu à s'engager librement, s'est pervertie au fil du temps. Les raisons de cette altération sont infailliblement la patrimonialisation croissante, excessive, individualiste et égoïste des rapports contractuels. Le contrat est un bien avec une valeur patrimoniale mais aussi un lien avec des valeurs humaines. C'est à croire que le droit commun des contrats, dans beaucoup de pays africains encore à la traine, ne traduirait plus fidèlement la réalité socialement vécue qui devrait être juridiquement exprimée. L'équilibre contractuel serait moins individuel et plus collectif dans une grande majorité des cultures africaines.

Le traitement du déséquilibre contractuel, à travers la sécurité et la justice dans les engagements obligatoires qui sont les grandes notions incontournables, devrait répondre à une logique de solidarité, d'altruisme, du juste et de l'utile, de proportionnalité en droit commun et dans les contrats spéciaux. Pourtant, les limites opposées à ces notions laissent subsister le doute sur la passivité du législateur malien devant l'immoralité du droit commun des contrats. La bonne foi et l'équité ont toujours été des fondements moraux en droit des contrats. Il suffit toutefois de les interpréter judiciairement dans le sens d'une réhabilitation ultérieure de la justice contractuelle rompue en droit commun pour qu'elles soient considérées comme des fondements moralisateurs et inconciliables avec la pratique des affaires. C'est à croire que l'immoralité dans la réalisation du profit constitue l'essence même des activités économiques. L'admission d'une renégociation judiciaire des contrats suite au déséquilibre conjoncturel en droit commun consacre une certaine flexibilité dans ces contrats. Ce qui aura le mérite d'incarner utilement une souplesse économique intelligente au détriment d'une rigueur légalement protégée dans le traitement judiciaire du déséquilibre contractuel. L'argument qui consiste à soutenir que la consécration légale d'un principe de révision des contrats déséquilibrés est une menace, pour la stabilité des transactions, n'est pertinent que théoriquement. Dans la pratique, même le recours aux modes forcés de recouvrement des créances ne garantit plus une exécution satisfaisante. De ce fait, une approche renouvelée de la sécurité des transactions paraît indispensable par la consécration légale d'une renégociation judiciaire des contrats conjoncturellement déséquilibrés entre les particuliers. Toutefois, la détermination du seuil de renégociabilité et la précision de la fonction du juge participent cumulativement à une optimisation de la portée de la renégociation judiciaire des contrats suite au déséquilibre conjoncturel. Cette renégociation ne porte que sur les bouleversements substantiels de circonstances économiques et non les changements minimes ou fallacieux. Ce qui éviterait de remettre instinctivement en cause, l'utilité des transactions dans les contrats à exécution successive ou échelonnée. Les délais de grâce ne suspendent les effets du contrat qu'avec l'accord du créancier, quelle que soit l'onérosité de son exécution. L'inquiétude du législateur est que le créancier peut se trouver dans une situation similaire ou pire que celle du débiteur. Ce qui est parfois réel mais la renégociation des contrats déséquilibrés est protectrice de la partie faible en occurrence le débiteur de bonne foi. Il est plus approprié que pendant la renégociation, le juge maintienne le contrat économiquement viable pour l'améliorer. De prime abord, il est censé l'adapter pacifiquement dans l'optique d'une adaptation judiciaire. Par contre, lorsque ce processus de renégociation du contrat suite au déséquilibre conjoncturel échoue, le juge n'est pas supposé opter pour le maintien en l'état mais en prononcer la caducité tranchant définitivement le différend contractuel.

La présente contribution permettra au législateur de protéger la partie devenue faible en droit commun contre les changements dirimants de circonstances dans l'exécution des contrats de longue durée. Aussi permettra - t- elle de réussir la construction d'un droit des contrats adapté aux réalités et exigences du monde moderne tout en démontrant concrètement qu'opposer la sécurité et la justice dans le contrat n'a d'intérêts que philosophiques. Cette contribution pour une réforme du droit malien des contrats uniformiserait les régimes légaux de traitement du déséquilibre des prestations et des pouvoirs en droit commun et dans les contrats spéciaux. Il est du pouvoir des autorités politiques de veiller à ce que le monde contractuel ne soit une jungle ou ne vaudra que la loi du plus fort[114]. Pour remplir cette fonction et parvenir à ses fins, les systèmes juridiques usent de multiples instruments très divers que tout juriste doit connaitre et mettre en œuvre[115]. Nous remettons en cause la finalité du droit malien des contrats à cause d'une immoralité qui nécessiterait un traitement judicieux du déséquilibre contractuel. La fonction du droit n'est pas d'enfermer les individus dans leurs promesses en les cantonnant par une injonction moralisatrice, à assurer les conséquences de leurs paroles ou de leurs écrits[116]. Loin d'un encouragement du débiteur de mauvaise foi à ne pas payer ses dettes, ce plaidoyer souligne les tares conceptuelles de l'autonomie de la volonté dues à son instrumentalisation dans la prévention et le traitement du déséquilibre contractuel. Pour pallier cela, il faut la consécration urgente d'une flexibilité contractuelle restaurant des vertus originelles de l'autonomie de la volonté qui l'on conduit au panthéon d'une protection de la liberté individuelle. GOUNOT rappelait qu'en matière de contrat, il n'y a qu'un seul principe absolu : c'est la justice. Pour lui, la liberté n'est qu'un moyen en vue du juste, elle ne repose que sur une présomption de justice[117]. L'article 6/24 de l'avant-projet d'acte uniforme relatif au droit des contrats prévoit la

[114] M. THIOYE, *Recherches sur la conception du prix dans les contrats*, thèse préc. p. 278, n°668.

[115] J.- L. BERGEL, Méthodologie juridique, PUF, 2001, p. 49.

[116] G. LEWKOWIEZ et M. XIFARAS, *La méthode du droit, Repenser le contrat*, éd. Dalloz, 2009, p.24

[117] E. GOUNOT, *Le principe de l'autonomie de la volonté*, thèse préc. p. 388.

renégociation judiciaire des transactions suite au déséquilibre conjoncturel[118]. Ce texte constitue une sorte de mini révolution consacrant l'imprévision[119]. Le législateur français consacre de façon inachevée, une phase extrajudiciaire d'adaptation conventionnelle précédant une phase judiciaire de renégociation des contrats conjoncturellement déséquilibrés[120].

19. Nous parcourons différentes méthodes pour mener à bien notre étude, en les embrassant dans leur généralité sans étreindre les spécificités. D'abord, la méthode exégétique consiste à la recherche du sens que le législateur a attribué aux mécanismes face au déséquilibre contractuel en valeur ou en pouvoir. Nous verrons en quoi la force obligatoire est une inflexibilité contractuelle protégée par le législateur malien dans les relations entre particuliers. Ensuite, la méthode comparative[121] établit un parallèle entre les lois dans différents pays pour mesurer les avancées et les lacunes des outils de traitement du déséquilibre contractuel. L'objectif consiste à démystifier la correction du déséquilibre contractuel, à la lumière du droit comparé, pour déceler ses failles en droit commun. Cela demande parfois un léger décalage avec un positivisme juridique inséparable de la puissance normative de la volonté individuelle pour une approche relevant quelques spécificités sociales. Enfin, la méthode sociologique éclaire le contenu des obligations contractuelles pour une meilleure adéquation entre la transposition de la philosophie de l'autonomie de la volonté en droit positif malien et les besoins sociaux. Certes, le Code civil français de 1804 a inspiré nos législations depuis la colonisation. Toutefois, il est actuellement nécessaire de ne pas rester dans l'immobilisme contractuel lorsque certaines pratiques commerciales locales sont en déphasage avec les réalités économiques mondiales. La différence entre les réalités contemporaines à l'élaboration du Code civil français de 1804 et celles actuellement vécues en Afrique, piégée entre le conservatisme et le modernisme, doit se traduire par une intervention ciblée du législateur dans le déséquilibre contractuel en droit malien. La collecte documentaire et l'observation directe ont permis d'examiner des réalités sociales pour préconiser l'instauration d'une flexibilité contractuelle.

20. Pour mener à bien notre étude, nous traiterons le désengagement du législateur face au déséquilibre contractuel dans une première partie (PARTIE I) à cause du rejet de l'inéquivalence des prestations en droit commun. Nous

---

118 Art. 6/24 de l'avant-projet d'acte uniforme portant droit des contrats.

119 F. DIENG, « Réflexions sur l'article 6/24 de l'avant-projet d'acte uniforme sur le droit des contrats », Annales africaines, Nouvelle Série, volume 1, décembre 2014, p. 45.

120 L'ordonnance n° 2016-131 du 10 Février 2016 portant réforme du droit des contrats, du régime général et de la preuve des obligations qui entrera en vigueur le 1er octobre 2016 dont l'art. 1186 remplace de l'art. 1134 du Code civil de 1804.

121 V. aussi la méthode historico-comparative étudiant les origines, la création, l'évolution et la méthode systémique éclairant le sens d'un texte par rapport à son contexte juridique ; V. J. BEMBA, Dictionnaire de la justice internationale, de la paix et du développement, col. Justice, Harmattan, Paris, 2004.

n'exagérerons pas la portée de ce désengagement du législateur dans une deuxième partie par son intervention dans le déséquilibre contractuel (PARTIE II). Cette intervention est acquise dans le déséquilibre des pouvoirs dans certains contrats spéciaux mais requise dans le déséquilibre des prestations en droit commun. Cette dernière fera l'objet de notre contribution pour une réforme du droit des contrats qui mènera l'intervention du législateur dans le déséquilibre contractuel à un équilibre raisonnable.

PREMIÈRE PARTIE : LE DÉSENGAGEMENT DU LÉGISLATEUR FACE AU DÉSÉQUILIBRE CONTRACTUEL

21. L'autonomie de la volonté est une doctrine de philosophie juridique selon laquelle l'obligation contractuelle repose strictement sur la volonté des parties. Elle est à la fois la source et la mesure des droits acquis comme des charges assumées par ceux qui l'ont exprimée. La volonté individuelle est l'épicentre du contrat et permet de le justifier, de le définir, de l'interpréter ou en mesurer les effets[122]. La liberté des contractants qu'elle incarne est inconciliable avec la reconnaissance du déséquilibre contractuel qui signifie que le contrat n'a plus d'intérêt pour le cocontractant[123]. En droit commun, le législateur se désengage face au déséquilibre des prestations en faveur des contractants qui l'anticipent, l'évitent ou le traitent. Il empêche sa correction judiciaire contre la volonté d'une des parties. Le corollaire de l'engagement contractuel en toute liberté est l'obligation de respecter sa parole donnée. Le législateur malien ne consacre l'autonomie de la volonté qu'à travers une subtile analyse de l'article 20 qui dispose que : « la convention est tout accord de volonté ayant pour objet de créer, de modifier ou d'éteindre un droit[124] ». Les premières remises en cause de la conception volontariste du contrat datent du milieu XXème siècle sous les plumes de KELSEN[125] et ROUHETTE[126]. Ce dernier s'est montré plus virulent dans ses critiques au point de supprimer la place de la volonté dans le contrat[127]. Cette conception a montré les faiblesses de celle purement volontariste du contrat[128] en ce sens qu'elle ne permet plus d'expliquer la raison pour laquelle c'est la volonté passée et morte qui s'impose face à la volonté vivante et actuelle[129]. L'autonomie de volonté domine la philosophie des obligations contractuelles. Elle traduit une politique juridique proclamée dans une politique économique. Le refus de l'intervention légale (Titre 1) est une absence critiquable (Titre 2) dans le déséquilibre des prestations en droit commun.

---

[122] G. PIETTE, *La correction du contrat*, thèse préc. n° 4, p. 20.

[123] G. PIETTE, *La correction du contrat*, thèse préc. n° 918, p. 490.

[124] Art. 20 du RGO au Mali ; art. 42 du COCC au Sénégal.

[125] H. KELSEN, Théorie pure du droit, Dalloz, 2ème éd.1962, trad. Ch. Eisenmann ; '' La théorie juridique de la convention'', APD, 1990, p. 33

[126] G. ROUHETTE, *Contribution à l'étude critique de la notion de contrat*, thèse, Paris, 1965.

[127] G. ROUHETTE, *Contribution à l'étude critique de la notion de contrat*, thèse préc. n° 222.

[128] G. PIETTE, *La correction du contrat*, thèse préc. p. 20, n° 4.

[129] G. ROUHETTE, *Contribution à l'étude critique de la notion de contrat*, thèse préc. n°113, p. 407.

TITRE 1 : LE REFUS DE L'INTERVENTION LÉGALE DANS LE DÉSÉQUILIBRE DES PRESTATIONS

22. L'autonomie de la volonté a une forte ascendance sur la sécurité des transactions. Le traitement judiciaire du déséquilibre des prestations s'en trouve stigmatisée entre particuliers. Ce qui n'est pas sans incidence sur les fondements de la correction du déséquilibre contractuel par le juge. L'équilibre voulu par les contractants prévaut sur un équilibre stimulé par le juge pour remédier à une quelconque injustice. Un contrat, même gravement déséquilibré, ne pourra être corrigé que par la volonté commune et non sous la contrainte du juge qui sera tenu de respecter l'équilibre en valeur convenu par les parties le jour de la conclusion de leur accord. La liberté des parties leur permet de fixer les prix et justifie qu'elles ne puissent se plaindre d'un défaut d'équivalence entre la valeur des prestations. Qu'on l'accepte ou pas, que cela se fasse ostensiblement ou officieusement, la doctrine fait et défait les grandes constructions juridiques[130]. Cette doctrine moderne reproche à la conception volontariste, une simplification excessive de la réalité contractuelle. Cette approche du contrat instantané tirée de la vente, prise pour modèle par les rédacteurs du Code civil de 1804[131], est la principale source d'inspiration du législateur en droit malien. L'interdiction du traitement judiciaire (Chap.1) est la conséquence d'une surévaluation de celui conventionnel (Chap.2).

---

[130] N.-S. DIAGNE, thèse préc. n° 506, p. 223.

[131] V. en ce sens, J. ROCHEFELD, « Les modes temporels d'exécution du contrat », RDC 2004, p.47. L'auteur propose de confronter la durée d'exécution du contrat aux modèles de l'échange et de la relation. V. sur ce thème, M.-E. ANCEL, « La vente dans le Code civil : raisons et déraisons d'un modèle contractuel », in Des modèles du Code au Code comme modèle, dir. Th. Revet, Bibl. andré Tunc, t. 6, LGDJ, 2005, p. 285, spéc. n° 6. Pour lui : « En 1804, tout ou presque, doit concourir à ce que la vente soit un contrat pratique et fulgurant ».

CHAPITRE 1 : L'INTERDICTION DU TRAITEMENT JUDICIAIRE

23. Le désengagement du législateur face au déséquilibre contractuel en droit commun est un désaveu du juge dans la révision de ces conventions contre la volonté des parties. Le législateur ne reconnait pas le déséquilibre dans le contrat lorsque les parties ont eu l'opportunité de s'engager sans contrainte. Il n'habilite pas le juge à traiter le déséquilibre des prestations pour améliorer le contrat et s'y désengage. La durée des relations contractuelles crée souvent des liens privilégiés qui sont vecteurs d'obligations plus étroites mises à la charge des contractants. Ces obligations implicites ne sauraient être découvertes par le juge qui est tenu de respecter l'équilibre en valeur convenu par les contractants au jour de la conclusion de leur accord[132]. Le législateur semble plus se préoccuper d'assurer la liberté des parties que de la justice contractuelle en droit commun. Le concept d'équilibre contractuel traduit d'une certaine idée de la justice[133]. L'approche volontariste consacrée par le législateur considère que l'équilibre des prestations est laissé à la seule appréciation des contractants. La limitation des fondements classiques (Sect.1) et l'absence d'intégration des concepts émergents (Sect.2) empêchent le traitement judiciaire des contrats déséquilibrés contre la volonté des parties.

Section 1 : La limitation des fondements classiques

24. La théorisation laborieuse des mécanismes correcteurs du déséquilibre contractuel contribue largement au mutisme du juge. Le traitement judiciaire du déséquilibre en valeur est une acrobatie juridique à cause d'une limitation des fondements classiques. Le traitement du déséquilibre contractuel par le juge n'est décelable que derrière l'interdiction légale de toute révision forcée des contrats valablement formés. Le traitement judiciaire des contrats déséquilibrés apporte une certaine flexibilité dans leur exécution au profit de la partie faible. Les fondements de ce traitement judiciaire sont fustigés par le créancier qui n'y adhère pas et le juge n'est pas autorisé à l'y contraindre. La recherche d'une élasticité des notions à contenu variable dans le traitement judiciaire procède d'une double analyse d'égales importances. D'un côté, une analyse morale ou prétendue moralisatrice de la bonne foi et l'équité. De l'autre côté, une analyse économique de la cause du contrat qui est plus technique. L'obstruction passive à l'analyse morale (Para.1) et la fragilité dans la construction de l'analyse économique (Para.2) immobilisent le juge dans le traitement des contrats déséquilibrés.

---

[132] V. LASBORDES, *Les contrats déséquilibrés*, op. cit., p.18, n° 2.

[133] L. FIN-LANGER, *L'équilibre contractuel*, thèse préc. p. 36, n° 30.

Paragraphe 1 : L'obstruction passive à l'analyse morale

25. La sécurité est un impératif dans tout système juridique[134]. La révision judiciaire des contrats déséquilibrés est attentatoire au respect de la parole donnée. L'inadaptation des notions à contenu variable (A) dissimule leur promptitude (B) à corriger les contrats déséquilibrés par une remise en cause de cette sécurité des transactions.

A- L'inadaptation des notions à contenu variable

26. Les notions floues[135] peuvent fonder la révision de la volonté initiale des contractants. Toutefois, leur incompatibilité avec la sécurité des transactions dévoile l'incapacité de l'équité supplétive (1) et de la bonne foi explicative (2) à soutenir le traitement judiciaire des contrats déséquilibrés.

1- L'incapacité de l'équité supplétive à justifier le traitement judiciaire

27. La notion d'équité n'est pas, de prime abord, facile à définir au point de faire dire qu' : « à moins de piper dans les mirages de la métaphysique, l'équité est indéfinissable[136]». L'équité est considérée comme une notion[137] subjective et variable basée sur le sentiment des individus. Elle (l'équité) est une conception de la justice naturelle qui n'est pas instaurée par les règles de droit en vigueur[138]. Aux termes de l'art. 76 : « les conventions obligent non seulement à ce qui est exprimé, mais aussi à toutes les suites que l'équité, l'usage ou la loi donne à l'obligation d'après sa nature[139] ». L'équité s'invite dans le traitement judiciaire à travers l'interprétation des suites du contrat. De prime abord, il semble évident que les obligations dégagées sur le fondement

---

134 H. LECUYER, « Redéfinir la force obligatoire du contrat ? » , art. préc., p. 45 ; V. aussi P. PACTEAU, « La sécurité juridique, un manque qui nous manque ? », Actualité juridique – droit administratif, numéro spécial du 20 juin 1995 et s.; G. PIETTE, *La correction du contrat*, thèse préc. p.125 ; L. FIN- LANGER, *L'équilibre contractuel*, thèse, p. 387, n°543.

135 C. PERELMAN, « Les notions à contenu variable en droit, essai de synthèse », in Le raisonnable et le déraisonnable en droit, LGDJ, Bibliothèque de philosophie du droit, vol.29, 1984, p.132 ; V. FORTIER, « La fonction normative des notions floues », RRJ, 1991- 3, p. 755.

136 H. DE PAGE, *A propos du gouvernement des juges - L'équité en face du droit*, Paris, Sirey, Bruxelles, 1931, p.161.

137 H. MOTULSKY, *Principes d'une réalisation méthodique du droit privé*, thèse, Lyon, 1948, Paris, Sirey, n°13, p.15. L'auteur affirmait qu': « avant de s'en remettre à des guides aussi incertains et aussi décevants que l'équité ..., le juriste doit essayer de rattacher la solution qu'il recherche aux manifestations concrètes et fermes, ne peut jamais être totalement banni : toute interprétation et, plus encore, toute analogie en comporte nécessairement une part. Mais il faut réduire cette part au minimum ».

138 Le nouveau Petit Robert, Dictionnaire Alphabétique et analogique de langue française, Tome 1, Paris, 1993, p. 804.

139 Art. 76 de la loi portant régime général au Mali, préc. ; En matière pénale c'est l'art. 1er de la loi n° 01 – 080 AN – RM du 20 août 2001 portant Code de procédure pénale et en matière civile dans l'art. 53 - 1 du décret 09 – 220 / P – RM du 11 mai 2009 modifiant le décret 99-254 P- RM du 15 septembre 1999 portant Code de procédure civile commerciale et sociale au Mali.

de l'équité soient d'ordre public[140] parce que les parties ne sauraient l'exclure du contrat[141] par une clause.

28. Les auteurs classiques ont traité l'équité sous différentes facettes[142]. Certains défendent qu'elle n'intervient pas à la frontière du droit et du non-droit, mais au sein même de ce droit[143]. D'autres constatent que la subjectivité est inhérente à l'équité car ce qui est équitable pour l'un ne le sera pas forcement pour l'autre[144]. L'équité entretient des rapports avec la pitié dans le traitement des contrats déséquilibrés. La pitié qu'inspire le débiteur ne doit pas faire oublier aux juges que le créancier a peut-être lui aussi des raisons personnelles pour obtenir paiement immédiat. Si le créancier peut patienter, parfois cette attente pourrait le mettre à son tour dans une gêne financière très peu confortable ou irréversible. Dès lors, le juge doit arbitrer les intérêts en présence et tâcher de trouver un équilibre raisonnable[145]. Il est traditionnel d'opposer l'équité au droit légiféré ou de démontrer le recours à l'équité par « la texture même du droit positif »[146]. L'équité autoritaire du juge ne peut remplacer celle des parties[147]. L'interprétation judiciaire des contrats déséquilibrés se limite aux effets de l'autonomie de la volonté. La dose de subjectivité de l'équité montre qu'elle peut être un instrument de personnalisation du droit caricaturée par la recherche d'un équilibre entre des intérêts opposés[148]. Il ne s'agit pas de prospecter l'équilibre permettant d'assurer une égalité de chance, de succès ou de perte, à chacune des parties

---

140 Dans ce sens, A. BÉNABENT, *Droit civil, Les obligations*, op.cit., n° 286 ; P. MALAURIE, L. AYNES, et P. STOFFEL- MUNCK, *Les obligations*, op.cit., n° 774 ; G. VINEY et P. JOURDAIN, *Les conditions de la responsabilité*, op.cit., n° 516 et s. ; C. LARROUMET, *Les obligations, Le contrat*, op.cit., n°141 ; J. MESTRE, « L'évolution du contrat en droit privé français », in l'évolution contemporaine du droit des contrats, journées H. SAVATIER, PUF, 1986, p. 41 et s., spéc. p.49 ; J. MESTRE et B. FAGES, in Lamy Droit du contrat, n° 330 et s.

141 A. BÉNABENT, op.cit., loc. cit.

142 Pour Aristote, le législateur ne peut pas prévoir toutes les situations. Ce qui fait encore que tout ne peut s'exécuter dans l'État par le moyen seul de la loi. Pour certaines choses, il est absolument impossible de faire une loi ; V. aussi CICÉRON, *Revue historique de droit français et étranger,* Paris, Sirey, 1968, p. 646.

143 L'équité permet de résoudre des litiges dans l'hypothèse d'absence du droit, donc de non-droit selon la conception développée par le doyen Carbonnier. Ce « non-droit » correspond à une situation marquée par « l'absence du droit dans un certain nombre de rapports humains ou le droit aurait eu vocation théorique à être présent », L'hypothèse du non droit, A.P.D., Sirey, Tome VIII, 1963, p. 55 ; C. ALBIGES, *De l'équité e droit privé*, thèse préc. p.13.

144 F. TERRE, *Introduction générale au droit, Droit civil*, Paris, Dalloz, 4 éd., 1998, n°22[illegible], p.239.

145 A. SERIAUX, *Réflexions sur les délais de grâce*, op. cit., n° 2, p. 796.

146 B. JEANNEAU, *Le traitement de l'équité en droit français*, Les travaux de Recherches de l'institut de droit comparé de Paris, Paris, Cujas, Tome XXXIII, 1970, p. 21.

147 A. SERIAUX, Droits des obligations, Droit civil, Paris, PUF., coll. « droit fondamental », 2eme éd.,1998, n° 46, p. 183.

148 C. ALBIGES, *De l'équité en droit privé*, préf. R. CABRILLAC, L.G.D.J., Bibliothèque de droit privé, t. 329, 2000, n° 482.

au contrat. Ce qui fera plutôt de l'égalité un compartiment de l'équité[149]. Concrètement, le point d'ancrage de l'équité supplétive s'exprime à travers l'interprétation des suites du contrat. Or, les suites du contrat sont présentées comme un simple complément de son exécution de bonne foi[150]. La référence au silence des parties est inhérente à l'intervention de l'équité dans le traitement des contrats déséquilibrés par le juge. La fonction supplétive de l'équité est nécessaire et signifie que rien ne soit exprimé dans l'acte à propos des suites de l'obligation pour que celles-ci puissent être mises en évidence par le juge[151]. L'inconciliabilité entre l'équité et le traitement judiciaire, dans l'obtention des délais de grâce en particulier et dans le déséquilibre en général, se manifeste par une conception purement supplétive. L'inquiétude du législateur, dans l'intervention judiciaire, est de maintenir invariable le contenu des notions floues pour ne pas interpréter les contrats déséquilibrés contre la volonté du créancier. La généralisation de l'équité dans la correction judiciaire des contrats déséquilibrés est une atteinte à la sécurité et à la stabilité des conventions. L'emprise de l'autonomie de la volonté sur la sécurité des transactions répugne tout rééquilibrage du contrat contre la volonté des parties dans l'interprétation de ces conventions librement consenties. Dans cette logique, l'équité devient supplétive dans l'interprétation des contrats en dépit de la survenance du déséquilibre dans ces transactions. Ce qui lui prête une assimilation réductrice dans sa vocation altruiste qui n'a pas de place dans le procès équitable[152]. L'équité du procès dans l'interprétation correctrice des contrats déséquilibrés consiste à maintenir la volonté des parties au moment de leur engagement et non la dynamique du juge à secourir le débiteur contre la volonté du créancier. La crainte de la finalité extensive du traitement judiciaire motive le verrouillage du rôle de l'équité. En présence d'une adaptation librement voulue par les parties, sans pression et sans contestation, l'équité demeure conventionnelle. C'est la volonté généreuse du créancier à compatir à la situation du débiteur en droit commun. Par contre, cette clémence du créancier ne saurait être forcée par un traitement judiciaire. L'équité redoutée est celle du juge qui n'est pas supposé se substituer aux parties. Dans les contrats à titre onéreux, les suites de ces contrats ne dérogent pas à son exécution loyale par le débiteur, quelle qu'en soit l'onérosité en cas de déséquilibre conjoncturel. L'interdiction est faite au juge de les réviser pour

---

149 P. MAZIÈRE, *Le principe d'égalité en droit privé*, pref. Bertrand TEYSSIE, PUF, 2003, n°12, p. 55.

150 Une étude sur la relation entre la bonne foi et l'équité a permis de relever, au sujet de cette dernière, qu'elle « *complète opportunément cette action de bonne foi* », J. MESTRE, obs. sous com., 19 décembre 1989 et autres, R.T.D. Civ.1990, n°4. 651 ; V. aussi Yves PICOD, *Effet obligatoire des conventions- Exécution de bonne foi des conventions*, J.- Cl. Civil, Art.1134 et 1135, Fasc.11, 1999, n° 9, p. 6.

151 O. ANSELME-MARTIN, « Études critiques du devoir d'exécuter les conventions de bonne foi », Les Petites Affiches, 22 janvier 1977, n°10, p. 21.

152 M.- N. GAMANDA, *Le droit à un procès équitable*, Paris, édit. Droit et Idées Nouvelles, p. 18.

restaurer une contrepartie juste et équitable. La justice est la commutativité voulue par les parties en fonction des réalités ayant gouverné la formation du contrat. De ce point de vue, l'équité supplétive pourrait contribuer à une individualisation des décisions judiciaires. Elle ne doit pas compléter la volonté des parties, par une interprétation créatrice du contrat par le juge, mais maintenir cette volonté dans le sens de ce qui a été voulu malgré le déséquilibre. La manifestation du pouvoir correcteur du juge ne doit pas aboutir au développement d'un corps de règles parallèles au droit objectif, l'équité est dite objective[153]. L'obligation de respecter sa parole donnée serait incompatible avec une élasticité conceptuelle des notions floues. Cette logique destinée à éviter l'insécurité contractuelle concerne aussi la bonne foi.

2- L'incapacité de la bonne foi explicative à justifier le traitement judiciaire

29. La bonne foi était la traduction de la *bonafides*[154] qui désignait la fidélité religieuse[155]. CICERON la définissait comme la fidélité et la sincérité dans les paroles et les engagements pris[156]. Elle est limitée dans l'interprétation judiciaire du déséquilibre contractuel en dépit de sa relative subjectivation en droit des biens[157]. En effet, c'est une caractérisation du principe de l'apparence admettant la possibilité de léser les intérêts d'autrui de bonne foi. En effet, le droit accepte une situation de fait qui s'oppose à la réalité juridique[158]. La conception dite objective de la bonne foi ramène à la loyauté dans l'attitude des contractants sans nuire à l'autre. Ce qui consiste à adopter un comportement raisonnable et modéré sans agir dans son intérêt exclusif[159] ni compromettre les intérêts de son cocontractant de manière

---

[153] C. BOUIX, *Les mécanismes correcteurs d'origine prétorienne*, thèse université Jean Monnet de Saint Étienne, 2012, n° 280, p. 384.

[154] A. - S. COURDIER-CUISINIER, *Le solidarisme contractuel*, op.cit., p.291, n° 461 ; V. aussi B. JALUZOT, *La bonne foi dans les contrats, Études comparatives de droit français et japonais, allemand et japonais*, op. cit. n°41, pp.19 et s.

[155] S. TISSEYRE, *Le rôle de la bonne foi en droit des contrats : Essai d'analyse à la lumière du droit anglais et du droit européen*, thèse Paris I Panthéon – Sorbonne, 2010, n°1, p. 13.

[156] CICÉRON, De officiis, I, VII, 23.

[157] La bonne foi subjective concerne le droit des biens dans les art. 549,550, 555, 2272, 2276 du Code civil français profitant au possesseur de bonne foi d'acquérir, par le biais de la prescription, la propriété d'une chose, d'en conserver les fruits alors qu'il n'est pas propriétaire.

[158] S. TISSEYRE, *Le rôle de la bonne foi en droit des contrats : Essai d'analyse à la lumière du droit anglais et du droit européen*, thèse préc. 2010, n° 4, p. 17.

[159] En droit civil, de la condition potestative sanctionnée par l'art. 1174 du Code civil français, en droit commercial de la clause par laquelle un transporteur cherche à s'exonérer de sa responsabilité pour perte ou avarie des objets transportés, en droit de la consommation de la clause « qui a pour objet ou pour effet de créer » au détriment du consommateur « un déséquilibre significatif entre les droits et les obligations des parties au contrat ». On y voit « un abus du droit subjectif de contracter », il semble plus juste de distinguer un abus par déloyauté, par lequel une partie profite de la faiblesse de l'autre pour lui imposer une clause manifestement déséquilibrée. La clause abusive est celle qui, « en dépit de l'exigence de bonne foi », crée un déséquilibre significatif entre les droits et les obligations des parties. Par conséquent, parler de «

injustifiée. Cette exigence comportementale[160] est régulatrice de la conduite à tenir par les parties dans l'exécution des obligations contractuelles. Il est admis que le rôle annihilateur de la bonne foi ne soit pas systématiquement sanctionné dans l'existence d'un vice substantielle c'est-à-dire d'un déséquilibre contractuel[161]. Pour être conforme au déni du déséquilibre contractuel entre les particuliers, la bonne foi est une règle d'interprétation explicative dans la conception majoritaire civiliste[162]. La bonne foi offrirait au juge un pouvoir général d'intervention dans la pratique contractuelle[163]. Ce qui n'est pas conciliable avec la sécurité des transactions telle qu'envisagée dans la force obligatoire.

La bonne foi peut être un instrument de police des comportements contractuels dans le traitement judiciaire du déséquilibre interne dans certains contrats spéciaux pour sanctionner les abus de pouvoir. Toutefois, elle ne corrige pas le déséquilibre des prestations entrainé par les bouleversements de circonstances économiques au profit du débiteur et contre la volonté du créancier en droit commun. C'est le paradoxe des notions polysémiques utilisées par le juge pour basculer le bon sens et la vérité à l'avantage du débiteur dans l'interprétation des contrats déséquilibrés. Le juge est le garant de la morale publique et doit pouvoir censurer les manifestations abusives des volontés individuelles[164]. Ce qui n'augure pas une mutualisation du risque dans le traitement du déséquilibre conjoncturel ou la révision judiciaire des contrats lésionnaires. L'utilité de la bonne foi est une redondance[165]. Sa consécration législative ne fait plus l'ombre d'un doute[166] et son émergence est sans conteste au point

---

clause abusive », c'est faire un raccourci de langage pour mettre l'accent sur la clause déséquilibrée. Ce qui est abusif, c'est l'attitude de celui qui, profitant de la faiblesse de son cocontractant pour insérer une telle clause dans le contrat, a manqué à son devoir de loyauté.

160 J. FLOUR, J. AUBERT et E. SAVAUX, Les obligations, l'acte juridique, tome 1, 13ème éd. Sirey, 2009, n° 378, p. 340.

161 Exceptée la nullité des contrats lésionnaires en matière immobilière : art. 1674 du Code civil Français, action en complément de part : art. 1075-3 du Code civil français ; art. 411-13 du Code rural français (baux ruraux) ; lois des 8 juillet 1907, 10 Mars 1937 et 13 juillet (ventes d'engrais et de semences).

S. TISSEYRE, *Le rôle de la bonne foi en droit des contrats : Essai d'analyse à la lumière du droit anglais et du droit européen*, thèse préc. n° 256, p. 213.

162 M. PLANIOL et RIPERT, Traité pratique de droit civil français, t.VI, Obligations, Première partie, Paris, LGDJ, 1930, n° 379.

163 B. JALUZOT, *La bonne foi dans les contrats, étude comparative de droit français, allemand et japonais*, thèse préc. n° 891.

164 Y. PICOD, Le devoir de loyauté dans l'exécution du contrat, L.G.D.J., t. 208, préface Gérard couturier, n° 75, p. 91.

165 P. LE TOURNEAU, Rép.civ., Dalloz, V° Bonne foi, 1995, n°5 *« la bonne foi domine de haut l'ensemble du droit contractuel »*.

166 Art. 1.7 (1) et (2) des Principes Unidroit dispose que : « les parties sont tenues de conformer aux exigences de bonne foi dans le commerce international » et qu': « elles ne peuvent exclure cette obligation, ni en limiter la portée ». L'art. 1 : 201 (2) des Principes du droit européen du contrat dispose que les parties ne peuvent exclure le devoir de bonne foi, ni le limiter. Le Code du commerce américain dans la section l- 302 (b) dispose que : « l'obligation de bonne foi ne

qu'on se demande pourquoi cette occultation biséculaire[167]. Elle a pour objet de protéger les valeurs juridiques telles que la confiance et permettrait au juge de trancher justement les conflits[168]. Ce qui soutient l'allégation qu'exiger la bonne foi dans les contrats ne doit pas avoir pour objectif de faire individuellement de chaque contractant un bon commerçant, mais de faire de telle sorte que le commerce juridique qui se réalise puisse se dérouler en toute sécurité dans le maintien de la justice contractuelle.

30. Une branche de la doctrine aperçoit dans la bonne foi une notion à connotation morale voire du moralisme[169]. Le lien entre la morale et le droit est contestable ou admissible en fonction des fluctuations d'intérêts entre les parties dans l'exécution du contrat. La morale est consubstantielle au droit au contrat[170]. Elle exprime le respect d'une exécution de la volonté des parties dans les contrats valablement formés. Le risque d'une admission du moralisme dans l'exécution des contrats déséquilibrés serait dangereux pour le créancier qui veut juste être payé sans que sa moralité soit soumise à une prétendue injustice culpabilisante dans la correction judiciaire de l'inéquivalence congénitale ou ultérieure des prestations. LE TOURNEAU constatait que l'ordre et la sécurité qui l'escortent telle son ombre doivent céder le pas lorsque la morale ne s'y retrouve plus comme lorsqu'une partie prétend exécuter un contrat devenu ruineux[171]. Pour LAROMBIERE, ces mots, bonne foi, ont une large acception. Ils expriment tous les sentiments honnêtes d'une droite conscience. Sans exiger un raffinement de délicatesse, qui pousse le désintéressement jusqu'au sacrifice, la loi bannit des contrats les ruses et les manœuvres astucieuses, les procédés malhonnêtes, les calculs frauduleux, les dissimulations et les simulations perfides, la malice. C'est le comportement d'un contractant déguisant sous les apparences de la prudence et de l'habileté, sa volonté de spéculer sur la crédulité, la simplicité et l'ignorance[172].

31. MESTRE constatait que la bonne foi peut être dotée des effets les plus imprévisibles[173]. Elle est indésirable lorsqu'elle se transforme en instrument de traitement judiciaire des contrats déséquilibrés en obligeant le créancier à des

---

peut être exclue par le contrat (S.1-302 (b) UCC (anciennement s.1-102 (3) : « the obligation of good faith, diligence, resonableness, and care prescribedmay not bedisclaimed by agreement ».

[167] B. BOCCARA, note sous Cass. 3ème civ. 16 déc.1987, JCP, 1989, II, 21184.

[168] JALUZOT, *La bonne foi dans les contrats, étude comparative de droit français, allemand et japonais*, thèse préc., p. 64, n° 229 et 231.

[169] JALUZOT, *La bonne foi dans les contrats, Études comparatives des droits français, allemand et japonais,* thèse préc. n° 213, p. 60.

[170] V. sur la pénétration de la morale dans le droit positif RIPERT, *La morale dans les obligations civiles*, 4ème éd., Paris, LGDJ, 1949, n°157.

[171] Ph. Le TOURNEAU, Répertoire Civil Dalloz, Bonne foi, 1995, n° 7.

[172] LAROMBIÈRE, Théorie et pratiques des obligations ou commentaire des titres III et IV, livre III du Code civil, t. I, Art. 1101 à 1145, Paris, A. Durand et Pedone – Lauriel, 1885, comm. sous l'art.1134, p.381, n° 5 ; A.- S. COURDIER-CUISINIER, *Le solidarisme contractuel*, op. cit., p. 299, n° 472.

[173] J. MESTRE, RTD civ. 1996, p. 901.

concessions pour davantage de flexibilité, d'adaptabilité. Lorsque le créancier accepte de faire des concessions sans être forcé par le juge, il s'agit d'une adaptation conventionnelle. Le juge est muselé par la sécurité contractuelle, à connotation volontariste, qui lui interdit de forcer la bonne foi du créancier pour l'obliger à partager les effets économiques du déséquilibre conjoncturel. Dans l'adaptation judiciaire des contrats suite à ce déséquilibre, la bonne foi ne signifie pas qu'il faille obliger le créancier à y consentir. Elle se limite au respect de la volonté commune des parties garantissant l'équilibre contractuel initial. La bonne foi est rattachée à la moralité du débiteur à aller au bout de ses engagements, quelle que soit l'onérosité de leur exécution[174]. L'inquiétude est que le contrat ne devienne la tutelle du juge[175]. Contre l'arbitraire redoutable du juge[176] et son intrusion intempestive dans les contrats déséquilibrés au détriment de la sécurité des transactions, le législateur oppose la force obligatoire de ces conventions entre particuliers. Pourtant, la bonne foi et l'équité sont des notions variables pouvant légitimer le traitement judiciaire des contrats déséquilibrés.

B- La promptitude des notions à contenu variable

La promptitude des notions à contenu variable est leur propension à autoriser le traitement judiciaire des contrats déséquilibrés. Cette adéquation concerne l'équité (1) et la bonne foi (2) dans leur interprétation créatrice par le juge.

1- L'adéquation entre l'équité et le traitement judiciaire

32. La volonté des parties a une forte ascendance sur le traitement judiciaire des contrats déséquilibrés. L'équité dans les obligations contractuelles fait l'objet d'un encadrement rigoureux pour maintenir la force obligatoire fondée sur l'autonomie de la volonté. Le déni du déséquilibre contractuel emporte l'interdiction d'un traitement judiciaire destinée à améliorer la situation des parties mêmes sur la base d'une quelconque équité. Le philosophe grec Aristote considérait que l'équité a pour objet de redresser la loi là où elle se trompe[177]. La loi en matière contractuelle est la volonté des parties. L'équité dans sa finalité correctrice risque d'humaniser le juste juridique en complétant ou en modérant ce que l'application stricte des règles de droit aurait d'insuffisant ou de trop dur[178]. Cette fonction d'allègement de la raideur de la

---

174 A. BENABENT, « *La bonne foi dans les relations entre particuliers, dans l'exécution du contrat* », rapp. préc. p. 297.

175 D.MAZEAUD, « Loyauté, solidarité, fraternité : la nouvelle devise contractuelle ? », in L'avenir du droit, Mélanges en hommage à F. TERRÉ, Dalloz- PUF- Jurisclasseur, 1999, p. 603 et s., spéc. n° 23.

176 Nous ne pouvons généraliser cet arbitraire judiciaire car ce serait « jeter l'enfant avec du bain » parce qu'il y a des juges intègres. Nous mettrons l'arbitraire sur le compte de l'aléa et de la malchance de tomber sur un serviteur malhonnête, de la loi et du contrat, dans sa fonction de juger qui rend l'injustice au lieu de rendre la justice.

177 ARISTOTE, Éthique à Nicomaque, Paris, Librairie générale française, 1992, livre V, chap. 10 §6, p. 230 -231.

178 G. MARTY et P. RAYNAUD, Droit civil, t.1, 2ème éd. Paris 1972, n° 127.

loi des parties s'opère sur la base d'une équité modératrice. Les obligations judiciairement introduites par une interprétation créatrice sont liées à la nature de certains contrats spéciaux.

Il a pu être relevé qu'il ne s'agit plus de cette subjectivité inhérente à l'équité mais au contraire d'une réelle objectivation de ce principe d'équité[179]. L'équité subjective désigne la capacité offerte au juge de statuer lorsque les circonstances l'exigent. Le jugement en équité peut exclure l'application de la règle de droit en palliant les imperfections du droit dans un cas particulier[180]. C'est le cas de l'amiable compositeur ou lorsque l'intime conviction du juge lui permet de traiter le déséquilibre contractuel en dépit du désengagement du législateur en droit commun. Ce sont des mécanismes judiciaires utilisés pour caractériser la fonction correctrice de l'équité[181] en vue d'une amélioration de la situation du débiteur en cas de survenance de l'inéquivalence post-natale ou congénitale. Ce qui n'est nullement une excuse pour les débiteurs récalcitrants de ne pas payer leurs dettes. C'est trouver dans l'équité, un argument soutenant la mutualisation du risque dans les bouleversements de circonstances économiques ou dans le traitement des contrats lésionnaires. Pour cela, il faut permettre au débiteur de bonne foi de faire face à ses engagements au lieu d'attendre le pire ou la suspension provisoire des obligations contractuelles par l'octroi des délais de grâce. Dans ces cas de figure, le traitement judiciaire des contrats déséquilibrés peut entrainer une modulation substantielle et permanente de la volonté des parties. Il a pour objet de remédier aux défaillances, excès ou erreurs[182].

Le professeur LARROUMET soulignait que si le strict respect de la force obligatoire du contrat suppose une exécution de son obligation par le débiteur au moment prévu pour cette exécution, l'équité, qui n'était pas absente de la disposition originaire de l'article 1134 du Code civil, doit autoriser, lorsqu'elle n'est pas contraire à la loi, un assouplissement de cette exigence[183]. Cette référence, néanmoins implicite[184] à l'équité, n'a pas pour objet de modifier le contrat initialement conclu ou de suppléer à une absence relevée au sein de ce contrat. Elle n'intervient que pour permettre que la fonction de traitement judiciaire autorise un infléchissement de la rigueur excessive du droit strict[185]

---

179 C. ALBIGES, *De l'équité en droit privé*, thèse préc. t. 329, 2000, n° 494.

180 C. ALBIGES, « L'équité dans le jugement, étude de droit privé », préc. p. 108.

181 C. BOUIX, *Les mécanismes correcteurs d'origine prétorienne*, thèse préc. n° 43, p. 60.

182 C. BOUIX, *Les mécanismes correcteurs d'origine prétorienne*, thèse préc. n° 45, p. 62.

183 I. PICOD, *Effets obligatoires des conventions- Exécution de bonne foi des conventions*, J. Cl. Civil, n° 73, p. 21.

184 Selon la formule retenue par l'art.1244 du Code civil français : « seul le mot équité manque, mais la chose y est » P. FORIER, *Réflexions sur l'équité et la motivation des jugements*, La pensée juridique de P. FORIER, Bruxelles, Bruylant, 1984, note 23, p. 232.

185 G. CORNU, *Introduction, Les Personnes, Les Biens, Droit civil*, Paris, Montchrestien, Domat, 9e éd.,1999, n° 179, p .74.

en accordant au débiteur un délai déterminé[186]. Ce qui a fait dire que la place de l'équité dans un système juridique dépend d'abord du rôle qu'on assigne au juge dans l'application du droit[187]. Le traitement judiciaire des contrats déséquilibrés peut ainsi être accessible par le recours implicite à la fonction correctrice de l'équité. Une série de décisions de justice, en droit comparé, témoigne de cette évolution[188]. Venir en aide au débiteur pour l'aménagement raisonnable de l'exécution ne devrait pas entraîner la ruine du créancier. La modification judiciaire des stipulations contractuelles est toujours écartée en droit privé malien afin de garantir le respect de la parole donnée. Le traitement judiciaire de la loi des parties risque de fragiliser les rapports entre cocontractants[189] lorsqu'elle est basée sur l'équité. Il n'est possible entre particuliers que sur une habilitation du législateur. A défaut, l'équité demeure une notion fuyante, incertaine et floue dans sa promptitude à admettre et soutenir le traitement judiciaire des contrats déséquilibrés.

33. Pour les professeurs TERRE, SIMLER et LEQUETTE plutôt que d'inviter les parties à insérer elles-mêmes dans le contrat des clauses destinées à rejeter les solutions actuelles de notre droit, ne serait-il pas préférable de renverser le principe et d'admettre la révision pour imprévision[190]. Le juge est le mieux à même de restaurer l'équilibre en dehors des réalités contemporaines à la conclusion du contrat qui sont sous l'emprise de l'autonomie de la volonté. Son intervention s'inscrit dans la reconstruction d'un équilibre disparu[191] calqué sur l'équilibre initial. L'absence de dispositions abondamment protectrices du débiteur de bonne foi met en exergue une sécurité des transactions inachevée au service exclusif du créancier en droit commun. Pourtant, l'équité pourrait servir de base pour un traitement judiciaire des contrats déséquilibrés. Le jugement rendu en équité ou équité subjective subsiste de manière dissimulée lorsqu'il n'est pas autorisé par le

---

186 Pour une illustration de la censure d'une décision d'une Cour d'appel qui n'avait pas précisé la durée du délai de grâce, Civ. 2ème, 7 janvier 1998, J. C.P. 1998, I, 129, n° 12, obs. G. LOISEAU ; R.T.D. Civ. 1998, n° 6, p. 369, obs. J. MESTRE.

187 B. JEANNEAU, *Le traitement de l'équité en droit français*, Les travaux de Recherches de l'institut de droit comparé de Paris, Cujas, Tome XXXIII, 1970, p. 21.

188 La Cour de cassation, ainsi que la Cour d'appel, estima que la société (BP) n'avait pas : « *exécuté le contrat de bonne foi* » en privant le garagiste de la possibilité de pratiquer des prix concurrentiels : com., 3 Novembre 1992, Bull. civ. IV, n° 241, p. 325 ; R.T.D. Civ. 1993, n° 7, p. 124, obs. J. MESTRE ; J. C. P.1993, II, 22164 note G. VIRASSAMY ; Cette solution a été réitérée et plus récemment en matière de contrat d'agence commerciale ; V. Com., 4 décembre 1998, R.T.D. Civ .1999, n°10, p.98, obs. J. MESTRE ; Rép. Défrenois 1999, art. 36953, n°1516 p. 371, obs. D. MAZEAUD; J.C.P. 1999, I, 143, n° 2, obs. Ch. JAMIN: Contrats-Conc-Consom, 1999, n°56, p.14, obs. M. MALAURIE- VIGNAL; R.T.D. Civ. 1999, n°3, p. 646, obs. P.- Y. GAUTIER; J.C.P. 1999, II, note Y. PICOD.

189 A. SERIAUX, *Droit des obligations*, op. cit. n° 46, p.187.

190 TERRE, SIMLER et LEQUETTE, *Les obligations*, Droit civil, Paris, Dalloz, 7ème éd., 1999, n° 446, p. 434.

191 S. LE GAC-PECH, op.cit, n° 852.

législateur. La fonction correctrice de l'équité peut survivre à la limitation des pouvoirs judiciaires de révision en droit des contrats.

34. L'ensemble des fondements judiciaires qui facilitent et dépassent une interprétation explicative pour atteindre celle correctrice ont été qualifiés de forçage[192]. Des auteurs parlent du forçage des qualifications contractuelles[193], du forçage des textes[194] et même de forçage des notions[195]. Ladite notion est méconnue du vocabulaire juridique africain même si des études abondantes y ont été consacrées ailleurs[196]. Le forçage est un outil de traitement des contrats déséquilibrés lorsque le juge augmente le contenu de ces contrats en ajoutant des obligations nouvelles qui n'étaient pas expressément prévues par les

---

[192] 1- Le forçage est d'abord législatif : l'exemple est le contrat de travail à salaire différé en France, créé par un décret- loi de loi du 29 juillet 1939. Le problème qui se posait au législateur était de déterminer le sort successoral des descendants restés travailler dans les exploitations rurales. Ces descendants ne recevaient pas de salaire et au décès de l'ascendant, ils recevaient des parts identiques au même titre que les autres descendants qui n'avaient pas contribué à enrichir le patrimoine successoral. Face a cette iniquité qui lésait ces descendants, l'art. 63 du décret - loi de 1939 prévoyait ainsi que les descendants restés travailler dans l'exploitation agricole de leur ascendant jusqu'à son décès étaient : « réputés légalement bénéficiaires d'un contrat de travail à salaire différé ». Ce forçage est législatif car ce dernier qualifie de contrat, une situation en dehors de toute volonté des parties V. sur ces propos RACHEL BLOUGH, op.cit. p. 22 ; 2- Le forçage est ensuite judiciaire : il existe d'autres formes de forçage par le juge sur habitation du législateur lorsque, par exemple, dans les voies d'exécution en vertu de l'art. 2284 de l'ordonnance du 23 mars 2006, tout individu s'étant engagé personnellement est tenu de répondre de cet engagement sur l'intégralité de son patrimoine. Le créancier poursuivant le paiement de sa créance peut faire saisir les biens immobiliers de son débiteur afin de se faire payer sur le prix de leur vente forcée qui porte le nom d'adjudication sur saisie immobilière. Parler de « vente forcée » semble contraire à l'esprit du contrat, de la volonté. Il y a forçage de la qualification contractuelle dans la mesure où le saisi ne donne pas son consentement au transfert de la propriété. Enfin, d'autres auteurs sont allés jusqu'à proposer comme qualification appropriée, de considérer l'adjudication comme « un acte juridique d'expropriation pour cause d'intérêt privé » V. notamment L. MAUGER- VIELPEAU, note sous Civ. 2ème, 3 octobre 2002, D., 2003, jur., p.1322 et s. ; un auteur fait des affirmations surprenantes en disant que : « Si l'adjudication n'est pas un contrat, c'est néanmoins une vente, qui ne peut notamment faire l'objet d'une action en résolution pour non-paiement du prix sur le fondement des articles 1184 et 1654 du Code civil » G.- A. SILLARD, Saisie immobilière, loi Carrez, saturnisme, amiante et termites : à propos de l'arrêt de la Cour de cassation du 3 octobre 2002, Gaz. Pal., 5 -7 janvier 2003 ; RACHEL BLOUGH, op. cit. p. 25.

[193] V. sur le forçage de la qualification dans la clause pénale G. PAINSANT, note sous CA Paris, 16 mai 1986.

[194] Cf. J.-Y. MARECHAL, note sous Crim., 15 novembre 2005, JCP, 2006, II, 10057 qui considérait que « *La Cour de cassation procède de toute évidence à un certain forçage des textes d'incrimination* » ; RACHEL BLOUGH, Le forçage, du contrat à la théorie générale, préc., p. 3.

[195] M. FABRE MAGNAN, « *Le Sadisme n'est pas un droit de l'homme* » (CEDH,17 février 2005), D., 2005, p. 2973, évoquant la dérive de la Cour européenne des Droits de l'Homme consistant à tout qualifier de « droit » et même de « droits l'Homme », qu'elle considère comme réalisant un « forçage de la notion » RACHEL BLOUGH, *Le forçage, du contrat à la théorie générale*, op. cit. p. 3.

[196] R. BLOUGH, *Le forçage, du contrat à la théorie générale*, préc. ; L. LEVENEUR, « *Le forçage du contrat* », Droit et Patrimoine, Mars 1998 ; B. GUIDERDONI, *Le forçage du contrat par le juge*, thèse Caen, 2002.

parties. Le forçage est la découverte judiciaire d'une obligation accessoire de sécurité ou d'information dans différentes catégories de contrats. Le juge corrige les contrats déséquilibrés sur la base du forçage de l'équité et de la bonne foi.

2- L'adéquation entre la bonne foi et le traitement judiciaire

35. La bonne foi est d'ordre public[197]. En droit commun, le principe est que le contrat est la loi des parties à laquelle aucune interprétation correctrice ne saurait déroger. L'interprétation subjective diffère du caractère subjectif de la bonne foi. Le premier signifie que le juge va s'appuyer sur des moyens relatifs à la situation du débiteur pour corriger les contrats déséquilibrés. Par contre, le caractère subjectif de la bonne foi le rattache à l'autonomie de la volonté. La volonté est une donnée subjective et dépendante de chaque individu. Dans la correction judiciaire des contrats déséquilibrés, la bonne foi devrait être un instrument produisant des solutions équitables aux problèmes juridiques. Sa souplesse notionnelle la prédispose à l'interprétation et à l'actualisation de la règle de droit en diluant sa rigueur d'où sa promptitude à traiter le déséquilibre contractuel. La détermination de la justice contractuelle, par le biais du rôle supplétif de la bonne foi, l'inscrit dans le giron de la sécurité des transactions. Le respect de la volonté des parties est restrictif du rôle de la bonne foi dans l'interprétation des contrats déséquilibrés. L'intervention du juge en sort réduite car lorsqu'il augmente le contenu du contrat, la liberté s'amoindrit : c'est la crise du contrat. C'est à cet effet que les prérogatives du juge doivent être strictement encadrées[198]. Par contre, la bonne foi s'est objectivée en ouvrant la voie à un rôle complétif[199]. Elle est utilisée dans l'interprétation

---

[197] Pour le caractère d'ordre public de la bonne foi : V. P. LE TOURNEAU, Rép. Civ. Dalloz, V° *Bonne foi*, 1995, n°14. Pour lui, en tant que principe général du droit des contrats, la bonne foi est d'ordre public ; Lamy Droit du contrat, n° 365 - 6 : « il s'agit d'une exigence d'une exigence de portée générale et d'ordre public, à laquelle les parties ne peuvent certainement pas déroger » ; A. BENABENT, Rapport français sur la bonne foi dans les relations entre particuliers dans l'exécution du contrat, in Travaux de l'association henry Capitant, t. XLIII, La bonne foi, Litec, 1994, p. 291 et sp. p. 293. Il soutient que la règle est en train de s'ancrer fermement dans notre droit positif, que l'exécution du contrat ne doit pas être une application mécanique des stipulations contractuelles, mais qu'elle doit y présider dans un souci de moralité, contrôlé par les tribunaux, qui participe de l'ordre public ; L. CORNELIS, « *La bonne foi : aménagement ou entorse à l'autonomie de la volonté* », in la bonne foi, sous la direction de S. David- Constant, édition du Jeune Barreau de Liège, 1990, p. 17 et s., sp. n° 41 et s. ; B. JALUZOT, thèse préc. n ° 1745 et n° 567. Selon lui : « La règle de bonne foi est une disposition d'ordre public, les parties ne peuvent ni l'éliminer, ni la limiter par une disposition contractuelle ». Il poursuit qu': « elle est d'ordre public car il serait impensable que les parties puissent l'éliminer par une clause spéciale ».

[198] Le juge ne doit pas forcer l'interprétation du contrat, notamment celle des clauses claires et précises, faute de quoi il encourait le risque de se voir reprocher une dénaturation du contrat. A ce sujet, B. STARCK, H. ROLAND, L. BOYER, *Obligations*, Tome 2, Le contrat, Litec, 5° ed. 1995, n° 173 s. p. 170.

[199] S. TISSEYRE, *Le rôle de la bonne foi en droit des contrats : Essai d'analyse à la lumière du droit anglais et du droit européen*, thèse préc. n° 368, p. 290.

créatrice en droit des contrats[200]. Dans cette configuration, la bonne foi est un fondement redoutable de traitement judiciaire pour sa capacité à engendrer les obligations de loyauté et de coopération. A côté des directives générales d'interprétation, la loyauté intervient là ou le contrat ne dit rien, là où il serait illusoire d'invoquer une prétendue volonté qui ne s'est pas du tout ou ne s'est pas correctement exprimé[201]. Dans l'exécution des contrats déséquilibrés, il n'y a rien ou très peu de choses à interpréter. Le débiteur doit faire face à ses engagements tels que voulus lors de la conclusion du contrat. C'est la force obligatoire du contrat dont les atteintes constituent une profanation de la parole sacrée, une menace pour la stabilité des transactions. La bilatéralisation de la bonne foi, par l'exigence des obligations de loyauté et de coopération, ne devrait pas s'effectuer contre la volonté du créancier. Pourtant, selon PICOD, coopérer c'est agir conjointement avec son partenaire. Il s'agit de participer à une œuvre commune, de collaborer, de concourir, se secourir, de contribuer ou alors d'aider ou d'assister son cocontractant. C'est s'obliger à ne pas nuire aux intérêts du partenaire et se forcer à prendre ses intérêts en compte, à les respecter et à agir en vue de leur développement[202]. Cette coopération requiert l'assentiment du créancier dans le traitement judiciaire des contrats déséquilibrés. Pendant la phase contentieuse, le juge ne peut obliger l'esprit coopératif du créancier contre sa volonté. Cette cure sous l'autorité du juge commande pourtant de tenir compte de certaines considérations subjectives relatives à la situation du débiteur de foi devenu insolvable des suites d'une exécution onéreuse des contrats conjoncturellement déséquilibrés. La loyauté varie selon les époques et les espaces géographiques dans l'exécution des obligations contractuelles. Ce qui était loyal à l'époque de l'élaboration du Code civil de 1804 ne l'est plus forcément aujourd'hui[203]. Réduire la bonne foi

---

[200] En droit comparé : art.1 :106 des Principes du droit européen du contrat ; art. I- I : 102 DCFR et II-8 (sur les principes) : 102 (sur les contrats) ; art 4 : 109 des Principes du droit européen du contrat dispose, dans sa première partie, que : « … la nullité d'un contrat peut être demandée lorsque celui- ci est disproportionné et qu'il octroie à l'un des contractants un « profit excessif ou un avantage déloyal ». Ces critères sont repris dans le projet de cadre commun de référence en matière d'*unfair exploitation* dont l'art. II -7 : 207 (1) qui devait être initialement intitulé « *excessive benefit or unfair advantage* » et reprend la lettre de l'art. 4 :109 (1) : « lorsqu'un état de dépendance a entrainé la conclusion d'un contrat disproportionné, sa nullité peut être demandée ». Il n'existe pas un principe de contrôle de l'équilibre contractuel en droit anglais des contrats excepté l'*economic duress* (art. II-7 : 207 : lorsqu'un contractant profite des difficultés économiques de son partenaire pour modifier les termes de l'accord intervenu à son bénéfice, la victime de ce comportement peut se fonder sur *l'economic duress* pour demander la nullité du changement résultant des pressions) et l'*undue influence* (est la conséquence des pressions psychologiques exercées). V. une approche globale de ce droit comparé S. TISSEYRE, *Le rôle de la bonne foi en droit des contrats : Essai d'analyse à la lumière du droit anglais et du droit européen*, thèse préc. n° 273, p. 225.

[201] Y. PICOD, « Le devoir de loyauté dans l'exécution du contrat », préc. p. 6.

[202] Ibidem.

[203] Y. PICOD, « Le devoir de loyauté dans l'exécution du contrat », préc. n° 12, p. 22.

à une simple recette de la volonté des parties, c'est laisser trop souvent en jachère[204] les principes d'interprétation du contrat[205].

36. La loyauté contractuelle constitue la garde prétorienne de l'équilibre des prestations[206]. Dans la conception volontariste, la création d'une obligation de coopération écorche l'efficacité du contrat qui est proportionnelle à la confiance investie par le créancier en la personne du débiteur. La correction judiciaire incarne une dynamique positive admettant qu'un équilibre indispensable permet la survie du contrat[207]. En abandonnant le sort du contrat à la seule volonté des parties, la doctrine classique avait ouvert la porte à l'injustice et à l'instinct de domination du fort sur le faible. Cette façon déroutante d'appréhender le contrat avait fini par faire croire à la destruction de la coopération[208]. Le devoir de coopération est une revendication sociale progressivement traduite en termes d'obligations juridiques[209]. Le créancier doit faciliter à son débiteur de bonne foi, l'exécution de ses obligations en lui offrant toute l'aide nécessaire. La coopération en faveur du débiteur lui permet d'exécuter utilement[210] le contrat. Le devoir de loyauté est l'expression d'une solidarité contractuelle. L'obligation de coopération n'engage pas les parties à réviser le contrat, elle lui donne la plus grande portée possible[211].

37. Le traitement judiciaire des contrats déséquilibrés conflictualise les rapports d'obligations entre les parties. Chez KANT, le conflit d'intérêts est comme la matrice du droit parce que les maux qu'il engendre, comme l'injustice et l'inégalité, les tensions qu'il suscite et les privations de libertés qu'il génère conduisent forcément à substituer à l'antagonisme des intérêts une sorte de coopération entre les sujets de droit[212]. Selon le professeur BENABENT, pour le débiteur, il s'agit de ne pas chercher à louvoyer avec ses obligations ou à s'y dérober et pour le créancier, c'est de ne pas chercher à exploiter abusivement sa situation et ses avantages[213].

---

[204] J. DUPICHOT, « Pour un retour aux textes : défense et illustrations du petit guide – âne des articles 1156 à 1164 du Code civil », in Études Jacques Flour, 1979, p. 179 et s. spéc. p. 180.

[205] Art. 72 à 76 du RGO malien, art. 99 à 103 du COCC sénégalais et art.1156 à 1164 du Code civil Français.

[206] Y. PICOD, « Le devoir de loyauté dans l'exécution du contrat », préc. n° 150, p. 174.

[207] Y. PICOD, « Le devoir de loyauté dans l'exécution du contrat », préc. n° 83, p. 97.

[208] J. MESTRE, « *D'une exigence de bonne foi à un esprit de collaboration* », RTD civ.1986, p.101 ; Y. PICOD, « *Le devoir de loyauté dans l'exécution du contrat* », JCP, 1988, I, 3318 ; G. MORIN, « *Le devoir de coopération dans les contrats internationaux : droit et pratique* », DPCI, 1980, t.6, p.9 et s.; DEMOGUE, *Traité des obligations en général*, Vol. 7, 1923 à 1933, n°29.

[209] Y. PICOD, « Le devoir de loyauté dans l'exécution du contrat », préc. n° 85, p. 100.

[210] Y. PICOD, « Le devoir de loyauté dans l'exécution du contrat », préc. n° 87, p. 104.

[211] Ibidem.

[212] E. PUTMAN, « *Kant et théorie du contrat* », RRJ. 1996 p. 685- 697.

[213] A. BÉNABENT, *La bonne foi*, Rapport français in Trav. Association H. Capitant, Tome XLIII, 1992, p. 293.

38. Le traitement judiciaire des contrats déséquilibrés crée des liens entre la bonne foi et l'équité. Dans leurs rôles respectifs de possibles moyens judiciaires de traitement des contrats déséquilibrés, la bonne foi et l'équité se confondent. L'équité est la notion qui évoque le plus instinctivement l'idée de bonne foi[214] même si elles sont évoquées dans deux articles distincts en droit commun des contrats[215]. Pour des auteurs[216] et des juges[217], l'habitude a été prise de viser conjointement les deux notions. Ce qui témoigne d'une complicité qui tourne à l'intimité au point de faire dire à MUNCK qu'un pan entier des manifestations de la bonne foi pourrait être absorbé par l'équité[218]. THIOYE abonde dans le même sens en considérant que l'équité est une manifestation de la bonne foi[219]. La portée de la bonne foi est nuancée[220] dans sa fonction explicative. Son caractère trop général [221] minimise la portée de son rendement dans le traitement judiciaire des contrats déséquilibrés. L'obstruction à l'interprétation créatrice et au refus de révision du contrat, à cause de la sécurité contractuelle dans les relations individuelles, reduisent l'efficience de la bonne foi. Pourtant, elle se propose d'être un instrument éthique de mise en œuvre de la pérennité contractuelle parce qu'elle peut fonder l'existence d'une obligation générale de renégociation implicite entre les parties. À la base, la bonne foi et l'équité sont des notions empreintes de subjectivité. L'inefficacité de la bonne foi dans le traitement du déséquilibre des prestations est une obstruction à la réalisation de la justice au cours de l'exécution du contrat entre particuliers. La cause peut fonder le traitement judiciaire des contrats déséquilibrés au même titre que la bonne foi et l'équité élargies.

Paragraphe 2 : La fragilité dans la construction de l'analyse économique

39. La cause est par essence économique[222]. La différenciation entre la cause efficiente et la cause finale est primordiale. Dans le traitement judiciaire des contrats déséquilibrés, la cause classique est passée d'une analyse théorique (A) à l'apogée de sa modernisation (B) dans l'exploration d'un l'équilibre voulu à celui stimulé.

---

214 R. VOUIN, *La bonne foi, notion et rôle actuels en droit privé français*, Thèse Bordeaux, Paris, LGDJ, 1939, p. 89.

215 Art. 76 et 77 al. 3 du RGO au Mali, préc.

216 V. par exemple A. COLIN , H. CAPITANT, *Cours élémentaires de droit civil français*, 7ème édition, Paris : Dalloz, 1932, Tome II, pp. 68- 69.

217 V. par exemple Cass. Com., 16 mars 1993, Bull. civ., IV, n°109, p. 75.

218 P. STOFFEL-MUNCK, *L'abus dans le contrat*, thèse préc. p.81.

219 M. THIOYE, *Recherches sur la conception du prix dans les contrats*, thèse préc. p.305, n° 741.

220 M. BENILLOOUCHE, « *La valeur primordiale du devoir de bonne foi en droit européen des contrats est elle une originalité purement formelle* ? », P.A. 29 juillet 2004, n° 151, p. 6.

221 R. MARTIN, note sous Rouen, 15 sept. 1992, JCP 1993, II, 21981.

222 G. PIETTE, op.cit. n° 507, p. 263.

A- L'analyse théorique de la cause classique

40. La cause est le but attendu par les parties et invariable pour chaque catégorie de contrat par opposition aux motifs qui sont individuels et variables pour tout contractant. L'accumulation progressive de l'équivalent voulu et celui stimulé retrace les rouages d'une évolution de la conception classique de la cause objective (1) à l'ébauche de celle moderée (2).

1- La conception classique de la cause objective

41. La théorie de la cause est traditionnellement présentée comme puisant ses racines dans les écrits de DOMAT[223]. Dans sa conception classique, elle se voulait objective et abstraite en tant que but immédiat poursuivi par les paries. Cette approche objective de la cause empêche le juge de se livrer à une analyse de mobiles ou de la psychologie des contractants[224]. Dans cette logique, la cause est une donnée abstraite et objective excluant toute recherche d'une psychologie individuelle[225]. La conception objective de la cause a connu des applications éprouvées en fonction des différentes catégories de contrats. Dans les contrats à titre onéreux, la cause objective est la justification d'une contrepartie réelle au moment de la conclusion de l'engagement obligatoire dans l'article 23 du RGO malien. Dans les contrats synallagmatiques, les obligations réciproques et interdépendantes des parties se servent mutuellement de cause dans l'article 22 du RGO malien. La cause classique est envisagée dans les contrats réels dans lesquels elle est la prestation antérieurement effectuée par le cocontractant c'est-à-dire la remise de la chose. C'est parce qu'elle a reçu la chose, qu'une partie s'engage à la restituer, à l'entretenir ou à la conserver. Dans les contrats à titre gratuit, la cause est

---

223 DOMAT, *Lois civiles*, livre I, titre I, n° 5 et 6. Les Romains ne faisaient pas de la cause, pour sa forte tonalité subjective, une condition de formation des contrats car ils n'avaient pas besoin d'elle pour déterminer la validité des contrats grâce à l'emploi les conditions formelles. Édifiée au Moyen Age et systématisée, sous l'Ancien Droit, par Domat, dont la majorité des classiques du XIX siècle ont repris les idées, la théorie classique de la cause sert à déterminer la validité des obligations en employant le but en vue duquel les parties se sont engagées. Elle distingue deux types de causes : la cause subjective, le motif qui détermine le contractant à passer une convention ou la cause du contrat, et la cause objective, la raison pour laquelle le cocontractant assume son obligation ou la cause de l'obligation. Le droit canonique, remontant à Saint Augustin et Saint Thomas d'Aquin, a dégagé cette distinction qui s'est préoccupée de l'appréciation morale des promesses par l'examen du but auquel elles tendent. Avec Domat, le droit abandonne la notion de cause du contrat pour ne retenir que la cause de l'obligation. Il situe la cause par rapport aux contrats selon qu'ils soient à titre onéreux ou gratuit. Il se fait un commerce où rien n'est gratuit et l'engagement de l'un est le fondement de celui de l'autre. Après la rédaction du Code civil de 1804, qui exigeait une cause, une cause licite et morale, les tribunaux revinrent à la conception dualiste du droit canonique. Dans la théorie classique, le moment d'utilisation d'une cause, peu importe qu'elle soit objective ou subjective, est celui de la formation du contrat. Les deux articles 1108 et 1131 du Code civil fançais de 1804 mentionnent la cause et suscitent des interrogations sur le contenu, le rôle et la nécessité de cette notion.

224 G. PIETTE, op.cit. n°500, p. 260.

225 J. FLOUR, J.L. AUBERT et E. SAVAUX, Les obligations ; Tome 1 : l'acte juridique, préc., n°256.

l'intention libérale, la volonté sans équivoque du disposant à s'obliger sans contrepartie dans l'article 23 al.2 du RGO malien. La cause objective était réductrice des pouvoirs des tribunaux à s'incruster dans les contrats déséquilibrés au risque de les corriger contre la volonté du créancier. La cause objective est dépendante de l'équilibre objectif assurant une justice congénitale dans les contrats. La justice commutative est le simple contrôle de la présence d'une contrepartie dans l'engagement. Les volontés qui contractent n'ont pas à se plier à une justice supérieure, elles créent elles-mêmes le juste[226]. Cela révèle une conception formelle du droit[227] dans laquelle, seul le processus de création importe sans qu'il s'intéresse au contenu de l'acte.

42. La fonction de la loi est d'assurer la liberté sans se préoccuper d'un quelconque souci de justice[228]. Dans le traitement judiciaire du déséquilibre contractuel, la situation oppose un contractant voulant modifier la convention parce que ses prévisions originelles ont été déjouées et un autre qui estime ne pas se voir imposer une modification faussant ses propres attentes légitimes. Le respect des prévisions de l'un est tout aussi impérieux que celui des prévisions de l'autre[229]. En procédant à une quelconque modification de l'architecture originelle du contrat, l'intervention du juge satisfait à la volonté de rétablir un équilibre préalable rompu entre les cocontractants et consacre par là même la fonction créatrice de son interprétation. Or, il est de principe que cette évolution au sein de la théorie générale des obligations demeure en contradiction avec celle traditionnelle en occurrence la sécurité contractuelle dans la conception l'autonomie de la volonté. Les détracteurs de cette conception de la cause voient dans cette théorie une subtilité parfois inutile qui tourne au verbalisme[230].

43. La théorie classique ou objective de la cause s'est contentée d'une généralisation, d'une description de la réalité contractuelle sans une adaptation à différents types de conventions. C'est concrètement une vue d'ensemble des contrats sans dégager une réelle construction achevée de la cause[231]. Pour plusieurs auteurs du XXème siècle, la conception objective de la cause est la quintessence du contrat sous réserve de l'exclusion de toute subjectivité[232]. La

---

[226] E. GOUNOT, thèse préc. p. 73.
[227] E. GOUNOT, thèse préc. p. 75.
[228] FIN LANGER, thèse préc. n° 29, p. 36.
[229] H. LECUYER, « Le contrat, acte de prévision », in Mélanges en hommage à F. TERRE, Dalloz, éditions J.- Cl., PUF, 1999, p. 658.
[230] Ph. MALARIE, L. AYNÈS et Ph. STOFFEL- MUNCK, *Les obligations*, Défrenois, 3ème éd., n° 603. L'expression semble avoir disparu dans la 4ème édition quoiqu'on y retrouve l'assertion suivante, n° 618. Pour eux : « il faudrait surtout éviter les distinctions, limitations, conséquences qui ont aujourd'hui rendu la cause inintelligible et inutilisable par les praticiens » ; AUBERT, Les obligations, L'acte juridique, n° 268, évoquant « le verbalisme » ; L. THIBIERGE, *Le contrat face à l'imprévu*, thèse préc. p. 69.
[231] G. PIETTE, thèse préc. p. 263.
[232] E. GAUDEMET, *théorie générale des obligations* par H. DESBOIS et J. GAUDEMET cités par G. PIETTE, thèse préc. p. 262.

cause ne parait guère souffrir du déséquilibre des prestations contractuelles[233]. La cause de l'obligation repose sur une équivalence des prestations[234]. Selon le professeur DJOGBENOU, c'est la crainte de l'instabilité contractuelle qui a conduit les auteurs du XVIème siècle à limiter l'intervention du juge aux considérations objectives[235]. La conception objective de la cause est la traduction du maintien de la volonté initiale des parties qui est incompatible avec tout sondage judiciaire des mobiles les plus lointains qui risqueraient une subjectivation du contrat[236].

44. L'option du législateur en faveur de la cause objective pourrait être recherchée dans l'utilité fonctionnelle attachée à celle-ci. Parmi les raisons qui motivent la volonté individuelle, on a pu considérer qu'il en existe qui sont enfouies dans la conscience humaine et paraissent assez lointaines dans la convention. En revanche, certaines sont proches, immédiates, accessibles à la connaissance sans qu'il soit nécessaire d'effectuer une investigation profonde. La cause objective vise alors la vérification de l'existence de la cause elle-même. Elle s'y assimile dans une perspective de protection de la liberté individuelle. La cause de l'obligation réalise la cause objective immédiatement saisissable par la raison. Elle réside dans la contrepartie attendue par le sujet qui s'engage. Le domaine des engagements nés de l'expression de la volonté, en général, et celui du contrat en particulier, apparaît ainsi comme un espace d'échange des obligations.

45. La raison situe la cause de l'engagement de la personne qui s'oblige dans la contrepartie attendue de celle envers qui elle s'oblige et réciproquement. La cause a pour vocation d'assurer l'équilibre des attentes des parties à l'intérieur du contrat et rien d'autre. Dans le bail commercial, le législateur établit une présomption légale[237] d'utilité fonctionnelle dans les contrats. Le but poursuivi par le preneur est l'exploitation dans les lieux, avec l'accord du propriétaire, de toute activité commerciale, industrielle, artisanale ou professionnelle[238]. Le cautionnement est un contrat par lequel la caution s'engage, envers le créancier qui accepte, à exécuter l'obligation du débiteur si

---

233 S. TANAGHO, *De l'obligation judiciaire, problème moral et technique de la révision du contrat par le juge*, th. Paris. LGDJ, 1956.

234 Il ne faut pas confondre l'absence de cause et le défaut d'équivalence des conditions : l'obligation de l'un des contractants a une cause dès lors que l'autre partie lui fournit une contrepartie réelle, même ci celle-ci est inférieur en valeur à la première.

235 J. DJOGBENOU, *La cause dans les contrats conclus sur le fondement des actes uniformes*, Ohadata D-09-46 – Ohadata, p. 5.

236 A. ARSAC-RIBEYROLLES, *Essai sur la notion d'économie du contrat*, thèse l'université Clermont, 2005, p. 186, n° 312.

237 A. P. SANTOS, Commentaire de l'Acte uniforme relatif au droit commercial général, in OHADA : Traité et Actes uniformes commentés et annotés », 3ème éd. Juriscope, Paris, 2008, p. 243.

238 Art. 71 de l'Acte uniforme relatif au droit commercial général révisé (AUDCG).

celui-ci n'y satisfait pas lui-même[239]. La cause objective est également présente, de manière explicite, dans les contrats de société qui sont conclus dans le but de partager les bénéfices et profiter de l'économie qui pourra en résulter[240].

46. La conformité à la conception objective de la cause la limiterait en un instrument de contrôle et de propagande des effets de la volonté individuelle. Ce contrôle minimaliste est à la limite une simplicité définitionnelle. L'utilité réductrice de la cause dans les contrats synallagmatiques consiste à considérer que dans une vente, le vendeur s'engage à transférer la propriété parce que l'acheteur lui promet le prix. Peu importent les motifs pour lesquels chacun l'a fait c'est-à-dire qu'on ne prend pas en considération, les raisons personnelles que l'un a eues de vendre et l'autre d'acheter. L'obligation perd uniquement sa cause lorsque la contreprestation fait défaut. L'obligation du vendeur est sans cause lorsque le prix est inexistant, celle de l'acheteur n'est sans cause qu'en l'absence de la chose. La cause garantit un équilibre contractuel minimum lorsqu'elle permet d'éviter qu'à l'obligation souscrite par une partie ne réponde une absence d'engagement de l'autre partie. La cause de l'obligation est un moyen de lutte contre le déséquilibre contractuel pour que l'obligation consentie par un contractant ne bute sur une simple illusion, un engagement corrélatif qui n'est obligatoire et contraignant qu'en apparence. La théorie objective de la cause interdit au juge de contrôler l'inéquivalence initiale des prestations réciproques et d'instaurer un équilibre économique stimulé au sein du contrat. La contreprestation réciproque existe pour que l'obligation de chaque partie ait une cause. Cette conception simpliste a été rejetée par les théories modernes de la cause.

2- L'ébauche d'une conception modérée de la cause objective

47. L'ébauche de la modernisation des théories de la cause[241] fut actée par une véritable distinction doctrinale entre la cause comme donnée objective, la volonté, les mobiles et les motifs. De par son caractère objectif, la cause doit s'arrêter devant ce qui est d'ordre subjectif : elle n'intéresse que le patrimoine et non la personne. De son caractère quantitatif, elle doit s'arrêter devant ce qui est d'ordre qualitatif. Elle exprimerait en effet l'équilibre des patrimoines et non l'indépendance des personnes[242]. La cause est exclusivement le fondement objectif et quantitatif de l'obligation du débiteur[243]. La conception objective de la cause la perçoit comme la raison d'être économique de

---

[239] Acte uniforme portant organisation des sûretés du 17 avril 1997, J.O. OHADA, 1er juil.1998. V. l'art. 3.

[240] Art. 4. al. 1 er AUSCGIE révisé.

[241] G. PIETTE, thèse préc. n° 505, p. 262.

[242] P. LOUIS- LUCAS, *Volonté et cause, Étude sur le rôle respectif des éléments générateurs du lien obligatoire en droit privé*, thèse préc. p. 146

[243] P. LOUIS- LUCAS, *Volonté et cause, Étude sur le rôle respectif des éléments générateurs du lien obligatoire en droit privé*, thèse préc. p. 43.

l'obligation. Elle est dite objective et quantitative lorsqu'elle justifie le déplacement de valeur que génère le contrat. Il peut ne pas toujours s'agir d'une nécessité compensatoire aux allures arithmétiques. L'obligation étant un appauvrissement du débiteur, elle ne peut se justifier que par un enrichissement correspondant qui doit être apprécié de façon purement objective, indépendamment de toute considération personnelle de celui qui s'engage[244]. La cause recèle à cet effet l'idée d'une nécessité compensatoire incluse dans une prestation ou dans un fait qui réalise un enrichissement suffisant. C'est la source objective et le fondement quantitatif de l'obligation dont le bénéficiaire est tenu envers celui qui s'est appauvri[245]. La valeur économique réelle que représente la cause doit être équivalente à l'appauvrissement du débiteur de manière à le justifier. Toute obligation de faire ou de ne pas faire peut concrètement servir d'enrichissement corrélatif, à la condition nécessaire et suffisante qu'une évaluation pécuniaire soit possible. Si tel n'est pas le cas, il y aura absence partielle de cause[246]. ROUHETTE est allé plus loin jusqu'à qualifier la cause objective comme étant la raison qui justifie la reconnaissance de l'obligation par le droit[247]. La cause devient un instrument de contrôle de la compensation et de l'existence de la contrepartie. Elle ne tire pas sa valeur de ce qu'elle a été mais de ce qu'elle est[248].

48. Selon LOUIS-LUCAS, l'obligation délictuelle, quasi délictuelle ou contractuelle repose dans des proportions variables, selon sa source, sur une triple base : la cause, la volonté et l'ordre public. Les deux premiers lui donnent l'être, le troisième lui garantit la durée[249]. La conception objective de la cause corrige le préjugé de l'inutilité fondé sur la confusion entre la cause et l'objet du contrat. L'intérêt de la distinction entre la cause de l'obligation et l'objet est que ce dernier est l'appauvrissement du débiteur alors que la cause en est l'enrichissement[250]. La conception objective saisit la lésion grâce à la cause suffisante comme la valeur économique compensatoire de l'appauvrissement. Le montant de l'enrichissement doit être égal au montant de l'obligation. La cause sera l'expression de l'équilibre des patrimoines, une

---

[244] G. MARTY et P. RAYNAUD, Droit civil : *Les obligations*, Tome 1 : Les sources, préc. p.199.

[245] P. LOUIS- LUCAS, *Volonté et cause, Étude sur le rôle respectif des éléments générateurs du lien obligatoire en droit privé*, thèse préc. p. 155.

[246] R. MARTY, *De l'absence partielle de cause de l'obligation de l'obligation et de son rôle dans les contrats à titre onéreux*, thèse préc. p. 281.

[247] G. ROUHETTE, *Contribution à l'étude critique de la notion de contrat*, thèse préc. pp. 479 et 480.

[248] Ibidem.

[249] P. LOUIS- LUCAS, *Volonté et cause, Étude sur le rôle respectif des éléments générateurs du lien obligatoire en droit privé*, thèse préc. p. 264.

[250] R. MARTY, *De l'absence partielle de cause de l'obligation de l'obligation et de son rôle dans les contrats à titre onéreux*, thèse préc. p. 62.

équivalence entre les prestations réciproques des contrats à titre onéreux[251]. La conception objective classique est critiquable en ce sens qu'elle voit la cause sous un angle purement économique au point d'oublier d'expliquer l'illicéité et l'immoralité[252]. Cette position ne tient pas qu'a une astucieuse acrobatie juridique et intellectuelle qui contredit les articles 1131 et 1133 du Code civil français de 1804. Lorsque la sanction de l'atteinte à l'équilibre vital du contrat est radicale : le contrat est nul[253]. Selon PIETTE, employer la caducité en tant que sanction d'une obligation illicite est impropre parce qu'elle frappe les actes initialement valables qui perdent un élément constitutif durant l'exécution. Seule la nullité d'un vice de formation peut trouver application[254].

49. La cause objective est la mesure de l'équilibre en valeur du contrat. En exigeant que l'obligation ait une cause, l'article 1131 du Code civil de 1804 a permis au juge de développer la théorie du prix dérisoire pour sanctionner une inéquivalence grave des prestations réciproques dans un contrat commutatif.

50. La cause objective ou abstraite exige que l'engagement de chaque partie ait une contrepartie réelle qui est la raison d'être économique de cette obligation. Par le truchement de la cause objective, le juge s'assure pour chaque obligation souscrite de l'existence d'une justification suffisante[255]. Lorsque le prix payé est insignifiant au regard de la valeur bien vendu, le prix fait défaut et avec lui la cause de l'obligation de transférer la propriété. En effet, le prix constitue dans tout contrat à titre onéreux, la contre-prestation due par l'un des contractants. Le contrat gravement déséquilibré par un prix dérisoire encourt donc la nullité par application de l'article 1131 du Code civil français de 1804. Dans le contrat synallagmatique, la cause de l'obligation de l'une des parties est aussi l'objet de celle de son cocontractant. Le prix dérisoire rend aussi le contrat nul pour défaut d'objet par application de l'article 1126 du même Code civil. Dans le but de limiter la recherche des mobiles, la cause impulsive et déterminante a souvent été retenue. Si le juge découvre un motif illicite ou immoral, il a tendance à le qualifier de déterminant[256].

51. La tentative d'un traitement judiciaire du déséquilibre contractuel sur la base de l'illicéité passe par un dépassement de fonction de l'approche classique de la cause pour remettre en cause l'autonomie de la volonté. Tout bien considéré, ce qui est redouté dans ce traitement du déséquilibre contractuel, c'est le sondage des mobiles les plus lointains par le juge.

---

[251] R. MARTY, *De l'absence partielle de cause de l'obligation et de son rôle dans les contrats à titre onéreux*, thèse préc. pp. 59 et 63 ; V. sur le fait que l'équivalence doit être proportionnelle et non arithmétique G. PIETTE, op. cit.p. 266.

[252] G. PIETTE, op. cit.p. 266.

[253] Defrénois 1997, 333, obs. D. Mazeaud, p. 336.

[254] G. PIETTE, op. cit. p. 267 ; LOUIS – LUCAS. op. cit. p. 235.

[255] F. TERRÉ, Ph. SIMLER et Y. LEQUETTE, *Droit civil, les obligations,* précis Dalloz, 6ème éd. 1996, spéc., n° 317, p. 272.

[256] F. TERRÉ, P. SIMLER, Y. LEQUETTE, *Droit Civil. Les obligations*. 2002, p. 368.

L'appréciation de l'existence de la cause s'en trouvera subjectivée[257]. La théorie classique dite de la cause objective la cantonne à un instrument de contrôle de son existence dans la formation du contrat. Elle peut s'avérer impuissante à sanctionner l'illicéité. Le juge ne se livre à aucun sondage des motifs et de la psychologie des contractants sous peine d'une subjectivisation de la cause dans le traitement judiciaire des contrats déséquilibrés. La cause est une donnée objective abstraite et tout sondage de psychologie individuelle en est éliminé[258]. La déduction de la subjectivité était destinée à restreindre les pouvoirs du juge pour empêcher ses intrusions dans la sphère contractuelle[259]. La modernisation théorique de la cause connaitra son apogée dans la recherche d'une efficacité renouvelée.

B- L'apogée de la modernisation de la théorie de la cause

52. La théorie moderne de la cause opère subtilement une synthèse entre le but déterminant la volonté de celui qui s'engage et la raison d'être économique de l'obligation. En plus de la cause objective, deux approches ont été développées menant la théorie de la cause à son apogée. Il s'agit des théories subjective (1) et mixte (2) de la cause qui réalisent le traitement judiciaire du déséquilibre contractuel.

1- La théorie subjective de la cause

53. De prime abord, les théories subjectives de la cause affrontent l'objection d'instaurer l'instabilité dans les relations contractuelles. Certaines d'entre elles intègrent des éléments objectifs tandis que d'autres accordent la prépondérance aux éléments purement subjectifs. D'un côté, nous avons la théorie modérément subjective qui est celle de CAPITANT[260] dans laquelle la cause est le but poursuivi par celui qui s'engage. Toute personne qui consent à s'obliger envers une autre est déterminée par la considération d'un but qu'elle se propose d'atteindre par l'intermédiaire de cette obligation. La volonté de celui qui s'engage est guidée par le désir d'arriver à un objectif qu'il envisage. Le caractère psychologique développé témoigne de l'approche subjective de l'auteur qui considère que l'acte de volonté se compose de deux éléments : le consentement est le fait de promettre, de s'engager et la considération du but à atteindre au moyen de cette promesse. L'obligation n'est qu'un moyen pour atteindre un but[261]. La volonté de celui qui contracte une obligation est toujours et nécessairement dominée par le désir d'arriver à une fin envisagée

---

257 A. ARSAC-RIBEYROLLES, *Essai sur la notion d'économie du contrat*, thèse préc. p.186, n° 312.

258 J. FLOUR, J. L. AUBERT et E. SAVAUX, *Les obligations*, Tome 1, l'acte juridique préc. n° 256.

259 G. PIETTE, thèse préc. p. 261.

260 H. CAPITANT, *La cause des obligations*, préc. p. 41.

261 H. CAPITANT, *La cause des obligations*, préc. p. 19.

par lui[262]. Il faut souligner qu'il privilégie la cause de l'obligation sur la cause du contrat.

54. La cause est le but poursuivi par celui qui s'engage. Pour PIETTE, la théorie de CAPITANT parait subjective alors qu'il n'en est rien dans la mesure où l'auteur (CAPITANT) assigne des limites à ce subjectivisme en le teintant d'objectivisme. C'est en cela qu'il est permis de qualifier sa conception de subjectivisme modéré[263]. CAPITANT a objectivé sa théorie en dissociant la cause des motifs. Selon lui, le motif est la raison contingente, subjective et par la même variable avec chaque individu qui détermine une personne à conclure un contrat[264]. C'est reconnaitre à l'inverse que le motif ne ferait pas partie du contrat. Il est indéniable que le motif exerce une influence, et non des moindres sur la volonté du contractant, mais le droit n'en tient pas compte parce que le contrat est fondamentalement un accord de volontés. C'est pour cela que le motif est un facteur psychologique qui doit être exclu du contrat. Par contre, les motifs permettraient à la cause d'accéder à la vie juridique. De ce fait, tout ce qui a été convenu entre les intéressés c'est-à-dire ce sur quoi ils se sont mis d'accord devient un élément constitutif du contrat. Au contraire, reste en dehors du champ contractuel par conséquent ne peut exercer aucune influence sur la validité des engagements, ce qui n'a pas été voulu et convenu par les deux contractants[265].

55. De l'autre côté, JOSSERAND consacrait une étude approfondie aux mobiles[266] en démontrant une nette orientation en faveur d'une conception subjective[267]. Selon lui, la cause n'est qu'un aspect particulier de l'intention car elle condense et cristallise à peu près tous les éléments d'ordre psychologique qui se retrouvent dans les contrats[268]. Il discerne trois catégories de mobiles : le mobile organique, encore qualifié d'intrinsèque ou d'intentionnel qui constitue la cause de l'obligation ; le mobile déterminant qui se réfère au passé et représente les antécédents du contrat ; le mobile téléologique qui révèle le but de l'opération[269]. SIMLER, dans le même ordre d'idée, s'est intéressé à la théorie de la cause sous l'angle de la cause impulsive et déterminante des libertés[270]. Il réitère la dimension subjective en affirmant que la cause doit être recherchée dans l'intention du disposant. La conception de SIMLER peut être qualifiée de subjective, comme celle de JOSSERAND, en considérant la cause comme un pan de l'intention.

---

262 H. CAPITANT, *La cause des obligations*, préc. p. 17.
263 G. PIETTE, op.cit. n° 519, p. 269.
264 H. CAPITANT, *La cause des obligations*, préc. p. 23.
265 H. CAPITANT, *La cause des obligations*, préc. p. 24.
266 L. JOSSERAND, *Les mobiles des actes juridiques du droit privé*, préc.
267 L. JOSSERAND, *Les mobiles des actes juridiques du droit privé*, préc. p. 24 et s.
268 L. JOSSERAND, *Les mobiles des actes juridiques du droit privé*, préc. p.140.
269 L. JOSSERAND, *Les mobiles des actes juridiques du droit privé*, préc. p. 27.
270 V. Ph. SIMLER, *La nullité partielle des actes juridiques*, Bibl. dr. privé, LGDJ. 1969. t.101.

L'exécution de certains mobiles a pour objectif de préserver la sécurité[271]. Par contre, REIGNE prône une conception unitaire de la cause dépassant ainsi la fameuse distinction entre la cause du contrat et la cause de l'obligation. Il estime que la cause réside dans le but contractuel commun aux parties ou poursuivi par l'une d'elles et pris en compte par les autres. Elle est donc de nature purement subjective[272].

56. La timidité jurisprudentielle malienne ne mettrait pas suffisamment en exergue la portée de la subjectivisation. La cause resterait dans le sillage de la sécurité contractuelle telle que définie par le législateur c'est-à-dire la consécration intemporellement statique des conséquences de l'autonomie de la volonté. Le législateur japonais est réticent à l'idée d'équilibre contractuel et préfère parler de « régulation des intérêts en conflits des parties[273]» tandis qu'en droit allemand, la cause a été supprimée depuis 1992 au profit d'un contrôle de conformité du contrat à l'ordre public[274]. C'est aussi le cas dans la réforme de 2016 du droit français des contrats mettant l'accent sur le contenu du contrat. La cause du contrat a permis au juge sénégalais, en application de l'article 467 du COCC, une réduction judiciaire des rémunérations excessives[275]. Selon le professeur DJOGBENOU, la cause serait un outil de salubrité contractuelle[276]. L'immoralité de la cause a permis de sanctionner le taux usuraire dans l'arrêt de la Cour suprême du Mali ou les juges retenaient que : « Le contrat est nul pour cause immorale ou illicite, lorsque le motif déterminant de la volonté des parties est contraire à l'ordre public et aux bonnes mœurs. En l'espèce, attendu que le demandeur en exigeant de son débiteur un taux d'intérêt de 10% par mois soit 120°/ l'an pour un prêt d'argent ; il a manifestement violé les dispositions de la loi relative à l'usure aux prêts d'argent ; que donc c'est à juste titre que la Cour d'appel a retenu qu'il y avait usure et fraude entrainant l'annulation du contrat ; tirant la conséquence de droit la Cour condamne le créancier à répéter l'indu en capital et intérêts[277]». Cette décision est plus rattachée à la conformité de la cause à

---

[271] T. R. IONASCO, *L'évolution de la notion cause dans les conventions à titre onéreux*, thèse Paris 1923, p. 41.

[272] Ph. REIGNE, *La notion de cause efficiente du contrat en droit français*, thèse préc. pp. 280-281.

[273] V. à ce propos ISHIDA Minori, Mimpô sôsoku (partie générale du code civil japonais) éd., Yuyusha, Tokyo, 1992, p. 43.

[274] Art. 3 : 40, 1 du BW.

[275] Art. 467 du COCC sénégalais ; *V. sur une application de la diminution des rémunérations au Sénégal V.* T.P.I de Dakar n° 264 du 14 Février 1970, N'DIAYE / DIOP Sandicoly où le juge reconnait ce droit de contrôle lorsque le défaut se rattache à la composition objective de chaque obligation envisagée dans le contrat.

[276] J. DJOGBENOU, « La cause dans les contrats conclus sur le fondement des actes uniformes », Ohadata D - 09- 46 - p. 17.

[277] Arrêt n° 61 du 06 Avril 1998 de la 1ère chambre civile de la section judiciaire de la Cour suprême du Mali – pourvoi n° 115 du 04 juin 1997 - Contrat de prêt – nullité pour cause immorale ou contraire à l'ordre public- usure – taux usuraire.

l'ordre public et aux bonnes qu'une véritable subjectivisation consistant à vérifier les mobiles des engagements dans la jurisprudence malienne. Ce qui est loin des arrêts célèbres, en droit comparé, qui ont déclenché la vague de subjectivisation de la cause de l'obligation. D'un côté, la Cour de cassation française a, au nom de la cause, réputé non écrite la clause limitative de réparation stipulée dans le contrat de transport rapide conclu entre la société Chronopost et un de ses clients»[278]. En vertu de cette clause, en cas de retard dans l'acheminement du courrier confié aux « maîtres du temps », ceux-ci étaient simplement tenus d'indemniser l'expéditeur en lui versant, quelle que soit l'importance de son préjudice, l'équivalent du prix qu'il avait payé lors de la conclusion du contrat. La chambre commerciale a décidé la suppression de cette clause du contrat parce qu'en réduisant excessivement la sanction de l'inexécution de l'obligation essentielle de ponctualité souscrite par la société de transport dans laquelle était cristallisée l'économie générale du contrat : elle contredisait la portée de l'engagement pris. Il apparaît clairement que ce qui a emporté la chute de cette clause, c'est qu'elle conduisait à priver quasiment de sanction, l'inexécution de l'obligation essentielle de ponctualité et de célérité souscrite par le transporteur rapide. De l'autre côté, d'autres arrêts, non des moindres, ont été rendus par les juridictions françaises notamment l'arrêt vidéoclub[279] et l'arrêt Villeneuve et Burel[280] consacrant l'apogée de la subjectivisation de la cause. Ce qui a des conséquences à bien des égards.

57. La première manifestation de la subjectivation du droit est le recentrage du système juridique autour des droits de l'individu[281]. La psychologie de la personne occupe une place désormais très importante dans le cadre de la

---

[278] Cass. com., 22 oct. 1996, Contrats, conc., consomm., 1997, comm. n° 24, obs. L. LEVENEUR ; D.1997, 121, note A. SÉRIAUX, somm. comm., 175, obs. P. DELEBECQUE ; Defrénois,1997, 333, obs. D. MAZEAUD ; JCP 1997. I.4002, obs. M. FABRE-MAGNAN et 4025, obs. G. VINEY et II. 22881, obs. D. COHEN ; RTD. civ. 1997, 418, obs. J. MESTRE. p. 379, renvoi n° 45.

[279] La société DPM a passé avec M et Mme PILLER, un contrat de création d'un « point club vidéo » et de location de cassettes vidéo dans une petite agglomération. La Cour d'appel de Grenoble a été saisie par un arrêt du 17 mars 1994, elle a annulé le contrat pour défaut de cause en considérant que la cause, mobile déterminant de l'engagement des époux PILLER, était la diffusion certaine des cassettes et que celle-ci était vouée à l'échec dans une ville de 1314 habitants, le contrat était donc non-causé. La Cour de cassation dans son arrêt du 3 juillet 1996 s'est référée à une conception différente de la vision traditionnelle de la cause pour justifier cette décision en employant la notion de « l'économie voulue par les parties ».

[280] M. GUINOT a conclu avec MMS VILLENEUVE et BUREL, médecins à Cayennes, un contrat d'association provisoire qui contenait une clause de non-concurrence de 2 ans dans un rayon de 100 km du siège du cabinet. La Cour, saisit par MMS V. et B., a constaté que M G. avait violé la clause de non-concurrence qui était licite car elle ne faisait pas obstacle à la liberté de choix de malade, n'interdisait pas au médecin d'exercer sa profession ailleurs que dans la zone interdite dans le délai contractuellement prévu. La Cour de cassation a sanctionné ce raisonnement sous visa de l'art. 1131 en faisant référence au défaut de recherche de proportionnalité de la clause, intérêts légitimes à protéger, compte tenu de la durée du contrat et du lieu d'exercice de la profession.

[281] N. DUPONT, *L'objectivation en droit privé*, thèse 2008, Nanterre Paris X, p. 12, n° 5.

responsabilité civile[282] ou même pénale[283]. La dignité de la personne physique et la considération de ses besoins matériels forcent ses créanciers à la patience en cas de survenance du déséquilibre. La deuxième manifestation de la subjectivation est la remise en cause du caractère normatif de la loi[284]. Dans le recentrage du système juridique sur les droits, le caractère normatif c'est-à-dire obligatoire et contraignant fait l'objet d'une remise en cause[285]. La contrainte légale semble s'éroder au profit des volontés individuelles. Ce qui permet à la subjectivité des agents juridiques de s'exprimer[286]. Ce système juridique parait être envahi par un droit souple[287] qui est doux (non obligatoire) et mou (sans sanction). Dans quelques domaines, les dispositions d'ordre public de direction[288] se multiplient. Le contrat devient ainsi un mode de régulation des comportements des parties en traduisant une contractualisation du droit. La troisième manifestation de la subjectivation est l'élasticité des règles du droit qui ont tendance à s'individualiser en perdant leurs attributs de systématicité, de généralité[289] et de stabilité qui les caractérisaient. La liberté contractuelle est une liberté déléguée par le législateur dans la mesure où la volonté des parties n'est valable que lorsqu'elle est conforme à l'ordre public et aux bonnes mœurs. L'exploitation des notions floues peut même paraitre légitime dès lors que l'on retient une conception humaniste du système juridique[290]. La subjectivation doit être nuancée en ce sens que c'est une norme abstraite et générale qui a été pulvérisée au profit de la liberté du sujet de droit et du juge[291]. Ressemblantes et complémentaires sont la subjectivité et l'objectivité

---

282 Le droit s'achemine vers une indemnisation des souffrances psychiques et morales à travers une extension du dommage réparable V. à ce propos. G. VINEY, Traité de droit civil, introduction à la responsabilité, sous la direction J. Ghestin, éd. LGDJ, 2ème éd., 1995, n° 65, p.107 et spéc.108.

283 En France, la création d'infractions psychologiques comme le harcèlement moral (art. L.122-49, L. 122-54, L. 230-2 et L.230-2 et L.236 -2 Code du travail. - nouveaux art. L.1152-1 s. C. trav. ou « l'abus frauduleux de l'état d'ignorance ou de la situation de faiblesse d'autrui » serait une preuve de « *spychologisation* » du droit positif. V. F. BELLIVER et J. ROCHFELD, RTD civ., 2001. 683 cités par N. DUPONT, *L'objectivation en droit privé*, thèse préc. n°, p. 12.

284 N. DUPONT, *L'objectivation en droit privé*, thèse préc. n° 6, p. 13.

285 C.THIBIERGE, « Le droit souple. Réflexion sur les textures du droit », RTD civ. 2003. 599 et s. spéc. p. 605 et s.

286 N. DUPONT, *L'objectivation en droit privé*, op.cit. n° 6, p.13.

287 C THIBIERGE, « Le droit souple. Réflexion sur les textures du droit », RTD. civ. 2003, p. 611.

288 Les règles d'ordre public de direction s'entendent des « règles aux moyens desquelles l'état entend canaliser l'activité contractuelle dans le sens qui lui parait le plus conforme à l'utilité sociale » F. TERRE, P. SIMLER, Y. LEQUETTE, Droit civil, *Les obligations*, éd., Dalloz, coll. précis, 9ème éd., 2005, n° 383, p. 387.

289 La généralité de la loi est de plus en plus remise en cause. V. à ce propos A. TUNC, « Le droit en miette », APD, 1977, p. 31 et s.

290 V. sur le courant humaniste J. FISCHER, *Le pouvoir modérateur du juge en droit français*, préf. P. LE TOURNEAU, éd. PUAM, 2004, n° 67 et s., p. 67 et s.

291 N. DUPONT, *L'objectivation en droit privé*, thèse préc. n° 9, p. 19

en termes de politique juridique[292]. Ce qui caractérise une application mixte de la théorie de la cause.

2- La théorie mixte de la cause

58. Les théories mixtes de la cause ont été développées[293]. La diversité n'est pourtant pas synonyme d'embarras du choix devant la portée des différentes contributions dans le traitement judiciaire du déséquilibre contractuel. La théorie de MAURY est basée sur deux approches de la cause spécialement celle objective, qui considère la cause comme la raison d'être économique de l'obligation, et celle subjective, qui la définit comme le motif dont le droit tient compte[294]. A défaut d'opter pour les deux acceptions de la cause, il établit une passerelle grâce à la notion d'équivalence dans laquelle il trouve le fondement de la mixité. Le doyen MAURY n'adopte pas la théorie objectiviste de la cause, car il ne voit pas directement l'équivalent en tant que nécessité compensatoire, un enrichissement corrélatif d'un appauvrissement. L'équivalence est une notion objective qui sera appréciée subjectivement car il s'agit de l'équivalent voulu[295]. En effet, si la valeur d'échange est un phénomène objectif ou un fait s'imposant aux individus, nous savons aussi qu'elle dépend de phénomènes subjectifs particulièrement des valeurs d'usage individuelles[296]. L'équivalence dans la cause ou l'équivalent voulu est le motif immédiat de l'obligation c'est-à-dire le but identique pour tous les contractants dans un genre de contrat donné[297]. Pourtant, l'unité de la cause n'est pas son l'uniformité. Dans les contrats à titre onéreux, chaque partie s'oblige à échanger pour avoir un équivalent. La considération de cet équivalent est le mobile principal, le mobile essentiel, celui qui fonde la volonté de s'obliger[298]. La doctrine s'est inspirée des travaux de CAPITANT pour qui la cause exerce son influence sur le sort du contrat tant que le but visé par chaque partie obligée n'est pas atteint c'est-à-dire tant que les prestations réciproques n'ont pas été totalement et régulièrement exécutées[299]. Le choix du législateur malien de se limiter à la cause objective n'est pas strictement suivi par le législateur OHADA dans l'avant-projet d'acte uniforme portant droit des

---

292 N. DUPONT, *L'objectivation en droit privé*, thèse 2008, thèse préc. n°10, p. 25.

293 Les théories mixtes sont difficilement distinguées des théories dualistes. Nous retiendrons que les premières unitaires considèrent que la cause est un concept unique qui regroupe à la fois des éléments objectifs et subjectifs. La seconde estime qu'il existe deux notions de cause, l'une objective dite ''cause de l'obligation ''et l'autre subjective dite '' cause du contrat''.

294 J. MAURY, *Essai sur le rôle de la notion d'équivalence en droit civil français*, thèse préc. pp. 29 -30.

295 G. MAURY et RAYNAUD, Droit civil : *Les obligations*. Tome I : Les sources, préc. p. 203.

296 J. MAURY, *Essai sur le rôle de la notion d'équivalence en droit civil français*, thèse préc. p. 31.

297 J. MAURY, *Répertoire civil, V '' Cause'', 1970, n °67 ;* G. PIETTE, thèse préc. n° 533, p. 278, renvoi n°135

298 J. MAURY, *Essai sur le rôle de la notion d'équivalence en droit civil français*, thèse préc. p. 32.

299 CAPITANT, *De la cause des obligations*, op. cit. n°120.

contrats[300]. Ce dernier tiendrait compte de la cause subjective par la vérification des mobiles dans certains contrats spéciaux. Selon DJOGBENOU, la cause est un instrument de salubrité contractuelle[301].

59. Des circonstances imprévisibles peuvent affecter la valeur des biens échangés rompant l'équilibre initial et provoquant un appauvrissement subi par le débiteur et supérieur à celui consenti. Ce déséquilibre conjoncturel devrait être corrigé par l'aménagement d'une sortie du contrat[302] ou une adaptation de celui-ci. La cause serait un moyen permettant d'assurer un rééquilibrage des contrats dans lesquels l'une des parties avait inséré des clauses lui conférant un avantage excessif sans contrepartie[303]. Par contre, il faut un encadrement de cet instrument car la recherche du profit dans une économie de marché ne devrait pas être automatiquement assimilée à une faute morale tant qu'elle n'est pas abusive. La subjectivation de la cause démontre la prudence d'une préservation de la sécurité contractuelle même individualiste. L'existence de la cause est seulement appréciée par rapport à l'équilibre initial du contrat et pas au-delà. Pour le professeur DJOGBENOU, le législateur OHADA a reconduit la cause objective qu'il renforce par ailleurs par des substituts qui répondent au souci de la justice contractuelle. Toutefois, en raison de ce que l'objectif du projet communautaire est la stimulation et la facilitation des affaires en Afrique, le législateur parait avoir pris l'option de moins considérer la cause subjective en renonçant manifestement au contrôle de la police contractuelle assurée par le juge[304].

60. La sécurité juridique impose de ne pas accorder une grande place aux mobiles qui doivent être délimités car individuels, personnels, changeants et parfois difficiles à cerner. Leur sondage est interdit au juge qui pourrait avoir le pouvoir d'immixtion dans les contrats sous le prétexte du déséquilibre. Toutefois, il est pénible d'occulter totalement les mobiles car il est impossible de détacher l'individu des mobiles qui l'ont conduit à contracter. La cause subjective ne doit pas exclure la cause objective mais l'appréhender comme

---

300 Inspiré des Principes UNIDROIT relatifs aux contrats du commerce international (version 2004), ce texte, contrairement à l'avant-projet français, a préféré évincer formellement la cause des conditions de formation du contrat. L'avant-projet énonce-t-il en effet des « cas d'invalidité » desquels est exclue la cause. Ces cas d'invalidité sont : l'illicéité, l'incapacité, l'erreur, le dol, la contrainte et l'avantage excessif. Cette exclusion s'inscrit sans doute dans une dynamique impulsée ailleurs. En effet, ainsi que l'observent certains auteurs, les Principes du droit européen du contrat qui entendent préparer ou constituer un éventuel Code européen des obligations ont écarté, sous l'influence allemande, la nécessité d'une cause pour la validité d'un contrat.

301 J. DJOGBENOU, *La cause dans les contrats conclus sur le fondement des actes uniformes*, Ohadata D - 09- 46 - p.17.

302 Ch. LARROUMET, op. cit, n° 405. Selon lui, une stricte application de la justice commutative exigerait que le contrat ne soit pas maintenu si une partie subit un préjudice par suite d'un défaut d'équivalence des prestations créées par le contrat.

303 Ph. MALINVAUD, Droit des obligations, Litec, 2007, n° 306.

304 J. DJOGBENOU, *La cause dans les contrats conclus sur le fondement des actes uniformes*, préc. p. 1.

instrument de contrôle de l'utilité, de l'intérêt du contrat en considération duquel les contractants se sont engagés. Il a été reproché au mouvement jurisprudentiel de subjectivisation de la cause objective, une extension du domaine de l'équité au détriment de l'impératif de sécurité juridique. Cette dernière préoccupation ne disparaît pas cependant parce que les considérations personnelles ayant poussé une partie à contracter ne justifieront une annulation du contrat pour défaut de cause qu'à la condition d'avoir été connues de l'autre partie. La cause fait défaut quand la promesse d'une partie n'est pas exécutée ou s'avère soit nulle, soit de réalisation impossible[305]. La théorie de la cause de l'obligation est subjectiviste en intégrant les raisons personnelles qui sont à l'origine de l'acte de volonté : les motifs ou mobiles qui ont déterminé les parties à contracter. La cause doit s'entendre de la raison proche en plus des raisons les plus lointaines qui y sont incluses[306]. Elle désigne l'opération économique qu'entendent réaliser les parties[307] c'est-à-dire le mobile concret qui a déterminé chaque partie à contracter et s'apprécie au regard de la finalité qu'elles envisagent[308]. L'article 8 de la loi française n° 2015-177 du 16 février 2015 relative à la modernisation et à la simplification du droit et des procédures dans les domaines de la justice et des affaires intérieures autorise le gouvernement à réformer par ordonnance le droit des obligations et notamment le droit commun des contrats. Nous persistons à croire que la difficile conciliation entre la cause objective et celle subjective a certainement conduit le législateur français dans l'ordonnance n° 2016 - 131 du 10 février 2016 à supprimer la cause au profit du « contenu du contrat » qui doit être « licite et certain » pour être valide. Il est proposé de préciser les différentes fonctions régulatrices ou correctrices jusqu'à présent assignées à la cause. C'est cet objectif que traduit l'article 1127 du projet d'ordonnance portant réforme du droit des contrats, du régime général et de la preuve des obligations[309]. Pour ce qui est du moment où doit s'apprécier la licéité du contrat, la référence à la cause laisse parfaitement admettre que la motivation de l'engagement soit dégagée a posteriori en considération du résultat du contrat puisque celui-ci est la réalisation de la prévision[310]. De façon plus significative encore, l'existence d'un avantage qui constitue la contrepartie de l'engagement pourrait être recherchée dans le résultat concret auquel le contrat est destiné à parvenir. Le contrat devrait être nul, faute de contrepartie, s'il apparaît ab initio que le résultat attendu est impossible à atteindre. Ce qui peut être le cas lorsque l'une des parties attend du contrat qu'il lui permette de

[305] Cass.civ., 30 décembre 1941 ; L. THIBIERGE, *Le contrat face à l'imprévu*, thèse préc. p. 70.
[306] J. FLOUR, J.-L. AUBERT, « Les obligations », n° 271.
[307] A. BÉNABENT, *Les obligations*, op.cit., n°178.
[308] Ph. REIGNIÉ, « De l'absence de cause à la cause impossible », D. 1997, p. 500.
[309] Art. 1127 projet d'ordonnance : « Sont nécessaires à la validité d'un contrat : 1° Le consentement des parties ; 2° Leur capacité de contracter ; 3° Un contenu licite et certain ».
[310] G. WICKER, « La suppression de la cause par le projet d'ordonnance : la chose sans le mot ? », Recueil Dalloz 2015, p. 1557.

développer une exploitation rentable. C'est une démarche de cet ordre qu'avait retenue la première chambre civile de la Cour de cassation dans le célèbre arrêt Point club vidéo[311]. Dans cette affaire, en se fondant expressément sur la cause, les juges avaient accepté d'apprécier la validité d'un contrat de location au regard de son utilité concrète pour les parties. Ainsi, avaient-ils annulé le contrat souscrit par un vidéoclub au motif que son économie ne permettait pas une exploitation au bénéficiaire et donc ne répondait pas au besoin du locataire. A été sanctionné par la nullité le fait que, au jour de l'engagement, il était manifeste que le contrat ne pouvait permettre, eu égard à son économie, la réalisation du but contractuel poursuivi par le locataire. Même si, dans une espèce faussement similaire[312], la solution paraissait avoir été abandonnée, un arrêt est venu rappeler que cette prise en considération du but économique en tant qu'avantage attendu du contrat est tout à fait possible. Elle dépend de l'intention des parties qu'il appartient au juge d'apprécier. S'agissant de déterminer si la rentabilité s'intégrait à la cause du contrat, la chambre commerciale retient que : « la Cour d'appel, appréciant souverainement la volonté des parties, a considéré que celle-ci résidait dans la mise à disposition de la marque et non dans la rentabilité du contrat[313]». L'avantage attendu à titre de contrepartie ne se détermine pas invariablement de façon abstraite et objective mais peut aussi résulter d'une interprétation de la volonté sondée des parties. L'enthousiasme autour des innovations doctrinales ne garantit pas aux notions émergentes leur prise en compte dans le traitement judiciaire du déséquilibre contractuel.

Section 2 : L'absence d'intégration des concepts émergents

61. Le désengagement du législateur malien face au traitement judiciaire du déséquilibre contractuel entre les particuliers n'a pas empêché une contribution doctrinale qualitative pour l'émergence de nouveaux fondements qui s'inspirent et s'affranchissent de ceux classiques. L'engouement pour les notions nouvelles ou anciennes, émergentes ou requinquées, participe de l'impérieuse exigence d'une stimulation du créancier à adhérer au traitement judiciaire du déséquilibre contractuel. L'élasticité est consubstantielle aux notions à contenu variable notamment dans leur déphasage avec la sécurité contractuelle en droit commun. L'orientation donnée à l'émergence de ces nouvelles notions appartient au législateur. Ce dernier pourrait s'en inspirer pour habiliter le juge à traiter le déséquilibre contractuel en droit commun ou rester passif en réduisant cette vitalité doctrinale à un divertissement

---

311 Civ.1re, 3 juill. 1996, n° 94 -14. 800, Bull. civ. I, n° 286; D.1997. 500, note P. Reigné; RTD civ.1996. 901, obs. J. Mestre; RTD.com.1997. 308, obs. B. Bouloc; JCP 1997. I. 4015, obs. F. Labarthe.

312 Com. 9 juin 2009, n°08-11.420, RTD civ. 2009.719, obs. B. Fages.

313 Com. 18 mars 2014, n° 12-29. 453, D. 2014. 1915, note D. Mazeaud, et 2015. 529, obs. S. Amrani-Mekki et M. Mekki ; AJCA 2014. 78, obs. J. Dubarry ; RTD civ. 2014. 884, obs. H. Barbier ; RDC 2014. 345, note Y.-M. Laithier.

passionné. Il faut placer l'émergence du solidarisme contractuel (Para.1) dans son contexte à l'instar d'autres concepts dont l'étirement (Para.2) susciterait des ambiguïtés dans le traitement judiciaire des contrats déséquilibrés.

Paragraphe 1 : L'émergence du solidarisme contractuel

62. Le solidarisme incarnerait l'idée d'une solidarité inachevée. Sa vocation à permettre au juge de secourir le débiteur, même contre la volonté du créancier, est redoutée. En raison de l'emprise de l'autonomie de la volonté, le solidarisme est une solidarité volontaire (A) et régulée (B) dans le traitement judiciaire des contrats déséquilibrés.

A- Le solidarisme contractuel, une solidarité volontaire

63. Le solidarisme découle du terme « solidaire » qui est une philosophie née à la fin du XIXème siècle à un moment où la conception individualiste de la politique et du droit paraissaient mener à une impasse. Dans le traitement judiciaire des contrats déséquilibrés, le solidarisme traduit le maintien statique de la solidarité volontaire (1) et l'éviction dynamique de la solidarité forcée (2).

1- Le maintien statique de la solidarité volontaire

64. Le solidarisme est indissociable de la solidarité émanant du latin *solidus* qui veut dire dense, solide, fixe. L'adjectif *solidus* signifie également ce qui est entièrement ferme et invariable. La neutralité de cet adjectif a donné naissance à l'appellation « solidum ». À partir de là est née la locution *in solidum* qui signifie « au tout[314] ». Dès le XVème siècle, le langage juridique utilise l'adjectif solidaire qui justifie l'obligation de plusieurs personnes à répondre du tout. La majorité des dictionnaires antérieurs au XVIIIème siècle définissent cet adjectif comme étant l'ensemble des obligations que passent plusieurs personnes en commun, chacune étant tenue de payer la totalité de la dette. Le solidarisme contractuel trouve ses origines dans les réflexions de DURKHEIM[315]. On la retrouve particulièrement sous la plume de BOURGEOIS[316] qui a inspiré DEMOGUE[317]. C'est une doctrine sociale qui opère une rupture avec la philosophie ROUSSEAUISTE du contrat social dans la mesure où elle substitue au fondement du lien social, reposant sur un contrat social librement conclu entre des individus, celui d'une société déjà constituée à laquelle les individus s'agrègent[318]. Dans cette philosophie, l'individu s'agrège à la société, il devient en outre débiteur de tous les autres

---

[314] L. GRYNBAUM, *La notion de solidarisme contractuel*, thèse préc. p. 26.

[315] E. DURKHEIM, *De la division du travail social*, Paris, 1893, PUF, coll. Quadrige, 1994, p.93

[316] L. BOURGEOIS, *Solidarité*, Éditions universitaires du Septentrion, 5ème éd., 1998.

[317] R. DEMOGUE, Traité des obligations en général, Tome I, Sources des obligations, A. Rousseau, Paris, 1923, spéc. n°10, p.19.

[318] C. JAMIN, « Plaidoyer pour le solidarisme contractuel », Dalloz, Mélanges offerts à J. Ghestin, 2001, p. 441 à 472, spéc. p. 446.

membres qui la composent. Il s'en remet à l'État pour procéder à la répartition des droits et des devoirs spécialement pour déterminer la mesure exacte de sa dette. En d'autres termes, il faut que chacun paie sa dette à l'égard de la société, laquelle (dette) varie d'un individu à un autre. A charge pour l'État de répartir les bénéfices de la façon la plus profitable à l'ensemble de la collectivité afin de réaliser une harmonie au sein de la société humaine composée d'individus inégaux[319]. C'est une pragmatique remise en cause du volontarisme contractuel qui privilégie aveuglement les postulats de liberté et d'égalité entre les contractants.

65. La contractualisation de masse de la société mondiale, soutenue par le phénomène de la mondialisation des économies, aboutit à la production des figures contractuelles inédites et insoupçonnées. Des rapports d'obligations développent l'unilatéralisme qu'on retrouve, à la suite des contrats d'adhésion, dans les contrats de dépendance. Nous pénétrons l'ère des rapports unilatéraux qui intensifient le règne des pouvoirs contractuels. La liberté contractuelle est pervertie en unilatéralisme contractuel d'où la nécessité d'une résurgence de la doctrine solidariste. Désormais, la nouvelle préoccupation consiste à corriger le déséquilibre contractuel en valeur sur la base d'une inégalité de fait qui transcende l'égalité de droit. L'indifférence au déséquilibre des prestations est contournée par une quête de l'équilibre des pouvoirs. Ainsi, le solidarisme va entrer dans la sphère sociologique, laquelle appréhende la société comme une catégorie qui transcende celle des individus dont la liberté est nécessairement aliénée en raison de l'étroitesse des liens qui les unissent[320]. Il prône dans cette logique, une conception coopérative de la société où l'inégalité qui atteint un contractant est contraire à l'harmonie des forces sociales. L'idée générale est que la vie en société impose une solidarité entre les membres du corps social qui doit aboutir à une répartition plus égalitaire des richesses et des charges. Les interventions de l'État ne se réduisent pas à faire contrôler passivement les contrats. Elles sont légitimes, dans la mesure où le contrat ne se suffit pas à soi-même, mais elle n'est possible que grâce à une réglementation du contrat qui est d'origine sociale[321]. C'est du respect de l'ordre public que le contrat tient sa légitimité[322]. La liberté et l'égalité ne sont pas absolues. Elles sont encadrées par un ordre public réactif et adaptable. Le solidarisme va pénétrer la sphère juridique principalement celle du contrat[323]. Le contrat apparaît comme l'image réduite de la société. A cet effet, il doit être gouverné de la même façon par le principe de solidarité. C'est DEMOGUE qui aurait le premier intégré cette philosophie solidariste dans le domaine contractuel bien

---

319 C. JAMIN, « Plaidoyer pour le solidarisme contractuel », préc. p. 441 à 472, spéc. p. 447.

320 C. JAMIN, « Plaidoyer pour le solidarisme contractuel », préc. p. 441 et s., spéc. p. 445.

321 E. DURKHEIM, *De la division du travail social*, Alcan, 1893 réédition en 1986, P.U.F., 11e édition, spéc. p. 193 et s.

322 R. DEMOGUE, Traité des obligations en général, Paris Arthur Rousseau, volume 1, 1923, spéc. n° 395.

323 C. JAMIN, « Plaidoyer pour le solidarisme contractuel », préc. p. 441 à 472, spéc. p. 442.

que celle-ci soit apparue dès la fin du XIXème siècle pour contester le dogme de l'autonomie de la volonté au nom de la primauté du social. Le contrat doit tenir compte de la réalité, de la complexité de la vie sociale, des nécessités pratiques et des besoins économiques[324]. A cet effet, le contrat n'est pas une chose respectable en elle-même, il est respectable en fonction de la solidarité humaine [325]». DEMOGUE affirmait ainsi que les contractants forment une sorte de petit microcosme, une petite société où chacun doit travailler dans un but commun. Cet objectif commun est la somme des buts individuellement poursuivis par chacun, tout comme dans la société civile ou commerciale. A l'opposition entre le droit du créancier et l'intérêt du débiteur tend à se substituer une certaine union. Le créancier quant à la prestation qu'il doit recevoir n'est pas seulement un créancier, il peut avoir un devoir de collaboration[326]. Dans le traitement judiciaire du déséquilibre contractuel, c'est le maintien statique de cette union collaborative qui oppose les parties en raison de la divergence d'intérêts.

66. Des juristes tels que GOUNOT ont essayé de concilier les exigences résultant de la philosophie solidariste (exigences objectives) et l'autonomie de la volonté (individualisme)[327]. La doctrine solidariste tente d'expliquer la générosité des solutions rendues par les Cours et tribunaux français à l'égard du débiteur de l'obligation inexécutée, mal exécutée ou simplement contestée[328]. Cette dimension est dénoncée pour son manque d'homogénéité en divisant le courant solidariste. L'un d'inspiration morale et l'autre d'inspiration sociale[329]. Le premier s'appuie sur le constat selon lequel le contrat est une relation de patrimoine à patrimoine et une relation humaine entre deux personnes. C'est l'instauration d'une forme d'humanisme à travers un devoir moral d'entraide qui serait même juridiquement sanctionné dans

---

324 C. JAMIN, « Plaidoyer pour le solidarisme contractuel », préc. p. 441 à 472, spéc. p. 447 ; JAMIN Ch., « *Henri Capitant et René Demogue : notation sur l'actualité d'un dialogue doctrinal* », Dalloz, P.U.F. et Edition du Juris-classeur, L'avenir du droit Mélanges en hommage à F. Terré, 1999, p.125 à 139, spéc. p.129, 130 et 139.

325 R. DEMOGUE, « Des modifications aux contrats par volonté unilatérale », R.T. D. civ., 1907, p. 245 à 310, spéc. p. 246.

326 R. DEMOGUE, « *Traité des obligations en général* », Paris Arthur Rousseau, volume 6, 1932 spéc. p. 9, n° 3.

327 E. GOUNOT, « Le principe de l'autonomie de la volonté en droit privé français », thèse dactylographiée, Dijon, 1912, spéc. p. 23 et 376.

328 Com.15 janvier 2002, Dalloz, 2002, p.1974 à 1979, note Ph. STOFFEL-MUNCK où la Chambre commerciale de la Cour de cassation admet que l'abus peut être caractérisé dans la mesure où, dans une conjoncture difficile, un fournisseur a imposé des sacrifices à son concessionnaire mal en point, alors qu'il continuait, lui, à faire des profits. L'annotateur considère que cet arrêt est « une tentative maladroite d'application d'une doctrine bien déterminée » (doctrine solidariste) ; V. dans le même sens, Cass. com. 17 juin 1997 J.C.P. éd. G., 1998, I, 103 obs. Ph. SIMLER et Ph. DELEBECQUE ; J.C.P. éd. E., 1997, 1007, note D. LEGEAIS.

329 Com. 15 janvier 2002, Dalloz, 2002, p. 1974 à 1979, note Ph. STOFFEL-MUNCK, spéc. P .1978-1979, n° 16.

l'exécution du contrat. Ce solidarisme consiste à mettre l'accent sur le comportement individuel et exige du contractant le plus puissant un surcroît de loyauté à l'égard de l'autre[330]. Il est proche de la charité chrétienne ou même musulmane et peut la dépasser dans la mesure où le droit légiféré doit reconnaître aux faibles une protection opposable aux forts. Le second courant solidariste, d'inspiration sociale, veut prendre la place du fondement traditionnel volontariste c'est-à-dire substituer le fait social à l'engagement conventionnel. Plus précisément, il revient au juge d'affranchir les contractants du rapport de force existant entre eux et résultant de leur inégalité naturelle. Cette conception du solidarisme a été mise en avant par JAMIN qui prône un solidarisme social plus économique et non pas simplement basée sur une analyse morale qui vire au sentimentalisme dans les relations contractuelles[331]. Le solidarisme d'inspiration morale apparaît comme un recours à la morale comme fondement de la force obligatoire du contrat à la différence du solidarisme d'inspiration sociale qui consiste à donner une nouvelle interprétation de la force obligatoire du contrat basée sur une vision économique. Ce que défend JAMIN en écrivant que c'est parce qu'il favorise la réalisation de l'objet du contrat, le recours au concept de bonne foi parait lié à la recherche d'une plus grande efficacité économique. C'est la raison pour laquelle on ne peut simplement parler à son égard de moralisme[332]. L'objectif du solidarisme contractuel est de restaurer la primauté du social au sein même de l'économie de marché. Le solidarisme contractuel est tout autant l'expression d'un lien social qu'il sert à mettre en scène que le support technique des échanges économiques[333]. Le rôle du courant solidariste, dans le déclenchement des valeurs qu'il incarne pour inspirer de la correction judiciaire du déséquilibre contractuel, dépendra de l'importance que lui reconnaitra le législateur. Le solidarisme contractuel, la bonne foi ou même l'équité prônent à la base une lecture morale des relations contractuelles. L'interprétation de la morale passe très vite au moralisme dans son aptitude à corriger judiciairement le déséquilibre contractuel. La moralité du débiteur est de payer ses dettes et l'immoralité consiste pour lui à solliciter abusivement la solidarité du créancier. La solidarité volontaire, c'est-à-dire celle qui est librement consentie les parties, est conforme à une renégociation conventionnelle du déséquilibre contractuel. Elle se veut protectrice des intérêts du créancier en cas de conflictualisation de l'exécution onéreuse du contrat dans le déséquilibre conjoncturel et la dénonciation du caractère

---

330 Com. 15 janvier 2002, Dalloz, 2002, p. 1974 à 1979, note Ph. STOFFEL-MUNCK, spéc. p. 1979, n° 16.

331 C. JAMIN, « Révision et intangibilité du contrat ou la double philosophie de l'article 1134 du Code civil », préc. p. 46 à 57, spéc. p. 52 où l'auteur fait savoir que : « loin de moi l'idée de prendre la défense de la partie réputée ou prétendue faible en adoptant une posture morale ».

332 C. JAMIN, « Révision et intangibilité du contrat ou la double philosophie de l'article 1134 du Code civil », op.cit. p. 46 à 57, spéc. p. 52.

333 C. JAMIN, « Plaidoyer pour le solidarisme contractuel », op. cit., p. 441 à 472, spéc. p. 471.

dérisoire ou excessif de l'échange dans le déséquilibre structurel. Le solidarisme est une solidarité statique et inachevée alors qu'elle devrait être une solidarité dynamique et agissante en droit des contrats pour fonder le traitement judiciaire du déséquilibre contractuel. L'éviction vigoureuse d'une solidarité forcée est réductrice des pouvoirs du juge à agir contre la volonté du créancier dans le traitement judiciaire du déséquilibre en valeur.

2- L'éviction dynamique de la solidarité forcée

67. Le critère de la force obligatoire du contrat est l'attente raisonnable qu'elle suscite chez les parties et qui pourrait être appréciée par un tiers extérieur aux contractants : le juge. La correction judiciaire forcée du déséquilibre contractuel est une profanation de la parole sacrée qui est la force obligatoire dans les engagements librement consentis. La liberté de s'engager est le corollaire de celle d'aller au bout de son engagement, quel qu'en soit le prix à payer. C'est sur cette lancée que l'invocation du déséquilibre par le débiteur serait un caprice et sa correction forcée par le juge, une prétention infondée dans la conception volontariste du contrat. Le passage de témoin entre l'adaptation conventionnelle et le traitement judiciaire s'effectue grâce à un solidarisme volontaire dicté par le créancier et non une solidarité forcée qui serait synonyme de son insécurité contractuelle. Pourtant, le solidarisme est tout à fait apte à gérer et à surmonter les entraves attachées aux modifications de circonstances dans les contrats à exécution successive ou échelonnée. Ce qui est aussi valable pour le traitement judiciaire du déséquilibre dans les contrats lésionnaires. Le solidarisme correspond mieux que l'individualisme à un droit des contrats qui intègre une vision du temps et une conception moins abstraite de la liberté[334]. Le concept de solidarisme assure une plus grande souplesse d'exécution du contrat lorsque celui-ci est conclu pour une longue durée. Il permet d'atteindre le résultat minimum que visait chacune des parties dans la formation alors que les conditions d'exécution ont modifié les prévisions. Le solidarisme est la traduction de la solidarité du créancier à consentir des sacrifices pour faciliter le traitement du déséquilibre contractuel. Ces obstacles s'expliquent par le fait qu'en 1804, les rédacteurs du Code civil français, inspirant encore le législateur malien, n'ont envisagé le temps que d'une manière statique[335]. Le solidarisme présente des avantages que la domination du volontarisme contractuel ne saurait passer sous silence dans la mesure où il peut fonder le traitement judiciaire du déséquilibre contractuel. Lorsqu'il n'est pas une solidarité volontaire dans l'adaptation négociée, il va falloir la forcer par le juge pour corriger les contrats déséquilibrés en droit

---

[334] C. JAMIN, « Révision et intangibilité du contrat ou la double philosophie de l'article 1134 du Code civil », op.cit. p. 46 à 57, spéc. p. 59.

[335] G. ROUHETTE, « La révision conventionnelle du contrat », R.I.D. comp., 1986, p. 369 et s., spéc. n° 3.

commun. Ce qui lui a valu des critiques virulentes qui sont parfois justifiables mais discutables.

68. La doctrine solidariste a été fragilisée par des critiques destinées au sauvetage et à la sauvegarde de l'emprise des effets de la volonté individuelle sur elle. Ce courant solidariste a connu depuis environ trente ans, un certain retentissement en droit des contrats en permettant de façonner de nouveaux concepts comme l'obligation de sécurité et l'obligation d'information, la représentation au sein des groupements, une nouvelle conception de l'abus en matière contractuelle ou de la théorie des risques etc…[336] Ces avancées inhabituelles s'acquièrent suite aux constats d'une transformation des relations contractuelles en terrain de prédilection d'une adversité féroce entre des protagonistes divergents d'intérêts. La critique principale adressée à la doctrine solidariste est qu'elle affaiblit la prévisibilité des parties et fragilise le respect de la parole donnée en diminuant la vigueur du lien contractuel. De bonne guerre, cela est une lecture exclusivement basée sur la suprématie offerte aux conséquences de l'autonomie de la volonté en droit des contrats. Comme le flou supposé ou avéré de toutes les notions à contenu variable, le solidarisme fait l'objet de critiques les plus acerbes, les plus pessimistes qui soient tant qu'il n'est pas reconnu par le législateur pour fonder le traitement judiciaire du déséquilibre contractuel. Le solidarisme joue un rôle décisif en permettant au juge de corriger les relations contractuelles inégalitaires. Pour cela, il justifie sa réputation de solidarité forcée dans la perspective de pouvoir défaire le lien juridique au profit de la partie faible au lieu de le construire dans une vision libérale en cas de déséquilibre contractuel. Ce qui déclenche la prudence des détracteurs de cette doctrine solidariste, c'est l'absence de critère et de règle qui permettent de comprendre et d'anticiper son application avec un minimum d'objectivité[337]. Cet argument est défendable mais peu décisif dans la correction judiciaire du déséquilibre contractuel. L'objectivité c'est plutôt une solidarité agissante qui mutualise le risque dans la correction judiciaire du déséquilibre conjoncturel ou en cas de manque d'intérêt du contrat pour une partie dans le déséquilibre structurel. D'autres dénoncent l'insécurité en droit des contrats en fustigeant un solidarisme qui encouragerait les contractants malhonnêtes à ne pas payer leurs dettes. Le traitement judiciaire ne s'inscrit pas dans cette logique en ce sens qu'elle améliore le contrat pour garantir à la partie faible, une survie économique en cas de déséquilibre conjoncturel. Il préconise naturellement que l'insolvabilité ne soit pas une présomption de malhonnêteté. Une différence culturelle s'impose dans l'appréciation de cette dernière notion qui est un jugement de valeur. Est-il malhonnête de demander la mutualisation du risque dans le traitement

---

[336] C. JAMIN, « Plaidoyer pour le solidarisme contractuel », op. cit., p. 441 à 472, spéc. p. 450.
[337] Com. 15 janvier 2002, Dalloz, 2002, p. 1974 à 1979, note Ph. STOFFEL-MUNCK, spéc. p. 1979, n°18.

judiciaire du déséquilibre conjoncturel alors qu'il est honnête d'acheter à un bon prix qui est souvent une appellation voilée du prix dérisoire ?

Ce qui est évident, c'est que les conséquences de l'autonomie de la volonté sont favorables à une sécurité individualiste dans les transactions. Les effets capitalistes de l'individualisme sont corrigés par les limites opposées à la liberté contractuelle en droit de la concurrence à travers l'ordre public. Pourtant, des résistances admettent de penser que le recours au solidarisme contractuel pourrait provoquer un dirigisme plus fort de l'environnement des transactions commerciales par l'État. L'ossature de cette prise de position est qu'à force d'imposer aux contractants le respect de l'autre partie, la contrainte deviendra encore plus forte[338]. Toutes ces raisons font que la jurisprudence et la majorité de la doctrine ne sont pas favorables à ce courant solidariste et préconisent une stabilité contractuelle[339]. Dans le traitement du déséquilibre contractuel en droit commun, le solidarisme pourrait être une solidarité forcée et arrachée par le juge. Il s'agit d'une solidarité implicite du créancier à compatir à la situation du débiteur de bonne foi au cas où les prévisions des parties sont faussées par le temps. C'est une solidarité forcée par le juge sous la tutelle d'une interprétation extensive du déséquilibre contractuel. Le solidarisme est une solidarité pleine et entière mais régulée dans le traitement du déséquilibre contractuel.

B- Le solidarisme contractuel, une solidarité régulée

69. L'exclusion du solidarisme se résume à un désaveu sans ambages du juge dont l'autorité est sapée dans le traitement du déséquilibre contractuel. En droit commun, le recours solidariste à la fraternisation (1) ou à l'altruisme (2) ne cache pas les conséquences de la conception libérale du contrat.

1- La fraternisation de la solidarité contractuelle

70. Le solidarisme est une doctrine qui fonde la morale, la politique et l'économie normative sur la solidarité entre les individus. Pour mériter le qualificatif de « contractuel », le solidarisme doit manifester une solidarité active entre les contractants[340]. Il restreint l'exclusion de l'un des contractants. Il s'agit d'une doctrine qui place les vulnérabilités respectives des individus au centre du débat contractuel en prenant à contre-pied la philosophie libérale. En effet, elle soutient que dans une relation contractuelle, chacune des parties œuvre à la satisfaction des attentes légitimes de l'autre. Les vulnérabilités respectives des parties au contrat ne peuvent être ignorées. Nul ne doit utiliser les faiblesses de l'autre pour en tirer injustement un avantage quelconque dans

---

338 F. TERRE, P. SIMLER. et Y. LEQUETTE, Droit civil, les obligations, Dalloz, 8e édition, 2002, spéc. p. 44-45, n° 42.

339 D.MAZEAUD, « Loyauté, solidarité, fraternité : la nouvelle devise contractuelle ? », Dalloz, P.U.F. et Edition du Juris-classeur, L'avenir du droit. Mélanges en hommage à F. Terré, 1999, p. 603 à 634, spéc. p. 630, n° 28.

340 A. –S. COURDIER-CUISINIER, *Le solidarisme contractuel*, thèse préc. p.16, n° 23.

une relation contractuelle[341]. L'idée d'une fraternité contractuelle est avancée par SERIAUX pour qui, la bonne foi de l'article 1134 est la bonne volonté, la loyauté, le souci de se dépenser au profit de son contractant, de collaborer avec lui, de lui faciliter la tâche, en un mot de l'aimer comme un frère[342]. Cette description audacieuse converge vers une certaine idéalisation des rapports contractuels. Ce qui a valu au solidarisme contractuel d'être considéré comme une illusion, un mythe[343]. THIBIERGE- GELFUCCI emploie indifféremment la fraternité et la solidarité en rappelant qu'il se dessine aujourd'hui une aspiration qualitative qui conduit à se soucier de l'autre et de ses intérêts, à mettre ses forces en commun au service du contrat, en une exigence d'une sorte de solidarité voire de fraternité. Le souci n'est plus seulement d'être juste, il est aussi d'être altruiste[344]. La fraternisation est une analyse du lien contractuel dans le sens d'une exécution apaisée. Lorsque la divergence d'intérêts conflictualise les rapports contractuels, la correction judiciaire se passerait d'un acharnement conformiste pour la pacification du lien contractuel. Ce n'est pas une lapalissade de souligner que la fraternité n'est pas couramment invoquée dans un traitement judiciaire du déséquilibre contractuel qui est manifestement conflictuel et parfois fratricide à cause de la divergence des intérêts. Le solidarisme est une incitation à la solidarité sociale transposée dans les relations sociales. La solidarité, plus qu'un comportement, est un état d'esprit lorsque l'existence de chaque individu représente une dette sociale originelle qui le rend débiteur envers les autres membres de la société. C'est une démarche répondant plus à une collectivisation de la sécurité contractuelle pour pallier l'égoïsme individuel. Selon BOURGEOIS, l'homme vivant dans la société, et ne pouvant vivre sans elle, est en toute heure débiteur envers elle. Là est la base de ses devoirs, la charge de sa liberté. L'obligation de chacun envers tous est la contrepartie des avantages que chacun retire de l'état de société, le prix des services que l'association rend à chacun[345].

71. Le solidarisme mérite une application précise et organisée dans le traitement judiciaire du déséquilibre conjoncturel, en particulier, et en droit des contrats, en général. JAMIN écarte du solidarisme, le terme de « fraternité »

---

341 G. T- TABI, *Les nouveaux instruments de gestion du processus contractuel*, thèse préc. p. 94.

342 A. SERIAUX, *Droit des obligations* ; 2ème éd, PUF, 1998, n° 55.

343 L. LEVENEUR, « Le solidarisme contractuel- Mythe ou réalité ? », L. GRYNBAUM (dir), Economica, 2004, p.173.

344 C. THIBIERGE- GELFUCCI, « Libres propos sur la transformation du droit des contrats », Rév. Trim. dr. civ. 1997, p. 376 et spécialement p.382. L'auteur poursuit qu'en vertu du principe de fraternité, chacun des contractants : « est tenu de prendre en compte, par-delà son intérêt propre, l'intérêt du contrat et celui de l'autre partie en se déployant à leur service, voire en acceptant certains sacrifices ».

345 BOURGEOIS, *Solidarité*, Paris, Armand Colin, 1896, réed.,1998, Pr. Univ., du Septentrion, pp. 22 et s.

dans son plaidoyer pour le solidarisme contractuel[346]. Tout bien considéré, la réalité est que le traitement judiciaire serait la fin de l'exclusion d'un partage du risque dans les bouleversements de circonstances économiques en droit commun. Or, dans la conception libérale de l'autonomie de la volonté, il ne s'agit pas d'un partage du risque malgré l'onérosité, mais de son imputabilité au seul débiteur suite au déséquilibre conjoncturel. Le solidarisme contractuel serait l'expression de la solidarité achevée lorsqu'il permettra de mutualiser le risque en réduisant la gravité de l'onérosité en cas de déséquilibre conjoncturel. La prise en charge n'est pas employée dans le sens consistant à assurer l'entretien et la subsistance de l'autre par le maintien de sa contrepartie attendue. Ce qui risque d'en faire une solidarité limitée. La solidarité contractuelle suppose une contribution du créancier dans la prise en charge du déséquilibre conjoncturel engendré par l'onérosité de l'exécution pouvant conduire à l'insolvabilité du débiteur de bonne foi. Cette solidarité assure la survivance de l'intérêt du cocontractant et permettre sa réalisation[347] c'est-à-dire assumer[348] les intérêts de l'autre dans le traitement judiciaire ou dans une renégociation conventionnelle satisfaisante des contrats déséquilibrés. La réciprocité effective, du maintien de l'intérêt des parties à gagner une contrepartie, caractérise manifestement la solidarité contractuelle. L'égalité est l'âme du partage[349]. Le solidarisme contractuel a peut-être l'efficacité gênante de dompter les inégalités entre les parties. Ces inégalités sont relatives aux besoins économiques et à l'asymétrie des connaissances. RICOEUR estime que l'acte de juger a pour horizon un équilibre fragile entre les deux composantes du partage : ce qui départage ma part de la vôtre et qui, d'autre part, fait que chacun de nous prend part à la société[350]. Le solidarisme contractuel est enclin à corriger les inégalités et les dépendances dans les relations contractuelles. Certains auteurs parlent : « d'infériorité - contrainte, celle qui affecte le consentement du contractant faible dans sa composante de liberté[351]». Pour d'autres, ces causes d'infériorité se conjuguent, la partie

[346] C. JAMIN, « Paidoyer pour le solidarisme contractuel », in Le contrat au début du XXI ème siècle, Études offertes à Jacques Ghestin, LGDJ, 2001, p. 441. Il relève que : « J'avais employé à dessein le mot pour tenter de caractériser certains développements actuels et spectaculaires du droit des contrats propres à favoriser la coopération entre les parties, alors que d'autres auteurs recourent à ceux de fraternité ou de solidarité pour traduire cette même évolution du droit positif. Ce mot, depuis lors, a été repris et son usage parfois critiqué, mais dans un sens qui ne me semble pas toujours lui faire justice, parce qu'il est à la fois confondu avec le terme plus ambigu de fraternité et assimilé à une vision idyllique ou sentimentale, et donc irréaliste de la nature humaine et des rapports contractuels ».

[347] A.-S COURDIER-CUISINIER, *Le solidarisme contractuel*, thèse préc. p. 70, n° 110.

[348] T. REVET, L'éthique des contrats en droit en droit interne, rapp. préc. n° 10 et s.

[349] H. ROLAND, et L. AUBERT, Adages du droit français, 4ème éd. Litec, 1999, n° 106.

[350] P. RICOEUR, *Le juste*, éd. Esprit, 1995, p.188.

[351] G. COUTURIER, Les relations entre employeurs et salariés dans les relations en droit français, rapp. préc. n° 5, p. 148.

économiquement forte peut abuser de l'état de besoin de la partie faible[352]. Les inégalités économiques font partie du pouvoir économique et créatrices de dépendance économique.

72. Le solidarisme traduirait la légendaire solidarité traditionnelle africaine sans en être l'apanage. Le solidarisme d'inspiration sociale conduit à donner une nouvelle interprétation à la force obligatoire du contrat[353]. Il est inspiré du droit Anglo-américain[354] qui se veut plus flexible, plus souple mais résolument tourné vers le créancier en ce sens que le débiteur est tenu d'exécuter le contrat au mieux des intérêts de son créancier[355]. La pertinence d'une redéfinition de la force obligatoire du contrat a maintes fois été soulevée[356]. La force obligatoire du contrat est revisitée par le solidarisme passant d'un dogme, d'une fin en soi à un moyen au service d'intérêts supérieurs. Ce qui permettrait de parvenir à un équilibre économique, social pour sauver le contrat en l'adaptant au lieu de l'anéantir[357]. Le solidarisme contractuel participe à un renouvellement de la force obligatoire qui reste fondamentalement basée sur l'autonomie de la volonté en droit commun. Son effectivité dans le traitement judiciaire du déséquilibre contractuel sera toujours dénoncée par les courants libéralistes. Cependant, faut-il rester dans l'indifférence face aux déséquilibres excessifs ou préserver la prévisibilité justifiant un rapport de force inégalitaire notamment en cas de bouleversements des circonstances économiques ?[358].

Le législateur corrige indirectement le déséquilibre des pouvoirs à travers les régimes dérogatoires, dans certains contrats spéciaux, pour se rattraper de la faiblesse du traitement judiciaire du déséquilibre des prestations en droit

---

352 M. FONTAINE, *La protection de la partie faible dans les rapports contractuels*, thèse préc. op.cit. n° 2, p. 617.

353 C. JAMIN, « Une brève histoire politique des interprétations de l'article 1134 du Code civil », Dalloz, 2002, n° 11, p. 901 à 907, spéc. p. 905 et 906.

354 H. LECUYER, « Redéfinir la force obligatoire du contrat ? », extrait du 94° Congrès des Notaires de France à Lyon intitulé : ''Le contrat : liberté contractuelle et sécurité juridique'', Les Petites Affiches, 6 mai 1998, p. 44 et 45, spéc. p. 44.

355 H. LECUYER., « Redéfinir la force obligatoire du contrat ? », préc. p. 44 et 45.

356 B. OPPETIT, « L'endettement et le droit » aux Mélanges Breton et Derrida, Dalloz, 1991, p. 295 et ss.

357 D. MAZEAUD, « Loyauté, solidarité, fraternité : la nouvelle devise contractuelle ? », Dalloz, P.U.F. et Edition du Juris-classeur, L'avenir du droit. Mélanges en hommage à F. Terré, 1999, p. 603 à 634 spéc. p. 631 n° 29 ; H. LECUYER H., « Redéfinir la force obligatoire du contrat ? », préc, p. 44 et spéc. p. 45 ; V. pour une application jurisprudentielle de cette théorie : Cass. Civ. 1ère 11 juin 1996, Répertoire Defrénois, 1996, 1007, obs. D. MAZEAUD ; R.T.D. civ. 1997, p. 425, obs. J. MESTRE.

358 D. MAZEAUD, « Loyauté, solidarité, fraternité : la nouvelle devise contractuelle ? », préc. p. 603 à 634, spéc. p. 633, n° 31. C'est à cette interrogation que semble parvenir cet auteur lorsqu'il écrit que : « l'idée de solidarisme contractuel emporte simplement une lecture moins égoïste et étriquée de l'article 1134, al. 1 du Code civil, que celle qui, sous couvert du principe du respect de la parole donnée et de l'impératif de sécurité juridique, se satisfait des déséquilibres les plus outranciers et des pouvoirs les plus exorbitants, et s'accommode des situations de détresse et d'exclusion ».

commun. L'idéologie du solidarisme contractuel s'accommode parfaitement de l'obligation d'information[359], du devoir de loyauté[360] et plus généralement de tous les devoirs corrigeant les relations contractuelles inégalitaires[361]. On peut évoquer la contractualisation du solidarisme par l'information[362] pour dénoncer le manque d'altruisme d'un contractant. Ce qui est révélateur de la convergence de finalité avec d'autres moyens favorables au traitement judiciaire des contrats déséquilibrés.

2- L'altruisme dans la solidarité contractuelle

73. Le solidarisme contractuel est une contestation du majestueux dogme de l'autonomie de la volonté lorsqu'il souscrit à une extension qualitative des pouvoirs du juge dans le traitement de l'inéquivalence des prestations. Pour cela, il faut bousculer les certitudes de la philosophie libérale et individualiste à assurer en l'état, l'harmonie sociale et l'équilibre[363]. Dans les rapports entre les particuliers, les contractants concluent un projet commun destiné à aboutir à un résultat. Ce résultat peut être immédiat ou différé et le solidarisme contractuel permettrait à chacun de travailler pour la réalisation de ce but commun. A l'opposition entre le droit du créancier et l'intérêt du débiteur se substituerait une union dans le traitement du déséquilibre conjoncturel. Le créancier, quant à la prestation qu'il doit recevoir, peut avoir un devoir de collaboration[364]. Le solidarisme contractuel rallonge la longue liste des fondements proposés par la doctrine moderne dans le sens de l'altruisme, de l'entraide, de l'abnégation ou parfois d'un vraisemblable sacrifice de ses propres intérêts[365]. THIBIERGE-GUELFUCCI emploie indistinctement la fraternité et la solidarité en écrivant que se dessine aujourd'hui une aspiration qualitative qui conduit à se soucier de l'autre et de ses intérêts, à mettre ses forces en commun au service du contrat, en l'exigence d'une sorte de solidarité et même de fraternité. Le souci n'est plus seulement d'être juste mais d'être altruiste[366]. La convergence de finalité entre les autres fondements judiciaires de traitement du déséquilibre contractuel et le courant solidariste

---

359 D. JUGLART, « L'obligation de renseignement dans les contrats », RTD. civ. 1945, p. 1.

360 PICOD, *Le devoir de loyauté dans l'exécution du contrat*, LGDJ. 1989, n°11.

361 JAMIN, « Plaidoyer pour le solidarisme contractuel », préc. p. 441 et spéc. p. 460 et s.

362 M. FABRE-MAGNAN, Les *obligations*, Paris, PUF, 2004, n° 34, p. 72.

363 V. sur la contestation de l'autonomie de la volonté par la doctrine solidariste G. T- TABI, *Les nouveaux instruments de gestion du processus contractuel,* thèse préc., p. 94.

364 R. DEMOGUE, op. cit., note 30, n° 3, p. 9.

365 D. MAZEAUD, « Loyauté, solidarité, Fraternité : la nouvelle devise contractuelle ? », préc, p. 608, n° 6.

366 C.THIBIERGE-GELFUCCI, « Libres propos sur la transformation du droit des contrats », préc. p.376 et s. L'auteur poursuit qu'en vertu du principe de fraternité chacun des contractants « est tenu de prendre en compte, par-delà son intérêt propre, l'intérêt du contrat et celui de l'autre partie en se déployant à leur service, voire en acceptant certains sacrifices ». p. 382.

aboutirait à des solutions modérément favorables au cocontractant faible[367] ou plus largement de parvenir à un monde contractuel meilleur[368].

74. Le courant solidariste est proche de la conception libérale du contrat car il s'agit encore d'une morale interindividuelle où l'exigence d'éthique est accrue, poussée plus loin[369]. Pour MAZEAUD, le solidarisme contractuel consiste en l'altruisme, la patience, le respect mutuel, l'indulgence, le sens de la mesure, la cohérence, l'entraide, la tolérance et d'autres vertus constituant un code de bonne conduite, une éthique que chaque contractant doit respecter dans l'univers contractuel[370]. L'altruisme soigne l'égoïsme individualiste qui est une pathologie rédhibitoire dans le traitement judiciaire du déséquilibre contractuel. Dans sa dimension religieuse, c'est l'égoïsme de l'individu contre le groupe qui le tient prisonnier de ses intérêts et de ses désirs en s'opposant à la vérité, en séparant les individus, cocontractants, les uns des autres[371]. L'esprit de la solidarité s'institutionnalise à travers les systèmes de sécurité et de prévoyance sociale pour les ouvriers et les paysans grâce à la substitution du risque social à la responsabilité individuelle. De ce fait, le social est le dernier rempart contre l'individualisme égoïste. Pour déclencher l'élan solidariste, les contractants forment une sorte de microcosme, une petite société où chacun doit travailler dans un but commun, somme des buts individuels poursuivis par chacun, comme dans la société civile ou commerciale. A l'opposition entre le droit du créancier et l'intérêt du débiteur tend à se substituer une certaine union[372]. Un auteur écrivait qu'où est le droit il n'y a plus d'affection[373] pour mieux exprimer l'absence d'altruisme et de fraternité dans les contrats. La propension solidariste à ne pas faire du mal à son cocontractant, comme un frère, est la goutte d'eau qui fait déborder le vase dans le traitement judiciaire des contrats déséquilibrés. La fraternité suppose la sympathie, l'amour, l'amitié, la générosité , l'affection entre les cocontractants. C'est peut-être trop demander au créancier qui ne souhaite pas être un frère du débiteur mais juste recouvrer sa créance sans aucune

---

367 Com. 15 janvier 2002, Dalloz, 2002, p.1974 à 1979, note Ph. STOFFEL-MUNCK, spéc.p. 1978, n°16.

368 D. MAZEAUD, « Loyauté, solidarité, fraternité : la nouvelle devise contractuelle ? », préc. p. 603 à 634, spéc. p. 609, n° 7.

369 V. en ce sens Com. 15 janvier 2002, Dalloz, 2002, p. 1974 à 1979, note Ph. STOFFEL-MUNCK, spéc. p. 1979, n° 16, où l'annotateur fait état d'une différence de degré, et non de nature, entre le solidarisme d'inspiration morale et la conception libérale du contrat.

370 D. MAZEAUD, « Loyauté, solidarité, fraternité : la nouvelle devise contractuelle ? », préc. p. 603 à 634, spéc. p. 608, n° 6.

371 Extrait de l'homélie du pape Benoît XVI du 24 décembre 2009 rapporté par G. T- TABI, *Les nouveaux instruments de gestion du processus contractuel,* thèse préc. p. 223.

372 DEMOGUE, *Traité des obligations en général*, t.VI, *Effets des obligations*, Paris, A. Rousseau, 1932, n° 3, p. 9.

373 A. POUSSON, *L'affection et le droit*, Paris, éd. CNRS, Centre régional de publication de Toulouse, 1990, p.13.

spéculation sur les valeurs humaines à travers l'altruisme ou la fraternité contractuelle.

La fraternisation se spécialise[374] dans sa conception contemporaine en droit des contrats. Le mérite de la fraternité contractuelle consiste à la considérer comme plus large que des notions classiques comme la bonne foi[375]. Certains sont moins optimistes à l'idée d'une vision utopique et angélique qui fera de la solidarité et de la fraternité des principes gouvernant les rapports entre les contractants[376]. La fraternité dans le contrat est une approche adoptée[377]. Le traitement judiciaire des contrats déséquilibrés en valeur appelle à une appréciation moins banalisée de la confiance légitime, du comportement des contractants à être plus altruistes. Entre les parties, la confiance c'est la croyance et la légitimité des intérêts de l'autre qui sont des éléments extérieurs observables à travers le comportement des contractants. C'est une appréciation de la normalité du comportement d'une partie, à assister l'autre en danger, pour légitimer le traitement judiciaire du déséquilibre contractuel.

Le courant solidarisme est une solidarité inachevée qui demande une analyse économique, moins opportuniste dans la conception libérale des échanges, pour plus de partages, de concessions, d'entraides et d'efforts conjugués des parties dans le traitement judiciaire des contrats déséquilibrés. La méfiance à l'égard du solidarisme contractuel tourne inversement à la défiance face aux effets de l'autonomie de la volonté dans leur versant égoïste, trop protecteur de la volonté individuelle. L'effectivité et l'efficacité d'une solidarité active et agissante dans le traitement judiciaire du déséquilibre conjoncturel consistent à mutualiser le risque engendré par les bouleversements de circonstances économiques. Face au manque d'intérêt du contrat pour la partie faible, le courant solidariste autoriserait un traitement judiciaire organisé du déséquilibre des prestations en fonction de la nature de cet engagement obligatoire. D'autres fondements , par leur extension conceptuelle, admettent un traitement judiciaire à défaut d'une adaptation conventionnelle satisfaisante.

Paragraphe 2 : Le doute face à l'étirement conceptuel

374 V. sur *l'affectio societatis* dans les sociétés commerciales A. VIANDIER, La notion d'associé, Bibliothèque de droit privé, t. 156, Paris, LGDJ, 1978, p. 76.

375 C. THIBIERGE-GUELFUCCI, « Libres propos sur la transformation du droit du droit des contrats », art. préc. n° 32, p. 383.

376 D. MAZEAUD, « Loyauté, *solidarité, fraternité : la nouvelle devise contractuelle ?* », art. préc., n° 3, p. 604 ; V. aussi BENABENT, « *La dans les relations contractuelles entre particuliers, dans l'exécution du contrat. Rapport français* », in La bonne foi, Travaux Assoc. Henri Capitant, 1992, p. 293.

377 C. THIBIERGE-GUELFUCCI, « Libres propos sur la transformation du droit du droit des contrats », art. préc. n° 32, p. 383 ; F. DIESSE, *Le devoir de coopération dans les contrats*, thèse, préc. n° 216, p.189.

75. La remise en cause de la force obligatoire entraine la prolifération des fondements de traitement du déséquilibre contractuel par le juge. La méfiance face à la variabilité du juste économique (A) et du juste juridique (B) prouve qu'ils dépendent de la volonté initiale des parties empêchant une extension de la justice contractuelle.

A- La méfiance face à la variabilité du juste économique

76. La doctrine actuelle a activement contribué à une consistante analyse économique des contrats déséquilibrés à travers des théories bâties autour des principes du juste, de l'utile (1) et de la proportionnalité (2).

1- Le principe du juste et l'utile

77. Le développement de l'utilitarisme[378] n'est pas étranger à la construction théorique d'un principe de traitement des contrats déséquilibrés. Le principe du juste et de l'utile met en valeur une conception économique du juste juridique. Le juste ne réside pas que dans l'égal mais dans l'efficient. L'égalité entre les cocontractants n'est plus une garantie d'utilité et de justice dans le contrat. Il faut dépasser l'effectivité[379] des droits et obligations issus de l'autonomie de volonté pour aller vers l'efficacité[380] stratégique du contrat. Ce qui signifie pour les contractants de souscrire et de maintenir leurs intérêts. Cette analyse du juste juridique est confrontée à l'affirmation selon laquelle la justice ne doit être recherchée au détriment du commerce juridique[381]. Néanmoins, la poursuite de la finalité économique est essentielle et transcende une justice contractuelle indéfiniment immobile. C'est ce qui est mis en exergue dans le traitement judiciaire, à défaut de celui conventionnel sans contestation, du déséquilibre contractuel. La justice contractuelle classique est celle qui vise à respecter l'équilibre entre les patrimoines au moment de l'accord des parties. Cet accord de volonté est un instrument de réalisation économique des échanges des biens et des services dont le contrat est le support juridique. La justice contractuelle est commutative. Derrière la fausse allure correctrice de cette commutativité, le juste et l'utile sont le maintien de la volonté initiale des parties. La logique consiste à soutenir qu'il ne faut pas détruire ultérieurement l'équilibre qui existait entre les patrimoines. Ce qui suppose que chacune des parties reçoive l'équivalent de ce qu'elle donne[382]. Dans le traitement judiciaire du déséquilibre contractuel, le concept du juste et de l'utile est favorable à sa substitution à la théorie de l'autonomie de la

---

378 F. TERRÉ, « *L'inutile et l'injuste* », in Le contrat au début du XXIe siècle, études offertes à Jacques Ghestin, LGDJ, 2001, p. 865 et 867.

379 J.- A. ARNAUD, Dictionnaire encyclopédique de théorie et de sociologie du droit, L.G.D.J., 1993, p. 217.

380 G. CHANTEPIE, « L'efficacité attendue du contrat », RDC, 2010, p. 347.

381 E. GAUDEMET, Théorie générale des obligations, Sirey 1937, p.78 ; H. BATIFFOL, *La philosophie du droit*, 3 éd., coll. « Que sais –je ? », PUF, 1996, p.109.

382 J. GHESTIN, Traité de droit civil, *La formation du contrat*, 3è éd., L.G.D.J., Paris, 1993, n°253.

volonté. L'idée d'une rupture du juste et de l'utile n'est pas compatible avec la sécurité des transactions dans les relations entre particuliers. Pourtant, la conception unitaire des instruments de traitement judiciaire du déséquilibre des prestations, basée sur l'autonomie de la volonté, est une méprise légale qui frise le laxisme pour ne pas dire l'insouciance devant la prolifération de nouvelles figures contractuelles. Selon GHESTIN, le rejet du dogme de l'autonomie de la volonté conduit à faire du juste et de l'utile les principes fondamentaux de la théorie générale du contrat[383]. La justice suppose que le contrat ne détruise pas l'équilibre initial qui existait entre les patrimoines. Ce qui implique que chacune des parties reçoive l'équivalent de ce qu'elle donne[384]. Les avis sont partagés et les positions sont moins tranchées sur une évolution de ce qui est juste et utile pour déclencher le traitement du déséquilibre contractuel. L'admission d'une révision des contrats déséquilibrés annonce une justice et une utilité congénitalement ou postérieurement rompues dans ces conventions. Le principe du juste et de l'utile ne permet pas au juge de corriger un quelconque déséquilibre contractuel. Le préalable à toute correction du déséquilibre contractuel passe concrètement par une relativisation courageuse des effets de l'autonomie de la volonté. Il faut admettre auparavant que dans son exécution, le contrat tire sa force obligatoire non pas de lui-même mais d'une norme supérieure qui lui est extérieure. Le pouvoir accordé aux volontés individuelles n'est pas un pouvoir originaire mais relativement dérivé[385]. Le contrat a une force obligatoire parce que le droit objectif lui confère un tel effet juridique. Sa validité est conditionnée au respect de l'ordre public et aux bonnes mœurs garantissant l'intérêt général. Certes, l'utile et le juste sont des facteurs d'harmonie sociale[386]. Par contre, ils ne sont pas envisagés en dehors des conséquences de la volonté des parties.

78. La rupture de l'utile et du juste est naturellement inconciliable avec la conception libérale de la volonté individuelle des parties qui, dès la conclusion du contrat, sont les meilleurs juges de leurs intérêts. Cette consécration de la liberté contractuelle de s'engager sans contrainte a pour but d'empêcher les parties de se plaindre d'un déséquilibre ultérieur. Pour cela, le maintien de l'équivalent doit durer aussi longtemps que le contrat. Toutefois, la réalité est plus complexe. Selon FIN-LANGER, l'autonomie de la volonté dans sa conception classique implique nécessairement une liberté contractuelle absolue que l'on pourrait résumer comme la suprématie de l'individualisme[387]. Cet individualisme rend égoïste l'application du principe de l'utile et du juste en permettant au créancier de s'opposer au traitement judiciaire du

---

[383] J. GHESTIN, *La formation du contrat*, Traité du droit civil, Paris, L.G.D.J., 3ème éd. 1993, n°174, p. 181.

[384] J. GHESTIN, « L'utile et le juste dans les contrats », D. 1982, Chr. I, p. 6.

[385] TERRÉ, SIMLER et LEQUETTE, « *Les obligations* », 5ème éd. 1993 et 7ème éd. 1999, n° 27.

[386] J. GHESTIN, « L'utile et le juste dans les contrats », Arch, philo, droit, 1981, t. 26, p. 35.

[387] L. FIN LANGER, *L'équilibre contractuel*, thèse préc. n° 41 et 132, p. 97 et p. 41 et s.

déséquilibre contractuel. La nécessité d'un renouvellement des fondements de la force obligatoire par le juste et l'utile a fait dire à POTHIER que s'obliger à faire quelque chose c'est surtout s'obliger à le faire utilement[388]. En cas de bouleversement de circonstances économiques, l'atteinte au juste ou à l'utile est causée par l'imprévu dirimant sans que les parties contribuent à sa survenance. Le déséquilibre lésionnaires est symptomatique d'une rupture du juste et de l'utile occasionnée par le manque ou l'absence d'intérêt du contrat pour une partie. D'autres fondements portent secours au principe du juste et de l'utile dans le traitement judiciaire du déséquilibre contractuel. C'est le cas de la loyauté, qui n'échappe pas aux mêmes critiques, du solidarisme contractuel consistant à dire qu'elle est une règle graduée susceptible d'une infinité de variations[389]. Le caractère infini de la graduation est son déploiement au-delà de ses limites naturelles en corrigeant le déséquilibre contractuel contre la volonté du créancier. Toutefois, il ne s'agit pas d'un jeu d'inversion des rapports de force entre le créancier et le débiteur, mais d'un instinct de survie économique pour débiteur de bonne foi. Ce qui a pour finalité incontestable de permettre au débiteur de bonne foi de maintenir utilement et justement sa contrepartie malgré la survenance du déséquilibre des prestations. Ce qui éviterait que l'exécution trop onéreuse du contrat ne soit pas un purgatoire économique pour la partie affaiblie par l'imprévu. Le solidarisme social se distingue du solidarisme moral par la prise considération exclusive de l'aspect économique du droit des contrats plutôt que l'aspect sentimental des relations contractuelles[390]. Le principe de l'utile et du juste apporte une combinaison d'approches économiques et juridiques. Ce principe du juste et de l'utile peut compléter un solidarisme contractuel qui est accusé d'être une doctrine trop idéaliste, romantique et fluctuante selon ses détracteurs. La proportionnalité n'échappe pas aux mêmes critiques lorsqu'elle s'inscrit à contre-courant de la sécurité individualiste en droit commun.

2- Le principe de la proportionnalité

79. La proportionnalité dans les contrats[391] est la juste mesure attendue par chacun des contractants. Elle offre l'occasion de détecter l'excès où il se trouve, de l'évaluer et de procéder à un rééquilibrage approprié du contrat en servant d'instrument de détection, de mesure et même de réparation de l'inéquivalence des prestations. La proportionnalité permettrait de contrôler le caractère décisif du déséquilibre observé[392]. Par la double détermination de la

---

388 POTHIER, *De la vente,* Paris 1825.

389 P. STOFFEL - MUNCK, op cit.

390 C. JAMIN, « Révision et intangibilité du contrat ou la double philosophie de l'article 1134 du Code civil », extrait du Colloque de Chambéry intitulé : « Que reste-t-il de l'intangibilité du contrat ? », préc. p. 46 à 57, spéc. p. 52. L'auteur fait savoir que : « loin de moi l'idée de prendre la défense de la partie réputée ou prétendue faible en adoptant une posture morale ».

391 S. LE GAC-PECH, *La proportionnalité en droit privé des contrats*, préc. n° 7, p. 13.

392 G. T- TABI, *Les nouveaux instruments de gestion du processus contractuel*, thèse préc, p. 186.

nécessité, c'est-à-dire ce qui est utile ou excessif, elle assure de façon dynamique la sécurité juridique et la prévisibilité du contrat. Le principe de la proportionnalité correctrice n'a pas acquis la sympathie du législateur malien dans le traitement judiciaire du déséquilibre contractuel en droit commun. Malgré cela, elle constitue à la fois un instrument de mesure et de sanction[393] donc un instrument de rééquilibrage du contrat[394]. La transversalité notionnelle de la proportionnalité ne facilite pas sa conceptualisation en tant que règle générale d'équilibre contractuel[395]. La connotation mathématique de la notion de proportionnalité est tirée des travaux d'ARISTOTE qui la qualifiait d'égalité géométrique pour assoir le principe de l'égalité[396]. La notion proportionnalité a tendance à transformer le contrat en répartition des pertes et profit. Certaines approches dérivent de la même dynamique comme le paiement des créanciers chirographaires au marc franc dans les procédures collectives ou la vente à vil prix. Ce qui ne fait pas l'ombre d'un doute, c'est que la proportionnalité est le symbole de la juste mesure. Le juste prix est le prix qui est l'équivalent du bien dont il est la contrepartie. La proportionnalité est la contrepartie conclue dans la formation du contrat, celle attendue par les parties. Le contrôle d'un principe de proportionnalité représente le moyen de maintenir un équilibre raisonnable entre les obligations des parties lors de la formation du contrat[397]. L'application de la proportionnalité en droit moderne des contrats[398] montre à suffisance qu'elle est la juste mesure attendue par chacun des contractants.

80. Il y aurait une inadéquation entre le traitement judiciaire du déséquilibre contractuel et l'application de la proportionnalité à travers la justice par le prix. La conception objective du juste prix correspond à l'équivalent objectif entre le prix et la contrepartie. La conception subjective du juste prix est le prix du marché. Le prix dérisoire, auquel les tribunaux assimilent le prix vil, a déjà été distingué du prix lésionnaire[399]. Le prix vil ou dérisoire présente avec la chose, objet du contrat, une disproportion si manifeste qu'il ne peut en être la contrepartie. C'est une différence de degré qui distingue le prix lésionnaire du vil prix ou prix dérisoire. Toutefois, ce n'est pas la seule. Il existe aussi une différence quant à leurs domaines respectifs. Tandis que la lésion ne sera retenue que dans certains contrats ou au profit de certaines personnes, le prix

---

[393] S. LE GAC – PECH, *La proportionnalité en droit privé des contrats*, thèse, Paris XI, 1997, n°1575, p.772, LGDJ, 2000, n°1195, p. 493.

[394] S. LE GAC-PECH, *La proportionnalité en droit privé des contrats,* op.cit. n° 7, p. 13.

[395] A.-S COURDIER-CUISINIER, *Le solidarisme contractuel*, op.cit. p.154, n° 263.

[396]A.-S COURDIER-CUISINIER, *Le solidarisme contractuel*, op.cit., p.155, n° 266.

[397] A. SOPHIE LAVEFVE, *La pérennité contractuelle*, préf. Catherine Thibierge, LGDJ, 2005, p. 336, n° 590.

[398] S. LE GAC-PECH, *La proportionnalité en droit privé des contrats,* op. cit. n° 7, p. 13.

[399] Sur la distinction entre le prix dérisoire et le prix lésionnaire, V., B. STARCK, H. ROLAND et L. BOYER, op. cit., spéc., n° 905, p. 324 ; A. BÉNABENT, Droit civil, Les contrats spéciaux civils et commerciaux, Montchrestien, 3° éd., 1997, spéc., n° 36, p. 30.

vil ou prix dérisoire sera sanctionné dans tous les contrats comportant un prix. En outre, le caractère vil ou dérisoire du prix est souverainement apprécié par les juges du fond alors que la lésion est généralement déterminée par le législateur. Le juge dispose d'un large pouvoir d'autant qu'il n'existe du prix dérisoire aucune définition légale. Cependant, le prix dérisoire doit, au moins, être inférieur au prix lésionnaire. Ce qui suppose en effet que le prix payé par l'acquéreur soit inférieur à sept douzième de la valeur de l'immeuble[400]. Pour déterminer si le prix payé est très insuffisant, le juge se réfère, dans la mesure où il existe, au prix du marché c'est à dire à une valeur vénale et objective souvent déterminée au moyen d'une expertise. C'est l'équilibre du marché qui est protégé par le droit de la concurrence et non l'équilibre entre la valeur des prestations de l'acquéreur et du vendeur[401].

81. La proportionnalité transcende le droit des contrats en incarnant l'idée de juste mesure et d'équilibre des transactions. Elle se développe en droit de la concurrence dans les clauses de non-concurrence, la clause pénale, la détermination du prix et en droit du crédit. La proportionnalité mathématique renvoie à l'idée que ce qui est proportionnel, désigne un rapport mathématique entre deux données et non ce qui est proportionné impliquant une adéquation des moyens utilisés pour un but poursuivi[402]. La proportionnalité est une notion polysémique entretenant une relation fusionnelle avec la liberté, concurrente et même conflictuelle avec l'égalité. D'un côté, la proportionnalité est dépendante de l'égalité. La recherche d'une proportionnalité autre que celle voulue par les parties est interdite dans la correction judiciaire du déséquilibre des prestations. La proportionnalité est organisée par les clauses d'adaptation en prévision des circonstances nouvelles qui pourront bouleverser l'économie générale de la convention. Cette prévention est en réalité un faux remède à l'interdiction d'un traitement judiciaire des contrats déséquilibrés par l'imprévu dirimant. Tout dépendra des limites prévues par les parties pour le déclenchement et le dénouement de ces clauses d'adaptation conventionnelle. En cas d'adaptation conventionnelle incontestée, la sauvegarde de la proportion voulue, de la contrepartie attendue ou espérée et l'issue économique raisonnable dependent exclusivement des parties dans ce mode de

---

[400] L'art. 1674 du Code civil dispose que le vendeur ne peut demander la rescision de la vente que s'il a été lésé de plus des sept-douzièmes dans le prix de l'immeuble. Dès lors, le juge ne saurait juger un prix dérisoire s'il entraîne un déséquilibre, au détriment du vendeur, de moins des sept-douzièmes. De façon générale, l'absence de cause suppose que la contrepartie soit inexistante ou dérisoire. Comme le soulignent des auteurs : « il ne faut pas confondre absence de cause et défaut d'équivalence des prestations. L'obligation de l'un des contractants a une cause dès lors que l'autre partie lui fournit une contrepartie réelle même si celle-ci est inférieure en valeur à la première, (...) La raison en est simple. Décider que l'obligation de celui qui supporte une prestation plus lourde est sans cause pour l'excédent de ce qu'il fournit par rapport à ce qu'il reçoit, ce serait tourner la règle qui prévoit que la lésion n'est pas une cause de nullité des contrats » F. TERRÉ, Ph. SIMLER et Y. LEQUETTE, op. cit., spéc., n° 333, p. 283.

[401] V. LASBORDES, *Les contrats déséquilibrés*, op. cit., p.110, n° 95.

[402] S. LE GAC-PECH, *La proportionnalité en droit privé des contrats,* Paris, L.G.D.J., 2000.

traitement du déséquilibre des prestations. De l'autre côté, la liberté contractuelle est dépendante de la proportionnalité dans le cadre des pratiques anticoncurrentielles entravant le libre jeu de la concurrence. Cela se manifeste à travers l'interdiction des abus de pouvoir entre les contractants. Dans cette configuration, l'exigence d'un principe de proportionnalité limite la liberté contractuelle dans l'ordre public. Le contrôle de la proportionnalité objective est en lui-même une sanction du créancier, une rupture d'égalité qui s'abrite derrière une certaine idée de la justice contractuelle[403]. Au-delà de cette flexibilité notionnelle, dénoncée de variabilité floue et incertaine, la proportionnalité pourrait être un instrument décisif de traitement judiciaire des contrats déséquilibrés en droit commun. L'étirement conceptuel envahirait d'autres notions à contenu variable suscitant la méfiance du législateur.

B- La méfiance face à la variabilité du juste juridique

82. La restauration de l'équilibre contractuel par la quête du juste juridique passe aussi par une analyse des principes du raisonnable (1) et de la cohérence (2) lorsqu'ils manifestent l'insoutenabilité de l'inéquivalence en valeur.

1- Le principe du raisonnable

83. Le principe du raisonnable a été développé par plusieurs auteurs[404]. C'est un instrument d'interpellation des conséquences insoutenables du déséquilibre contractuel dans la lésion et les bouleversements de circonstances économiques. C'est un complément de l'utilitarisme qui consiste, à coût de concessions économiques raisonnables, à justifier le sauvetage de la contrepartie attendue par les parties. Le principe du raisonnable dans le traitement judiciaire du déséquilibre contractuel pourrait revêtir une double connotation. De prime abord, son apparence psychologique cache une analyse économique du juridiquement correct. D'une part, il s'agit de relever le caractère raisonnable du traitement judiciaire du déséquilibre conjoncturel destiné à mutualiser le risque. La conclusion précipitée ou délibérément réfléchie du contrat n'empêche pas la probabilité de ne pas prévoir le risque. En l'absence d'une prévention du risque, les parties sont supposées l'avoir accepté. Le raisonnable signifie que le débiteur ne s'engagerait tacitement à couvrir seul les conséquences onéreuses de l'imprévu dirimant. Les bouleversements de circonstances économiques conduisent à une onérosité qui, lorsqu'elle aboutit à une inexécution fautive de la convention, engagerait la responsabilité contractuelle du débiteur. Dans ce cas, une présomption de mauvaise foi pourrait découler de l'insolvabilité du débiteur en cas

---

[403] N. MOLFESSIS, « Le principe de proportionnalité et l'exécution du contrat », LPA 30 Septembre 1998, n°117, p. 21 et s. spéc. n °26.

[404] L. DUONG, *Le raisonnable dans les principes du droit européen des contrats*, R.I.D.C. 3-2008, D. MAINGUY, « Le raisonnable en droit des affaires », Ohadata D -13 -32 ; G. KHAIRALLAH, « Le "raisonnable" en droit privé français. Développements récents », RTD. civ., 1984, p. 444 ; PERELMAN, « Le raisonnable », Arch. philo. dr. 1978, pp. 36 et s.

d'exécution extrêmement onéreuse conduisant certainement à une inexécution fautive du contrat. La distinction devient difficile entre le vouloir et le pouvoir du débiteur de bonne foi à honorer ses engagements contractuels. En cas bouleversements ultérieurs de l'économie du contrat, la logique du raisonnable correcteur est que si les parties ne peuvent programmer une exécution indemne, c'est-à-dire sans risque, il ne faut pas cependant qu'en cas difficultés d'exécution indépendante de leur volonté, le débiteur soit le seul à supporter le risque. Il n'est pas raisonnable d'abandonner le sort du débiteur de bonne foi à la contingence dans l'exécution des contrats déséquilibrés. Le contrat est la chose des parties, il devrait à cet effet le rester dans les relations individuelles par la prise en charge raisonnable des caprices du temps et de l'influence négative de son environnement d'exécution.

D'autre part, le raisonnable interroge l'improbable volonté d'un contractant à s'engager à perte. Dans la pratique, bien qu'en sachant qu'il existe un avantage contrôlé dans sa réalité, grâce à la cause de l'engagement lors de la formation du contrat, cette contrepartie n'est pas toujours juste. Le contrôle de l'équilibre dans la conclusion des engagements obligatoires en droit commun consiste à vérifier que la contrepartie existe et qu'elle ne saurait être dérisoire même lorsque les parties s'engagent librement dans une relation contractuelle. Ce qui suppose que les contractants ont raisonnablement souscrit à protéger au mieux leurs intérêts. A partir de cet instant, la recherche d'un raisonnable économique qui soit ultérieur à la formation du contrat devient juridiquement déraisonnable. Ce qui semble exclure du commerce, le risque de se tromper. Le raisonnable dans le déséquilibre structurel est qu'un contractant en pleine jouissance de toutes ses facultés mentales ne s'engagerait pas à vendre pour perdre. On déduirait d'une telle fausse générosité, une intention frauduleuse de léser autrui par la conclusion d'un contrat fictif. Nous pensons d'ailleurs que c'est ce qui a fait dire à certains que la liberté contractuelle n'assure plus automatiquement la justice, il y a moins d'inconvénients à la supprimer par une réglementation légale impérative et préventive qu'il n'y en aurait à la maintenir au stade de l'échange des consentements, tout en permettant au juge de modifier après coup ce dont les parties ont convenues[405].

84. DUGONG considère que dans un premier temps, le raisonnable repère pour que dans un second temps, la proportionnalité vienne corriger l'excès de déséquilibre excessif[406]. Le standard de l'homme raisonnable est celui qui ne serait ni exagérément pessimiste ou optimiste, ni insouciant dans la même situation que les parties au contrat[407]. Le déraisonnable révèle l'abus de droit

---

405 J. FLOUR et J.-A. L. AUBERT, *Les obligations*, A. COLIN, 8eme éd. 1998, spéc., n° 259, p. 177.

406 L. DUONG, « Le raisonnable dans les principes du droit européen des contrats », R.I.D.C. 3-2008, p. 5, renvoi 25.

407 L. DUONG, « Le raisonnable dans les principes du droit européen des contrats », R.I.D.C. 3-2008, p. 12 à 14.

en l'absence de motifs sérieux, l'intention de nuire, la mauvaise foi ou encore une faute que ne commettrait pas une personne raisonnable. Il suffit qu'on puisse relever dans la conduite du titulaire du droit, l'absence des précautions que la prudence d'un homme attentif, diligent et avisé lui aurait inspirées[408]. Ce raisonnable est le bon sens dans la confiance placée en l'autre. Ce qui n'en fait pas une croyance aveugle synonyme de risques incalculés frôlant la naïveté pour les parties. La notion de raisonnable, tout comme les autres fondements dans leurs acceptions favorables au traitement judiciaire du déséquilibre contractuel, tente une conciliation entre la sécurité du créancier et la justice pour débiteur dans les engagements obligatoires. PELERMAN, après avoir admis que tout pouvoir ou tout droit sera censuré s'il s'exerce d'une façon déraisonnable, développe l'idée que la notion de raisonnable fournit un cadre dans lequel s'exerce toute activité juridique[409]. Il la place aux nombres de directives ou de théories aussi variées et hétérogènes telles que l'équité, l'abus de droit, l'abus de confiance, l'abus de pouvoir, la bonne foi, l'attitude standard du bon père de famille en concluant que la limite du déraisonnable est susceptible, mieux que tout autre, à cerner le fonctionnement des institutions juridiques[410]. Ce qui laisse penser que l'homme raisonnable ne s'engagerait pas dans les relations contractuelles pour perdre. Pourtant, la tentative d'une maitrise de l'avenir par le contrat n'anéantit pas définitivement le risque, mais simplement sa possible réduction à sa plus petite expression en termes de nuisances économiques. S'engager à perdre est même interdit dans l'ordre public concurrentiel à travers l'interdiction de vendre à perte pour ne pas fausser le libre jeu de la concurrence.

85. Le concept de raisonnable[411] signifie qu'est raisonnable ce qui est possible c'est-à-dire ce qui est prévisible par un individu de bonne foi placé dans la même situation que les parties. Ce qui est improbable compte tenu des moyens des parties et de l'évolution de leur situation juridique. Dans la seconde hypothèse, est raisonnable ce qui est utile c'est-à-dire tantôt ce qui est nécessaire et suffisant, ce qui est efficace pour une exécution praticable et satisfaisante du contrat par les parties. Dans différents domaines, la remise en cause du dogme de l'autonomie de la volonté[412] a été faite par les juristes en tant que pilier du droit des contrats[413]. Ce qui augurait de la possibilité d'une

---

[408] MAZEAUD et TUNC, Traité théorique et pratique de la responsabilité civile, t. 1, Montchrestien, 6e éd., 1965, n° 573, p. 658.
[409] PERELMAN, *Le raisonnable,* Arch. philo. dr. 1978, pp. 36 et s.
[410] PERELMAN, *Le raisonnable,* Arch. philo. dr. 1978, pp. 36 et s.
[411] L. DUONG, « Le raisonnable dans les principes du droit européen des contrats », R.I.D.C. 3-2008, p. 1.
[412] C. THIBERGE-GUELFUCCI, « *Libres propos sur la transformation du droit des contrats* », art. préc. n°11 s. L'auteur relève une évolution des fondements de la force obligatoire en ces termes : "De l'intangibilité absolue à la possible adaptabilité des termes du contrat".
[413] En ce sens, V. RANOUIL, *L'autonomie de la volonté, naissance et évolution d'un concept*, Paris, PUF, 1980.

recherche de ce fondement perdu[414]. La cohérence et le raisonnable participeraient à cette remise en cause des effets de l'autonomie de la volonté dans le traitement judiciaire des contrats déséquilibrés.

2- Le principe de cohérence

86. Le principe de cohérence œuvre pour la conciliation des intérêts des parties au rapport d'obligation dans le traitement, en général, et judiciaire, en particulier, des contrats déséquilibrés. Cette conciliation des intérêts divergents couvre l'univers du contrat dans sa phase d'élaboration et dans son exécution. Les Principes relatifs aux contrats du commerce international disposent qu' : « une partie ne peut agir en contradiction avec une attente qu'elle a suscitée chez l'autre partie lorsque cette dernière a cru raisonnablement à cette attente et a agi en conséquence à son désavantage[415]». Selon l'approche de SOSSA, l'estoppel n'est, rigoureusement parlant en matière contractuelle, que la traduction de l'obligation de bonne foi[416]. Le fait de se contredire au détriment d'autrui peut attester un manquement à l'exigence effective et bilateralisée de la bonne foi des parties. Le principe de cohérence contractuelle n'aurait vocation à sanctionner que le changement d'attitude d'un contractant et pas la contradiction interne qui affecterait un seul et même contrat. C'est une interdiction de se contredire au détriment d'autrui. La confiance est le ferment de cette cohérence, un moyen de conciliation des intérêts des parties au rapport d'obligation. Le principe de cohérence[417] est le respect de la sécurité des transactions dans l'exécution des obligations contractuelles. Ce qui impose au débiteur, une cohérence, une constance, une régularité dans son comportement l'obligeant à aller au bout de ses engagements. C'est le respect étroit de la parole sacrée qui mériterait mieux qu'une profanation de la force obligatoire par un traitement judiciaire du déséquilibre conjoncturel, quelle que soit l'onérosité de l'exécution du contrat. En réalité, il n'y aurait pas de déséquilibre des prestations dans des obligations volontairement consenties en droit commun. Le principe de cohérence est un marqueur d'équilibre dont l'efficacité se justifie tant dans le contenu contractuel que dans les actes et comportements des parties. Dans la conception libérale des contrats, la cohérence et l'interdiction de se contredire, souvent distinguées, sont destinées à obliger le débiteur à s'exécuter, quelles que soient les conséquences économiques de l'imprévu.

---

[414] Pour une synthèse de l'évolution des fondements de notre droit des contrats, C. THIBERGE-GUELFUCCI, « Libres propos sur la transformation du droit des contrats », art. préc. n° 20. p. 372 et s.

[415] Les Principes relatifs aux contrats du commerce international (Unidroit) dans leur nouvelle version, datée de 2004, comportent un nouvel art. 1.8, intitulé « Interdiction de se contredire ».

[416] D.- C. SOSSA, « La question de l'introduction du principe de l'estoppel en droit communautaire », Revue Penant, p.145, n° 883, Avril -Juin 2013.

[417] D. HOUTCIEFF, *Le principe de cohérence en matière contractuelle*, t.1, PU A.M., 2001, n° 59-61, p. 66-67.

Dans les contrats lésionnaires, c'est la résistance du volontarisme contractuel dans les échanges à toute idée d'absence de contrepartie réelle. Il faut rappeler que dans la sanction relative à la violation du devoir de cohérence, il s'agit de la situation où le contenu du contrat ne souffre d'aucune contradiction interne. Les clauses contractuelles ont été conçues de manière harmonieuse. Chaque partie est en droit d'attendre de l'autre une exécution des prestations conforme à la cohérence interne du contrat. Dans ces circonstances, toute violation du devoir de cohérence par l'une ou l'autre des parties rend celle-ci responsable du déséquilibre qui s'installe dans le rapport d'obligation. Ce qui se matérialiserait par la perte ou l'effritement de l'intérêt légitime du cocontractant. On peut dire qu'il s'agit, dans ce cas, de l'interdiction de se contredire d'un contractant au détriment de l'autre qui tenterait de s'inscrire dans la perspective d'une révision des termes de la volonté initiale des parties au contrat. Le principe de cohérence ressemblerait littéralement au principe d'estoppel qui tire sa source de la Common Law et qui se définit comme étant aussi l'interdiction de se contredire au détriment d'autrui. Cette dernière est la déclinaison la plus couramment appliquée du concept de confiance légitime[418]. L'autonomie de la volonté, même si son déclin est incontestable, reste encore très ancrée dans les esprits, les pratiques et les cultures contractuels. La confiance légitime et l'interdiction de se contredire au détriment d'autrui sont envisagées avec circonspection parce qu'elles feraient double emploi avec des notions dont l'admission perturbe l'ordonnancement juridique traditionnel. Le traitement de l'inéquivalence des prestations par le juge inscrirait la règle comportementale de l'interdiction de se contredire au détriment de son cocontractant dans une vision morale et même moraliste du rapport contractuel en prônant une prise en compte plus forte de l'éthique dans ces engagements obligatoires. Ce qui porte une atteinte, jugée économiquement inopportune, aux conséquences de la liberté individuelle dans la conception libérale des échanges. La liberté individuelle doit s'entendre de la liberté de changer raisonnablement d'avis et d'attitude dans la recherche de ses propres intérêts que le contrat à vocation à satisfaire. Par contre, nous convenons que pour ne pas se rendre justice et conflictualiser à l'extrême le lien contractuel, il convient de solliciter un traitement judiciaire du déséquilibre des prestations entre les particuliers.

87. Le concept de confiance légitime, même s'il ne constitue pas encore loin s'en faut la sève de notre droit des contrats, connaît plusieurs applications. Certes, le droit doit rester vigilant aux comportements d'un contractant versatile, incohérent, dont les actes ou les paroles sont contradictoires et qui trompent ainsi la confiance légitime de son cocontractant. Cette perspective de régulation des comportements contractuels est sanctionnée par l'abus de droit en parfaite harmonie avec la notion de confiance légitime. Toutefois, dans le traitement judiciaire du déséquilibre, l'exigence de cohérence connaît, en

[418] V. sur la notion de confiance légitime D. MAZEAUD, « La confiance légitime et l'estoppel », R.I.D.C. 2-2006.

premier lieu, des applications bien consolidées au stade de la formation et qui devraient s'élargir à l'exécution des obligations contractuelles. Par ailleurs, le concept de confiance légitime tempère les ruptures abusives en raison de leur brutalité. C'est en second lieu, au stade de l'exécution du contrat, que le comportement incohérent d'un contractant est sanctionné notamment dans l'arrêt Huard[419] à travers les contradictions contractuelles illégitimes. En exigeant le respect scrupuleux de ladite clause, une partie au contrat s'était contredite illégitimement au détriment de son partenaire en manquant à son devoir de loyauté. Aussi, la notion d'économie générale du contrat permet - elle de préserver la cohérence interne du contrat et la confiance légitime du contractant. Le contractant incohérent est celui dont les actes ou ses paroles qui l'engagent sont versatiles ou qui se prévaut d'une clause qui avait été stipulée abusivement à son profit. Dans ces cas précis, l'équilibre contractuel est purement interne par la régulation des comportements des parties. Dans le traitement judiciaire du déséquilibre contractuel en valeur en droit commun, nous pouvons retenir que l'indifférence du législateur face à la perception de l'inéquivalence des prestations permet de dire qu'elle est une rançon de la liberté[420]. Dire que la spéculation est l'âme du commerce et que trompe qui peut sont des slogans économiques que nous n'encouragerons pas car ils refoulent du domaine juridique, le droit de se tromper ou d'être surpris par l'imprévu pour le contractant de bonne foi. Cela est d'autant plus réel que nous contestons la perversion des effets de l'autonomie de la volonté. Il s'agit, dans le traitement du déséquilibre contractuel, de mettre l'accent sur l'efficience économique du contrat pour les parties dans les différentes phases de sa vie.

Conclusion section 2 :

88. La cohabitation entre la rigidité des concepts abstraits et techniques est un climat peu enclin à accueillir au sein du droit positif des concepts et règles flexibles, flous, empreints de subjectivité singulièrement la confiance légitime, les attentes raisonnables ou la cohérence, le juste et l'utile voire le solidarisme contractuel dont la maîtrise ne serait pas abandonnée au pouvoir du juge. Cette approche consiste pourtant à vite aller en besogne car elle sacralise l'emprise de l'autonomie de volonté qui, quoique flatteuse, est peu décisive dans le maintien ou la restauration judiciaire de l'équilibre contractuel. Le juste juridique et le juste économique n'échappent pas à la commutativité dominée par l'autonomie de la volonté dans sa résistance dogmatique au traitement judiciaire des contrats déséquilibrés en droit commun. Les notions à contenu variable comme l'équité, la bonne foi, la cause, le solidarisme contractuel, le principe de l'utile et le juste, le principe du raisonnable, le principe de la

---

419 Arrêt préc.
420 G. RIPERT, La règle morale dans les obligations civiles, 4 éd., LGDJ, 1949, n° 63.

cohérence ou le principe de la proportionnalité exaspèrent en ce qu'elles pourraient porter atteinte à la sécurité contractuelle construite autour de la seule volonté individuelle génératrice d'obligation. Ce qui engendre une surévaluation du traitement conventionnel qui peut s'avérer liberticide pour les parties.

CHAPITRE 2 : LA SURÉVALUATION DU TRAITEMENT CONVENTIONNEL

89. L'emprise de l'autonomie de la volonté sur le traitement du déséquilibre contractuel consiste à faire des échanges librement consentis, l'épicentre des engagements obligatoires. Cette exaltante liberté contractuelle reconnait aux parties, la prérogative d'insérer des clauses d'adaptation dans les conventions de longue durée. Le but est de prévenir la survenance d'événements entrainant ultérieurement un déséquilibre contractuel. Le contrat ne peut s'inscrire dans l'ordre juridique s'il ne respecte pas sa finalité d'échange équilibré[421]. Le traitement conventionnel est une mesure de précaution des parties anticipant l'indifférence du législateur au traitement judiciaire du déséquilibre des prestations entre particuliers. C'est dans cette perspective que l'adaptation conventionnelle est perçue comme un remède aménagé par les parties pour traiter l'imprévu. Des pratiques consacrées en matière contractuelle, émergent des mécanismes répondant à la souplesse qu'on leur attribue. La timidité du recours à l'adaptation conventionnelle (Sect.1) est aggravée par l'imprécision d'une déjudiciarisation des modes alternatifs de règlement des différends contractuels (Sect.2) pour l'évitement du procès.

Section 1 : La timidité du recours à l'adaptation conventionnelle

90. Certains événements notamment politiques, socio-économiques peuvent bouleverser l'économie des contrats à exécution successive et échelonnée. Les parties sont libres de prévenir plutôt que de guérir les effets de ces événements à travers des instruments forgés par la pratique des contrats d'affaires. Parmi ces outils, nous avons les clauses d'adaptation automatique et négociées qui répondent aux particularités liées à la nature de certains contrats et aux besoins des parties. Les clauses d'adaptation du contrat par les parties n'ont pas encore fait l'objet d'une réglementation par le législateur Malien à la différence de son homologue Sénégalais[422] et dans l'avant-projet d'acte uniforme Ohada portant droit des contrats[423]. Devant ce vide législatif, force reste toujours à la

---

[421] J.-P. CHAZAL, « De la signification du mot loi dans l'article 1134 alinéa 1er du code civil », RTD. civ. 2001, p. 265.

[422] V. sur clauses monétaires dans l'article 185 et l'article 186 sur les clauses d'échelle mobile du COCC Sénégalais ; V. aussi S. E.- KPOTSRA, « Le contrat de vente à l'épreuve de la dévaluation du franc CFA », EDJA, n °26, Trim. Juillet- Aout- Sept. 1995, p. 45 ; V. Décret n° 2014 -144 modifiant le décret 81-783 du 7 juillet 1981 fixant les éléments de calculs des loyers des locaux à usage d'habitation en République du Sénégal.

[423] Dans la même logique, les Principes d'UNIDROIT prévoient la possibilité de renégocier le contrat en cas de bouleversement de circonstances économiques ("hardship"-article 6.2.1 à 6.2.3) et l'article 6. 1 des Principes UNIDROIT énoncent que : « Les parties sont tenues de remplir leurs obligations, quand bien même l'exécution en serait devenue plus onéreuse, sous réserve des dispositions suivantes relatives au hardship ». L'article 6. 2 définit une situation de hardship comme suit : « Il y a hardship lorsque surviennent des événements qui altèrent fondamentalement l'équilibre des prestations, soit que le coût de l'exécution des obligations ait

liberté contractuelle. Certes, ces clauses de précaution des parties sont une expression de l'autonomie de la volonté. Cependant, l'affirmation de la liberté contractuelle dans l'adaptation automatique (Para.1) est relative dans l'adaptation négociée (Para.2).

Paragraphe 1 : L'affirmation de la liberté dans l'adaptation automatique

91. Les clauses d'adaptation automatique flexibilisent les prix dans les contrats de longue durée grâce à des échéances régulières. Les parties sont libres d'opter pour des types de clauses d'adaptation automatique (A) ou d'indexation (B).

A- Les types de clauses d'adaptation automatique

92. Les clauses d'adaptation automatique ne nécessitent pas la rencontre des contractants pour renégocier nonobstant la survenance d'imprévu bouleversant l'économie du contrat. Elles portent sur les clauses d'indexation ou d'échelle mobile (1) et les clauses-recettes (2).

1- Les clauses d'indexation ou d'échelle mobile

93. Les clauses d'indexation prévoient un indice de base qui réajusterait automatiquement et proportionnellement le montant initialement convenu par les parties. Elles étaient interdites dans le contrat de prêt d'argent en raison du caractère d'ordre public de l'article 1895 du Code civil de 1804 posant le principe du nominalisme monétaire[424]. L'indexation a longtemps été considérée comme incompatible avec le principe du nominalisme monétaire selon lequel le temps n'a aucune influence sur le pouvoir libératoire de l'unité monétaire, quelles que soient les variations de valeur que celle-ci peut subir. Les clauses d'indexation[425] organisent la résistance du contrat aux meurtrissures du temps et les spéculations sur les prix en parant à la dépréciation de la monnaie face à un paiement différé. Elles permettent la détermination du prix en assurant la variation de la prestation monétaire en fonction d'un parallélisme établi avec un indice économique de référence. C'est un mécanisme de restauration de l'équilibre rompu par la dépréciation de

augmenté, soit que la valeur de la contreprestation ait diminué : a) que ces événements sont survenus ou ont été connus de la partie lésée après la conclusion du contrat ; b) que la partie lésée n'a pu, lors de la conclusion du contrat, raisonnablement prendre de tels événements en considération; c) que ces événements échappent au contrôle de la partie lésée; d) que le risque de ces événements n'a pas été assumé par la partie lésée. Ainsi, la situation de hardship est liée à l'imprévision, c'est-à-dire un bouleversement inattendu d'un équilibre contractuel qui rend l'exécution d'un contrat anormalement onéreux pour les parties ».

424 C'est un arrêt du 27 juin 1957 qui a consacré la validité des clauses d'échelle mobile dans le contrat de prêt d'argent. Cass. Civ. 1, 27 juin 1957, Bull. civ. I, n° 302, p. 241.

425 V. de façon générale sur les clauses d'indexation FIN LANGER, op.cit. n° 502-505, p. 346 - 352.

la monnaie[426]. PIETTE regroupe les clauses d'indexation en deux catégories [427]: les clauses monétaires et les clauses économiques. KPOTSRA distingue plutôt les clauses d'indexation des clauses monétaires[428] qui permettent aux parties de se prémunir contre les fluctuations de la valeur réelle de la monnaie. Il ne faut pas exagérer la portée de cette différenciation dans la mesure où en prévoyant une clause d'échelle mobile, les contractants poursuivent la même finalité qu'en insérant une clause monétaire : se protéger contre les fluctuations de la valeur réelle de la monnaie. Dès lors, il apparait quelque peu hypocrite de valider les unes tout en annulant les autres[429]. Il est des clauses qui font varier le prix d'une prestation en fonction de celui d'un ou plusieurs éléments qui entrent dans le calcul de ce prix[430]. Il existe d'autres clauses de révision automatique. Certaines font varier automatiquement la prestation de l'un des contractants en fonction d'un indice extérieur et général tandis que d'autres sont dits spéciaux. En signant le contrat qui inclut une clause de révision, le locataire sait dès le départ que le loyer qu'il a accepté de payer risque d'évoluer en cours d'exécution de la convention. Ce qui est possible suite à des travaux d'amélioration effectués par le bailleur et qui avaient été envisagés depuis la conclusion dudit bail. Par principe, la clause de révision doit être distinguée de l'indexation même si les deux ont pour finalité de porter sur une variation du loyer. Toutes les clauses de révision ne sont pas automatiques car il est possible de faire évoluer le prix du loyer au cours du contrat grâce à la révision triennale[431]. Ce qui permet à l'une ou à l'autre des

---

426 L. BOYER, « A propos des clauses d'indexation ; du nominalisme monétaire à la justice contractuelle », in Mélanges Dédiés à G. Marty, Université des sciences sociales de Toulouse, 1978, p. 87 à 119.

427 Dans les clauses monétaires figurent les clauses-or (obligent à payer en monnaie métallique, en or), les clauses- valeur-or (imposent de tenir compte de la dépréciation de la monnaie de paiement par rapport à la valeur de l'or), les clauses- devise étrangère (obligent à effectuer le paiement en monnaie étrangère) et les clauses –valeur devise étrangère (imposent de tenir compte de la dépréciation de la monnaie nationale par rapport à la valeur de la monnaie étrangère). La clause-or et la clause-devise ne sont, selon PIETTE, des clauses d'indexation *stricto sensu* mais des clauses relatives aux modalités de paiement. Elles peuvent, toutefois, aboutir à un résultat relativement comparable en cas de stabilité de l'or ou de la monnaie étrangère. Les clauses économiques qui sont à proprement parler les clauses d'échelle mobile se répartissent en clauses-valeur (la référence choisie par les parties est le prix déterminé comme le blé, le fer) ou en clauses indicielles (il s'agit d'un coefficient représentant un niveau de prix) V. sur ces notions G. PIETTE, thèse préc., n° 238, p.139, renvoi n°122 -123.

428 S. E.- KPOTSRA, « Le contrat de vente à l'épreuve de la dévaluation du franc CFA », EDJA, n° 26, Trim. Juillet- Aout- Sept. 1995, p. 43- 49.

429 B. STARCK, H. ROLAND et L. Boyer, *Droit civil, Les obligations*, 2. Contrat, Litec, 5° éd. 1995, spéc., n° 588, p. 259.

430 Ex : la clause de variation du prix d'une marchandise fabriquée à partir du pétrole en fonction de l'augmentation de coût de fabrication de la marchandise induite par l'évolution du prix du pétrole. Ces clauses, qui portent sur les coûts et non directement sur les prix, ne sont pas à proprement parler des clauses d'indexation, même lorsque la modification prévue opère de façon automatique.

431 V. C. com., art. L. 145-38. D. 53- 960, 30 sept.1953, ancien art. 27 en France.

parties de solliciter la révision du loyer lorsque celle-ci est applicable depuis trois années. Toutefois, cette révision est une faculté et suppose naturellement une demande pour en bénéficier à la différence des clauses d'indexation qui ont un caractère automatique[432]. Les clauses de révision de prix sont présentées comme un outil de révision du loyer en fonction d'un élément de référence. Elles auraient pu être qualifiées de clauses d'indexation mais les juges en ont décidé autrement[433]. La clause d'indexation envisage une augmentation du loyer dans une proportion correspondant à la hausse du coût de la vie ou d'un indice économique.

94. La réglementation des clauses d'indexation peut être conçue dans deux objectifs différents et complémentaires. D'un côté, on peut penser à une telle réglementation dans un but de dirigisme économique. Il s'agit d'éviter que l'augmentation des prix dans un secteur donné de l'économie ne se répercute sur les autres en faisant varier le prix d'une prestation en fonction des hausses du prix d'autres prestations entrainant des effets boule de neige. De l'autre côté, on entrevoit dans l'indexation conventionnelle, une technique de protection du contractant qui pourrait subir une augmentation sérieuse du prix de la prestation. La réglementation de l'indexation relève de l'ordre public économique de protection puisqu'elle tend à maintenir l'équité et l'équilibre des prestations respectives dans les accords contractuels. La clause d'actualisation est un mode de détermination du prix originaire susceptible d'indexation tandis que la clause d'indexation n'est qu'un mécanisme de variation du prix originaire en fonction des variations d'un indice de référence[434]. Le recours aux clauses d'indexation maintient l'équilibre économique du contrat grâce à la stipulation d'un prix dans la convention en fonction d'une valeur de référence librement choisie par les parties. Cette souplesse des prix contribue à rendre le contrat moins perméable aux difficultés d'exécution inhérentes à l'écoulement du temps. L'objectif des clauses d'indexation est de maintenir l'équilibre financier du contrat par la conservation économique du prix[435]. Cette précaution remédie à la précarité économique en garantissant la paix sociale[436]. L'intérêt d'un tel outil, pour les pays en voie de développement, est la réactualisation du montant des prestations en fonction d'un critère économique dans les contrats internationaux.

95. En cas d'indexation, pour que le loyer varie au cours de l'exécution du bail, il faut que les parties aient prévu sa révision par une clause du contrat ou

---

[432] Sur la distinction entre les différents mécanismes, V. G. ROUHETTE, « La révision conventionnelle du contrat », *RIDC,* 1986, p. 369.

[433] Civ. 3ème, 5 janvier 1983, Bull. III, n°5, RTD com. 1984, p. 71, note M. Pédamon ; Civ. 3ème, 14 juin 1984, Bull. III, n°135, Lamy droit commercial, 2000, n° 1392.

[434] V. LASBORDES, thèse préc., n° 594, p. 516.

[435] J. KERHUEL, *L'efficience stratégique du contrat, un champ d'action de la liberté contractuelle*, thèse Université Paul Cézanne – Aix Marseille III, 2008, n° 374, p. 311.

[436] D. MAZEAUD, « La révision du contrat », Petites Affiches, 30 juin 2005, n°129, p. 4.

par un avenant. À défaut, le loyer convenu au départ restera le même toute la durée du bail. Faute pour le bailleur de prouver l'existence d'un accord d'indexation, il ne peut procéder à des augmentations[437]. L'absence de bail écrit exclut toute possibilité de révision du loyer en cours même au titre de l'évolution de l'indice de construction[438]. Sauf pour le bailleur à démontrer l'existence d'un accord avec le locataire, le caractère verbal du bail exclut toute clause de révision[439]. La nature contractuelle des clauses d'indexation peut être remise en cause dans les baux à usage professionnel ou d'habitation dans deux cas de figure. D'un côté, l'absence de signature du bail devant un notaire pour authentification de l'acte est justifiée le plus souvent par la précarité du locataire et les charges y afférentes. La nature verbale du bail est une aubaine pour les augmentations à toutes fins utiles par le bailleur. La force obligatoire n'est pas le respect de la parole donnée pour le bailleur. C'est plutôt l'occasion de réviser, à sa guise, le contrat en spéculant abusivement sur la rareté des opportunités locatives ou de l'emplacement stratégique du local pour procéder à des augmentations arbitraires. De l'autre côté, le bailleur pourrait porter atteinte à l'utilité du contrat pour le locataire dans la logique d'une exploitation de la vulnérabilité de ce dernier qui dispose généralement de moins de possibilités d'opter pour d'autres alternatives plus salutaires. La précarité et la méfiance de l'analphabète malien limitent le recours aux services des notaires, agences de location pour dénicher les opportunités d'immeubles disponibles à louer en plus du coût rédactionnel des clauses d'indexation. L'abus du bailleur est un excès qui peut détourner la finalité des clauses d'indexation ou d'échelle mobile. Cet abus peut émaner de son comportement dans l'exécution des clauses ou dans leur rédaction. L'objectif des clauses d'indexation, au-delà des abus dont elles peuvent faire l'objet, est la valorisation d'une flexibilité contractuelle des prix. Les clauses- recettes s'inscrivent dans le même raisonnement.

2- Les clauses recettes

96. Les clauses recettes [440] ou clauses de loyers variables stipulent que le montant du loyer d'un bail commercial sera fixé en fonction des recettes ou du chiffre d'affaires du locataire. À la différence des clauses d'indexation, qui fixent le montant du loyer dès la conclusion du contrat, les clauses-recettes sont des stipulations précises dont l'efficacité est conditionnée au chiffre d'affaires du locataire. L'absence d'un loyer de base différencierait les clauses de loyers variables de celles d'indexation ou d'échelle mobile. Pas d'indexation sans application d'un taux de variation indiciaire à un prix de

[437] C. A Lyon, 2ème ch., 9 nov. 1999 : Juris Data n° 1999 - 044947.
[438] Cass. 3ème civ. 4 octobre 1995 : Juris Data n° 1997 - 040610.
[439] C A Pau, 2ème ch., 6 aout 1998 : Juris Data n° 1998 - 046096.
[440] FIN - LANGER, op. cit. p. 353 -354, n° 507- 507.

base[441]. Le montant du loyer varie en fonction des résultats obtenus par le locataire dans l'exploitation de son activité. L'application du loyer variable s'effectue directement chaque année et sans référence à un loyer de base. Les parties prévoient que le prix sera calculé en appliquant, à un prix de référence arrêté à une date précise, le taux de variation de l'indice choisi[442]. Au lieu de fixer le prix dès la conclusion du contrat, les parties se contentent de prévoir que périodiquement, ce moment sera une nouvelle fois déterminé en fonction des recettes du preneur. Dans les clauses-recettes, les parties disposent d'une liberté contractuelle bien que celle-ci ait mis du temps à s'affirmer en raison du fait que son efficacité est soumise à la réalisation d'un chiffre d'affaires par le preneur. Pendant longtemps, la réticence face à une telle la clause s'expliquait par son absence de qualification autonome. En effet, il fallait préciser que les clauses-recettes ne réalisent pas une indexation du montant du loyer, elles constituent plutôt une modalité de détermination de ce dernier. Selon PIETTE, s'agissant d'une modalité de détermination du prix, la clause-recettes n'est pas à proprement parler une clause de correction. En effet cette dernière, qui est une clause accessoire, va modifier le contrat de façon à le rééquilibrer. Les clauses-recettes, au contraire, jouent un autre rôle. Elles ne cherchent pas à remédier à un déséquilibre et consistent en la possibilité offerte aux parties d'introduire de la souplesse dans la fixation du prix en revoyant chaque année celui-ci[443]. Il n'est pas choquant de traiter les clauses-recettes parmi les clauses de correction car elles adaptent automatiquement le montant du loyer aux recettes du locataire. Selon l'auteur, elles visent à assurer un équilibre entre les prestations de chaque contractant attendu que la valeur réelle du bail commercial, qui constitue la prestation du bailleur, va être prise en considération dans le calcul du montant du loyer c'est-à-dire la prestation du preneur[444].

97. Les clauses-recettes diffèrent de celle d'actualisation qui est aussi utilisée dans les baux commerciaux. Cette dernière ne fait pas échec aux dispositions relatives à la révision des loyers des baux commerciaux. Elles suscitent des réserves chez KERHUEL qui considère que la sécurité juridique peut être mise en doute dans le principe même de ces clauses d'actualisation[445]. Les clauses-recettes protègent l'équilibre contractuel du bail commercial. L'objectif est que si le contexte économique change, le montant du loyer varie en fonction des résultats. Si le chiffre d'affaires augmente, le bailleur recevra un loyer plus élevé et inversement le preneur est protégé contre les risques des crises économiques. Cette pratique peut se comprendre

---

[441] B. BOCCARA, *Définir l'indexation* (en marge des arrêts de 1983 sur le loyer variable et l'actualisation), J.C.P. 1985, I, 3187, spéc., n° 21.

[442] V. LASBORDES, thèse préc, n° 594, p. 515.

[443] G. PIETTE, thèse préc. n° 251, p. 146.

[444] Idem.

[445] J. KERHUEL, *L'efficience stratégique du contrat, un champ d'action de la liberté contractuelle*, thèse, préc. p. 322.

dans la mesure où ces contrats sont conclus le plus souvent entre professionnels ou tout au moins entre parties capables de s'entourer des avis nécessaires pour protéger leurs intérêts. Cependant, FIN-LANGER relevait à juste titre que ce type de clauses ne correspond pas toujours à l'ensemble des circonstances pouvant modifier l'environnement du contrat[446]. Ce qui n'est pas faux en raison de son cantonnement aux baux commerciaux.

98. Les clauses-recettes bénéficient d'un régime juridique dérogatoire. Elles font obstacle aux mécanismes de révision du loyer du bail commercial[447]. Un contrat de bail portant sur un local situé dans un centre commercial peut contenir des clauses-recettes plus conséquentes par rapport à un local situé en banlieue. La difficulté particulière consistera, pour les bailleurs, à transformer ces clauses-recettes en véritables droits potestatifs contribuant à augmenter la spéculation sur les coûts des loyers. Le déséquilibre est de moindre portée dans les clauses -recettes dans la mesure où les parties acceptent de conditionner le loyer à une spéculation sur le chiffre d'affaires. En l'état actuel des habitudes contractuelles dominantes au Mali, certains acteurs de la vie économique seront réticents face aux clauses-recettes. Elles semblent congénitalement problématiques sous leur acception culturelle de transparence dans la divulgation du chiffre d'affaires. Pour fixer les coûts des loyers en fonction du chiffre d'affaires, il faut une culture de la communication et de la sincérité des informations dans les affaires. Pour le contractant, surtout analphabète, la communication des informations sur le chiffre d'affaires serait une imposture organisée pour permettre au bailleur de s'inviter dans la réussite de l'activité professionnelle du locataire. Ce refus cache l'opposition entre le droit à l'information du bailleur et le droit à la discrétion du locataire dans l'exercice de son activité professionnelle. La propension du bailleur à gagner plus ne tarderait pas à créer un climat de méfiance angoissant et nocif autour de l'activité professionnelle du preneur dans le bail commercial. Les clauses-recettes ne sont pas incompatibles avec une acceptation du risque et même de la spéculation sur le chiffre d'affaires réduisant de ce fait la gravité d'un déséquilibre sollicitant l'intervention d'un juge. Ce qui n'est pas le cas des clauses d'échelle qui embrassent un régime juridique précis grâce à l'existence d'un indice de base dès la conclusion du contrat. Le juge est plus actif dans le contrôle de la licéité de ces clauses d'indexation.

B - La licéité des clauses d'indexation

99. La validité d'un indice de base ne se pose à proprement parler que dans les clauses d'indexation qui sont potentiellement sources d'abus. La liberté contractuelle est relative à cause de l'exigence d'un indice de base (1) dont l'absence sera sanctionnée (2).

---

446 FIN - LANGER, op. cit. n° 507, p. 354.

447 En France, c'était le cas des art. 27 et 28 du décret du 30 septembre 1953.

1- L'exigence d'un l'indice de base

100. L'existence des clauses d'indexation est conditionnée à un indice de base. L'article 5 dispose que : « le prix maximum du loyer est fixé à 11 % de la valeur réelle de l'immeuble conformément au décret n°130/PG-RM du 29 août 1967. En cas de location au mois, le montant du loyer mensuel ne peut, en aucun cas, excéder le douzième du loyer annuel. Le montant du cautionnement et des loyers à verser d'avance à titre de garantie ne peut excéder une somme correspondant à un mois de loyer[448]». Le juge suprême malien sur l'indexation du coût du ciment casse et annule la décision de la Cour d'appel de Bamako en renvoyant la cause des parties devant la Cour d'appel de Mopti au motif que : les juges de la Cour d'appel, après avoir confirmé l'exactitude dans les contrats d'une clause d'indexation des loyers sur le coût du ciment, finissent par dénaturer les conventions établies par les parties et violer les dispositions de l'article 77 de la loi fixant régime général des obligations[449]. Dans une autre espèce portant aussi sur l'indexation du coût des loyers, la juridiction suprême malienne rappelait que : « la fixation du taux d'augmentation du loyer devrait faire l'objet d'accord entre les parties et à défaut recourir à la voie judiciaire ; qu'il n'y a donc aucune violation de la loi de la part des juges d'appel ; qu'en conséquence, le moyen manque de pertinence et doit être rejeté[450]». Au-delà, la révision des loyers peut cacher une augmentation déguisée et le juge ne peut que la refuser. Dans un jugement du tribunal de GNOGNA, le juge avait décidé que : « le contrat de bail d'une durée de neuf ans conserve toute sa vigueur juridique et ne peut être frappé de nullité dès lors que les parties peuvent fixer librement la durée du bail. En l'espèce, le contrat de bail ayant prévu la date à laquelle une révision est envisageable, le bailleur ne pouvait pas procéder à une révision du loyer avant cette date sur le fondement des articles 71, 72, 84, 85 AUDCG[451]». Le législateur Sénégalais a diminué le coût des loyers même si les bailleurs

---

[448] Décret n° 146/ PG-RM du 27 septembre 1967 portant réglementation des loyers des locaux d'habitation au Mali. L'article 8 du même texte sur la sous-location précisait que : « Le montant du prix de sous-location ne pourra être supérieur au montant du loyer dû par le locataire au propriétaire, par application des articles ci-dessus, si les locaux sous-loués n'ont pas été meublés par le locataire. Lorsque des meubles en état correct et en quantité suffisante auront été fournis par le locataire, le prix de sous location ne pourra excéder de plus de 30 % le montant du loyer. Les sous-locations qui, antérieurement à la publication du présent décret, auraient été conclues à des prix supérieurs à ceux ainsi déterminés, devront être ramenés aux prix autorisés ».

[449] Arrêt n° 46 de la chambre civile du 18 Mars 2002 de 1ère civile de la cour suprême du Mali – pourvoi n° 3 du 28 Aout 2000 (Contestation d'augmentation de loyers – contrat SEMA – SA ARSEF – clause d'indexation sur le prix du ciment – pourvoi d'ordre du ministère de la Justice).

[450] Arrêt n° 102 de la 1ère chambre civile de la section judiciaire du 18 Mai 1998 de la Cour suprême Mali – pourvoi n° 13 du 17 janvier 1997 (Contrat de location – vente – contrats synallagmatiques – indexation du cout du loyer).

[451] Jugement n° 61 du 18 juin 2001 du Tribunal de première instance de GNOGNOA opposant F.Y c/ LA COPOPEC DE GUIBEROUA, le Juris, n° 1/2005, janvier – mars 2005.p. 48.

contournent la loi en procédant à des augmentations suite à des travaux sur la surface corrigée[452].

101. Dans les clauses d'indexation, la révision ne peut être demandée par le bailleur ou le locataire que trois ans au moins après la date d'entrée en jouissance du locataire ou après le point de départ du bail renouvelé[453]. En effet, il ne peut y avoir d'indexation sans application d'un taux de variation indiciaire à un prix de base[454]. Il n'est pas obligatoire que l'indice ait un rapport avec l'activité principale de l'un des contractants[455]. En cas de changement d'activité, la validité de l'indice sera appréciée en considération de l'activité exercée au jour de la conclusion du contrat[456]. Ainsi, ne devraient être autorisés que les indices ayant un rapport direct avec l'activité de l'une des parties ou avec l'objet du contrat[457]. Lorsque les contractants sont à la retraite, le choix d'un indice doit être en relation directe avec l'activité antérieure. L'objet du contrat doit être entendu dans le sens de l'objectif de l'opération c'est-à-dire du but poursuivi par les contractants. L'indexation doit avoir un lien soit avec la valeur du bien transmis ou de la prestation promise, soit avec le but poursuivi d'un commun accord avec les parties. La notion d'objet n'est pas strictement entendue au sens du droit civil lorsqu'il porte sur les prestations prévues au contrat et l'objectif poursuivi par les parties. Elle est entendue de manière très libérale, celle d'activité d'une des parties s'entend de l'activité professionnelle. Il n'est pas obligatoire que cette activité soit l'activité principale d'une des parties[458]. En matière de crédit bancaire, si le prêt est consenti à deux époux, il suffit que l'indice choisi ait un lien avec l'activité de l'un des deux. L'indice du coût de la construction inséré dans un contrat de prêt contracté en vue de la construction ou de l'acquisition d'une maison a été jugé licite car il avait bien un rapport direct avec l'objet du prêt[459]. Il a été jugé, à l'égard d'un contrat de location-gérance d'un fonds de commerce, que l'indexation de la redevance sur l'indice national du coût de la

---

452 Loi n° 2014 - 03 du 22 janvier 2014 portant baisse des loyers n'ayant pas été calculés suivant la surface corrigée.

453 En France, la demande ne peut être formée que lorsque la période triennale est échue de sorte qu'est nulle une demande notifiée avant l'expiration du délai même si le bailleur avait précisé que la révision ne prendrait effet qu'à la date prévue par le décret, V. par exemple, cass. Civ. 3, 11 juin 1985, Bull. civ. III, n° 92, p. 71.

454 B. BOCCARA, *Définir l'indexation* (en marge des arrêts de 1983 sur le loyer variable et l'actualisation), J.C.P. 1985, I, 3187, spéc., n° 21.

455 Cass. Civ.1,7 nov.1984, Bull.civ.I, n° 91, p.74 ; Rév.Trim.Dr. Civ.1985, p.174, obs. J. Mestre.

456 Cass. Civ. 1, 6 juin 1984, J.C.P. 1985, II, 20471, note J.-Ph. Lévy.

457 Cette règle est écartée lorsqu'il s'agit de dettes d'aliments auxquelles l'art. 4 de la loi du 13 juillet 1963 a assimilé les rentes viagères entre particuliers.

458 Cass. 3ème civ.15 févr. 1972, n° 70 -13. 280, Bull. civ. III, n° 100, JCP G 1972, II, n° 17094, obs. LÉVY.

459 V. cass. Civ. 1, 9 janv. 1974, J.C.P. 1974, II, 17806, note J.-Ph, cass. Civ. 3, 16 juill. 1974, D. 1974, jur., p. 681, note Ph. Malaurie. C'est l'affectation des sommes prêtées qui permet d'apprécier la licéité de l'indice.

construction ne pouvait être réputée en relation directe avec l'objet de la convention, laquelle est relative à un bien meuble incorporel et non à un immeuble bâti[460]. L'appréciation du rapport direct est délicate et relève de l'appréciation souveraine des juges du fond. Sans prétendre à l'exhaustivité, il est possible de relever quelques solutions ayant admis le rapport direct et par conséquent la validité de la clause d'indexation[461].

102. Le juge dispose de larges pouvoirs en matière de clauses d'indexation par rapport à l'adaptation négociée. En effet, l'indice peut être vicié par son inapplicabilité[462], sa prohibition[463] ou son inexistence du fait d'une méprise[464]. L'indice embrasse d'autres domaines que les loyers et sa validité devrait être assurée[465]. Le principe est l'interdiction des clauses d'indexation fondées sur le SMIC[466], le niveau général des prix et des salaires, les prix des biens, produits ou services n'ayant pas de relation directe avec l'objet de la convention ou avec l'activité de l'une des parties. La question de savoir si le loyer pouvait être porté à une somme supérieure à celle atteinte par le jeu de l'indexation a divisé les juges. La Cour d'appel a rejeté la demande du bailleur en révision à la hausse du loyer déjà augmenté de plus du quart par le jeu de la clause d'indexation[467]. La Cour de cassation semble admettre que le juge, saisi d'une demande en révision, puisse fixer le montant du loyer à une valeur équivalente à la valeur locative[468]. Après l'ajustement judiciaire du loyer à la valeur locative, la clause d'échelle mobile reprend son effet et son assiette réside dans le montant du loyer révisé. L'adaptation effective de l'indice de base est rendue essentielle par le devoir de bonne foi[469]. Les parties dans une

---

460 Cass. Com.,16 fév. 1993, Bull. civ. IV, n° 63, p. 42.

461 Cass. Civ. 3, 15 fév. 1972, J.C.P. 1972, II, 17094, note J.-Ph. Lévy (le prix de vente d'un fonds de commerce de garagiste peut être valablement indexé sur le salaire horaire de l'ouvrier mécanicien) ; Cass. Civ. 3, 17 juill, D. 1973, jur., p. 238, note Ph. Malaurie (le prix de vente d'un fond rural peut être indexé sur le salaire de l'ouvrier agricole) ; Cass. Civ. 1, 7 mars 1984, Bull. civ. I, n° 91, p. 74 (le rapport direct a également été admis entre la location d'un fond de restaurant de montagne et le forfait des remontées mécaniques) ; Cass.civ. 3, 6 juin 1972, D. 1973, jur., p. 151, note Ph. Malaurie (en revanche, il n'existe pas de rapport direct entre un contrat de bail commercial et l'indexation du loyer sur le salaire horaire du manœuvre maçon).

462 Civ.1ère 13 décembre 1994, bull. civ.I. n° 373 in Gaël. PIETTE, op. cit.p. 143.

463 Com.7 janvier 1975, D.1975.jur.516, note Ph. MALAURIE, JCP.1975.II.18167, note J. GHESTIN, Gaël. PIETTE, op. cit. p.143.

464 Civ. 3ème 15 février 1972, D. 1973.jur.417, note J. GHESTIN, RTD, Civ. 1972. 616 obs. G. Cornu, J.C.P. 1972.II.17094 note J. Ph. Levy ; V. aussi G. PIETTE, op. cit. p.143.

465 A. BÉNABENT, Droit civil, *Les contrats spéciaux civils et commerciaux*, préc. spéc. n° 322, p. 198.

466 L. BOYER, *A propos des clauses d'indexation : Du nominalisme monétaire à la justice contractuelle* : Mélanges Marty 1978, p. 87 et s.

467 Paris, 1er fév. 1991, D. 1991, somm. Comm., p. 363, obs. L. Rozès.

468 Cass. Civ. 3, 6 janv. 1993, Bull. civ. III, n° 3, p. 2 ; Defrénois 1993, art. 35458, p. 225, note J. Derruppé ; Rev. Trim. Dr. Civ. 1993, p. 379, obs. P.-Y. Gautier ; rév. Trim. Dr. Com. 1993, p. 295, obs. M. Pédamon ; D. 1994, somm. Comm., p. 49, obs. L. Rozès.

469 J. KERHUEL, *L'efficience stratégique du contrat, un champ d'action de la liberté contractuelle*, thèse préc. n° 384, p. 315.

loyauté bilatérale vont tout faire pour ne pas nuire au jeu des clauses d'indexation. Cela peut prendre de fausses allures d'une obligation de renégociation par les parties pour déterminer un nouvel indice de référence lorsque l'indice initial venait à disparaitre.

2- La sanction de l'illicéité de l'indice

103. La mise en œuvre de la clause d'indexation requiert la détermination d'un indice licite de base. En présence d'un indice illicite, plusieurs sanctions sont envisageables. L'illicéité de l'indice et de la clause peut conduire à la nullité du contrat en présumant que la clause d'indexation était déterminante de la volonté des parties[470]. Les juges assoupliraient leur sanction en ne prononçant que la nullité de la clause d'indexation[471]. La nullité est absolue ou relative selon que l'on considère que le régime de l'indexation préserve la valeur de la monnaie ou maintient l'équilibre des prestations respectives des parties. Alors que de nombreuses juridictions se sont prononcées pour la nullité relative, la Cour de cassation s'était prononcée pour une nullité absolue insusceptible de confirmation ou de ratification[472].

104. La cessation de l'illicéité peut passer par le prononcé de la caducité du contrat et le remplacement de l'indice de base par le juge. Le juge se fonde sur l'interprétation de la volonté des parties afin d'assurer à l'outil d'indexation son efficacité alors même que les parties n'avaient pas prévu le remplacement de l'indice disparu ou n'étaient pas parvenues à s'accorder pour y pouvoir[473]. Les juges vont jusqu'à dépasser leur pouvoir par la substitution de l'indice disparu[474] ou défaillant[475]. Cette solution a été préférée au prononcé de la caducité du contrat en cas de substitution d'un indice valable à un indice illicite[476]. Cette pratique est désormais largement acceptée et utilisée par le juge qui n'hésite plus à jouer un rôle directement protecteur du lien contractuel menacé[477]. Certaines juridictions n'hésitent pas à reconnaître la légitimité d'une substitution en faveur d'indices traduisant l'intérêt des parties et ce pour préserver l'économie du contrat. La Cour de cassation l'a aussi admis,

---

470 T.G.I. Soissons, 5 janv. 1966, D. 1967, jur., p. 704, note B. Edelman ; Cass. Civ. 3, 24 juin 1971, J.C. P. 1972, II, 17191 note J. Ghestin. Contrat, v., Cass. Civ. 3, 13 fév. 1969, Bull. civ. III, n° 134, p. 102 ; J.C.P. 1969, II, 15942, note J.-Ph. Lévy ; Rev. Trim. Dr. Civ.1971, p. 627, obs. Y. Loussouarn.

471 Civ. 3e 13 février 1969, JCP éd. G.1969.II 15942, note J.- PH. Levy. La Cour précise que les juges disposent d'un pouvoir souverain pour apprécier si une clause d'indexation présente ou non un caractère essentiel au point que sa finalité entraine celle de toute la convention.

472 Cass. Com., 3 nov. 1988, Bull. civ. IV, n° 287, p. 196 ; D. 1988, jur., p. 93, note Ph. Malaurie ; Rev. Trim. Dr. Civ. 1989, p. 301, obs. J. Mestre.

473 Cass. Civ. 3ème, 12 janv. 2005 ou les juges ont usé de leur pouvoir judiciaire de réfaction, RDC, oct. 2005.1018.

474 Cass. Civ. 3è, 12 janv. 2005, n° 03-17260.

475 R. TENDLER, « Indexation et ordre public », D. 1977. 245.

476 Cass. Com., 3 nov. 1988, D. 1989, p. 93, note Ph. MALAURIE.

477 J. MESTRE et A. LAUDE, « L'interprétation "active" du contrat par le juge », in Le juge et l'exécution du contrat, Actes du colloque IDA, 28 mai 1993, PUAM, 1993, p. 9 s. spéc. p. 17.

s'agissant de la substitution d'un indice jugé nul[478] ou disparu voire impossible à déterminer[479] mais uniquement dans le cas où les parties n'ont pas prévu les suites d'une inapplicabilité de l'indice contractuel[480]. D'aucuns considèrent que l'illicéité de l'indice devrait entraîner la nullité de la seule clause d'indexation quand bien même les parties auraient affirmé le caractère déterminant de la clause d'indexation[481]. En revanche, GHESTIN parait favorable à la substitution d'un indice licite à l'indice contractuel illicite lorsqu'il considère qu'il s'agit là de la sanction la plus appropriée au cas d'illicéité de l'indice[482]. Pouvait-on lire sous la plume d'AZARD, que les clauses annulées ne le soient pas tant parce qu'elles portent atteinte aux intérêts de l'état que parce qu'elles ne réalisent plus l'équilibre. Elles dépassent l'équilibre, elles produisent un déséquilibre de sens contraire[483].

105. Les juges n'ont pas le pouvoir de substitution à moins que l'illicéité de l'indice résulte de circonstances extérieures aux contractants. En effet, les tribunaux opèrent une substitution d'indice lorsque l'indice choisi par les parties est inexistant[484], a cessé d'être publié[485] ou a été annulé[486]. Pour contestable qu'elle soit, la substitution judiciaire d'un indice valable à l'indice contractuel illicite présente l'avantage d'assurer l'effectivité de la clause d'indexation et par conséquent, l'adaptation du prix aux variations économiques. L'équilibre financier du contrat est ainsi préservé. Le juge recherche dans l'économie du contrat, l'indice licite qui peut remplacer l'indice illicite[487]. La substitution judiciaire d'un indice licite à l'indice contractuel prohibé apparaîtrait plus opportune en ce qu'elle permet de conserver le rapport contractuel tout en respectant la commune volonté des parties de conduire un contrat équilibré dans le temps[488].

106. La réfaction des clauses d'indexation présente le mérite de sortir de l'impasse dans laquelle mène le droit classique des nullités, c'est-à-dire corriger le déséquilibre en maintenant le contrat au lieu de l'anéantir.

---

[478] Civ. 3ème, 22 juil. 1987, Bull. civ. III, n° 151, RTD Civ. 2006.118.

[479] J. GHESTIN, M. BILLIAU, G. LOISEAU, *Le régime des créances et des dettes*, LGDJ, 2005, spéc. n° 692.

[480] Cass. Com. 16 nov. 2004, n° 02-15202, JCP éd. E, 2005.II.1441, note J. STOUFFLET et S. DUROX ; RTD Civ. 2006.117, obs. J. MESTRE et B. FAGES.

[481] Ph. MALAURIE, note au D. 1973, jur., p. 151.

[482] J. GHESTIN, note sous Cass. Civ. 3, 15 fév. 1972, D. 1973, jur., p. 417, spéc., p. 419.

[483] P. AZARD, *L'instabilité monétaire et la notion d'équivalence dans le contrat*, J.C.P.1959, I,1092, spéc., n° 4.

[484] Cass. Civ. 3, 15 fév. 1972, J.C.P. 1972, II, 17094, note J.-P. Lévy ; D. 1973, jur., p. 417, note J. Ghestin ; Rev. Trim. Dr. Civ. 1972, p. 616, obs. G. Cornu.

[485] Cass. Civ. 3, 2 mai 1972, Bull. civ. III, n° 268, p. 192.

[486] Cass. Civ. 3, 22 juill. 1987, Bull. civ. III, n° 151, p. 88; cass. Civ. 1, 19 avril 1988, Bull. civ. I, n° 106, p. 72.

[487] Lyon, 9 juillet 1990, D.1991, note Ch. Gavalda.

[488] M.-E. PANCRAZI-TIAN, *La protection judiciaire du lien contractuel*, thèse 1994, préc. spéc., n° 88, p. 87.

L'application pure et simple du droit commun des nullités peut d'ailleurs dissuader la victime de l'illicéité de l'indice à relever le vice de crainte de voir le contrat annulé dans son intégralité. Quant à l'annulation partielle du contrat qui l'ampute de sa clause illicite, elle revient à éluder le but de l'indexation et l'objectif poursuivi par les contractants. Les juges ne doivent pas perdre de vue que les parties au contrat ont inséré une clause d'indexation afin de parer à l'éventuel déséquilibre qui pourrait émaner de leur relation en absence d'indice[489].

107. La prolifération d'autres mécanismes de variation du prix, en sus des clauses d'indexation et des clauses-recettes, nous laisse confiants sur leur potentialité à inspirer les législateurs africains pour la réglementation des contrats innommés[490]. L'adaptabilité du contrat est une force au service de sa pérennité[491] dans les clauses d'adaptation négociée. Les clauses d'adaptation non-automatique conditionneraient l'efficacité de la liberté contractuelle à la survenance d'événements déclencheurs.

Paragraphe 2 : La relativisation de la liberté dans l'adaptation non automatique

---

489 J.-J. BARBIERI, *Vers un nouvel équilibre contractuel ? Recherche d'un nouvel équilibre des relations dans la formation et l'exécution des contrats*, th. Toulouse, 1981, p. 416.

490 1- La clause d'*earn out*, dans la cession de droits sociaux, est celle par laquelle les parties décident que le prix ou plus exactement une partie du prix, sera fonction des résultats futurs de la société. Le cessionnaire, qui a pourtant quitté l'entreprise (« *out* »), continue pendant quelque temps à profiter des performances (« *earn* ») de la société ; 2- La clause de *ratchet* est la stipulation permettant aux investisseurs de se ménager la possibilité de réviser à la hausse leur niveau de participation lorsqu'il s'avère que leur investissement initial a été établi sur la base d'une valorisation trop importante. R. ROUTIER, « *Les clauses de ratchet en droit des sociétés* », Bull. Joly 2002, Chron. p.859 ; V. aussi Y. MARTIN-LAVIGNE, « *Clause de ratchet : de la pratique anglo-saxonne en droit français* », D. 2002, p.1540 ; F. MONOD, « *L'ajustement du prix de souscription à une augmentation de capital par utilisation des bons de souscription d'actions dite clause de ratchet* », Dr. Sociétés, Actes Pratiques, 2002/62, p. 3 ; La clause de *ratchet* est essentiellement utilisée en cas d'augmentation de capital donc suite à l'émission de nouveaux titres mais peut être réputée non-écrite à cause de la prohibition des clauses léonines de l'article 1844 - 1 du Code civil français et semble rompre l'égalité, *in abstrato*, entre les actionnaires de la société, si tant est que cette égalité soit appréciée. Voir J. MESTRE « *L'égalité en droit des sociétés* ». Rév. Société. 1989. p 407 ; 3- Les clauses de *benchmarking* ou de compétitivité utilisées dans l'optimisation économique des prestations contractuelles. En droit anglais, le *benchmarking* est un indicateur chiffré de performance pouvant être retenu dans des domaines très divers comme la qualité ou la productivité. Il est tiré de l'observation des résultats de l'entreprise estimée comme la plus intéressante dans le domaine visé. Cet indicateur constitue ainsi un élément de référence voire un objectif à viser pour garantir la compétitivité de l'organisation concernée. V. L S ZUSKIN. J. - L. JUHAN : « *La clause dite de benchmarking dans les contrats de prestation de services ou comment rendre un contrat compétitif* », RLDC 2004/11, n° 434 ; 4- Les clauses *d'equity swap* utilisées aussi dans le cadre d'optimisation économique des prestations contractuelles L SZUSKIN. J - L JUHAN. « *Quelques clauses originales venues d'ici et d'ailleurs* » RLDC suppl. au n° 25 mars 2006 - p. 18. s.

491 C. THIBIERGE – GUELFUCCI, « Libres propos sur la transformation du droit des contrats », art. préc.p.561, spéc. n° 9.

108. Les clauses d'adaptation non-automatique sont l'expression d'une liberté d'anticipation du déséquilibre des prestations dans les contrats de longue durée. La renégociation peut être liée à un fait que les parties[492] choisissent librement. C'est l'aménagement de la survenance d'évènements déclencheurs (A) et de la flexibilité contractuelle (B).

A- L'aménagement de la survenance d'évènements déclencheurs

109. La performance économique des échanges est attachée au contrat et aux événements sociaux, politiques et économiques. Les parties insèrent des clauses de révision conditionnées à des événements déclencheurs dépendants[493] ou pas de leur volonté notamment les clauses de hardship (1) et d'alignement (2).

1- Le déclenchement dans la clause de hardship

110. La clause de hardship est traduite dans la langue française par la clause d'imprévision, de sauvegarde, d'équité, de révision, de détresse, de dureté ou de dislocation économique[494]. Elle permet aux contractants d'exiger que s'ouvrent de nouvelles négociations en vue d'adapter le contrat lorsque survient un évènement de nature économique rendant l'exécution extrêmement onéreuse[495]. Aussi, permet-elle aux parties de demander un réaménagement du contrat au cas où un changement interviendrait dans les données initiales au regard desquelles elles s'étaient engagées pour venir modifier l'équilibre de ce contrat au point de faire subir à l'une d'entre elles une rigueur injuste[496]. C'est une clause de révision mettant à la charge des contractants une obligation d'entrer en discussion afin de tenter de trouver un accord pour adapter le contrat en cas de survenance du déséquilibre financier. L'avantage de ces clauses est leur diversité et leur souplesse non négligeables. Elles se retrouvent essentiellement dans les contrats internationaux en raison de leurs plus grandes difficultés d'exécution.

111. Les parties peuvent stipuler une clause de hardship qui leur assurera une révision en cas de survenance d'un événement imprévu venant affecter le

---

492 M.- I. KONATÉ, L'entreprise africaine face à l'épreuve de la crise : *Regard des juristes,* 3ème édition du congrès africain des juristes d'entreprises tenu à Cotonou au Bénin du 04 - 06 Mai 2010, p. 32 disponible sur www.cadevdroit.org date de dernière consultation le 09/01/2015.

493 La clause du client le plus favorisé dépend de la volonté d'une partie. A la différence de la clause de force majeure, la clause de hardship et celle de l'offre concurrente sont indépendantes de la volonté des parties V. LASBODES, thèse préc. n ° 596, p. 516 et s.

494 V. P. VAN OMMESLAGHE, « Les clauses de force majeure et d'imprévision (Harsphip) dans les contrats internationaux », Revue de droit international et de droit comparé 1980, p. 7 ; M. FONTAINE, « Les clauses de Hardship, aménagement conventionnel de l'imprévision », D.P.C.I., 1976, p. 42.

495 S. E.- KPOTSRA, « Le contrat de vente à l'épreuve de la dévaluation du franc CFA », EDJA, n °26, Trim. Juillet- Aout- Sept. 1995, p.53 et s. ; G. PIETTE, thèse préc. n °253, p.146.

496 B. OPPETIT, L'adaptation des contrats internationaux aux changements de circonstances : la clause de hardship, Clunet 1974, p. 4/18 disponible sur www.trans-lex.org / 127 600.

contrat[497]. La mise en œuvre des clauses de sauvegarde nécessite une certaine intensité pour justifier un réajustement du contrat[498].Une simple modification ne constituerait une clause de hardship au risque de voir tout devenir hardship. Cette situation n'est nullement portée à bouleverser la substance du contrat. Le bouleversement doit être, pour justifier un réaménagement du contrat, complètement opposé à celui que les parties ont initialement envisagé lors de la conclusion du contrat au point de faire supporter à l'une d'elles une rigueur injuste[499].

112. La liberté contractuelle rayonne dans la détermination de l'élément déclencheur de la clause de hardship qui portera sur des aspects généraux ou spécifiques comme la faculté de modifier le prix ou n'importe quelle donnée du contrat. La détermination du seuil de déclenchement est un facteur d'efficience de la clause de révision. La survenance de l'imprévu qui déclenche la clause de renégociation doit être contingente pour caractériser le déséquilibre contractuel. L'évènement déclencheur de l'adaptation par les parties peut être précisé quant à son origine. C'est généralement une clause qui vise à pallier les conséquences de la survenance d'un évènement imprévisible quant à sa nature et à sa portée. Les parties utilisent dans la rédaction des clauses de hardship, une formulation large de changement de circonstances économiques.

113. L'évènement déclencheur de la clause de hardship doit être imprévisible et extérieur à la volonté des parties. Cette clause n'a vocation à jouer que de manière exceptionnelle en cas de changement substantiel de l'équilibre initial. Ce type de clause illustre bien la caractéristique essentielle des clauses de réadaptation qui les oppose fondamentalement aux clauses de maintien de la valeur. La clause monétaire opère habituellement de manière automatique, c'est-à-dire sans intervention des parties ou du juge, par la substitution d'une nouvelle prestation à celle que la variation de l'indice rend caduque. La clause de hardship n'a pas d'effet automatique car elle ne provoque une renégociation du contrat lorsque le changement envisagé se produit. Le déclenchement de la renégociation est une courtoisie contractuelle qui participe de la volonté des parties à mener des débats pour qu'émerge une solution économique intelligente et partagée. La liberté contractuelle est quasi totale dans les clauses de hardship car celles-ci sont très peu réglementées. Les parties ont plus de liberté quant à la rédaction et aux modalités de ces clauses. Elles ont le choix de viser les personnes bénéficiaires en précisant que ces clauses profiteront à une d'entre elles seulement même si on sait que ces clauses sont d'ordinaire

497 L. THIBIERGE, thèse préc. n° 91.

498 B. OPPETIT, op.cit. L'auteur pense que ce sont les conséquences du bouleversement de l'équilibre contractuel qui sont les critères devant conduire au constat du hardship. La clause doit causer une modification « substantielle » ou « importante » pour justifier une réadaptation du contrat.

499 B. OPPETIT, op. cit, p. 8 et s. spéc. p.18.

bilatérales. La demande d'ouverture des négociations n'étant que la résultante d'une altération radicale de l'équilibre des prestations du contrat[500]. La partie s'estimant lésée demande à l'autre un retour à la table des discussions. Quoi qu'il en soit, il ressort clairement que les parties, qu'elles l'aient décidé ou non, sont contraintes de procéder à une négociation en vue de modifier les prestations qui leur incombent[501]. Il est évident que les parties ne sont pas seulement astreintes à une négociation du contrat. Elles sont obligées de déboucher sur un accord de réadaptation. Un désaccord sur l'aménagement du contrat persistant après une négociation loyalement menée reste une éventualité sans qu'il ne puisse être imputable à une faute de l'un des partenaires[502]. Ce changement doit avoir un caractère inéquitable c'est-à-dire causer un préjudice intolérable à l'une des parties. La renégociation par les parties emporte une obligation de modification des prestations initiales. Cette obligation prend sa source soit dans leur accord, soit dans une décision ayant valeur d'acte juridictionnel dont l'inexécution par l'un des contractants ouvrirait la voie à une condamnation à des dommages-intérêts au profit de l'autre partie. Dans la renégociation conventionnelle, il est possible d'entrevoir l'impossibilité d'une exécution forcée tout autant qu'une réadaptation opérée d'autorité par le juge en dehors de la volonté des parties. C'est la force obligatoire de la clause d'adaptation qui est la conséquence de l'autonomie de la volonté.

114. La clause de hardship est une extension du principe de la force obligatoire des contrats. Il n'en demeure pas moins que si elle permet un réaménagement du contrat, il est des situations où les prestations réciproques sont suspendues voire annulées. C'est le cas de la force majeure qui est un événement extérieur, imprévisible et irrésistible rendant l'exécution impossible à la différence de l'imprévu rendant l'exécution plus onéreuse que celles initialement prévues. Les clauses de force majeure concernent principalement les hypothèses dans lesquelles des évènements échappent au contrôle et aux prévisions des parties en rendant l'exécution du contrat tout à fait impossible. Il faut se remémorer par contre que les clauses d'imprévision ou de hardship visent généralement à régler les conséquences des modifications fondamentales et profondes des conditions économiques qui se traduisent par un bouleversement de l'équilibre initial[503]. La force majeure est un facteur d'exonération des obligations contractuelles. Qu'elle soit partielle ou non, elle est aussi de nature à offrir la faculté aux contractants de demander une résiliation judiciaire du contrat qui ne sera prononcée que si l'évènement réunit quelques conditions lui étant propres. D'abord, l'évènement doit être

---

500 Principes Unidroit, op.cit, p. 195.

501 B. OPPETIT, op. cit, p. 10.

502 Ibidem. p. 11.

503 M. FONTAINE, « Les clauses de force majeure dans les contrats internationaux », D. P.C.I, 1979, p. 469 et s.

imprévisible dans sa survenance. Il faut que l'évènement n'ait pu raisonnablement être envisagé par le cocontractant au moment où il a été traité[504]. C'est à ce même titre que les intempéries sont parfois retenues au titre de la force majeure[505]. Ensuite, l'évènement doit être irrésistible dans les conséquences produites par son fait. Le Conseil d'État dans une décision dite « pichol » soulignait que si l'évènement met le cocontractant dans l'impossibilité absolue d'exécuter le contrat, il doit être un obstacle insurmontable à l'accomplissement de ses obligations. Enfin, l'évènement ne doit nullement être du fait du contractant qui entend s'en prévaloir[506].

115. L'acte uniforme portant droit commercial général, bien que ne donnant point une définition directe de ce qu'est la force majeure, souligne qu'une partie n'est pas responsable de l'inexécution de l'une quelconque de ses obligations si elle prouve que cette inexécution est due à un empêchement indépendant de sa volonté, tel que notamment le fait d'un tiers ou un cas de force majeure[507]. Cette acceptation est relayée dans l'avant-projet d'acte uniforme portant droit des contrats qui relève qu'est exonéré des conséquences de son inexécution, le débiteur qui établit que celle-ci est due à un empêchement qui échappe à son contrôle et que l'on pouvait raisonnablement attendre de lui qu'il le fasse en considération du moment de la conclusion du contrat, qu'il le prévienne ou le surmonte ou qu'il en prévienne ou surmonte les conséquences[508]. La force majeure a connu une évolution constante telle que retenue dans la théorie générale[509] des obligations ou il se trouve amputé de l'imprévisibilité. Dans certains cas, une impossibilité absolue d'exécution n'est pas nécessaire[510]. La force majeure est un événement imprévisible, irrésistible et indépendant de la volonté des parties rendant momentanément impossible l'exécution de leurs obligations ou de l'une d'entre elles[511]. Dans la théorie générale des contrats, la force majeure dispenserait le débiteur d'exécuter la prestation convenue à la différence des clauses de force majeure qui garantissent une pause permettant aux parties de lever l'obstacle dans l'exécution grâce à des négociations[512]. Par la clause de force majeure, les parties évitent le jeu libératoire automatique de la force majeure mettant fin au contrat dans la théorie générale pour assurer sa survie. C'est en cela que cette clause se distingue dans le traitement du déséquilibre conjoncturel par les

---

504 Conseil d'État, 17 décembre 1926, « Sté des chantiers de l'Adour ».

505 À ce sujet, le Conseil d'État précise que les intempéries évoquées doivent être d'une « intensité exceptionnelle ». Conseil d'État, 1935, « DESLOURS ».

506 L'art. 1382 du Code civil.

507 Art. 267 AUDCG.

508 Art. 7/7.1 de l'avant-projet d'acte uniforme sur le droit des contrats.

509 ANTONMATTEI, *Contribution à l'étude de la force majeure*, thèse LGDJ, 1992.

510 V. LASBORDES, *Les contrats déséquilibrés*, op. cit.p.518, n° 600.

511 V. sur ces propos V. LASBORDES, *Les contrats déséquilibrés*, op. cit.p.518, renvoi 449.

512 V. LASBORDES, thèse préc. n° 601, p. 519.

parties. Ce qui n'est pas le cas dans les clauses d'alignement qui introduisent dans le contrat un dynamisme de marché.

2 - Le déclenchement dans les clauses d'alignement des prix

116. Les clauses d'alignement organisent une modulation des prix au gré d'une confrontation constante avec les offres plus avantageuses apparaissant sur le marché postérieurement à la conclusion du contrat. Ces clauses d'alignement contribuent à pallier l'incomplétude du contrat de longue durée au regard de l'évolution des circonstances du marché. Elles permettent l'économie des coûts de transaction d'une nouvelle négociation[513] et préservent également l'avantage concurrentiel que présente le contrat lors de sa conclusion. Il s'agit d'une protection contre le risque économique, d'une amélioration des prestations et les conditions de leur octroi[514]. En cas de différence manifeste avec une autre offre, les parties peuvent choisir de renégocier les conditions du contrat d'où la proximité de finalités entre les clauses d'alignement et de hardship. Les clauses d'alignement sont des formes de clauses de variation automatique de prix composées des clauses de l'offre concurrente et du client le plus favorisé.

117. D'une part, les clauses d'offre concurrente organisent une adaptation du contrat à la situation du marché afin d'en garantir l'intérêt stratégique. Elles engagent son débiteur à aligner son offre sur celle d'un tiers qui se révèle plus intéressante pour son cocontractant au cas où il désire s'en prévaloir[515]. Au lieu de se baser sur les autres transactions dans lesquelles le créancier est engagé, les parties considèrent les offres concurrentes qui peuvent être faites au débiteur[516]. En cours d'exécution, l'acheteur notifie au vendeur la réception d'une offre concurrente émanant d'un fournisseur connu et sérieux et faite à un prix inférieur au prix contractuel. Si toutes les autres conditions notamment de quantité, de qualité et de régularité restent égalées, le vendeur s'alignera aux conditions de l'offre concurrente. Lorsque l'offre concurrente se révèle plus avantageuse que le contrat en cours, le vendeur peut accepter d'aligner ses conditions sur la nouvelle offre. Dans le cas contraire, l'acheteur peut contracter avec le tiers, le contrat initial pouvant être résilié ou suspendu pendant une période déterminée en fonction des dispositions prévues. En revanche, dès lors que le débiteur accepte de s'aligner sur la nouvelle offre, le bénéficiaire reste lié par le contrat. L'adaptation portera entièrement sur les conditions de vente en vertu d'une clause du contrat, globalement le plus

---

[513] J. KERHUEL, *L'efficience stratégique du contrat, un champ d'action de la liberté contractuelle*, thèse préc. n° 397, 2008, p. 351.

[514] J. KERHUEL, *L'efficience stratégique du contrat, un champ d'action de la liberté contractuelle*, thèse préc. p. 322.

[515] V. la communication de M.- I. KONATÉ, L'entreprise africaine face à l'épreuve de la crise : Regard des juristes, 3ème édition du congrès africain des juristes d'entreprises tenu à Cotonou au Bénin du 04-06 Mai 2010, préc. p. 36.

[516] L. THIBIERGE, Le *contrat face à l'imprévu*, thèse préc. n° 63, p. 37.

intéressant. Ce qui permettra de remettre en cause les conditions d'exécution de la prestation telles que la qualité du produit, les délais de livraison, la durée du contrat, les modalités de paiement ou encore l'existence de conventions connexes. La liste n'est pas exhaustive. Il peut arriver que la clause délimite l'application du mécanisme en précisant le ou les éléments qui constituent l'objet de la comparaison. Selon certaines variantes, l'adaptation pourra ainsi porter sur le prix[517] en vertu d'une clause du prix le plus avantageux. Le mécanisme de la clause d'offre concurrente ne permet pas de retirer au fournisseur, un pouvoir de décision de façon arbitraire même si elle autorise son bénéficiaire à accepter une offre plus intéressante de la part d'un tiers. Le fournisseur initial conserve un véritable droit de préférence par lequel il garde le pouvoir d'empêcher d'autres concurrents d'approvisionner le client. Lorsque cet outil vise les commandes supplémentaires à celles initialement prévues dans le cadre de l'exclusivité, il peut perdre toute fonction d'atténuation. De la sorte, il a pour effet principal de renforcer la position de dépendance de l'acheteur obligé de lui accorder la préférence en cas d'augmentation de ses besoins. Le mécanisme de l'offre concurrente peut contribuer à caractériser un abus de position dominante en particulier lorsque l'entreprise est de grande taille. Il permet au fournisseur d'obtenir des informations stratégiques sur le contenu d'offres émises par des concurrents qui n'auraient pas pu être obtenues par un autre biais. L'avantage est de le mettre dans une position spécialement favorable par rapport à ses concurrents. Il en résulte que l'existence d'une clause d'offre concurrente peut pousser les tiers négociateurs à limiter l'information transmise et à se montrer plus réticents pour proposer des conditions plus favorables sachant que celles-ci risquent de faire l'objet d'un droit de préférence au profit du fournisseur contractuel. La pression concurrentielle censée être provoquée par la clause de l'offre concurrente peut être réduite par la crainte des fournisseurs concurrents d'avoir à proposer inutilement des conditions plus concurrentielles. La clause de l'offre concurrente se rapproche des clauses de révision du prix à la différence que la révision se réalise, non pas par référence à un indice, mais par référence à l'offre concurrente la plus avantageuse dont l'acquéreur peut se prévaloir. L'acheteur pourra faire valoir les prix pratiqués par un concurrent[518]. La révision du prix originaire n'est pas automatique. La clause prévoit que si les parties ne parviennent pas à un accord sur la révision du prix, l'acquéreur est libre de conclure avec le tiers. Le mécanisme s'applique aussi de manière plus spécifique au regard d'une offre concurrente émanant du cocontractant lui-même à travers la clause du client le plus favorisé.

---

[517] Il parait particulièrement opportun de rappeler que la disposition du régime de la clause de fixation unilatérale du prix, même si celle-ci laisse certainement une plus grande marge de liberté à leur bénéficiaire, nécessite en contrepartie un contrôle judiciaire de l'abus dont l'appréciation reste fondée sur une référence à l'environnement économique du contrat.
[518] V. LASBORDES, *Les contrats déséquilibrés*, op. cit.p. 524, n° 607.

118. D'autre part, la clause du client le plus favorisé ou du partenaire le plus favorisé constitue également un mécanisme d'alignement du contenu de l'obligation sur une offre plus favorable que le prestataire ou le vendeur serait amené à accorder à un tiers. Cette clause prévoit que si le vendeur accorde certaines conditions plus avantageuses à l'un de ses clients, il doit les accorder aussi au client qui a inclus ce type de clause dans le contrat[519]. Comme la clause de l'offre concurrente, la clause du client le plus favorisé permet l'adaptation du prix[520] d'un contrat de longue durée même si le fait générateur qui déclenche l'application n'est pas identique. Le nouveau prix n'est pas celui pratiqué par un concurrent et sur lequel le fournisseur accepte de s'aligner mais celui que le fournisseur pratique à un autre client et s'engage à consentir à son contractant[521]. La modification du contrat s'effectuera par l'introduction de l'avantage lié à un élément précis sur lequel porte la clause comme le prix. Si la clause vise l'élément du contrat, globalement le plus intéressant, l'ensemble des conditions de la nouvelle offre se substituera aux conditions initiales. Elle ne présente pas, comme la clause d'offre concurrente, d'alternative au choix de son débiteur entre l'acceptation d'un alignement du contrat ou sa suspension. La résiliation au profit de la conclusion d'un nouveau contrat, du client avec le tiers auteur de l'offre concurrente, reste envisageable. Un tel alignement sur les transactions d'un fournisseur isolé contribue à lier le contrat à l'évolution du marché. La nouvelle offre, accordée par le fournisseur, est considérée comme significative de l'état du marché.

119. Dans la rédaction de la clause du client le plus favorisé, on peut trouver une disposition de bonne exécution du contrat[522]. L'acheteur qui invoque une offre concurrente faite à un tiers doit être en mesure de la justifier suffisamment pour prétendre en bénéficier. Celle-ci ne peut résulter que de circonstances exceptionnelles. A cet égard, ne peut être considérée comme une réelle offre concurrente susceptible de faire jouer la clause, une offre promotionnelle limitée à de brefs délais ou encore émanant d'un tiers lié par connivence à l'acheteur. Certaines clauses d'offre concurrente font plutôt référence à la notoriété et au sérieux de son auteur qui peut-être un partenaire accordant des conditions plus favorables à un tiers. Une telle révélation n'étant pas dans son intérêt, son partenaire peut craindre une dissimulation des conditions nouvelles en sa défaveur. A moins que le contrat ne soit bâti sur une relation solide de confiance entre les parties, certaines mesures peuvent

---

[519] V. la communication de M.-I. KONATÉ, L'entreprise africaine face à l'épreuve de la crise : Regard des juristes, 3ème édition du congrès africain des juristes d'entreprises tenu à Cotonou au Bénin du 04 - 06 Mai 2010, p. 38, préc.

[520] La clause du client le plus favorisé ne se limite pas au prix mais peut s'étendre sur d'autres aspects comme les quantités, les délais de livraison et des modalités de paiement.

[521] V. LASBORDES, *Les contrats déséquilibrés*, op. cit.p. 528, n° 611.

[522] C'est le cas de la clause selon laquelle : « aux fins de bonne exécution de la clause, le vendeur accepte qu'à la demande de l'acheteur, un expert tenu au secret professionnel puisse attester du respect de cette clause par un audit chez le fournisseur ».

être complétées par des clauses engageant le débiteur à fournir la preuve à tout moment, de l'existence de conditions plus favorables accordées à un tiers. L'efficacité de la clause du client le favorisé est relative car la charge de la preuve incombe au client qui ne peut bénéficier continuellement des conditions accordées à tous les tiers par son cocontractant. De même, le client le plus favorisé ne saurait s'immiscer dans toute l'activité commerciale du fournisseur ou contrôler ses négociations avec des tiers. Pour engager sa responsabilité, il serait plus commode d'ajouter une clause d'information à la charge du vendeur assortie d'un délai à partir de la conclusion du contrat avec le tiers. Une telle clause peut être renforcée par une autre de bonne foi reconnaissant explicitement à la charge du vendeur de fournir à son cocontractant, l'information relative à l'existence de conditions plus favorables.

120. La mise en oeuvre d'une clause d'alignement, et en particulier de la clause du client le plus favorisé, présente des contraintes de nature subjective du fait de leur incidence restrictive sur la liberté contractuelle et stratégique du débiteur. Celui-ci est obligé de prendre en compte, dans la conclusion de contrats futurs, les conditions précédemment accordées aux clients bénéficiaires de cette clause pour les aligner sur l'ensemble des contrats postérieurs sauf à pouvoir stipuler des conditions moins favorables au client dans les contrats futurs. Ce qui, dans le cas d'une généralisation de la technique, risque de provoquer un effet inflationniste. Elle constitue un rempart juridique contre l'interdiction de toute discrimination. Dans les clauses d'alignement, le client pourra bénéficier d'une amélioration des prestations et des conditions de leur octroi. Elles figurent généralement dans les contrats de longue durée, comme les contrats de coopération, dont l'exécution peut comporter dans le secteur industriel, en particulier, sur plusieurs livraisons successives. Selon RICATTE, elles permettent de repositionner les conditions du contrat sur celles du marché[523]. Dans la pratique, tant pour la clause d'offre concurrente que pour la clause du client le plus favorisé, des difficultés apparaissent souvent au stade de la comparaison des offres successives. Les critères à retenir pour comparer le prix ou les conditions accordés à deux offres différentes sont souvent difficiles à établir. C'est sur ce point que l'application de ces clauses se révèlerait parfois incertaine. S'il est plus aisé de comparer les prix sur la quantité et la qualité, les différences dans les modalités de paiement rendent cependant plus délicate une comparaison en termes d'optimalité. Un prix plus élevé peut s'expliquer par des conditions relatives à la qualité, aux délais de livraison, aux modalités de paiement, à la durée du contrat ou à l'existence de conventions connexes. A fortiori, s'agissant de la comparaison globale des conditions de l'offre, celle-ci sera d'autant plus périlleuse qu'elle nécessite une référence à des éléments qui sont

---

523 J. RICATTE, « *La clause dite "du client le plus favorisé"* : questions soulevées par son éventuelle mise au point dans un contrat de droit interne français », Gaz. Pal. 24 oct. 1991, p. 601.

difficilement comparables. Les parties prévoient souvent la soumission de la nouvelle offre à l'appréciation d'un tiers estimateur indépendant. C'est un gage d'objectivité et de confidentialité à l'egard des tiers. Les outils d'alignement des prix assainissent l'environnement d'exécution des contrats grâce à l'autonomie de la volonté. Cette liberté autorise les parties à aménager la flexibilité contractuelle.

B- L'aménagement de la flexibilité contractuelle

121. La renégociation conventionnelle anticipe la survenance du risque encouru par les parties en cas de bouleversement de circonstances économiques. C'est un mécanisme de prévention conventionnelle des sacrifices (1) et une conciliation pacifique des intérêts divergents (2).

1- La prévention conventionnelle des sacrifices

122. La renégociation conventionnelle conduit à une réadaptation du contrat par les parties grâce aux clauses de force majeure ou de dureté qui ont pour avantages : la souplesse, la flexibilité, de l'adaptabilité de ces engagements obligatoires. Face à l'apparition fulgurante de nouveaux visages du déséquilibre contractuel, l'autonomie de la volonté n'assure plus convenablement la conservation de la contrepartie attendue par les parties dans ces engagements obligatoires. Les clauses de renégociation aménagent l'imprévu en permettant aux parties de minimiser les conséquences de cette dernière. Leur champ d'application est plus vaste que la théorie de l'imprévision en ce sens qu'elles peuvent être mises en œuvre à l'occasion d'un déséquilibre extra-monétaire. En cas de survenance des bouleversements de circonstances économiques, la renégociation par les parties nécessiterait des efforts de mutualisation du risque par des comportements positifs pour le sauvetage et la sauvegarde des effets du contrat.

123. L'adaptation automatique s'opère sans que les parties aient besoin de se rencontrer pour négocier[524]. Les clauses de renégociation sont des véritables clauses d'adaptation du contrat en cas de survenance de l'imprévu[525]. Le sacrifice consiste à adapter le contrat à la nouvelle situation pour que l'échange antérieurement projeté ne soit pas extrêmement dérisoire à cause de la survenance des bouleversements de l'économie du contrat. La mutualisation du risque ne doit être assimilée à une renonciation du créancier à sa créance. C'est plutôt à son incitation à agir de bonne foi pour compatir à la souffrance du débiteur de bonne foi pour qui l'exécution du contrat est devenue, de par son onérosité, une mer à boire. La clause de hardship oblige les parties à entrer en négociation en vue d'adapter le contrat devenu déséquilibré en raison d'un changement de circonstances imprévisibles et postérieurs à sa conclusion. Autrement dit, une telle clause lorsqu'elle est insérée dans le contrat, donne un aspect contraignant à ce dernier en obligeant les parties à tenir compte de la

---

[524] V. LASBORDES, thèse préc. n° 559, p. 488.

[525] V. LASBORDES, *Les contrats déséquilibrés*, thèse préc. n° 559, p. 488.

survenance du déséquilibre. C'est la prévision, l'anticipation d'une rupture probable de l'équilibre des prestations qui pourrait priver le contrat de tout intérêt. L'obligation de renégocier n'est pas la garantie d'une issue heureuse. Pour autant, la renégociation est une nouvelle chance, surtout pour la partie en difficulté, de mener des discussions dans la perspective d'un nouvel accord. Plutôt qu'une résolution, une résiliation ou une annulation automatique des contrats déséquilibrés par l'imprévu, la bonne foi recommande aux parties de renégocier afin d'adapter le contrat à la conjoncture nouvelle. Dans la pratique, les contractants peuvent bousculer les limites interprétatives du raisonnable économique dans l'appréciation qualitative des clauses de renégociation conventionnelle. Ce qui revient à dire que lorsque la clause de renégociation aboutit à une solution équitable et apaisée, elle répondrait ainsi à une adaptation pacifique des contrats déséquilibrés dans la logique des modes alternatifs de règlement des conflits. Le sacrifice, pour un dénouement heureux de la renégociation conventionnelle, incombe en majeure partie au créancier dont les concessions sont comme de la charité, de la bienveillance, de la pitié, de l'altruisme ou naturellement de l'humanisme. La bonté infinie du créancier philanthrope à porter secours et assistance au débiteur en difficulté financière est une insertion de l'équité dans l'adaptation conventionnelle du déséquilibre des prestations. A défaut, le recours au juge est irréversible pour réajuster l'appréciation du fait déclencheur en dépit de la liberté contractuelle des parties à opter pour la renégociation conventionnelle. Dans la conciliation des intérêts divergents, le seuil du raisonnable économique peut faire l'objet d'interprétation variée entre les parties au point de réduire l'efficacité de la clause de renégociation conventionnelle à une piètre astuce rédactionnelle qui n'a de mérite qu'en cas de non survenance du déséquilibre conjoncturel.

124. La bonne foi est le fondement de la renégociation conventionnelle. A cet effet, elle implique une obligation de loyauté et de coopération qui incombent principalement au créancier devant un débiteur devenu insolvable. Ce qui nous ramène forcément à la logique de la force obligatoire dans le traitement judiciaire à la différence que le débiteur ne supportera pas seul l'imprudence de ne pas avoir prévu l'aléa dans le déséquilibre conjoncturel. Dans ce cas, les parties doivent adapter le contrat en dehors de l'intervention du juge. Elles se garantissent leur bonne volonté à tout mettre en œuvre en cas de survenance ultérieure du déséquilibre des prestations. En cela, la bonne foi est élargie au solidarisme contractuel qui s'entend comme l'union des cocontractants en vue d'atteindre un but commun. Elle implique un altruisme incontestable d'un contractant qui doit prendre en considération voire en charge les intérêts de l'autre en consentant, au besoin, à quelques sacrifices[526]

---

[526] Ch. JAMIN, « *Plaidoyer pour le solidarisme contractuel* », *in* « Le contrat au début du XXIème siècle », Études offertes à J. GHESTIN, L.G. D.J. 2001 ; D. MAZEAUD, « Loyauté, solidarité, fraternité, la nouvelle devise contractuelle ? », *in* « L'avenir du droit », Mélanges en

pour rétablir un certain équilibre des droits entre des parties inégales de fait. C'est une vision du contrat qui est adaptée aux relations devenues inégalitaires. Il suffit que les parties consentent de bonne foi à la renégociation conventionnelle pour rendre inutile tout débat sur l'interprétation extensive du traitement judiciaire du déséquilibre contractuel en droit commun. En présence d'une volonté effective des parties, et surtout du créancier dans l'adaptation conventionnelle, l'intervention du juge n'est pas nécessaire. Une adaptation pacifique satisfaisante du déséquilibre des prestations par les parties vaut une contractualisation de l'équité correctrice. Ce qui est conforme à la vision solidariste qui considère que le contrat est avant tout une œuvre de coopération entre individus, une sorte de microcosme où chacun doit travailler dans un but commun[527], un haut lieu de solidarité, d'amitié voire d'amour fraternel[528].

125. Le changement de circonstances aura des répercussions sur le contrat dont l'exécution sera trop onéreuse. Le refus d'une admission de la correction judiciaire du déséquilibre contractuel à conduit à une distinction hypocrite dont la seule efficacité théorique se limite à des nuances terminologiques entre devoirs[529] et l'obligation[530] de renégocier. La finalité est de reconnaitre ou de réfuter l'interprétation extensive des contrats déséquilibrés par le juge en dehors d'une clause de renégociation des parties. Pourtant, la prévention ne dissiperait pas définitivement les difficultés d'exécution des obligations contractuelles déséquilibrées. Lorsque la clause de renégociation est insérée dans un contrat de longue durée en prévision du déséquilibre économique, nous préférons l'expression de renégociation conventionnelle. Elle anticipe pour corriger le déséquilibre financier ultérieur du contrat par les parties. Ce qui exige une attitude cohérente à se prêter loyalement au dialogue c'est-à-dire sans duplicité et sans tactique dilatoire avec l'intention d'aboutir à un accord[531]. L'obligation, conventionnelle ou judiciaire, de renégocier devra donc être considérée comme inexécutée lorsque le créancier propose des prix bien supérieurs à ceux du marché ou lorsque celui-ci refuse une proposition raisonnable du débiteur. L'intérêt de la distinction entre le devoir et

---

hommage à F. TERRÉ, Dalloz, 1999 ; Ch. JAMIN et D. MAZEAUD, "*la nouvelle crise du contrat*", Dalloz 2003 et L. Grynbaum et M. NICOD, « *Le solidarisme contractuel, mythe ou réalité ?* », Economica, 2004.

527 R. DEMOGUE, « *Traité des obligations en général* », Arthur ROUSSEAU, 1923 – 1931 cité E. GOUNOT, *Le principe d'autonomie de la volonté en droit privé, étude critique de l'individualisme juridique*, Dijon, 1912, p. 376.

528 A. SÉRIAUX, *Droit des obligations*, 2ème éd., P.U.F.1998, n° 55 ; THIBIERGE-GUELFUCCI, « Libres propos sur la transformation du droit des contrats », art. préc. p. 376.

529 Le caractère moral du « devoir » limite sa sanction.

530 Le choix de mot « obligation », au-delà d'un simple devoir à connotation morale, suppose un créancier et un débiteur avec un rapport d'obligation cessible et susceptible d'exécution. Au sens juridique de l'obligation, nous pouvons réfléchir sur la force de dissuasion du devoir de renégocier.

531 L. AYNÈS, « L'obligation de renégocier », RJC, 1999, n° 23 et 24, p.18

l'obligation de renégocier est aussi de ne pas tomber dans une banalisation coupable et lapidaire de la divergence d'intérêts.

2- La conciliation pacifique des intérêts divergents

126. La divergence d'intérêts est aussi consubstantielle au traitement pacifique du déséquilibre en raison de l'extrême patrimonialisation du contrat. La liberté d'opter pour la renégociation conventionnelle exige de trouver un dénouement pacifique, concerté et salvateur. Toutefois, la prévention de la renégociation par les parties n'est pas toujours une garantie de l'émergence d'une solution salvatrice et partagée dans le traitement du déséquilibre conjoncturel. La réduction des marges bénéficiaires et de l'utilité économique conflictualisent les rapports contractuels dès que survient une difficulté d'exécution entrainée par les changements de circonstances. L'enthousiasme d'une exécution paisible peut se dissiper devant la réalité si cruelle d'une persistance de la divergence des intérêts. La renégociation conventionnelle des contrats conjoncturellement déséquilibrés est un mécanisme de rééquilibrage des prestations lorsqu'elle adapte définitivement ces contrats aux circonstances économiques nouvelles qui faussent les prévisions initiales. Ce qui n'est pas concevable sans une régulation des comportements contractuels des parties qui se préparent à consentir plus d'efforts pour partager le risque en vue de concilier les intérêts opposés plutôt que de réaliser égoïstement des bénéfices.

127. La mise en œuvre de l'adaptation conventionnelle semble inopportune devant l'impossibilité définitive d'atteindre le but contractuel à cause de la disparition totale de tout intérêt d'exécution de ce contrat. La bonne foi dans la conciliation des intérêts divergents prend la forme d'un devoir de coopération, de secours et d'assistance. On ne peut s'empêcher de faire un parallèle avec la non-assistance du créancier à porter secours et assistance à un débiteur de bonne foi qui est économiquement en danger du fait de l'inéquivalence ultérieure des prestations. Ce qui suppose une solidarité plus active entre les deux parties. La conciliation pacifique des intérêts divergents suppose la consécration d'une conception morale de la bonne foi qui soit effective et bilateralisée dans l'exécution de l'engagement contractuel. Ainsi, les obligations de loyauté et coopération qui caractérisent la bonne foi doivent être respectées par les cocontractants pendant la renégociation conventionnelle. Il s'agit d'un contrôle ponctuel de cette exécution, qui est exercé par principe de l'intérieur, en veillant à une exécution loyale des engagements convenus au préalable par les parties. L'obligation de bonne foi serait considérée comme exécutée dès lors que le créancier aurait accepté et réalisé un véritable effort de renégociation[532]. Ce qui implique pour le créancier, en position de force,

---

[532] L'avant-projet de réforme du droit des obligations va en ce sens, V. D. FENOUILLET, « Les effets du contrat entre les parties : ni révolution, ni conservation, mais un entre-deux perfectible », RDC 2006, p. 67 et s.

l'accomplissement d'actes et des attitudes altruistes. La prudence des parties à se prémunir contre les bouleversements de circonstances économiques est un remède à l'absence de mutualisation du risque dans l'exécution du contrat. Ces issues avisées et forgées par la pratique des affaires contribuent à régler les meurtrissures du temps sur les contrats de longue durée. En cela, la liberté contractuelle permet au droit des contrats d'évoluer grâce aux innovations des professionnels.

128. L'absence de compromis dans la renégociation conventionnelle obligera les parties à recourir à l'autorité du juge. La renégociation conventionnelle doit être un moyen d'apaisement, de déconflictualisation et d'évitement de la renégociation judiciaire. En principe, c'est aux parties qu'il appartient de déterminer comment corriger l'effet de l'imprévu. Pour autant, le juge n'est pas exclu du processus de renégociation[533]. Il peut se révéler un allié précieux pour aplanir les difficultés et faciliter l'obtention d'un compromis. Rester sur la seule adaptation par les contractants est destinée à exclure le juge de ce processus de renégociation des contrats déséquilibrés par l'imprévu dévastateur. Devant la gravité de la divergence des intérêts en présence, l'autorité du juge est un rempart indispensable pour empêcher le créancier de demander l'impossible au débiteur. Le juge est un agent parfois redouté mais nécessaire dans le traitement du déséquilibre contractuel. La contractualisation du règlement du différend, en le déjudiciarisant, n'exclut pas le rôle du juge en l'absence de compromis malgré la prudence des contractants à anticiper le déséquilibre des prestations.

129. La souplesse est dans le changement et requiert des sacrifices réciproques venant des parties au contrat. Dans ces efforts conjugués, le manque à gagner pour le créancier a conduit les auteurs à entretenir une opposition passionnée entre la sécurité et la justice dans les traitements conventionnel et judiciaire du déséquilibre dans les transactions. L'insécurité du créancier consiste à l'obliger à consentir à la renégociation judiciaire en l'absence d'une clause des parties autorisant le traitement du déséquilibre conjoncturel. Au fait, tout dépend du seuil d'incursion ou d'intrusion tolérée par le législateur dans l'habilitation du juge à corriger le déséquilibre conjoncturel entre particuliers. Cette intrusion du juge dans la conciliation pacifique des intérêts divergents n'est pas nécessaire si les parties trouvent un dénouement extrajudiciaire au traitement des contrats surpris par l'imprévu. La justice contractuelle pour le débiteur de bonne foi, loin d'une infantilisation délétère, est une mutualisation du risque par une prise en compte de son incommodité financière en cas de déséquilibre conjoncturel. La liberté contractuelle laisse la latitude aux parties de se tourner vers des procédés de pacification au cas où elles ressentiraient le besoin de se passer du juge étatique quelles qu'en soient les raisons. Cette déjudiciarisation des modes

[533] L. THIBIERGE, *Le contrat face à l'imprévu*, thèse préc. p.456, n° 810.

alternatifs de règlement des différends reste imprécise dans son impossibilité à exclure totalement et définitivement le juge de la renégociation conventionnelle.

Section 2 : L'imprécision de la déjudiciarisation du règlement des différends contractuels

130. Dans la recherche de la justice contractuelle[534], les parties choisissent librement les modes alternatifs[535] de règlement de leurs différends. Ces mécanismes déjudiciarisent et pacifient ces différends en constituant une alternative au procès[536]. Ils sont constitués par la médiation, la conciliation, la transaction[537] et l'arbitrage qui se distingue de l'expertise[538]. L'esprit d'une privatisation de la justice contractuelle, que représentent ces moyens, participe d'une volonté de dépassement du législateur de ne pas consacrer l'absolutisme du recours au juge étatique dans le traitement du déséquilibre contractuel. Il est frappant de constater l'hybridité naturelle des modes alternatifs de règlement des différends qui peuvent être juridictionnels dans leurs procédures et leurs effets, mais conventionnels par leur source d'où leur imprécision. La pertinence de la pluralité des modes alternatifs de règlement des différends contractuels (Para.1) peut s'avérer d'une efficacité mitigée en raison de leur indécision (Para.2) dans le traitement du déséquilibre en valeur.

Paragraphe 1 : La pertinence de la pluralité des modes alternatifs de règlement des différends

131. La liberté de choisir les modes de règlement pacifique des différends contractuels est inséparable du souci d'optimisation des dispositifs adaptés aux besoins des parties. Certaines clauses tranchent les différends (A) aboutissant à des solutions et d'autres rapprochent (B) les intérêts divergents des parties.

---

534 A. SAKO, « Une introduction à la compréhension de la justice contractuelle », Nouvelles Annales Africaines de la Faculté des Sciences juridiques et politiques de l'UCAD, n° 2/08, p. 337

535 L'expression « Modes alternatifs de règlement des conflits », désignée par l'acronyme MARC, est apparue au milieu des années 1990 comme un équivalent français à la notion américaine d'Alternative Dispute Resolution (ADR). Dans la conception la plus libérale, la catégorie des MARC embrasse les formes extrêmement variées de l'arbitrage, de la médiation et de la conciliation. Cependant, la conception française serait encore différente, dans la mesure où elle ne retiendrait pas l'arbitrage au nombre des modes alternatifs de règlement des conflits au motif que c'est un mode de règlement juridictionnel du litige impliquant une tierce personne. V. C. JARROSSON, « Les modes alternatifs de règlement des conflits : présentation générale », Revue internationale de droit comparé, 1997, pp. 311- 435, spéc. pp. 325 - 345, n° 11 et n° 15.

536 V. sur les modes alternatifs de règlement comme alternative au procès P. BADJI, thèse préc. n° 158, p. 115.

537 V. A. SAKO, « Une introduction à la compréhension de la justice contractuelle », art. préc. n° 2/08, p. 337-339.

538 L'expertise partage avec l'arbitrage, l'intervention du tiers et l'exclusion des juridictions de droit commun. Les deux divergent par le fait que l'expert formule des avis qui ne lient ni le juge, ni les parties et l'expertise ne tranche pas le différend. V. A. SAKO, « Une introduction à la compréhension de la justice contractuelle », op. cit. p. 337.

A- Les clauses tranchant les différends contractuels

132. La jurisdictio, faculté de dire le droit, de trancher le litige rapproche le juge et l'arbitre mais l'imperium les sépare[539]. L'arbitrage[540] est la forme de justice privée la plus connue[541] ayant une autorité conventionnelle de trancher (1) les différends tout comme dans la transaction (2).

1- Les clauses d'arbitrage

133. La procédure d'arbitrage est imprégnée de contractualisme[542]. L'arbitrage suppose une convention spécifique[543] ou pas entre les parties. L'arbitrage a pour finalité de reconstruire l'édifice juridique de l'ensemble des pays de la zone franc afin de redonner confiance aux opérateurs économiques[544]. Il connait un grand engouement doctrinal en droit africain[545]. Le législateur OHADA le privilégie dans le règlement des différends

---

539 V. présentation de M.- A. BA., La coopération du juge étatique dans le déroulement de la procédure arbitrale, Séminaire international sur le « le nouveau droit de l'arbitrage dans l'espace », organisé du 10 au 12 Aout 2000, p. 4.

540 Nous ne traitons que l'arbitrage formel pour mettre l'accent plus tard sur la difficile distinction entre les modes alternatifs de règlement des différends aussi dans l'informel.

541 A. SAKO, Une introduction à la compréhension de la justice contractuelle, art. précité, n° 2/08, p. 328 ; V. M.- A. BA., La coopération du juge étatique dans le déroulement de la procédure arbitrale, Séminaire international sur le « le nouveau droit de l'arbitrage dans l'espace » préc. p.1. Selon lui, l'arbitrage est un mode alternatif de règlement des conflits consistant pour les parties à soumettre, soit directement, soit par l'intermédiaire d'une institution spécialisée, leur différend, né ou éventuel, à des personnes appelées arbitres, à charge pour celles-ci de leur trouver une solution.

542 L. CADIET, La renonciation à se prévaloir des irrégularités de la procédure d'arbitrage, Revue de l'arbitrage 1996, p. 3.

543 H. - J. NOUGEIN, Y. REINHARD, P. ANCEL, M.- C. RIVIER, A. BOYER, P. GENIN, Guide pratique de l'arbitrage et de la médiation commerciale, Litec, 2004, n°5.

544 K. M'BAYE, Avant-propos numéro spécial OHADA de la Revue Penant, n°827, 2000, p. 126.

545 V. notamment M. – N. M'BAYE, L'arbitrage OHADA : réflexions critiques, Mémoire de DEA de Droit privé, Paris X, Université de Nanterre, 2002-2001, p. 2 ; A. FENEON, « Un nouveau droit de l'arbitrage en Afrique, de l'apport de l'acte uniforme sur le droit de l'arbitrage dans l'espace OHADA », Revue Penant, numéro 827, mai 2000, p. 126 et s ; J.-I. SAYEGH, Réflexions dubitatives sur le droit de l'arbitrage de l'OHADA, Ohadata D - 02-20, p. 2 ; P. LE BOULANGER, « L'arbitrage et l'harmonisation du droit des affaires en Afrique », Revue de l'arbitrage, 1999, n° 3, p. 541 et s. ; P. MEYER « L'acte uniforme de l'OHADA sur le droit de l'arbitrage », RDAI, 1999, numéro 6, p. 629 et s. ; A. SAKO, L'Acte uniforme sur l'arbitrage, Thème n° 6 de la première session de formation des formateurs de l'École Supérieure Régionale de la Magistrature (E.R.SU.MA), p. 26 ; A. SAKO, « Une introduction à la compréhension de la justice contractuelle », préc. p. 337 ; H. EPESSE et G. CUNIBERT, « L'arbitrage en droit OHADA : intérêts et enjeux du nouveau droit africain de l'arbitrage », Le Juriste, mars 2001, P. AGBOYIBOR , « Activités de la Cour Commune de Justice et d'Arbitrage », RDAI 1999, n° 6, p. 677 ; A.- R. GUENOU, « L'Afrique, la mondialisation et l'arbitrage international », Les Petites Affiches, 7 décembre 1998, n° 146, p. 8 -11 ; B. AFFOUSSIATOU « La procédure d'arbitrage devant la Cour Commune de Justice et d'Arbitrage », Ohadata D-12-71; J.-P. ANCEL, L'arbitrage et la coopération du juge, Ohadata, D - 12-72, p. 1-16 ; B. BAYO BYBI, L'efficacité de la convention d'arbitrage en droit OHADA, Ohadata, D – 12 - 75, p. 1 -16.

contractuels d'affaires[546]. Ce qui dénote de sa volonté de le placer sur le même piédestal que la justice étatique. Aux termes de l'article 2 de l'acte uniforme : « toute personne physique ou morale peut recourir à l'arbitrage sur les droits dont elle a la libre disposition...[547] ». La libre disposition des droits écarterait certaines catégories de personnes[548]. Le professeur M'BAYE, à propos de la capacité des personnes morales de droit public à compromettre, soulignait que l'acte uniforme reprend un principe général de droit qu'est le principe de bonne foi ou d'estoppel qui veut que la personne qui compromet n'ait pas la possibilité de se retrancher derrière son ordre public interne pour échapper au règlement du litige par voie d'arbitrage[549]. D'autres voies autorisées se sont demandées si la libre disposition du droit en cause dans le différend s'appliquait au système d'arbitrage de la CCJA[550]. Les Codes de procédure civile complètent le droit OHADA sur l'arbitrage[551]. L'État ne peut paralyser la convention d'arbitrage à laquelle il est partie ou auquel il a volontairement consenti[552]. L'État malien en a fait les frais dans une sentence de la CCJA où les arbitres retenaient son comportement dolosif et déloyal contre le Groupe

---

546 Dans le Préambule du Traité de l'OHADA (Port-Louis le 17 Octobre 1993), les parties contractantes affirment leur : « *désir de promouvoir l'arbitrage comme instrument de règlement des différends contractuels* ». Elles conviennent par la suite, dans le corps même du Traité, de consacrer un Titre entier (Titre IV) comprenant 6 articles (art. 21 à 26) à l'arbitrage.

547 Art. 2 de l'acte uniforme relatif au droit de l'arbitrage adopté le 11/03/1999 : « ... Les états et les autres collectivités publiques territoriales ainsi que les établissements publics peuvent également être parties à un arbitrage, sans pouvoir invoquer leur propre droit pour contester l'arbitrabilité d'un litige, leur capacité à compromettre ou la validité de la convention d'arbitrage »

548 Pour les personnes physiques, il s'agit des mineurs, sauf émancipation, et des majeurs incapables, sauf par le truchement de leur représentant légal. Cependant, lorsqu'ils sont associés et qu'ils sont en litige avec la société commerciale, ce litige peut être soumis à l'arbitrage ou le tribunal arbitral statue en amiable compositeur, en dernier ressort par application de l'art. 148 de l'AUSCGIE. Lorsque le mineur est étranger, sa capacité à compromettre s'apprécie au regard de la loi qui régit son statut personnel. L'administrateur légal doit avoir l'autorisation de son conjoint ou du juge des tutelles. En cas de tutelle, le tuteur doit recevoir l'autorisation du conseil de famille. Les mandataires conventionnels comme l'avocat n'échappent à cette exigence d'autorisation spéciale : « le pouvoir de transiger ne comporte pas celui de compromettre (art.1889 du Code civil français) ; V. la communication de Monsieur Abdoulaye SAKO lors du séminaire International sur le Droit de l'Arbitrage tenu à Abidjan du 10 au 12 Août 2000, p. 15-16.

549 M.-N. M'BAYE, L'arbitrage OHADA : Réflexions critiques, Mémoire préc. p.13.

550 R. AMOUSSOU- GUENOU, « L'arbitrage dans le traité relatif à l'harmonisation du droit des affaires en Afrique », préc. n° 3, p. 324.

551 Il faut rappeler que trois pays avaient élaboré des lois sur l'arbitrage : la Côte d'Ivoire par la loi 93. 671 du 3 août 1993 relative à l'arbitrage, au Mali dans l'article. 879 à 942 du Code de procédure civile de 1994 et au Sénégal par loi 98. 30 du 14 avril 1998 sur les contrats relatifs au règlement des litiges et décret 98 - 492 du 5 juin 1998. Pour l'historique et les reformes des procédures civiles en droit. V. P. MEYER, Le droit de l'arbitrage, programme de formation en ligne avec le soutien du fonds francophone des inforoutes, professeur à l'université de Ouagadougou U.F.R. de Sciences juridique et politique, p. 4.

552 P. MEYER, *Droit de l'arbitrage*, Bruylant, 2002, p. 97.

TOMOTA SA dans la procédure de soumission de l'appel d'offres destinée à la privatisation de HUICOMA[553].

134. La portée de cette décision est sans ambigüités. D'abord, le recours à la CCJA est une issue processuelle de correction des différends contractuels dans lesquelles nos États se comportent comme des personnes morales de droit privé. Ensuite, la sentence arbitrale contribuerait quelques fois à la dépolitisation des conflits commerciaux en évitant les abus qui provoquent le mutisme du juge étatique. L'on ne saurait arguer la profitabilité des décisions de la CCJA aux seuls investisseurs dans la mesure où les entreprises africaines bénéficient aussi de l'expertise des arbitres à travers les sentences qui ont d'ailleurs un caractère juridictionnel. Enfin, la CCJA comble les lacunes des juridictions étatiques. Aux dires du professeur M'BAYE, il n'existe aucune restriction quant au caractère civil ou commercial du litige à arbitrer[554]. Le

---

[553] Sources : Le journal 'L'Indépendant' en date du 08 Janvier 2014 sous le titre ' La Cour commune de justice et d'arbitrage de l'OHADA tranche dans l'affaire Huicoma : L'État malien condamné à verser plus de 25 milliards FCFA au groupe TOMOTA'. En l'espèce, en 2004, l'État malien a lancé la privatisation de HUICOMA, qui est une société d'État ayant le monopole de la transformation et de la production d'huile végétale et d'aliments pour bétail à partir du traitement industriel de la graine de coton dans ses trois usines de Kita, Koulikoro et Koutiala. Faut-il préciser que la production et la fourniture du coton étaient financées et encadrées par la CMDT, entreprise publique dont l'État du Mali est actionnaire majoritaire. Le groupe TOMOTA- SA a répondu à l'appel d'offres lancé pour la privatisation de HUICOMA en faisant des offres techniques précises. Aux termes de cette procédure, la société TOMOTA SA a été désignée comme adjudicataire et a signé avec l'État du Mali un protocole d'accord en date du 16 mai 2005 portant sur la cession par cette dernière avec 1. 388.145 actions représentant 84,13% du capital social au prix de 9 milliards FCFA. Selon le groupe TOMOTA, il s'était ainsi institué une relation triangulaire et rationnelle entre l'État du Mali, la CMDT et HUICOMA : l'État impulsant et coordonnant la politique du secteur cotonnier, la CMDT assurant la production et la distribution du coton et HUICOMA assurait la transformation de la graine de coton. Toutefois, après le transfert des actions et la passation de service effectuée le 14 septembre 2005, le Groupe TOMOTA SA, nouvel actionnaire majoritaire, prétend avoir été confronté à de graves difficultés pour exploiter la société HUICOMA. Il a, en effet, accusé l'État malien de l'avoir trompé sur la vraie situation financière de la société HUICOMA. Pour le Groupe TOMOTA, la situation qu'il avait trouvée n'avait rien de comparable avec la description qui en avait été faite par l'État du Mali en amont du protocole d'accord. Dans ses prétentions, le Groupe TOMOTA s'est appuyé sur une exécution dolosive et lourdement fautive de ses obligations par l'État qui a constamment refusé de lui accorder les garanties auxquelles il s'était engagé notamment la fourniture prioritaire et préférentielle des graines de coton par l'intermédiaire de la CMDT et l'octroi d'avantages fiscaux et douaniers … Outre d'importants manques à gagner, le Groupe TOMOTA estime que cette situation est de beaucoup dans la baisse sensible de sa notoriété, une dépréciation de ses marques et son arrêt partiel d'activité. Du fait de l'attitude dolosive de l'État du Mali, le groupe TOMOTA SA a déposé une demande d'arbitrage auprès de la CCJA conformément à l'art. 14 2 du protocole d'Accord du 16 mai 2005. Cette demande datée du 13 juillet 2012 a été enregistrée par le Secrétaire général de la CCJA le 17 juillet 2012 sous le n° 007/2012/ARB.

[554] M.- N. M'BAYE, L'arbitrage OHADA : Réflexions critiques, Mémoire, préc. p.14. Il poursuit que : « La prohibition traditionnelle de la clause compromissoire dans les matières non commerciales est désormais supprimée par tous les États parties de l'OHADA. A côté de ce critère d'arbitralité, l'arbitrage CCJA retient comme critère le contrat ».

droit OHADA apporte sur ce point une innovation heureuse correspondant aux tendances contemporaines du droit de l'arbitrage. L'insécurité judiciaire était créée en droit OHADA par la lenteur des procédures, l'imprévisibilité des tribunaux, la corruption du système judiciaire, les difficultés d'exécution des décisions de justice[555]. L'arbitrage est un mode alternatif crédible, souple et autonome de règlement des différends contractuels. Ce qui démontre son adéquation avec l'adaptation conventionnelle du déséquilibre dans les contrats d'affaires. L'article 4 dispose que : « la convention d'arbitrage est indépendante du contrat principal. Sa validité n'est pas affectée par la nullité de ce contrat[556]». A cet effet, la convention d'arbitrage est autonome par rapport au contrat dans lequel elle est stipulée de sorte qu'elle n'est pas affectée par l'invalidité de ce dernier. Le fondement du principe de l'autonomie de la convention d'arbitrage heurte la logique qui veut que la nullité du tout annule également une partie du tout.

135. L'arbitrage est l'institution d'une justice contractuelle qui a pour fondement la volonté des contractants[557]. C'est une affirmation de l'autonomie de la volonté même si son déclenchement n'est pas absolu[558]. Cependant, elle n'échappe pas aux critiques[559] qui, à tort ou raison, idéalisent moins sa portée. Des atteintes à son efficacité ont été relevées par la restriction de la liberté des parties pour des raisons d'ordre public notamment en matière d'arbitrage pénal, de divorce et dans les procédures collectives[560]. Le concept

---

[555] N.- M. M'BAYE, *L'arbitrage OHADA : réflexions critiques*, Mémoire préc. p. 2.

[556] Art. 4 de l'Acte uniforme du 11 mars 1999 portant droit de l'arbitrage.

[557] J. P. ANCEL, « L'arbitrage et la coopération du juge étatique, Les grands articles de doctrine de l'Ohada », Recueil Penant de 2000 à 2013, éd. Juris africa 2013, p. 317.

[558] V. notamment l'art. 1114 du Code des activités économiques de la Guinée qui dispose que : « l'arbitrage ne peut naitre que d'une convention le prévoyant expressément ». Cette exigence est traduite dans l'art. 21 du Traité OHADA qui dispose qu': « en application d'une clause compromissoire ou d'un compromis d'arbitrage, toute partie au contrat, peut soumettre un différend d'ordre contractuel à l'arbitrage prévu par le présent titre » ; V. aussi les art. 4 al.1, 5 al.1 et 26.

[559] Certaines personnes ont regretté que le législateur n'ait, comme en droit Suisse (art 177 du Code civil Suisse), le critère de « patrimonialité » ; V. P. LE BOULANGER « *L'arbitrage et l'harmonisation du droit des affaires en Afrique* » Revue de l'arbitrage1999, n° 3, p. 556, n° 21 ; P. MEYER, L'Acte Uniforme de l'OHADA sur le droit de l'arbitrage, RDAI, n°6, 1999, p.648, spécialement n° 44.

[560] B. BAYO BYBI, « L'efficacité de la convention d'arbitrage en droit OHADA », Ohadata, p. 5, D-12-75. En matière pénale et dans le divorce les deux domaines l'intervention du juge est frappée par l'inarbitralité et dans les procédures collectives la volonté des parties et la force obligatoire se dissipent devant l'intérêt supérieur de sauvegarde de l'entreprise. Pour ce dernier cas la suspension des poursuites (art. 22 AUPC), aucune demande ne peut plus être introduite contre un débiteur postérieurement au jugement d'ouverture et toutes les procédures entamées doivent suspendues (art.75 al.1AUPC). Toutefois, les créances contractées contrairement au jugement d'ouverture dans l'intérêt du règlement judiciaire ou de la liquidation des biens peuvent donner lieu à l'introduction et à la mise en œuvre d'une procédure arbitrale en vue de leur paiement. V. G. KENFACK DOUAJNI, « arbitrage et procédures collectives dans l'espace, Penant n°870, janvier- mars 2010, p.103-111 ; la clause compromissoire prospère moins face

d'arbitrabilité est étroitement lié à la notion d'ordre public[561]. L'extension du domaine de l'arbitrage[562] est intimement rattachée à l'ordre public qui est une notion fonctionnelle au contenu et objectif variant dans le temps et dans l'espace[563]. Selon ANCEL, il existe au sein de l'immense nébuleuse des règles d'ordre public, un noyau dur, un petit nombre de questions qui doivent être soustraites aux arbitres et réservées aux juridictions étatiques[564]. Aussi, les délais de recours n'ont-ils pas échappé aux critiques dans l'article 25 qui dispose que : « la sentence arbitrale n'est pas susceptible d'opposition, d'appel, ni de pourvoi en cassation[565]». La Cour commune de justice et d'arbitrage de l'OHADA a recadré le juge malien sur l'exercice des voies de recours[566]. En tout état de cause, l'arbitrage peut-être un moyen pacifique et

---

aux procédures collectives dans la mesure les finalités collectives des dernières semblent dépasser celles de la première qui ne lie que les parties dans la convention d'arbitrage. V. Cour d'appel de Ouagadougou, chambre civile et commerciale, arrêt n°52 du 16 avril 2004, SYSACO/ KABORE Henriette (BTM) disponible sur www.ohada. com ohadata J- 04-375.

[561] Pour une distinction entre différentes formes de l'ordre public : ordre public politique et moral, visant la protection de l'État de la famille et des bonnes mœurs et l'ordre public de direction et l'ordre public de protection Voir J. CARBONNIER, Les obligations, PUF 2000, p. 141

[562] L'extension semble envisageable au domaine fiscal même si les limites à l'arbitrabilité s'expliquent parce qu'on est ici en présence de droits dont on ne peut disposer, mais qui ont pour objet d'organiser les rapports de l'individu et de la collectivité. On se trouve donc dans le domaine de l'ordre public de direction car les règles fiscales ne confèrent aucun droit subjectif mais imposent des sujétions que les parties ne peuvent écarter. L'inarbitrabilité d'un litige fiscal ne serait donc pas discutable.

[563] F. TERRÉ, « *L'ordre public à la fin du XXème siècle* », Dalloz 1996, p. 3.

[564] P. ANCEL, op.cit, p.273.

[565] Art. 25 al. de l'Acte Uniforme portant droit de l'arbitrage. Selon un auteur, cette exclusion est justifiable pour trois raisons. D'abord, la justice arbitrale est une justice conventionnelle et on conçoit mal une des parties jugées par défaut, si oui par une sentence réputée contradictoire d'où l'exclusion de l'opposition. Ensuite, l'exclusion de l'appel trouve son fondement dans l'origine conventionnelle de l'arbitrage, les arbitres ne statuent pas en premier ressort puisqu'ils ne sont pas intégrés dans l'organisation judiciaire des Etats. Enfin, l'appel étant exclu, le pourvoi l'est aussi. D. - R. SOH FOGNO, « Le contentieux de l'annulation des sentences issues de l'arbitrage traditionnel dans l'espace de l'OHADA », Ohadata D-06-27, p. 4 et 5. Le législateur OHADA consacre le recours en annulation, le recours en révision, la tierce opposition et le pouvoir pour permettre au Tribunal arbitral de réparer ou d'interpréter la sentence V. sur les recours recevables notamment la tierce opposition et le recours en annulation, le recours en révision (art. 25 al. 5 AUA).

[566] Arrêt n° 002/2002 du janvier 2002 de la CCJA. Dans une autre espèce portant sur l'affaire société PMU-Mali c/sieur KONE du 10 janvier 2002 de la CCJA, les arbitres retenaient qu': « en l'espèce, il était fait grief à un jugement du tribunal de commerce de Bamako d'avoir violé l'article 1er de l'acte uniforme portant organisation des procédures simplifiées de recouvrement et des voies d'exécution en ce qu'il avait confirmé une ordonnance d'injonction de payer délivrée le 23 août 2000 par le président dudit tribunal en vue de recouvrement d'une créance qui n'existe même pas alors même que, selon ledit article 1er, le recours à une telle procédure n'est possible que pour le recouvrement d'une créance certaine, liquide et exigible ». La CCJA, après avoir rappelé les art. 10 et 14 du Traité, d'une part, et l'art. 15 dudit acte, d'autre part , décide : « que l'examen des pièces du dossier de la procédure révèle que ce jugement du 31 janvier 2001 du tribunal de commerce de Bamako, objet du présent renvoi, est une décision

conventionnel de traitement du déséquilibre contractuel qui partage avec la transaction d'être deux conventions ayant pour objet le règlement d'un litige[567].

2- Les clauses de transaction

136. La transaction dérive du latin *transactio, onis*, qui vient du verbe *transigo, ere*- mener de bonne foi, régler une affaire, mettre un terme, lui-même dérivé de *trans* - à travers et *ago, ere* - pousser devant soi. La transaction met fin au litige. Dans le traitement du déséquilibre contractuel, l'utilité de la transaction est d'être un arrangement conduisant à l'extinction de l'obligation. Cet arrangement amiable est fréquent dans la transaction informelle. Il constitue en soi une forme de générosité du créancier à mettre fin à une obligation quel qu'en soit le montant ou la durée. La transaction est un contrat synallagmatique par lequel les parties se consentent des concessions réciproques afin mettre fin à un procès lorsqu'elle est judiciaire ou de l'éviter dans le règlement des différends contractuels. La transaction est l'institution par laquelle les parties mettent fin à une contestation par des concessions mutuelles[568]. Cette définition est à rapprocher de celle selon laquelle la transaction est un contrat par lequel les parties terminent une contestation née ou préviennent une contestation à naître[569].

137. La transaction organise, à la différence des contrats synallagmatiques ordinaires, un échange de prestation qui n'a pas sa fin en lui-même et conclu en considération d'un litige auquel il mettra un terme[570]. La transaction est utile et complexe en raison de sa difficile distinction avec les mécanismes similaires comme l'arbitrage, la médiation ou la conciliation dans règlement informel. Les éléments constitutifs de la transaction sont : une convention, une contestation née ou à naitre et la volonté de terminer ou de prévenir une contestation[571]. Il semblerait que la loi passe sous silence un quatrième élément non négligeable qui est la nécessité de concessions réciproques. Ce qui signifie que le débiteur ne peut contraindre le créancier à transiger contre sa volonté. La liberté contractuelle d'adhésion ou de réfutation de cet

---

rendue par opposition à une ordonnance d'injonction de payer, qu'en application de l'article 15 de l'acte uniforme susvisé, ledit jugement est susceptible d'appel dans les conditions du droit national du Mali. ; Que le jugement, dont le pourvoi, n'étant ni une décision rendue par une juridiction d'appel malienne, ni une décision non susceptible d'appel prononcée par toute autre juridiction malienne, viole les dispositions sus-énoncées de l'article 14 du Traité instituant l'OHADA, qu'il a fait l'objet de pourvoi en cassation devant la Cour de céans ; Que dès lors ledit pourvoi doit être déclaré irrecevable ».

567 P. MALAURIE, L AYNES, P. GAUTHIER, Contrats spéciaux, CUJAS, 13ème éd. 1999-2000, p. 609.

568 Art. 756 du Code civil français.

569 Art. 2044 du Code civil français. L'art. 2045 du Code civil a presque le même contenu : « pour transiger, il faut avoir la capacité de disposer des objets compris dans la transaction ».

570 P. MALAURIE, L AYNES, P. GAUTHIER, Contrats spéciaux, CUJAS, 13ème éd. 1999-2000, n°1100, p. 611.

571 Art. 2044 du Code civil français.

arrangement appartient au créancier dans le traitement du déséquilibre contractuel. La clause de transaction est un moyen d'extinction de toute difficulté d'exécution du contrat sans aucune distinction entre le déséquilibre conjoncturel ou structurel.

138. La transaction n'est pas destinée à assurer la circulation des richesses, une exploitation d'un bien ou d'un service, ni de consentir à autrui un avantage purement gratuit. Il s'agit d'un contrat à titre onéreux et commutatif dans lequel l'échange des prestations est destiné à éteindre un litige. La transaction qui met fin au procès est qualifiée de « judiciaire ». Elle n'est possible qu'autant qu'un jugement passé en force de chose jugée n'est pas intervenu[572]. Il est possible de transiger sur les voies de recours extraordinaires ainsi que sur l'exécution du jugement qui peut être litigeuse[573]. Le litige peut ne pas encore susciter un procès, la transaction dite extrajudiciaire a pour mission de l'éviter. C'est ce qui a permis de dire que les parties prennent la précaution de tuer le différend dans l'œuf[574]. Il faut un litige né ou à naitre, la transaction doit être réelle : les prétentions opposées des parties sont exprimées et doivent être sérieuses. Il ne doit pas s'agir d'une stimulation du litige pour le soumettre au régime de la transaction sous peine de voir le juge rectifier la qualification donnée par les parties[575].

139. Tout droit subjectif peut être menacé par une prétention contraire. Certains, comme ceux qui résultent d'un jugement définitif, peuvent faire l'objet d'une transaction. En transigeant, les parties renoncent à exercer leur action en justice ou elles décident de ne pas soumettre leurs prétentions respectives à la vérification du juge. La renonciation par l'une des parties à son action peut lui permettre d'avoir en contrepartie une prestation étrangère au différend. Il s'agit d'une transaction partiellement translative ou créatrice parce qu'une des parties renonce à son action moyennant l'acquisition d'un droit nouveau. C'est la reconnaissance qu'un « mauvais arrangement » vaut mieux qu'un bon procès. La concession s'apprécie à la lumière des allégations des parties, de sorte que celui qui prétend avoir un droit qu'il n'a pas ne saurait le mettre dans le pot, pour prétendre faire des sacrifices[576]. La transaction peut être proche de la simple modification d'une obligation par la volonté des parties[577]. A la différence de la transaction, celle-ci est destinée non pas à

---

[572] Art. 2056 du Code civil français.

[573] Req., 12 nov. 1902, Société agence immobilière et commerciale, D.P., 02.1.566. Il résulte de l'art. 2056 que les droits reconnus par un jugement définitif peuvent cependant faire l'objet d'une transaction valable, si la partie qui a obtenu cette décision préfère couper court, par un arrangement amiable, aux difficultés de fait que présenterait son exécution ».

[574] P. MALAURIE, L AYNES, P. GAUTHIER, Contrats spéciaux, CUJAS, 13ème éd. 1999-2000, n°1102, p. 614.

[575] Ex Civ.1, 4 février 1976, B. I. n° 56.

[576] Soc., 6 avril 1999, D., 1999, I. R., 126.

[577] A. GHOZI, *La modification de l'obligation par la volonté des parties*, th. Paris II, L.G. D.G., 1980, préf. D. Tallon, n° 115-161.

éviter le litige, mais à permettre la survie du contrat en l'adaptant aux circonstances nouvelles du déséquilibre conjoncturel. La survie du contrat peut être un moyen d'éviter un différend.

140. La transaction implique objectivement l'existence d'un droit douteux car il faut peu de chose pour qu'un droit le devienne. Elle est distinguée de l'acquiescement et du désistement. Si l'acquiescement au jugement est la renonciation à l'exercice des voies de recours, le désistement est la renonciation à exercer une action en justice en cas de désistement d'action ou de poursuivre une instance dans le désistement d'instance. L'acquiescement et le désistement peuvent être la conséquence procédurale d'une transaction s'ils trouvent une contrepartie dans un sacrifice consenti par l'autre colitigant[578]. La transaction partage avec le compromis de soustraire le litige au juge et plusieurs droits subjectifs, comme l'état et la capacité des personnes, peuvent échapper à l'un comme l'autre. Elle supprime l'action moyennant l'octroi de concessions à la différence du compromis qui est seulement relatif à l'exercice de l'action qui est portée devant un arbitre.

141. Les similitudes entre la transaction et le partage amiable sont réelles. Les indivisaires peuvent décider de mettre un terme à l'indivision en attribuant à chacun d'eux un droit exclusif sur un bien qui composait la masse indivise. Les partages amiables qui n'impliquent pas un règlement de litige ne sont pas des transactions. La transaction et le jugement mettent fin au litige. Ce qui est maladroitement souligné dans l'art. 2052 qui dispose que : « les transactions ont entre les parties l'autorité de la chose jugée en dernier ressort[579]». Le contrat judiciaire ou de jugement d'homologation désigne des situations variées dans lesquelles les parties concluent en cours d'instance, un accord relatif au litige qu'elles demandent au juge de constater ou de consacrer lorsque la transaction est judiciaire.

142. Les effets de la transaction sont variés dans le traitement du déséquilibre contractuel. Acte de disposition, elle suppose que les parties renoncent définitivement à exercer l'action en justice relativement au litige qu'elles apaisent. Cette renonciation implique inévitablement l'aptitude à disposer du droit et porte sur un droit disponible sous réserve des limites légales inhérentes au respect de l'ordre public et des bonnes mœurs. Elle ne saurait porter sur les domaines faisant l'objet d'une interdiction légale malgré la liberté procédurale. Ce respect, loin d'être une faiblesse irrémédiable, est une simple limite opposée aux parties par les différents ordres publics de protection et de direction à la liberté contractuelle. Pas de liberté en cas d'interdiction légale du traitement conventionnel ou judiciaire.

---

578 P. MALAURIE, L AYNES, P. GAUTHIER, Contrats spéciaux, CUJAS, 13ème éd. 1999-2000, n°1106, p. 618.

579 V. art. 2052 du Code civil français.

143. Le caractère déclaratif de la transaction l'oppose aux contrats créateurs d'obligations, aux conventions translatives d'un droit et la novation. D'un côté, la clause de transaction est une simple reconnaissance d'un droit de traiter le déséquilibre contractuel par les parties. La renégociation conventionnelle peut être déjà un acte translatif de propriété. A tous les égards, la renégociation du contrat, qu'elle soit conventionnelle ou judiciaire, est une modification de son architecture initiale sans être une novation. La modification ne change pas l'objet du contrat. La transaction mettant fin à l'exécution au bon vouloir du créancier serait une renonciation partielle ou totale de ce dernier à consentir plus de sacrifices dans le traitement du déséquilibre des prestations. Dans la transformation de l'obligation, il y a une extinction et non création de nouvelles obligations. La transaction n'est pas acte recognitif parce qu'aucune des parties ne reconnait le bien-fondé de la demande formulée par l'autre[580]. Le traitement du déséquilibre des prestations en droit commun est une opportunité pour les parties de régler le sort du contrat malade en palliant l'onérosité du procès en plus de celle extrême l'exécution des contrats conjoncturellement déséquilibrés. Dans certains milieux d'affaires maliens et même africains, en majorité informels, la transaction est scellée entre contractants devant un témoin avec une promesse sur l'honneur de la respecter. Les avantages de cette transaction désinstitutionnalisée dans le traitement du déséquilibre contractuel en font un arrangement amiable mettant fin aux différends contractuels. La pacification peut aboutir à une renonciation volontaire du créancier par une extinction conventionnelle des obligations nées du contrat. La transaction pourrait s'inscrire en faux avec la philosophie des sanctions judiciaires classiques car la renonciation volontaire du créancier philanthrope prendrait des allures de « caducité conventionnelle » dans ses effets libératoires en cas de déséquilibre conjoncturel. D'autres mécanismes rapprochent les intérêts opposés sans pour autant trancher définitivement les différends dans le traitement du déséquilibre contractuel.

B- Les clauses rapprochant les intérêts opposés

144. Certains mécanismes rapprochent les positions des parties pour déterminer le sort du contrat. Le malaise dans la distinction entre les modes alternatifs de règlement des différends (1) n'entrave pas leur convergence de finalité (2) dans le traitement du déséquilibre contractuel.

[580] Civ. 3ème , 10 nov. 1971, B. III, n°549. Une autre transaction ne vaut pas reconnaissance du bien-fondé des droits du colitigant ; elle ne permet pas de pratiquer une saisie-arrêt, la créance est incertaine : civ.3, 18 fév. 1981, J.C.P., 81. IV. 159. V. P. MALAURIE, L. AYNES, P. GAUTHIER, Contrats spéciaux, CUJAS, 13ème éd. 1999-2000, n°1124, p. 631.

1- Le malaise dans la distinction des modes alternatifs de règlement des différends

145. La conciliation et la médiation sont deux techniques proches et différentes dans leurs réalités[581]. Il est coutumier de considérer qu'elles constituent des espèces d'un même genre[582]. D'un côté, la conciliation dérive du latin *« concilio »* qui signifie littéralement assembler, unir, rapprocher. La conciliation est un processus structuré par lequel deux ou plusieurs parties tentent de parvenir à un accord avec l'aide d'un tiers qui accomplit sa mission avec impartialité, compétence et diligence. L'article 3 du Code de procédure civile commerciale et sociale du Mali prévoit la conciliation judiciaire[583]. La conciliation privée est prévue dans l'article 127 qui dispose qu' : « il est en effet de tradition que les parties peuvent aussi se concilier d'elles-mêmes[584] ». La conciliation[585] permet de faciliter le règlement amiable des différends portant sur des droits dont les intéressés ont la libre disposition. Elle soustrait le litige de l'application des règles juridiques qui mènent ou peuvent mener à des solutions injustes[586]. De l'autre côté, le médiateur est un intermédiaire neutre qui aide les parties à régler leur différend. Il s'avance, pas à pas, jusqu'à échafauder un projet de solution. Il parait alors jouer un rôle plus actif que le juge conciliateur[587]. La médiation est un mode de résolution des conflits qui vise à aider les parties à trouver par elles-mêmes la solution au conflit qui les oppose à la différence du conciliateur qui, semble-t-il, essaye de rapprocher les points de vue en faisant des propositions. L'intérêt de la distinction est basé sur le rôle plus actif du médiateur par rapport au conciliateur. Dans la neutralité et la confidentialité, le médiateur est formé pour garantir le bon déroulement du processus de renégociation, l'équilibre de la parole et du temps d'écoute en toute indépendance. Il ne conseille pas et ne juge pas, mais fait en sorte qu'une solution négociée puisse émerger du règlement du différend opposant les parties dans le traitement du déséquilibre contractuel.

---

[581] B.- M. SOUCRAMANIEN, *Le juge des référés et le contrat*, préc. n° 304, p. 201.

[582] V. G. CORNU, '' L'élaboration du Code de procédure civile'', Rev. D'Histoire des facultés de droit et de la science juridique, 1995, n°16, p. 241.

[583] Art. 3 du CPCCS dispose que : « Le juge veille au bon déroulement de l'instance ; il a le pouvoir d'impartir des délais et d'ordonner les mesures nécessaires. Il a, en outre, la faculté de tenter la conciliation des parties. La conciliation est constatée par un procès-verbal qui peut être directement revêtu de la formule exécutoire à la diligence des parties. Le procès-verbal de conciliation n'est susceptible d'aucun recours. La non-conciliation est constatée par un procès-verbal qui est joint à la requête et aux autres pièces ; le tout est transmis au tribunal compétent. Celui-ci peut en tout état de la procédure, d'office ou à la demande de l'une des parties, tenter de les concilier ».

[584] Art. 127 du Code de procédure civile dispose que : « Les parties peuvent se concilier d'elles-mêmes ou à l'initiative du juge, tout au long de l'instance ».

[585] En France, la conciliation en tant que telle est un mode de règlement des différends organisé par la loi. C'est un décret n° 78-381 du 20 Mars 1978 qui précise le régime de ces conciliations extrajudiciaires et fixe le statut des conciliateurs de justice.

[586] B-M. SOUCRAMANIEN, *Le juge des référés et le contrat*, préc. n° 256, p. 175.

[587] B-M. SOUCRAMANIEN, *Le juge des référés et le contrat*, préc. n° 306, p. 203.

Cette solution ne reflète pas son point de vue ou son interprétation mais de la volonté des parties. Le médiateur peut être désigné par les personnes concernées directement dans la médiation conventionnelle ou par un juge. Toutefois, il ne faut pas exagérer la portée d'une distinction entre la médiation et la conciliation. La médiation qui est une conciliation par un tiers n'en est qu'une figure dérivée. Comme l'a rappelé la Cour de cassation : « la médiation, dont l'objet est de procéder à la confrontation des prétentions respectives des parties en vue de parvenir à un accord proposé par le médiateur est une modalité d'application de l'article 21 CPC tendant au règlement amiable des litiges et, par voie de conséquence, exclusive de tout pouvoir juridictionnel[588]». Sur le malaise dans la distinction entre les modes alternatifs de règlement des différends, CORNU soulignait que contrairement aux cas de conciliation ou de médiation extrajudiciaires : « ce n'est pas la stricte notion d'arbitrage qui peut être source de perturbation, mais celle d'arbitrage judiciaire[589]». Nous retiendrons la dimension conventionnelle de ces modes alternatifs de règlement dans le traitement du déséquilibre dans la perspective d'une justice contractuelle.

146. Dans le traitement du déséquilibre contractuel, la médiation peut être extrajudiciaire ou spontanée et conventionnelle. Par sa nature, cette dernière forme de médiation est très peu visible puisqu'elle est purement privée et se déroule sans contrainte ni formalisme. Quel que soit le conflit, les parties peuvent s'entendre pour qu'un tiers les rapproche et leur permette de parvenir à un accord. La médiation conventionnelle peut même être envisagée dès la conclusion d'un contrat. Les parties y insèrent une clause de différend, appelée clause de conciliation ou de médiation, qui en pose le principe et en organise les modalités. Cette forme de médiation n'a que la force obligatoire que celle que les parties voudront bien lui donner[590] à moins qu'elle aboutisse à une transaction lorsque les parties ont la libre disposition de leurs droits[591]. La médiation peut être alors proposée par une entreprise ou une organisation professionnelle[592]. En droit comparé, une procédure de médiation est parfois organisée par la loi pour régler des litiges purement professionnels[593]. Le plus

---

[588] Cour de cassation, 2ème chambre civile, 16 juin 1993, La Semaine Juridique (JCP) 1993, I, 3723, n° 3, Observations de L. Cadiet.

[589] V. G. CORNU, « Plaidoyer pour une renaissance de l'amiable composition judiciaire », D. 1997, p. 236, n°14 et s.

[590] V. par exemple l'art. 1134 du C. c. Français.

[591] V. également l'art. 2044 du C. civ. Français.

[592] C'est ainsi que la RATP (Régie autonome des transports parisiens) et la SNCF (Société nationale des chemins de fer) ont créé leur propre médiateur et qu'en 1993, le Comité de Liaison de l'Assurance rassemble toutes les entreprises d'assurances françaises, qu'elles appartiennent au secteur capitaliste ou au secteur mutualiste, en mettant en place un dispositif de Médiateur des assurances qui repose sur des chartes de médiation proposées aux compagnies d'assurance.

[593] Art. L190 du Code du travail dispose que tout travailleur pourra demander à l'inspecteur de régler le différend à l'amiable. La conciliation est facultative lorsque le conflit est individuel et obligatoire lorsque le conflit est collectif. C'est ainsi qu'une loi française de 1982 a instauré le

souvent, la procédure de médiation est prévue par la loi pour protéger une partie présumée faible[594]. C'est un règlement amiable des différends contractuels. Le succès de la médiation sociale trouve sa justification dans sa capacité à répondre aux attentes matérielles et symboliques de ceux qui y font recours. Les avantages de la médiation sont : la gratuité, la simplicité, la rapidité de la procédure, la neutralité, la crédibilité et intégrité des médiateurs, la fonction conciliatrice et non répressive de la justice pacifique qu'elle incarne. La fonction de médiation ou de conciliation laisse la place à la renégociation qui assouplit la norme appliquée dont la mise en œuvre est davantage déterminée par la prospection d'une solution juste et consensuelle qui sauvegarde le tissu social. Au Mali, la majeure partie des différends en matière foncière sont réglés par voie de médiation ou de conciliation entre les parties concernées avant de recourir au juge étatique. La préférence est reconnue au règlement pacifique dans la logique d'une justice coutumière qui peut bien passer indistinctement par la médiation, la conciliation ou même l'arbitrage. Le recours à la justice formelle dans les juridictions n'intervient qu'en dernière position. Les textes maliens optent de plus en plus vers la conciliation[595]. La convergence vers une finalité pacifique de l'ensemble des modes alternatifs de règlement des différends déconflictualiserait le traitement du déséquilibre contractuel en créant des obligations à la charge des parties.

---

médiateur du cinéma est compétent pour les litiges entre producteurs et distributeurs de films. En 1997, a été institué un médiateur en matière de radiodiffusion, de télédiffusion par satellite et de transmission par câble d'une œuvre de l'esprit V. article L. 132-20-2 et L. 217-3 du Code de la propriété intellectuelle. Selon l'article 133-4 du Code de la consommation, issu de la loi Hamon du 17 mars 2014 : « lors de la conclusion de tout contrat écrit, le consommateur est informé par le professionnel de la possibilité de recourir, en cas de contestation, à une procédure de médiation conventionnelle ou à tout autre mode alternatif de règlement des différends ».

594 Tel est le cas en matière de consommation, avec les Commissions de règlement des litiges de la consommation (Arrêté du 20 décembre 1994 et Circulaire du 28 août 1994), en matière de location, avec les Commissions départementales de conciliation pour le loyer des baux d'habitation (Loi n° 89- 462 du 6 juillet 1989, article 20, complétée par Décret n° 2001-653, 19 juillet 2001), mais aussi en matière bancaire, en droit du travail, en matière de harcèlement moral.

595 La loi n° 01- 004 du 27 février 2001 portant Charte pastorale en République du Mali dispose dans son art. 60 que : « les conflits liés à l'exploitation des ressources pastorales sont réglés par voie judiciaire en dernier recours » tout en soulignant à juste titre que : « le recours aux juridictions compétentes doit être précédé d'un arbitrage des instances locales de gestion des conflits ». La loi n° 06 - 045 du 5 septembre 2006 portant loi d'Orientation Agricole valorise la conciliation par voie de médiation en matière de conflits fonciers et prévoit à l'art. 79 la création de commissions foncières communales et locales dont la composition, fixée par décret, associe divers acteurs locaux et étatiques. Plus fondamentalement, l'art. 80 de ce dernier texte prévoit que : « Les parties à un litige foncier agricole sont tenues, préalablement à la saisine des juridictions compétentes, de soumettre l'objet de leur différend à l'arbitrage des commissions foncières agricoles visées à l'article 79 (alinéa 1). Lorsque la conciliation entreprise termine le différend, la commission foncière établit un procès-verbal de conciliation qui sera homologué par le juge compétent à la requête de la partie diligente » (alinéa 2).

2- La convergence de finalité des modes alternatifs de règlement des différends

147. La liberté contractuelle permet aux parties d'insérer des clauses de différends au premier rang desquelles se trouvent les clauses d'arbitrage, les clauses de conciliation et les clauses de médiation. Même si la distinction entre la conciliation et la médiation n'est pas aussi aisée, il est évident qu'elles ne tranchent pas les différends, mais facilitent une solution pacifique pouvant mener au règlement définitif. La conciliation et la médiation, lorsqu'elles traitent le déséquilibre contractuel, participent d'une pacification des différends dans le respect de l'ordre public et des bonnes mœurs. La liberté contractuelle se transforme en liberté procédurale en déjudiciarisant le règlement des différends nés des engagements obligatoires. Dans le traitement du déséquilibre contractuel, les parties grâce à l'autonomie de la volonté, peuvent opter pour la pacification du litige. Lors du règlement formel[596] des différends contractuels, la recherche de la pacification prête au juge[597] une vocation de médiateur ou de conciliateur lorsqu'il accompagne les parties à la table des renégociations pour les aider à accoucher d'un compromis. Cet effort ne découle pas de la fonction juridictionnelle du juge. L'office du juge est sollicité dans la dimension de régulation sociale et de pacification[598]. Investi d'un pouvoir de médiation qui a été parfois qualifié de « pouvoir d'assistance et d'initiative[599] », le juge entendra les contractants en confrontant leurs points de vue pour trouver une solution au conflit qui les oppose. Un dénouement pacifique et heureux de la renégociation est destiné à mettre fin aux différends contractuels. Le règlement amiable des conflits repose également sur une relation d'amitié, au sens aristotélicien du terme c'est-à-dire sur un rapport de « toi à moi », sans médiation d'un tiers[600]. La souplesse des modes alternatifs de règlement des différends est visible en qu'ils constituent une forme de justice collaborative ou participative à l'initiative des parties. C'est une contractualisation de la sécurité des parties dans le règlement des différends. Ce qui débouche sur leur liberté à y recourir avec l'opportunité de mettre fin au différend en cas d'échec des discussions. De ce qui précède, on peut déduire que tout ce qui est de l'ordre de la négociation relève donc aussi des modes alternatifs de règlement des conflits qui reposent principalement sur l'accord des parties c'est-à-dire un fondement conventionnel. C'est comme si la loi cessait d'être le centre de l'univers juridique. Ce déclin du légicentrisme

---

[596] Nous faisons allusion au juge étatique en parlant de règlement formel à la différence du règlement informel.

[597] Il existe un règlement judiciaire que nous ne mélangerons pas avec celui conventionnel mais que nous traiterons plus tard dans une deuxième partie.

[598] J.-P. ANCEL, *le contrat référé*, D.2006, p. 2409.

[599] A. BENABENT, « Prévisions contractuelles à l'épreuve de la crise économique », Paris, 22 octobre 2009.

[600] L. CADIET, « Une justice contractuelle, l'autre », in Mélanges Jacques Ghestin, Paris, Librairie générale de droit et de jurisprudence, 2001, p. 177.

favorise la contractualisation des rapports sociaux, en général, et celle du règlement des litiges, en particulier[601]. Ces modes alternatifs de règlement des différends offrent aux acteurs de la vie économique et sociale de nouveaux espaces de liberté qu'investissent les conventions et contrats de toutes sortes. Pour qualifier ce passage d'un ordre juridique imposé à un ordre juridique négocié, on parle de contractualisme ou de société contractuelle[602]. La solution du litige est librement choisie et acceptée par les parties. Elle est le reflet d'une solution équilibrée face à la situation qui leur est soumise. L'homme étant placé au cœur du droit, le consensus remplace l'autorité, la discussion et le dialogue légitiment les normes juridiques. Les contractants considèrent que le droit ne peut plus être imposé que par l'autorité publique en raison de son penchant politique. Les grandes notions en droit des contrats comme la sécurité, la force obligatoire n'ont de réalités que celles voulues par la loi. La liberté contractuelle est une liberté déléguée dans la mesure où elle ne joue que lorsqu'elle n'est pas contraire à l'ordre public dont le domaine est restrictif ou extensible selon une volonté politique exprimée dans des textes par le législateur. Face à ces constats, les parties préfèrent participer à l'issue de leurs conflits plutôt que d'exécuter une décision imposée par un tribunal à l'issue d'un rituel judiciaire.

148. Les modes alternatifs de règlement des litiges s'insèrent dans une logique non juridictionnelle de résolution des conflits. Ces mécanismes ont l'avantage psychologique de laisser croire aux contractants la liberté d'être les meilleurs juges de leurs propres intérêts. Ils organisent une autre forme de justice fondée sur la liberté et la responsabilité des parties. Le processus n'est pas enfermé dans le carcan procédural du procès. Cette souplesse, cette adaptabilité, la faiblesse ou l'absence de coût, la participation des parties à la détermination du contenu de l'accord font de cette justice conciliatrice un atout majeur dans le règlement quotidien des différends contractuels. Sans remettre définitivement en cause la portée de cette justice de proximité à finalité pacificatrice, il convient de souligner qu'elle reste indécise parfois dans un imbroglio sur la nature entre les modes règlements judiciaires et pacifiques dans le traitement du déséquilibre contractuel.

Paragraphe 2 : L'indécision des modes alternatifs de règlement des différends contractuels

149. La liberté procédurale de choisir les modes alternatifs de règlement des différends contractuels est favorisée par leur finalité pacificatrice qui noue des affinités incontestables avec les croyances populaires. La cohabitation entre les règlements judiciaires et conventionnels (A) est confrontée à l'influence des réalités socio- culturelles (B) dans le traitement du déséquilibre contractuel.

---

601 L. CADIET, « Les jeux du contrat et du procès », Mélanges Gérard Farjat, Paris, Éditions Frison- Roche, 1999, p. 23.

602 V. sur la conciliation des intérêts A. PIROVANO, *Changement social et droit négocié. De la résolution des conflits à la conciliation des intérêts*, Paris, Economica, 1988.

A- La cohabitation entre les règlements judiciaires et conventionnels

150. Les réalités socio- culturelles sont sous l'emprise de certaines croyances populaires dans une conception générale de la justice et particulière de la justice contractuelle. La cohabitation entre les règlements judiciaires et conventionnels dans une proximité de moyens (1) et une contrariété de finalités (2) crée une indécision de ces modes de règlement des différends contractuels.

1- Une proximité des moyens

151. Les relations commerciales sont basées sur la confiance réciproque qui est le fondement du contrat aussi bien en droit coutumier qu'en droit légiféré. Cette confiance semble être universellement admise comme le fondement de la force obligatoire. C'est le respect du contrat comme doit être respectée la loi[603]. La confiance est le soubassement de la force obligatoire entre des opérateurs économiques nationaux qui tentent d'éviter l'exercice toute action en justice. La publicité du procès est l'opportunité d'une divulgation de l'insolvabilité du débiteur dans le traitement judiciaire du déséquilibre conjoncturel. L'onérosité entrainant l'insolvabilité est nocive pour crédibilité dans les affaires. En droit coutumier, la confiance a une vitalité particulière en l'absence de distinction entre le déséquilibre structurel ou conjoncturel. La durée du contrat compte peu dès lors que le déséquilibre contractuel est une injustice dans les relations commerciales. Le mot confiance vient du latin *confidentia* qui évoque la confiance en soi, l'assurance, une ferme espérance, l'audace[604]. La confiance est spirituelle, morale et même religieuse. La sacralité de la parole donnée chez les Baoulés a permis : « l'absorption de l'eau avec laquelle l'on a nettoyé le cadavre au cas où le prévenu refuse d'honorer ses engagements[605] ». Cet abus démontre la portée de la parole donnée dans les traditions africaines. La confiance, dans les croyances populaires, peut être spontanée ou acquise sur la base de l'affection, construite dans la durée pour une pérennisation de la relation contractuelle. Il ne s'agit cependant pas d'une confiance innocente qui côtoie la naïveté dans la pratique des affaires. C'est une sécurité contractuelle construite dans l'habitude et entretenue dans la durée par un code de conduite morale. Le droit n'est pas imperméable à la confiance, elle y pénètre par sédimentation pour finir par en devenir un élément constitutif. La force obligatoire se construit sur la

---

[603] J.- P. CHAZAL, « De la signification du mot loi dans l'article 1134 al.1er du Code Civil », RTD civ. 2001, p. 263.

[604] V. EDEL, *La confiance en droit des contrats*, thèse préc, n° 3, p. 9.

[605] A. - A. DIEME, *L'idée de contrat en Afrique noire traditionnelle*, thèse UCAD, 2013, p. 61. Les Baoulé sont une communauté en Côte d'Ivoire, à l'instar des Agni, Abouré, Abidji, Adjoukrou et les AKYÉ ou : « la parole constitue un rouage essentiel de l'établissement des conventions à l'instar des sociétés médiévales européennes. Si l'on sait que tout ce qui vient de la bouche est sacré, la recherche de preuves se ramènera alors à éprouver le prévenu par la bouche ».

confiance[606] dans les relations contractuelles. Cette confiance est une croyance au comportement de l'autre dont on suppose qu'elle va être dictée par la poursuite d'un intérêt commun à long terme plutôt que la volonté de maximiser l'intérêt personnel à court terme. Force obligatoire, confiance et *intuitu personae* stabilisent le contrat qui disparait avec la personne et non avec les situations. La confiance est un comportement cohérent et non une promesse expéditive des parties qui sera immobilisée dans un contrat. La construction de l'édifice contractuel suppose ainsi des attitudes non contraires ou même contradictoires pouvant nuire à une des parties. Il s'agit d'une confiance effective qui n'a nullement besoin d'être appréciée par un juge, mais qui résulte de la constance dans le comportement de la personne qui la porte et la valorise pour en faire la sève nourricière de la loyauté, de l'altruisme, de la coopération ou collaboration, de la bonne foi et de l'équité dans les relations contractuelles. L'apport d'une étude sociologique du contrat permet de remarquer que dans la mentalité africaine, le contractant qui ne compatirait pas au malheur de l'autre n'est pas un des leurs. Toutefois, la confiance n'est pas une naïveté contractuelle qui consiste à conclure un engagement avec un partenaire potentiel sans connaitre ni sa provenance, ni sa moralité. Dans cette logique, la sanction de l'atteinte à la confiance entre partenaires serait une sorte d'auto-exclusion du contractant fautif, du fait de sa mauvaise conduite dans les milieux traditionnels entre opérateurs économiques. L'évitement de la survenance du déséquilibre contractuel, ou à défaut son adaptation conventionnelle, est souvent considéré pour certains contractants une question d'honneur, de réputation. En droit coutumier, le sentiment de devoir moral envers son partenaire d'affaires génère, à côté de l'inéquivalence des prestations, une créance subsidiaire sur l'honneur. C'est la traduction d'un devoir, la reconnaissance du débiteur sauvé par son créancier bienfaiteur. Le dénouement du traitement du déséquilibre contractuel n'est pas toujours la recherche mathématique d'un équilibre des prestations, mais une intégration d'un équilibre basé sur des vertus morales.

152. La recherche de l'équilibre social, plutôt qu'individuel, permet d'élargir le fondement de la force obligatoire qui ne sera plus la norme supérieure mais des valeurs supérieures[607]. Le droit coutumier ne différencie pas la lésion contre une personne de la lésion contre un groupe de personnes. Lorsqu'un contractant est victime de lésion, il n'est pas rare qu'il informe ses partenaires d'affaires en dénonçant le comportement de celui qui en est l'auteur. Cette fâcheuse conséquence entraine la méfiance des autres partenaires d'affaires de la victime. L'absence de qualification juridique appropriée, des déséquilibres conjoncturel ou structurel en droit coutumier, est indéniable. En cas

---

606 V. EDEL, *La confiance en droit des contrats*, thèse préc, n° 3, p. 9. Selon l'auteur : « Le mot confiance vient du latin *confidentia* qui évoque la confiance en soi, l'assurance, une ferme espérance voire de l'audace ».

607 Ces autres valeurs sont la justice, la loyauté, la solidarité, le juste et l'utile, la fraternité.

survenance de déséquilibre conjoncturel, l'onérosité de l'exécution et l'insolvabilité sont envisagés sous le prisme d'un malheur. Entre nationaux, l'indifférence d'une partie au contrat face au déséquilibre est considérée comme de l'égoïste voire de la cupidité. Dans notre entendement, le droit coutumier semble moins avantager une liberté contractuelle individualiste dans une société basée sur le groupe. La confiance mettrait en exergue la proximité de moyens entre les traitements du déséquilibre contractuel en droit coutumier et devant le juge étatique. Les valeurs morales ont une sorte d'emprise subjective difficilement quantifiable en droit coutumier. Les vertus d'humanisme, les affinités, l'appartenance religieuse, la parentalisation des liens commerciaux sont des fondements traditionnels utilisés pour sensibiliser le créancier à plus de diligence dans la prise en compte de la situation du débiteur. La socialisation du traitement du déséquilibre contractuel atteint son paroxysme par la recherche d'une rentabilité économique du contrat pour le débiteur. Pour cela, le créancier est parfois taxé à tort ou à raison d'égoïste à cause des origines supposées divines de la survenance du déséquilibre contractuel. La moralité contractuelle est le respect de la parole donnée. La volonté ferme et généreuse du créancier de réduire ou même de renoncer à sa créance dépendra des raisons dont il est le seul arbitre. La plupart du temps, la méfiance face au juge étatique est souvent due à son manque de sagesse et de recul indispensables dans le traitement du déséquilibre contractuel selon les réalités traditionnelles. La raison de ce doute est que dans certaines croyances populaires : « la sagesse s'acquiert par la lecture, non des livres, mais des hommes[608] ». En droit coutumier, d'autres personnes peuvent être investies de la fonction de juger notamment les autorités religieuses, les notabilités censées être dotées du recul et de la sagesse qui sont indispensables pour trancher un différend en toute impartialité. L'objectif est d'amener les parties à consentir à un règlement pacifique qui n'empêche pas le créancier mécontent d'ester en justice. Toutefois, la difficile preuve de la confiance dans le règlement des différends contractuels démontre que : « la preuve est la rançon des droits[609]». Le tiers pacificateur est dispensé d'un pouvoir d'interprétation dans le réajustement des paramètres d'appréciation pouvant le conduire à se mettre dans la peau du débiteur pour justifier une quelconque correction du déséquilibre contractuel. Dans la correction judiciaire du déséquilibre contractuel en droit commun, il n'y aurait rien à interpréter, car le débat est celui de l'application de la volonté réelle contre la volonté déclarée ou encore de l'esprit contre la lettre de la convention[610]. Dans ce sens, la bonne foi exige de maintenir un équilibre initial imposé par une partie[611]. Elle demeure

---

[608] Th. HOBBES '' Lévianthan'' : Sirey, 3ème éd.1971, *Introduction*, p. 5 cité par P. MAZIERE, *Le principe d'égalité en droit privé*, PUF, 2003, n° 22, p. 30.

[609] Expression empruntée au Professeur I-Y. N'DIAYE, « L'art de mal légiférer », Revue de droit Sénégalais, juillet - décembre 1995, p. 4.

[610] T. IVAINER, *La lettre et l'esprit de la loi des parties*, op. cit. I, 3023, n° 48.

[611] V. EDEL, *La confiance en droit des contrats*, op.cit., n° 216, p. 152.

conforme à l'interprétation judiciaire d'un ensemble de comportements contractuels particulièrement de compromis et de concessions raisonnables sauvegardant les conséquences de la volonté initiale des parties pour raffermir la confiance en l'exécution du contrat. Cette description n'est pas une spécificité africaine dans le règlement des différends contractuels qu'ils soient judiciaires ou extrajudiciaires. Les investisseurs étrangers qui intègrent les milieux d'affaires dans les pays africains sont unanimes à penser que la base du contrat est la confiance. Dans l'exercice de l'activité économique, c'est parfois un commerçant qui introduit un nouveau partenaire dans un réseau de confraternité où il en sera la « caution morale ». Dans cette configuration, la sécurité contractuelle est l'ensemble des investissements affectifs et financiers mobilisés par chacun pour se maintenir dans cette chaine de confiance. Entre nationaux, la confiance laisse à chaque communauté de juger en son sein selon ses us et ses coutumes ou selon un droit connu et accepté[612]. Le modèle du contrat de droit privé, tout comme en droit coutumier, est l'échange de biens et de services à titre onéreux[613]. La différence n'est pas énormissime entre la confiance en droit coutumier et devant le juge étatique en ce sens que c'est plutôt les moyens pour atteindre la justice et les sanctions qui divergent. On peut avoir peur lorsqu'on contredit que la première valeur sociale à atteindre soit la sécurité juridique[614]. Pour autant, la dissemblance entre la sécurité et la justice contractuelles n'est point technique mais simplement philosophique[615]. Dans la mentalité africaine, certes, le contrat est un pari sur l'avenir, tout comme en droit moderne. Toutefois, croire que les contractants prévoient l'avenir et peuvent se mettre définitivement à l'abri de tout changement possible n'est qu'une illusion. Il est sage de ne pas exagérer la portée de cette approche sociologique du traitement du déséquilibre contractuel. Toutes les fois où ces méthodes de pacification n'aboutissent pas, le recours au juge reste possible. La proximité de moyens est que les traitements conventionnel et judiciaire sont fondés sur la confiance. Finalement, quel que soit le moyen de règlement, pacifique en droit coutumier ou judiciaire, la sécurité n'est pas une simple exigence du respect de la loi, elle est aussi le fait de se sentir à l'abri du danger[616] pour les contractants. La confiance est l'objectif et la sécurité est le moyen[617]. La convergence des moyens de traitement du déséquilibre

---

612 A. BADIANE et F. VANDERSCHUEREM, *« Pauvreté et justice sociale »,* in A. BADIANE, F. VANDERSCHUEREN, P. DIAGNE, M. BCACON. op. cit. p. 19.

613 V. EDEL, *La confiance en droit des contrats*, op.cit. p. 26, n°22.

614 P. ROUBIER, Théorie générale du contrat, Paris, 1946, p. 269 ; V. aussi sur l'émergence du principe de sécurité F. GENY, *Méthode d'interprétation et sources en droit privé positif*, LGDJ, 1919, n° 3, p.75 et 86 ; B, PACTEAU, « *La sécurité : un principe qui nous manque* ? », AJDA 1995, n° spécial, p. 151 ; B. MATHIEU, « *La sécurité juridique : un principe constitutionnel clandestin mais efficace* », in Mélanges GELARD, Montchrestien, 1999, p. 301.

615 J.-P. CHAZAL, « *Les nouveaux devoirs des contractants. Est-on allé trop loin* ? », in La nouvelle crise du contrat, dir. Ch. Jamin et D. Mazeaud, Dalloz, 2003, p. 99, p.123.

616 V. EDEL, *La confiance en droit des contrats*, op. cit. n° 34, p. 35.

617 ibidem

contractuel, en droit coutumier ou devant le juge, ne cache pas les contrariétés de finalités.

2- Une contrariété des finalités

153. L'existence d'une civilisation avec des principes qui sont juridiques, économiques, sociaux, religieux, cohérents et valeureux communs à tous les peuples africains, tant prônée par le professeur Cheikh Anta DIOP[618], devrait être des atouts au service d'une justice contractuelle. DELAFOSSE écrivait qu' : « aucune civilisation meilleure en soi, n'est plus mauvaise en soi que les autres, mais chacune est la meilleure pour la société humaine qu'elle caractérise et c'est pourquoi l'évolution normale d'un peuple ne peut se concevoir autrement que dans le cadre de sa propre civilisation[619]». La conception de la justice est liée à l'organisation et à la mentalité des sociétés qui se distinguent par leur seuil de tolérance. L'existence de l'universellement juste est défendable mais discutable. Dans les pays africains certainement moins industrialisés et moins capitalistes, la justice traditionnelle est plus conciliatrice et guidée vers l'apaisement plutôt que la victoire individuelle entre des adversaires et même des ennemis jurés[620]. La conception de la justice est construite et vécue autour d'autres règles de conduite sociale comme l'éthique, les croyances religieuses, de la morale[621] et des coutumes[622]. La

---

618 C-A. DIOP, « L'unité *culturelle de l'Afrique noire*, Paris, 1982, p. 219.

619 M. DELAFOSSE, *La République française*, 16 mars 1924 in G. DIOUF, *La résistance du droit coutumier africain aux législations coloniales et postcoloniales*, thèse Université Cheikh Anta Diop de Dakar sous la direction de Seydou Diouf, 2014, p.49 ; V. sur distinction possible entre droit traditionnel et droit coutumier S. TRAORE, « droit coutumier et coutumes, Réflexions sur le langage du juriste des institutions traditionnelles africaines (quelques exemples de concepts tirés du droit Soninké du Gajaaga-Sénégal) », Annales Africaines, Revue de droit, d'économie et de gestion de la faculté des Sciences juridiques et économiques de l'université Cheikh Anta Diop de Dakar, 1999, p. 47. Le droit coutumier colonial est un droit étranger pour le colonisateur, c'est un droit traditionnel évolué ; V. aussi sur la définition du droit traditionnel M. NIANG, « Régimes des terres et stratégie de développement rural au Sénégal », Revue Sénégalaise de Droit, 1977. p. 246. Pour lui, le droit traditionnel peut être défini comme l'ensemble des règles qui régissent la société traditionnelle.

620 P. NKOU MVONDO *« La crise de la justice de l'État en Afrique noire francophone – Études des causes du divorce entre la justice et les justiciables »*, préc., p. 213.

621 J.-J. NAMBO, Quelques héritages de la Justice coloniale en Afrique noire, Droit et Société 51/52-2002, p.327-328. Chez les Miènè du Gabon, le concept de justice auquel s'oppose celui d'injustice repose sur les notions d'équilibre et de déséquilibre (Ogoré/Orègo = droit/penché). L'équilibre dont il s'agit ici est celui des structures culturelles, économiques, politiques et sociales. Respecter la propriété foncière d'un groupe parental étranger à son clan, c'est respecter l'équilibre économique quant à la répartition des terres, l'équilibre social quant à l'appartenance à un groupe de parenté au sein de la société tribale, l'équilibre culturel quant aux rapports des humains avec les dieux de la terre, avec les esprits des ancêtres attachés aux cimetières et à divers centres culturels et cultuels. Dans le premier cas, l'acte est dit droit – Goré – et dans le second cas il est dit penché – Règo –. Il est donc injuste ou contraire à la justice. Par ailleurs, la justice dans le cadre traditionnel africain était liée à l'organisation et à la mentalité des sociétés. C'était essentiellement une justice de chefs qui privilégiait la conciliation.

compréhension d'une philosophie de la justice passe par une maitrise de l'histoire propre à chaque peuple en fonction de ses habitudes qui augurent de sa faculté à concevoir une sécurité collective ou individuelle. Avant la colonisation, la justice africaine était principalement celle de chefs qui privilégiait la conciliation[623]. Pendant la période coloniale, la conciliation était même obligatoire en matière civile et commerciale[624]. La conventionalité de cette conciliation en fait plus une dérivation de la justice traditionnelle supposée plus pacifique. La loi s'affirmait comme l'amie du faible à qui elle assure la sécurité que lui refuserait le seul jeu des forces économiques et sociales[625]. Pour le doyen M'BAYE, le rôle de la palabre dans la société africaine est primordial. Or, la palabre, c'est précisément la recherche de la conciliation entre plusieurs parties soutenant des thèses contradictoires[626]. Cette justice africaine, c'est la conciliation[627] qui ne tranche pas mais rapproche des points de vue divergents. La conciliation rapproche les esprits et réconcilie les hommes[628]. En Afrique, juger c'est rapprocher les esprits et réconcilier les hommes[629]. TEMPLE disait que : « l'Afrique, par tradition, est un continent ou la recherche du consensus est atavique[630] ». Dans le traitement du déséquilibre contractuel, l'autonomie de la volonté laisse la latitude aux parties d'opter pour le règlement pacifique formellement ou informellement. L'objectif est la préservation d'une justice conciliatrice qui porte en elle les germes d'une déconflictualisation du règlement des différends contractuels. Nous n'en faisons pas une spécificité purement africaine dans la mesure où les modes alternatifs de règlement des différends sont universellement admis dans le monde des affaires. Cependant, ils ont une dimension singulière dans le contexte africain.

---

622 Dans une circulaire sur la justice traditionnelle datée de 1913, le gouverneur général PONTY de Dakar constatait que: « La coutume, produit naturel et immédiat de rapports sociaux, est l'expression unanime de la volonté des populations, de leur volonté vraie et profonde, celle qui se manifeste par des actes répétés. Elle est le suffrage universel des actes sociaux ; grâce à elle, les intéressés se font eux-mêmes leur droit » V. J. J- NAMBO, *Quelques héritages de la Justice coloniale en Afrique noire*, Droit et Société 51/52-2002 p. 336.

623 J.- J NAMBO, *« Quelques héritages de la justice coloniale en Afrique noire »*, préc. p. 328.

624 Décrets du 31 juillet 1927 et du 29 mai 1936 ; V. aussi G. DIOUF, *La résistance du droit coutumier africain aux législations coloniales et postcoloniales*, thèse préc. p. 229, renvoi n°427.

625 J. JOSSERAND, « La protection du faible par le droit », in évolutions et Actualités, Sirey, 1936, p. 159 et 169.

626 K. M'BAYE, Histoire de l'organisation judiciaire, op.cit, p. 42.

627 K. M'BAYE, « *L'organisation judiciaire du Sénégal* », Penant, 1965, p.194.

628 G. DIOUF, *La résistance du droit coutumier africain aux législations coloniales et postcoloniales*, thèse préc. p. 228.

629 Ibidem.

630 H. TEMPLE, « Quel droit de la consommation pour l'Afrique : une analyse critique du projet d'acte uniforme sur le droit de la consommation », Ohadata D-05-26, p. 3.

154. Dans l'informel, en raison de l'analphabétisme des commerçants[631], les réseaux de confraternité sont fondés sur des affinités d'ordre social ou religieux pour accomplir des actes de commerce[632]. La bonne lisibilité de la justice africaine passe avant tout par une rupture avec la logique institutionnelle coloniale[633] qui n'était pas toujours pacifique. Dans le domaine contractuel, nous restons persuadés que le règlement pacifique est la conséquence logique d'une parentalisation des rapports commerciaux. TOHON, en parlant de pacification, écrivait que : « la négociation non juridictionnelle apparait comme une socialisation de la justice même si les enjeux sont forts dominants[634]». La correction judiciaire du déséquilibre contractuel en valeur est confrontée à une sécurité contractuelle individualiste basée sur l'autonomie de volonté en droit commun. Dans la sagesse africaine, la sécurité n'est pas individuelle, elle est collective. Le juge applique la loi pour sanctionner les atteintes aux droits subjectifs. A cet effet, il est limité dans l'interprétation créatrice dans la théorie générale des obligations à la différence des modes alternatifs de règlement des différends, surtout dans l'informel, qui expriment une dimension pacifique pour une humanisation du traitement du déséquilibre contractuel. L'Afrique, en dépit des séismes subis, produit en certaines de ses parties le seul bien rare de l'avenir dont elle constitue une sorte de laboratoire qui est la capacité relationnelle[635]. Entre nationaux, le conciliateur même informel est un « juge de circonstance » qui n'a d'autorité que celle que les parties daignent lui reconnaitre. C'est un tiers pacificateur d'âge mûr qui a généralement l'esprit vif et la réplique mordante, comme un griot, usant de toutes les stratégies pour convaincre le créancier à accepter de faire des efforts dans le traitement du déséquilibre contractuel. A titre d'exemple, l'indulgence du créancier peut même l'amener à consentir des délais supplémentaires au débiteur pouvant déroger aux temps légaux dans les délais de grâce. La recherche d'un équilibre, d'un juste milieu est la finalité sociale de la justice coutumière qui se fixe pour mission d'assurer la paix, la cohésion et d'éviter à tout prix les déchirures sociales[636]. La justice occidentale

---

[631] V. sur le cas Béninois O. CONSTANTIN TOHON, Le droit pratique des Affaires : l'exemple du Bénin, thèse sous la direction d'Etienne le Roy, Paris 1, Panthéon Sorbonne, 2002, p. 30.

[632] O. CONSTANTIN TOHON, Le droit pratique des Affaires : l'exemple du Bénin, thèse préc. pp. 30 -52 et 59. L'auteur poursuit que : l'instrument de rapprochement, la langue, permet la consolidation des liens de solidarité, d'entente et de confiance réciproques ».

[633] J.- J. NAMBO, Quelques héritages de la Justice coloniale en Afrique noire, art. préc. p. 325.

[634] O. CONSTANTIN TOHON, Le droit pratique des Affaires : l'exemple du Bénin, thèse préc. p. 253.

[635] P. ENGELHARD, *L'homme mondial, les sociétés peuvent-elles survivre*, Paris Arlea, 1996, p. 568 ; E. Le ROY, Contribution à la '' *refondation'' de la politique en Afrique francophone à partir d'exemples maliens et centrafricains*, Afrika spectrum 32, 1997, p. 319.

[636] La justice contemporaine se soucie peu des déchirures sociales. Elle doit rendre la justice conformément aux règles établies même au prix des liens sociaux. Par contre, éviter les déchirures sociales est l'objectif majeur et l'originalité de la justice coutumière. J.-J. NAMBO, *« Quelques héritages de la justice coloniale en Afrique noire »*, préc. p. 326.

tranche les droits subjectifs et protège autrement l'intérêt général[637]. Certes, le débat parait passionnant pour l'oxygénation intellectuelle. Par contre, les frontières entre la justice traditionnelle africaine et la justice européenne ne doivent être exagérées dans le traitement du déséquilibre contractuel en raison des forts enjeux patrimoniaux. Le pire du chauvinisme serait d'envisager le règlement des litiges sociaux sous l'arbre à palabre en raison de l'engouement pour la pacification des différends commerciaux. Ce qui n'est pas l'objet de notre étude qui converge plutôt vers les moyens d'une flexibilité contractuelle plutôt que la recherche passionnée de sensations fortes rejetant tout ce qui n'est pas africain. Nous admettons que des différences peuvent exister dans la finalité du droit et les moyens déployés pour rendre justice dans les deux contextes. L'équilibre contractuel n'est pas individuel mais manifestement social, collective en droit traditionnel africain. Cela a pour conséquence de moins dogmatiser la force obligatoire qui n'est qu'un instrument en vue d'atteindre un certain équilibre social[638]. Dans la conception occidentale, l'équilibre est individuel avant d'être social en raison de l'autonomie de la volonté en droit commun. L'approche de la justice coutumière africaine semble très large. Or, la recherche extensive de la subjectivité est interdite dans l'interprétation judiciaire du déséquilibre contractuel en droit commun à travers les notions à contenu variable comme l'équité, la bonne foi, le juste et l'utile, la cause, le solidarisme contractuel. Ces notions sont exprimées par la doctrine étrangère démontrant que si elles sont moins utilisées par les juges africains, c'est en raison de leur faible théorisation. Les réformes en droit moderne des obligations conceptualisent la sanction du déséquilibre contractuel dans l'abus à travers les avantages excessifs conférés à l'une des parties évitant que sa faiblesse économique et sociale ne se traduisent par la stipulation de conditions désavantageuses[639]. La sanction judiciaire de l'abus de droit restaure une certaine moralité contractuelle. Dans l'appréciation des comportements contractuels, le manque de savoir-vivre est juridiquement sanctionné par l'abus de droit. Cependant, il ne faut pas exagérer la portée de cette approche dans la mesure où le créancier, en l'état actuel du droit positif malien, peut toujours solliciter le juge pour sa sécurité individuelle en droit commun des contrats. D'autres réalités socio-culturelles influencent les modes de règlement des différends contractuels.

B-L'influence des réalités socio-culturelles

155. La sociologie apporte au droit des réalités basées sur l'observation pour dégager le sens concret des normes juridiques. Les modes de règlement des différends contractuels subissent une influence négative redoutée (1) et une influence positive requise (2) des réalités socio-culturelles.

---

637 J. -J. NAMBO *« Quelques héritages de la justice coloniale en Afrique noire »*, préc., p. 330.

638 P. ANCEL, « *Force obligatoire : jusqu'ou faut-il la défendre* ? », in La nouvelle crise du contrat, chr. Jamin et D. MAZEAUD, (dir.), Dalloz, 2003, p. 163.

639 G. CHANTEPIE, *La lésion*, thèse préc. n° 365, p. 267.

1- L'influence négative redoutée

Les maux de la justice sont : la corruption[640], la lourdeur administrative, l'incompétence de certains magistrats[641]. La correction de l'inéquivalence des prestations par le juge étatique subit l'influence des raccourcis sociaux[642] dont la plus nuisible est la corruption. Cette dernière est un phénomène de société et une immoralité du juge qui est garant des patrimoines. La doctrine africaine en parle le mieux et n'est pas tendre[643]. Ces raccourcis entachent la qualité du traitement judiciaire du déséquilibre contractuel. La corruption profiterait mieux aux juges que les contractants. En nous appuyant sur les nombreux reproches qui ont été adressés partout à la justice africaine[644], c'est peu d'affirmer que le juge et la justice sont aujourd'hui largement dévalorisés dans beaucoup d'États africains[645].Le professeur THIAM rappelait cette anecdote humoristique d'une dame qui passait un jour près du palais de justice en Tunisie et qui s'adressait à une haute personnalité : « où est le palais de justice ? » et l'autre de lui répondre que : « le palais est là ; la justice, je ne sais pas où elle se trouve[646]». On dit souvent que la corruption enivre comme le

---

640 La corruption est l'emploi de moyens condamnables pour faire agir quelqu'un contre son devoir, sa conscience. V. la « Corruption », in Dictionnaire de la langue française, Petit Robert.

641 D. SY, « La condition du juge en Afrique, l'exemple du Sénégal », *in* Le statut du juge en Afrique, p. 347.

642 D'autres raccourcis sociaux existent comme la sorcellerie qui est une réalité en Afrique. V. M. NKOUENDJIN YOTNDA, *Le Cameroun à la recherche de son droit de la Famille*, Bibliothèque africaine et Malgache, 1975, p.192 ; Rosny, É. de (dir.) – Justice et sorcellerie. Colloque international de Yaoundé, 17-19 mars 2005 Paris, Karthala ; Yaoundé, Presses de l'UCAC, 2006, p. 383.

643 V. MOULAYE Z., DIABATÉ A. et DOUMBIA Y., *Gouvernance de la justice au Mali*, op. cit., p. 180 et 118 ; BRETON J-M., « Légalité et État de droit : statut et perception du juge de l'administration en Afrique noire francophone, Contribution à une réflexion transversale », in Le statut du juge en Afrique, p.398 ; A. B. FALL, « Le juge, le justiciable et les pouvoirs publics : pour une appréciation concertée de la place du juge dans les systèmes politiques en Afrique », Revue électronique Afrilex n°3/2003, p. 4 ; M. - B. DEMBÉLÉ, *Le procès équitable au Mali*, thèse université Gaston Berger, spécialement , p. 213 ; A.- A. N'DIAYE, *L'urne et le glaive - Réflexions sur les concepts socio - politiques et judiciaires au Mali de 1960 à la troisième République*, édit., Jamana, Bamako 1997, p. 128 ; D.- C. SOSSA, « Le système judiciaire en Afrique francophone » in la réforme des systèmes de sécurité et de justice en Afrique francophone, séminaire organisé du 28 au 29 mai 2009 à Lomé, p.128 ; B.- I. ABDOURHAMANE, « Les juges à l'épreuve de la démocratisation : l'exemple du Niger », in Le statut du juge en Afrique, p. 375.

644 V. entre autres A. BOUDHARAIN : « Pour une justice alternative expression d'une démocratie réelle et d'un développement humain et soutenable », BJPIC n° 3, sept.-déc. 1998. p.355.

645 JEAN-MARIE BRETON, « Légalité et État de droit : statut et perception du juge de l'administration en Afrique noire francophone, Contribution à une réflexion transversale », in *Le statut du juge en Afrique*, p. 398

646 Cette anecdote humoristique est racontée par M. MUBIALA, « L'individu devant la justice au Zaïre : De l'arbre à palabres aux cours de tribunaux », Penant n° 809, mai à septembre 1992, Doctrine, p. 182 cité par S. THIAM, « Une vieille habitude malheureuse de la procédure pénale

vin[647]. La crédibilité du juge est sérieusement battue en brèche[648] lorsque les magistrats ou les arbitres, chargés de rendre la justice, la détournent à leur profit. Ils peuvent apporter plus de problèmes qu'ils n'en résolvent : c'est l'envenimement du conflit par leur verdict[649]. Une justice corrompue peut évidemment faire couver les révoltes et les révolutions[650]. Le procès n'est qu'un accident de la vie juridique [651] qui évoque l'idée d'un combat[652]. La corruption judiciaire est intolérable en raison de la spécificité de la mission du juge[653] et constitue un maillon essentiel de méfaits dont la conséquence est la décrédibilisation des décisions de justice et la destruction de la richesse nationale[654]. La corruption pervertit la justice, touche à sa crédibilité et par la même occasion la moralité sociale. Les autorités publiques ne sont pas insensibles à lutte contre la corruption. Un homme politique écrivait qu'elle n'est pas loin d'être institutionnalisée[655]. La corruption révèle une allure inquiétante à travers le clientélisme et la complaisance[656] qui gangrènent les juridictions à cause des comportements de certains acteurs de la justice. La stabilité juridique et la sécurité des transactions sont intimement liées à une justice de qualité. Le développement socio-économique, la promotion des droits humains, la démocratie et la bonne gouvernance sont sérieusement

---

sénégalaise de la légalité à la transgression de la personne humaine », Annales Africaines, Nouvelle Série, volume 2, Décembre 2014, publication Credila, p. 255.

647 D. KONATE, *La corruption du juge dans la société*, communication au Forum National sur la Justice, 1er avril 1999, in Z. MOULAYE, A. DIABATE et Y. DOUMBIA, *Gouvernance de la justice au Mali, op.cit.*, p. 116.

648 A.- B. FALL, « Le juge, le justiciable et les pouvoirs publics : pour une appréciation concertée de la place du juge dans les systèmes politiques en Afrique », revue électronique Afrilex n°3/2003, p. 4.

649 « Au lieu d'apaiser le conflit, le juge par son verdict l'envenime. Parfois, le verdict est à l'origine d'un autre conflit encore plus violent. » P. NKOU MVONDO, « La crise de la justice de l'État en Afrique noire francophone – Etudes des causes du divorce entre la justice et les justiciables », préc., p. 213.

650 D.- C. SOSSA, Le système judiciaire en Afrique francophone in la réforme des systèmes de sécurité et de justice en Afrique francophone séminaire organisé du 28 au 29 mai 2009 à Lomé, p. 128.

651 R. PERROT, *Institutions judiciaires*, op. cit., p. 3.

652 E. VERGES, *Les principes directeurs du procès judiciaire, étude d'une catégorie juridique*, Thèse, sous la direction de Mme le Professeur Sylvie CIMAMONTI, D'AIX Marseille, 2000, version électronique p. 25.

653 Z. MOULAYE, A. DIABATE et Y. DOUMBIA., *Gouvernance de la justice au Mali*, op. cit., p.180.

654 D. KONATE, La corruption du juge dans la société, communication au Forum National sur la Justice, 1er avril 1999, in – A. MOULAYE, A. DIABATE et Y. DOUMBIA, *Gouvernance de la justice au Mali*, édit., imp color Bamako, novembre 2007, p. 114.

655 M. MARA, *La guerre contre la corruption, Quelques armes utiles.* Site consulté le 07 / 03 / 2015.

656 Pour une appréciation sans complaisance des formes de la corruption V. Rapport / A.M.D.H. sur la situation des droits humains au Mali 2008 – 2009 – 2010.

menacés par la corruption[657]. La transparence et la confiance constituent des bases fondamentales de la démocratie et de l'économie[658]. Une justice de qualité est une valeur fondamentale de la démocratie[659] et une appréciation de la qualité du juge[660]. Certaines décisions seraient en décalage par rapport aux réalités de la vie économique[661].

Sans faire l'avocat du diable, la corruption existe mais elle fait souvent l'objet d'une interprétation extensive. Des justiciables reconnaissent qu'ils préfèrent corrompre le juge, devant la résistance du créancier, plutôt que d'aller en prison pour dette dans une procédure de contrainte par corps[662]. La justice doit être fondée sur la confiance pour pouvoir la générer et toute société, quelle que soit sa culture, a le devoir de doter son système juridique de toutes les potentialités matérielles et immatérielles susceptibles d'instaurer la confiance. La confiance au juge a une signification particulière parce qu'il soignerait la pathologie du déséquilibre contractuel pour restaurer la justice rompue et la confiance entre les contractants. L'analphabétisme serait la raison pour laquelle l'Africain a horreur du jugement[663]. Cet analphabétisme cumulé à l'indifférence légale au traitement du déséquilibre contractuel en droit commun révélerait une méfiance des justiciables face au juge et à l'autorité qu'il incarne. D'aucuns proposent la vulgarisation des lois dans les langues nationales[664] pour la réduction de la méfiance entre l'analphabète et le juge. Dans les zones rurales, le doute plane sur le mimétisme du modèle occidental[665] inadapté à la vie quotidienne[666]. Le juge, dans le traitement du

---

657 A. TOURE, *Justice et corruption*, point de vue d'un Notaire. Extrait d'une intervention faite lors de la rentrée judiciaire 1997 – 1998, in Z. MOULAYE, A. DIABATE et Y. DOUMBIA, *Gouvernance de la justice au Mali*, *op. cit.*, p. 118.

658 D. SY, « La condition du juge en Afrique, l'exemple du Sénégal » *in Le statut du juge en Afrique*, p. 370.

659 F. KUTY, *L'impartialité du juge en procédure pénale, de la confiance décrétée à la confiance justifiée*, collection de thèses, édit. LARCIER 2004, p.15.

660 G. WIEDERKEHR, *« Qu'est-ce qu'un juge ? »*, in Mélanges en l'honneur de Roger PERROT, « Nouveaux juges, nouveaux pouvoirs ? », Paris, Dalloz, 1996, p. 575.

661 D. SY, « La condition du juge en Afrique, l'exemple du Sénégal » *in Le statut du juge en Afrique* p. 365.

662 Enquête réalisée en commune 4 du district de Bamako entre le 09 janvier au 15 mars en interrogeant des justiciables.

663 V. sur la méfiance des africains face aux jugements K. M'BAYE, *L'organisation judiciaire actuelle*, op. cit. p. 42.

664 M. NIANG, « Régime des terres et stratégie de développement rural au Sénégal », Annales Africaines, p. 245.

665 P. NKOU MVONDO, *« La crise de la justice de l'État en Afrique noire francophone – Études des causes du divorce entre la justice et les justiciables »*, préc., p. 208. Le même auteur précise qu': « en Afrique noire francophone, l'État, après avoir écarté la justice coutumière traditionnelle, a mis en place un cadre de règlement de litige d'inspiration française, assez mal adapté au contexte africain, ce qui ne peut qu'entraîner une mauvaise acceptation du système par les justiciables. »

666 P. NKOU MVONDO, *« La crise de la justice de l'État en Afrique noire francophone – Études des causes du divorce entre la justice et les justiciables »*, préc., p. 209.

déséquilibre des prestations en droit commun, est considéré comme une menace pour la liberté individuelle dont il doit être le garant. Autrement dit, la liberté de s'engager dans les relations contractuelles porte le risque d'une incarcération du débiteur en cas d'insolvabilité entrainée par le déséquilibre économique dans l'exécution du contrat.

Des dispositifs nationaux[667] et internationaux[668] sont mis en place pour lutter contre la corruption. Sur le plan international, l'aide extérieure est souvent conditionnée à la lutte contre la corruption en plus des critiques d'institutions internationales[669]. En réalité, l'arbre ne doit pas cacher la forêt. La restauration de la justice contractuelle dépasse les problèmes de comportements du juge dont les mauvaises conduites peuvent être résolues par des sanctions disciplinaires. La corruption n'est pas un acte isolé, il n'y a pas de corrompu sans corrupteur. La médiatisation croissante des décisions de justice, le recul encourageant de l'analphabétisme, l'exercice des voies de recours participent de la réduction de la corruption à moins de considérer que tous les magistrats sont corrompus. L'insécurité judiciaire est souvent dénoncée par les plaideurs qui perdent un procès dans le traitement judiciaire ou même conventionnel du déséquilibre contractuel. Nous n'adhérons cependant pas à la vampirisation du juge étatique africain au profit de l'arbitre. Certes, certains juges ne sont pas exempts de reproches, mais rien ne garantit une meilleure moralité de l'arbitre par rapport à eux. Par contre, nous convenons qu'il faut plus de lisibilité, de clarté dans les textes lorsqu'ils consacreront encore plus de justice contractuelle et moins de sécurité individualisée dans le traitement judiciaire des contrats déséquilibrés en droit commun. L'insolvabilité causée par l'onérosité, dans les bouleversements de circonstances économiques, laisse

---

667 Le Mali a initié le 10 novembre 1997, les concertations régionales devant débouter sur un'' forum de la justice '' ou le ministre de la Justice dans son allocution d'ouverture disait que '' les maux sont assez graves : ils vont de l'incompréhension par le justiciable des décisions rendues (dont il conteste très souvent des exécutions et qui a recours à la justice privée comme mode d'expression) en passant par des problèmes rencontrés par les opérateurs économiques du fait de décisions de contradictoires émanant souvent de la même juridiction. Toutes choses, aux dires du garde des sceaux, qui apportent de l'eau au moulin des investisseurs privés étrangers et de nos partenaires au développement qui n'hésitent pas de plus en plus à se détourner de notre pays, arguant de l'absence de fiabilité de nos décisions et justices ». Les objectifs immédiats étaient : l'identification et la correction des dysfonctionnements de la justice et la définition d'un plan d'action. La rencontre tenta de trouver quelques solutions à la crise profonde que traverse la justice malienne, crise qui, selon le Ministre garde des Sceaux, s'est aggravée entre la justice et les justiciables tant en milieu rural qu'urbain avec des effets pernicieux et imprévisibles. V. A. MAIGA, Concertations régionales et forum sur la justice, l'institution judiciaire malienne sera examinée sous toutes ses coutures, Journal Cauri hebdo, 205 du 14/12/1997, p. 2

668 V. la Convention de l'Union africaine sur Prévention et la lutte contre la corruption qui est entrée en vigueur le 05 août 2006 ratifiée par le Mali le 17 décembre 2004 ; A. MAIGA, Concertations régionales et forum sur la justice, l'institution judiciaire malienne sera examinée sous toutes ses coutures, Journal Cauri hebdo, 205 du 14/12/1997, p. 2.

669 La convention des Nations Unies contre la Corruption entrée en vigueur le 14 décembre 2005, ratifiée le 09 décembre 2003.

peu de place à la corruption qui influence négativement le traitement du déséquilibre contractuel à l'instar d'autres réalités socio- culturelles qui l'inspirent positivement.

2- L'influence positive requise

156. Le doyen DECOTTIGNIES en parlant de la résistance du droit africain à la modernisation en matière d'obligations écrivait à une époque qu' : « il aurait été périlleux de faire du droit des obligations, vieux de plusieurs siècles de sagesse un terrain d'expériences pour des idées encore mal éprouvées[670] ». Ce qui n'est pas faux lorsque les idées encore mal éprouvées rattachent le traitement du déséquilibre contractuel au sentimentalisme évasif ou d'autres notions scientifiquement difficiles à quantifier, à schématiser ou à prouver. Ces siècles de sagesse sont éprouvés par le temps. Les mentalités évoluent différemment de l'époque contemporaine à la rédaction du Code civil de 1804 ayant inspiré nos législations dans les pays francophones d'Afrique noire. L'humain revient au-devant de la scène juridique notamment en droit des contrats à travers le solidarisme contractuel, la fraternité ou l'altruisme. L'influence positive des réalités socio-culturelles sur le traitement du déséquilibre contractuel, quoi que minime, à travers le droit traditionnel ne fait plus l'ombre d'un doute.

157. D'un côté, la religion[671] à une influence sur la justice. Les structures et les institutions en charge de la justice ont été bouleversées par le mouvement d'islamisation entrepris sur le continent au premier millénaire après Jésus-Christ[672]. Dans de nombreux pays africains de l'ouest francophone comme le Mali, le Sénégal et la Guinée Conakry, les marabouts traditionnels exercent une autorité civique et spirituelle considérable fondée sur un mélange unique d'identité ethnique et d'attaches religieuses[673]. Pour la minorité chrétienne dans ces pays, de nombreuses dispositions de la Bible imposent l'équité de la justice[674]. Ce qui n'est pas une singularité africaine dans la mesure où dans l'histoire politique européenne, l'église et les États ont été intimement liés pour ne pas dire inséparables. Des commerçants maliens, à majorité sunnites,

---

[670] R. DECOTTIGNIES, « La résistance du droit africain à la modernisation en matière d'obligations », Revue Sénégalaise de droit, juin 1977, 11ème, Année, numéro spécial Colloque de Dakar 5 - 9 juillet 1977, p. 66.

[671] Sur la philosophie de la justice en Afrique V. J.-J. NAMBO, « Quelques héritages de la justice coloniale en Afrique noire », op. cit., p. 326 et s. Lors du colloque de Paris du 02 au 05 janvier 1980 sur le thème « *sacralité, pouvoir et droit en Afrique* », plusieurs scientifiques confirment qu'en Afrique, le droit est toujours uni au surnaturel : il est divin au Nord du Sahara (révélé par Dieu, shari'a islamique) et lié au sacré au Sud du Sahara V. R. SACCO, *Le droit africain – Anthropologie et droit positif*, Paris, Dalloz, 2009, p. 81.

[672] AROUALA M., *Mali, vitrine de la justice du XIIème au XVIIIème siècle*, op. cit. pp. 8 et s.

[673] C.- A. ODINKALU, *Le pluralisme et l'accomplissement de la justice en Afrique*, Open Society Justice Initiative Juillet 2005, p. 3.

[674] On peut citer à titre illustratif le Deutéronome 1-17 qui impose la qualité d'impartialité au juge.

nous ont témoigné leur volonté de pratiquer les actes de commerce dans l'esprit de fraternité de l'époque du Prophète Mohamed. Dans leur conception de l'islam, la pratique du commerce équitable n'est pas incompatible avec une certaine morale consubstantielle à un devoir de secours et d'assistance envers l'autre. Le raisonnement peut paraitre invraisemblable pour un regard étranger aux réalités maliennes et même africaines. Cette islamisation des rapports commerciaux déconfluctualiserait le traitement du déséquilibre contractuel en banalisant l'obsession capitaliste à privilégier le profit au détriment des valeurs humaines. La déduction est simple. Dans le raisonnement des religieux pratiquants avec une certaine hauteur spirituelle, tout l'argent du monde ne sauve les contractants de la mort. Ce qui ne signifie nullement de ne pas pratiquer une activité commerciale. Par contre, l'influence d'une telle croyance sur le traitement du déséquilibre contractuel est d'éviter que les contractants ne soient esclaves du gain. Autrement dit, cela consiste à reconnaitre qu'entre cocontractants, le souci de réalisation du profit n'est pas inconciliable avec une certaine moralité. C'est celle d'aider l'autre (son prochain) sans être obligé. Il n'est pas surprenant de constater que cette vision serait anachronique et répugnante dans un esprit capitaliste. Dans cette acception, la transposition des convictions religieuses dans le commerce est assimilable au fatalisme. Dans le coran, tout comme dans la bible, on retrouve des passages qui ont trait à la justice équitable[675]. La compassion effective du créancier face à la situation financière du débiteur est un bienfait qui lui sera rendu au centuple par le Dieu tout puissant en conformité à l'adage que : « quiconque libère un musulman d'un engagement de vente, Dieu lui pardonne ses fautes[676] ». Ce penchant pour une approche humaniste de la

675 Lorsque Dieu s'adresse à l'être humain en ces termes : « Ô les croyants ! Soyez strict dans vos devoirs envers Allah et soyez des témoins équitables. Et que la haine pour un peuple ne vous incite pas à être injuste. Pratiquez l'équité, cela est plus proche de la pitié. Et craignez Allah ». Le terme « Allah » signifie Dieu en langue arabe. Le musulman souhaite à son frère ce qu'il se souhaite lui-même et le prophète (MPSL) disait à ce propos que : « nul n'est vraiment croyant que s'il aime pour son frère ce qu'il aime pour lui-même et déteste pour lui-même ». La formule : « quiconque soulage son frère d'une angoisse, ici-bas, Dieu le soulagera d'une angoisse le jour de la Résurrection » ABOUBAKER DJABER EL DJAZAIRI, Moslim - La voie du musulman, Aslim éditions 1986, p. 427 ; V. également pour une meilleure approche de la conduite du musulman dans les relations contractuelles Y. QUARDHAOUI, Le licite et l'illicite en islam, co-édition OKAD éditions Paris et ETS. Rayhane Maroc, 1990, p. 212 à 262 ; A. DJABER EL DJAZAIRI, La voie du musulman, préc. p.1 23. Selon lui : « Les croyants ont de l'amour, de la compassion, de la sollicitude les uns pour les autres. Ils sont comparables au corps vivant. Quand un de ses organes se plaint d'un mal, tout le corps répond par la fièvre et l'insomnie. Le croyant est pour son semblable, telle une construction dont les parties se soutiennent mutuellement ». L'auteur poursuit en écrivant que : « quiconque décide de faire une bonne action, mais qui par la suite ne la fait pas, Dieu lui inscrit quand même une bonne action » ; « Une bonne action sera payée au décuple à qui l'aura à son actif, tandis qu'un châtiment égal à la faute frappera l'acte pervers. Il ne sera pas commis d'injustice » V. la sourate les Troupeaux - 160.

676 ABOUBAKER DJABER EL DJAZAIRI, La voie du musulman, Aslim éditions 1986, p. 402.

justice, à travers la religion, passe par l'élévation des contractants vers des valeurs spirituelles plus soutenues et plus sincères. La religion a permis des transactions commerciales moralisées en interdisant l'usure[677]. La solidarité est humaine avant d'être contractuelle. Un auteur rappelait que : « le musulman est le frère du musulman. Il n'a ni le droit de le léser, ni de le trahir, ni de le mépriser[678]. Dieu prescrit l'équité, la charité, l'assistance bienveillante aux proches[679]. C'est pour mettre l'accent sur la bonne intention et son autorité sur les actes spirituels et temporels qui ne sont que la forme concrète de l'intention. La justice génère la tranquillité de l'âme[680] dans son approche confessionnelle. Elle est encore plus intéressante lorsqu'elle est consentie par le contractant en position de force au profit du contractant faible. Ce qui n'est pas négligeable dans le traitement du déséquilibre contractuel. Il est peut-être regrettable que la colonisation ait affaibli cette logique de justice traditionnelle[681] avec un droit civil consacrant l'autonomie de la volonté, une sécurité individualiste en droit commun des contrats.

158. De l'autre côté, les sociétés traditionnelles africaines ont élaboré des mécanismes juridiques qui servent de base à la vie communautaire et à la résolution des conflits[682]. Le rôle des notables en matière de justice tel que vu chez les Akans existe au Burundi où des sages avaient la charge de régler les affaires litigieuses[683]. C'est une tradition africaine de concevoir et d'appliquer des mécanismes de dialogues, de compromis et de coexistence pacifique[684]. De façon endogène, cette culture de la paix et de l'harmonie sociales existe encore dans les pays africains comme le Mali[685]. Quoique de faible portée, le traitement du déséquilibre contractuel est positivement influencé par des mécanismes sociaux qui sont des pratiques entre les nationaux et acceptées aussi par des investisseurs étrangers qui sont intégrés dans les milieux d'affaires africains. Parfois, des échanges verbaux irrévérencieux cristallisent les tensions entre cocontractants. Il faut désamorcer la guerre pour ne pas la

---

677 V. la sourate la vache -275.

678 A. DJABER EL DJAZAIRI, La voie du musulman, préc. p.123.

679 V. la sourate L'abeille- 90.

680 A. DJABER EL DJAZAIRI, La voie du musulman, Aslim éditions 1986, p. 183.

681 M.- B. DEMBELE, « Les mécanismes de résolution des litiges au Mali : de la justice coutumière à la justice étatique », p. 16, A paraitre.

682 L. SYLLA, « L'Afrique et la mondialisation, perspective anthropologique », 10ème Conférence de l'A. P.A du 14 au 17 Août 2000 à Bouaké.

683 P. NTAHOMBAYE, « Les fondements endogènes d'une culture de la paix en Afrique. L'institution des BASHINGANTAHE en tant que mécanisme traditionnel de prévention et de résolution pacifique des conflits au Burundi », Étude pluridisciplinaire, Bujumbura, 1991, p. 12.

684 T. BAH, Les fondements endogènes d'une culture de la paix en Afrique, p.13. www. unesco.org /cpp / publication / mécanismes / edbah. htm.

685 D. KONATE, « Les fondements endogènes d'une culture de la paix au Mali », p. 10 et disponible sur www. unesco.org /cpp / publications / mécanismes / index. htm.

faire[686]. Entre nationaux, le « SANANKOUNYA[687]» ou le cousinage à plaisanterie est un pacte de non-agression utilisé dans tous les domaines de la vie et qui permet de maitriser les tensions éprouvées dans les rapports sociaux[688]. Les rivalités sociales conflictualisent les liens contractuels faisant parfois des échanges commerciaux des moyens dissimulés de règlement de compte entre les parties au contrat. De ce fait les griots, maitres de la parole, peuvent intervenir dans le règlement d'un différend contractuel par des démarches d'apaisement et de sensibilisation du créancier qui sera invité à ne pas ignorer des valeurs morales comme le sens de la concession, du partage, de l'honneur qui sont supposées être supérieures à l'argent. C'est dans ce rare esprit apaisé de tolérance et de conciliation qu'est bâti un humanisme constituant un apport inestimable à la civilisation, une étape décisive dans la marche vers l'affirmation des droits fondamentaux « à la malienne » notamment en droit des contrats. La dignité humaine a été poussée très loin dans la charte de KOUROUGAN FOUGA. C'est véritablement un impératif, une valeur suprême au-dessus de tout dans l'énoncé 41 qui rappelait sèchement sur la divergence d'intérêts de : « Tuez votre ennemi, ne l'humiliez pas ». L'Homme ne doit pas humilier l'Homme[689]. Le déséquilibre conjoncturel est engendré par une exécution extrêmement onéreuse et une insolvabilité du débiteur qui font une publicité négative étalée sur la place publique dans le cadre d'un procès civil. L'exigence d'une fraternité

686 S. CAMARA, « Gens de la parole. Essai sur la condition et le rôle des griots dans la société malinké », Paris, Ed. Karthala, SAEC Conakry, 1992, pp. 39 - 93.

687 D.-T. NIANE, Redécouvrir la charte du Mandé (XIIIème Siècle) Communication dans le cadre de la table ronde sur les sources africaines des droits fondamentaux – Rencontres du Programme Lascaux « Nourrir le monde : la parole au citoyen », en partenariat avec l'Université Permanente de Nantes le 30 novembre 2012, p. 5. Il faut noter que : « Le Sanankouya, est l'alliance entre deux clans, qui se doivent de fraterniser. Les membres peuvent se chahuter, se brocarder, voir échanger des propos grivois, sans que cela prête à conséquence. La convivialité est de règle entre eux. C'est peut-être pour cette raison que les ethnologues et historiens coloniaux ont traduit le Sanankouya par le terme parenté à plaisanterie ou cousinage à plaisanterie. Mais il n'y a pas que la convivialité et la franche camaraderie entre les membres de ces clans qui sont importants : droits et devoirs lient parents et cousins à plaisanterie, personne ne doit être laissé dans la difficulté ». C'est le « Kal » chez les Ouolofs. Par exemple, le patronyme mandingue DIARRA a pour équivalent le patronyme N'DIAYE chez les Ouolofs. Au patronyme mandingue TRAORE correspond chez les Ouolofs le patronyme DIOP, et ainsi de suite. Ainsi, DIARRA et KONE au Mali de la même façon que chez les Ouolofs N'DIAYE et DIOP sont aussi cousins à plaisanterie. Cette alliance tisse un puissant réseau entre ethnies, entre clans, entre communautés. Un véritable système de prévention de conflits s'instaure. Peuls et Sérères sont déclarés cousins à plaisanterie, de même que les Sérères et les Diolas, les Mandingues et Peuls, etc. En 2009, l'UNESCO, sur proposition du Mali, a inscrit sur sa liste représentative la Charte du Mandé proclamée à Kouroukan Fouga.

688 S. CAMARA, « Gens de la parole. Essai sur la condition et le rôle des griots dans la société malinké », préc.

689 D.- T. NIANE, Redécouvrir la charte du Mandé (XIIIème Siècle), préc. p. 7.

proclamée dans la Déclaration Universelle des droits de l'Homme[690], existait auparavant dans l'empire mandingue singulièrement dans la Charte de KURUNKAFOUGA qui est considéré comme le 1er manifeste de la déclaration universelle des droits de l'Homme. La juridicisation de ces pratiques consiste en leur passage du fait social au fait juridique grâce à la prise en charge légale du solidarisme, de la fraternité, de l'altruisme qui sont les valeurs actuelles et universelles modernes en droit des contrats. La passerelle n'est pas évidente peut-être pour des raisons qui risquent, au-delà d'une approche sociologique, de nous conduire vers une fiction juridique. Nous retiendrons tout de même que ces phénomènes sociaux, quoique deconflictualisant les rapports sociaux, ne sont pas universellement admis entre les contractants. Tout bien considéré, leur plus grand mérite dans le traitement du déséquilibre contractuel est que leur existence et leur efficacité sont soumises à l'adhésion volontaire des parties qui peuvent les choisir librement ou à défaut aller devant le juge étatique.

Conclusion section 2 :

159. L'exaltation du monde des affaires pour les modes alternatifs de règlement des différends est compréhensible parce qu'ils semblent moins formalistes et contractualisent la sécurité grâce à l'autonomie de la volonté. Certains dénoncent le blocage de l'institution judiciaire par l'allongement des délais, l'encombrement des juridictions, l'inefficacité des moyens, la tentation est de recourir à une dérivation du flux judiciaire en mettant hors de contrôle du juge ce qu'il ne peut matériellement traiter[691]. Les modes alternatifs de règlement pacifique offrent des procédures souples, rapides, une justice rendue par des pairs supposés être plus experts et mieux informés de l'environnement complexe de la mondialisation de l'économie, de la finance et du commerce international que ne peut l'être le juge étatique. Toutefois, cette image idyllique comporte aussi ses revers. Nous n'idéaliserons pas l'arbitrage, par exemple, en raison de ses récentes frasques liées aux conflits d'intérêts[692] même si l'objectif n'est pas de lui enlever tous ses mérites. Le

---

690 Les rédacteurs de la Déclaration universelle des droits de l'homme du 10 décembre 1948 ont pris conscience de la valeur de cette fraternité et exigent à ce que les êtres humains agissent les uns envers les autres dans un esprit de fraternité (Art. 1er de la Déclaration).

691 P. BADJI, thèse préc. n ° 158, p. 116.

692 V. la mise en examen de Pierre Estoup pour « escroquerie en bande organisée ». Dans l'affaire Tapie, un coin de voile a été levé sur la procédure d'arbitrage. Rien à voir avec la justice classique, où les magistrats appartiennent à la fonction publique, et qui offre l'impartialité de l'État. Il s'agit d'une justice « privatisée » rendue par des arbitres choisis et rémunérés par les parties en litige. Ce ne sont pas des juges, mais des experts sélectionnés pour leur bonne connaissance de tel ou tel secteur. En France, le vivier d'arbitres comporte 1. 300 professionnels, dont d'anciens magistrats, comme Pierre Estoup. Il reste que l'arbitrage est une justice conventionnelle et privée. Le recours à ce mode de règlement des litiges, souvent conseillé par les cabinets d'avocats, est directement concerné car très souvent les arbitres sont des avocats. Les

traitement conventionnel prôné dans la pacification des modes alternatifs de règlement des différends montre ses limites en dépit de l'autonomie de la volonté des parties à y souscrire. Ce désenchantement est palpable malgré le recours à l'adaptation conventionnelle qui n'exclut pas le recours au juge.

honoraires liés à l'arbitrage représentent des sommes considérables. Il faut avoir à l'esprit que l'arbitrage nécessite des moyens financiers colossaux et que signer une clause compromissoire avec plus riche et plus fort que soi comporte des risques pour la partie la plus faible. L' arbitrage resterait une justice de riches. V. Revue Challenges sur les limites, risques, périls et dérives de l'arbitrage du 29 août / 4 Septembre 2013 disponible sur le site www.ohada.com in Actualité Newsletter date de dernière consultation 27 décembre 2015.

Conclusion du chapitre 2 :

160. La conception volontariste contractualise l'équilibre dans les transactions en permettant aux parties de s'engager librement tout en évoquant, au besoin, les irrégularités à leurs consentements en droit commun. L'autonomie de la volonté permet aux parties de déjudiciariser le traitement du déséquilibre contractuel à travers les modes alternatifs de règlement des différends dont l'influence positive est purement symbolique. Le désengagement du législateur face au traitement du déséquilibre contractuel constitue un triomphe pour la liberté des échanges en droit commun. L'élan volontariste responsabilise les contractants en valorisant leurs volontés mais il idéalise trop le dénouement pacifique des différends devant la divergence des intérêts. Or les enjeux patrimoniaux des contrats sont susceptibles de les transformer en champs de bataille. C'est pourquoi, quand la volonté lie et que le juge ne peut délier : il y a problème. Ce refus d'intervention légale dans le traitement du déséquilibre des prestations en droit commun est critiquable.

TITRE 2 : LE REFUS CRITIQUABLE DE L'ABSENCE D'INTERVENTION LÉGALE DANS LE DÉSÉQUILIBRE DES PRESTATIONS

161. Les obligations contractuelles naissent de libres échanges de volontés juridiquement contrôlées et économiquement exprimées. Les parties font de leur contrat, le support d'un échange équilibré dont le maintien dans le temps préserve leur liberté d'initiative. La formation du contrat marque le point d'équilibre auquel sont parvenues les parties. Cristallisé à ce stade, cet équilibre perdure tout au long de l'exécution en dépit des aléas inhérents à l'écoulement du temps. Le déni du déséquilibre contractuel en valeur est la conséquence de sa conformité avec le sacre de la conception volontariste des échanges en droit commun. La volonté est la principale source des obligations contractuelles malgré les limites qui y sont apportées par l'ordre public et les bonnes mœurs. Il n'y aurait pas de déséquilibre contractuel, là où les parties se sont engagées en toute liberté. La contractualisation de l'équilibre des transactions entretient et légitime délibérément sa confusion avec le volontarisme dans les échanges qui en est la mesure. La volonté individuelle opprime, dans le traitement du déséquilibre des prestations en droit commun, et la loi ne libère pas. Les parties ont la latitude de rester les meilleurs juges de leurs intérêts dans le but d'une éviction des caprices et sûrement des meurtrissures du temps sur l'exécution des contrats. Ce qui traduit une banalisation de la sécurité contractuelle (Chap.1) entrainant une minimisation de la justice contractuelle (Chap.2). Une réalisation ultérieure de cette dernière est dominée par une sécurité figée au moment de la formation des transactions empêchant tout traitement judiciaire du déséquilibre contractuel en valeur entre les particuliers.

CHAPITRE 1 : LA BANALISATION DE LA SECURITÉ CONTRACTUELLE

162. L'inconciliabilité entre l'autonomie de la volonté et le traitement judiciaire du déséquilibre contractuel ne fait plus l'ombre d'un doute. Le juge, garant de l'équilibre des patrimoines, est un spectateur devant le déséquilibre des prestations dans l'exécution et la conclusion du contrat en droit commun. L'invalidation des contrats lésionnaires est une sanction du défaut initial d'équivalence entre les prestations convenues à la différence de la théorie l'imprévision qui sollicite la sanction du défaut ultérieur d'équivalence entre les prestations au cours de l'exécution du contrat. La restriction du domaine des contrats lésionnaires démontre que la liberté des parties à s'engager en est la rançon. De même, le refus de la révision judiciaire pour imprévision est justifié par le maintien de la force obligatoire du contrat. Loi des parties, les contrats légalement formés doivent être exécutés malgré la survenance du déséquilibre même si cette exécution ruine à l'excès l'une d'elles qui n'a pas accepté d'en supporter le risque. Les contrats valablement formés ne peuvent être révisés que par le consentement mutuel des parties. Par conséquent, ils sont unilatéralement intangibles[693]. Il est de principe que le juge n'a pas à s'ingérer dans les relations contractuelles pour les conformer à ses propres conceptions de l'équité et de la justice sauf dans les cas où le législateur s'y engage en l'autorisant à intervenir. Le traitement judiciaire de l'inéquivalence des prestations est confronté à une restriction libérale du domaine des contrats lésionnaires (Sect.1) et une indifférence individualiste aux bouleversements de circonstances économiques (Sect.2).

Section 1 : La restriction libérale du traitement judiciaire des contrats lésionnaires

163. La lésion est le préjudice causé à un cocontractant lors de la conclusion du contrat suite à un défaut d'équivalence consécutif à une inégalité de valeur entre les prestations[694]. L'acception objective de l'équilibre contractuel repose sur le postulat qu'il existe une valeur objective de la chose objet du contrat c'est-à-dire une valeur extérieure à la volonté des parties[695]. Le législateur ne remédie qu'exceptionnellement au déséquilibre en valeur dans les contrats commutatifs en exigeant une inéquivalence grave entre la valeur des prestations au moment de la formation du contrat. La gravité de cette inéquivalence doit porter sur le prix convenu entre les parties et la valeur du bien ou du service objet du contrat commutatif. La restriction du domaine de l'inéquivalence des prestations en droit commun serait raffermie par des obstacles textuels récurrents (Para.1) et techniquement insurmontables (Para.2) dans le traitement judiciaire des contrats lésionnaires.

---

693 J.- L. AUBERT, *Le contrat.* Droit des obligations, p. 104.

694 D. MAZEAUD, Répertoire civil, V° Lésion, 1994, n° 2.

695 V. A. BERNARD, « L'estimation », in Exigences en matière de prix, colloque organisé à Pau le 7 mars 1997, publié aux Cah. dr. entrep. 1997, p. 23 et s., spéc., p. 30 à 32.

Paragraphe 1 : La récurrence des obstacles textuels

164. La nullité est une sanction exceptionnelle des contrats lésionnaires par la restriction légale de l'intervention du juge en droit commun. A cette restriction de la perception de l'inéquivalence des prestations (A) s'additionne la fraude suspectée du débiteur (B) à cause des effets de l'autonomie de la volonté.

A- La restriction de la perception de l'inéquivalence des prestations

165. La lésion est un déséquilibre en valeur séparément des circonstances qui l'ont vue apparaître. L'assimilation réductrice de la lésion objective au défaut d'équivalence des prestations constitue un frein à la correction judiciaire du déséquilibre structurel. Le but de cette obstruction est la protection du consentement des personnes (1) et de leurs patrimoines (2).

1- La protection du consentement des personnes

166. Pendant longtemps, les quelques atténuations légales à l'indifférence au traitement judiciaire du déséquilibre en valeur étaient envisagées au regard de la conception classiquement retenue de la lésion par les rédacteurs du Code civil français. Cette conception rattachait la lésion aux vices du consentement. Il était inconcevable qu'une personne, en toute liberté, accepte de conclure un contrat déséquilibré. Cette conception a été remise en cause. Le consentement de la personne est protégé lorsque la victime du déséquilibre en valeur se trouvait, au jour de la conclusion du contrat, frappée d'incapacité ou dans la nécessité d'accepter des conditions contractuellement déséquilibrées[696]. Les principes fondamentaux du droit des contrats rejettent une prise en charge de la lésion. La construction théorique du contrat est faite de manière à ce qu'elle n'ait aucune place[697]. L'autonomie de la volonté, liberté contractuelle, force obligatoire du contrat, sécurité juridique sont autant d'arguments qui contrarient la réception de la correction judiciaire de la lésion en droit positif. Le domaine d'invalidation des contrats lésionnaires est limitatif[698]. En raison de leur incapacité, certains sujets de droit ne sont pas à même de défendre leurs intérêts et de s'engager en connaissance de cause. Le législateur entend protéger les mineurs, ainsi que les incapables majeurs, contre la conclusion d'un contrat déséquilibré. La lésion ne vicie les conventions que dans certains contrats ou à l'égard de certaines personnes[699]. Le mineur non émancipé, en raison de l'incapacité d'exercice qui le frappe, ne peut conclure un acte juridique sans être représenté par un tuteur ou un administrateur légal. Le

---

[696] V. LASBORDES, thèse préc. n° 101, p.115.

[697] G. RIPERT, préc. n° 63. Il deduit que : « *Le danger de la lésion est la rançon de la liberté* ».

[698] Art. 55 du régime général des obligations au Mali.

[699] Art. 1118 du Code civil français. La section à laquelle il est fait référence ne comporte aucun article précisant les contrats ou les personnes susceptibles de déclencher la sanction de la lésion V. sur ces propos J.- P. CHAZAL, *De la puissance économique en droit des obligations,* th. Grenoble II, 1996, n° 720.

mineur ne bénéficie pas seulement des restitutions en raison de sa minorité mais parce qu'il a subi une lésion. La lésion ne donne pas lieu à la rescision en faveur du mineur non émancipé contre toutes sortes de conventions[700]. L'article 67 dispose que : « Sauf dans le contrat à exécution successive, le contrat nul est réputé n'avoir jamais existé et les parties doivent restituer ce qu'elles ont reçu[701] ». L'article 68 du même texte précise que : « L'incapable n'est tenu à restitution que dans la mesure de son enrichissement[702]». Il convient en effet de relever que malgré l'égalité des prestations, la rescision peut être prononcée en faveur du mineur[703]. C'est donc dans le cadre d'une protection des parties, favorisant l'égalité entre elles, que s'appliquera la rescision pour sanctionner la lésion. La protection est un signe tangible de l'exploitation par un contractant de la faiblesse ou de la naïveté de son cocontractant[704] mineur qui n'est pas en mesure de juger lucidement la portée de ses engagements. La finalité de cette protection est d'exclure le mineur du commerce juridique et sanctionner ses cocontractants en limitant la portée de la restitution à son profit. Il convient toutefois de distinguer les pouvoirs de l'administrateur légal ou du tuteur. S'agissant d'un contrat conclu par le mineur et que le représentant légal pouvait conclure seul, la preuve d'un déséquilibre lésionnaire devra être rapportée. Son incapacité ne le protégera que s'il justifie d'une lésion. Cette règle s'explique par le fait qu'en concluant une affaire normale, le mineur a démontré son aptitude à mieux défendre ses intérêts : il a en quelque sorte renversé la présomption de vice du consentement qui justifie son incapacité. Dans ce cas, il n'est point besoin de lui assurer la protection légale[705].

En revanche, si le mineur a conclu un contrat que le tuteur ou l'administrateur n'aurait pu accomplir qu'avec une autorisation, la nullité du contrat est alors de droit. Le mineur devenu majeur ou émancipé ainsi que le représentant légal pourront contester le contrat sans avoir à rapporter la preuve de la lésion. Le majeur incapable est également protégé par la loi, non pas en raison de son âge, mais en raison de ses facultés mentales qui ne lui permettent pas de défendre ses intérêts ou du moins de les défendre seul. Sont concernés par la rescision pour lésion, les contrats conclus avec un mineur non émancipé. Le législateur français a admis de nouveaux cas de lésion au profit des incapables. La loi du 3 janvier 1968, portant réforme du droit des incapables majeurs, autorise le majeur qui est placé sous sauvegarde de justice, à demander la

---

700 Art. 1305 du Code civil français.

701 Art. 67 du régime général des obligations au Mali.

702 Art. 68 du régime général des obligations au Mali.

703 J. CARBONIER, Droit civil : t. 1, *Les personnes, ,les incapacités, personnes morales,* 2000, P.U.F, n° 112, p. 204.

704 D. MAZEAUD, Rép. Civ V° Lésion, avril 1994, n° 10, p. 3.

705 J. FLOUR et J.- L. AUBERT, *Les obligations,* 1. L'acte juridique, A. Colin, 8° éd. 1998, spéc., n° 240, p. 161.

rescision du contrat lésionnaire[706]. Le majeur en curatelle peut contester les actes juridiques accomplis sans l'assistance de son curateur dès lors que le contrat présente un déséquilibre en sa défaveur. La lésion peut être retenue au profit du majeur en tutelle pour les actes que le juge l'a autorisé à accomplir seul. L'existence de la lésion fragiliserait donc le lien contractuel puisque l'action en rescision est ouverte à propos des conventions valables au regard du droit des incapacités. Ce qui met en exergue son caractère exceptionnel. Contrairement aux autres contrats, dont le déséquilibre en valeur est sanctionné, la loi ne fixe pas ici de seuil impératif à partir duquel, le contrat conclu par un incapable peut être considéré comme déséquilibré. L'existence de la lésion relève de l'appréciation souveraine des juges du fond.

167. Aujourd'hui, le débat sur le déséquilibre lésionnaire ne se pose plus dans les mêmes qu'au moment de la rédaction du Code civil français de 1804. La liberté contractuelle a conduit à l'émergence de nouveaux types de déséquilibres dépassant la simple conception objective des contrats lésionnaires. Il s'agit de sanctionner les comportements abusifs des parties affectant l'équilibre des prestations. Le juge suprême malien a sanctionné le comportement contractuel d'un avocat qui augmente unilatéralement ses honoraires en révisant le taux initialement arrêté à la hausse[707]. Dans une autre espèce, le juge suprême malien sanctionnait un taux usuraire en déduisait que le demandeur en exigeant de son débiteur un taux d'intérêt de 10% par mois soit 120% l'an pour un prêt d'argent a manifestement violé les dispositions de la loi relative à l'usure aux prêts d'argent. C'est à juste titre que la Cour d'appel a retenu qu'il y avait usure et fraude pour entrainer l'annulation du contrat en condamnant le créancier usuraire à répéter l'indu en capital et intérêt[708].

168. La correction du déséquilibre structurel n'est pas facile à théoriser pour le juge qui reste dans la conception classique de l'équivalence des prestations. Le raisonnement du juge du tribunal de Brazzaville est symptomatique d'un malaise récurrent dans la maitrise notionnelle des contrats lésionnaires. Le juge retenait qu'en droit, la lésion s'entend comme étant le préjudice résultant d'un déséquilibre grave entre les prestations que se doivent réciproquement les contractants dans un contrat cumulatif à titre onéreux, lequel déséquilibre doit exister dès la conclusion du contrat. En l'espèce, l'interrogation était de savoir si le déséquilibre financier du prix des loyers minorés qui affecte les baux commerciaux à construction donne lieu à la rescision pour lésion ? Le juge

[706] V. la loi du 3 janvier 1968 portant réforme du droit des incapables majeurs en France.

[707] Arrêt n° 232 de la 2ème chambre civile de la section judiciaire de la Cour suprême du Mali – pourvoi n° 46 du 17 février 1999 : Contestation d'honoraires d'avocats – Violation de l'article 15 de la loi n° 94 - 042 portant création et organisation de la profession d'avocat – Règlement intérieur du Barreau.

[708] Arrêt n° 61 du 06 Avril 1998 de la 1ère chambre civile de la section judiciaire de la Cour suprême du Mali – pourvoi n°115 du 04 juin 1997 : Contrat de prêt – nullité pour cause immorale ou contraire à l'ordre public- usure – taux usuraire, préc.

commence son raisonnement par un rappel des dispositions du Code civil relatives aux contrats rescindables pour lésion notamment le contrat de vente d'immeuble et la convention de partage. Il poursuit en tirant les conséquences qu'en l'état actuel du droit positif, la lésion n'affecte pas la validité des conventions à l'exception de celles portant sur les immeubles et sur le partage. Dès lors, selon le juge, les baux commerciaux à construction qui sont conclus entre les parties, quoique laissant apparaitre visiblement un déséquilibre financier au préjudice des requérants, ne sauraient être rescindables pour cause de lésion dans la mesure où les baux commerciaux ne font pas partie des exceptions retenues par la loi en la matière en occurrence la loi française. En outre, toujours selon le juge, il est de jurisprudence constante que mis à part les ventes mobilières, les baux commerciaux à construction ne sont jusqu'ici, pas rescindables pour cause de vileté de prix ou du caractère dérisoire du prix. Dans tous les cas, la rescision pour lésion et la nullité pour vileté du prix (introduite par la jurisprudence française) étant distinctes l'une de l'autre, le tribunal de commerce, saisi en la cause d'une requête en rescision pour lésion, ne saurait passer de l'un l'autre, sans heurter la règle de droit processuel qui exige que le juge doit s'en tenir à l'objet de sa saisine. Le juge congolais conclut que : « de tout ce qui précède, il convient de rejeter la requête en rescision pour cause de lésion et de maintenir le preneur dans les lieux loués[709] ».

169. En réalité, le vocable « lésion » n'est pas utilisé dans les décisions de justice au Mali et dans d'autres pays africains d'où sa sanction laborieuse comme en témoigne la décision des juges du tribunal de commerce de Brazzaville. Le malaise du juge congolais, pour cerner les contours de la lésion, est perceptible dans son style rédactionnel. Il était simplement question de sanctionner l'abus des prix minorés dans les baux à construction au lieu de se cantonner sur la conception objective de l'inéquivalence des prestations. L'accumulation d'exception ne suffit pas à renverser la règle. Encore faut-il qu'une meilleure règle soit proposée par une modification du droit positif en profondeur permettant de nouvelles interprétations judiciaires[710]. En somme, la prolifération de nouvelles formes de contrats déséquilibrés engendre un dépassement de la conception objective de la lésion au profit d'une sanction

[709] Jugement n° 060 du tribunal de commerce de Brazzaville du 20 septembre 2011 opposant HILL MATTA à MOHAMED SALEM : Droit commercial – bail commercial – contrats de baux commerciaux a construction – loyers convenus – caractère lésionnaire – action en rescision pour lésion – validité des conventions – lésion – cas de rescision – article 1118 code civil – champ limitatif – article 887 et 1674 du Code civil – baux commerciaux – exclusion du champ d'application (oui) – rejet de la demande en rescision – demande reconventionnelle – paiement des dommages et intérêts – procédures abusive et vexatoire (non) – rejet de la demande) – application des articles 887,1118,1134,1356, 1674 du Code civil – article 12 de la loi n° 24-2008 portant régime foncier en milieu urbain – articles 57 CPCCCAF – Ohadata 13- 82.

[710] M. CHAGNY, *Droit de la concurrence et droit commun des obligations*, préf. J. Ghestin, Nouv. Biblio. Des thèses, vol.32, Dalloz, 2004, n° 876.

des comportements abusifs altérant les prestations réciproques des parties. Les personnes sont protégées dans leurs intérêts patrimoniaux.

2- La protection du patrimoine des personnes

170. Les atténuations légales à l'indifférence du législateur malien face au déséquilibre lésionnaire sont perceptibles dans la protection des patrimoines du vendeur d'immeuble et des copartageants. Il s'agit d'assurer la protection de la propriété immobilière et l'équilibre du patrimoine entre les copartageants en matière successorale. Cette protection du patrimoine des personnes s'effectue grâce à la limitation de la nullité aux lésions portant sur les ventes d'immeuble et en matière de partage. D'un côté, les contrats concernés sont ceux de vente d'immeuble dans l'article 1674 du Code civil français disposant que : « si le vendeur a été lésé de plus de sept douzièmes dans le prix d'un immeuble, il a le droit de demander la rescision de la vente, quand bien même il aurait expressément renoncé dans le contrat à la faculté de demander cette rescision et qu'il aurait déclaré donner la plus-value[711]». En réalité, cette condition se dédouble puisqu'il faut, d'une part, un contrat de vente et, d'autre part, que ce contrat ait pour objet un immeuble. Le juge ne dispose pas de toute latitude pour mesurer l'équilibre entre la valeur des prestations dans la vente immobilière. Le contrat de vente immobilière doit garantir un équilibre entre le prix payé et la valeur du bien dont la propriété est transférée. Lorsque la comparaison entre le prix et la valeur du bien fait apparaître un déséquilibre grave au détriment du vendeur, celui-ci devrait pouvoir demander le rééquilibrage du contrat. En effet, l'article 1674 du Code civil français détermine le seuil à partir duquel le prix de vente peut être considéré comme lésionnaire. Il faut, pour cela, que le vendeur ait été lésé de plus des sept douzièmes de la valeur de l'immeuble au jour de la conclusion du contrat. Si la vente est conclue sous condition, l'existence du déséquilibre lésionnaire s'apprécie au jour de la vente conditionnelle et non au jour de la réalisation de cette condition. Pour déterminer si le contrat est déséquilibré en valeur dans la promesse unilatérale de vente immobilière, le juge doit se placer au jour de la levée de l'option par le bénéficiaire et non au jour de la conclusion du contrat de promesse[712]. Puisque le déséquilibre lésionnaire résulte de la comparaison entre le prix et la valeur, il convient de déterminer la valeur dont le juge doit tenir compte. L'article 1675 précise que "pour savoir s'il y a lésion de plus des sept douzièmes, il faut estimer l'immeuble suivant son état et sa valeur au moment de la vente". Face à la problématique de la détermination des conditions de la vente, il a été considéré que la taxe sur la valeur ajoutée ne doit pas être prise en considération pour l'appréciation de la lésion[713]. Il en va de même s'agissant de l'indemnité versée par l'acquéreur, au locataire de l'immeuble, pour l'encourager à quitter les lieux. Cette somme n'ayant pas été

---

711 Art. 1674 du Code civil français. Cet article n'a pas de pendant en droit malien.

712 Loi n° 49-1509 du 28 nov. 1949 insérant un alinéa second dans l'art. 1675 du Code civil.

713 Cass. civ. 3, 20 nov. 1984, Bull. civ. in, n° 195, p. 151.

perçue par le vendeur, elle ne saurait être prise en considération. Dans une espèce[714], le propriétaire d'un immeuble avait consenti une promesse unilatérale de vente moyennant un prix, payable en quinze ans, sans intérêts ni indexation. Après le décès du promettant et à la levée de l'option par les bénéficiaires, les héritiers du vendeur demandèrent la rescision de la vente lésionnaire. La Cour d'appel les débouta de leur demande, au motif que les avantages pécuniaires, librement et gratuitement consentis par le vendeur ne pouvaient s'analyser en une diminution du prix initial et demeuraient " de simples modalités de paiement du prix qui ne modifiaient pas son montant". L'on comprend l'inquiétude des héritiers qui formèrent un pourvoi en cassation. La troisième chambre civile cassa l'arrêt rendu par les juges du fond, pour violation de l'article 1674 du Code civil français. Il semble donc que le juge doit, pour calculer l'assiette de la lésion, tenir compte de l'avantage conféré à l'acquéreur par la stipulation du paiement du prix de vente à crédit sur quinze ans, sans intérêts ni indexation. Le prix ne s'entend pas du seul montant nominal fixé dans le contrat. Il peut être réduit ou augmenté pour tenir compte d'éléments faisant varier le montant du prix de la vente initiale. La vente immobilière était le seul contrat de vente dont le Code civil français sanctionnait le déséquilibre lésionnaire.

171. De l'autre côté, on dit que l'égalité est l'âme du partage pour traduire l'effet de la rupture d'égalité sur le partage. Ce partage doit être remis en cause lorsque l'un des cohéritiers a reçu une part insuffisante. L'article 939 du Code des personnes et de la famille dispose que : « les partages peuvent être rescindés pour cause de violence ou de dol. Il peut aussi y avoir lieu à rescision, lorsqu'un des cohéritiers établit, à son préjudice, une lésion de plus du quart. La simple omission d'un objet de la succession ne donne pas ouverture à l'action en rescision, mais seulement à un supplément à l'acte de partage[715] ». L'article 887 al. 2 du Code civil français fixe le seuil en précisant qu'il faut que le déséquilibre dépasse 1/4 au détriment du copartageant. À la différence de la vente en matière immobilière, un déséquilibre énorme n'est pas nécessaire pour que la lésion soit retenue. Il suffit qu'un copartageant n'ait pas reçu, au moins les trois quarts de sa part, pour être recevable à contester le déséquilibre de l'opération. Pour apprécier le déséquilibre, le juge doit se placer au jour du partage, en fonction de la valeur des biens. Il importe peu qu'il soit totalement ou simplement partiel c'est-à-dire qu'il ne fasse cesser l'indivision qu'entre certains cohéritiers. L'essentiel est que l'acte fasse cesser l'indivision en substituant aux droits indivis, sur l'ensemble des biens, une pluralité de droits privatifs sur des biens déterminés.

172. Le partage en matière successorale est extrêmement sensible en raison de la difficile cohabitation entre les intérêts patrimoniaux et les enjeux

---

714 Cass. civ. 3, 4 oct. 1995, Bull. civ. m, n° 215, p. 144; JCP 1996, éd. N, H, 625, note D. Boulanger.

715 Art. 939 du Code des personnes et de la famille au Mali.

affectifs. Le juge malien n'agit qu'indirectement en matière successorale pour rééquilibrer le partage. Il est intervenu à plusieurs reprises pour annuler des ventes affectant les biens appartenant à l'ensemble des héritiers par un seul. La conséquence de cette annulation protectrice est de maintenir indirectement les biens du De cujus dans le patrimoine successoral qui sera transmis aux héritiers. C'est la logique de l'arrêt de la section judiciaire de la Cour suprême du Mali qui casse et annule une vente en maintenant le bien indivis. En l'espèce, il s'agit d'une instance en annulation de vente de biens indivis opposant les héritiers où les juges suprêmes considèrent que la Cour d'appel a fait une fausse application de la loi en estimant que la vente a été librement consentie entre les héritiers avec l'approbation de l'imam alors qu'il s'agissait d'une concession faisant partie d'une succession non ouverte. En l'absence du consentement des autres héritiers, la Cour d'appel a violé la loi à travers l'article 28 du RGO. Par conséquent, la Cour suprême du Mali a cassé et annulé l'arrêt déféré et renvoie la cause des parties devant la Cour d'appel de Bamako au motif que la vente porte atteinte aux droits des héritiers qui n'y ont pas consenti[716]. Le Code civil français n'envisageait que la protection du patrimoine du vendeur d'immeubles contre un prix insuffisant perçu en contrepartie du transfert de la propriété. La complexité de la juste qualification des contrats lésionnaires n'est pas étrangère à sa faible apparition dans l'interprétation correctrice du déséquilibre structurel. L'efficacité de la sanction des contrats lésionnaires dépend du degré de tolérance acceptée par le législateur. Les hypothèses de recevabilité de l'action en nullité pour rescision ont été élargies en droit comparé[717]. Le traitement de la lésion est déplacé des relations individuelles en droit commun vers le droit spécial[718] par la fraude suspectée du débiteur.

B- La fraude suspectée du débiteur

173. La conclusion d'un contrat déséquilibré porte atteinte à l'intégrité du patrimoine du contractant désavantagé. La répartition préalable des richesses

---

[716] Arrêt n° 221 de la 2ème chambre de la section judiciaire de la Cour suprême du 08 octobre 2007 du Mali - pourvoi n° 07 du 26 novembre 2006 : Annulation de vente – contrat de vente – validité – vente de biens indivis – nullité.

[717] Cette extension en droit français concerne les contrats de vente d'engrais, de semences et de plants destinés à l'agriculture par la loi du 08 juillet 1907 qui protège l'acheteur lorsqu'il est lésé de plus du quart du prix ; dans les contrats d'assistance maritime à travers l'article 7 de la loi du 29 avril 1916 qui permet la rescision lorsque les conditions convenues par les parties ne sont pas équitables ; dans les contrats de prêt à intérêt à travers la loi n ° 93 – 949 du 26 juillet 1993 qui protège l'emprunteur lorsque le taux d'intérêt stipulé par les parties dépasse d'un tiers le taux d'intérêt moyen pratiqué au cours du trimestre précédent par les établissements de crédit pour les opérations de même nature portant des risques analogues pour éviter l'usure, dans les contrats d'auteur par la loi n° 57- 298 du 11 mars 1957 qui prévoit que l'auteur d'une œuvre peut obtenir la révision du contrat de cession du droit d'exploitation si le prix forfaitairement convenu est lésionnaire de plus des 7/12.

[718] V. pour une analyse similaire, Ph. JOUARY, *Contribution à l'étude de la valeur en droit des contrats*, th. Paris 1, 2002, n°531, préc.

et la distribution égalitaire de l'actif sont protectrices des droits du créancier par le recours à l'action paulienne (1) qui connait une extension dans le traitement du déséquilibre en valeur dans les entreprises grâce à la nullité des engagements pendant la période suspecte (2).

1- Le recours à l'action paulienne

174. Aux termes de l'article 230 : « Le créancier peut agir en inopposabilité des actes frauduleux accomplis par son débiteur après la naissance de sa créance et qui lui portent préjudice. La créance doit être liquide, certaine et exigible[719] ». Ce recours n'est pas un traitement direct du déséquilibre des prestations. L'action paulienne est un recours en inopposabilité des actes conclus par le débiteur en vue de protéger les intérêts du créancier. Instinctivement, elle permet d'illustrer l'influence du déséquilibre contractuel sur la sanction d'un comportement frauduleux au détriment du contractant désavantagé qui est le créancier. La fraude paulienne peut être définie comme l'intention de nuire ou la simple connaissance qu'a eue le débiteur du préjudice qu'il causait au créancier en se rendant insolvable ou en augmentant son insolvabilité[720]. La sanction par l'inopposabilité de l'acte au créancier nécessite la démonstration d'un comportement frauduleux portant atteinte à son droit de gage. Aussi les actes à titre gratuit et les contrats déséquilibrés sont-ils naturellement regardés avec défiance. L'action paulienne vise directement les actes lésionnaires, qu'il s'agisse d'apport en société sous-évalué[721], de vente à un prix inférieur à la valeur vénale du bien[722] ou au prix offert par ailleurs pour le même bien[723]. L'existence d'un contrat déséquilibré répond à une condition objective qui est l'appauvrissement du patrimoine du débiteur tout en rendant vraisemblable son intention frauduleuse qui est un critère subjectif. La preuve qui doit en être rapportée par le créancier est en effet facilitée par la modicité du prix reçu. L'existence d'un déséquilibre contractuel favorise la découverte de la fraude, mais il n'est cependant pas exigé. L'appauvrissement du débiteur peut se traduire par une altération de la situation du créancier. L'acte, bien que consenti au prix normal, a pour effet de faire échapper un bien aux poursuites du créancier en le remplaçant par des

---

[719] D'abord, l'Art. 230 du RGO malien ; ensuite l'art. 231 du même texte fixe les conditions : « L'action ne sera recevable contre l'acquéreur à titre onéreux que s'il est établi qu'il avait connaissance de la fraude du débiteur. Il en sera de même lorsque l'action sera dirigée contre un sous acquéreur à titre onéreux. L'acquéreur peut mettre fin aux poursuites du créancier en le payant de sa créance jusqu'à concurrence de la valeur du bien aliéné par le débiteur » ; enfin l'Art. 232 dispose que : « Le juge prononce l'inopposabilité de l'acte au créancier qui bénéficie seul de cette décision » ; V. sur l'action paulienne l'art. 205 du COCC Sénégalais qui dispose que : « Le créancier peut agir en révocation des actes frauduleux par lesquels son débiteur lui porte préjudice après la naissance de sa créance. La créance doit être exigible ».

[720] J. GHESTIN, Ch. JAMIN, M. BILLIAU, *Les effets du contrat*, in Traité du droit civil, dir. J. Ghestin, 3e éd., LGDJ, 2001, n° 842.

[721] Cass. Rep. 18 nov. 1946, JCP 1947, II, 4011, obs. D. B.

[722] Civ. 3ème 22 janv. 1997, Bull. n°16 ; D. 1998, somm., 105, obs. Pièdelièvre.

[723] Cass. com.7 avr. 1965, Bull. n° 266.

fonds plus aisés à dissimuler et, en tout cas, plus difficiles à appréhender[724]. Ce qui montre que le critère décisif de l'action paulienne réside tant dans l'équilibre de l'acte litigieux que dans ses conséquences potentielles ou avérées sur l'intégrité du patrimoine du débiteur. Le caractère lésionnaire de l'acte ferait présumer l'intention frauduleuse dès lors qu'une simple conscience de porter préjudice est avérée. En revanche, lorsque l'acte est équilibré, une attention plus poussée porterait sur le comportement du débiteur.

175. La préservation du droit de gage général du créancier, qui permet une répartition égalitaire entre les créanciers, est fondée sur la justice distributive. Le lien avec la justice corrective est particulièrement visible dans la mesure où la rupture de l'équilibre contractuel favorise la preuve du caractère frauduleux. Le doute évasif s'efface devant la réalité concrète lorsque dans l'appréciation de la fraude, il est parfois retenu que seule la volonté du débiteur de soustraire ses biens aux poursuites des créanciers devrait alors pouvoir rendre critiquable un acte qui en soi reste correct puisque normalement équilibré[725]. Cette volonté de frustrer les créanciers peut se traduire notamment par un appauvrissement de leurs patrimoines.

176. Dans le traitement du déséquilibre contractuel, l'action oblique peut être également évoquée[726] dans la mesure où elle permet l'exercice par un créancier des droits et actions de son débiteur négligent[727]. Le débiteur est engagé dans un contrat déséquilibré et l'exercice de l'action oblique lui procure des liquidités. L'action oblique reconstitue le patrimoine du débiteur, tout comme l'action paulienne, en recouvrant ses créances dont les créanciers pallient l'inertie. Les conditions de recevabilités de l'action oblique[728] et l'éventualité de son couronnement ne nous garantissent pas la protection effective des droits des créanciers en se sens que l'inertie ne caractérise pas l'intention frauduleuse indispensable dans l'action paulienne. Pour autant, le lien entre le déséquilibre et l'intention frauduleuse se trouve renforcé dans des dispositions spécifiques relatives aux procédures collectives par l'annulation des contrats commutatifs conclus pendant la période suspecte. Ce qui nous laisse entrevoir leur proximité avec l'action paulienne. Cette mesure de

---

[724] Civ. 3ème 20 déc. 2000, Bull. n° 200 ; Bull.Joly 2001, p. 305, obs. Le Nabasque.

[725] J. FRANÇOIS, *Droit civil*, dir. Ch. LARROUMET, t.4, *Les obligations*, Régime général, Economica, 2000, n° 318.

[726] G. PIETTE, thèse préc. n° 859, p.463.

[727] La négligence doit être comprise comme le comportement d'une personne qui ne cherche pas à recouvrer ses créances car elle sait qu'elles seront saisies par la suite par ses propres créanciers.

[728] Il faut d'abord un débiteur inactif qui ne demande pas au juge la correction d'un contrat déséquilibré en sa faveur. Ensuite, que le créancier ait intérêt à agir en cas d'insolvabilité du débiteur. Enfin, l'art. 1166 du Code civil refuse l'action oblique pour les droits et actions attachés à la personne. Cette dernière condition interdit au créancier d'intenter au nom du débiteur des actions fondées sur un droit extra-patrimonial comme une action en divorce, en recherche de paternité ou de révision de pension alimentaire.

reconstitution du patrimoine du créancier, dans les rapports entre les particuliers, connait une extension dans celle du patrimoine des entreprises.

2- La nullité des contrats commutatifs déséquilibrés conclus pendant la période suspecte

177. Dérivée de l'action paulienne[729], la nullité des engagements de la période suspecte permet d'obtenir l'annulation des contrats commutatifs conclus depuis la date de cessation des paiements et dans lesquels les obligations du débiteur excèdent considérablement celles de l'autre partie. Bien que contestable juridiquement, le rattachement de la nullité des engagements de la période suspecte à l'action paulienne se justifie par le fondement d'une telle action qui est de préserver l'intégrité du patrimoine du débiteur[730]. Il y a une proximité avérée de finalités entre la fraude paulienne et la nullité des engagements de la période suspecte dans le traitement du déséquilibre en valeur dans la protection de l'entreprise[731]. Pour protéger les entreprises, la loi du 25 janvier 1985 relative au redressement et à la liquidation judiciaire autorisait le juge à annuler les contrats commutatifs déséquilibrés conclus pendant la période suspecte. A cette époque, la sauvegarde de l'entreprise constituait une des priorités voire la finalité du droit des procédures collectives. De ce point de vue, la conclusion d'un contrat commutatif déséquilibré était suspectée dans la mesure où elle prive l'entreprise, en difficultés financières, d'une chance de redressement. Le contrat commutatif déséquilibré au détriment du débiteur était sanctionné par l'article 107 de la loi de 1985[732] s'il a été conclu pendant la période suspecte. Cette période qui court de la date de cessation de paiements jusqu'au jour du jugement d'ouverture de la procédure collective. La cessation des paiements est définie comme le moment où l'actif disponible du débiteur ne lui permet plus d'honorer le passif exigible. L'article 9 de la loi de 1985 précisait que la date de cessation de paiements est fixée par le tribunal qui a ouvert la procédure. A défaut d'une telle détermination, la cessation de paiements est réputée être intervenue à la date du jugement qui la constate c'est-à-dire au jour du jugement d'ouverture. Elle ne peut être antérieure de plus de dix-huit mois à la date du jugement d'ouverture.

---

[729] S. SABATHIER, *Le droit des obligations à l'épreuve du droit des procédures collectives*, th. Toulouse, 2000, n° 355 et s.

[730] La substitution d'une volonté de reconstituer ou de sauvegarder l'entreprise, du fait des objectifs affichés de la loi de 1985, ne remet pas fondamentalement en cause le fondement des nullités de la période suspecte. La protection du patrimoine de l'entreprise en difficulté reste la priorité, par le maintien de ses actifs, en vue d'un redressement souhaité ou d'une liquidation inévitable.

[731] V. LASBORDES, thèse préc. n° 120, p.130.

[732] Art. 107- 2 de la loi française de 1985 relative au redressement et à la liquidation judiciaire des entreprises.

Le législateur OHADA s'inscrit dans la même dynamique de reconstitution du patrimoine des sociétés commerciales dans l'article 67 de l'AUPCAP[733] même s'il y a des préalables[734]. Peu importe la nature civile ou commerciale de la dette[735], le juge peut exclure la cessation de paiements[736] ou déclarer en

---

733 La cessation des paiements permet l'annulation de certains actes faits pour lutter contre la fraude paulienne dans l'art. 67 de l'acte uniforme sur les procédures collectives qui dispose que : "sont inopposables de droit ou peuvent être déclarés inopposables à la masse des créanciers…, les actes passés par le débiteur pendant la période suspecte débutant à la date de cessation des paiements et finissant à la date de la décision d'ouverture." V. sur la période suspecte, J.-C. JAY, « Sort des actes accomplis par le débiteur pendant la période suspecte », Petites affiches 5 févr. 1986, p. 25 ; D. BRIAND-MELEDO, « Quelques repères sur les nullités de la période suspecte », Mél. PAILLUSSEAU, D. 2003, p. 385 ; Arrêt de référé n°452 de la première chambre de la Cour d'appel d'Abidjan du 27 avril 2001 opposant AXA-IARD a Alain Guillemain et Jean – Luc Henri Ruelle (procédure de liquidation des biens (faillite) – paiements effectués pendant la période suspecte – inopposabilité a la masse – Article 69 de l'AUPCAP- conventions passées entre la société et un de ses administrateurs- absence d'approbation d conseil d'administration – nullité des conventions) - application des articles 34 et 69 de l'AUPCAP ohadata J-02-79.Les juges affirmaient que : « si, par jugement rendu le 27 septembre 2000, le tribunal fixe la date de cessation de paiement du 30 septembre 1990, les paiements effectués par la société débitrice ayant cessé ses paiements durant les années 1990, 1991, 1992, sont suspectes et doivent être déclarés inopposables à la masse des créanciers, d'autant plus que l'accipiens était un des administrateurs de cette société n'ignorait rien des difficultés de celle-ci. Si, durant les années 1990, 1991, 1992, la société débitrice a passé des conventions avec un des administrateurs sans soumettre au conseil d'administration, elle se rend coupable de collusion frauduleuse manifeste avec lui. C'est donc à bon droit que le premier juge a fait application de l'article 69, alinéas 3 et 4 de l'acte uniforme sur les procédures collectives d'apurement du passif ».

734 La cessation des paiements suppose au préalable un passif échu en ce sens que les créances litigieuses doivent être écartées du passif exigible, si le litige est sérieux V. aussi cass. com. 22 février 1994 : JCP éd. G 1995, II 22447, note Lévy ; JCP éd. E, 1994 I, n° 394, obs. Pétel ; dans le même sens CA Ouagadougou, arrêt n°52 du 16 avril 2004, Juriscope OHADA 2006 ; plus récemment, dans le sens de l'exclusion des dettes éventuelles ou litigieuses : Com. 25 nov. 2008, GPC 28 avril 2009, p. 15, obs. Ch. Lebel ; F. THERA, op.cit. p. 40 ; Le passif exigible serait alors le passif « exigé » Com. 12 nov. 1997, Bull. civ. IV, n° 290 ; Rev. proc. coll. 2000, p. 46, n° 7, obs. J.- M. DELENEUVILLE ; D. Aff. 1997, n° 44, p. 468 ; Com. 28 avr. 1998, D. Aff. 1998, p. 1487 ; RJDA 8-9/98, n° 1000, JCP E 1998, p. 1926, obs. G. A. LIKILLIMBA ; J. BESSE, « Réflexions critiques sur la formule "passif exigible et exigé », Rév. proc. coll. 2000, p. 39 ; Com. 14 mai 2002, RJDA 10/02, n° 1046, p. 887 ; MARTINEAU-BOURGNINAUD, « La cessation des paiements, notion fonctionnelle », RTD com. 2002, p. 245 ; J. CALVO, « La notion de cessation des paiements dans les procédures collectives », Les Petites Affiches, 1999, n° 178, p. 4 ; Ne rentrent dans le passif exigible que les dettes certaines : ce qui exclut les créances litigieuses : Com. 25 nov. 2008, n° 07- 20972, Gaz. proc. coll. 28 avr. 2009, p. 15, note C. LEBEL, liquides, exigibles ; n'est pas exigible une créance contestée, dès lors que la contestation est sérieuse : Com. 22 févr. 1994, Bull. civ. IV, n° 75 ; V. pour une somme mise sous séquestre : Civ. 20 mai 1988, D. 1989, somm. p. 286, obs. A. HONORAT.

735 Com. 3 févr. 1998, D. Aff. 1998, n° 107, p. 383 ; V. aussi S. - K. EVELAMENOU, op.cit. p. 91.

736 Tribunal régional hors classe de Dakar, jugement n°1466 du 30 juillet 2001, relatif au règlement préventif de la société nouvelle conserverie du Sénégal (SNCS) : « Dans l'affaire de la plus grande entreprise de la filière de thon de la République du Sénégal, le Tribunal Régional hors classe de Dakar retient, pour exclure la cessation des paiements que : « la société connaît

cessation de paiement le débiteur inactif[737]. Dès lors qu'il est conclu depuis la date de cessation de paiements, le contrat commutatif est menacé d'invalidation en raison d'un déséquilibre grave des prestations réciproques. La sanction concernait les seuls contrats commutatifs c'est-à-dire les contrats à titre onéreux dans lesquels les avantages réciproques que les parties vont retirer de la convention et qui sont connus dès sa conclusion. En revanche, le contrat aléatoire même gravement déséquilibré au détriment du débiteur ne relève pas de l'application du texte. En effet, il s'agit d'un contrat par nature déséquilibré dans lequel le risque de déséquilibre a été assumé et accepté par le cocontractant qui en sera éventuellement victime. L'appauvrissement est le résultat de l'aléa voulu par les parties et demeure, à ce titre, indifférent. Au rebours du droit civil, le droit spécial des procédures collectives ne limite pas la prise en compte de l'inéquivalence entre la valeur des prestations à certains contrats commutatifs. Cela s'explique par la finalité des nullités dans la

---

une situation économique et financière difficile, certes, mais non irrémédiablement compromise. Qu'en effet, si l'expert a conclu qu'elle est virtuellement en cessation des paiements et n'arrive plus à faire face à ses engagements, il a admis par ailleurs que les projections financières sont acceptables en raison de la disponibilité du produit de la location de l'usine à la société d'exploitation créée et de l'apport en réserve de crédit du Fonds de la Promotion Économique (FPE) ; que d'ailleurs, la disparition de la société qui représente la plus grande entreprise de la filière de thon du Sénégal avec un chiffre d'affaires de 18 milliards de FCFA, 1200 emplois directs et une participation de l'État à hauteur de 77% serait de nature à causer un trouble grave à l'économie nationale ». V. F. THERA, *L'application et la réforme de l'acte uniforme de l'OHADA organisant les procédures collectives d'apurement du passif*, thèse Université Jean Moulin 3 de Lyon, 2010 p. 32 ; Le même tribunal faisant suite à la requête en règlement préventif d'une société a exclu la cessation des paiements aux motifs que : « si les dettes de la société sont très importantes pour être passé de 66,9 millions en 2000 à 897 millions en 2003, il est au moins avéré, malgré le soutien qui peut être abusif de ses banques, que celle-ci a pu jusqu'ici faire face à son passif exigible en payant notamment les salaires et autres dettes aux fournisseurs et aux institutions de prévoyance ; qu'en cela, elle n'est donc pas en état de cessation des paiements et doit être admise au règlement préventif », Tribunal Régional hors classe de Dakar, Jugement n°105 du 06 août 2004, Règlement préventif de la société des pêcheries Frigorifiques du Sénégal (PFS) ; Le tribunal de commerce de Bamako (Mali) a, quant à lui, constaté l'absence de cessation des paiements d'une compagnie aérienne qui cumulait pourtant une dette de 3 milliards de Francs CFA du fait de la mauvaise gestion dont ont fait montre ses dirigeants et des ambitions excentriques par rapport à ses capacités réelles au motif que : « celle-ci conservait encore son agrément et sa licence d'exploitation source de viabilité et de liquidité potentielle pour une compagnie aérienne ; qu'une société avait été spécialement constituée pour la prendre en location-gérance et pour y injecter immédiatement de l'argent frais à hauteur de 500 000 000 FCFA». Le même tribunal a constaté l'absence de cessation des paiements et a admis une société au bénéfice du règlement préventif au motif que : « celle-ci conservait encore des réserves potentielles constituées par un lot impressionnant de matériels de travaux publics de qualité et un personnel hautement qualifié », T. Com. Bamako, Jugement n°191 du 10 mai 2006, règlement préventif de l'Entreprise de travaux d'ingénieries civiles (ETIC SA).

737 Jugement du tribunal Régional hors classe de Dakar opposant EGECOM, ECOPRES, Établissements CATIM c/ Société SOGERES : Procédures collectives – Arrêt définitif de condamnation du débiteur – commandements de payer restés sans effets – état de cessation des paiements avéré – déclaration du débiteur en liquidation des biens - Ohadata J-05-530.

période suspecte. En effet, la finalité de l'article 107 de la loi de 1985 ne réside pas dans la protection de la victime du prix insuffisant ou excessif, mais plutôt dans la protection de l'entreprise en proie à des difficultés financières. Cet impératif exige que le contrat commutatif, bien que valablement conclu au regard des règles du Code civil, soit annulé en dépit de l'atteinte ainsi portée à la sécurité des transactions. Selon LASBORDES, le déséquilibre en valeur du contrat commutatif conclu pendant la période suspecte se manifeste par un prix insuffisant payé par le cocontractant du débiteur. Le déséquilibre entre la valeur des prestations est sanctionné car il porte atteinte au redressement de l'entreprise et au paiement des créanciers[738]. Pour le seuil, tandis que la lésion est déterminée par référence à une fraction légale impérative, l'article 107 de la loi française de 1985 se contentait d'exiger un déséquilibre notable au détriment du débiteur. Le seuil du déséquilibre relève de l'appréciation souveraine des juges du fond qui peuvent faire recours au prix du marché entendu comme un prix objectif déterminé par le libre jeu de la concurrence. C'est encore en raison de son caractère objectif que le prix est utilisé comme un instrument de mesure par le juge-commissaire demandant une expertise afin de déterminer la valeur des biens objets du contrat commutatif suspecté. Une grande partie de la doctrine considère qu'il s'agit en réalité d'une application de la lésion en droit positif[739]. Comme précédemment annoncée, la nullité peut concerner des ventes[740] ou des baux[741], des contrats de travail[742]. La jurisprudence inclut dans la catégorie des contrats commutatifs des actes ayant une nature de partage[743], un apport en société[744] mais refuse de contrôler les contrats aléatoires.

178. L'exclusion des contrats aléatoires est justifiée simplement par la règle : « l'aléa chasse la lésion ». Le caractère relatif de la classification des contrats aléatoires et commutatifs n'a pas manqué d'être souligné[745]. L'exclusion des contrats aléatoires du champ d'application de la sanction de la lésion se justifie avant tout par le déplacement de l'équivalence recherchée des prestations aux chances de gain et de perte. Les nullités de la période suspecte, comme la fraude paulienne, en appellent à la justice distributive qui suppose un contrôle porté sur l'acte et sur les patrimoines en cause. La sanction de la fraude

---

738 V. LASBORDES, thèse préc. n°124, p.135.

739 V. notamment, M.-H. MONSÉRIÉ, *Les contrats dans le redressement et la liquidation judiciaire des entreprises*, préf. C. Saint-Alary-Houin, Bibl. dr. Entr., t. 33, Litec, 1994, n° 444.

740 Pour une cession d'actions, Versailles, 30 sept. 1993, Dr. Sociétés 1994, n°29. Pour une cession de fonds de commerce Cass. com. 10 déc. 2002, RJDA 2003, n°521 ; RTD com. 2004, p.813, obs. Martin-Serf.

741 Pau, 10 nov. 1992, Rév. Proc.Coll.1995, 448, obs. Lemistre.

742 V. notamment Cass.com. 26 juin 2001, Rév. Proc. Coll. 2002, 275, obs. Blanc, respectivement pour une transaction et un contrat de travail.

743 Cass. civ. 1re 3 juin 2003, Bull. n° 136; D. 2003, 2655, n. Marly.

744 Grenoble, 8 avr. 2003, Dr. Sociétés 2004, n°75, obs. F.-X. Lucas.

745 F. GRUA, *Les effets de l'aléa et la distinction des contrats aléatoires et des contrats commutatifs*, RTD civ. 1983, p. 263, spéc. n°45.

paulienne et de sa dérivée dans les procédures collectives, la nullité de certains engagements conclus pendant la période suspecte, illustrent l'attention particulière dont fait preuve le droit positif à l'égard des actes qui portent atteinte à la justice distributive. La situation du contractant cherchant la conclusion d'un contrat volontairement déséquilibré apparaît paradoxale. L'impératif de justice contractuelle, bien loin des préoccupations du législateur du Code civil français de 1804, semble gagner du terrain.

Paragraphe 2 : L'insurmontabilité des obstacles techniques

179. La nullité exceptionnelle des contrats lésionnaires est un procédé de préservation de la sécurité des transactions. Cette dernière est basée sur la liberté de s'engager et l'obligation d'assumer toutes les conséquences de nos actes. De ce fait, l'interprétation créatrice, forme intellectuelle de la désobéissance[746], est limitée (A) au même titre que l'efficacité de l'action en rescision (B) dans le traitement judiciaire des contrats lésionnaires.

A- Les limites dans l'interprétation des contrats lésionnaires

180. La restriction légale du domaine d'invalidation des contrats lésionnaires est surmontable par une interprétation créatrice mais l'absence de fondement approprié (1) et de reconnaissance de l'injustice des contrats lésionnaires (2) entravent le traitement judiciaire.

1- L'absence de fondement approprié

181. Le rejet de la correction du déséquilibre lésionnaire par le juge en droit commun est enteriné par la volonté du législateur malien de ne pas lui donner l'opportunité de contourner la sécurité contractuelle. L'interdiction est faite au juge de s'adonner à toute interprétation qui modifierait la volonté des parties. Le juge malien ne dispose pas de fondement approprié pour traiter les contrats lésionnaires. En droit comparé, l'insistante utilisation de la notion de cause dans la sanction de la lésion demontre que l'absence partielle de cause se confond parfois avec la lésion[747]. La cause et la lésion se côtoient dans le traitement judiciaire du déséquilibre contractuel en comparant la valeur des obligations de chaque partie. PORTALIS en défendant l'introduction de la lésion dans le Code civil français de 1804 aurait fondé son argumentation sur l'idée de cause. En cas de lésion, c'est à dire s'il n'y a point d'équilibre entre la chose et le prix, le contrat se trouverait sans cause ou du moins sans une cause suffisante. C'est la théorie de la cause insuffisante par laquelle le quantum de l'obligation ne peut être conforme à la valeur objective de la cause. Admettre le contraire, c'est méconnaître une des expériences les plus banales de l'économie politique relative au jeu du marché qui fait que, en raison de la loi de l'offre et de la demande, le prix ne coïncide pratiquement jamais à court terme avec la valeur. En conséquence, un contrat qui contient une disproportion entre les prestations réciproques, dépassant la limite des atteintes tolérables, devra être corrigé sur la base de la cause insuffisante. Ce sont uniquement ces atteintes intolérables qui seront sanctionnées car on reconnaît que le quantum de l'obligation ne peut être minutieusement adéquat à la valeur objective de la cause. Pour définir la notion de l'intolérable, on est alors obligé d'introduire des éléments d'ordre qualitatif, comme le besoin et la rareté, pour circonscrire la valeur d'échange. La théorie de la cause insuffisante légitime l'exigence d'un principe de proportionnalité entre la

---

[746] J. CARBONNIER, *Droit civil, Introduction,* 27ème édition, PUF, 2000, n° 160.
[747] P. MALAURIE et L. AYNÈS, *Les obligations*, Cujas 1996, n°511.

rémunération et la prestation fournie. Il s'agit de tenir compte de l'équivalence concrète entre les prestations et d'inclure des éléments subjectifs dans l'appréciation de la cause objective. Ainsi, la juridiction suprême du Mali sanctionne une augmentation unilatérale et complémentaire des honoraires d'avocat en fonction du résultat[748]. Cette décision sanctionnait l'immoralité de la cause dans laquelle il est possible d'entrevoir un défaut de cause objective pour le client de l'avocat. Ce qui nous semble logique car l'augmentation arbitraire des honoraires met le client en danger.

182. En droit comparé, la jurisprudence rapproche le régime de la cause à celui de la lésion. Dans l'arrêt Chronopost, on aurait pu s'attendre à l'annulation intégrale du contrat, l'existence de la cause étant une condition de validité des conventions. Au lieu de prononcer une sanction abrupte, la Cour de cassation a préféré procéder à la réfaction du contrat en réputant non écrite la clause limitative de responsabilité. Certes, la doctrine a dégagé le principe de la nullité partielle des actes juridiques[749] ou de la nullité par réduction[750]. Malgré cela, c'est sous le couvert de la nullité que le juge procède à une révision du contrat en altérant ainsi les effets classiques de la nullité. La révision du contrat est, avec la rescision, l'une des deux sanctions de la lésion. Elle concilie l'exigence de stabilité et le rétablissement de l'équilibre contractuel. La jurisprudence française paraissait fermement opposée à cette pratique[751]. Néanmoins, elle a donné des signes d'une évolution lorsque la Cour de cassation a cassé, sous le visa de l'aride 1131 du Code civil, un arrêt au motif que : « la fausseté partielle de la cause n'entraîne pas l'annulation de l'obligation, mais sa réduction à la mesure de la fraction subsistante »[752].

183. La cause insuffisante à été assimilée à l'absence de cause. Le juge a recours à l'équité subjective. Sans le dire, il utilise des concepts détournés de leur finalité pour arriver au but recherché dans le traitement du déséquilibre structurel. L'existence de la cause, condition de la naissance de l'obligation, est un système de protection individuelle dans une pensée d'équité[753]. La cause de l'engagement serait plus adaptée que le recours à un principe d'équité pour motiver l'annulation du contrat. Néanmoins, l'assimilation de l'inéquivalence concrète à une absence de cause peut être soutenue par le fait

---

[748] Arrêt n° 232 de la deuxième chambre civile de la section judiciaire de la Cour suprême du Mali – pourvoi n° 46 du 17 février 1999 (Contestation d'honoraires d'avocats – Violation de l'article 15 de la loi n° 94-042 portant création et organisation de la profession d'avocat – Règlement intérieur du Barreau).

[749] P. SIMLER, thèse préc. Strasbourg, LG DJ, 1969.

[750] P. MALAURIE et L. AYNÈS, op. cit., n°583.

[751] Cass. Civ. 3e 29 janv. 2003, Bull. n° 23, Défrenois 2003, art. 37767, p.845, n°53, obs. Savaux; JCP 2003, I, 186, n°1 ; obs. Labarthe ; RDC 2004, p.340, obs. Brun.

[752] Cass. Civ. 1ère 11 mars 2003, Bull. n° 67; JCP 2003, I, 142, n°5 et s ; obs. Rochfeld; RDC 2003, p.39, obs. D. Mazeaud ; RTD civ.2003, p. 287, obs. Mestre et Fages.

[753] V. sur l'équivalence J. MAURY, *La notion d'équivalence en matière contractuelle*, thèse Toulouse, 1920.

que dans les actes à titre onéreux, qui sont par définition des actes intéressés, l'obligation perd toute raison d'être en l'absence de contrepartie sérieuse[754]. Ce qui est évident, à tous les égards, c'est que la théorie de la cause masquerait un recours inavoué à la correction judiciaire des contrats lésionnaires. Aux problèmes suscités par la mise en place d'une sanction judiciaire des contrats lésionnaires, vient se greffer une quantité de préoccupations pratiques dont la diversité dissimule souvent l'importance des enjeux théoriques dissimulés. La place concédée à la volonté individuelle est tributaire d'une philosophie juridique dont le législateur doit être l'instigateur plutôt que de déléguer cette responsabilité aux parties qui n'y arriveront que difficilement dans le traitement du déséquilibre structurel. Ce qui est contestable en l'absence d'une reconnaissance légale de l'injustice dans les contrats lésionnaires.

2- L'injustice dans les contrats lésionnaires

184. La lésion est le préjudice causé à un contractant lors de la conclusion du contrat. Elle engendre un défaut d'équivalence, une inégalité de valeur entre les prestations contractuelles[755]. Ce qui n'est pas la définition du législateur qui entrevoit dans la lésion un simple déséquilibre des prestations sanctionné par une nullité exceptionnelle[756]. La reconnaissance de cette disproportion entre les prestations réciproques des parties[757] consacrerait logiquement le traitement judiciaire du déséquilibre structurel. Le législateur s'y désengage en concédant exclusivement aux parties, la liberté du traitement conventionnel. L'équivalence revêt une connotation économique exigeant non pas une égalité virtuelle, en droit sur le fondement de l'autonomie de la volonté, mais une égalité effective symbolisant la contrepartie juste de ce à quoi on s'engage et rien d'autre. C'est en l'absence de contrepartie réelle que l'inéquivalence deviendrait injuste. Autrement dit, l'inéquivalence des prestations n'est pas en elle-même injuste. Elle ne le sera que lorsque le préjudice subi par la victime résulte d'un accord désavantageux[758].

185. La négociation qui conduit à la conclusion du contrat n'est pas une garantie d'équilibre dès lors que la volonté de la partie faible peut être affectée par le besoin ou le désir de conclure le contrat[759]. Cette logique est plus complexe dans le cadre de la lésion ou l'injustice ne relève pas d'un événement extérieur mais résulte d'une action volontaire de la part d'un des contractants. Le droit des contrats peut accepter et intégrer les altérations de la rationalité des agents économiques en protégeant davantage leur volonté réelle. Il peut au contraire considérer que ces altérations n'ont pas d'impact sur la définition légale du consentement en exigeant des opérateurs économiques

---

[754] J. GHESTIN, *Traité de droit civil. Le contrat : la formation*, op.cit.
[755] D. MAZEAUD, *Répertoire civil*, V° '' Lésion'', 1994.
[756] Art. 55 du Régime général des obligations au Mali.
[757] M. A. - P. MOREL, *De l'équilibre des prestations dans la conclusion du contrat*, préc. p. 25.
[758] C. BOISMOIN, *Les contrats relationnels*, P. U. D'aix Marseille, 2005, p. 236, n°317.
[759] V. LASBORDES, *Les contrats déséquilibrés*, thèse préc. p. 216, n° 213.

des standards de conduite élevés dans l'optique, soit de protéger la confiance et d'exclure d'un secteur donné certains acteurs qui pourraient difficilement se conformer à de tels standards, soit de prôner certains comportements.

186. Il est reconnu de nos jours, à la lumière des sciences empiriques, que le droit des contrats, sous l'emprise de l'autonomie de la volonté, représente une des institutions accueillant les valeurs et les idéologies de la classe dominante, du machisme, de l'égoïsme individualiste et de la vision bourgeoise de la société. La généralisation dans la formulation des règles et des principes, la préférence pour la sécurité plutôt que pour la flexibilité sont potentiellement le reflet de ce mode de raisonnement. La vision antagoniste du contrat serait le fruit de la vision individualiste et égoïste de la réalité. La justice, au-delà des grandes théories, se confond avec l'efficacité. Le facteur moral est subordonné au facteur économique, la justice à l'utilité. L'idée d'utilité serait inconciliable avec un principe général de révision des contrats lésionnaires pour instaurer la justice. Pour certains, il ne faut pas soumettre les parties à des obligations définies par le juge, car celui-ci n'a pas pour fonction de déterminer l'équilibre des relations contractuelles[760]. L'interrogation sur le seuil de justice s'exprime dans la correction des abus dans les contrats lésionnaires. La lésion traduit l'injustice du contrat et non son utilité. Il reste évident que dans la conception libérale de l'autonomie de la volonté, la justice ne doit être recherchée au détriment commerce juridique[761]. La lésion est la rançon de la liberté[762] et la spéculation l'âme du commerce.

187. Pour d'autres auteurs, dans la lésion : « ce n'est même pas par ses caractères que l'on prétend l'individualiser, mais par son résultat qui est sans individualité[763]». La restauration de la justice contractuelle est le but de la correction du déséquilibre contractuel. FIN-LANGER, dans sa thèse consacrée à l'équilibre contractuel, considère que l'idée d'équilibre contractuel précise celle de justice commutative. Elle traduit la volonté d'avoir un échange juste et une composition harmonieuse du contenu du contrat entre les prestations ainsi qu'entre les droits et les obligations[764]. L'objectif de la correction judiciaire du contrat lésionnaire doit être la restauration de l'équivalence des prestations réciproques. La passivité du législateur, dans le sacre d'un principe cohérent et conséquent de correction judiciaire des contrats lésionnaires en droit commun, est assimilable à une démission du droit des contrats face aux technologies émergentes importées en Afrique. C'est une passivité légale face à l'injustice dans les transactions. La caractérisation de l'équilibre passe par une

---

[760] J. FLOUR, J.-L. AUBERT, E. SAVAUX, *Les obligations*, 1, L'acte juridique, op.cit., n 408 à 411, p. 335 à 338.

[761] E. GAUDEMET, *Théorie générale des obligations*, Sirey 1937, p. 78 ; H. BATIFFOL, *La philosophie du droit*, 3 éd., coll. « Que sais –je ? », PUF, 1996, p. 109.

[762] G. RIPERT, *La règle morale dans les obligations civiles*, 4 éd., LGDJ, 1949, n° 63.

[763] P. LOUIS - LUCAS, *Lésion et contrat*, Sirey, 1926, n° 2.

[764] L. FIN LANGER, *L'équilibre contractuel*, thèse préc. n°130.

multiplicité de critères[765], de situations mouvantes et diversifiées qu'elle embrasse. Le traitement judiciaire des contrats structurellement déséquilibrés progresse de l'équivalence escomptée des prestations à une évaluation du comportement des contractants. Pour plus d'efficacité des actions en rescision pour lésion, un dépassement de l'équilibre objectif en valeur entre les particuliers est impérieux.

B- Les limites à l'efficacité de l'action en rescision

188. Pour un traitement opérant des contrats déséquilibrés, le juge malien doit remédier au manque de sanctions autonomes (1) et à l'immoralité (2) des contrats lésionnaires.

1- Le manque de sanctions autonomes

189. Aux termes de l'article 55 : « la lésion résultant du déséquilibre des prestations promises dans le contrat au moment de sa formation n'entraine la nullité ou rescision qu'en vertu d'une disposition expresse de la loi[766]». Cette conception objective de la lésion consacre un caractère économique c'est-à-dire qu'elle est indépendante de la personne lésée. Selon CHANTEPIE, le rejet de la lésion comme cause générale d'invalidation des conventions semble marquer le sceau de l'évidence[767]. Sous l'influence du postulat de l'égalité des parties, mis en avant par la théorie de l'autonomie de la volonté, la prise en compte des vices du consentement devient exceptionnelle[768]. La sécurité des transactions suppose que les parties aient eu l'opportunité de choisir l'équilibre à travers les conditions économiques avantageuses et juridiques respectées. Autrement dit, la conclusion du contrat est l'opportunité pour chacun de choisir sa sécurité et sa justice contractuelles. De ce fait, la nullité est une sanction exceptionnelle des contrats lésionnaires. Elle est relative en sanctionnant les intérêts particuliers dans l'article 63 du RGO disposant que : « la nullité relative résulte de l'inobservation des règles destinées à assurer la protection d'un intérêt privé, telles que les dispositions concernant les vices du consentement, les incapacités de protection et la lésion[769] ». La nullité a été considérée comme une sanction inadaptée dans la correction de toutes les formes de déséquilibre contractuel[770]. Il faut rappeler l'inefficacité de la sanction de la lésion et les effets de la nullité en cascades dans les ensembles

765 L'équilibre dans sur le plan quantitatif met l'accent sur la réciprocité, commutativité mais aussi sur un plan qualitatif il apparait comme une équivalence ou une proportionnalité.

766 Art. 55 du régime général des obligations du Mali ; art. 77 du COCC, préc.

767 G. CHANTEPIE, *La lésion*, thèse préc. p.1, n°1.

768 E. CHARPENTIER, *Les fondements théoriques de la transformation du rôle de l'équilibre des prestations contractuelles*, Les Cahiers de droit, vol. 45, n° 1, 2004, p. 69 http: // id. erudit .org/ iderudit / 043784 ar. Elle précise utiliser généralement l'expression « équilibre des prestations », car cette expression n'est pas technique et elle peut englober des notions comme la lésion, l'égalité, le juste prix qui jouent toutes un rôle dans l'atteinte d'une certaine justice contractuelle ». p.70, renvoi n° 1.

769 Art. 63 du régime général des obligations au Mali, préc. ; art. 86 du COCC sénégalais.

770 V. LASBORDES, thèse préc. n° 476, p. 330.

contractuels. La résolution et la résiliation sont considérées comme des sanctions adaptées dans la correction du déséquilibre en valeur[771]. Il n'y a pas de sanctions autonomes dans le traitement du déséquilibre structurel. D'autres pistes ont été explorées en dehors des voies classiques de correction judiciaire des contrats lésionnaires.

190. La responsabilité civile n'est pas techniquement accessible. La révision du prix rétablit l'équilibre contractuel alors que la réparation du préjudice s'efforce de replacer le contractant lésé dans la situation qui était la sienne avant la conclusion du contrat. Or, en admettant que le juge présume comme fautif le simple fait d'avoir permis la conclusion d'un contrat lésionnaire, notamment par le biais du dol ou de la violence, la responsabilité devrait réparer l'ensemble du préjudice subi. Dans ce cas, le juge irait au-delà de la volonté des parties pour le rétablissement de l'équivalence des prestations. C'est dans cette logique que la généralisation de la révision des contrats lésionnaires porterait atteinte à la stabilité du commerce. La chute d'un contrat structurellement déséquilibré peut entrainer l'annulation d'autres qui sont irréprochables.

191. La consécration d'une sanction autonome des contrats lésionnaires est souhaitable. Dans l'office du juge, les mécanismes qu'il utilise pour rétablir l'équilibre contractuel seraient limités dans leur finalité. L'appréciation tournée vers les contractants prime toujours dans l'analyse objective de l'équilibre contractuel. Le traitement de la lésion dans les contrats, telle qu'elle se révèle dans la confrontation du prix à la valeur, oblige le juge habilité à appliquer un mécanisme autonome de toute considération procédurale. Insister sur le déséquilibre économique, comme un vice du contrat, serait une affirmation de l'autonomie de la lésion. C'est détacher la lésion de ses causes potentielles. Parmi celles-ci, l'inégalité des contractants tient une place particulière dans la mesure où la lésion pourrait ainsi traduire, outre une inégalité des prestations échangées, une inégalité des parties au contrat. Plus modestement, la lésion est définie par rapport à une inégalité originelle qui reconnait les conditions injustes de sa conclusion. C'est dans les disparités entre contractants que résiderait la source de tout contrat lésionnaire.

192. L'égalité des parties au contrat se distingue de l'équilibre des prestations. Le but de l'équilibre contractuel consiste à réaliser la justice à l'intérieur même de la relation entre deux patrimoines. Selon FIN-LANGER : « il (équilibre contractuel) ne traduit pas la recherche d'une égalité entre les parties contractantes. L'équilibre concerne le lien objectif et non le lien subjectif du contrat[772]». Que l'inégalité préalable des contractants permette en pratique à la partie forte d'imposer ses conditions n'influencerait pas le constat de la lésion. Le droit peut chercher à compenser ces situations par une

---

[771] V. LASBORDES, thèse préc. n°483, p.334.

[772] L. FIN-LANGER, *L'équilibre contractuel*, thèse préc. n° 130.

asymétrie provoquée en offrant une protection accrue aux contractants réputés faibles. Pas plus qu'elle ne dépend de l'inégalité des parties, la lésion ne devrait pas être subordonnée à la démonstration d'un consentement vicié ou d'un comportement déloyal de l'un des contractants. La lésion est un déséquilibre en valeur qui ne dépendrait pas des positions respectives de chacune des parties. Le manque de sanctions autonomes se répercute sur l'appréciation des différentes circonstances qui ont entouré la conclusion du contrat. L'inégalité des contractants n'est, en effet, qu'un amplificateur qui facilite la survenance d'un vice du consentement ou de la déloyauté du comportement. Ce n'est pas en faisant abstraction de ces circonstances que l'on peut saisir la spécificité de la lésion par rapport aux autres vices actuellement sanctionnés. L'immoralité des contrats lésionnaires peut être sanctionnée sur la base des comportements déloyaux.

2- L'immoralité des contrats lésionnaires

193. La lésion se situe aux frontières des grands principes qui soutiennent le droit des contrats[773]. La diversité des commentaires sur la lésion[774] n'a pas manifestement épuisé les craintes sur son traitement judiciaire. Les obstacles liés à l'interprétation des contrats lésionnaires se situent autour de la fixation du seuil de tolérance. Lorsque le législateur prévoit un seuil précis, on lui reproche la rigidité mathématique dont il fait preuve et l'introduction d'un régime général à partir des dispositions éparses du droit positif souffre de la diversité des taux appliqués[775]. Le traitement du déséquilibre structurel a pour finalité de restaurer une équivalence rompue des prestations réciproques. La rigueur des relations individuelles pourrait être atténuée par un recours à une moralité personnelle des contractants. C'est un outil à valoriser pour déclencher d'adhésion de la partie forte à la correction judiciaire des contrats lésionnaires.

194. Le problème le plus grave que soulèvent les rapports entre le droit et la morale dans les contrats est assurément celui de la lésion qui est le plus connu et le plus insoluble[776]. La lésion illustre l'irrigation du droit des obligations par la règle morale. Le législateur maintient le caractère équitable de l'action en rescision pour lésion en l'enfermant dans un texte sans vie[777]. Le recours à la morale, quoi qu'illégitime à cause de la suprématie du volontarisme contractuel dans le traitement judiciaire du déséquilibre structurel, est

---

[773] F. TERRÉ, Ph. SIMLER, Y. LEQUETTE, Obligations, n°303.

[774] J.-J. ANVILLE N'GORAN, *La lésion dans la vente d'immeuble*, th. Nancy, 1991 ; M. BLOND, *Le fondement de la lésion dans les contrats*, th. Lille, 1935 ; H. DE MESMAY, *La nature juridique de la lésion en droit civil français*, th. Paris II, 1980 ; M. VALMONT, *Le fondement juridique de la lésion dans contrats entre majeurs*, th. Paris, 1938.

[775] G. MARTY et P. RAYNAUD, *Droit civil, les obligations*, t. I, les sources, 2e éd. Sirey, 1988, n° 185.

[776] G. RIPERT, *Les règles morales dans les obligations civiles*, 4ème éd., LGDJ, 1949, n° 61.

[777] R. RUEB, « La lésion dans la vente immobilière, un passé plein d'avenir ? », p. Aff. 4 mai 1999, n° 88, p.11

incontournable dans une analyse du comportement des parties. C'est plus qu'un simple jugement de valeur de déplorer qu'il soit plus immoral de demander une sanction des contrats lésionnaires que d'affirmer que dans le commerce « trompe qui peut ».

195. Le juge ne généralise pas instinctivement l'application de la rescision à tous les contrats[778]. Le juge malien a astucieusement sanctionné un contrat lésionnaire en invoquant son immoralité sur le fondement de la cause. Le contrat est nul pour cause immorale ou illicite, lorsque le motif déterminant de la volonté des parties est contraire à l'ordre public et aux bonnes mœurs. En l'espèce, le demandeur en exigeant de son débiteur un taux d'intérêt de 10% par mois, soit 120% l'an, pour un prêt d'argent a violé les dispositions de la loi relatives à l'usure aux prêts d'argent[779]. Nous convenons que généraliser le traitement autoritaire du déséquilibre des prestations transformerait le juge en justicier lorsqu'il doit corriger toutes les formes d'injustices dans les contrats lésionnaires. Pour éviter cela, il faut organiser cette intervention du juge dans le traitement du déséquilibre structurel. L'injustice suscitée par l'immoralité des contrats lésionnaires est causée par la cupidité de quelques professionnels dans le commerce. Ce qui devrait mériter une attention législative particulière pour plus de moralisation des pratiques contractuelles dans un contexte de pauvreté.

196. Le refus de l'admission d'une immoralité des contrats lésionnaires entre les particuliers peut être modéré par une interprétation créatrice dans l'office du juge. Dire que l'interprétation d'une même norme à un moment donné ne peut être différente selon l'époque des faits considérés à cause du principe des droits acquis apparaît comme une grande désinvolture et même une scandaleuse hypocrisie. Il a fallu recourir aux présomptions[780] pour établir l'immoralité des contrats lésionnaires. En effet, les présomptions légales irréfragables sont constituées de véritables règles substantielles à l'application desquelles il n'est pas possible d'échapper même en rapportant la preuve contraire de ce qu'elles énoncent[781]. Elles portent sur le droit et en modifient l'ordonnancement en dépassant le caractère d'une simple règle de preuve. Cette faculté à nier la réalité rapproche la présomption irréfragable de la fiction[782].

---

[778] J. FISCHER, *Le pouvoir modérateur du juge en droit civil Français*, préf. Ph. Le Tourneau, PUAM, 2004, n° 246 et s.

[779] Arrêt n° 61 du 06 Avril 1998 de la 1ère chambre civile de la section judiciaire de la Cour suprême du Mali – pourvoi n°115 du 04 juin 1997 (Contrat de prêt – nullité pour cause immorale ou contraire à l'ordre public- usure – taux usuraire, préc.

[780] G. CHANTEPIE, *La lésion*, thèse préc.

[781] Ch. LARROUMET, Droit civil, t.1, *Introduction à l'étude du droit privé*, 4e éd, Economica, 2004, n°553, V. également F. GÉNY, *Science et technique en droit privé positif*, t. III, élaboration technique du droit positif, Sirey, 1921, n° 232.

[782] Certains auteurs assimilent d'ailleurs les deux mécanismes V. ainsi, J- L. BERGEL, *Méthodologie juridique*, PUF, 2001, p.73 ; P. FORIERS, « Présomptions et fictions », in les présomptions et les droits, Bruxelles, Bruylant, 1974, p.7, n° 9. Cette approche sociologique

La présomption s'écarte fréquemment de la réalité, même démontrée elle ne présente plus de rapport avec celle-ci. Le mécanisme de la présomption reste cependant sous-tendu par l'idée de vérité fût- elle improbable. Par contre, alors que la fiction contredit ouvertement le droit, la présomption irréfragable souhaite l'orienter en fonction d'une situation qui, bien qu'improbable, peut exister. Cette présomption permet de tenir un fait pour établi lorsque la preuve d'un autre est rapportée alors même que la preuve contraire en serait faite. Nous partageons l'idée que l'intégration de l'équilibre contractuel par le biais des présomptions vagues peut être une entreprise illusoire dans une interprétation judiciaire des contrats lésionnaires. Cependant, nous reconnaissons que le mécanisme des présomptions permet de sanctionner le déséquilibre contractuel par l'insertion d'une moralité dans la correction judiciaire du déséquilibre structurel. La présomption irréfragable est une règle substantielle et plus qu'une simple question de preuve[783]. Présumer un vice du consentement à partir de la lésion rendrait tolérable son intégration au sein d'un processus de correction judiciaire du déséquilibre principalement fondé sur l'autonomie de la volonté. Ce n'est pas le déséquilibre des prestations contractuelles qui fonde la sanction du contrat mais une volonté déficiente à souscrire à un contrat lésionnaire en toute connaissance de cause. Le jeu des présomptions sanctionnerait le comportement du contractant malhonnête qui traine la réputation d'une immoralité avérée en ayant l'habitude de faire des affaires à tous les prix.

197. Le pessimisme nourrit face à l'émergence de figures contractuelles inédites exclut ou limite le contrôle de l'équilibre des prestations spécialement dans les contrats d'adhésion, de domination ou de dépendance. De nouvelles formes de déséquilibres structurels surgissent de ces contrats parfois innommés. Le législateur malien n'a pas encore autorisé l'émergence d'un véritable principe d'équilibre susceptible de guider l'interprétation des contrats structurellement déséquilibrés en droit commun. La réunion de dispositions éparses destinées à protéger les contractants les plus faibles ne suffit pas à renverser la conception libérale du contrat qui prévaut[784]. Seule une modification en profondeur du droit positif fournirait un soubassement suffisant pour ouvrir la voie à de nouvelles interprétations judiciaires[785]. Cette interprétation judiciaire extensive n'est pas donnée en cas de bouleversements de circonstances économiques.

---

revient à considérer que, puisque la présomption s'écarte fréquemment de la réalité, même démontrée, elle ne présente plus de rapport avec celle-ci. Le mécanisme de la présomption demeure cependant sous - tendu par l'idée de vérité, fût-elle improbable.

783 F. CHABAS, *Introduction à l'étude du droit*, 12e éd. Montchrestien, 2000, n° 328 ; V. sur les présomptions dans les contrats lésionnaires. G. CHANTEPIE, La *lésion,* thèse préc. p. 436 et s.

784 L'accumulation d'exceptions ne suffit pas à renverser la règle, encore faut-il qu'une meilleure règle soit proposée en remplacement. V. Ch. JAMIN, « Révision et intangibilité du contrat ou la double philosophie de l'article 1134 du Code civil », préc. p. 46 et s.

785 L. FIN-LANGER, *L'équilibre contractuel*, thèse préc. n° 260 s.

Section 2 : L'indifférence individualiste au traitement judiciaire des bouleversements de circonstances économiques

198. L'article 77 du RGO dispose que : « les conventions légalement formées tiennent lieu de loi à ceux qui les ont faites. Elles ne peuvent être révoquées que de leur consentement mutuel ou pour les causes que la loi autorise. Elles doivent être exécutées de bonne foi[786] ». La conséquence de l'autonomie de la volonté, fondement de la sécurité des transactions, serait dorénavant défectueuse à caractériser et à maintenir l'équilibre contractuel. Devant la méconnaissance et l'inéfficience de l'adaptation des contrats déséquilibrés par les parties et la raréfaction des causes légales de leur révocation, l'espoir est tourné vers leur révision judiciaire. La liberté de choisir son contractant oblige au respect de sa parole donnée. Le rejet théorique de l'inéquivalence ultérieure des prestations (Para.1) conduit à une léthargie qui a une portée pratique (Para.2) réduisant le pouvoir du juge dans le traitement du déséquilibre conjoncturel.

Paragraphe 1 : Le rejet théorique de l'inéquivalence ultérieure des prestations

199. L'exécution des contrats conjoncturellement déséquilibrés peut être onéreuse pour ne pas dire impossible. Pourtant, la méconnaissance du débat sur les bouleversements de circonstances économiques (A) rendrait laborieuse la réception de la théorie de l'imprévision (B) en droit malien des contrats.

A- La méconnaissance du débat sur les bouleversements de circonstances économiques

200. L'imprévision est une théorie selon laquelle le juge a le pouvoir de réviser un contrat à la demande d'une partie en cas d'événement imprévu rendant son exécution si onéreuse, sans être impossible[787], au point de ruiner la partie qui n'a pas accepté d'en assumer le risque. Son approche théorique (1) la distingue des notions voisines (2).

1- L'approche théorique de l'imprévision

201. Les débats sur l'imprévision dans le contrat ont pris une autre tournure avec la diversité des figures contractuelles insoupçonnées d'où la prolifération des critiques. L'impératif de sécurité juridique et la mystification de la force obligatoire sont régulièrement invoqués à l'appui du rejet de la révision pour imprévision. La théorie de l'imprévision concerne forcément le déséquilibre économique survenu entre les prestations au cours l'exécution des contrats. Ces contrats à exécution successive ou échelonnée subissent les effets dévastateurs de certains changements de circonstances économiques. Ces évènements sont imprévisibles et extérieurs à la volonté des parties dans

---

[786] Art. 77 du RGO Malien ; art. 96 et 97 du COCC Sénégalais ; art. 1134, al. 2 du Code civil Francais (ancien) .

[787] J. GHESTIN, Ch. JAMIN et M. BILLAU, *Droit civil ; les effets du contrat*, préc., n° 290.

l'exécution des contrats initialement équilibrés. La notion d'imprévision est la situation où à la suite d'évènements imprévus par les parties, l'équilibre qu'elles avaient établi entre leurs prestations réciproques se trouve rompu. Les partisans de la théorie de l'imprévision veulent que le juge révise les contrats déséquilibrés par l'imprévu. Cependant, ils limitent l'application de cette théorie au cas où les modifications intervenues seraient substantielles et que l'exécution du contrat deviendrait beaucoup plus onéreuse pour l'une des parties au point de la ruiner. En réalité, les changements de circonstances dont il est fait allusion sont imprévisibles et rendraient l'exécution du contrat si onéreuse qu'elle ruinerait la partie qui n'en a pas accepté d'en supporter le risque. Pour les détracteurs de la théorie de l'imprévision, aucune des explications fournies par une partie ne justifie le refus d'exécuter sa prestation devenue trop onéreuse et la révision judiciaire du contrat. A cet effet, la révision judiciaire des contrats déséquilibrés contre la volonté du créancier serait contraire au respect de la parole donnée.

202. Le traitement judiciaire du déséquilibre contractuel, en général, et du déséquilibre conjoncturel, en particulier, remettent en cause la justice dans ces conventions. Dans les contrats déséquilibrés en valeur, l'injustice est causée par les bouleversements de circonstances extérieures et indépendantes de la volonté des contractants. Au départ, il faut rappeler que le contrat à titre onéreux dans l'article 23 du RGO malien est caractérisé par l'existence d'une contrepartie. Ce n'est pas le gain ou la perte qui résulte du contrat qui fait de ce dernier un acte à titre onéreux, mais l'intention de rechercher du profit. L'aléa, ce n'est pas le gain ou la perte que l'on tire du contrat, mais le fait que les parties ont voulu, au moment de sa conclusion, courir la chance de gagner ou de perdre. S'il est commutatif dans l'article 24 du RGO malien, le contrat à titre onéreux suppose en outre que la contrepartie existe ou considérée comme équivalente pour chacune des parties. Le caractère commutatif n'exclurait pas le calcul spéculatif de la part des contractants, car s'il en était autrement, la conséquence logique serait la sanction du défaut d'équivalence. Par contre, on sait qu'il n'en est pas ainsi puisque le droit exige pour la validité du contrat que les prestations existent indépendamment de leur rapport de grandeur. La même opération peut donc être à la fois commutative et spéculative. Tout contrat renferme un certain aléa, une dose d'inéquivalence, de telle sorte que même le contrat commutatif est susceptible de procurer un gain ou de causer une perte à l'une des parties. Il s'agit de rappeler que le caractère onéreux d'une prestation repose sur une notion purement subjective de l'équivalence et que l'équivalence entre les prestations n'est établie que parce qu'il y a une intention de recherche avide de profit. Le souci réel et constant des parties de garder cette équivalence démontre une emprise sans conteste de l'autonomie de la volonté sur la vie du contrat. Cela entraine le désengagement du législateur malien face à la prévention et au traitement des contrats conjoncturellement déséquilibrés entre les particuliers. Dans ce cas, toute inéquivalence ultérieure des prestations est comme un prétexte pour justifier la révision du contrat pour imprévision. Cela n'échappe pas aux critiques les plus virulentes. La nature même du contrat commutatif semble avoir été oubliée par une partie de la doctrine. JAMIN écrivait que : « ne pourrait-on pas estimer que l'une des parties abuse du droit qui lui est reconnu de fixer unilatéralement le prix, lorsqu'elle se réserve un profit qui ne permet plus à l'autre de retirer celui qu'elle est aussi en droit d'attendre de l'exécution du contrat, rompant son équilibre[788]». Dans la protection du débiteur de bonne foi, la distinction s'impose irréfutablement entre la théorie de l'imprévision et les notions voisines.

2- La distinction avec les notions voisines

203. On se demande si en cas d'absence d'accord entre les parties, il n'est pas possible de demander au juge de modifier le contrat pour tenir compte d'une donnée nouvelle et imprévue. C'est ce que l'on appelle concrètement la théorie de l'imprévision en droit des contrats. Certains considèrent que cette théorie de l'imprévision doit être admise dans les contrats entre particuliers. Il y aurait une clause sous-entendue selon laquelle, les contrats ne doivent être maintenus dans leur état initial que si toutes les conditions restent en l'état sans changement.

204. C'est la clause dite rebus sic stantibus[789], en cas de modification de circonstances économiques, qui est la découverte d'une obligation tacite de renégociation dans les contrats conjoncturellement déséquilibrés. La prétention, qu'une telle clause correspondrait à la volonté tacite des contractants, est jugée artificielle. Le raisonnement inverse peut tout autant être soutenu[790]. En effet, il y a fort à parier que si les contractants n'ont pas introduit de clause tacite de renégociation, c'est justement parce qu'elles souhaitaient courir le risque de fluctuations économiques et monétaires[791]. En

---

788 C. JAMIN, « Réseaux intégrés de distribution : de l'abus dans la détermination du prix au contrôle des pratiques abusives », JCP 1996, n° I 3959.

789 L. THIBIERGE, *Le contrat face l'imprévu*, thèse préc, n°194 et 255.

790 En ce sens, v. P. VOIRIN, *De l'imprévision dans les rapports de droit privé*, thèse Nancy, 1922, p. 98 ; J.-P. Delmas-SAINT-HILAIRE, « L'adaptation du contrat aux circonstances économiques », in La tendance à la stabilité du rapport contractuel, sous la dir. et préf. de P. Durand, LGDJ, 1960, p. 189, spéc. p. 201- 202. Selon l'auteur, la clause *rebus sic standibus* pourrait tout au plus être présumée dans les contrats porteurs d'un intérêt commun mais non dans les contrats d'échange.

791 P. STOFFEL-MUNCK, *Regards sur la théorie de l'imprévision, Vers une souplesse contractuelle en droit privé*, PUAM, 1994, préf. A. SÉRIAUX, n° 89, p. 64. Pour lui, d'une manière générale, si l'un des contractants redoute les modifications éventuelles de la conjoncture, l'autre, s'en accommode fort bien ; il les souhaite même car elles allègeront sa dette et c'est peut-être essentiellement en songeant à leur survenance qu'il a conclu un contrat de longue durée ; il serait faux de prétendre que l'insertion de la clause litigieuse est conforme à la volonté commune des parties ; A.- S. LAVEFVELABORDERIE, *La pérennité contractuelle*, LGDJ, 2005, préf. C. THIBIERGE, n° 255, p. 154. Selon l'auteure, il paraît difficile d'affirmer

outre, il n'est pas exclu que les parties aient tout de même conclu l'engagement en ayant connaissance d'une possible modification future des circonstances économiques[792]. La théorie de l'imprévision en cas de survenance du déséquilibre conjoncturel souffrirait du même inconvénient que celui de l'évocation tardive des vices du consentement dans la correction judiciaire du déséquilibre structurel. Ces deux mécanismes partagent le danger d'une réecriture forcée des contrats déséquilibrés par le juge. La clause tacite de renégociation est envisageable en cas de bouleversements de circonstances économiques. Lorsqu'on attribue à cette clause rebus sic stantibus la nature d'une réelle condition résolutoire ou d'un terme extinctif, l'évolution des circonstances devrait emporter l'anéantissement du contrat et non sa modification[793]. Or, les parties n'ont souvent guère intérêt à l'extinction de leur relation contractuelle[794].

205. A la différence de la force majeure, l'imprévision suppose en effet que l'exécution de la convention, bien que contrariée par l'imprévu dirimant, reste possible grâce à une clause tacite de renégociation. Ce qui fait penser qu'il n'est pas évident que la Cour de cassation française ait certainement voulu consacrer la théorie de l'imprévision indépendamment de l'attitude du contractant[795]. Le doute prudent est d'ailleurs d'autant plus permis que la Cour de cassation a postérieurement, à plusieurs reprises, refusé la reconnaissance d'une obligation sous-entendue de renégociation en cas d'imprévu bouleversant l'économie générale du contrat[796].

206. Pour revenir à la clause tacite de renégociation plus problématique, il n'est pas certain de prime abord qu'elle ait vocation à s'appliquer à tous les contrats. En effet, les particularités des contrats en cause liées au caractère exclusif de l'approvisionnement, à la durée de la relation contractuelle ou encore à l'importance des investissements réalisés par le créancier ont pu

---

que les parties, en ne prévoyant pas un évènement perturbateur, ont voulu exprimer leur volonté de ne pas le prendre en considération dès lors qu'il a une influence néfaste sur le contrat.

792 L. THIBIERGE, *Le contrat face à l'imprévu*, thèse préc. n° 209, p. 135.

793 L. THIBIERGE, thèse préc. n° 201 à 211, p. 136 et s.

794 L. THIBIERGE, thèse préc., n° 757, p. 421

795 V. not. L. THIBIERGE, thèse préc. n° 348, p. 220 ; J. CÉDRAS, « Le solidarisme contractuel en doctrine et devant la Cour de cassation en service extraordinaire », Site internet de la Cour de cassation : à défaut d'agissements blâmables de la partie forte, il n'y a pas d'obligation de renégocier le contrat devenu déséquilibré ; G. WICKER, « Force obligatoire et contenu du contrat », in Les concepts contractuels français à l'heure des principes du droit européen des contrats, sous la dir. de P. Remy- Corlay et D. Fenouillet, Dalloz, 2003, p. 151, spéc. p. 173.

796 Cass. civ. 3ème, 10 décembre 2003, pourvoi n° 02-14990 : la Cour de cassation a considéré qu'en cas de krach du marché immobilier : « le crédit bailleur, qui n'était pas responsable des difficultés du marché locatif… et qui n'avait fait qu'appliquer les termes du contrat, n'avait pas l'obligation de proposer un protocole modifiant le contrat initial » ; Cass. civ. 3ème, 18 mars 2009, pourvoi n° 07-21260, RTD civ. 2009, p. 528, obs. B. Fages.

influencer la Cour de cassation[797]. Il existerait une différence de nature entre l'obligation de tacite renégociation et l'obligation de coopération. La première n'impliquant du cocontractant en principe aucune concession particulière contrairement à la seconde[798]. En réalité, sans excéder ses limites, l'obligation tacite renégociation exprime un degré élevé de coopération. Accepter de renégocier revient à tout mettre en oeuvre pour rendre la convention effective et à servir les intérêts de son cocontractant pour satisfaire l'objectif contractuel commun[799]. Dans les deux cas, l'admission de l'obligation tacite de renégociation permettrait de sauvegarder tant les intérêts du créancier que ceux du débiteur[800]. Il semblerait à première vue, qu'il n'y a aucune raison valable de situer l'obligation de tacite renégociation hors du champ de l'obligation de coopération. L'obligation tacite renégociation nécessiterait sans doute la présence de contrats porteurs d'un intérêt commun[801] et justifiant un degré plus élevé de coopération entre les contractants[802]. L'idée d'une dichotomie est défendable entre l'obligation de prise en considération des

---

[797] C. JAMIN, « Révision et intangibilité, ou la double philosophie de l'article 1134 du Code civil », Droit et Patrimoine, mai 1998, p. 46. Pour lui, la solution n'est peut-être pas extensible pour servir de modèle à tous les contrats.

[798] Y. PICOD, « L'obligation de coopération dans l'exécution du contrat », JCP G 1988, 3318, n° 2 ; en ce sens, V. D. MAINGUY, « Remarques sur les contrats de situation et quelques évolutions récentes du droit des contrats », in Mél. M. Cabrillac, Litec, 1999, p. 165, spéc. p. 183.

[799] P. STOFFEL-MUNCK, *Regards sur la théorie de l'imprévision, Vers une souplesse contractuelle en droit privé,* PUAM, 1994, préf. A. SÉRIAUX, n° 245, p. 135 : « L'idée d'imposer aux créanciers une obligation de renégociation peut s'analyser comme une conséquence logique de l'obligation de coopération… » ; D. MAZEAUD, « Regards positifs et prospectifs sur le nouveau monde contractuel », LPA, 7 mai 2004, n° 92, p. 47, spéc. p. 53. Pour lui, cette obligation de renégociation, qui n'emporte pas celle de réviser le contrat, est remarquable car elle illustre la face la plus dynamique de la bonne foi qui se traduit par un devoir de coopération entre les contractants.

[800] L. THIBIERGE, thèse préc. n° 760, p. 423. Pour lui : « la relation n'étant profitable que dans la mesure où elle s'inscrit dans la durée, l'intérêt porté à la continuation du contrat commande de rechercher une solution pour surmonter les obstacles imprévus, plutôt que de se résoudre à la force majeure ou à la résiliation anticipée. Cet intérêt n'est nullement contraire à celui, égoïste, propre à chaque partie : chacun maximise son profit en exécutant de bonne foi la convention. Et si, d'aventure, une partie ne voyait pas plus loin que son intérêt immédiat, il appartient alors au juge de faire primer l'intérêt commun poursuivi au moyen du contrat ».

[801] L. THIBIERGE, thèse préc., n° 347, p. 219 ; C. M. MALAURIE-VIGNAL, « Solidarisme, distribution et concurrence », in Le solidarisme contractuel, Mythe ou réalité ?, sous la dir. de L. Grynbaum, Economica, 2004, p. 95, spéc. p. 104. Selon l'auteur : « le contrat de distribution est un instrument privilégié de coopération. Chacun agit dans son intérêt et dans celui de l'autre ».

[802] En ce sens, v. S. LEQUETTE, *Le contrat-coopération, Contribution à la théorie générale du contrat,* Economica, 2012, préf. C. Brenner, n° 453, p. 366 - 367. Il poursuit que dans le contrat d'intérêt commun (qualifié par l'auteur de contrat -coopération) : « la règle de bonne foi revêt, sous l'effet de la norme de coopération, une portée normative positive. Elle signifie que les parties doivent, non seulement exécuter leurs prestations, mais coopérer afin d'assurer la complémentarité dans la perspective du projet commun. L'exigence de coopération impose alors, en toute logique, aux parties d'adapter le contenu du contrat de telle sorte qu'il puisse servir utilement les intérêts économiques des partenaires ».

intérêts de l'autre (aspect minimaliste de l'obligation de coopération) et l'obligation de prise en charge (aspect maximaliste de l'obligation de coopération). En réalité, seuls devraient être soustraits du champ d'application de l'obligation tacite de renégociation, les contrats conclus et qui s'exécutent en un trait de temps et les contrats aléatoires. Pour les premiers, la raison est que seuls les contrats qui s'inscrivent dans la durée peuvent être frappés d'imprévision[803]. Pour les seconds, la solution ne s'en justifie pas moins puisque les parties ont accepté le risque qu'un évènement ultérieur modifie l'équilibre initial de la prestation, l'aléa chassant l'imprévision[804].

207. Les deux obligations ne se distinguent pas tant par leur nature que par leur degré. Même apparentée à une exigence supérieure de coopération, l'obligation tacite de renégociation doit pouvoir être imposée, quel que soit le contrat en cause[805]. Si l'obligation tacite de renégociation trouve davantage à s'appliquer dans les contrats cristallisés autour d'un intérêt commun, elle doit être généralisée et s'appliquer aux contrats d'échange stricto sensu[806]. La Cour de cassation a admis en matière de contrat de travail, que pesait sur l'employeur une obligation d'assurer l'adaptation des salariés à l'évolution de leur emploi[807], et ce, alors même que le contrat de travail n'est pas en principe considéré comme un contrat d'intérêt commun[808]. L'obligation implicite de

[803] C. MÉNARD, « Imprévision et contrats de longue durée : un économiste à l'écoute du juriste », in Mél. Ghestin, Le contrat au début du XXIe siècle, LGDJ, 2001, p. 661, spéc. p. 669. Selon lui : « l'imprévision se manifeste au moment de l'exécution, elle se traduit par une inadéquation entre les clauses consenties *ex ante* et les circonstances de leur mise en œuvre. Elle n'a donc pas de pertinence pour le contrat spot, là où formation et exécution coïncident ». Toutefois, certains contrats, bien qu'à exécution instantanée, peuvent être frappés d'imprévision dans le cas où l'exécution des obligations est différée par les parties.

[804] P. STOFFEL-MUNCK, préc, n° 78, p. 57.

[805] L. THIBIERGE, thèse préc., n° 730 et 731, p. 406 et 407. Pour lui : « Par le jeu de la force majeure, le créancier ne reçoit en effet ni le paiement prévu, ni de compensation sous forme de dommages et intérêts. Qui plus est, il devra le plus souvent se procurer la marchandise ou la prestation sur le marché à un prix plus élevé. En d'autres termes, le créancier a tout à perdre avec la force majeure. En acceptant de renégocier le contrat frappé par l'imprévu, le créancier minimise ainsi son préjudice : plutôt que de tout perdre, mieux vaut alors renoncer à une partie de la créance ou à un terme ».

[806] V. C. BOISMAIN, *Les contrats relationnels*, préf. M. Fabre - Magnan, PUAM, 2005. Or, l'imprécision de la notion de « contrat relationnel » empêche justement de considérer qu'elle puisse servir de référence pour la détermination du champ d'application de cette obligation de renégociation.

[807] Cass. Soc., 25 février 1992, Bull. civ. V, n°122 ; D.1992, p.390, note F. Défossez ; RTD civ.1992, p.760, obs. J. Mestre ; Cass.soc., 13 juillet 2010, Bull. civ. V, n°172. Cette obligation prétorienne d'adaptation fondée initialement sur l'art. 1134, alinéa 3, du Code civil a, par la suite, fait l'objet d'une consécration légale, d'abord, à l'art. L. 932-2 du Code du travail issu de la loi Aubry II du 19 janvier 2000, puis reprise à l'art. L. 321-1 du Code du travail issu de la loi du 17 janvier 2002 et désormais prévue à l'article L. 6321-1 du Code du travail qui dispose que : « l'employeur assure l'adaptation des salariés à leur poste de travail ».

[808] C. RADÉ, « Le solidarisme contractuel en droit du travail : mythe ou réalité ? », in Le solidarisme contractuel, Mythe ou réalité ?, sous la dir. de L. Grynbaum, Economica, 2004, p. 75, spéc. p. 77. Pour l'auteur : « A s'en tenir à une approche rapide des relations

renégociation ne serait mise en œuvre que lorsque le déséquilibre est contemporain à l'exécution du contrat. Aussi semble-t-il pertinent d'opérer une distinction entre le déséquilibre contemporain à la formation du contrat, pour lequel la coopération ne permet pas de faire fléchir l'indétrônable principe d'immutabilité par les parties, et le déséquilibre contemporain à l'exécution du contrat, pour lequel la flexibilité peut autoriser une renégociation implicite du contrat. Alors que le déséquilibre dans la formation des contrats lésionnaires résulte de la seule négligence d'un contractant qui a mal estimé ses propres intérêts, le déséquilibre conjoncturel contemporain à l'exécution du contrat n'est en effet d'aucune façon imputable au débiteur de bonne foi. C'est la prédominance de la conception volontariste du contrat en droit commun. Dès l'instant où l'accomplissement de la prestation demeure possible, la renégociation tacite garantirait le succès de l'opération contractuelle. En l'absence d'une réception légale de la théorie de l'imprévision en droit positif, le juge malien n'en est pas encore là.

B- La réception de la théorie de l'imprévision en droit positif

208. La force obligatoire signifie que sont obligées, c'est-à-dire liées par les obligations créées, les seules parties, créancières ou débitrices. La réception de la théorie de l'imprévision élargirait les pouvoirs du juge (1) en reconnaissant l'injustice contractuelle (2).

1- L'imprévision, une reconnaissance de l'élargissement des pouvoirs du juge

209. La force obligatoire dans les contrats fait manifestement l'objet d'une consécration législative[809]. Le fétichisme qui y est attaché est confondu avec l'intangibilité des conventions. Si en droit français l'apport de la jurisprudence a été déterminant dans la réception de la théorie de l'imprévision, il faut noter que le juge malien peine à théoriser cette notion. Néanmoins, nous rappelons qu'au commencement était le rejet de la théorie de l'imprévision interdisant la révision du contrat devenu déséquilibré en droit français. La jurisprudence civile de la Cour de cassation avait rejeté avec constance, la révision judiciaire pour imprévision,[810] quels qu'en soient les motifs fut-ils le rééquilibrage dans deux arrêts célèbres. Deux conventions ayant pour objet la fourniture d'eau destinée à alimenter des canaux d'irrigation avaient été passées en 1560 et

professionnelles, salariés et employeurs ne se situeraient pas naturellement dans une perspective de concorde mais s'affronteraient pour la satisfaction de leurs propres intérêts ».

[809] Art. 77 du RGO malien ; art. 1134 du Code civil français ; art. 96 du COCC sénégalais ; art. 33 du Code civil congolais, Livre III.

[810] L.THIBIERGE, Le *contrat face à l'imprévu*, thèse préc. n° 2, p. 2. L'auteur distingue l'imprévu de l'incertain de l'imprévisible. L'imprévu est ce qui n'a pas fait l'objet de prévision. Ainsi on peut qualifier d'imprévu un évènement auquel les parties n'ont pas songé, peu importe qu'elles aient été en mesure de le prévoir, ou que cet événement ait été faste ou néfaste. L'imprévu n'est synonyme de chance, de chance ou d'incertitude. Cependant, la distinction est minimisée en droit positif qui semble lier la survenance de l'imprévu au hasard ».

1567. Au cours du 19ème siècle, se prévalant de la dépréciation de la monnaie et de l'augmentation du coût de la main-d'œuvre, l'entreprise exploitant le canal demande une augmentation de la redevance. La Cour de cassation censura les juges du fond d'avoir accueilli la demande en soulignant que : « dans aucun cas, il n'appartient aux tribunaux, quelque équitable que puisse leur paraître leur décision, de prendre en considération le temps et les circonstances pour modifier les conventions des parties et substituer de clauses nouvelles à celles qui ont été librement acceptées par les contractants »[811]. L'arrêt se retranche derrière le visa de l'article 1134 du Code civil de 1804, mais c'est l'idée de sécurité des relations juridiques qui explique surtout cette décision. Les juges ont voulu éviter qu'un contractant de mauvaise foi puisse demander la révision d'un contrat dès que celui-ci paraît moins intéressant pour lui. Ils ont également craint que la révision appelle la révision c'est-à-dire que le contractant qui voit sa dette augmentée risque de demander une révision à son profit dans les contrats où il est créancier d'une obligation de somme d'argent. Dans d'autres décisions judiciaires tout aussi significatives, la Cour de cassation réaffirma sa position. Elle le fit en matière de contrat de travail[812]. Par la suite, la Cour de cassation confirma son attitude dans l'affaire des mines de Graissessac dont le charbon était devenu mal payé à cause de la dépréciation monétaire et de la hausse des prix[813]. C'est le cas dans un autre arrêt rendu en matière commerciale[814]. D'après les juges ou bien il y a force majeure, l'exécution est devenue impossible et l'obligation s'éteint ou bien il y a imprévision, c'est-à-dire une simple difficulté d'exécuter et le débiteur doit remplir son obligation même si l'exécution est devenue beaucoup plus onéreuse. Il n'est pas loisible au juge de réviser le contrat si l'exécution est encore possible. La Cour de cassation fonde toutes ses décisions, en refusant de tenir compte de l'imprévision, sur l'article 1134 al.1 du Code civil de 1804. Elle accepte à certaines conditions d'aménager la solution de principe à travers les tempéraments apportés au refus de réviser un contrat qui peut s'avérer particulièrement handicapant en cours d'exécution. Ce malaise peut être évité par les parties par la prévention déséquilibre conjoncturel dès la conclusion du contrat.

210. Les juridictions administratives ont admis l'imprévision dans l'arrêt Gaz de Bordeaux quand le Conseil d'État, constatant qu'une hausse imprévisible de charbon avait bouleversé l'économie d'un contrat de concession, reconnaissait au concessionnaire qui continue à exécuter le contrat le droit à une indemnité. Mais cet arrêt se fonde essentiellement sur la nécessité d'assurer la continuité du service public qui est inopérante pour les

---

[811] Affaire Canal de Craponne, Civ. 1ère 6 mars 1876, D.1876.1.193, note Giboulot.
[812] Cass. Civ. 4 août 1915, DP 1916.1.22.
[813] Cass. Civ 15 novembre 1933, Gaz. Pal. 1934.1. 68.
[814] Cass. Com 18 janvier 1950, D.1950, 227.

contrats de droit privé[815]. Il est de principe que le juge n'a pas à s'immiscer dans les relations contractuelles en cas de bouleversements de circonstances économiques pour les conformer à ses propres conceptions de l'équité et de la justice sauf si la loi l'y autorise. Cette autorisation légale est requise mais non encore acquise en droit malien des contrats où on ne peut parler du principe de rejet de la théorie de l'imprévision mais plutôt d'une méconnaissance de la révision judiciaire pour imprévision[816]. Aux antipodes des bouleversements de circonstances économiques, la Cour suprême du Mali se prononce sur les comportements des parties par le maintien de la force obligatoire évitant les modifications du contrat. Dans une espèce, il s'agissait d'un contrat de vente mettant à la charge de l'acheteur, la condition de maintenir la mère vendeuse dans la maison vendue pour une durée non déterminée. Le pourvoi fait grief a l'arrêt de la Cour d'appel d'avoir violé l'article 77 du RGO en ce sens que le mauvais traitement invoqué par la mère vendeuse aveugle de 75 ans ne constitue pas une violation de la condition de vente et qu'en faisant une allusion à l'expression « rendre la vie impossible » pour sanctionner une expulsion, la Cour d'appel a fait une application erronée des termes de l'écrit[817]. Il s'agit plus du respect des conditions de vente que d'un bouleversement de circonstances économiques. Il ressort de l'analyse de cette décision que l'âge n'est pas une cause de vulnérabilité pouvant justifier le non-

---

[815] CE 30 mars 1916, D.1916. 3. 25.

[816] Pour le principe du refus de révision pour imprévision en droit français ou la Cour de cassation dans son célèbre arrêt Canal de Craponne de 1876 : Cass. civ., 6 mars 1876, Grands arrêts, n° 163. Les possibles atténuations sont : D'abord, la jurisprudence administrative a, au contraire, consacré la théorie de l'imprévision depuis le célèbre arrêt Gaz de Bordeaux du Conseil d'État : CE 30 mars 1916, D. 1916, 3, 25, S. 1916, 3, 17, note HAURIOU. Ensuite, Cass. com., 3 November 1992, Arrêt Huard, RTD civ. 1993, p. 124, obs. J. MESTRE ou la Cour de cassation a considéré que l'obligation de bonne foi devait conduire les parties à adapter le contrat aux circonstances économiques nouvelles. Enfin, Cass. com., 24 nov. 1998, Arrêt Chavassus-Marche, JCP 1998, I, 143, obs. Ch. JAMIN ; Defrénois 1999, 371, obs. D. MAZEAUD : la Cour de cassation reproche à la Cour d'appel de ne pas avoir recherché si le mandant, « informé des difficultés de son agent commercial », a pris des « mesures concrètes pour permettre à celui-ci de pratiquer des prix concurrentiels, proches de ceux des mêmes produits vendus dans le cadre des ventes parallèles », par les opérateurs concurrents.

[817] Arrêt n° 167 de la 2ème chambre civile de la section judiciaire de la Cour suprême du Mali du 15 novembre 2004 – pourvoi n° 253 du 14 Aout 2003. Dans le même sens du maintien du contrat à travers la force obligatoire V. les arrêts de la Cour suprême du Mali : Arrêt n° 212 du 08 Octobre 2007- pourvoi n° 454 du 22 novembre 2002 ; Arrêt n° 83 du 18 avril 2000 – pourvoi n° 28 du 02 juin 1999 (Contrat de vente de véhicule – retard de livraison de carte grise – Interprétation – Application de l'article 77 du RGO) ; Arrêt n° 100 de la Cour d'appel de Ouagadougou du 19 juin 2009 sur appel du jugement n° 906/2007 du 28 novembre 2007 Ohadata J-10-208 (Suretés – hypothèques- hypothèques conventionnelles – inscription hypothécaire de deuxième rang – appel – recevabilité (oui) – convention d'affectation hypothécaire – art. 127 AUS – rang hypothèque –inscription contraire à la volonté des parties – violation de l'article 1134 du code civil – confirmation de jugement) ; V. aussi le jugement n° 172 du 27 février 2013 du tribunal de commerce de Bamako (Actions aux réclamations de Sommes d'argent opposant la société Sokoura Mining SARL à la Société Etruscan Ressources Mali SARL).

respect d'une condition suspensive dans le contrat. Le juge malien peine à théoriser les bouleversements de circonstances économiques. Il est passionnant de rêver des grandes prouesses jurisprudentielles en droit français. Toutefois, il est encore plus réaliste de cerner les contours des grandes notions pour innover de par la suite. Cette difficile théorisation condamne le juge au mutisme. En l'absence d'une obligation légale de renégociation, le juge ne doit pas interpréter extensivement le contrat en dépit du déséquilibre conjoncturel. La raideur de la sécurité contractuelle dans les relations individuelles a conduit certains auteurs à s'interroger si l'autonomie de la volonté est une réalité ou un mythe[818]. Contrairement aux apparences, adapter le contrat c'est sauvegarder sa stabilité. Selon CARBONNIER, la pratique des affaires pourrait gagner en sécurité si les parties étaient en mesure d'obtenir une révision équitable du contrat[819]. Au-delà de ces considérations théoriques que nous aurons l'occasion de développer, tant elles sont étroitement liées à la question de la force obligatoire du contrat, la doctrine s'est également attachée à montrer que dans la pratique, l'admission de la révision pour imprévision ne mettait pas tragiquement en danger la sécurité juridique. Pour TALLON, il n'apparaît pas que le pouvoir modérateur accordé au juge a porté une atteinte sérieuse à la sécurité des contrats[820]. Aussi, l'effet de réactions en chaîne redoutées par certains n'a-t-il pas été relevé. Deux raisons peuvent être trouvées à cela. La première est que manifestement le pouvoir modérateur du juge ne doit intervenir qu'exceptionnellement. De ce fait, seul un déséquilibre important peut justifier une intervention judiciaire. Ce qui laisse penser que la révision judiciaire est une dérogation à la force obligatoire, au respect la parole donnée[821]. Selon STOFFEL-MUNCK, l'application de la théorie de l'imprévision suppose un déséquilibre très grave, un dommage important c'est-à-dire la constatation d'une perte avérée, sérieuse et durable[822]. En second lieu, chaque fois que le juge reçoit un pouvoir modérateur, il devrait en user avec prudence. L'élargissement des pouvoirs du juge n'est opportun qu'en cas d'une reconnaissance préalable par le législateur de l'injustice dans les bouleversements de circonstances économiques.

---

[818] GOUNOT, *Le principe de l'autonomie de la volonté en droit privé, contribution à l'étude critique de l'individualisme juridique*, thèse Dijon 1912 ; RANOUIL, *L'autonomie de la volonté, naissance et évolution d'un concept*, PUF 1980 ; SAVAUX, *La théorie générale du contrat, mythe ou réalité*, LGDJ 1997 ; ROUHETTE, « La force obligatoire du contrat », Rapport français, in Le contrat aujourd'hui, LGDJ. 1987, t.196 p. 27.

[819] CARBONNIER, Droit civil, tome 4, collection Thémis, P.U.F., 16ème édition, 1992, n° 149.

[820] D. TALLON, « La révision du contrat pour imprévision au regard des enseignements su droit comparé », in Études à la mémoire d'Alain SAYAG, Litec, 1997, p. 410.

[821] L. THIBIERGE, *Le contrat face à l'imprévu*, thèse préc. n° 6, p. 7.

[822] Ph. STOFFEL-MUNCK, « Regards sur la théorie de l'imprévision. Vers une souplesse contractuelle en droit privé français contemporain », préc. p.115.

2- L'imprévision, une reconnaissance de l'injustice contractuelle

211. Instinctivement, c'est le déséquilibre conjoncturel qui est inconciliable avec l'autonomie de la volonté à fortiori sa correction judiciaire qui obligerait le créancier à consentir une révision en droit commun. Le législateur malien ne reconnait pas les bouleversements de circonstances économiques comme une injustice contractuelle. Il n'habilite pas le juge à y remédier en droit commun des contrats. C'est la fidélité légale à la conception libérale des engagements qui considère que l'équilibre en valeur du contrat commutatif est laissé à la seule appréciation des contractants. Le concept d'équilibre contractuel traduit une certaine idée de la justice[823] dans les engagements obligatoires. La justice distributive et la justice commutative ont en commun l'équilibre contractuel[824]. La philosophie de la justice contractuelle reste soumise à la justice objective qui est supposée remplir les attentes des parties. La conception subjective de la commutativité est le produit de la prédominance du principe de l'autonomie de la volonté considéré comme "l'un des plus importants du droit civil"[825]. En vertu de cette autonomie de la volonté, c'est parce qu'il est l'œuvre de leur volonté commune que le contrat est censé être conforme à l'intérêt respectif des parties. Cette conception trouve son origine chez KANT pour qui la volonté, source unique de toute obligation juridique, est en même temps la seule source de justice[826]. Le contrat librement conclu ne peut qu'être équilibré d'où la formule de FOUILLE « qui dit contractuel dit juste ». C'est au contrat, c'est à la justice que doivent aboutir logiquement, comme à leur suprême condition et à leur conciliation, les autres formes de la justice[827]. En droit positif malien, nul ne doit se plaindre d'une inéquivalence des prestations ultérieure à la formation du contrat d'où l'indifférence du législateur face au déséquilibre conjoncturel en droit commun. Il n'y aurait pas d'injustice malgré les bouleversements de circonstances économiques. La justice contractuelle commande de corriger les comportements fautifs, volontairement injustes. Devant l'événement fortuit, le déséquilibre produit dans les relations contractuelles n'est imputable à aucune personne en particulier. Si le hasard dépouille le débiteur de ses espérances, c'est à ce seul hasard qu'il doit s'en prendre. Il ne saurait contraindre la partie favorisée par la chance anonyme à l'augmentation ou à la réduction de sa prestation. Pour SERIAUX, aucune injustice n'est à réparer, car personne n'a été injuste[828]. Le juste contractuel est le respect de la commutativité lors de l'engagement des parties. C'est la survie

---

[823] L. FIN-LANGER, *L'équilibre contractuel*, thèse préc. n° 30, p. 36.

[824] B. JALUZOT, *La bonne foi dans les contrats. Études comparatives de droit français, allemand et japonais,* thèse préc. 2001, p. 257, n° 941.

[825] R. DEMOGUE, *Les notions fondamentales du droit privé*, LGDJ, 1911, p. 147.

[826] Selon KANT : « quand quelqu'un décide quelque chose à l'égard d'un autre, il est toujours possible qu'il lui fasse quelque injustice ; mais toute injustice est impossible dans ce qu'il décide pour lui-même », in Éléments métaphysiques de la doctrine du droit, trad. BARNI, 1854, p. 169.

[827] FOUILLÉE, *Science sociale*, 2ème édition, p. 48 cité par GOUNOT, op.cit. p. 62.

[828] A. SÉRIAUX, « Le futur contractuel », in Le droit et le futur, PUF, 1985, p.77, n°27.

de l'équilibre initial en dépit de nouvelles circonstances imprévues. Ce qui fait penser que la justice dans le contrat de droit commun se limite au contrôle de la volonté des parties selon les réalités contemporaines à leur formation. C'est le sacre des effets de l'autonomie de la volonté que rien ne semble ébranler.

212. La justice contractuelle ne consiste pas à corriger mais à maintenir ce qui été convenu par les parties. Une première conception de la justice dans la sphère contractuelle est celle d'égalité dans l'échange. Il s'agit d'une forme de justice qui pourrait être, sur la base des catégories aristotéliciennes, corrective ou commutative[829]. Une deuxième définition de la notion de justice renvoie au rééquilibrage, en cas de changement de circonstances économiques après la conclusion du contrat, de la répartition initiale des intérêts voulue par les contractants. Ce qui vise à préserver les motifs initiaux de l'échange en les mettant à l'abri de modifications injustifiées. C'est un contrôle de l'équilibre contractuel que l'on peut rattacher à un principe de justice contractuelle, de la justice commutative, une évaluation de la proportionnalité au sens large mais pas d'un contrôle reposant sur des paramètres extérieurs au rapport contractuel. Selon SMORTO, ce contrôle consiste à préserver, et non à modifier, les motifs qui ont poussé les parties à contracter[830]. La fonction de ce type d'intervention est de rétablir, suite à un changement de circonstances économiques, la rationalité interne initiale du contrat. Une troisième définition de la notion de justice dans le domaine contractuel fait appel à des valeurs, à des principes moraux, qui ne relèvent pas de la justice distributive. La distinction entre les valeurs, expressions d'une théorie morale plus élastique, et la notion égalité caractérisant la justice distributive a facilité la réflexion du juriste positiviste. Les contractants, qui agissent de façon égoïste, augmentent leur bien-être grâce au contrat[831]. Ils obtiennent une chose qui a plus de valeur que ce qu'ils donnent à leur cocontractant. Les théories économiques sont donc traditionnellement réticentes à toute restriction de la libre expression de la volonté individuelle. Cette approche a été critiquée en raison du décalage entre le modèle d'agent économique, déterminant les modalités d'intervention externe sur les conditions de l'échange, et la réalité. Il convient d'apporter quelques précisions sur ce point. La critique de cette approche presque métaphysique de l'individu, qui sait tout et prévoit tout sans faille, ne peut être partagée. D'ailleurs, les modèles micro-économiques fondés sur l'équilibre économique définitif le confirment. Pour SMORTO, l'analyse des coûts de transaction et l'économie cognitive et comportementale ont contribué à l'abandon du modèle classique de rationalité économique individuelle ainsi qu'à la dénonciation de sa plausibilité réduite et à une description plus pertinente du comportement des décideurs réels[832].

---

829 ARISTOTE, *Ethique à Nicomaque*, V, 1132 b 13-21 ; V, 1133 à 25 ss.

830 G. SMORTO, « La justice contractuelle », R.I.D.C. 3-2008, p. 588.

831 On parle dans ces situations, d'utilité pour les individus et de profits pour les entreprises.

832 G. SMORTO, « La justice contractuelle », art. préc. p. 593.

213. La limitation des pouvoirs du juge, à l'application servile de la loi établie par les parties, respecte dogmatiquement cette conception de la sécurité des transactions au détriment du débiteur de bonne foi en dépit des bouleversements de circonstances économiques. C'est dans cette logique singulière que toute modification autoritaire de l'architecture originelle du contrat serait une atteinte à la sécurité du créancier qui n'est tenu d'aucune obligation de renégocier en vue d'une quelconque adaptation. La déclaration de volonté est un élément substantiel du vouloir juridique. La démarche purement subjectiviste, dans l'affirmation de la volonté, parait aujourd'hui condamnable à cause de ses effets individuellement égoïstes.

214. Le traitement judiciaire s'inscrit dans une rationalité qui considère que la passivité du créancier devant les bouleversements significatifs de circonstances économiques est une injustice en l'absence de faute du débiteur de bonne foi. L'idée n'est pas une contestation impulsive de la légalité contractuelle mais de considérer que le débiteur de bonne foi, c'est-à-dire celui qui n'a pas contribué à la survenance de l'imprévu destructeur, puisse bénéficier du déclenchement de la correction judiciaire de ce déséquilibre conjoncturel. La léthargie face à la portée pratique de l'inéquivalence ultérieure des prestations n'y contribue pas.

Paragraphe 2 : La léthargie face à la portée pratique de l'inéquivalence ultérieure des prestations

215. La littérature sur la force obligatoire est surabondante[833]. C'est le respect de la parole donnée[834] dans l'exécution des obligations contractées[835]. Une fois enchaînées juridiquement, les parties s'en tiennent aux clauses qu'elles ont négociées et arrêtées librement et qu'elles doivent exécuter loyalement[836]. Ce

---

[833] V. les auteurs utilisent l'expression de « force obligatoire du contrat » : J. FLOUR et J-L. AUBERT « Droit civil », Armand Colin, Tome I, « *L'acte juridique* », 8ème édition, 1998, spéc. p. 280, n° 385 ; C. LARROUMET., « *Droit civil, le contrat* », Economica, Tome III, « *Les obligations, le contrat* », 2ème édition, 1990, spéc. p. 136, n° 142 ; P. MALAURIE et L. AYNES, « *Droit civil, les obligations* », Cujas, 10ème édition, 1999-2000, spéc. p. 347, n° 607 ; G. MARTY et P. RAYNAUD, « Droit civil, les obligations », Sirey, Tome I, « *Les sources* », 2ème édition, 1988, spéc. p. 258, n° 245 ; M. PLANIOL et G. RIPERT, « *Traité pratique de droit civil français* », L.G.D.J., Tome VI, « *Théorie générale des obligations* », 2ème édition, 1952, spéc. p. 478, n° 371 ; B. STARCK, H. ROLAND et L. BOYER, « *Droit civil, obligations* », Litec, Tome II, « *Le contrat* », 6ème édition, 1998, spéc. p. 474, n° 1373.

[834] V. P. ANCEL, « Force obligatoire et contenu obligationnel du contrat », R.T.D. civ., 1999, p. 771 et s. L'auteur s'interroge sur la notion de force obligatoire du contrat et apporte une lumineuse distinction entre « l'obligatoire et l'obligationnel ». En effet, selon lui, la force obligatoire signifie que les parties sont tenues d'exécuter les obligations nées du contrat. Cette solution qui assimile à tort l'obligatoire à l'obligationnel s'explique parce que les auteurs confondent la source (le contrat) avec l'effet (l'obligation) ainsi que l'effet du contrat et les effets de l'obligation.

[835] V. P. ANCEL, « Force obligatoire et contenu obligationnel du contrat », art. préc. pp. 771 et 810.

[836] K. MBIKAYI, Communication sur *la confirmation des principes de bonne foi et de loyauté dans l'avant-projet d'Acte uniforme OHADA sur le droit des contrats* lors du Colloque de

qui fait de la sécurité des transactions est une inflexibilité protégée (A) et un « alibi » irréversible (B).

A- La sécurité des transactions, une inflexibilité protégée

216. La force obligatoire du contrat, pilier de la sécurité des transactions, se décline en un principe d'intangibilité qui est composé d'irrévocabilité (1) et d'immutabilité (2) dont l'atteinte constitue le non-respect de la parole donnée.

1- L'irrévocabilité des conventions

217. La convention est obligatoire et intangible parce qu'elle a été voulue par les parties[837]. Le contrat est cela et rien de plus[838]. DOMAT avait défini la force obligatoire par référence à l'époque du droit naturel fondé sur la raison[839]. Ce qui renvoyait aux notions d'obéissance, de vertu, de devoir par opposition à la volonté source d'anarchie et d'abus[840]. L'irrévocabilité[841] des contrats se traduit par l'impossibilité de leur remise en cause. Elle s'annonce en ces termes : les conventions ne peuvent être révoquées que de leur consentement mutuel (des parties) ou pour les causes que la loi autorise. Le principe de l'irrévocabilité des conventions s'est érigé de ce fait en obstacle empêchant les parties de déroger unilatéralement et intempestivement à la force obligatoire sauf en présence d'une loi. L'intervention du législateur doit être exceptionnelle. Les deux causes de révocabilité du contrat sont le consentement mutuel et loi. Selon PAISANT, l'intangibilité rime avec irrévocabilité[842]. De cette force obligatoire du contrat, il résulte un principe d'irrévocabilité contractuelle[843]. Cette irrévocabilité n'est pas pour autant un

---

Ouagadougou sur "L'harmonisation du droit OHADA des contrats" tenu à Ouagadougou (Burkina Faso) du 15 au 17 novembre 2007, p. 2. Le colloque avait notamment pour objet la discussion de l'avant-projet d'Acte uniforme OHADA sur le droit des contrats (2005) élaboré par UNIDROIT à la demande de l'OHADA.

837 J. - P. CHAZAL, « De la signification du mot loi dans l'article 1134 1er du Code civil », op. cit. p. 273, n° 10.

838 E. GOUNOT, *Le principe de l'autonomie de la volonté en droit privé*, Th. Dijon, 1912, p. 132 et 133.

839 A. BURGE, « Le Code civil et son évolution vers un droit imprégné d'individualisme libéral », R.T.D. civ., 2000, p. 1 à 24, spéc. p. 2.

840 A. BURGE, « Le Code civil et son évolution vers un droit imprégné d'individualisme libéral », R.T.D. civ., 2000, p. 1 à 24, spéc. p. 3 ; CHAZAL J-P., « De la signification du mot loi dans l'article 1134 alinéa 1er du Code civil », R.T.D. civ., 2001, p. 265 à 283, spéc. p. 265. Pour lui : « Certes, la liberté contractuelle est affirmée par Domat mais il refuse de lui donner un caractère absolu et l'enserre dans les limites fixées par l'équité, de sorte qu'une convention manifestement injuste ne saurait avoir force obligatoire ».

841 Y. PAGNERRE, *L'extinction unilatérale des engagements*, éd. Panthéon-Assas, LGDJ, 2012, préf. B. Teyssié et J.-M. Olivier, n° 442, p. 479. Pour lui : « Pour des raisons évidentes de sécurité juridique et en référence à la liberté individuelle, l'engagement dispose par principe d'une force obligatoire imposant son immutabilité, son intangibilité et son irrévocabilité ».

842 G. PAISANT, « *Introduction* », in Que reste-t-il de l'intangibilité du contrat ?, Droit et patr. mars 1998, n° 58, p. 42, spéc. p. 42.

843 P. JESTAZ, « Rapport de synthèse », in L'unilatéralisme et le droit des obligations, sous la dir. de C. Jamin et D. Mazeaud, Economica, 1999, p. 87, spéc. p. 91.

engagement perpétuel, une pérennisation du lien contractuel. La prohibition des engagements perpétuels donne l'opportunité d'une résiliation unilatérale par les parties selon la catégorie de contrats des concernés. C'est dire qu'il existe une limitation des engagements perpétuels qui empêche les parties de se lancer dans les liens contractuels pour toute l'éternité[844]. L'irrévocabilité développe l'idée que les contractants s'engagent à l'exécution intégrale du contrat jusqu'au terme extinctif convenu. A cet effet, les parties ont la latitude de stipuler dans les contrats, des obligations accessoires de faire et de résultat consistant au respect du terme extinctif. Une interprétation à contrario nous permettrait d'exclure cette hypothèse dans les obligations basées sur les contrats successifs à durée indéterminée. Par conséquent, dès lors que les parties ont choisi[845] d'affecter un terme à leur contrat, elles doivent en principe s'y conformer sous peine d'engager leur responsabilité contractuelle. Le principe d'irrévocabilité préserve alors tout son sens et confère à la force obligatoire une manifestation absolue[846].

218. L'irrévocabilité est le premier versant de l'intangibilité empêchant toute modification de la force obligatoire par le juge ou par les parties. Cette absence de modification incarne l'allégeance à la sécurité ou à la justice contractuelle que tout semble opposer. La modification des contrats conjoncturellement déséquilibrés est inconcevable dans une correction qui pourrait s'opérer par le juge et contre la volonté du créancier. Ce qui est conforme à la sécurité des transactions dans la conception volontariste des engagements contractuels. La sécurité juridique est la sécurité des transactions dans le domaine contractuel. Les bouleversements de circonstances économiques ne doivent pas remettre en cause la volonté des parties. Pour cela, pas de modification de l'équilibre objectif convenu dans la formation du contrat. L'ossature de la conception philosophique d'une justice contractuelle, dans la correction judiciaire du déséquilibre conjoncturel, est que l'absence de prévision du risque engendré par l'imprévu n'est pas exclusivement imputable au débiteur qui n'a pas contribué à sa survenance. L'irrévocabilité de la force obligatoire, conforme à la sécurité libérale des transactions, reconnait qu'il n'y a aucune injustice à corriger ou du moins que le débiteur confronté à une exécution onéreuse ne peut s'en prendre qu'au hasard. Ce qui est une exclusion flagrante, discrimatoire et lapidaire dans l'immobilisation du temps

---

844 Sur les relations entre le droit et l'éternité, v. J. MESTRE, « Rapport introductif », in Durées et Contrat, RDC 2004, n° spécial, LGDJ, p. 7. Aux dires de l'auteur : « A son égard, notre droit a manifestement quelque mal à se déterminer. D'un côté, la méfiance règne à l'égard des engagements à vie, mais de l'autre, pourquoi faudrait-il se séparer d'une relation contractuelle qui donne satisfaction à tous ? ».

845 N. VIGNAL, « La vie du lien contractuel », Lamy droit civil, droit des contrats, 1999, n° 405, p. 49.

846 N. VIGNAL, « La vie du lien contractuel », préc. n° 405, p. 58. Selon l'auteur, le principe veut que ce contrat (à durée déterminée) ait une force obligatoire absolue pendant toute sa durée ».

en plus d'occulter une mutualisation du risque dans l'exécution tumultueuse des obligations contractuelles entre débiteur et créancier. Le principe de l'irrévocabilité des conventions, à l'instar de leur immutabilité, est une composante de la force obligatoire contrecarrant la correction judiciaire du déséquilibre conjoncturel.

2- L'immutabilité des conventions

219. L'immutabilité contractuelle constitue le deuxième versant du principe d'intangibilité. Celle-ci s'induit des conséquences de la force obligatoire qui requièrent qu'un contractant ne révoque la convention par une manifestation unilatérale de sa volonté. Il n'est pas en droit de pouvoir la modifier tout seul. L'immutabilité et la force obligatoire convergent vers une prohibition de la modification unilatérale de l'engagement contractuel librement consenti. Les conventions tiennent lieu de loi à ceux qui les ont faites impliquant que les parties soient dès la conclusion soumises à leurs volontés cristallisées dans cet accord[847]. La force obligatoire signifie que sont obligées, c'est-à-dire liées par les obligations créées, les seules parties, créancières ou débitrices. Elle est le fondement de la sécurité des transactions faisant dire à MAZEAUD que : « le jour où il devient acquis que la parole donnée n'oblige à rien ou à peu de choses, la confiance est minée et le droit menacé dans son existence[848]». Le raisonnement, qui érige l'immutabilité de la convention en garant unique de la sécurité juridique, parait trop simpliste. Les choses sont, en réalité, beaucoup plus nuancées. Dans la correction judiciaire du déséquilibre conjoncturel, la situation oppose un contractant voulant modifier ses engagements parce que ses prévisions originelles ont été déjouées et un autre qui estime ne pas se voir imposer une modification du contrat qui empêcherait ses propres prévisions.

220. D'abord, la force obligatoire du contrat est fondée sur la volonté initiale des parties qui s'impose contre leur volonté présente. Cette façon d'appréhender la volonté individuelle est basée sur la perception du temps qu'avaient les rédacteurs du Code civil français de 1804 qui le considéraient abstraitement comme le cadre homogène, indifférencié et vide dans lequel les événements naissent et se continuent dans la stabilité ou alternent par rupture. Le temps n'est que la prolongation d'un état statique. Selon cette conception désincarnée du temps, celui-ci peut être réduit à une continuité abstraite séparée de la durée réelle. Ce qui équivaut à l'éternisation d'un acte ponctuel, à sa projection dans un absolu rationnel où chaque moment est censé

---

[847] G. PAISANT, « Introduction », in Que reste-t-il de l'intangibilité du contrat ?, préc. n° 58, p. 42, spéc. p. 42. Pour lui, suivant les termes de l'alinéa 1er de l'article 1134, dûment conclu, le contrat se trouve définitivement fixé dans son contenu à l'égard de chacune des parties.

[848] D. MAZEAUD, « *Rapport de synthèse* », extrait du 94ème Congrès des Notaires de France à Lyon intitulé : "Le contrat : liberté contractuelle et sécurité juridique", Rép. Defrénois, 1998, art. 36874, p.1137 à 1147, spéc. p. 1142, citant les propos du doyen JOSSERAND., « Aperçu général des tendances actuelles de la théorie des contrats », R.T. D. civ., 1937, p. 1 à 30, spéc. p. 20, n°18.

reproduire le moment qui l'a précédé tout en étant également une unité distincte[849]. La conception du temps dans l'immutabilité des conventions est un archaïsme dont les effets pervers doivent être contenus. Ensuite, fonder la force obligatoire des contrats sur la volonté des parties, c'est surestimer leur rationalité. Si l'on peut présumer cette rationalité dans un contrat à exécution instantanée, il en va différemment lorsque le contrat conclu est amené à dérouler ses effets sur une longue période. La rationalité peut être définie comme la capacité à fonder ses choix sur un raisonnement cohérent. En matière contractuelle, la rationalité d'une partie est la mesure de l'avantage escompté et du sacrifice consenti dans les circonstances contemporaines à la conclusion de la convention. Toutefois, l'appréciation de ces circonstances ne vaut que pour une durée limitée. La lucidité est éphémère et l'anticipation hasardeuse dans les contrats de longue durée. La rationalité des parties ne peut plus être présumée dans le contrat à exécution successive. Lorsqu'il y a une incertitude, la capacité d'élaborer des contrats suffisamment détaillés se heurte vite aux limites de la rationalité des acteurs[850]. Enfin, la force obligatoire du contrat basée sur le respect de la parole donnée ne justifie plus le refus de la théorie de l'imprévision donnant plus de pouvoir au juge. Il appert que le fondement libéral de la force obligatoire du contrat ne peut soutenir le refus de la théorie de l'imprévision.

221. L'idée de fonder la force obligatoire du contrat sur le respect de la parole donnée se retrouve notamment sous la plume des canonistes. Pour ces derniers, l'objet la parole donnée devait être apprécié comme portant sur l'équilibre initial de la convention. C'est le respect de la promesse donnée par le contractant sans aucune infidélité malgré le changement des conditions d'exécution du contrat. Le respect de la parole donnée est d'essence morale. L'immutabilité des contrats est la coopération et la loyauté dans le sens de la volonté initiale des parties. La correction judiciaire du déséquilibre conjoncturel ne doit pas être réduite à une observation si rigoureuse des stipulations contractuelles. Face à l'emprise de l'autonomie de la volonté, l'immutabilité est l'obstruction à la modification au-delà de la proportion congrue, voulue par les parties lors de la conclusion du contrat. Le traitement judiciaire du déséquilibre conjoncturel porte atteinte à l'immutabilité des contrats en remettant en cause la portée de la force obligatoire dans ces engagements obligatoires. Les prévisions des parties ne s'appuient pas exclusivement sur la lettre du contrat mais plus globalement sur l'équilibre de l'opération qu'elle organise. Ordonner une correction judiciaire des contrats conjoncturellement déséquilibrés c'est le passage d'une sécurité statique qui

---

849 J.- M. TRIGEAUD, *Justice et fidélité dans les contrats*, Archives de philosophie du droit, tome 28, Sirey 1983, p. 215.

850 C. MENARD, *Imprévision et contrats de longue durée : un économiste à l'écoute d'un juriste*, in Études offertes à Jacques GHESTIN, Le contrat au début du XXIème siècle, L.G.D.J., 2001, p. 661.

est trompeuse à une sécurité dynamique protectrice des prévisions contractuelles[851]. Le bouclier juridique de la sécurité des transactions reste un « alibi » irréversible qui ne s'émancipe pas des effets de l'autonomie de la volonté.

B- La sécurité des transactions, un « alibi » irréversible

222. La sécurité des transactions est incompatible avec toute modification de l'architecture originelle du contrat contre la volonté d'une partie. La sécurité des transactions et la sécurité juridique (1) en plus de la sécurité des transactions et la correction autoritaire (2) ont des similitudes mais ne sont pas identiques en raison de leurs divergences de finalités.

1- La sécurité des transactions et la sécurité juridique

223. Le mot "sécurité", lorsqu'elle est considérée par rapport à l'état auquel il renvoie, génère plutôt l'inquiétude et la peur en ce sens que le terme est le plus souvent associé à tort ou à raison au défaut qu'à l'excès. La notion "sécurité" est envisagée négativement à travers celle de l'insécurité consistant à mettre en danger les personnes et les droits acquis de leurs engagements. De façon classique, les multiples causes d'insécurité juridique surtout dans les pays en voie de développement sont : l'inflation et instabilité législative, dégradation de la qualité des normes, rétroactivité des règles. Selon PIAZZON, la sécurité juridique est une notion dont les contours ne sont pas souvent étudiés tant son versant négatif, à savoir l'insécurité juridique, semble si bien se concevoir intuitivement[852]. Dans une approche maitrisée, l'auteur donne une définition de la sécurité dans son sens général comme l'état d'esprit confiant et tranquille de celui qui se croit à l'abri du danger[853] ou dans un sens objectif, comme la situation, l'état tranquille qui résulte de l'absence réelle de danger. La sécurité juridique est celle qui intéresse le droit lui-même, c'est la sécurité du droit, de ses modes d'expression et de réalisation ainsi que la sécurité des droits subjectifs des individus. Il peut s'agir de la sécurité financière du débiteur auquel le juge accorde des délais de paiement[854] ou de la sécurité économique de l'entreprise qui est notamment protégée par diverses procédures d'alerte[855].

---

[851] VOIRIN, *De l'imprévision dans le rapport de droit privé*, thèse préc. 1922, p. 55 ; DELMAS-SAINT-HILAIRE, « L'adaptation du contrat aux circonstances économiques », in La tendance à la stabilité du rapport contractuel, Étude de droit privé sous la direction de P. DURAND, Paris, L.G.D.J., 1960, p. 189.

[852] T. PIAZZON, *La sécurité juridique*, préc. p. 3.

[853] T. PIAZZON, *La sécurité juridique*, préc. p. 5.

[854] Art. 1244-1 et s. C. civ. Français ; V. aussi, plus généralement, le droit relatif au surendettement des particuliers (art. L. 330-1 et s. C. consom.) enrichi par la loi n° 2003-710 du 1er août 2003 de la procédure de rétablissement personnel (art. L. 332-5 et s. C. consom.) ; « Le Code de la consommation est un Code de la sécurité écrivait le doyen CARBONNIER, Flexible droit, préc., 10ème éd., 2001, p. 205.

[855] J. MESTRE et G. PRIETO, « Sécurité et vie de l'entreprise », in Le droit face à l'exigence contemporaine de sécurité, Actes du colloque de la Faculté de Droit et de Sciences Politiques d'Aix-Marseille, 11-12 mai 2000, PUAM, 2000, p. 169 et s.

Le droit objectif est alors envisagé comme une source de sécurité matérielle. Pour lutter contre les risques économiques, sociaux ou physiques qui pèsent sur les individus, le droit instille sa propre sécurité qu'il tient de son imperium ou de son artificialité. Les sujets de droit doivent d'abord être en mesure de connaître et de comprendre le droit applicable pour pouvoir agir avec certitude. Le droit doit ensuite être respectueux des prévisions juridiques des sujets de droit qu'il ne doit pas déjouer. Enfin, un droit instable risque de ruiner les attentes des sujets de droit et leur confiance même dans le droit. L'impératif de sécurité se confondrait avec le droit lui-même, il est inséparable du droit et l'expression "sécurité juridique" ne serait qu'une sympathique tautologique car le droit, c'est la sécurité ou ce n'est rien[856]. La sécurité juridique s'oppose à ce que le législateur énonce des règles de droit en des termes flous qui laissent un pouvoir modérateur au juge. Du reste, la notion d'ordre social à laquelle renvoie la sécurité juridique ne se limite pas à la protection contre l'anarchie ou l'arbitraire. Elle a aussi un aspect constructif favorisant le développement harmonieux des rapports entre les sujets de droit[857]. L'intelligibilité d'une loi n'est pas une notion claire s'imposant par sa seule évidence. La lisibilité, la clarté, la compréhensibilité et l'intelligibilité peuvent être rassemblées sous la bannière de l'accessibilité dans son aspect intellectuel. Ces notions constituent des déclinaisons et se ramènent à une exigence générale de qualité du droit[858]. On a en partie, selon TOUCHAIS, la sécurité juridique que l'on mérite[859].

224. La sécurité juridique est une qualité qui permet aux personnes de réaliser de façon durable et effective leurs projets parce qu'elle protégerait ceux-ci contre les effets secondaires et pervers du droit[860]. La distinction entre sécurité objective et sécurité subjective ne prendrait donc appui que sur une différence de point de vue. En effet, l'insécurité du droit objectif serait la première source d'insécurité subjective. Le droit objectif n'est plus une garantie suffisante dans la protection des droits subjectifs. L'instabilité du droit objectif entraine des failles normatives qui génèrent de l'insécurité pour les individus. Pour le doyen CARBONNIER, les incertitudes du droit objectif rejaillissent sur les droits subjectifs et font naître dans l'individu un sentiment d'insécurité juridique[861].

225. La sécurité juridique en matière contractuelle est celle des transactions. Ce ne serait pas une lapalissade de rappeler que la dénégation du déséquilibre

---

[856] B. PACTEAU, « La sécurité juridique, un principe qui nous manque ? », AJDA 20 juin 1995, n° spécial, p. 151.

[857] T. PIAZZON, *La sécurité juridique*, préc. p.13.

[858] T. PIAZZON, *La sécurité juridique*, préc. p.19.

[859] B. TOUCHAIS, « Libres propos sur la période de formation du contrat », LPA 6 mai 1998, n° 54, p. 19 et s., spéc. n° 12, p. 22. L'auteur distingue l'insécurité juridique d'origines légales et jurisprudentielles, qui appelle à la prudence des intéressés, et l'insécurité juridique d'origine contractuelle qui peut résulter de leurs propres défauts dans l'élaboration de leurs prévisions.

[860] P. T- FALL, « Normes communautaires et sécurité juridique », préc. p. 200.

[861] CARBONNIER « La part du droit dans l'angoisse contemporaine », préc., p.194.

contractuel est consécutive au rejet de ses causes. Dans la théorie volontariste des obligations contractuelles, les causes les plus évidentes portant atteinte à la sécurité des transactions sont la lésion et l'imprévision[862]. Dans l'exécution du contrat, le déséquilibre est occasionné par les bouleversements de circonstances économiques. Aux termes de l'article 77 du RGO : « les conventions légalement formées tiennent lieu de loi à ceux qui les ont faites [863]». En cas de déséquilibre conjoncturel, le législateur privilégie la révocation en fonction de la commune volonté des parties plutôt qu'une révocation unilatérale qui risque de remettre en cause la stabilité du contrat. La reconnaissance exclusive de l'effet extinctif au *mutuus dissensus* valorise la sécurité des transactions lorsqu'on sait que cet effet extinctif met fin à l'engagement contractuel[864] et met à l'abri de toute responsabilité résultant de la cessation du rapport contractuel[865]. L'arbitraire d'une résiliation unilatérale serait opposé à la force obligatoire du contrat. Techniquement, la résiliation ou la résolution génèrent la disparition du contrat en mettant en péril la force obligatoire. Le créancier dispose de l'alternative de demander des dommages et intérêts en cas d'inexécution du contrat[866]. Plutôt que de recourir à l'exécution forcée, il peut solliciter l'anéantissement du contrat pour réparer l'atteinte portée à la force obligatoire[867]. Finalement, la sécurité des transactions est le maintien des droits acquis par les parties dans le contrat. Cela ne demanderait aucune gymnastique intellectuelle à déduire que dans les déséquilibres structurels et conjoncturels, les conséquences de l'autonomie de la volonté recadrent l'équilibre au profit de la partie en position forte. En l'absence d'une consécration légale de l'obligation de renégocier, suite aux

---

862 L.THIBIERGE, Le *contrat face à l'imprévu*, thèse préc. n°2, p.2. L'auteur distingue l'imprévu de l'incertain et de l'imprévisible. L'imprévu est ce qui n'a pas fait l'objet de prévision. Ainsi on peut qualifier d'imprévu un événement auquel les parties n'ont pas songé, peu importe qu'elles aient été en mesure de le prévoir, ou que cet événement ait été faste ou néfaste. L'imprévu n'est pas synonyme de chance ou d'incertitude. Cependant, la distinction est minimisée en droit positif qui semble lier la survenance de l'imprévu au hasard ».

863 Art. 77 al. 1 du régime général des obligations du Mali, préc.

864 F. TERRÉ, P. SIMLER et Y. LEQUETTE, *Droit civil, Les obligations*, 11e éd., Dalloz, 2013, n° 476. Hormis les contrats successifs, dans le silence des parties, le *mutuus dissensus* produit le même effet qu'une condition résolutoire, autrement dit, il produit un effet rétroactif.

865 B. HOUIN, *La rupture unilatérale des contrats synallagmatiques*, thèse Paris II, 1973, p.56.

866 Art. 1184, al. 2, du Code civil dispose que : « La partie envers laquelle l'engagement n'a point été exécuté a le choix ou de forcer l'autre à l'exécution de la convention lorsqu'elle est possible ou d'en demander la résolution avec dommages et intérêts ».

867 Sur le lien qui unit la résolution ou résiliation à la force obligatoire, v. not. T. GENICON, *La résolution du contrat pour inexécution,* LGDJ, 2007, préf. L. Leveneur, n° 364, p. 263 et n° 368, p. 265. La résolution du contrat ne se présente-t-elle pas comme un paradoxe ? Selon lui, la résolution sanctionne la force obligatoire du contrat en la détruisant. Elle permet à un contractant de se retirer d'un pacte définitif. L'explication est facile à première vue : il ne peut être question que la force obligatoire se retourne contre elle-même. Le contrat fonctionnerait comme un piège, si l'on ne pouvait en être délié alors que l'autre partie ne l'a pas respecté. Sa fonction pénale, est susceptible lorsqu'une clause résolutoire est insérée, de constituer un allié précieux de la force obligatoire qui doit être vue comme un serviteur très efficace de la justice contractuelle.

bouleversements de circonstances économiques, et d'une habilitation légale du juge dans le traitement du déséquilibre structurel, toute révision autoritaire porte atteinte à la volonté initiale des parties. Seul le règlement conventionnel ou pacifique par le biais de la prévention dans les clauses de renégociation est conforme aux prescriptions de l'autonomie de la volonté. Ce qui montre la place résiduelle accordée au traitement judiciaire dans une sécurité contractuelle basée sur l'emprise de la volonté individuelle.

2- La sécurité des transactions et correction autoritaire

226. Tandis qu'objectivement la sécurité juridique prescrit des solutions de rigueur, la sécurité subjective suppose au contraire une étude au cas par cas et tout en souplesse des situations juridiques individuelles. Par exemple, là où l'adage nul n'est censé ignorer la loi assure objectivement l'ordre et la sécurité, la sécurité subjective commande à l'inverse de vérifier si l'intéressé avait en fait les capacités et connaissances nécessaires pour accéder à l'information juridique et pour la comprendre. Si tel n'est pas le cas, son erreur de droit pourra paraître légitime. La sécurité objective, entendue comme la stricte application de la loi, s'oppose ici à la sécurité subjective qui prescrit de tenir compte au cas par cas des situations de fait en fonction des aptitudes et de l'attitude de l'intéressé. Tandis que la sécurité objective est ordre, cohérence et rigueur, la sécurité subjective est équité, souplesse et modération. Ce qui confère à cette distinction, qui est loin d'être uniquement descriptive selon PIAZZON, d'importants intérêts[868]. Très logiquement, il arrive aussi que la sécurité subjective entre en quelque sorte en conflit avec elle-même. Dans les relations entre personnes privées en particulier, la sécurité subjective de l'une des parties peut très bien heurter la sécurité subjective de l'autre, les prévisions de chacune d'entre elles pouvant apparaître également respectables. La distinction de DEMOGUE entre la sécurité juridique dynamique et la sécurité juridique statique illustre bien cette hypothèse. Ce qui illustre toute la problématique du traitement du déséquilibre conjoncturel. Lorsque les parties au contrat arrivent à prévoir ce déséquilibre contractuel, aucun problème ne se pose. A défaut, la correction par le juge serait forcée et il pourra ainsi interpréter le contrat à l'encontre de la sécurité des transactions basée sur la conception libérale de l'autonomie de la volonté. Il s'agit de favoriser la sécurité subjective, c'est-à-dire le respect des prévisions concrètes des sujets de droit, sans ruiner la cohérence et l'ordre nécessaire au droit objectif et au système juridique ou à l'inverse assurer cet ordre et cette cohérence sans négliger la situation et les attentes personnelles des sujets de droit liées à la stabilité de la société elle-même. La sécurité juridique apparaît encore comme une valeur prépondérante si l'on s'intéresse au contenu des règles. Le contrat est par essence un acte de prévision. La sécurité des transactions attire l'attention des législateurs sur des modèles juridiques d'autonomie de la

[868] T. PIAZZON, *La sécurité juridique*, préc. p. 100.

volonté et des modèles économiques de politique libérale. Le pouvoir normatif de la volonté individuelle est la colonne vertébrale du droit malien des contrats et de l'ensemble des pays africains d'expression francophones au sud du Sahara. Multiples précautions de langage sont révélatrices du souci de sécuriser les transactions, le débiteur ne doit pas être soustrait, sans bonne raison, aux obligations qu'il a volontairement acceptées. On voit dans tous les cas que les considérations économiques jouent un rôle important dans l'argumentation des législateurs qui s'accordent d'ailleurs tous sur le respect des objectifs d'efficacité économique et de sécurité juridique. La sécurité juridique n'est pas une valeur absolue et aussi primordiale comme la justice. L'enthousiasme pour la sécurité juridique relève de cette évolution profonde de notre droit qui est l'insécurité juridique, c'est l'injustice faite à l'individu[869]. La justice se confond-elle avec l'équité du cas individuel ?

L'objectif de la sécurité est omniprésent dans les réformes récentes du droit civil sans être toutefois défini de manière générale. La raison est que cet objectif est en réalité pluriel : « Il recouvre trois espèces de sécurité distinctes - sécurité juridique, sécurité individuelle et sécurité économique - recherchées le plus souvent cumulativement[870] ». La sécurisation des conséquences du concept[871] de l'autonomie de la volonté exclut toute obligation autre que conventionnelle dans la modification de l'équilibre initial du contrat, quels qu'en soient les motifs. Le débat sur une cessation d'exercice entre la sécurité et la justice dans le contrat, pour incompatibilité d'intérêts, gagnerait en clarté et en fécondité de résultats, si au lieu de surgir subsidiairement, il se présentait avec l'ampleur et la méthode qu'exige sa solution. En l'absence d'une obligation légale de renégociation des contrats suite au déséquilibre conjoncturel, l'autonomie de la volonté et ses conséquences limitent la portée de la sécurité des engagements à la formation du contrat en assujettissant le temps de l'exécution. La sécurité contractuelle est statique au lieu d'être énergique dans le traitement surtout judiciaire du déséquilibre conjoncturel.

227. Devant l'absence de fondements juridiques adaptés, la possibilité que le juge contrevienne à la sécurité contractuelle telle que voulue par les parties démontre que l'interprétation correctrice doit être organisée. La réduction de l'interprétation créatrice à la découverte hypothétique de la volonté des parties, en cas de traitement judiciaire du déséquilibre conjoncturel, porterait le risque de générer plus d'insécurité et d'instabilité. La résistance du législateur à admettre un principe de correction judiciaire du déséquilibre en valeur

---

869 T. PIAZZON, *La sécurité juridique*, préc. p. 156.

870 Réformes du Droit Civil et Vie des Affaires, Actes du séminaire organisé par le Centre de droit civil des affaires et du contentieux économique (CEDCACE) sous la direction de Manuella BOURASSIN et Janine REVEL en 2013 à l'Université Paris X Nanterre, Dalloz, 2014, p. 9.

871 G. MORIN, La loi et le contrat, La décadence de leur souveraineté, 1927, p.103 cité par FIN LANGER, thèse préc. p. 40, n° 34. Les concepts juridiques ont pour fonction d'être normatifs, d'orienter l'esprit des juristes vers ce qui doit être, de constituer une certaine force de redressement de la réalité ».

combinée au mutisme fataliste du juge malien ne facilitent pas l'admission d'un traitement contre la volonté du créancier malgré la récurrence d'une onérosité de l'exécution du contrat en cas de survenance de bouleversements substantiels de circonstances économiques. Pour y remédier, le législateur devra prendre ses responsabilités. Le choix d'admettre ou non la théorie de l'imprévision est inséparable d'une volonté de politique juridique car le respect des prévisions d'un cocontractant est tout aussi impérieux que celui des prévisions de l'autre[872]. Nous rejoignons THIOYE dans ses constats avisés lorsqu'il relève que : « les objectifs de justice contractuelle sont apparus, de façon manifeste, avec ces références aux notions de lésion ou d'imprévision pour justifier l'intransigeance de la jurisprudence. Ces deux phénomènes constituant des déséquilibres entre les prestations des parties - l'un congénital et l'autre postnatal -, ils rompraient l'égalité et briseraient alors l'ordre public économique[873]». Les limites naturelles de la renégociation conventionnelle sont ponctuées par la gravité des divergences d'intérêts entre les contractants. L'interdiction d'une renégociation judiciaire maintiendrait fermement la finalité d'une sécurité individualisée des transactions dans ce traitement du déséquilibre conjoncturel en droit commun. En attendant une réforme du droit malien des contrats, l'emprise de la volonté individuelle sur le traitement surtout judiciaire du déséquilibre des prestations en droit commun est une consécration de l'individualisme égoïste minimisant la portée de la réalisation d'une justice ultérieure à la formation des contrats.

---

[872] H. LECUYER, « Le contrat, acte de prévision », in Mélanges en hommage à F. TERRE, Dalloz, éditions J.- Cl., PUF, 1999, p. 658.

[873] M. THIOYE, *Recherches sur la conception du prix dans les contrats*, thèse préc. p. 278, n° 667.

CHAPITRE 2 : LA MINIMISATION DE LA JUSTICE CONTRACTUELLE

228. La réalisation d'une justice contractuelle ultérieure à la formation du contrat est entravée par la place de la volonté individuelle en droit commun. L'exaltation de l'autonomie de la volonté dans la sécurité des transactions démontre son rôle de rempart contre l'acceptation d'une justice contractuelle empiétant la liberté et la volonté des contractants[874]. La déconstruction théorique des fondements favorables à la correction du déséquilibre conjoncturel entraine l'immobilisme du juge dans l'interprétation des méandres de l'inexécution des engagements obligatoires. Il est économiquement embêtant et juridiquement inconfortable de constater que le contrat ne justifie pas ou plus l'intérêt des parties. La volonté individuelle lie les parties, le juge ne peut les délier par la correction forcée du déséquilibre en droit commun. La volonté de s'engager sans contrainte à comme corollaire un enchainement des parties à cause de la sécurité des transactions. Le manque ou l'absence d'intérêt du contrat pour une partie n'autorise pas une correction amélioratrice et ultérieure de la justice contractuelle. L'exception apportée est la liberté contractuelle d'une adaptation anticipée du déséquilibre des prestations. Toutefois, les lacunes du traitement judiciaire du déséquilibre structurel (Sect.1) en sus des tares du traitement judiciaire du déséquilibre conjoncturel (Sect. 2) empêcheraient la réalisation ultérieure de la justice contractuelle en droit commun.

Section 1 : Les lacunes du traitement judiciaire du déséquilibre structurel

229. La lésion détruit l'équilibre en valeur de la convention en affectant l'équivalence des prestations échangées. A la différence du juge français, son homologue malien ne se distingue pas par les revirements jurisprudentiels. Ce dernier applique la conception libérale de l'équilibre des prestations telle qu'héritée du Code civil français de 1804 et sans la réforme du droit des contrats de 2016. Dans le cadre du déséquilibre structurel des prestations échangées, l'affirmation flatteuse de la toute-puissance de l'autonomie de la volonté dans les contrats fait obstruction à la correction de l'inéquivalence des valeurs par le juge en droit commun. Toutefois, la divergence d'intérêts cumulée à la protection légale des effets de l'autonomie de la volonté montrent les limites de la correction par les parties et l'entrave à celle du juge. La sanction autoritaire des contrats lésionnaires exigerait un infléchissement des instruments utilisés. Loin de permettre un principe de traitement judiciaire de l'ensemble des contrats structurellement déséquilibrés, les mécanismes susceptibles d'être utilisés par le juge laissent subsister une certaine passivité devant les contrats lésionnaires. Pourtant, à la lumière du droit comparé, une extension souhaitable des vices du consentement (Para.1) est possible grâce à davantage de diligence dans la moralisation de la justice contractuelle (Para.2).

---

874 FIN LANGER, op. cit. p.36, n° 30

Paragraphe 1 : L'extension souhaitable du domaine des vices du consentement

230. Le domaine des vices du consentement[875] est limitatif dans l'annulation des contrats structurellement déséquilibrés en raison de la stabilité des échanges. Malgré cela, le dépassement du domaine de l'erreur (A) est possible et peut même être complété par le recours à l'exploitation de la vulnérabilité d'autrui (B) pour résorber le déséquilibre structurel.

A- Le dépassement du domaine de l'erreur

231. L'absence de sanctions judiciaires satisfaisantes des contrats lésionnaires est consécutive à une restriction légale du domaine de l'inéquivalence des prestations. Une interprétation judiciaire hardie dans la correction des contrats structurellement déséquilibrés en valeur entrevoit une extension du domaine de l'erreur (1) et de la violence (2).

1- De l'erreur sur la substance à l'erreur sur la valeur

232. Aux termes l'article 37 du RGO : « l'erreur ne vicie le consentement que lorsqu'elle est déterminante[876] ». L'évocation du caractère déterminant de l'erreur conduisant à l'annulation du contrat pour vice du consentement nous laisse penser qu'il ne peut s'agir que d'erreur sur la substance. Nous sommes confortés dans cette logique, car il est couramment admis que l'erreur sur la valeur ne constitue pas une cause de nullité des conventions en droit positif[877]. Cependant, l'absence d'une distinction concrète entre l'erreur sur la valeur et la lésion est la justification la plus invoquée en doctrine pour expliquer le refus d'une prise en compte de la première dans l'appréciation de la seconde[878]. Cette réticence pessimiste, exclusivement conforme aux effets de l'autonomie de la volonté, cautionnerait l'exclusion d'une extension de l'erreur sur la valeur pour l'annulation du contrat dans sa correction judiciaire. Il est dérangeant de déduire expéditivement que l'inéquivalence des prestations renvoie au déséquilibre du prix par l'intermédiaire de la valeur. Sans trop idéaliser la correction judiciaire du déséquilibre structurel, il faut reconnaitre qu'il est possible d'envisager des erreurs sur la valeur qui ne conduisent pas à une lésion. Ainsi en est-il du contractant qui, croyant faire une bonne affaire, acquiert en réalité un bien à un juste prix. Le contrat est équilibré malgré une erreur sur la valeur du bien qui est l'objet de cette convention. L'inadéquation est que seule l'erreur sur la substance conduit à l'annulation du contrat pour vices de consentement lors de sa formation. Admettre l'erreur sur la valeur

---

875 V. Sur les éléments des vices du consentement art. 36 du RGO malien ; art. 61 du COCC sénégalais et 1109 du Code civil français.

876 Art. 37 du RGO malien, art. 62 du COCC sénégal et art. 1110 du Code civil français.

877 V. notamment, civ. 1ère 5 avr. 1993, Cont. conc. cons. 1993, n° 146, obs. Leveneur ; 3 juill. 1996, Bull. n° 287.

878 G. MARTY et P. RAYNAUD, Droit civil, *Les obligations*, t. 1, Les sources, 2e éd., Sirey, 1988, n°141.

comme vice du consentement dans un contrat valablement conclu reviendrait à confondre une conséquence qui est le déséquilibre contractuel et sa cause qui pourrait être le vice du consentement. Cette approche souligne une distinction entre la connotation économique du déséquilibre contractuel et le caractère subjectif des vices du consentement à travers son expression d'altération psychologique[879]. Ce qui détacherait l'inéquivalence classique des prestations, d'une altération psychologique ayant une solide consonance subjective dans le traitement judiciaire du déséquilibre structurel. Le bénéfice de ses constats nous autorise à soutenir aussi que les explications données au refus de toute annulation pour erreur sur la valeur sont directement tributaires de la place faite à l'autonomie de la volonté[880].

233. Par ailleurs, on peut penser que l'argument du contournement de l'article 55 du RGO [881] devrait conduire à exclure toute erreur ayant une incidence sur l'équilibre des prestations c'est-à-dire presque toutes les erreurs substantielles du domaine de la correction du déséquilibre en valeur. JOUARY considère que cela conférerait à l'article 1118 du Code civil (français) une fonction de délimitation hasardeuse des vices du consentement[882]. L'appréciation de l'équilibre économique de la convention par les parties, postérieurement à sa conclusion, est la preuve irréfutable d'un éventuel défaut d'équivalence des prestations. En rejetant l'action en nullité fondée sur l'erreur sur la valeur, le droit positif exprime son indifférence à l'égard des contrats lésionnaires. Peu importe au fond que l'erreur sur la valeur ait été déterminante du consentement du contractant puisque son admission aurait permis de contourner la restriction du domaine des contrats lésionnaires. Plus intéressant d'un point de vue pratique, le problème de l'erreur sur le prix permet de nuancer le refus de sanctionner l'erreur sur la valeur. Celle-ci peut être définie comme une erreur purement matérielle commise sur le montant du prix notamment du fait d'une erreur d'étiquetage, par exemple, et qui aurait pu empêcher la rencontre des volontés. C'est la soutenabilité de cette argumentation qui laisse le soupçon sur l'existence d'une différence possible entre le prix pensé et le prix exprimé. Le caractère matériel du prix exprimé lors de la conclusion fait disparaitre le grief tiré de la nécessité pour les parties de veiller à la valeur des prestations pour souscrire à un prix juste. La qualifier

---

879 V. également en ce sens, P. CHAUVEL, *Le vice du consentement*, th. Paris II, 1982, n°235 ; du même auteur, V. aussi : *Erreur substantielle, cause et équilibre des prestations dans les contrats synallagmatiques*, Droits, n° 12, 1990, p. 93 ; J. GHESTIN, *La notion d'erreur dans le droit positif actuel*, préf. J. Boulanger, Bibl. dr. Privé, t. 41, LGDJ, 1963, 2e éd. 1971, n° 69 ; J.-P. CHAZAL, *De la puissance économique en droit des obligations*, th. Grenoble II, 1996, n° 274.

880 Ch. ATIAS, Épistémologie juridique, Dalloz, 2002, n° 373 ; V. aussi, du même auteur sur ce point, « Savoirs et pouvoirs juridiques : des ombres et portées », R RJ, 2001, p. 59, spéc. p. 72.

881 Art. 55 du RGO malien et art. 1118 du Code civil français.

882 Ph. JOUARY, *Contribution à l'étude de la valeur en droit privé des contrats*, th. Paris I, 2002, n° 265.

d'erreur-obstacle[883] autorise à s'éloigner prudemment des berges de l'erreur sur la valeur même si la jurisprudence française y décèle parfois une erreur sur la substance[884]. C'est la conception subjective des qualités substantielles qui prévaut en droit positif[885] en raison de la prédominance de l'autonomie de la volonté.

234. L'indifférence à l'erreur sur la valeur ne l'empêche pas de jouer un rôle d'indice dans la détection des contrats lésionnaires. L'erreur porte sur la substance lorsqu'il est évident que sans elle, l'une des parties n'aurait pas contracté. Ainsi, l'erreur ne justifie l'annulation que lorsqu'elle s'analyse en un désaccord entre l'objet réel et sa définition contractuelle. Il faut qu'elle porte sur une qualité expressément ou tacitement convenue[886]. Nous nous désolidarisons de l'argument qui soutient que n'importe quelle qualité de l'objet du contrat puisse être considérée comme substantielle donc cause potentielle de nullité. Cela pourrait conduire à une interprétation à toutes fins utiles de la notion de qualité substantielle. Cette solution ne brillerait que par son impertinence en raison de sa propension à trop généraliser le traitement judiciaire du déséquilibre en valeur dans les contrats lésionnaires. Néanmoins, nous reconnaissons que certaines qualités concrètes comme le prix devraient servir de liaison entre la lésion et l'équilibre sur la substance à travers la valeur. Du principe selon lequel l'erreur sur la valeur ne serait pas une cause d'annulation, il ne reste guère qu'un piège, c'est la formulation des demandes qui devient décisive[887]. Nous partageons le point de vue de ceux qui considèrent que l'erreur sur la valeur[888] doit être prise en compte dans les critères des contrats lésionnaires en estimant qu'elle est le point de contact le plus concret entre la lésion et la théorie de l'erreur. Le juge malien, en dépit de la restriction de la nullité des contrats pour rescision, ne défoncerait pas une porte qui semble être déjà ouverte par le législateur dans l'article 37 du RGO qui dispose que : « Elle (l'erreur) doit porter sur un élément essentiel du contrat ou que les parties considéraient comme tel[889]». L'hypothèse d'une détermination des qualités substantielles dans la rédaction des contrats n'est pas à exclure. A défaut, la correction judiciaire du déséquilibre structurel par une extension du domaine de l'erreur est une piste de réflexion à crédibiliser. En dehors de toute gymnastique intellectuelle du juge établissant une passerelle entre l'erreur sur la substance et la valeur, nous ne pensons pas que

---

883 En ce sens, v. notamment F. TERRÉ, Ph. SIMLER, Y. LEQUETTE, Obligations, n° 212.

884 V. sur ce point, A LEBOIT, *Erreur d'étiquetage et erreur sur le prix*, Cont. Com. Elec. 2002, Chr., n° 7 et s.

885 V. Ph. MALINVAUD, « De l'erreur sur la substance », D. 1972, p. 215.

886 J. GHESTIN, « L'authenticité, l'erreur et le doute », in Le droit privé français à la fin du XXème siècle, Études offertes à Pierre Catala, Litec, 2001, p. 457 et s.

887 V. sur la contestation de cette solution Ch. ATIAS, Contentieux contractuel, préc. n° 249.

888 V. sur l'erreur sur valeur et le prix M. THIOYE, *Recherches sur la conception du prix dans les contrats*, Thèse Toulouse, 2000, p. 426, n° 126 à 132.

889 Art. 37 du Régime général des obligations au Mali, préc.

les parties puissent envisager que le prix ne doit pas être considéré comme faisant partie de la valeur. Le dol est une erreur provoquée qui n'est pas en reste de cette logique de correction autoritaire du déséquilibre structurel.

2- Des manœuvres dolosives à la réticence dolosive

235. Aux termes de l'article 38 du RGO : « le dol est une tromperie provoquée par des manœuvres que l'un des contractants a pratiquées à l'encontre de l'autre pour l'amener à donner son consentement[890] ».Cette définition laisse entendre que pour que le dol puisse vicier le consentement, il est indispensable qu'il soit un ensemble de manœuvres ayant pour finalité d'induire une personne dans l'erreur pour l'amener à consentir. La difficulté de la preuve de l'intention malveillante n'est pas étrangère à un recours au dol sur fond de réticences dolosives. L'impossibilité d'une évocation tardive des vices du consentement a conduit certainement à une approche renouvelée. Le dol n'est plus littéralement un ensemble de manœuvres frauduleuses destinées à faire pression sur une personne raisonnable en vue d'obtenir son consentement. L'extension du dol à la réticence dolosive consiste à prétendre que le simple silence coupable d'un contractant, par la rétention d'information substantielle, est susceptible d'être un vice du consentement.

236. Le dol a déjà été invoqué dans l'appréciation des contrats lésionnaires[891] entrainant une extension considérable du domaine des vices du consentement par le truchement d'une sanction de la réticence dolosive[892]. L'illicéité de la réticence en fait une véritable condition de la sanction dans la perspective d'une correction judiciaire des contrats lésionnaires. Il peut exister des agissements dolosifs hors de toute lésion mais il n'y a pas de réticence coupable sans un défaut d'équivalence objective. La réticence dolosive est un indice utile dans l'appréciation du déséquilibre en valeur. De ce fait, la rétention d'information substantielle est un soupçon de lésion. De manière plus courageuse, certains arrêts permettent d'ailleurs de considérer que la lésion fait présumer le dol de manière décisive. Ainsi, la Cour de cassation française a esquissé un pas en direction d'une sanction systématique des contrats lésionnaires par le biais de la réticence dolosive[893]. Abondamment commentée, la décision de la première chambre civile de la Cour de cassation du 3 mai 2000 à propos de la vente de photographies de Baldus a censuré un

---

[890] Art. 38 RGO malien ; art. 63 du COCC sénégalais et art. 1116 du Code civil français.

[891] Ainsi, la Cour de cassation française a paru esquisser un pas en direction d'une sanction systématique des contrats lésionnaires par le biais de la réticence dolosive. De nombreuses décisions sont venues confirmer que le dol pouvait s'entendre du silence gardé par l'une des parties au contrat V. par exemple, Cass. civ. 3ème du 28 mai 2002, Dr. Et Patr. 2002, n° 3161, obs. Chauvel ; Paris, 8 nov. 2002, Dr. Sociétés 2003, n° 66, obs. F.-X. Lucas.

[892] J. GHESTIN, La réticence, le dol et l'erreur sur les qualités substantielles, D. 1971, Chr., p. 247.

[893] Cass. com. 27 févr. 1996, Bull. n° 65; JCP 1996, II, 22665, note. Ghestin.

arrêt qui avait retenu la réticence dolosive[894]. La Cour d'appel avait en effet relevé que l'acheteur savait qu'il contractait à un prix dérisoire manquant ainsi à son obligation de contracter de bonne foi et que sa réticence à faire connaitre à son vendeur la valeur exacte des photographies l'avait incité à conclure une vente qu'il n'aurait pas envisagée dans ces conditions. En cassant cet arrêt, sous le visa de l'article 1116 du Code civil français, la Cour de cassation rejette l'idée selon laquelle l'existence d'une lésion constitue le fondement de la réticence dolosive et refuse que l'on induise d'une erreur sur la valeur à travers une réticence dolosive. Elle affirme que la réticence dolosive n'a pour finalité que la protection d'un consentement intègre afin de lutter contre les comportements déloyaux. De nombreuses décisions sont venues confirmer que le dol pouvait s'entendre du silence gardé par l'un des contractants[895]. La portée théorique de ces décisions a de fortes implications sur la définition du dol élargie à la réticence dolosive. Le dol n'est plus un ensemble de manœuvres frauduleuses destinées à induire une personne en erreur pour l'amener à consentir. Il est aussi le fait pour le contractant de garder des informations pertinentes qui, si elles avaient été connues, auraient empêché l'autre de contracter. En réalité, le problème semble plutôt résider dans la réticence de l'acheteur. On sait les réserves que continuent à exprimer certains auteurs à l'égard de la jurisprudence accueillant l'erreur d'un contractant sur sa propre prestation notamment en raison des liens étroits qu'elle entretiendrait avec la lésion[896]. Dès lors, il n'est peut-être pas surprenant de voir la Cour de cassation hésiter à sanctionner les contrats dans lesquels la lésion résulte seulement du silence de l'acheteur sur la valeur du bien, objet du contrat[897].

237. La conséquence tirée de ces décisions est que le dol peut être constitué par le silence d'une partie dissimulant à son cocontractant un fait qui, s'il avait été connu de lui, l'aurait empêché de contracter[898]. Aucun comportement actif n'est exigé de la part du contractant fautif. De ce fait, la tentation est grande d'y déceler un instrument de correction judiciaire des contrats structurellement déséquilibrés. A la différence de l'erreur, l'aspect délictuel de celui-ci autorise le juge à nuancer cette sanction. A la place d'une nullité souvent rigide, l'attribution de dommages-intérêts pourrait conduire à réparer les contrats structurellement déséquilibrés sans les faire disparaitre. La possibilité d'obtenir l'annulation du contrat alors que l'erreur provoquée porte seulement sur la valeur, la faculté de demander une réparation équivalente à la différence

---

[894] Cass. civ. 1re 3 mai 2000, Bull. n° 140, obs. Leveneur ; D. 2002, 928, obs. Tournafond ; obs. Chauvel ; JCP 2000, art. 37237, p.1110, n° 64, obs. Loiseau.

[895] V. par exemple, Cass. civ. 3ème 28 mai 2002, Dr. Et Patr. 2002, n° 3161, obs. Chauvel ; Paris, 8 nov. 2002, Dr. Sociétés 2003, n° 66, obs. F.-X. Lucas.

[896] V. notamment, J. CARBONNIER, *Obligations*, préc. n° 48.

[897] Arrêt Baldus. La rupture d'équivalence n'est plus seulement lésionnaire. Le prix payé peut sans doute être qualifié de dérisoire V. en ce sens, Ch. Jamin, note sous Cass. civ. 1re 3 mai 2000, préc.

[898] Cass. civ. 3e 15 mai 1971, Bull. n° 38 ; RTD civ. 1971, p. 839, obs. Loussouam.

entre le prix payé et celui réel expliquent l'intérêt des plaideurs pour cette action. C'est l'hypothèse d'un rééquilibrage du contrat par rachat de la lésion. Ce contournement de la preuve dans les contrats lésionnaires, par le biais de la réticence dolosive, résorberait inéluctablement cette épineuse preuve d'un dommage purement psychologique. Donc, la réticence dolosive peut être facilitée par la preuve d'une lésion pour bénéficier d'une certaine indulgence judiciaire dans l'administration des preuves[899].

238. La double nature du dol l'attire vers la répression de comportements déloyaux dans le sens d'une réception de la conception subjective de la lésion. Le dol sanctionne un comportement abusif et entretient une convergence de finalité avec l'erreur. Il n'est point barbatif de rappeler que le dol est une erreur provoquée. En substance, c'est la possibilité d'obtenir l'annulation du contrat alors que l'erreur provoquée portait seulement sur la valeur. Ce qui expliquerait l'intérêt des plaideurs pour cette action en leur donnant la faculté de demander une réparation équivalente à la différence entre le prix payé et celui réel[900]. L'extension jurisprudentielle du domaine des vices du consentement a été consacrée dans une formulation quasi-législative sur la base d'une appréciation du comportement des contractants. Le dol peut être constitué par le silence d'une partie dissimulant à son cocontractant un fait qui, s'il avait été connu de lui, l'aurait empêché de contracter[901]. Nous convenons, cependant, qu'il faut organiser l'extension de la réticence dolosive au risque d'une délictualisation exagérée de la correction judiciaire du déséquilibre structurel. Toute ignorance de l'analphabète ou du contractant de faible aptitude intellectuelle n'est pas assimilable à une réticence dolosive dans le contexte malien et africain. Le recours à la notion de vulnérabilité contractuelle permettrait également de sanctionner l'exploitation abusive des situations de faiblesse d'autrui.

B- Le recours à l'exploitation de la vulnérabilité d'autrui

239. L'admission d'une conception subjective de la lésion est favorable à l'intervention du juge dans la correction du déséquilibre en valeur. Cette appréciation du comportement des contractants émerge d'une extension de la violence à la contrainte économique (1) et de la lésion objective à la lésion qualifiée (2).

---

899 V. un arrêt qui fait peser la charge de la preuve de l'obligation d'information sur le vendeur, facilitant ainsi la démonstration de la réticence. Cass. civ. 1re 15 mai 2002, Cont. con. Cons. 2002, n°135, obs. Leveneur.

900 Les facilités de preuve ne sont pas non plus négligeables. Il est en effet plus simple de prouver un fait extérieur qu'un fait purement psychologique. V. notamment M. A. PÉROT-MOREL, op. cit., p. 204.

901 Cass. civ. 3e 15 mai 1971, Bull. n°38 ; RTD civ. 1971, p. 839, ob. Loussouam. V. auparavant, Cass. civ. 1re 19 mai 1958, Bull. n° 251.

1- De la violence à la contrainte économique

240. Aux termes de l'article 39 du RGO : « la violence est une contrainte physique ou morale de nature à faire impression sur une personne raisonnable et l'amener à contracter de crainte à exposer sa personne ou ses biens à un mal considérable et présent[902] ». La violence suppose donc que le consentement n'ait pas été donné de manière totalement libre. Elle est la moins utilisée des vices du consentement peut-être en raison de la difficulté de la preuve des pressions morales rattachées à la contrainte. La violence présente un caractère original au sein des vices du consentement. Au contraire de l'erreur et du dol, l'effet de la violence se concrétise par une contrainte qui entache la liberté du consentement. Ce qui laisse entrevoir une double qualité, à la fois de vice du consentement et de délit civil[903]. La notion classique de violence a évolué vers la violence économique sous l'impulsion d'un élargissement de la contrainte. La timidité législative malienne tristement conjuguée avec le mutisme du juge ne garantissent pas encore cette extension. Par contre, les différents projets de réforme du droit des contrats ne sont pas restés en marge de l'élargissement de la notion de violence simple à la violence économique : « il y a également violence lorsqu'une partie abuse de la situation de faiblesse de l'autre pour lui faire prendre, sous l'empire d'un état de nécessité ou de dépendance, un engagement qu'elle n'aurait pas contracté en l'absence de cette contrainte[904] ».

241. Au début, la contrainte économique a connu un accueil réservé, tant en droit positif qu'au sein de la doctrine[905]. Une affaire souvent citée en ce sens témoigne de la sévérité de la Cour de cassation. Dans le cas d'espèce, une Cour d'appel avait annulé un contrat de concession automobile en relevant que : « les deux partenaires ne sont pas placés sur un pied d'égalité du fait (...) de la sujétion économique du concessionnaire ... qu'a dû subir le concédant, abusant de sa force économique contraignante, lui a imposé »[906].

---

[902] Art. 39 pour la définition et l'art. 40 pour la délimitation dans le régime général des obligations au Mali : « n'est pas considérée comme violence, la menace d'user légitimement d'un droit ou la crainte inspirée par le respect des parents sans qu'il y ait eu de contraintes physiques forcées ». V. aussi l'art. 64 du COCC Sénégalais et les art. 1111 à 1115 du Code Civil Français.

[903] J. TREILLARD, « La violence comme vice du consentement en droit comparé », in Mélanges offerts à Marcel Laborde-Lacoste, Bordeaux, éd. Bière, 1963, p. 419, n°1. L'auteur admet la nature délictuelle du droit romain, mais estime que le droit positif a consacré une vision subjective tournée vers le consentement. En pratique, le contractant victime de violence dispose, au même titre que celui qui agit pour dol, de deux actions autonomes : l'une en annulation du contrat, l'autre en responsabilité civile.

[904] Art. 63 de l'avant-projet gouvernemental de réforme du droit des contrats ; art. 1134-3, al. 1 de l'avant-projet Catala de réforme du droit des obligations et de la prescription ; art. 66 de l'avant-projet Terré en France.

[905] C. NOURISSAT, « La violence économique, vice du consentement : beaucoup de bruit pour rien ? », D. 2000, Chr., p. 369.

[906] V. notamment RTD com. 1978, p. 595, obs. Hémard.

L'arrêt fut cassé sous le visa de l'article 1112 du Code civil pour défaut de bases légales au motif que la Cour n'ayant pas précisé en quoi les agissements du concédant étaient illégitimes[907] pour caractériser la contrainte. Cette solution ne ferme pas totalement la porte à une sanction de la violence économique. Néanmoins, l'appréciation de la condition d'illégitimité est contrôlée fermement. Pourtant, cette condition révèle l'aspect délictuel de la violence, qui suppose soit des menaces directes de la part du contractant, soit éventuellement un abus des circonstances pour obtenir un avantage indu. Dans cette logique, la filiation avec lésion apparaît alors certaine. Toutefois, l'emprise de l'autonomie de la volonté expliquerait la réticence de la doctrine et de la jurisprudence à l'élargissement du champ d'application de la contrainte économique. La Cour de cassation a effectué un pas important dans ce sens en jugeant que la contrainte économique pourrait se rattache à la lésion[908]. Aussi, elle procède à une délimitation de la contrainte économique en jugeant que : « seule l'exploitation abusive d'une situation de dépendance économique, faite pour tirer profit de la crainte d'un mal menaçant directement les intérêts légitimes de la personne, peut vicier de violence son consentement[909]. En l'espèce, une salariée directrice du département langue française d'une grande maison d'édition avait réalisé, hors de son temps de travail, un dictionnaire destiné au jeune public. Son employeur accepta de publier cette œuvre et conclut une convention de cession de l'intégralité des droits d'exploitation de l'ouvrage moyennant le versement d'une somme de 30 000F qui tenait compte de la mise au point du projet. Licenciée en 1996, la salariée agit alors contre son ancien employeur afin d'obtenir la nullité de la convention. La Cour d'appel de Paris accueillit cette demande en considérant que du fait de son statut salarié, qui la plaçait en situation de dépendance économique, la demanderesse avait été contrainte d'accepter les termes du contrat. En effet, refuser ces conditions aurait fragilisé sa situation de salariée dans un contexte économique et social difficile pour l'entreprise. Dès lors, elle avait été soumise à une contrainte morale justifiant la nullité du contrat, la crainte d'un licenciement ne devant pas nécessairement résulter de menaces précises mais de l'existence d'une menace suffisamment réelle et sérieuse[910]. Cette méthode de sanction déplace la lésion du déséquilibre des prestations vers l'appréciation du comportement du contractant en position de force. C'est la dynamique de la lésion qualifiée.

2- De la lésion objective à la lésion qualifiée

242. La lésion qualifiée n'est pas connue du vocabulaire juridique malien pour ne pas dire africain d'où son absence de définition légale claire. C'est

---

[907] Cass. com. 20 mai 1980, Bull. n° 212.

[908] Cass. civ. 1re 30 mai 2000, Bull. n°169, préc.

[909] G. LOISEAU, « L'éloge du vice ou les vertus de la violence économique », Dr. Et Patr. Sept. 2002, n°107, p. 26.

[910] Paris, 12 janv. 200, D. 2001, 2067, n. Fadeuilhe ; JCP 200, II, 10433, n. Pierre.

une construction théorique essentielle dans la compréhension de l'apport de la doctrine pour pallier l'indifférence du droit positif à la correction judiciaire de l'inéquivalence des prestations dans la formation du contrat. La lésion qualifiée ou théorie de l'exploitation est une véritable exploitation entraînant un profit déraisonnable et injustifié pour une partie, c'est un manquement à l'obligation de bonne foi. En droit comparé, nous constatons que le législateur québécois a rejeté le concept de lésion contractuelle alors même que la disproportion entre les prestations des parties résulterait de l'exploitation d'un cocontractant en situation de vulnérabilité[911]. La question de l'adoption par les juridictions françaises d'une théorie de la « lésion qualifiée » a été soulevée depuis 1920 grâce à une proposition de loi connue sous le nom de loi Guipal et Dupin qui a été déposée pour consacrer l'admission générale de la lésion en matière immobilière et mobilière[912]. Ce texte qui devait compléter l'article 1118 Code civil disposait que : « la lésion est une cause de rescision des conventions si la disproportion des obligations qui en résulte est énorme et a été déterminée par l'exploitation de la gêne, de la légèreté ou de l'inexpérience du lésé [913] ». Les Codes étrangers qui appliquent la théorie de la lésion qualifiée évoquent des formulations diverses et variées notamment la « disproportion évidente[914] » ou « sérieuse[915] », la disproportion « supérieure à la moitié de la valeur[916] ».

243. Les différentes formulations de la lésion qualifiée ont été retrouvées dans l'avant-projet d'acte uniforme portant droit des contrats dans la sanction des avantages excessifs ces termes : « 1) La nullité du contrat ou de l'une de ses clauses pour cause de lésion peut être invoquée par une partie lorsqu'au moment de sa conclusion, le contrat ou la clause accorde injustement un avantage excessif à l'autre partie. On doit prendre en considération : a) le fait que l'autre partie a profité de manière déloyale, de l'état de dépendance, de la détresse économique, de l'urgence des besoins, de l'imprévoyance, de l'ignorance, de l'inexpérience ou de l'inaptitude à la négociation de la ; b) de la nature du contrat ; 2) le tribunal peut à la demande de la partie lésée, adapter le contrat ou la clause afin de le rendre conforme de l'exigence de la bonne foi ; 3) le tribunal peut également adapter le contrat ou la clause à la demande de la partie ayant reçu une demande de notification d'annulation pourvu que l'expéditeur de la notification en soit informé sans tarder et qu'il n'ait pas agi raisonnablement en conséquence[917] ». Plus qu'une évolution,

---

911 A- M. GRÉGOIRE, « *La lésion qualifiée : est-il possible de nuire impunément à autrui en droit québécois ?* », Les Cahiers de droit, vol. 50, n° 2, 2009, p. 301- 325.

912 Cf. Bulletin de la Société d'études législatives, 1921, p 216 et s.

913 Proposition Guipal et Dupin, déposée sur le bureau de la Chambre des députés le 20 juin 1920.

914 Exigence posée par le Code fédéral suisse dans son article 21.

915 Projet de révision du Code civil québécois, 1975.

916 Art. 1448 al. 2 et 3 Civil italien.

917 Art. 3 -10 de l'avant-projet d'acte uniforme portant droit des contrats.

l'intérêt d'une telle révolution est double. D'un côté, la lésion dépasse la conception objective, qui quoi que reconnue n'est que faiblement sanctionnée, dans la mesure où n'elle n'est pas une cause générale d'invalidation des contrats. De l'autre côté, nous constatons fort heureusement, qu'une autre conception de la lésion se développe en occurrence celle subjective qui dépasse le déséquilibre en valeur pour s'élargir au déséquilibre en pouvoir. L'avantage excessif concerne, en plus de la contrepartie dans la formation, une exploitation de la vulnérabilité d'autrui consistant dans l'exploitation de l'autre à travers l'état de dépendance, de la détresse économique, de l'urgence, des besoins, de l'imprévoyance, de l'ignorance, de l'inexpérience ou de l'inaptitude à la négociation. La faute dans la lésion qualifiée consiste dans l'abus, l'exploitation de l'infériorité, de l'inexpérience, de la faiblesse ou de l'ignorance de l'autre partie. D'autres législations exigent que soit rapportée la preuve d'un abus des circonstances ou de la faiblesse du contractant afin d'en tirer un profit excessif[918]. La lésion qualifiée, si elle est fondée par la bonne foi, entretient des similitudes avec la contrainte économique dans l'analyse de ses critères.

244. D'abord, la condition préalable est l'état de nécessité. La jurisprudence allemande s'est intéressée au lésé sous l'angle de l'état de nécessité en plus du déséquilibre économique entre les cocontractants. La victime de la lésion qualifiée n'a pas besoin d'établir qu'elle a manqué totalement de ressources. Il suffit qu'elle apporte la preuve d'une gêne financière, d'un impérieux besoin de crédit ou d'embarras pécuniaire momentané. Tel qu'elle est envisagée, la situation constitutive d'un état de nécessité est fuyante. Ensuite, l'exploitation de la situation de faiblesse du lésé révèle que la disproportion entre les prestations n'est pas considérée comme la cause de la nullité du contrat mais comme la preuve qu'il existe un autre vice : l'exploitation du besoin, de la légèreté ou de l'inexpérience. Ce n'est pas la disproportion qui caractérise en soi la lésion qualifiée, c'est la volonté d'une exploitation des circonstances par le lésant. La conséquence théorique de cette approche est une subjectivisation du fondement de la lésion. La théorie de l'exploitation se rattache à la conception subjective de la lésion parce qu'elle nécessite une interprétation subjective de la volonté du lésant : la volonté de tirer profit du besoin de la partie lésée. Cette volonté d'exploiter existe lorsque le bénéficiaire de l'acte a voulu exploiter la situation de faiblesse de son contractant, de son ignorance ou profiter des circonstances qui lui étaient trop favorables. Il est ainsi coupable d'exploiter autrui même si le bénéficiaire n'a fait qu'accepter une offre ou même s'il n'a pas voulu connaître ou n'a pas connu par négligence grave, la contrainte à laquelle était soumis l'autre du fait des circonstances. Le contrat est annulé non pas parce qu'il a été conclu à la suite d'une pression exercée sur le consentement du lésé, c'est plutôt parce

---

[918] V. Les législations allemande (§ 138BGB), suisse (art. 21 C.O.) ou québécoise (art. 1406 Cc Q).

qu'à l'occasion de sa conclusion, l'exploitation par le bénéficiaire de l'acte du besoin lui a réellement permis de le déséquilibrer à son profit. Enfin, le dernier critère est un élément objectif qui est la disproportion manifeste. La lésion est avant tout un fait matériel de disproportion. La lésion qualifiée diffère de la lésion objective dite simple en ce qu'outre une semblable disproportion entre les engagements réciproques, suffisante pour caractériser la lésion simple, elle exige que ce déséquilibre trouve sa source dans le comportement illicite de celui qui en tire profit par l'exploitation de l'infériorité de son cocontractant. La lésion qualifiée se différencie du dol parce qu'elle ne requiert pas de manœuvres ayant pour objet d'induire le cocontractant en erreur sur la valeur respective des engagements. L'exploitation par le cocontractant d'une situation de vulnérabilité pourrait ne pas être considérée comme un vice de consentement, mais bien comme une application pure et simple de la règle qui consiste à ne pas nuire à autrui.

245. Refuser de reconnaître le principe de la lésion qualifiée permet à une partie d'user de sa prérogative de contracter en tout absolutisme au mépris même des limites imposées par la vie en société. Lorsqu'une personne agit sans tenir compte des intérêts d'autrui, le droit doit considérer que l'exercice de la prérogative est déraisonnable, au sens des standards sociaux, puisqu'elle nuirait à la coexistence paisible des intérêts de chacun en nuisant indûment à autrui. Ecarter le principe de la lésion qualifiée, c'est occulter toute cette dimension fondamentale de la théorie du droit des obligations au profit d'une autonomie de la volonté en décrépitude. En ce sens, la lésion ne sera pas sanctionnée parce qu'elle constitue un défaut d'égalité des prestations, mais bien parce qu'elle sera la résultante de l'injustice commise en situation d'hégémonie d'une partie sur l'autre. Ce n'est pas la valeur économique qu'on sanctionne, mais la preuve par la lésion, de l'exploitation d'une partie par l'autre[919]. La lésion qualifiée, à travers la bonne foi, est une manifestation du principe de ne pas nuire indûment aux intérêts d'autrui[920]. Dans la correction judiciaire des contrats lésionnaires, si le législateur refuse de sanctionner de manière générale la lésion en droit commun, il n'a pas pu s'empêcher par ailleurs de reconnaître que l'égalité des contractants prônée par la théorie de l'autonomie de la volonté ne correspondait pas à la réalité. C'est à cet effet que certaines situations devaient faire l'objet d'une sanction judiciaire en raison de la vulnérabilité d'un des cocontractants. C'est CHANTEPIE qui résume parfaitement la finalité de l'ensemble des

---

[919] V. à ce sujet un développement semblable dans G. RIPERT, La règle morale dans les obligations civiles, 4ème éd., Paris, L.G.D.J., 1949, n° 61 à 73, p. 105 à 127. Selon l'auteur, la lésion change alors de caractère. Elle apparaît comme l'injustice commise par l'abus du contrat. Le résultat montre la déloyauté de la lutte entre les contractants. L'inégalité des prestations n'est pas la cause de la nullité du contrat mais la preuve qu'il existe une autre cause de nullité : l'exploitation de l'un des contractants par l'autre.

[920] A- M. GREGOIRE, « *La lésion qualifiée : est-il possible de nuire impunément à autrui en droit québécois ?* », Les Cahiers de droit, vol. 50, n° 2, 2009, p. 301-325.

mécanismes correcteurs en affirmant que : « le juste ne réside pas dans l'égal mais dans l'efficient[921] ». En reconnaissant expressément certaines situations de lésion qualifiée, le législateur admet nécessairement qu'en cas de situation de vulnérabilité, une des parties pourrait tenter de profiter de la situation pour s'enrichir indûment. Le développement du mécanisme de la lésion qualifiée est une alternative à revigorer, à sauvegarder dans la correction judiciaire des contrats lésionnaires. A l'indifférence au déséquilibre des prestations, pourrait se substituer la correction autoritaire basée sur un savoir-vivre contractuel sous l'impulsion de la bonne foi. On peut déduire que l'élément subjectif doit nécessairement s'accompagner d'un élément objectif. Ce qui constitue une ébauche de moralisation de la justice contractuelle protégeant la partie faible de bonne foi.

Paragraphe 2 : La diligence dans la moralisation de la justice contractuelle

246. La moralisation de la justice contractuelle requiert une correction du déséquilibre structurel contre les inégalités entre les contractants[922]. La justice est une valeur morale suprême qui affirme, fait triompher l'égalité et l'équilibre contractuel par le droit. La sanction des avantages excessifs (A) et la résurgence de l'information (B) sont mobilisées au-delà de leurs acceptions naturelles.

A- La moralisation de la correction par la sanction des avantages excessifs

247. Le juste juridique est commutatif sans s'émanciper des effets de la liberté contractuelle en droit commun. La justice contractuelle se réalise par la correction des comportements excessifs grâce à un élargissement du juste juridique dans la sanction de l'abus (1) et de l'immoralité des contractants (2).

1- Le juste juridique dans la sanction de l'abus

248. La lésion est un décalage entre le prix stipulé et la valeur réelle de la prestation. Le prix est la mesure de la valeur par les parties[923]. A cet effet, le mécanisme joue un rôle régulateur tout à la fois irremplaçable et exclusif[924]. Le recours aux prix est une option intéressante car il désigne le coût, la valeur c'est-à-dire ce qu'il faut débourser pour acquérir un bien, un produit ou pour rémunérer une prestation de services[925]. Le prix juste c'est une opinion sur une valeur exprimée par rapport à un environnement économique et social en ce sens que la valeur accordée aux biens est fonction de l'utilité qu'ils

921 G. CHANTEPIE, *La lésion*, thèse préc. n° 52, p. 37.

922 V. D. MAZEAUD, « Les nouveaux instruments de l'équilibre contractuel », in la nouvelle crise du contrat, préc. p.135 et s.

923 Ph. JOUARY, *Contribution à l'étude de la valeur en droit privé des contrats*, th. Paris 1, 2002, n° 8.

924 G. CHANTERIE, *La lésion*, thèse paris 1, n° 97, p. 73.

925 M. THIOYE, *Recherches sur la conception du prix dans les contrats*, thèse préc. n°1, p. 6.

représentent pour les agents économiques[926]. De l'avis du législateur, la lésion n'est ni nécessaire, ni suffisante pour caractériser l'abus dans la détermination du prix en droit commun en raison d'une égalité des parties. La substitution d'une logique de pouvoir à celle contractuelle conduit à déplacer le contrôle de l'équilibre contractuel. MAZEAUD rappelle le principe que la seule présence d'un déséquilibre contractuel est une condition nécessaire mais pas suffisante de l'intervention du juge, gardien et garant de l'équilibre des patrimoines[927]. L'évolution jurisprudentielle en droit comparé démontre que cette assertion, parfois soutenue ou fragilisée à dessein par la conception libérale des échanges, n'est pas si essentielle dans l'indétermination du prix dans les contrats- cadres ou en matière de vente immobilière.

249. D'un côté, la lésion ne serait insuffisante à caractériser l'abus dans la détermination du prix à travers les contrats - cadres. Certes, elle permet de la rendre vraisemblable mais elle n'est qu'un critère objectif parmi des éléments subjectifs. L'abus de droit est avant tout une faute comportementale. Dans la détermination unilatérale du prix, l'arrêt de 1995 fait appel à une appréciation subjective du comportement alors que le litige se tourne autour de données économiques objectives. La solution prévoyant une fixation unilatérale du prix dans les contrats - cadres semble classique. En effet, la saga jurisprudentielle s'est soldée par l'arrêt rendu en assemblée plénière du 1er décembre 1995 qui estimait que le prix ne constitue pas une condition de validité du contrat. La fixation du prix étant dans la plupart de ces contrats de longues périodes, son établissement parait délicat ou impossible lors de la conclusion du contrat initial. Les partenaires souhaitent définir le prix au moment opportun quitte à ce qu'il soit fixé par une des parties. Seul l'abus dans la fixation du prix peut être sanctionné par le juge à posteriori. Ainsi, si l'on admet le contrôle et l'immixtion du juge dans l'objet du contrat, c'est par conséquent le prix lui-même qui peut être porteur d'un déséquilibre contractuel. Pour les partisans de l'autonomie de la volonté, c'est instaurer l'insécurité juridique pour celui qui bénéficie de prix jugés lésionnaires. C'est ainsi la solution à l'indifférence du droit civil au déséquilibre en valeur des prestations contre le contractant qui pourrait réclamer et obtenir l'annulation du contrat. La voie prétorienne a en effet visé l'abus dans la fixation du prix et non le prix abusif lui-même.

Dans l'arrêt du 30 juin 2004, la Cour de cassation française en présence d'une augmentation du prix de l'ordre de 150 % a invité les juridictions du fond à ne pas porter leur attention exclusivement sur le niveau du prix[928]. Le caractère

---

[926] M. THIOYE, *Recherches sur la conception du prix dans les contrats*, thèse préc. n° 86.
[927] D. MAZEAUD, « Les nouveaux instruments de l'équilibre contractuel. Ne risque-t-on pas d'aller trop loin ? », in « La nouvelle crise du contrat », dir. Ch. Jamin et d. Mazeaud, Dalloz, 2003, p.135, n° 26.
[928] Cass. civ. 1ère, 30 juin 2004, Bull. civ. IV, n° 190, p. 157.

arbitraire de la fixation a déjà été sanctionné par la jurisprudence[929]. Outre le comportement du partenaire économique, on peut tout à fait envisager que l'abus porte sur la situation des parties et donc sur un résultat in fine. Un profit illégitime, même une confiscation de la vente, pourrait donc caractériser l'abus comme cela a été jugé dans les arrêts Alcatel [930]. Au final, il nous paraît assez injuste de donner au professionnel la possibilité d'invoquer la lésion qui n'est, de plus, pas soumise à la démonstration d'une dépendance d'un agent vis-à-vis de l'autre. Il serait raisonnable de penser que le prix pourra encore demain être fixé librement par les parties et que le contrôle du juge ne sera au final pas différent de ce qu'il est actuellement en ce qui concerne les solutions dégagées par l'assemblée plénière le 1erdécembre 1995. Ce ne sera finalement que la sanction qui pourra être plus importante au profit de la partie lésée.

250. De l'autre côté, les textes spéciaux dérogent au droit commun en admettant un recours au contractant lésé. C'est le cas de la vente qui fait entorse au principe de l'exclusion de la lésion surtout en matière immobilière[931]. L'article 1658 du Code civil dispose qu'indépendamment des causes de nullité ou de résolution déjà expliquées dans ce titre et de celles qui sont communes à toutes les conventions, le contrat de vente peut être résolu par l'exercice de la faculté de rachat et par la vileté du prix[932]. La Cour de cassation française fut à l'origine d'une réactivation de l'article 1658 du Code civil français qu'elle semble depuis s'employer à éteindre. Un arrêt de la troisième chambre civile fit une application remarquée de l'article 1658 en retenant au visa de ce texte que le contrat de vente peut être résolu pour la vileté du prix[933]. La portée de cet arrêt est que le choix de ce visa pouvait être analysé comme une restriction du domaine de l'action en nullité pour prix dérisoire. Traditionnellement sanctionnée en droit commun sur le fondement d'une absence de cause, l'absence de prix sérieux aurait alors été cantonnée aux ventes, seules visées par l'article 1658 du Code civil français. La vileté du prix n'est qu'un qualificatif dissimulé sinon hypocrite de la lésion. Le vil prix est assimilable à l'absence de cause. La vente peut donc bien être annulée pour vileté du prix, action distincte de l'action en rescision pour lésion. Le choix du visa de l'article 1591[934] intrigue cependant à bien des égards. Loin de la classique nullité pour absence de cause ou de l'insolite article 1658[935], ce

---

929 V. par exemple, C A. Versailles, 27 janvier 2000.

930 Cass. civ. 1ère, 29 novembre 1994.

931 Art. 1674 et s. du Code civil Français.

932 Ce texte est placé en tête du chapitre 6 du litre sur la vente, intitulé « De la nullité et de la résolution de la vente ».

933 Cass. civ. 3e 29 avr. 1998, Bull. 88; D1999, somm, 14, obs. Paissant.

934 Art. 1591 du Code civil Français dispose que : « Le prix de la vente doit être déterminé et désigné par les parties ».

935 L'art. 1658 du Code civil Français dispose qu' : « Indépendamment des causes de nullité ou de résolution déjà expliquées dans ce titre, et de celles qui sont communes à toutes les conventions, le contrat de vente peut être résolu par l'exercice de la faculté de rachat et par la vileté du prix ».

visa renvoie au prix de la vente qui doit être déterminé et désigné par les parties. On peut alors comprendre que les parties n'auraient pas vraiment fixé de prix lorsqu'elles n'ont pas convenu d'une contrepartie réelle à l'obligation du vendeur. On en déduit aisément que la Cour de cassation française restaure complètement l'ancienne action en nullité même si un doute avait pu s'insinuer après les arrêts de 1998. Il ne s'agit que d'un retour au point de départ. La nullité relative, sanction applicable à la violation de l'article 1591 du Code civil, a-t-elle paru préférable à la nullité absolue qui affecte en principe l'absence de cause. L'abandon confirmé de cette nullité absolue par la Cour de cassation pourrait par contre l'inciter à rattacher de nouveau la vileté du prix à l'absence de cause. Dans les deux cas, l'exigence d'un déséquilibre significatif limite l'effectivité de l'action en vileté du prix. Seule une modification de la nature même du mécanisme permettrait d'appréhender le phénomène des contrats lésionnaires. Le juge ne semble pas vouloir s'engager sur cette voie[936]. Le développement d'une sanction autonome de la vileté du prix ne serait d'ailleurs pas sans poser de nombreux problèmes d'ordre politique et technique. Quel que soit le fondement maintenu, le juge s'octroie un pouvoir étendu d'appréciation de l'équilibre des contrats dans la sanction de l'immoralité.

2- Le juste juridique par la sanction de l'immoralité

251. La conception volontariste des échanges en droit commun des contrats est indifférente à son interprétation moralisatrice par les contractants. Cette moralité modératrice est le fondement le moins sollicité à défaut d'être banni du monde des affaires. Faire dépendre la lésion de l'existence d'une faute de la part du contractant, qui en tire profit, lui confère une connotation moraliste redoutée surtout lorsqu'elle est utilisée par le juge contre la volonté d'une partie. Ce raisonnement est contraire à la philosophie libérale du marché. La répression d'un comportement délictueux n'est plus seulement assurée par l'équilibre qui doit régner dans les rapports contractuels privés. L'adoption de la conception morale pour atteindre l'équilibre contractuel passe par une incrimination d'un comportement déloyal du lésant contre le contractant lésé. Le législateur privilégie la stabilité contractuelle en limitant le recours à la lésion au défaut minimaliste d'équivalence entre les prestations librement échangées. Une tendance doctrinale basée sur la faute ou l'exploitation est née sous l'influence du droit allemand sur base du juste salaire pour une prise en charge des rapports de force inégaux qu'entretiennent les patrons et leurs salariés. C'est indiscutablement le passage de la lésion objective à la lésion subjective. Contrairement à la lésion objective, basée sur l'équilibre initial des prestations échangées, la lésion qualifiée se caractérise par un double critère qui synthétise les approches objectives et subjectives[937]. Selon

[936] V. en ce sens, J. FISCHER, *le pouvoir modérateur du juge en droit civil français*, préf. PH. Le Tourneau, PUAM, 2004, n° 252 et s.
[937] J.-P. CHAZAL, *De la puissance économique en droit des obligations*, th. préc. n° 732.

CHAZAL, l'abus de puissance économique consiste dans l'instauration d'un déséquilibre des prestations réciproquement stipulées, l'économiquement puissant abusant de sa force au détriment de l'économiquement faible[938]. L'analyse approfondie de la notion de puissance économique renforce l'intérêt suscité par une telle définition en droit allemand qui dispose qu' : « est notamment nul tout acte juridique par lequel une personne, en exploitant le besoin, l'inexpérience, le défaut de capacité de jugement ou les importantes faiblesses de volonté d'autrui, se fait promettre ou accorder à elle-même ou à une autre personne, en contrepartie d'une prestation, des avantages patrimoniaux qui sont, par rapport à cette prestation, dans une disproportion choquante[939]». Il faut en déduire que deux conditions manifestement cumulatives sont exigées. La première dite objective tient au constat d'une disproportion flagrante entre les prestations réciproques échangées par les contractants. La seconde dite subjective s'analyse en une exploitation consciente de la situation de la victime de l'acte lésionnaire. L'influence de la morale sur la règle juridique est délicate dans une perspective historique en fonction des valeurs sociétales. Nombre de mécanismes font appel à des conceptions qui dépassent la simple recherche de la solution juste. C'est la recherche entreprise par RIPERT sur les règles les plus techniques du droit[940]. Selon lui, l'imprégnation de la doctrine chrétienne a profondément transformé la nature et la teneur de la règle juridique. La loi morale n'est pas seulement un vague idéal de justice. Cette loi qui régit les sociétés occidentales modernes est respectée parce qu'elle est imposée par la foi, la raison, la conscience, par habitude ou par respect humain [941]. Plus efficace que le critère imprécis du juste, la règle morale fournit des directives claires susceptibles d'être transposées dans l'ordonnancement juridique. A ce titre, le problème le plus grave que soulèvent les rapports du droit et de la morale dans le contrat est assurément celui de la lésion, c'est également le plus connu et peut-être le plus insoluble[942].

252. Le comportement du contractant qui profite des avantages extorqués est directement condamné par la législation allemande. Au demeurant, la disposition sanctionnant le Wucber qui est littéralement l'usure, n'est qu'une application particulière du § 138 alinéa premier selon lequel est nul tout acte contraire aux bonnes mœurs. Il convient d'entendre largement l'expression « bonnes mœurs » qui concerne la morale des mœurs et celle des affaires. La nullité est encourue lorsque le déséquilibre constaté par les juges est si grave

---

938 J- P. CHAZAL, op. cit., n° 641.

939 V. le $ 138 alinéa 2 du BGB allemand ; WITZ, *Droit privé allemand*, tome 1, *Actes juridiques*, droits subjectifs, Litec, 1992, n° 270.

940 G. RIPERT, *La règle morale dans les obligations civiles*, 4e éd., LGDJ, 1949, n°1.

941 Ibidem.

942 G. RIPERT, *La règle morale dans les obligations civiles*, op. cit., n° 61.

qu'il en devient forcément immoral. Par le respect obligé d'un comportement irréprochable moralement, le droit allemand parvient à faire respecter une certaine justice contractuelle. Son influence sur la définition de la lésion adoptée par les législations était exemplaire[943]. On retrouve des définitions similaires dans des législations contemporaines. En droit québécois : « la lésion résulte de l'exploitation de l'une des parties par l'autre, qui entraîne une disproportion importante entre les prestations des parties »[944]. Le Luxembourg a modifié l'article 1118 du Code civil qui prévoit désormais que : « sauf les règles particulières à certains contrats ou à l'égard de certaines personnes, la lésion vicie le contrat, lorsqu'elle résulte d'une disproportion évidente au moment de la conclusion du contrat entre la prestation promise par l'une des parties et la contrepartie de l'autre et que cette disproportion a été introduite dans le contrat par exploitation d'une position de force en abusant sciemment de la gêne, de la légèreté ou de l'inexpérience de l'autre partie[945]». L'ensemble des projets de codification privée[946] ou communautaire européens[947] font également appel à l'idée de

[943] Ainsi en droit Suisse, l'art. 21 C.O. : III. Lésion. : « En cas de disproportion évidente entre la prestation promise par l'une des parties et la contre-prestation de l'autre, la partie lésée peut, dans le délai d'un an, déclarer qu'elle résilie le contrat et répéter ce qu'elle a payé, si la lésion a été déterminée par l'exploitation de sa gêne, de sa légèreté ou de son inexpérience ». En Italie, l'art. 1448 C. civ. Sur l'action générale pour cause de lésion : « S'il y a disproportion entre la prestation de l'une des parties et celle de l'autre, et que la disproportion dépende de l'état de besoin de l'une des parties dont l'autre a profité pour en tirer avantage, la partie lésée peut demander la rescision du contrat. L'action n'est pas recevable si la lésion n'excède pas la moitié de la valeur que la prestation exécutée ou promise par la partie lésée avait eu au moment du contrat ». Le droit italien prévoit ainsi le cumul de deux conditions mais restreint le pouvoir du juge en maintenant un seuil chiffré pour le déséquilibre minimum.

[944] Art. 1406 Code c. Q.

[945] Art. 118 C. civ. Luxembourgeois, réd. L. 15 mai 1987. Le texte précise en outre que : « La nullité du contrat ou de l'une de ses clauses pour cause de lésion peut être invoquée par une partie lorsqu'au moment de sa conclusion, le contrat ou la clause accorde injustement un avantage excessif à l'autre partie. On doit, notamment, prendre en considération : la charge de la preuve qui incombe à la partie qui se prétend lésée », qui « pourra, néanmoins, demander l'exécution du contrat, après réduction des obligations lésionnaires », l'action se prescrivant par une année après la conclusion du contrat.

[946] V. par ex. l'art. 3.10 (avantage excessif) des principes Unidroit : « La nullité du contrat ou de l'une de ses clauses pour cause de lésion peut être invoquée par une partie lorsqu' 'au moment de sa conclusion, le contrat ou la clause accorde injustement un avantage excessif à l'autre partie. On doit, notamment, prendre en considération : a) le fait que l'autre partie a profité d'une manière déloyale de l'état de dépendance, de la détresse économique, de l'urgence des besoins, de l'imprévoyance, de l'ignorance, de l'inexpérience ou de l'inaptitude à la négociation de la première ; et b) la nature et le but du contrat, elle a pris avantage de la situation de la première avec une déloyauté évidente ou en retiré un profit excessif ». Les commentaires mettent l'accent sur le caractère particulièrement choquant du déséquilibre, mais également sur le fait qu'il doit être injustifié. Pour cela, il faut évaluer toutes les circonstances pertinentes de l'espèce, qui rattachent la sanction de ce déséquilibre à la violation d'un devoir de comportement de la part du contractant bénéficiaire.

[947] V. par ex. dans les principes du droit européen du contrat, Art. 4 :109 : Profit excessif ou avantage déloyal. (1) : « Une partie peut provoquer la nullité du contrat si, lors de la conclusion

faute de l'un des contractants. Ce rattachement d'une conception dualiste de la lésion à la morale ne parvient cependant pas à révéler la nature exacte de ce vice du contrat. Il traduit plus largement l'idée d'un abus de circonstances dont on trouve une illustration détachée de toute référence à la lésion en droit néerlandais[948]. L'avant-projet d'acte uniforme s'inscrit dans une logique similaire par la sanction du déséquilibre lésionnaire dans l'article 3/10 sur le sort des avantages excessifs[949]. La morale exigerait du recul dans l'appréciation des intérêts d'autrui pour éviter l'égoïsme délétère de l'autonomie de la volonté. La traduction juridique de cette vertu morale est l'exigence d'une bonne conduite pour ne pas nuire à autrui. La conception renouvelée de l'abus de droit n'est plus une définition négative moulée dans la seule intention de ne pas nuire à autrui mais aussi une acception positive par la quête d'une moralité suffisante dans l'appréciation des intérêts d'autrui comme celle de ses propres intérêts. Par conséquent, l'exercice des activités commerciales n'est pas contraire à la bonne moralité mais évite les bonnes affaires à tous les prix. Ce jugement de valeur n'est pas négligeable dans le contexte africain en raison des multiples exactions dont sont victimes les contractants analphabètes dans les transactions commerciales. L'intérêt de cette analyse morale ou moralisatrice, selon les critiques qu'elle inspire, est de permettre la sanction de l'absence ou du manque de solidarité, d'altruisme et d'abnégation dans la correction des contrats structurellement déséquilibrés par le juge. En attendant l'adoption de ces innovations par le législateur malien, l'information soigne l'erreur et l'abus de pouvoir dans le traitement judiciaire du déséquilibre structurel.

B- La moralisation de la correction par la résurgence de l'information

253. L'information anticipe et soigne l'immoralité du droit des contrats. Elle est un instrument judiciaire de rééquilibrage du contrat malgré sa

du contrat, (a) elle était dans un été de dépendance à l'égard de l'autre partie ou une relation de confiance avec elle, en état de détresse économique ou de besoins urgents, ou était imprévoyante, ignorante, inexpérimentée ou inapte à la négociation, (b) alors que l'autre partie en avait ou aurait dû en avoir connaissance et que, étant données les circonstances et le but du contrat, elle a pris avantage de la situation de la première avec une déloyauté évidente ou en a retiré un profit excessif ». Une disposition comparable se retrouve dans l'avant-projet de Code européen des contrats : Art. 30 - Contenu licite et non abusif : « Est rescindable (…) tout contrat, par lequel une des parties, abusant de la situation de danger, de nécessité, d'incapacité de comprendre et de vouloir, d'inexpérience, d'assujettissement économique ou moral de l'autre partie, fait promettre ou fournir à elle-même ou à des tiers une prestation ou d'autres avantages patrimoniaux manifestement disproportionnés par rapport à la contrepartie qu'elle a fournie ou promise ». L'art. 156 précise que : « l'intention ou de toute manière la conscience pour une des parties d'abuser de la situation d'infériorité ou d'inexpérience de la contrepartie peuvent résulter des circonstances », et que l'on doit notamment tenir compte du type de contrat en cause.

948 Art. 3 : 44 BW ne mentionne en effet pas le déséquilibre comme condition de l'abus de circonstances.

949 Art. 3/10 de l'avant- projet d'acte uniforme OHADA, préc.

fragilité à ne pas constituer une base légale[950] autonome. L'information correctrice des inégalités entre cocontractants (1) et conciliatrice de la morale et de la justice contractuelle (2).

1- L'information correctrice des inégalités entre cocontractants

254. La moralisation des contrats restaure l'équilibre dans les échanges. Pour cela, la justice demeure le but suprême de cette moralisation des rapports contractuels. La justice se mélange avec l'égalité dans la correction du déséquilibre contractuel. Le langage est le véhicule obligé de la volonté dans les contrats et s'exprime par l'information saine, juste et utile. Il est une représentation mentale qu'il s'agit de formuler, de formaliser pour la rendre compréhensible afin que l'autre puisse la saisir[951]. Cette formulation passe par l'information. Pour que la justice commutative soit correctrice des inégalités, elle devrait aussi viser l'équilibre contractuel ultérieurement à l'échange des consentements. L'efficacité des mécanismes utilisés par le juge en droit commun pour rétablir l'équilibre contractuel paraît limitée par leur finalité dont l'appréciation est tournée vers les contractants et qui prime toujours l'examen objectif de l'équilibre contractuel. Parmi celles-ci, l'inégalité des contractants tient une place particulière. En droit commun, les contractants sont placés sur le même pied d'égalité. Le contrat n'est valable que lorsqu'il est librement consenti et exempt de tout vice du consentement. La lésion pourrait traduire, outre une inégalité des prestations échangées, une inégalité des parties au contrat. Plus modestement, certains auteurs ont défini la lésion par rapport à une inégalité originelle, cause de la nécessité de contracter même à des conditions injustes. Ce serait donc dans les disparités entre contractants que résiderait la source de tout contrat lésionnaire. L'égalité des parties au contrat se distingue pourtant de l'équilibre des prestations. Le but de l'équilibre contractuel consiste à réaliser la justice à l'intérieur même de la relation entre deux patrimoines. La conception libérale de la justice ne traduit pas la recherche d'une égalité parfaite entre les parties contractantes. Ce qui a fait dire que l'équilibre concerne le lien objectif et non le lien subjectif du contrat[952]. L'inégalité préalable des contractants, permettant à la partie forte d'imposer ses conditions notamment dans les contrats d'adhésion, n'influence pas le recours à la lésion pour prétendre à sa correction judiciaire. Le droit peut chercher à compenser ces situations par une asymétrie provoquée en offrant une protection accrue aux contractants réputés faibles. C'est le cas de l'information qui soigne l'inégalité en déplaçant la correction du déséquilibre structurel de son domaine objectif et minimaliste, basé sur l'appréciation de l'inéquivalence, vers celui subjectif grâce à l'analyse des comportements altruistes des parties. La primauté de l'approche libérale ne fait pas l'unanimité dans la

---

[950] V. en ce sens J. HUET, *Les principaux contrats spéciaux*, LGDJ, 2ème éd., n° 11264.
[951] S. MUNCK, *L'abus dans le contrat : essai d'une théorie*, préc. n° 652, p. 478.
[952] L. FIN-LANGER, *L'équilibre contractuel*, thése préc. n°130.

doctrine. D'autres auteurs préconisent une multiplication des devoirs pesant sur le contractant[953] au nom d'un solidarisme d'inspiration morale[954]. Pour MAZEAUD, l'altruisme, la patience, le respect mutuel, l'indulgence, le sens de la mesure, la cohérence, l'entraide, la tolérance et d'autres vertus encore constituent un code de bonne conduite, une éthique que chaque contractant doit honorer dans l'univers contractuel [955]. La liste des préceptes moraux qui ont vocation à diriger la conduite des cocontractants paraît illimitée et s'étend aux possibles devoirs de coopération et d'abnégation[956], de modération[957] ou d'ingérence dans les affaires d'autrui[958]. Un auteur tient à rassurer la doctrine traditionnelle en précisant qu'il n'est pas question de revendiquer pour cette nouvelle philosophie contractuelle, une équivalence des prestations réciproques, un équilibre parfait des pouvoirs et un esprit caritatif de la part des contractants[959]. La finalité poursuivie éviterait que l'inégalité structurelle qui caractérise parfois le lien contractuel, ne dégénère en déséquilibre inacceptable parce qu'excessive[960].

255. La promotion de valeurs morales, concrétisées sous la forme de devoirs généraux voire d'obligations juridiques[961], ne prospecterait pas la solution parfaitement juste, considérée dès l'abord comme inaccessible ou utopique, mais plutôt un correctif aux abus flagrants susceptibles d'être commis par certains contractants. Les divergences qui se font jour au sein de la doctrine, quant à la portée des devoirs moraux à imposer aux contractants, illustrent à merveille leur imprécision. Émanations de valeurs morales, personnelles, les règles juridiques qui en découlent sont empreintes de conceptions non juridiques parce qu'elles ne visent pas la recherche d'une solution juste, mais la réalisation du bien. Le contrôle de l'équilibre contractuel ne peut se satisfaire d'une approche centrée sur les contractants et nécessairement imprécise. Dans le traitement du déséquilibre dans les contrats, en général, et lésionnaires, en particulier, ce n'est pas l'imprécision des notions à contenu variable qui dérange, mais plutôt leur vocation à s'inscrire à contre-courant de la sécurité contractuelle ou du seuil de justice contractuelle tolérée par le législateur. La correction du déséquilibre

---

953 V. ainsi, Y. PICOD, *Le devoir de loyauté dans l'exécution du contrat*, préf. G. Couturier, Bibl. dr. Privé, t. 208, LGDJ, 1988, p. 93.

954 Ph. Stoffel-Munck, note sous Cass. com. 15 janv. 2002, D. 2002, 1979, 1979.

955 D. MAZEAUD, « Loyauté, solidarité, fraternité : la nouvelle devise contractuelle ? », préc. p. 603, n° 6.

956 D. MAZEAUD, art. préc.,

957 D. MAZEAUD, « Le nouvel ordre contractuel », RDC 2003, p. 295, n°25 et s. Le devoir de modération a « essentiellement pour cible le contractant en situation de supériorité économique, lors de la conclusion du contrat, et l'oblige à ne pas profiter de sa position dominante pour faire souscrire à son partenaire dépendant un contrat excessivement déséquilibré ».

958 D. MAZEAUD, « Loyauté, solidarité, fraternité », art. préc., n° 16.

959 D. MAZEAUD, « Loyauté, solidarité, fraternité », art. préc., n° 30.

960 D. MAZEAUD, « Les nouveaux instruments de l'équilibre contractuel », art. préc.

961 V. sur la distinction J.-P CHAZAL, « Les nouveaux devoirs des contractants », art. préc.

contractuel moralise l'exécution et assainit les relations contractuelles par l'exigence l'obligation d'information. Le manque à gagner pour les contractants et le déficit de sincérité dans l'information conflictualisent davantage la divergence d'intérêts dans le traitement du déséquilibre structurel. Il faut rappeler que la recherche du juste est une finalité du droit. Pour les partisans du volontarisme contractuel, la lésion n'est pas un problème moral. Elle est une interrogation juridique qui trouve sa source dans l'égalité des prestations échangées et non dans une exigence morale. La réintégration de l'obligation d'information au sein des prestations échangées est une sorte d'insistance sur leur nature économique indépendante de tout comportement de déloyauté. Dans le traitement du déséquilibre structurel, le défaut d'information porte atteinte à l'équilibre interne du contrat et requiert une compensation économique[962]. Ce qui n'exclut pas qu'en présence d'une attitude déloyale venant au soutien de ce défaut d'information, un mécanisme de sanction spécifique soit mis en œuvre. Le préjudice subi témoigne de l'existence de deux actions différentes pour concilier la morale et la justice contractuelles.

2- L'information conciliatrice de la morale et de la justice contractuelle

256. L'obligation d'informer repose sur des exigences morales dont elle tire sa légitimité. La correction des contrats déséquilibrés privilégie les valeurs morales[963] en faisant primer le devoir d'informer autrui sur celui de s'informer soi-même[964]. Cette appréciation du comportement des contractants est une façon de moraliser les rapports contractuels. Le principe de la conception libérale de l'obligation est qu'elle ne doit pas être imposée contre la volonté d'un contractant. Dans ce cas, l'obligation d'informer autrui renforcerait la dépendance ou même l'irresponsabilité d'une partie supposée faible. La reconnaissance de la faiblesse situationnelle d'une catégorie de contractants est en soi contraire à l'égalité entre les parties. L'égalité est parfaite et non virtuelle en droit commun. On se demande bien ce qui justifierait l'obligation légale d'information du professionnel en droit de la consommation ou des dirigeants sociaux dans ces contrats spéciaux. Égalité des contractants en droit commun ne rime pas avec leur inégalité en droit spécial de la consommation. La finalité de la protection est de soutenir

---

[962] Il est possible d'envisager une sanction spécifique comme l'effet obligatoire de l'information fautivement recélée. V. sur ce point, M. FABRE-MAGNAN, « De l'obligation d'information dans les contrats », op. cit., n° 637 et s.

[963] V. sur ce thème de la moralisation des affaires, M. El GHARBI, « La justification de l'obligation d'information : contribution à l'étude de la moralisation du droit des contrats », RRJ 2004, p. 723. La morale est mobilisée dans le vocabulaire législatif en droit français. La loi du 1er juillet 1996 porte le titre de « loi sur l'équilibre et la loyauté des relations commerciales » et la loi n° 2001- 420 du 15 mars 2001 relative aux nouvelles régulations économiques dont le titre premier s'intitule : « moralisations des relations commerciales ».

[964] P. JOURDAIN, « Le devoir de se renseigner », D. 1983, Chron., p. 139.

l'efficacité des moyens déployés à cet effet. La correction judiciaire des contrats lésionnaires illustre l'irrigation du droit des obligations par la règle morale. La lésion se situe au confluent des grands principes qui sous- tendent le droit des contrats[965]. Il n'existe pas un principe général d'équivalence objective ou d'équilibre économique des prestations réciproques[966] en droit commun. C'est l'instrumentalisation des conséquences de l'autonomie de la volonté qui transforme le contrat en trompe qui peut. L'injustice est moins dévastatrice dans les contrats de consommation supposés de minimes enjeux économiques. Une régulation de la conduite des parties s'impose pour une normalisation des relations contractuelles d'affaires. La conception libérale de la sécurité contractuelle connait une perversion qui prouve à suffisante l'aversion pour le recours à la morale en droit commun. Ce qui fait dire à RIPERT que la morale un des moyens le plus connus sans effets salvateurs[967]. Le doute sur la fonction de la morale, à corriger le déséquilibre en valeur en droit commun, ne nous fait cependant pas dire qu'il n'y a pas d'effort de conciliation entre le devoir moral et la justice dans les contrats. C'est verser l'enfant avec l'eau du bain. L'exception de l'information du consommateur confirme la règle de l'égalité de tous devant l'information en droit commun des contrats. D'un côté, la recherche de la moralité est concrète par l'exigence légale des mesures préventives et curatives d'information pour une correction de l'injustice contractuelle. Il ne s'agirait pas d'information lapidaire et évasive mais celle qui est utile et sincère au-delà de toute fausse attractivité commerciale. De l'autre côté, l'exigence de l'information est un remède contre la réticence dolosive pour guérir la pathologie du déséquilibre dans les contrats lésionnaires. Le contentieux relatif à la réticence dolosive illustre parfaitement la nécessaire conciliation entre justice et devoir moral[968]. L'obstacle du refus de révision judiciaire des contrats déséquilibrés en droit commun est contourné par le législateur malien grâce à l'information dans la prévention du déséquilibre des compétences et des connaissances en droit de la consommation.

257. La confiance entre les contractants est une technique de promotion des valeurs morales. L'attractivité relative de ce recours est consécutive au fait qu'il est une prise en compte de l'intention malveillante du cocontractant à travers sa moralité. C'est faire de l'information un instrument de correction du déséquilibre structurel grâce à une extension du dol à la réticence dolosive. La correction du déséquilibre des prestations en droit commun des contrats glisse vers la régulation du comportement des contractants contre les

---

[965] F. TERRÉ, Ph. SIMLER, Y. LEQUETTE, *obligations*, préc. n° 303.

[966] J.- L. AUBERT, *Le contrat. Droit des obligations*, Connaissance du droit, Dalloz, éd. 3e, 2005, p. 76.

[967] G. RIPERT, *La règles morales dans les obligations civiles*, préc. n° 61.

[968] V. sur ce thème, M. El. GHARBI, « La justification de l'obligation d'information : contribution à l'étude de la moralisation du droit des contrats », préc. p. 723.

abus de pouvoir dans certains contrats spéciaux. La flexibilité est le passage de la conception objective de la lésion à celle subjective par la correction des comportements abusifs à travers le remède de l'information. Cette information participe à l'objectivation de la réticence dolosive[969]. Pour pallier une victimisation délétère de la partie faible, il convient alors de distinguer que c'est le devoir de loyauté qui fonde la réticence dolosive. L'obligation d'information a pour objet une prestation économique au bénéfice d'une personne déterminée, le créancier [970]. L'intérêt est parfaitement mis en lumière par un auteur qui soulignait que le déséquilibre sera constaté en l'absence de transmission des informations nécessaires à l'utilisation du bien vendu ou de la prestation de services fournie. Dans ce cas, le créancier de l'obligation non monétaire est lésé car il verse à son cocontractant un prix qui n'a pas de contrepartie réelle. L'obligation d'information, quel que soit le moment où elle doit être exécutée, permet d'appréhender l'équilibre des prestations réciproques[971]. La conception libérale du contrat serait tournée vers l'échange de valeurs et non vers le consentement des parties[972]. Ce que nous trouvons réducteur. La protection de l'équilibre contractuel est le résultat indirect d'un impératif plus important du droit des contrats assurant la qualité du consentement[973]. La valeur morale défendue par l'information est plus protectrice d'un consentement intègre dans les contrats de consommation. La répétition de l'injustice des contrats lésionnaires a des effets néfastes à cause de la méfiance qu'elle suscite entre opérateurs dans le commerce. Ce qui endommagerait la cohésion sociale lorsqu'elle fait primer l'individualisme égoïste en droit commun. Certes, il ne faut pas généraliser ou désordonner le traitement judiciaire des contrats lésionnaires. Cependant, il est approprié d'instaurer une culture juridique de révision conciliatrice des conceptions subjectives et objectives du déséquilibre structurel. La correction des contrats conjoncturellement déséquilibrés s'inscrit dans la même logique de traitement judiciaire mais dans une situation différente portant sur les contrats de longue durée. Les tares du traitement judiciaire des contrats conjoncturellement déséquilibrés ne font plus l'ombre d'un doute.

Section 2 : Les tares du traitement judiciaire du déséquilibre conjoncturel

258. En droit malien des contrats, le rejet de la théorie de l'imprévision n'est pas l'appellation adaptée au déficit de traitement du déséquilibre conjoncturel qui n'est plutôt pas facilitée par son manque de théorisation dans l'office du juge. Ce déséquilibre conjoncturel à des spécificités pesantes sur la situation des contractants africains supportant doublement la rigueur infernale des

---

969 V. par ex. Cass. civ. 3e 15 nov. 2000, préc. ; 21 févr. 2001, préc.

970 J.- P. CHAZAL, « Les nouveaux devoirs des contractants. (…) », art. préc., p. 104.

971 J.- P. CHAZAl, « Les nouveaux devoirs des contractants. (…) », art. préc., p. 111.

972 J.-P. CHAZAL, « Les nouveaux devoirs des contractants. (…) », art. préc., p.111.

973 L. FIN - LANGER, *L'équilibre contractuel*, thèse préc. n° 387.

réalités du commerce mondial et l'instabilité locale de l'environnement d'exécution des contrats. L'admission salvatrice d'un principe de révision judiciaire des contrats suite aux bouleversements de circonstances économiques n'est pas gagnée. Ce constat n'est point réjouissant en droit commun des contrats. Grâce à l'analyse jurisprudentielle et les efforts législatifs en droit comparé, on constate aisément que le juge et le législateur maliens comme leurs homologues africains seraient à la traine dans la correction du déséquilibre conjoncturel. Ce n'est pas faute de volonté réelle comme en témoignent quelques décisions prometteuses même s'il est prudent de ne pas exagérer leur portée. Le mutisme du législateur dans la reconstruction de la sécurité des transactions (Para.1) côtoie le déni de réalités dans la prise en charge de l'aléa économique (Para.2) en droit commun.

Paragraphe 1 : Le mutisme dans la reconstruction de la sécurité des transactions

259. Le juste contractuel, c'est la morale qui l'exige mais c'est le droit qui le réalise grâce à la juridicisation des règles morales par des sanctions juridiques. La correction assainit les affaires en incitant les acteurs à une certaine moralité dans le commerce juridique. La réception de l'adaptation de la sécurité des transactions (A) faciliterait la démystification d'une correction de la sécurité individualiste (B) en droit malien.

A- La réception de l'adaptation de la sécurité des transactions

260. La théorie de l'autonomie de la volonté a des limites conceptuelles dans le traitement judiciaire du déséquilibre contractuel. La dénonciation de son individualisme (1) concourt à la reconstruction de l'intervention corrective du juge (2).

1- La dénonciation de l'individualisme dans l'autonomie de la volonté

261. Au-delà de sa vocation à faire régner l'ordre et la cohésion dans la société, le droit a pour tâche de classer les faits juridiques, de construire des théories, d'élaborer des principes[974]. Dans l'expression autonomie de la volonté, le mot « autonomie » possède une origine étymologique Grecque dans laquelle *Auto* signifie que l'on se donne à soi-même et *nomos* désignant la loi[975]. Ce mot révélait la propension du droit Romain à laisser à certaines cités Grecques, le soin de se gouverner selon leurs propres lois[976]. L'expression apparaît en France en 1886 en droit international privé[977]. Il faut attendre 1912 pour qu'une étude fouillée apparaisse et qu'un véritable sens se dégage[978].

---

974 C. PERELMAN, *Droit, logique et épistémologie*, *Le droit*, les sciences humaines et la philosophie, Librairies philosophiques, J. VRIN, 1973, p. 228.
975 FIN LANGER, op. cit, p. 32, n° 25.
976 V. RANOUIL, L'autonomie de la volonté, naissance et évolution d'un concept, préc. p. 22.
977 RANOUIL, L'autonomie de la volonté, naissance et évolution d'un concept, préc. p. 42.
978 RANOUIL, L'autonomie de la volonté, naissance et évolution d'un concept, préc. p. 14.

L'œuvre de GOUNOT expose cette idée en ces termes : « elle (autonomie de la volonté) exprime, en somme, mieux que toute autre, ce qu'il s'agit d'exprimer, à savoir le rôle de la volonté comme organe créateur du droit (...) c'est la volonté qui crée l'acte juridique[979]». La volonté des parties est la mesure de l'obligation[980], elle est désormais la grande loi du droit[981]. L'autonomie de la volonté est le fondement de la liberté contractuelle. Par conséquent, elle demeure celle de la force obligatoire. Ce volontarisme contractuel donne la primeur à la volonté individuelle faisant des parties les meilleurs juges de leurs intérêts. Elle est constituée par la liberté de conclure ou de ne pas conclure en plus de la prérogative d'aménager l'économie générale du contrat lors de sa formation. Cette ascendance de la volonté interne[982] sur toute autre volonté déclarée explique l'inconciliabilité du contrat valablement conclu avec une correction judiciaire du déséquilibre contractuel. Cette liberté est plutôt flatteuse pour l'individu grâce à l'absence d'obligation d'engagement dans les conventions désavantageuses. Aussi s'insurge-t-elle contre toute autorité correctrice en dehors de celle des parties. L'exclusivité reconnue à l'individu de contrôler son consentement est la preuve du rejet de l'oppression dans la formation du contrat. Les parties sont libres de déterminer le contenu des droits et des obligations qui sont créés par ce contrat. Tout contrat librement consenti est nécessairement juste donc équilibré selon la philosophie des rédacteurs de Code civil français de 1804 ayant inspiré nos législateurs dans l'élaboration d'un droit des contrats. C'est la liberté de fixer le contenu du contrat[983]. La liberté des parties de fixer le prix justifie qu'elles ne se plaignent ultérieurement d'un défaut d'équivalence entre la valeur des prestations réciproques. Qui mieux que les parties au contrat pour défendre leurs intérêts individuels. La doctrine libérale va finalement plus loin et

---

[979] E. GOUNOT, thèse préc. p. 3 et 4 spéc. p. 61 et s ; V. aussi FIN LANGER, op.cit, p. 33, n° 25.

[980] J. GHESTIN, *Traité de droit civil*, La *formation du contrat*, 3ème édition, n°36 ; J. CARBONNIER, *Droit civil*, Tome 4, Les *obligations*, PUF, 22ème édition, n°16 ; H. L. MAZEAUD, J. MAZEAUD et F. CHABAS, *Les leçons de droit civil. Obligations*, n° 16 ; FIN LANGER, op. cit.p. 32, n° 23 ; P. LOUIS - LUCAS, « L'autonomie de la volonté en droit privé interne et en droit international privé », in Études à la mémoire de Henri Capitant, 1939, p. 469 ; P. STOFFEL-MUNCK, *Regards sur la théorie de l'imprévision, Vers une souplesse contractuelle en droit privé français contemporain*, PUAM, 1994, n° 31 ; N. CHARDIN, Le contrat de consommation de crédit et l'autonomie de la volonté, n° 20 ; V. RANOUIL, L'autonomie de la volonté, Naissance et évolution d'un concept, préc. p. 9 et 63.

[981] E. GOUNOT, thèse préc. p. 38.

[982] Le droit français se distingue du droit allemand qui a montré que le législateur allemand avait posé en principe général, l'interprétation subjective (§ 133 B.G.B.) et ne prônait que subsidiairement l'interprétation objective (§ 157 B.G.B.). V. à ce propos, A. RIEG, *Le rôle de la volonté dans l'acte juridique en droit civil français et allemand*, th. Strasbourg, préface R. PERROT, L.G.D.J., 1961, n° 374.

[983] V. sur la liberté de fixer le contenu du contrat J. LOHOUES-OBLE, « L'autonomie des parties : le caractère supplétif des dispositions de l'avant-projet d'Acte uniforme OHADA sur le droit des contrats » Rev. dr. unif. 2008, p. 327.

considère que la liberté est le seul moyen efficace pour atteindre l'objectif supérieur qui est la réalisation de la justice. La volonté individuelle est à la base d'une philosophie qui a émergé au XVIIIème siècle en servant de fondement au contrat social permettant à l'homme d'entrer en société[984]. C'est le principe économique du laisser-faire et du laissez-passer complété par celui juridique du laisser contracter[985]. L'analyse positiviste du contrat ressort surtout des travaux effectués par les juristes DUGUIT[986], KELSEN[987] et ROUHETTE[988]. Il appert que les prix[989] sont souples et reflètent exactement la rareté dans les rapports entre un excès de demandes ou une insuffisance d'offres. Il n'y a pas de déséquilibre possible sur les marchés où l'offre équilibre la demande grâce au prix. Chaque agent économique se contente de suivre son propre intérêt : les entrepreneurs cherchent leur plus grand profit, les consommateurs leur plus grande satisfaction. Le mécanisme des marchés et des prix fait qu'en recherchant son intérêt, chacun contribue à l'intérêt général. Les entreprises fabriquent les produits les plus rentables c'est-à-dire les plus demandés et abandonnent peu à peu ceux dont les consommateurs ne veulent plus. On débouche sur le prix d'équilibre ou optimum. Le rôle de l'État est sûrement réduit puisque l'activité économique est autorégulée. La présentation classique de la liberté contractuelle l'assimile dans une large mesure au principe du consensualisme dérivant lui-même de l'autonomie de la volonté. La volonté individuelle possède dans le domaine du droit, une véritable puissance créatrice. La personne commande et le droit fait sien cet ordre. C'est cette efficacité juridique propre du vouloir individuel que l'on appelle l'autonomie de la volonté[990]. La volonté qui crée l'acte juridique, en constitue l'essence, le principe actif et générateur. L'acte juridique est une volonté déclarée. La volonté peut, dans les limites et sous les conditions que lui assigne le droit positif, engendrer des actes juridiques et par conséquent produire des effets de droit. Ces effets de droit auxquels donne naissance la volonté ne sont que ce qu'elle veut qu'ils soient. Les actes pénètrent dans le monde juridique non pas seulement parce qu'elles ont été voulues mais

---

984 J. ELLUL, « Histoire des institutions du XVI° et XVIII° siècle », P.U.F., tome IV, 12ème édition, 1994, spéc. p. 244 ; V. aussi la théorie du « *contrat social* » de Hobbes (1588-1679) et de Rousseau (1772-1778) à propos des institutions politiques ; Kant (1724-1804).

985 J. CARBONNIER, *Droit civil*, P.U.F., tome IV, *Les obligations*, 22e édition, 2000, spéc. § 21.

986 L. DUGUIT, Traité de droit constitutionnel, édition de Boccard, tome 1, 3e édition, 1927.

987 H. KELSEN, La théorie juridique de la convention, Archives de philosophie du droit, Sirey, numéro spécial, 1940, p. 33 à 76.

988 G. ROUHETTE, *Contribution à l'étude critique de la notion de contrat*, thèse, Paris, 1965.

989 L'idée était que ces prix vont influencer le comportement de chacune des catégories d'agents, qui vont se déplacer, grâce aux indications ainsi fournies, des marchés moins rentables vers les marchés plus rentables.

990 E. GOUNOT, thèse préc. p. 3.

comme ils ont été voulus[991]. En cas de litiges entre particuliers, la solution vient de la volonté des parties, la loi devient supplétive.

262. L'individualisme de l'autonomie de la volonté fait que la liberté permet à l'être humain d'être et de rester son propre maître et son seul maître. Elle le rend infiniment respectable et sacré, elle l'élève à la dignité de « fin en soi[992] ». Au sens le plus général du mot, le droit n'est autre chose que cette liberté initiale et souveraine qui appartient à tout homme. Le principe de l'autonomie de la volonté est la pierre angulaire de tout l'édifice juridique. La liberté est la fin à laquelle tout aboutit, l'idéal auquel tout doit tendre. Consacrer l'autonomie initiale de l'individu, c'est assurer à chaque volonté le maximum d'indépendance qui soit compatible avec l'égale liberté d'autrui : « c'est là toute la mission du droit positif. Les seules limites légitimes qu'il puisse apporter à l'autonomie individuelle doivent avoir pour but d'empêcher tout empiétement des uns sur la liberté des autres. La philosophie de l'autonomie de la volonté était destinée à permettre à l'individu de s'affirmer et de s'affranchir d'un État qui devait cesser de s'attribuer une mission providentielle , de se croire chargé d'âmes et de se considérer comme le gardien de la morale et le bras droit d'une religion[993] ».

263. Toutefois, la description juridique idéaliste et féerique de l'autonomie de la volonté dissimulerait la perversion de ses conséquences économiques. Les deux principes de la doctrine individualiste et libérale se formulent ainsi : d'une part il n'y a pas d'obligation sans contrat et d'autre part tout engagement contractuel est licite. Toute obligation, pour être juste, doit être librement consentie. Les relations forcées sont mauvaises et illégitimes. Ce qui démontre que l'équilibre se contractualise à travers l'autonomie de la volonté. L'équilibre subjectif et concret du contrat prévaut sur un équilibre objectif et abstrait qui existe au-delà de la volonté des contractants. L'équilibre en valeur convenu par les contractants au jour de la conclusion de leur accord prime dans l'exécution. La Liberté des parties de fixer le prix démontre qu'elles ne puissent se plaindre d'un défaut d'équivalence entre la valeur des prestations. Les individus jouissent de la même liberté et de la même égalité. Là où l'égalité est rompue entre les parties, il est chimérique de prétendre que la liberté des conventions puisse suffire à assurer la réalisation de la justice[994]. Sous l'impulsion de l'autonomie de la volonté, l'équilibre contractuel demeure une équivalence économique des prestations et une égalité juridique entre les parties au moment de la formation du contrat. La proclamation de l'autonomie de la volonté résiste à l'assaut doctrinal qu'elle réduit à un spectacle stérile, à une ivresse idéologique. La liberté contractuelle implique celle pour les parties de déterminer l'équilibre entre la valeur des prestations dans le contrat

[991] E. GOUNOT, these préc. p. 4.
[992] E. GOUNOT, thèse préc. p. 27.
[993] E. GOUNOT, thèse préc. p. 37.
[994] E. GOUNOT, thèse préc. p. 386.

commutatif. En déclarant que le contrat est commutatif, lorsque chacune des parties s'engage à donner ou à faire une chose qui est regardée comme l'équivalent de ce qu'on lui donne ou de ce qu'on fait pour elle, le contrat fait prévaloir l'équilibre subjectif et concret, tel que convenu par les parties, sur un équilibre objectif et abstrait, indépendant de la volonté des contractants.

L'équilibre est susceptible de deux acceptions. D'un côté, le droit privé consacre la primauté d'une approche subjective de l'équilibre contractuel qui permet au juge d'intervenir dans le contrat pour imposer aux parties le respect d'une équivalence minimum entre les prestations réciproques. De l'autre côté, l'approche objective de l'équilibre contractuel repose sur le postulat qu'il existe une valeur objective de la chose objet du contrat, une valeur extérieure à la volonté des parties. La détermination de la valeur échappe alors à l'estimation des parties en permettant au juge d'intervenir dans le contrat pour corriger une rupture de l'équilibre objectif entre le prix et la valeur. Telle n'est pas le sens de l'équilibre contractuel consacrée par le législateur en droit commun. L'équilibre en valeur du contrat commutatif est abandonné à la seule appréciation des contractants. Il importe peu que le contrat ne soit pas objectivement équilibré en valeur tant que le consentement des parties n'a pas été vicié. Il n'est pas répréhensible, en l'absence de vice du consentement, de chercher à réaliser un bénéfice au détriment de son cocontractant dans les échanges entre particuliers. L'indifférence du droit privé à l'égard du déséquilibre en valeur trouve son fondement dans le principe de la liberté contractuelle[995]. C'est en cela que se résume l'autorité de la volonté des parties dans l'autonomie de la volonté. De ce point de vue, la force obligatoire des conventions et l'autonomie de la volonté sont des réalités sociologiques incontestables, des données évidentes, des faits certains. La force obligatoire, respect de la parole donnée dans les contrats librement conclus, est opposable aux parties et au juge. Dans le premier cas, aucun traitement des contrats déséquilibrés n'est possible contre la volonté des parties, toute correction doit être voulue c'est-à-dire librement consentie. Dans le second cas, la correction pourrait s'opérer contre la volonté du créancier. La conception libérale est opposée à l'intervention du juge contre la volonté du créancier par une réécriture du contrat, son interprétation correctrice, son forçage ou un contrat judiciairement forcé en droit commun. Le maintien de la contrepartie attendue durant toute la vie du contrat n'est pas évident devant l'acuité de la divergence d'intérêts. Le juge ne complèterait pas le contrat en lui donnant un sens contraire à l'équilibre initial voulu par les parties. La correction du déséquilibre conjoncturel montre le seuil d'indulgence du législateur dans la détermination du rôle du juge. Il est temps de transcrire dans la lettre et l'esprit du contrat qu'à l'impossible nul n'est ténu. L'intervention du juge dans le déséquilibre des pouvoirs dans les contrats spéciaux devra être completée par

[995] F. COLLART-DUTILLEUL et Ph. DELEBECQUE, Contrats civils et commerciaux, précis Dalloz, 4° éd., 1998 spéc., n° 159, p. 138.

celle dans le déséquilibre des prestations en droit commun. Cette intervention ne doit pas être intempestive mais reconstruite et organisée.

2- La reconstruction de l'intervention corrective du juge

264. L'interprétation est la forme intellectuelle de la désobéissance suggérait le doyen CARBONNIER[996]. L'interprétation du déséquilibre conjoncturel permet de le corriger sous le regard vigilant du juge. Cette adaptation autoritaire n'est pas vue d'un bon œil par les partisans de la conception libérale du contrat. Pourtant, elle permettrait en outre de dépasser la simple stabilité formelle, pure façade, qui masque une altération profonde et injuste de la convention[997]. L'adaptation du contrat est économiquement préférable à sa disparition pure et simple : contrairement aux apparences, adapter le contrat, c'est sauvegarder sa stabilité en le faisant échapper à l'anéantissement qui le menace[998]. L'injustice et l'insécurité patrimoniales ne peuvent être détectées et sanctionnées que par un effort judiciaire d'interprétation au-delà des connons légaux uniquement indicatifs. Pas de justice contractuelle sans la reconnaissance d'une situation individuelle qui soit évolutive et défavorable au débiteur de bonne foi du fait de la survenance des bouleversements de circonstances économiques qui ne lui sont pas imputables. Ces évènements modifient la destinée des engagements souscrits par les parties dans les réalités contemporaines à la formation du contrat. L'exécution du contrat conduit, dans ces cas, à des résultats inadéquats ou injustes en raison de la lecture littérale de la volonté des parties lors de la conclusion. La sécurité des transactions est le respect de la force obligatoire incarnant la volonté des parties dans les contrats librement formés. L'utilité du traitement forcé du déséquilibre conjoncturel est qu'en l'absence de stipulations contractuelles, le juge examine si le risque encouru est imputable au seul débiteur ou s'il faut le mutualiser. En l'absence d'une obligation légale de renégociation judiciaire des contrats suite au déséquilibre conjoncturel en droit commun, le juge ne pourrait corriger le contrat devenu déséquilibré qu'à travers une interprétation extensive des fondements classique comme la bonne foi, l'équité, la cause, le solidarisme, le juste et l'utile, la proportionnalité, la cohérence et la fraternité. Dans cette procédure de traitement judiciaire du déséquilibre conjoncturel, l'interprétation de la bonne foi est justifiée pour le débiteur et le créancier. La recherche de la bonne foi est axée sur l'équité contractuelle[999]. On se demande

---

[996] J. CARBONNIER, *Droit civil, Introduction,* 27e édition, PUF, 2000, n° 160.

[997] J.- P. DELMAS- SAINT- HILARE, *L'adaptation du contrat aux circonstances économiques,* in La tendance à la stabilité du rapport contractuel, Étude de droit privé, dir. P. Durand, LGDJ, 1960, p. 189, n° 2.

[998] J.- P. DELMAS- SAINT- HILARE, art. préc. p. 189, n°4.

[999] B. STARK, H. ROLAND, L. BOYER, *Obligations,* 2. Le contrat, 5é éd. LITEC, Paris, 1995, n° 1198. Pour eux, l'évolution récente de la bonne foi est due à l'avènement du consumérisme et à l'idée de rétablir dans les faits l'équilibre entre contractants ; V. aussi B. JALUZOT, *La bonne foi dans les contrats. Études comparatives de droit français, allemand et japonais*, thèse préc. p. 253, n° 928.

ce qui est juste lorsque la liberté opprime et que la loi ne libère pas. La justice peut être distributive ou commutative[1000]. L'impératif de justice contractuelle est un souci d'ordre qualitatif qui tend vers la recherche d'une plus grande égalité entre les contractants et d'un équilibre dans le contrat[1001]. Ce qui a le mérite de prendre en compte les deux acceptions de la justice : rechercher l'égalité entre les contractants correspond à une justice distributive qui consiste à remettre à chacun la part qui lui revient, selon la nature diront les uns, selon les impératifs sociologiques et économiques ou selon la volonté de l'Etat, diront les autres[1002]. En revanche, la recherche de l'équilibre contractuel correspond à une justice commutative[1003]. Dans la conception de la justice distributive, la bonne foi est un instrument correcteur du déséquilibre au profit du contractant faible. Lorsqu'elle est empruntée par le législateur, à cet effet, on ne parle pas mise en danger de la sécurité contractuelle par les dispositions spéciales mais de la protection de l'intérêt général. C'est le cas en matière de protection du locataire, du consommateur où le législateur utilise l'inexpérience, la déficience du jugement ou la situation de nécessité du contractant faible. La justice commutative privilégie l'équilibre ou l'harmonie qui doit régner dans les relations entre les parties. Cette justice renvoie utilement à l'équilibre contractuel[1004]. Dans le traitement judiciaire des contrats suite aux bouleversements de circonstances économiques, le flou agaçant des notions à contenu variable est leur aptitude à soigner l'injustice contractuelle même contre une sécurité des transactions dominée par la liberté des échanges. Or, il est de principe que toute correction judiciaire serait une profanation de la parole sacrée qui est la volonté des parties au moment de la conclusion du contrat. La vérité est qu'un acte juridique excessif dès sa conclusion n'est pas, au sens de la force obligatoire, légalement formé puisqu'à la fois inutile et injuste. Il heurte les finalités poursuivies par le droit objectif. Aussi, la seule démesure manifeste entre les données, objet d'une comparaison, peu en importe la cause, suffit à justifier une sanction[1005]. Le but de l'équilibre contractuel consiste à réaliser la justice à l'intérieur même de la relation entre les deux patrimoines. Il ne traduit pas la recherche d'une égalité entre les parties contractantes. Selon FIN- LANGER , l'équilibre concerne le lien objectif et non le lien subjectif du contrat[1006]. C'est l'arbre qui cache la forêt en

---

1000 Cf. J. GHESTIN, Traité de droit civil, La formation du contrat, préc. n° 252.

1001 C.THIBIERGE, « Libres propos sur la transformation du droit des contrats », RTD civ. 1997, p. 376 ; LAVEFVE LABORDERIE A.- S., *La pérennité contractuelle*, préf. Catherine THIBIERGE, LGDJ, tome 447, 2005, p. 407, n° 735.

1002 J. GHESTIN, Traité de droit civil, La formation du contrat, préc. n° 252 ; V. aussi B. JALUZOT, thèse préc. p. 254, n° 934.

1003 B. JALUZOT, thèse préc. p. 254, n° 934.

1004 B. JALUZOT, thèse préc. p. 256, n° 940 et 981.

1005 D. BAKOUCHE, *L'excès en droit civil*, préf. M. Gobert, Biblio. Dr. privé, t. 432, LGDJ, 2005, n° 452.

1006 L. FIN- LANGER, *L'équilibre contractuel*, thèse préc. n°130.

ce que des données juridiques[1007], économiques et sociales modifient les situations concrètes des contractants[1008].Pour FLOUR et AUBERT, la force obligatoire ne signifie pas seulement que le débiteur est tenu d'exécuter ses obligations et qu'il y sera éventuellement contraint par l'autorité publique qui veille au respect des contrats comme à l'observation de la loi. Elle signifie, en outre, que les obligations qui doivent être ainsi exécutées sont, en principe, toutes celles, mais celles seulement qu'ont voulu les parties[1009]. La théorie de l'imprévision, selon laquelle le contrat peut être modifié au cas où un changement imprévisible de circonstances économiques en rendrait l'exécution insupportable pour l'une ou l'autre des parties, est largement reçue à l'étranger et sous sa forme la plus radicale. Les réformes législatives modernes reflètent aussi l'aboutissement d'une vitalité doctrinale poussant les limites théoriques de la sécurité en droit des contrats. Les grandes décisions jurisprudentielles y ont contribué. Ces avancées sont des décennies de réflexions et d'expérimentation de tout genre. C'est le retour du droit des contrats aux fondamentaux c'est-à-dire les valeurs morales et humaines de l'individu volontairement souverain qui ont été perverties en individualisme égoïste par les conséquences juridiques de l'autonomie de la volonté et du libéralisme économique. L'on ne peut reprocher aux juges maliens et même africains de ne pas avoir plus de maturité dans la théorisation des contrats conjoncturellement déséquilibrés en vue de les traiter. Il est indispensable de les outiller grâce à une habilitation législative guidée par une politique économique claire. Les limites de l'obstruction à la correction judiciaire sont perceptibles dans l'impossibilité d'une prise en compte du déséquilibre conjoncturel. Les pays africains devraient se construire leur propre sécurité des transactions basée davantage sur la préservation du groupe contre l'individualisme. La force des africains a toujours été la solidarité dans la pauvreté, la résilience et la préservation discrète de la dignité humaine. L'argent fausse cette approche sociale qui devrait se traduire plus dans le droit positif par la possibilité d'un traitement judiciaire du déséquilibre conjoncturel lorsque les parties n'y arrivent pas. En raison des formes tentaculaires de la divergence des intérêts, il faut relever que le déclenchement de cette correction judiciaire du déséquilibre conjoncturel peut porter sur un seuil dépassant plus de la moitié de la valeur du contrat avant la survenance de l'imprévu[1010]. Cette

---

[1007] La faiblesse peut résulter de la nature même du contrat. Le lien de subordination en est l'exemple. M. FONTAINE, *La protection de la partie faible dans les rapports contractuels in la protection de la partie faible dans les rapports contractuels. Comparaisons Franco-belges*, n° 6.

[1008] Ch. BOURRIER, *La faiblesse d'une partie au contrat*, coll. thèses sciences humaines, vol.12, Louvain- la – Neuve, Bruylant – Academia, 2003, n° 5.

[1009] P. ANCEL, « *Force obligatoire et contenu obligationnel du contrat* », préc. n°1, p. 773.

[1010] Art. 6.2.2 des principes d'Unidroit définissent le 'hardship'. Les commentaires accompagnant la disposition précisent qu'une altération équivalent à 50% ou davantage du cout ou de la valeur de l'obligation équivaudra probablement à une altération fondamentale, UNIDROIT, Principes relatifs aux contrats du commerce international, Ed. Unidroit, Rome, 1994, p.121.

approche est matérialisée en droit comparé sans compromettre la compétitivité économique de ces pays industrialisés ou en voie de développement.

B- La démystification d'une correction de la sécurité individualiste des transactions

265. La sécurité des transactions qui empêcherait la réalisation ultérieure de la justice contractuelle est dédramatisée en droit comparé. Ce processus est le fruit d'un l'apport doctrinal (1) et d'une contribution législative (2) pour la correction judiciaire du déséquilibre conjoncturel.

1- L'apport doctrinal à la correction judiciaire de la sécurité individualiste

266. L'individualisme de la sécurité des transactions en droit commun est un obstacle à la correction judiciaire du déséquilibre conjoncturel. Le juge est, en principe, tenu de respecter la volonté des parties sans pouvoir les déjouer dans leurs prévisions initiales en révisant la convention. C'est ce qu'a affirmé explicitement et avec fermeté la Cour de cassation dans le fameux arrêt Canal de Crapone[1011] dont la rigueur n'a guère été remise en cause. La sécurité des transactions constitue la véritable traduction de la sécurité juridique en droit des contrats et reste analysée sous le prisme de l'autonomie de la volonté[1012]. La prévision est l'essence[1013] du contrat et la force obligatoire est le fondement de la sécurité des transactions. Selon TERRE , la formule de fondement de la force obligatoire est ambigüe[1014] et souffre de vives contestations lorsqu'elle est distinguée du contenu obligationnel[1015]. Ce contraste requiert une analyse des composantes de la sécurité des transactions qui a été construite à l'ombre de l'individualisme de l'autonomie de la volonté. La sécurité des transactions n'est qu'une facette de la sécurité juridique[1016]. Selon une voix autorisée, la rencontre des volontés produite ainsi une sorte de cristallisation contractuelle qui échappe aux contractants conférant au contrat cette sécurité figée, cette teneur immuable, cette imperméabilité quasi absolue qui le préserve des mouvements et des contingences de la vie et du temps[1017]. Il n'y a aucun doute à croire à la solidité du lien entre la sécurité des transactions et l'autonomie de la volonté. C'est sous l'angle de l'exécution forcée en nature que s'exprime la sécurité des transactions dans la mesure où ce type de sanction est présenté

1011 Cass. civ., 6 mars 1876, DP 1876, 1, p. 195, note A. Giboulot, S. 1876, 1, p. 161, Grands arrêts, t. 2, n° 165.

1012 P. LEMAY, thèse préc. p. 297 et s., n° 209.

1013 H. LECUYER, « Le contrat, acte de prévision », Mélanges en l'honneur de François Terré, Dalloz – PUF, 1999, p. 643 ; G. PIETTE, *La correction du contrat*, thèse préc. n° 205, p. 124.

1014 F. TERRE, « Le doute et le droit, synthèse », in Le doute et le droit, Dalloz, 2004.

1015 P. ANCEL, « force obligatoire et contenu obligationnel du contrat », RTD civ. 1999, p. 772 et s. ; P. ANCEL, « force obligatoire : jusqu'ou faut il la défendre ? », in La nouvelle crise du contrat, chr. Jamin et D. Mazeaud, (dir.), Dalloz, 2003, p. 163.

1016 P. LEMAY, thèse préc. p. 297 et s., n° 209.

1017 C. THIBIERGE- GUELFUCCI, « Libres propos sur la transformation du droit des contrats », RTD. civ, 1997, p. 358 et 359.

comme la preuve de la manifestation de la force obligatoire[1018]. La sécurité des transactions ne peut se justifier, semble t-il, d'une autre façon que par l'intangibilité des droits et obligations nés du contrat[1019]. Pour PIAZZON, la stabilité de la relation contractuelle est une sécurité par le droit. Or, il paraitrait qu'il y a une différence non négligeable entre la sécurité matérielle, qui est une sécurité par le droit, et la sécurité juridique, qui correspond à la sécurité du droit. La stabilité ne peut être définie comme un aspect de la sécurité juridique[1020]. C'est à se demander si à la sécurité-intangibilité, qui par sa rigidité est source d'injustice, on ne peut pas opposer une sécurité-plastique, épousant les différences et les changements de situations. Le conflit n'est pas tant entre la sécurité statique protectrice des droits acquis et la sécurité dynamique protectice des droits à acquérir, qu'entre la sécurité absolue intransigeante qui relève du fantasme et la sécurité relative paraissant qui est plus flexible[1021]. La démarche adoptée par les juges suprêmes maliens, dans une série de décisions[1022], illustre plus la vivacité de la force obligatoire dans la vassalisation des parties aux conséquences de l'autonomie de la volonté qu'une réelle caractérisation des bouleversements de circonstances économiques. Dans le domaine des contrats, c'est la sécurité des transactions qui est mise en mal par la correction judiciaire en cas d'imprévision. Les circonstances économiques survenues en cours d'exécution peuvent affaiblir la sécurité contractuelle d'une partie qui est généralement le débiteur. C'est en exploitant la souplesse des notions variables que le traitement judiciaire du contrat devient possible même en absence d'une obligation légale de renégociation. Selon un auteur, la sécurité juridique ne doit pas primer les considérations de justice dont elle est la force première parce que le contrat est un instrument de prévision[1023]. Pourtant, l'autonomie de la volonté semble n'assurer qu'une présomption d'équilibre qui pèse sur tout contrat légalement formé. A l'expression « qui dit contractuel dit juste[1024]» s'est progressivement substituée celle qui précise que « qui dit contractuel dit injuste ». L'absence

---

[1018] P. LEMAY, thèse préc. p.297, n° 210.

[1019] J. P- CHAZAL, « Les nouveaux devoirs des contractants, est on allé trop loin ? », in la nouvelle crise du contrat, D. MAZEAUD, C. JAMIN (dir.), Dalloz, 2003, p.126.

[1020] PIAZZON, *La sécurité juridique*, op.cit, p. 5, n° 2 ; P. LEMAY, thèse préc. p. 302, n° 213.

[1021] J. P- CHAZAL, « Les nouveaux devoirs des contractants, est-on allé trop loin ? », in la nouvelle crise du contrat, D. MAZEAUD, C. JAMIN (dir.), Dalloz, 2003, p.126 ; P. LEMAY, thèse préc. p.302., n° 213.

[1022] Arrêt n°167 de la 2ème chambre civile de la section judiciaire de la Cour suprême du Mali du 15 Novembre 2004 – pourvoi n°253 du 14 Aout 2003 opposant B. A. KEITA à M. DIARRA. Dans le même sens du maintien du contrat à travers la force obligatoire V. les arrêts de la Cour suprême du Mali : Arrêt n° 212 du 08 Octobre 2007 ; Arrêt n° 83 du 18 Avril 2000 ; jugement n° 172 du 27 février 2013 du tribunal de commerce de Bamako ; Arrêt n° 200 de 2ème chambre civile de la section judiciaire de la Cour suprême du Mali du 26 décembre 2006.

[1023] Ph. RÉMY, « La genèse du solidarisme », in Le solidarisme contractuel, dir. L. Grynbaum et M. Nicod, Economica, 2004, p. 3.

[1024] A. FOUILLÉE, *La science sociale contemporaine*, Hachette, 2ème éd. 1985, p. 410.

d'une prise en compte de la survenance du déséquilibre conjoncturel est justifiée par la portée de l'autonomie de la volonté et l'impératif de sécurité juridique fut- ce au prix d'une injustice contractuelle. Malgré l'immobilisme de la loi, le droit a évolué. L'affirmation qu'un déséquilibre et une injustice contractuels valent mieux qu'un désordre social[1025] a fait son temps en montrant ses limites. La publicisation de la sécurité n'est pas effective en droit des contrats suite à l'analyse de la constitution malienne disposant que : « tout individu a droit à la vie, à la liberté, à la sécurité et à l'intégrité de sa personne[1026] ». De quelle sécurité s'agit-il ?

Certes, l'article 1134 du Code civil français de 1804 restait un pilier de cette branche du droit. Cependant, la liberté contractuelle et la force obligatoire du contrat doivent compter avec les aspirations de la justice contractuelle. En autorisant quelques hypothèses la révision judiciaire des clauses créant un déséquilibre excessif au détriment d'un contractant, la voie est ouverte à la théorie de l'imprévision en matière civile dans les contrats de longue durée lorsque l'équilibre initial des prestations est perturbé. A défaut d'une prévision des parties, le juge peut ordonner une nouvelle négociation pouvant déboucher sur une résiliation unilatérale[1027]. D'autres, plus réticents estiment que la simple application du principe de bonne foi n'est pas suffisante car il est nécessaire qu'elle soit organisée par la loi. Les atteintes à la force obligatoire du contrat ne seront justifiées qu'en cas de déséquilibre significatif. Ces évènements doivent imposer aux parties de renégocier le contrat et permettre au tribunal de le rompre ou l'adapter en cas d'échec[1028]. Les auteurs ont contribué à l'infléchissement de la sécurité des transactions à travers la quête de l'équilibre contractuel. Ils reconnaissent l'existence d'un déséquilibre contractuel et mesurent les enjeux de sa correction dans les engagements obligatoires.

267. Selon le GAC-PECH, la mesure de l'équilibre ne devrait pas changer selon la provenance ou la cause du déséquilibre mais en fonction de ses caractéristiques. C'est le défaut de proportionnalité qui la caractérise[1029].

1025 D. MAZEAUD, « *La réduction des obligations contractuelles* », in Que reste t-il de l'intangibilité du contrat ? Colloque organisé le 28 novembre 1997 par le centre de droit de la et des contrats de l'université de Chambéry, Rév. Droit et patrimoine mars 1998, n° 58, p. 58 et s. p. 65.

1026 Art. 1er de la constitution malienne du 25 février 1992 et Art. 7 al. 2 de la constitution sénégalaise du 22 Janvier 2001.

1027 V. art. 1135 al1-2-3 de ce projet.

1028 C. BOUIX, *Les mécanismes correcteurs d'origine prétorienne*, thèse préc. n°312, p. 434.

1029 S. LE GAC – PECH, *La proportionnalité en droit privé des contrats*, thèse préc. p.43, n° 72 et 73 où l'auteure relève le défi sémantique. Pour elle : « la proportionnalité vise un rapport de convenance des parties d'un ensemble entre elles avec le tout. L'équivalence se réfère à l'égalité de valeur (objective ou subjective) entre les biens et les services, à ce qui équivaut en quantité ou en qualité. L'équipollence vise le rapport d'égalité logique entre deux propositions ou deux concepts de même extension. L'équipartition est se définit comme étant la répartition égale d'une substance, d'une propriété dans les diverses parties d'un tout ».

Ainsi, elle a brillamment identifié deux sortes de déséquilibres notamment celui d'une clause provoquée par la fracture entre la clause et son objet, sa fonction et son but et celui de l'ensemble contractuel qui se traduit par l'absence d'équivalence entre les prestations c'est-à-dire une disproportion entre l'objet et son prix. Le premier type de déséquilibre résulte de l'insertion dans le contrat d'une clause abusive, excessive ou illégitime tandis que la seconde émane d'une hypothèse de lésion ou d'imprévision. L'auteure fait une intéressante analyse axée sur des données objectives[1030].

Selon LASBORDES, dans l'expression contrats déséquilibrés, ce n'est pas le terme contrat qui surprend mais bien le qualificatif dont il se trouve assorti. La raison de cette surprise est que les contrats sont présumés équilibrés[1031]. Elle distingue les contrats déséquilibrés en valeur et les contrats déséquilibrés en pouvoir en précisant que : « l'équilibre subjectif et concret du contrat prévaut sur un équilibre objectif et abstrait, qui existerait indépendamment de la volonté des contractants. Ainsi un contrat même gravement déséquilibré, ne pourra être corrigé par le juge tenu de respecter l'équilibre en valeur convenu par les contractants au jour de la conclusion de leur accord[1032] ». Cette vision est perfectible dans la correction du déséquilibre en fonction de la nature des contrats concernés dans les relations individuelles ou collectives.

Pour GUELFUCCI c'est l'économie globale du contrat qui justifie une intervention du juge[1033]. Il s'agit de remédier aux déséquilibres les plus flagrants car en droit positif, l'équilibre recherché est non un idéal mais un minimum qui ne s'accommode pas des disproportions significatives[1034]. Le contrat représente un ensemble d'intérêts dont chaque partie va tenter de tirer profit. Dans cette collaboration d'intérêts[1035], le contrat doit correspondre à l'attente légitime de chacune des parties. C'est ce qu'on appelle l'équilibre des prestations exprimé dans l'article 24 du RGO qui dispose que : « le contrat est commutatif lorsque chacune des parties, dès la conclusion du contrat, peut apprécier le montant de sa prestation et l'avantage que le contrat lui procure[1036]».

LOUIS- LUCAS s'intéresse à l'idée de déséquilibre[1037] à travers la notion de cause dont il épouse la conception objective. Cette dernière est comme la nécessité compensatoire incluse dans une prestation ou un fait qui, réalisant un enrichissement suffisant, est la source objective et le fondement quantitatif de

---

1030 S. LE GAC – PECH, *La proportionnalité en droit privé des contrats*, thèse préc. n° 82, p. 45.

1031 V. LASBORDES, *Les contrats déséquilibrés*, thèse préc. n° 1, p. 17.

1032 V. LASBORDES, *Les contrats déséquilibrés*, thèse préc. n° 2, p. 18.

1033 THIBIERGE DE GUELFUCCI, art. préc. p. 379 et s.

1034 THIBIERGE DE GUELFUCCI, art. préc. p. 379.

1035 THIBIERGE-GUELFUCCI, art. préc. p. 257 et s. L'auteur précise que « *le lien contractuel tend peu a peu à se substituer au conflits d'intérêts, l'union d'intérêts* ».

1036 Art. 24 RGO malien préc. ; art. 1104 du Code civil français.

1037 P. LOUIS-LUCAS, thèse préc. pp. 134 et s.

l'obligation. L'emploi des termes, tels que « compensatoire » et « suffisant », révèle la perception de l'auteur du besoin d'une cause suffisante sous peine d'un déséquilibre contractuel. C'est ainsi qu'il a rattaché les concepts de lésion et d'usure à l'insuffisance de la cause.

PIETTE traite finement le déséquilibre sur le fondement de la cause en faisant une analyse pertinente sur la cause insuffisante à travers l'intérêt patrimonial ou l'intérêt psychologique retiré du contrat. Dès que l'une des parties ne peut pas justifier l'étendue de son engagement, il y a déséquilibre. Il poursuit en mettant en exergue le fait que le contrat est déséquilibré lorsque l'intérêt du contractant ne justifie pas, ou plus, ses obligations[1038].

FIN-LANGER entrevoit l'équilibre contractuel par rapport à des figures différentes[1039]. Elle considère que le mot "équilibre" se rapproche de celui de stabilité[1040] par une composition particulière et une répartition harmonieuse entre différents éléments constitutifs d'un corps ou d'un système. L'auteure ne manque pas de mettre habilement l'accent sur une pluralité de critères comme la réciprocité[1041] et la commutativité[1042] qui s'appuient sur la seule dimension quantitative en mesurant le nombre respectif des droits et obligations des parties sans regarder leur valeur respective. En pratique, la contrepartie peut exister et avoir une valeur si insignifiante qu'elle prive le contrat de tout équilibre. L'analyse quantitative de l'équilibre contractuel est insuffisante d'où

[1038] G. PIETTE, thèse préc. p. 490, n° 918.

[1039] L. FIN - LANGER, thèse préc. n° 1, p.1 : « … le mot (équilibre) va designer couramment l'attitude stable d'un corps ou d'un système. Plusieurs expressions vont reprendre ce sens du mot équilibre. D'abord, en mécanique, on dit qu'un système est en équilibre sous l'action de forces déterminés lorsqu'il est susceptible de rester indéfiniment en repos sous l'action de ces forces ; ensuite en physique, quand sous des actions extérieures données, ce système peut rester indéfiniment dans cet état en présence de ces actions ; de même en thermodynamique, il désigne l'état d'un système thermodynamique caractérisé par la coexistence de trois forces thermiques, chimique et dynamique. Ces trois équilibres représentent des états de repos sous l'action de certaines forces ou de certaines données. Enfin, l'équilibre interne de l'organisme c'est le maintien à un taux constant de la concentration dans le sang d'un certain nombre de molécules d'ions essentiels à la vie, le maintien à une valeur déterminée de certains paramètres physiques tels que la températures … Dans ces différentes hypothèses, non exhaustives, il s'agit de représenter une position particulière de relative stabilité, qui se maintient ou se rétablit malgré l'influence de l'environnement dans lequel se situe le corps ou le système étudié ». Il cumule quatre critères qui sont : les critères de proportionnalité (p. 218 à 220, n° 328 à 330), de commutativité (p. n° 328 à 330), de réciprocité : (p. 217 à 218, n° 326 à 327) et de l'équivalence des prestations (p. 200, n° 287 à 289).

[1040] L. FIN - LANGER, thèse préc. n° 1, p. 1.

[1041] La réciprocité entre deux personnes se caractérise par les obligations de même nature qui les lient l'une envers l'autre, lorsque chacune est tenue à l'égard de l'autre d'un devoir ayant le même objet.

[1042] Aux termes de l'art. 24 al.1 du RGO : « *Le contrat est commutatif lorsque chacune des parties, dès la conclusion du contrat, peut apprécier le montant de sa prestation et l'avantage que le contrat lui procure* » ; V. aussi les art. 1104 du Code civil français et 45 al.1 du COCC au Sénégal. Il s'oppose donc au contrat aléatoire visé dans les art. 24 al. 2 du RGO Malien, art. 45 al. 2 du COCC Sénégalais et art. 1104 al. 2 du Code civil Français (ancien) .

le recours à une approche qualitative de l'équilibre contractuel à travers l'équivalence[1043] et la proportionnalité[1044]. Le déséquilibre est une perte substantielle d'utilité du contrat qui doit être sanctionnée[1045]. L'équilibre contractuel concerne le contenu du contrat et non le lien entre les parties contractantes[1046]. Il est rare qu'une partie s'engage de bonne foi dans un contrat pour perdre. D'ailleurs, la loi elle-même encadre la vente à perte qui dérégule les règles de la concurrence. Ce sont les enjeux patrimoniaux qui rendent si problématique la conciliation entre les notions de sécurité et de justice dans une procédure de traitement judiciaire du déséquilibre contractuel. La qualité des contributions législatives demystifie la correction judiciaire en droit comparé.

2- La contribution législative à la correction judiciaire en droit comparée

268. L'autonomie de la volonté donne la possibilité aux parties de s'engager librement. Le législateur entretient le mythe sur les prérogatives reconnues aux individus de maitriser l'avenir par des prévisions contractuelles. Cet élan libéral, expression de l'autonomie de la volonté, est flatteur pour l'égo des contractants dans sa vocation à ne permettre la conclusion du contrat qu'en dehors de toute contrainte. Toutefois, l'exécution des contrats ne se fait pas comme dans les contes de fées. Le respect de la parole donnée, dans sa mise en œuvre, n'échappe pas aux caprices du temps et des évènements. En cas d'inexécution, causée par une extrême onérosité, le temps fait mentir les prévisions contractuelles. La suspicion plane sur la bonne foi du débiteur insolvable en cas de déséquilibre conjoncturel. L'inflexibilité du créancier en droit commun, quoique légitime, est discutable. Elle est protégée par l'autorité publique sur la base du respect de la force obligatoire qui n'est autre que le maintien des effets de l'autonomie de la volonté. L'autonomie de la volonté est le pouvoir de la volonté d'être la source et la mesure des droits subjectifs,

---

1043 L'équivalence, ce n'est autre chose que l'égalité des valeurs d'échange de deux prestations corrélatives. L'équivalence se démarque de la réciprocité par le regard qualitatif qu'elle porte sur l'équilibre contractuel ; il ne suffit pas que les prestations soient réciproques, encore faut-il qu'elles soient d'une valeur suffisamment proche. L'équivalence permet également de comparer la valeur respective des aspects juridiques du contrat.

1044 La définition de la proportionnalité est controversée. Elle a successivement été présentée par la doctrine comme un rapport mathématique constant entre deux éléments, la qualité de raisonnable par rapport à ses facultés, son patrimoine ou encore comme une exigence un peu vague d'équilibre raisonnable. L'exigence de proportionnalité est en effet rarement assurée directement mais elle s'abrite le plus souvent derrière le contrôle de l'abus, de la bonne foi, de l'équité, la sanction des excès, des déséquilibres ou encore du déraisonnable. Cette absence d'homogénéité conduit certains auteurs à militer en faveur d'un principe de proportionnalité V. notamment S. Le GAC-PECH, *La proportionnalité en droit privé des contrats,* préf. H. MUIR Watt, LGDJ, 2002.

1045 L. FIN-LANGER, thèse préc., p. 571.

1046 L. FIN LANGER, thèse préc. n° 22, p. 30.

d'être un organe créateur de droit[1047]. En considérant l'uniformité du temps, la théorie volontariste confère au moment de la formation, une primauté en termes de repère contractuel[1048]. RIPERT a démontré que le temps a le pouvoir d'épuiser une certaine stabilité du droit[1049]. Rationnellement, enfermer le temps dans l'immobilisme est serait l'impossible fonction de la norme[1050]. L'admission de la théorie de l'imprévision par une révision judiciaire[1051] n'échappe critiques[1052] et aux éloges en fonction du seuil légal de tolérance admise entre la sécurité et la justice contractuelles. Le traitement judiciaire des contrats suite aux bouleversements de circonstances économiques a été prise en compte dans différentes législations sans entraver la croissance économique ou l'attractivité de ces pays. L'immobilité dans un monde où tout se meut, constitue la pire des insécurités[1053]. Les pays africains comme l'Égypte[1054] et l'Algérie[1055] ont déjà dépassé la question de la révision pour déséquilibre des prestations contractuelles. La Syrie s'inscrit dans la même dynamique[1056]. Dans les pays européens, c'est le cas de la Grèce[1057], du Portugal[1058], d'Italie[1059] et en droit Néerlandais[1060]. La contribution des commentaires sur

---

1047 E. GOUNOT, thèse préc. p. 63.

1048 A.- S- LAVEFVE, *La pérennité contractuelle*, thèse préc. p. 169.

1049 G. RIPERT, *Le déclin du droit : Études de législation contemporaine*, LGDJ, 1949, n° 50.

1050 M. CHEMILLER – GENDREAU, Droit international 3, Pedone 1987/1988, p. 5.

1051 V. en ce sens Ph. STOFFEL-MUNCK, *Regards sur la théorie de l'imprévision (vers une souplesse contractuelle en droit privé français contemporain)*, Presse Universitaire d'AIX-Marseille 1994.

1052 CARBONNIER, Droit Civil, *Les obligations*, tome 4, n°144 et s. PUF, 17ème éd. 1993 ; WEILL et TERRE, Droit Civil, *Les Obligations*, 3ème éd., n° 377 et s. ; MARTY et RAYNAUD, Droit Civil, II, 1, *Des Obligations*, n° 277.

1053 A. TRASBOT, « La dévaluation monétaire et les contrats de droit privé », in le droit Privé Français au milieu du XXème, Études offertes à Georges RIPERT, tome III, p. 160, LGDJ, 1950, p. 162.

1054 Art.147 Code civil égyptien de 1948.

1055 Art. 107 al. 3 du Code civil algérien V. S-E. KPOTSRA, art. préc. n°26, p. 37.

1056 Art. 148 du Code Syrien.

1057 Art. 388 du Code civil Grec prévoit que : « si les circonstances sur lesquelles, eu égard à la bonne foi et aux usages admis dans les affaires, les parties se sont principalement basées sur la conclusion d'un contrat synallagmatique, ont unilatéralement changé pour des raisons extraordinaires et ne peuvent être prévues et que, par suite de changement, la prestation du débiteur, eu égard aussi à la contre-prestation, soit devenue démesurément onéreuse, le tribunal peut, à la demande du débiteur, la ramener, suivant son appréciation , à la mesure convenable, ou même décider la résolution du contrat tout entier ou dans sa partie non encore exécutée ».

1058 L'art. 437 du Code civil Portugais dispose que : « si les circonstances dans lesquels les parties ont fondé la décision de conclure un contrat ont subi un changement anormal, la partie lésée a droit à la résolution du contrat ou à une modification de ce contrat par le juge selon l'équité, si l'exécution forcée des obligations assumées conformément à ce contrat heurte gravement le principe de bonne foi et ne correspond pas à un risque spécifique assumé par le contractant ».

1059 Les art. 1467 et 1468 du Code civil italien disposent respectivement que : « dans les contrats à exécution continue ou périodique ou bien à exécution différée, si la prestation de l'une des parties est devenue excessivement onéreuse ensuite de la survenance d'événements extraordinaires et imprévisibles, celle-ci peut demander la résolution du contrat, assortie par

les récentes réformes met en exergue la pertinence de la correction du déséquilibre en valeur en droit des contrats[1061]. La solution de la jurisprudence Allemande n'a constaté un déséquilibre qu'a hauteur d'une dépréciation monétaire de 40%[1062] tout comme dans les principes d'Unidroit[1063]. Le législateur Japonais semble réticent à l'idée d'équilibre contractuel et préfère parler de « régulation des intérêts en conflits des parties[1064]». En droit Anglais, la théorie de la frustration permet à une partie lésée d'être libérée de ses obligations contractuelles si l'événement qui contrecarre celles-ci survient de façon imprévue, sans faute des parties et rend l'exécution des obligations impossibles. La différence est que le droit français, sous réserve de l'ordonnance de réforme de 2016, limite la portée de la force majeure en

---

effets prévus dans l'art. 1458. La résolution ne peut être demandée si les charges nouvelles rentrent dans l'aléa normal du contrat. La partie contre laquelle la résolution est demandée, peut l'éviter en offrant de modifier équitablement les conditions du contrat » et « si dans l'hypothèse visée à l'article précédent, il s'agit d'un contrat dans lequel une seule des parties a assumé des obligations, celle-ci peut demander une réduction de la prestation ou bien une modification des modalités d'exécution ; permettant de continuer cette exécution selon l'équité ».

1060 L'art. 258 – I du Code civil Néerlandais entré en vigueur le 1er janvier 1992 prévoit que : « le juge peut, à la demande de l'une des parties, modifier les effets du contrat ou le résilier en tout ou en partie en raison de circonstances imprévues d'une nature telle que, d'après les critères de la raison et de l'équité, l'autre partie ne peut s'attendre au maintien intégral du contrat. La modification ou la résiliation peut être accordée avec effet rétroactif ».

1061 R. THIERRY, « Le projet de réforme et les contrats structurellement déséquilibrés », Recueil Dalloz 2015, p. 1217 ; P. DUPICHOT, « Regard (bienveillants) sur le projet de réforme du droit français des contrats », Droit et Patrimoine, Dossier, Mai 2015, , n° 247, pp.32-48 ; G. BRICKER, « Réformer le code civil par ordonnance : point de vue d'un publiciste », Droit et Patrimoine, Dossier, n° 247, Mai 2015, pp. 48 - 49 ; O. TOURNAFOND, « Les mauvais penchants de la réforme du droit des contrats », Droit et Patrimoine, Dossier, n° 247, Mai 2015, pp.50-51 ; P. MORELON, « Quels sont les dangers de la réforme annoncée du droit des contrats pour les professionnels du conseil et de la rédaction d'acte ? », Droit et Patrimoine, Dossier, n° 247, Mai 2015, p. 52-54 ; L. AYNÈS, « La réforme projetée du droit des contrats : synthèse », Droit et Patrimoine, Dossier, n° 247, Mai 2015, pp. 55-58 ; A. MOLIÈRE, « La consécration de l'enrichissement injustifié: premiers regards sur le projet d'ordonnances et premières propositions de remaniement », Petites Affiches, n° 96 - 67 du 14 et 15 Mai 2015, pp. 6 -10 ; D. MAZEAUD, « Pour que survive la cause en dépit de la réforme », Droit et Patrimoine, Dossier, n°240, octobre 2014. pp. 38 - 40 ; M. MEKKI, « Les principes généraux du droit des contrats au sein du projet d'ordonnance portant sur la réforme du droit des obligations », Recueil Dalloz, n° 14, 16 Avril 2015, p. 816 ; C. GRIMALDI, « Les maux de la cause ne sont pas qu'une affaire de mots : À propos du projet d'ordonnance portant réforme du droit des contrats, du régime général et de la preuve des obligations », Recueil Dalloz -16 avril 2015 - n° 14, p. 814 : J. PASCAL CHAZAL, « La violence économique ou abus de faiblesse ? », Droit et Patrimoine, Dossier, Octobre 2014, n° 240, p. 47 ; L. AYNES, « La cause, inutile et dangereuse », Droit et Patrimoine, Dossier, Octobre 2014, n° 240, p. 40.

1062 V. GRYNBAUM, *Le contrat contingent, l'adaptation du contrat par le juge sur habilitation du législateur,* thèse préc. n° 30, p. 29.

1063 Art. 6. 2. 2 des Principes d'Unidroit précisent qu'une altération équivalente à 50% davantage du coût ou de la valeur de l'obligation équivaudra probablement à une altération fondamentale. V. UNIDROIT, Principes relatifs aux contrats du commerce international, Ed. Unidroit, Rome, 1994, p. 121.

1064 V. ISHIDA Minori, Mimpô sôsoku (partie générale du code civil japonais), op. cit. p. 43.

reconnaissant qu'elle ne rend pas l'exécution impossible, mais que l'imprévu la rendrait simplement onéreuse. Pour corriger le déséquilibre en valeur, les préalables sont : un évènement imprévu, l'absence de faute et l'impossibilité d'exécution. La théorie de la force majeure en droit français est différente de la théorie de la frustration qui privilégie une impossibilité d'exécution assimilable à une exécution radicalement différente de celle qui avait été convenue dans le contrat[1065]. Le droit Anglais dépasse l'impossibilité juridique et physique pour atteindre une impossibilité pratique lorsque bien que l'exécution du contrat reste possible, les circonstances ont tellement changé que cette exécution du contrat est devenue, dans l'ensemble, une affaire commerciale différente de celle-ci qui avait été envisagée[1066]. Les juges Autrichiens et Suisses, face au silence du législateur, s'appuient sur la bonne foi[1067].

269. Dans l'avant-projet de gouvernement, la révision pour imprévision n'est possible qu'avec l'accord des parties. En revanche, le juge peut mettre fin au contrat à la date et aux conditions qu'il fixe. MAZEAUD estime que ce projet propose un équilibre assez harmonieux entre les impératifs de liberté, de sécurité et de justice dans les contrats. La justice est assurée par la révision par l'admission de la négociation pour imprévision[1068]. L'avant-projet Terré retenait qu'en cas d'échec de la renégociation du contrat devenu déséquilibré à la suite d'un changement imprévisible de circonstances, le juge peut l'adapter en considération des attentes légitimes des parties ou mettre fin à la date et aux conditions qu'il fixe. Ce texte était audacieux parce qu'il admettait la révision pour imprévision[1069]. Les principes d'Unidroit développent le concept de Hardsphip comme résultant de la survenance d'événements altérant fondamentalement l'équilibre des prestations, inconnus ou non raisonnablement prévisibles lors de la conclusion du contrat, dont la partie lésée n'a pas le contrôle et dont elle ne doit pas assumer le risque[1070]. Donc l'initiative de la demande de l'ouverture des négociations est reconnue à la partie lésée. Faute d'un accord dans un délai raisonnable, le tribunal peut être saisi pour mettre fin au contrat à la date et aux conditions qu'il fixe où l'adapter pour rétablir l'équilibre des prestions. Les principes du droit européen des contrats, élaborées par la commission Landro, admet des changements de circonstances qui rendent l'exécution onéreuse à l'excès,

---

1065 J. BELL, « *Incidence des changements de circonstances*, Rapport anglais », in Le contrat d'aujourd'hui : comparaisons franco- anglaises, sous la direction de D. TALLON et D. HARRIS, Paris, LGDJ, 1987, n° 59, p. 245.

1066 J. BELL, rapp. préc. n° 59, p. 245.

1067 A-S. COURDIER CUISINIER, *Le solidarisme contractuel*, thèse préc. n° 822, p. 551.

1068 D. MAZEAUD, « Réforme du droit des contrats : haro, en Hérault, sur le projet », D. 2008. p. 2675.

1069 C. BOUIX, *Les mécanismes correcteurs d'origine prétorienne*, thèse préc. n° 312, p. 434.

1070 Art. 6.2.1 à 6.2.3 des principes d'Unidroit ; V. Rapport de la cour de Cassation (française) sur le projet Catala.

survenue après la conclusion du contrat et non raisonnablement prévisibles pour la partie qui n'a pas à supporter le risque. Ils imposent aux parties d'engager des négociations. Faute d'accord, le tribunal peut rompre ou adapter le contrat de façon à distribuer équitablement entre les parties les pertes et profits qui résultent des changements de circonstances[1071]. Pour MAZEAUD, ce texte envisage le rôle du juge de façon plus pragmatique et sereine particulièrement lorsque la justice et la pérennité contractuelles supposent qu'il s'immisce dans la loi des parties devenue injuste avec le temps[1072]. L'avant-projet de Code européen des contrats, de l'académie des privatistes européens, cordonnée par Giuseppe Gandolfi, soutenait une logique d'événements extraordinaires et imprévisibles permettant aux parties d'engager un processus de négociation tout en permettant au juge en cas d'échec desdites négociations, le pouvoir de résilier ou de modifier le contrat[1073]. L'association Henry CAPITANT et la société de législation comparée proposèrent un projet de révision des principes européens du droit des contrats[1074]. D'autres propositions ont été faites, comme le Draft common frame of référence[1075] , abondant dans le même sens que les principes du droit européen des contrats en faisant une extension des règles aux actes unilatéraux. La proposition de règlement du parlement européen et du conseil relatif à un droit commun européen de la vente adoptent les mêmes propositions précédemment tenues[1076]. La consécration de l'imprévision offre la possibilité à l'une des parties d'inciter l'autre à renégocier les termes du contrat en cas de survenance de circonstances imprévisibles bouleversant l'économie du contrat. A défaut d'accord, une des parties pourra saisir le juge d'une demande tendant à réviser le contrat ou à y mettre fin. L'avant-projet d'acte uniforme portant droit des contrats prévoit dans son article 6/24, les bouleversements de circonstances[1077] économiques. Ce que le professeur DIENG considère comme une mini révolution en ce sens qu'il consacre l'imprévision[1078]. Le créancier sera tenu d'une obligation de moyens selon la volonté du législateur. Du moins, c'est la solution retenue par les principes du

---

[1071] Art. 6 :111 des principes du droit européen des contrats.

[1072] D. MAZEAUD, « Un droit européen en quête d'identité. Les principes du droit européen des contrats », D. 2007, 2959.

[1073] Art. 157 de l'avant-projet de Code européen des contrats.

[1074] Sur l'imprévision, il est proposé une version plus concise de l'art. 6 :111 équivalente sur le fond à l'art. 7 : 101 et un art. 7 :102 portant sur les clauses d'acceptation des risques.

[1075] Art. III .1 : 110.

[1076] Art. 89.

[1077] Art. 6/24 de l'avant-projet d'acte uniforme, préc. ; art. 6/22 à 6/24 de l'avant-projet d'acte uniforme portant droit des contrats porte sur les bouleversements économiques.

[1078] F. DIENG, « Réflexions sur l'article 6/24 de l'avant-projet d'acte uniforme sur le droit des contrats », art. préc. p.45.

droit européen des contrats[1079]. La consécration de la révision du contrat suite au déséquilibre n'est pas une fatalité mais une construction du droit français[1080]. La mobilisation de toutes les notions pour réfuter ou appuyer la correction judiciaire du contrat traduit les débats sur la manière de gérer l'accroissement important du profit d'un contractant au détriment de l'autre[1081]. Dans le cadre des bouleversements de circonstances économiques, on se rend bien compte que souvent l'obligation de renégociation se rapproche plus de la force majeure. L'imprévu doit être marqué par la fortuité, comme dans le l'article 6258 du nouveau Code civil Néerlandais, pour autoriser une adaptation des obligations par le juge[1082]. L'heure est au renouvellement des fondements de la force obligatoire pour rendre la sécurité contractuelle plus dynamique. Le conflit entre la sécurité et la justice contractuelles n'est point technique mais purement philosophique[1083]. CARBONNIER observait que les affaires pourraient bien gagner en sécurité si les parties étaient certaines d'obtenir une révision équitable du contrat en cas de bouleversement réellement économique et imprévisible[1084]. Plutôt qu'un gardien intraitable de la procédure contractuelle, c'est la viabilité du contrat qu'il doit servir, l'adaptation (du contrat) au contexte économique s'avère respectueuse de la sécurité. Ce qui fait dire que le dynamisme du droit ne doit pas aboutir à une certaine précarité voire une précarité certaine[1085]. L'engagement du législateur à consacrer un principe de renégociation judiciaire des contrats conjoncturellement déséquilibrés changera le visage de la sécurité juridique et surtout de la sécurité des transactions qui en est une composante. Ce qui saisirait l'aléa économique dans l'exécution des contrats de longue durée en droit malien et dans les autres pays africains.

Paragraphe 2 : Le déni de réalité dans la prise en charge de l'aléa économique

270. Le temps est un facteur de déstabilisation, de fragilisation des contrats de longue durée dès que ses effets ont une emprise sur les prévisions des parties. À défaut de stipulations contractuelles, les parties sont présumées avoir acceptées l'aléa économique. L'exclusion de cet aléa économique en cas

---

1079 C. WITZ, « Force obligatoire et durée du contrat », in Les concepts contractuels français à l'heure des principes du droit européen des contrats, sous la dir. de P. Remy-Corlay et D. Fenouillet, Dalloz, 2003, p. 175, spéc. p. 183.

1080 V. les commentaires N. DISSAUX et C. JAMIN, projet de réforme du droit des contrats, du régime général et de la preuve des obligations rendu public le 25 février 2015, Dalloz, 2015.

1081 V. sur l'accroissement du profit. GRYNBAUM, *Le contrat contingent, l'adaptation du contrat par le juge sur habilitation du législateur,* thèse préc. n°31, p. 30.

1082 D. DANKERS-HANGENAARS, '' Rapport néerlandais sur le contrat et les sources de la notion de bonne foi dans l'exécution du contrat'', in La bonne foi, Travaux de l'association Capitant, 1992, Litec, p. 317.

1083 J.-P.-, CHAZAL, « Les nouveaux devoirs des contractants. Est-on allé trop loin ? », in La nouvelle crise du contrat, dir. Ch. Jamin et D. Mazeaud, Dalloz, 2003, p. 99, p. 123.

1084 J. CARBONNIER, Droit civil, t.4, *Les obligations*, op. cit., n° 149, p. 287.

1085 P.-T FALL, « Normes communautaires et sécurité juridique », art. préc. n° 1, 2007, p. 199.

d'onérosité de l'exécution du contrat (A) conjoncturellement déséquilibré est anecdotique de l'influence de son environnement d'exécution (B).

A- L'exclusion de l'aléa économique en cas d'onérosité de l'exécution du contrat

271. L'aléa est un événement incertain, de nature économique ou monétaire, dont la réalisation bouleverse l'équilibre général du contrat de longue durée au détriment de l'une des parties. L'approche théorique descriptive de l'aléa économique (1) affecte sa portée pratique réductrice dans la correction du déséquilibre conjoncturel (2).

1- L'approche théorique descriptive l'aléa économique

272. De façon classique, l'aléa économique serait un simple fait du hasard. La chance et le risque se glissent aussi dans la plupart des contrats commutatifs. Un contrat qui s'inscrit dans la durée renferme un élément d'incertitude, relève une différence, non de degré, mais de nature, entre le contrat aléatoire par nature et le contrat aléatoire par les circonstances. Dans le premier cas, le contrat aléatoire ne subit pas seulement les incertitudes inhérentes à toute prévision portant sur l'avenir. Il prend précisément pour objet central, un événement incertain. À défaut de clause contractuelle prévoyant son adaptation à un changement de circonstances économiques originaires, il est permis de présumer du silence des parties, l'acceptation d'un risque de déséquilibre économique. Ce risque constitue l'aléa dans le déséquilibre conjoncturel. Dans les contrats de longue durée, il ne semblerait pas raisonnable de ne pas envisager cet aléa économique, de sorte qu'en l'absence de clause contractuelle d'adaptation, le contrat contient un risque accepté par les contractants. L'aléa est le risque qui a pu être défini comme toute déviation par rapport à la ligne tracée, au projet initial social, économique ou financier dont les parties étaient convenues. L'aléa est le risque qui était considéré en état d'éventualité au jour de la conclusion du contrat[1086]. Le risque serait la possibilité, lors de la conclusion du contrat, que la réalité ne corresponde pas exactement au scénario convenu[1087] par les parties. Le risque interne tient au comportement de l'une des parties à l'inexécution de ses obligations par une autre partie. Par contre, le risque externe porte sur l'environnement d'exécution de l'opération contractuelle c'est-à-dire les perturbations des prévisions des parties résultant d'événements extérieurs à leurs comportements. L'extériorité de ces événements porte sur les fluctuations imprévues des prix, perturbations des taux de change, évènements sociaux, politiques ou économiques.

[1086] MOUSSERON, *Technique contractuelle*, préc. n° 1281.

[1087] Expressions empruntées à J. MOUSSERON, « Responsable mais pas coupable - la gestion des risque d'inexécution du contrat », Mélanges Ch. Mouly, Litec 1998, Tome II, pp. 141 et s., spéc. n°1.

Le risque[1088] a une étymologie fuyante en fonction du domaine. Il dérive du terme latin *resecare* ou *rixare* signifiant respectivement « enlever en coupant » et se « quereller ». Du risque émerge l'idée du danger, de l'exposition à un péril, l'incertitude, l'aléa, la probabilité. L'irréductibilité de l'incertitude à laquelle est confronté l'environnement contractuel réclame une minimisation du danger. Les difficultés relatives à l'adaptation des contrats déséquilibrés en fonction de leur environnement économique et social ont toujours retenu l'attention d'une partie de la doctrine[1089]. Aux termes de l'article 24 du RGO : « Il (contrat) est aléatoire lorsqu'il crée pour chacune des parties une chance de gain ou de perte résultant d'un événement incertain[1090] ». La seule facette de l'aléa qui nous intéresse est l'imprévu qui suppose un déséquilibre grave produit entre les prestations contractuelles par suite d'une modification importante et imprévue des circonstances économiques. THIBIERGE distingue l'imprévisible de l'incertain en soulignant que le substantif désigne simplement ce qui n'a pas fait l'objet de prévision. Ainsi, peut être qualifié d'imprévu l'événement auquel les parties n'ont pas songé, peu importe qu'elles aient été en mesure de le prévoir, ou que cet événement s'avère faste ou néfaste. Pour lui, l'imprévu n'est pas synonyme de chance, de hasard ou d'incertitude. Bien au contraire si les parties ont jugé un événement incertain, cela signifie qu'elles y ont songé, qu'elles ont fait estimation de sa survenance. A cet effet, la distinction est minimisée en droit positif[1091]. Tout événement imprévu survenant en cours d'exécution du contrat n'est pas forcement spécifique à l'imprévision. Sont aussi analysés sous ce prisme, en tant qu'évènements bouleversant économiquement et financièrement le contrat, les risques environnementaux inhérents à son contexte d'exécution comme les calamités, guerre, dépréciation monétaire ou crises économiques[1092].

273. En droit commun, l'aléa exclut le déséquilibre dans les contrats librement formés. La conséquence fâcheuse de cette approche est l'imputation du risque au seul débiteur dans le déséquilibre conjoncturel. A cet effet, le solidarisme, la bonne foi, l'équité, la cause de l'obligation, le juste et l'utile, l'altruisme, la proportionnalité, les principes du raisonnable, de la cohérence, de la fraternité et même la justice sont des notions tributaires de la sécurité contractuelle qui est sous l'emprise d'une volonté individuelle. Le traitement judiciaire des contrats suite aux bouleversements de circonstances économiques n'affranchit pas ces notions de la force obligatoire pour admettre une prise en charge de l'aléa par les juges. Dans ce cas, l'acceptation de l'aléa est aussi une expression de la liberté contractuelle. L'adhésion du créancier à

1088 F. MILLET, *La notion de risque et ses fonctions en droit privé*, L.G.J.D., 2001, n°2, p. 2.

1089 R. DEMOGUE, « Des modifications aux contrats par volonté unilatérale », RTD. Civ., 1907, p. 261 et s.

1090 Art. 24 al. 2 du RGO Malien ; art. 1964 du Code civil Français (ancien) .

1091 L.THIBIERGE, Le *contrat face à l'imprévu*, thèse préc. n° 2, p. 3.

1092 M THIOYE, *Recherches sur la conception du prix dans les contrats*, thèse préc. p. 433, n°141.

la mutualisation de l'aléa est volontaire dans le traitement du déséquilibre conjoncturel. L'aléa est juridique ou structurel lorsqu'il affecte l'objet de l'obligation et en constitue la cause. Le risque de déséquilibre est entré dans le champ contractuel de sorte que le cocontractant victime de l'inéquivalence des prestations, survenue en cours d'exécution, est présumé l'avoir voulu. Il subira le déséquilibre entre la valeur de sa prestation et celle de son partenaire. Toutefois, pour que le déséquilibre conjoncturel en valeur puisse être qualifié d'aléatoire, cet aléa doit avoir une existence réelle, sérieuse, extérieure. Ce que souligne LASBORDES en écrivant que : « l'aléa économique est un événement extérieur aux parties dont la survenance rend l'exécution du contrat beaucoup plus onéreuse pour l'un des contractants[1093]». À l'instar de la force majeure, l'aléa économique est une circonstance extérieure aux cocontractants. Par contre, l'aléa économique ne produit pas le même effet que la force majeure[1094]. Pourquoi cette différence de traitement alors même que l'événement est extérieur aux parties ? Peut-être parce que la survenance d'un cas de force majeure constate l'exécution difficile des contrats déséquilibrés mais pas l'impossibilité de leur exécution pour qu'à l'impossible, nul ne soit tenu. La réalisation de l'aléa économique ne rend pas l'exécution impossible des contrats déséquilibrés mais plutôt leur exécution onéreuse pour l'une des parties. Ce qui est définitivement réducteur de sa portée dans la correction des contrats déséquilibrés en droit commun.

2- La portée pratique réductrice de l'aléa économique

274. Le rôle dévolu à la force majeure ne lui permet pas de participer activement à une prise en charge de l'aléa économique malgré le traitement judiciaire des contrats conjoncturellement déséquilibrés. Parmi les causes étrangères exonératoires de la responsabilité du débiteur, la force majeure occupe une position à la fois importante et originale. La survenance d'un cas de force majeure peut ainsi affecter les relations contractuelles. L'article 120 du RGO dispose qu': « il n'y a pas de responsabilité si le fait dommageable est la conséquence d'une force majeure ou d'un cas fortuit c'est-à-dire d'un événement extérieur imprévisible et insurmontable. La faute de l'auteur du dommage annule l'effet exonératoire du cas fortuit ou de la force majeure s'il était établi que sans elle cet événement aurait été sans effet sur l'acte de l'auteur du dommage[1095]». Qualifier un évènement de force majeure, c'est permettre au débiteur qui s'en prévaut de ne pas exécuter son obligation sans

---

1093 V. LASBORDES, *Les contrats déséquilibrés*, thèse préc. n° 58, p. 78.

1094 Sur la force majeure P.-H. ANTONMATTÉI, *Contribution à l'étude de la force majeure*, thèse, Montpellier, LGDJ, préface B. Teyssié, 1992.

1095 La loi n° 87-31/AN-RM du 29 Aout 1987 portant régime général des obligations malien. L'art. 129 du COCC Sénégalais dispose : « Il n'y a pas de responsabilité si le fait dommageable est la conséquence d'une force majeure ou d'un cas fortuit, c'est-à-dire d'un événement extérieur, insurmontable et qu'il était impossible de prévoir. La faute de l'auteur du dommage annule l'effet exonératoire du cas fortuit ou de force majeure s'il est établi que sans elle cet évènement aurait été sans effet sur l'acte de l'auteur du dommage ».

avoir pour autant à subir les sanctions pécuniaires applicables en la matière (dommages et intérêts). De façon classique, trois critères cumulatifs permettent de considérer qu'un événement constitue un cas de force majeure : l'évènement doit être à la fois extérieur, imprévisible et irrésistible. D'abord, le caractère extérieur signifie que le débiteur ne doit pas être pour rien dans la survenance de la situation derrière laquelle il se retranche. A cet effet, il doit prouver une circonstance indépendante de sa volonté et qui n'a pas davantage pour origine sa propre négligence. Le critère de l'extériorité n'est pas retenu quand l'empêchement invoqué trouve sa source dans la propre défaillance du débiteur. Ensuite, il doit s'agir d'un évènement présentant un caractère imprévisible lors de la conclusion du contrat. Enfin, l'évènement qualifié de force majeure n'a un effet exonératoire que si pendant sa survenance, le débiteur cherchait à remplir ses obligations, mais n'a pas pu le faire face à un tel évènement. Un évènement qualifié de force majeure dans l'exécution du contrat produit deux types d'effets : le contrat est anéanti de manière rétroactive donc on parle de résolution et aucun dommage et intérêt ne peut être réclamé à la partie défaillante. La force majeure ne peut être invoquée, comme cause exonératoire, lorsque l'exécution du contrat est devenue très onéreuse. Elle ne suppose pas une impossibilité[1096] matérielle d'exécution pour l'une des parties dans le traitement judiciaire du déséquilibre contractuel. Cette distinction est créditée par l'assertion que l'imprévu ne rend pas l'exécution impossible mais onéreuse. Une distinction est également faite, s'agissant des conditions d'exonération, entre obligation de moyens et obligation de résultat. L'exonération du débiteur d'une obligation de moyens procède, en principe, de la simple démonstration de sa non-culpabilité. Ce qui est susceptible de faciliter la reconnaissance d'une cause étrangère. Dans le cadre d'une obligation de résultat, l'obligation du débiteur est renforcée par la preuve d'une circonstance exonératoire. Il n'existe pas de catalogue légal des cas de force majeure. Il a été judicieusement observé que l'on pourrait composer un droit des forces majeures spéciales, comme il y a un droit des contrats spéciaux[1097]. La force majeure a des caractères car rien n'est en soi force majeure, tout peut le devenir à condition d'être extérieur, imprévisible et irrésistible[1098]. Un effet libératoire est redouté par le créancier à cause d'une possible correction judiciaire forcée du déséquilibre conjoncturel assimilable à un droit pour le débiteur de se dédire ou d'un droit de ne pas payer ses dettes. THIOYE distingue la force majeure de l'imprévision en ces termes : « l'imprévision doit résulter de la survenance d'un événement imprévisible dans l'exécution du contrat plus difficile, voire ruineuse, tout en demeurant encore possible, l'onérosité n'étant pas l'impossibilité. En revanche, s'agissant de la force

---

[1096] G. VINEY et P. JOURDAIN, *Les conditions de la responsabilité*, préc. n° 392 et F. CHABAS, C. CHABAS et PETERKA, *Répertoire civil*, '' *Force Majeure* '', 1997, n° 1 et s.
[1097] J. CARBONNIER, *Droit civil*, tome 4, « *Les Obligations* », PUF, p. 294.
[1098] F. CHABAS, Gaz. Pal. 1984, doct. p. 108.

majeure, l'événement imprévisible extérieur aux parties - comme dans l'imprévision- doit rendre l'exécution radicalement impossible ou irrésistible, de manière provisoire ou définitive[1099]». La chambre commerciale de la Cour de cassation française a jugé que l'irrésistibilité de l'événement est, à elle seule, constitutive de force majeure, lorsque sa prévision ne saurait permettre d'en empêcher les effets, sous réserve, toutefois, que le débiteur ait pris toutes les mesures requises pour éviter la réalisation de l'événement[1100]. La force majeure suspend provisoirement[1101] ou définitivement[1102] les obligations contractuelles du débiteur. La prescription ne court pas contre celui qui est dans l'impossibilité absolue d'agir par suite d'un empêchement résultant soit de la loi, soit de la convention ou de la force majeure[1103]. La reconnaissance de la force majeure serait la traduction juridique du principe qu'à l'impossible, nul n'est tenu[1104] dans la correction du déséquilibre conjoncturel. Aujourd'hui, on se demande s'il est possible de fonder l'imprévision sur la force majeure. La flexibilité des solutions en droit comparé nous permet d'entrevoir cette possibilité par l'interprétation judiciaire de la force majeure[1105]. L'imprévu doit être marqué par la fortuité, comme dans l'art. 6258 du nouveau Code civil

---

1099 M. THIOYE, *Recherches sur la conception du prix dans les contrats*, thèse préc. p. 435, n°145

1100 Cass. com. 1er octobre 1997, n° 1897.

1101 Civ.1, 24/2/1981, D. 1982.479, note D. MARTIN.

1102 G. MARTY et P. RAYNAUD, Les obligations, tome 1, Les sources, n° 554.

1103 Cass. com. 17 février 1964 : Bull. civ. III, n° 78.

1104 J. CARBONNIER, op. cit., n° 7, p. 29.

1105 La chambre commerciale de la Cour de cassation a jugé que l'irrésistibilité de l'événement est, à elle seule, constitutive de force majeure, lorsque sa prévision ne saurait permettre d'en empêcher les effets, sous réserve, toutefois, que le débiteur ait pris toutes les mesures requises pour éviter la réalisation de l'événement. V. aussi Cass. com. 1er octobre 1997, n° 1897 P, Sté The British and Foreign Marine Insurance company c/ Sté d'exploitation Szymanski : RJDA 11/97 n°1317, rapport Apollis, RTD civ. 1998 p. 121 obs. P. Jourdain ; La chambre commerciale de la Cour de cassation a confirmé sa position en approuvant l'arrêt d'une Cour d'appel qui, pour justifier sa décision d'exonérer l'acquéreur d'une cargaison de riz du paiement des surestaries, contractuellement mises à sa charge, a retenu malgré le caractère prévisible des faits, qu'en raison de l'encombrement d'un port à l'époque de l'arrivée des marchandises à destination, l'accostage à quai avait été impossible et qu'ensuite, d'importantes chutes de pluie avaient interdit tout déchargement de marchandises sensibles, telles que le riz en sac (Cass. com. 28 avril 1998, n° 975 P, Penet-Weiller ès qual. C/ Sté d'exploitation, d'importation et d'exportation (SOEXIMEX) : RJDA 8-9/98 n° 949) ; La Cour d'appel de Versailles a fait application de cette jurisprudence dans une affaire impliquant un transporteur routier, dont le chargement avait été volé après une double agression, mais qui n'avait pas pris les mesures de prévention nécessaires et avait commis une faute d'imprudence sans laquelle le vol avec violence, à l'origine de la perte de la marchandise transportée, aurait pu être évité (CA Versailles 21 janvier 1999, 12e ch. 2e sect., Auguste c/ SA Gefco) ; une tempête tropicale, constituant une anomalie dans la chronologie des cyclones, a été considérée comme événement de force majeure (Cass. 1e civ. 5 janvier 1994 : Bull. civ. II n° 13).

néerlandais, pour autoriser une adaptation des obligations par le juge[1106]. VOIRIN envisage la référence à un homme moyen pour déterminer le degré de clairvoyance exigible[1107] pendant que d'autres optent pour une appréciation subjective[1108] de l'adaptation du contrat par le juge pour rétablir l'équilibre des prestations. THIBIERGE considère la force majeure comme une notion aux fondements éprouvés[1109] et PIETTE comme une volonté empêchée[1110]. Ce qui témoigne de la délicatesse de ses paramètres d'appréciation et son impossibilité à corriger judiciairement le déséquilibre conjoncturel ou les deux notions d'onérosité et d'impossibilité d'exécution se différencient après s'être côtoyés. La théorie de la force majeure s'apparenterait à une sanction du contrat face à l'imprévu et non à une thérapie contre l'imprévu[1111]. Une approche purement africaine de la force majeure pourrait inviter la fatalité dans l'exécution du contrat pour en perturber l'équilibre des prestations. La sociologie juridique révèle que le contrat repose sur un équilibre des forces[1112]. Dans ce contexte, les caractères d'irrésistibilité, d'imprévisibilité et d'insurmontabilité dans les relations contractuelles sont parfois inséparables d'une connotation religieuse de la force majeure dans la conception africaine. La résignation devant un événement insoluble présentant les caractères de force majeure conduirait souvent les contractants à le qualifier « d'un fait de Dieu ». Ce qui n'est pas défendable devant le juge dans la mesure où l'activité contractuelle s'internationalise en s'affranchissant des mentalités traditionnelles africaines. Dans la pratique, le traitement et la prévention des contrats déséquilibrés ne s'émancipent pas radicalement de l'influence externe des aléas économiques sur leur environnement d'exécution.

B- L'influence de l'environnement d'exécution sur le contrat

275. L'exécution sereine du contrat est dépendante de sa forte résistance à l'érosion du temps. L'insécurité contractuelle peut résulter de la combinaison des facteurs liés à l'environnement social, politique et économique. L'incapacité des mécanismes correcteurs à traiter l'aléa est discutable face à l'instabilité socio-politique (1) et monétaire (2).

1106 V. D. DANKERS-HANGENAARS, « Rapport néerlandais sur le contrat et les sources de la notion de bonne foi dans l'exécution du contrat », in La bonne foi, Travaux de l'association Capitant 1992, Litec, p. 317.
1107 P. VOIRIN, *De l'imprévision dans les rapports de droit privé*, thèse Nancy 1922, p. 40 et 173.
1108 STOYANOVITCH, *De l'intervention du juge dans les contrats en cas de survenance de circonstances imprévues,* thèse Aix-en-Provence 1941, pp. 117 et 124.
1109 L. THIBIERGE, *Le contrat face l'imprévu*, thèse préc. 2, n° 226.
1110 G. PIETTE, *La correction du contrat*, thèse préc. p. 209.
1111 L.THIBIERGE, Le *contrat face à l'imprévu*, thèse préc. n°4, p. 6.
1112 J. C. ROUVEYRAN, *Contribution a une sociologie du droit*, Année sociologique, 1977, p. 128.

1- L'aléa économique et l'instabilité socio-politique

276. L'Afrique est connue pour son instabilité sociopolitique, en certaines parties du continent, qu'aucun chauvinisme ne permettra de nier sous peine de déni de réalités. Ces événements ont des conséquences économiques au même titre que l'imprévu bouleversant l'économie du contrat. Le sous-développement a ses exigences auxquelles contribuent des événements que le professeur SAWADOGO dénonce en ces termes : « le sous-développement entraine un certain nombre de maux, tels famines, malnutrition, analphabétisme pour la solution desquels le développement devient une nécessité vitale[1113]». Le défi du développement durable pour les pays africains est entravé par l'instabilité politique. C'est à se demander, s'il faut en rire ou en pleurer lorsqu'on examine les effets de cette instabilité que les instruments juridiques n'arrivent pas à améliorer dans le traitement du déséquilibre contractuel. Le mutisme coupable du juge, dans la revalorisation des contrats en cours qui subissent l'instabilité politique, est saisissant. Le professeur M'BODJ retrace l'historique des coups de force en soulignant que : « le premier coup d'État retenu dans l'histoire politique de l'Afrique subsaharienne eut lieu sous l'empire du Mali. Il fut l'œuvre d'un esclave de la famille royale, Sakoura qui, préoccupé par la survie du système confronté à une lutte successorale, prit le pouvoir pour rétablir l'ordre [1114]» entre 1285-1300. Hélas, aujourd'hui encore la république du Mali se distingue par sa triste célébrité pour avoir connu trois coups d'État en cinquante années[1115]. Cela est une réalité qu'on ne saurait occulter. Aussi, les guerres[1116], les calamités

---

[1113] M- F. SAWADOGO, *Le régime juridique des sociétés d'économie mixte en Haute – Volta*, Université de Paris I Panthéon Sorbonne, 1981, p. 9.

[1114] E.- H. MBODJ, *La succession du chef d'État en droit constitutionnel africain (Analyse juridique et impact politique)*, thèse UCAD, 1991, p. 11, renvoi n° 23.

[1115] Le Mali est tristement célèbre pour ses coups d'états qui ne sont pas des coups d'éclats : Il y a eu trois en cinquante ans d'indépendance : d'abord, le 19 novembre 1968, une junte militaire formée de quatorze officiers renverse le Président Modibo Keita a leur tête le lieutenant Moussa Traoré président le Comité militaire de libération nationale (CMLN). Ensuite, le 22mars 1991, un soulèvement populaire est réprimé dans le sang et le 26 mars 1991, un coup d'État militaire renverse Moussa Traoré. Un Comité de Transition pour le Salut du Peuple (CTSP) avec à sa tête le Lieutenant-Colonel Amadou Toumani Touré. Enfin, à la suite du coup d'état du 22 mars, le capitaine Amadou Haya Sanogo s'empare du pouvoir et devient président du Comité National pour le Redressement de la Démocratie et la Restauration de l'État (CNRDRE) devenant chef de l'État selon les termes de l'ordonnance n° 0001 du CNRDRE portant Acte fondamental de l'État du Mali du 26 mars 2012.

[1116] La première guerre entre le Burkina Faso et le Mali, le 25 décembre 1985, a propos de la bande frontalière d'Agacher qui est longue de 160 kilomètres et large de 20 kilomètres avec la réputation d'être riche en minerais. Depuis 1974, le Mali et le Burkina Faso s'en disputent la possession. Des combats aériens et terrestres ont lieu du 25 au 30 décembre 1985. La deuxième guerre commence le 17 janvier 2012, lorsque les rebelles Touaregs du MNLA (indépendantistes) et d'Ansar Dine (salafistes) déclenchent la cinquième rébellion touarègue contre le Mali. Bientôt rejoints par les djihadistes d'AQMI et du MUJAO, ils prennent AGUEL'HOC, Ménaka et Tessalit. À la suite de ces défaites, une partie de l'armée malienne tente un coup d'état en Mars provoquant des affrontements entre « bérets verts » et « bérets rouges » et désorganisant les

naturelles[1117] minent-elles le développement économique et social du Mali à l'heure ou l'opportunité de l'émergence des autres pays africains est, plus qu'un fantasme délirant ou un nationalisme arrogant, une réalité politique.

En France, l'initiative est venue du législateur qui était allé plus loin en adoptant des lois de circonstances au lendemain des deux guerres mondiales. C'est ainsi que la loi Failliot du 21 janvier 1918 autorisait le juge à résilier ou à suspendre les marchés à livrer et autres contrats commerciaux, conclus avant le 1er aout 1914, lorsque leur exécution était devenue trop onéreuse pour l'une des parties. De même, une loi du 22 avril 1949 permettait aux parties de demander au juge, la résiliation des contrats civils et commerciaux conclus avant le 2 septembre 1939. La crise économique de 1929 inspira également deux lois relatives au paiement de prix de vente d'un fonds de commerce. En vertu d'une loi 29 juin 1935, le juge français pouvait octroyer des délais de paiement voire réduire le taux d'intérêt conventionnel applicable aux fonds de commerce conclus avant le 1er juillet 1933. Une loi du 17 juillet 1937 autorisait à réduire le montant, en capital et intérêts, de la dette de l'acquéreur du fonds[1118]. Des mesures similaires sont envisagées à cause de la guerre sanitaire contre le COROVIRUS en France. Les opérateurs économiques maliens[1119] confirment l'influence de l'instabilité politique et sociale dans leurs implications rédhibitoires sur les contrats en cours. Pour s'en convaincre, il suffit de jeter un regard sur certains évènements qui sont d'une nuisibilité insolente pour l'économie, de façon globale, et sur les contrats en cours en droit commun, en particulier. Au départ, ces événements ont des origines politiques avec des conséquences économiques indéniables sur les contrats en cours. Il est importantissime, par contre, de préciser que les conséquences économiques concernées doivent porter sur les contrats à exécution successive et échelonnée ayant de forts enjeux patrimoniaux pour déclencher un traitement judiciaire du déséquilibre conjoncturel. Parmi ces évènements, on peut citer, entre autres, le tripatouillage constitutionnel pour le maintien des politiques au pouvoir, les coups d'État légitimant la violence comme moyen d'expression du peuple, la patrimonialisation du pouvoir au sommet de l'État, le détournement des deniers publics. Face à l'effritement de l'autorité de l'État, les contractants apprennent à privilégier des modes alternatifs de

---

opérations de recouvrement de l'intégrité du territoire Nord du pays. Les rebelles en profitent et s'emparent de Kidal, Tombouctou et Gao.

1117 L'Etat malien, pour des raisons de santé publique donc d'intérêt général, fermait des frontières à cause du virus EBOLA (2013-2016) provoquant la faillite des opérateurs économiques n'arrivant pas à faire face à leurs obligations commerciales. On peut citer aussi : la GRIPPE ESPAGNOLE (1918-1919), la GRIPPE AVIAIRE (H5N1 de 2004), la GRIPPE A (H1N1 de 2009), MERS (2012), la VARIOLE (1974) et le CORONAVIRUS COVID -19 en 2020.

1118 V. LASBORDES, *Les contrats déséquilibrés*, thèse préc. n° 3, p. 19.

1119 Le concept parait désuet mais nous ne saurions le priver de son contexte car l'ensemble des acteurs économiques maliens sont toujours appelés des opérateurs économiques.

règlements des différends qui sont généralement informels. La suspicion face au traitement judiciaire est plus subtile à élucider lorsqu'on appréhende la mentalité de certains opérateurs économiques. Ces agents économiques considèrent qu'un État qui ne peut assurer sa propre sécurité contre l'instabilité politique ne saurait assurer la sécurité des contractants qu'ils sont en tant qu'acteurs de l'économie nationale. Du coup, la sécurité des transactions connait une flexibilité contextualisée en ce sens qu'elle n'incarne plus seulement la sollicitation du juge pour sanctionner des droits subjectifs face à la résistance du créancier. Pour l'équilibre social, la sécurité est l'adhésion spontanée ou stimulée du créancier à une adaptation conventionnelle ou une correction judiciaire du déséquilibre conjoncturel en droit commun. Dans ce cas, la sécurité des transactions entre les parties est une solidarité contractuelle à coups de concessions et de compromis qui se traduisent par « tu me projettes et je te couvre ». C'est la création d'un « nous contractuel » dans un règlement pacifique qui n'empêche pas les parties de solliciter l'intervention du juge. Cette solidarité contractuelle, construite dans la durée ou circonstancielle, est basée sur une intelligence économique adaptée aux mentalités entre nationaux à la différence de l'instabilité monétaire qui viendrait d'ailleurs.

2- L'aléa économique et l'instabilité monétaire

277. L'article 1895 du Code civil français dispose que : « l'obligation qui résulte d'un prêt en argent n'est toujours que de la somme numérique énoncée au contrat[1120]». Telle est l'assise légale du principe du nominalisme monétaire dont résulte qu'un franc vaut toujours un franc malgré les variations monétaires. Toutefois, la valeur de la monnaie peut augmenter tout comme elle peut aussi diminuer. Ce phénomène, plus fréquent, entraînera un déséquilibre économique au détriment du créancier de la somme d'argent dont le paiement est différé dans le temps. Selon le doyen CORNU, le principe du nominalisme est celui : « selon lequel une unité monétaire conserve tant qu'elle a le même nom, la même valeur (libératoire) même si dans le temps sa vraie valeur réelle (son pouvoir d'achat) a changé et par application duquel le débiteur d'une certaine quantité d'unités monétaires doit toujours la même somme numérique sans revalorisation[1121]». On peut penser précipitamment que la dépréciation monétaire demeure sans incidence sur la somme à rembourser par le débiteur. Pourtant, elle pourrait avoir des implications économiques entrainant des efforts supplémentaires sur l'exécution des contrats en cours. Aussi, les parties ont-elles intérêt à prévenir le risque de déséquilibre en valeur en insérant une clause d'indexation et à assurer leur exécution de bonne foi. La validité de la clause d'indexation est appuyée par le caractère supplétif de l'article 1895 du Code civil français de 1804.

[1120] Art. 1895 du Code civil Français (ancien) .

[1121] G. CORNU, Vocabulaire Juridique, Association Henri CAPITANT, PUF, 3e éd., 1992, pp. 537- 538.

L'indexation permet de lutter contre l'érosion monétaire résultant de l'inflation économique. A défaut d'une telle clause, le déséquilibre en valeur peut demeurer significatif. L'environnement économique change et le contrat n'est pas une entité isolée du monde extérieur, insensible à ses évolutions, ses mutations et ses dérèglements. À la relative stabilité des réalités contemporaines à l'élaboration du Code civil français de 1804 et même du XIXème siècle où les crises économiques n'étaient que passagères, s'est substituée actuellement une instabilité structurelle généralisée des prix, de la monnaie et des connaissances technologiques. Ce qui présageait déjà des incidences quant à l'adaptation de ce pilier inévitable du droit des contrats qu'est la règle pacta sunt servanda. En face de maintes circonstances nouvelles entrainées par la globalisation de l'économie mondiale, il faut reconnaitre que le droit des contrats doit rester une chose vivante parce que vivre c'est se transformer, se mouvoir. Réfuter cela est un déni de réalité, une renonciation ou même un défaitisme délétère du législateur malien dans l'absence d'habilitation du juge dans la correction du déséquilibre conjoncturel.

278. Lorsque le droit des contrats cesse d'être juste, au profit de la sécurité juridique individualiste en droit commun, il serait naïf de ne pas construire sa sécurité dans les transactions grâce à une réalisation ultérieure de la justice contractuelle. Ce qui n'est pas toujours évident malgré la liberté de prévoir l'instabilité monétaire grâce aux clauses contractuelles. L'instabilité monétaire reste une difficulté dans l'interprétation des contrats déséquilibrés en cas de dévaluation monétaire[1122]. La dévaluation du Fcfa[1123] a eu des impacts sur les contrats en cours[1124] et doit être prise en compte dans l'allégement de la souffrance contractuelle du débiteur de bonne foi qui peut être simplement en situation économique difficile voire irrémédiable. TRASBOT écrivait qu': « au point de vue juridique, la grande victime de l'instabilité monétaire est le contrat. Le déséquilibre entraine, pour les contrats en cours, des avantages inespérés pour un, des pertes injustes pour les autres[1125]». Le juge malien devrait s'inspirer de son homologue sénégalais dans deux remarquables arrêts sur lesquels le professeur Isaac Yankhoba N'DIAYE a jeté un regard avisé[1126].

1122 V. sur la dévaluation de façon générale S. DOUMBIA, *La Zone CFA : le choc de la dévaluation et analyse des nouvelles orientations de la politique économique*, thèse Grenoble 2010.

1123 Le 12 Septembre 1994, les chefs d'États de la zone réunis à Dakar ont annoncé la dévaluation de 50 pour cent du Franc CFA. La nouvelle parité a été établie fixant la valeur de cette monnaie à 0,01 Franc français » V. à ce propos S.- E. KPOTSRA, « Le contrat de vente à l'épreuve de la dévaluation du Franc CFA », préc. p. 17.

1124 M- B. N'DIAYE, « La dévaluation du Franc CFA et les situations contractuelles », Revue Internationale de droit Africain, Octobre- Novembre- Décembre 1995, n° 27, p. 103 et 104.

1125 TRASBOT, « La dévaluation monétaire et les contrats de droit de droit privé », préc. p. 160 ; S.- E. KPOTSRA, « Le contrat de vente à l'épreuve de la dévaluation du Franc CFA », préc. p. 18.

1126 I.- Y., N'DIAYE, « Regards sur quelques décisions rendues en matière d'imprévision », Revue de l'association Sénégalaise de droit Pénal, déc - janv.1996, n° 4 et 5, p.137 et s.

Dans la première espèce, une société dénommée générale industrielle avait vendu au sieur LAYOUSSE un véhicule 4x4 à 18 millions de FCFA. Un acompte de la moitié du prix avait été versé, l'autre moitié du prix devant être réglée en six mensualités à partir du 15 mars 1991. Après avoir reçu l'acompte, ladite société refusait de livrer les véhicules en invoquant que la dévaluation de Francs CFA était intervenue le même jour[1127]. Dans la seconde espèce aussi pertinente, la société AFIRICAUTO, spécialisée dans la vente de véhicules, fait signer des bons de commande a deux de ses clients, en occurrence le sieur N'DIAYE et la pharmacie du centenaire, pour l'acquisition de deux véhicules PEUGEOT. Les deux clients ont payé des acomptes et avant la livraison des véhicules, intervient la dévaluation du FCFA. La société vendeuse estime alors que la vente n'était pas encore effective au motif que ce versement d'acompte est une des conditions générales de vente pour l'enregistrement des bons de commande[1128]. L'ordre public monétaire a bien des effets sur la force obligatoire des contrats en cours[1129]. Le phénomène d'instabilité monétaire est susceptible de créer des déséquilibres postérieurement à la conclusion du contrat[1130]. Dans les pays qui garantissent leurs monnaies, l'inflation excessive apparaît actuellement comme un problème daté, les politiques monétaires l'ayant largement enrayé[1131]. Pour pallier l'instabilité monétaire, la création d'une monnaie commune africaine est obligatoire. Pour l'instant, ce n'est pas le cas pour l'ensemble des pays francophones partageant le Franc CFA[1132]. Dans les organisations économiques, comme l'UEMOA[1133] et la CEMAC[1134], l'arrimage du FCFA à

1127 Trib. Rég. Dakar, 1er Février 1994, Cour d'appel de Dakar 8 Avril 1994 in I.Y. N'DIAYE, « Regards sur quelques décisions rendues en matière d'imprévision », préc. n °4 et 5, p. 137.

1128 Trib. Rég. 11.04.1994, Cour d'appel de Dakar 29 juillet 1994 ; I. Y. N'DIAYE, « *Regards sur quelques décisions rendues en matière d'imprévision »*, préc. n°4 et 5, p. 137.

1129 L. GRYNBAUM, *Le contrat contingent, l'adaptation du contrat par le juge sur habilitation du législateur,* thèse préc. n° 26 -27, p. 26 -27.

1130 V. sur ce thème, P. AZARD, « L'instabilité monétaire et la notion d'équivalence dans le contrat », JCP, 1953, I, 1092.

1131 V. cependant, H. NARAYAN-FOURMENT, « Le maître des prix : hors du droit de la concurrence, point de salut », D. 2004, Chr., p. 2023. Du même auteur, plus généralement, « L'approche concurrentielle et contractuelle de la détermination du prix (dans les ventes commerciales et les contrats-cadres) », PUAM, 2003.

1132 Le franc CFA (franc des colonies françaises d'Afrique) est le nom de deux monnaies communes à plusieurs pays d'Afrique constituant en partie la zone franc d'Afrique centrale (CEMAC) et la zone franc d'Afrique de l'Ouest (UEMOA). En Afrique, les zones Francs CFA sont des espaces monétaires et économiques. Ces ensembles, formés d'États et de territoires, sont issus de l'évolution et des transformations de l'ancien empire colonial français et d'États qui n'étaient pas des colonies françaises comme le Cameroun et le Togo (d'abord colonies allemandes), la Guinée équatoriale (espagnole) et la Guinée-Bissau (portugaise). Après l'accession à l'indépendance, la plupart des nouveaux États sont restés dans un ensemble monétaire homogène, dont le cadre institutionnel a été rénové et qui a été structuré par un système de change commun. Leurs devises sont des contrevaleurs à parité fixe avec l'euro, dont la valeur est garantie par le Trésor public français, dans le cadre du traité de Maastricht.

1133 Union Economique et Monétaire Ouest africaine.

l'EURO engendre des coûts exorbitants au prétexte de la garantie d'un taux de parité fixe, de convertibilité. L'aversion démontrée contre le Franc CFA par les sociétés civiles, les artistes et les ONG[1135], sans être un sentiment anti-français, s'explique plutôt par le fait que le coût de l'arrimage et l'émission de la monnaie seraient une politique de faux endettement des pays francophones africains qui partagent ce Franc CFA. Pire, chaque dévaluation entraine son instabilité monétaire affectant l'exécution des contrats en cours.

Conclusion section 2

279. Un auteur écrivait que : « le droit est n'est pas une matière stable ; il dépend de la manière dont il est produit ; il peut être changeant lorsque change celui qui l'édicte ou celui qui doit l'interpréter, l'appliquer, l'utiliser[1136] ». L'instabilité monétaire n'épargne pas le droit des contrats. La timidité du juge malien dans l'extension des vices du consentement est la conséquence de la difficile maitrise des notions comme la lésion dans le contrat. En dehors des hypothèses spécialement prévues, la lésion ne suffit jamais à déclencher une réaction judiciaire. L'utilisation d'instruments subjectifs ne permet pas en effet d'appréhender la nature juridique de la lésion, vice objectif. Plus généralement, la place actuelle de la lésion témoigne de celle d'une justice contractuelle dominée par la volonté individuelle. La morale, la lésion qualifiée sous l'impulsion de la bonne foi ou l'extension du domaine de l'erreur ne sont que des répliques de la doctrine pour assainir le domaine contractuel. Décidément, ces approches inspirent les législateurs en droit comparé même si plusieurs de ces propositions évasives nécessitent des encadrements. Outre les contrats conjoncturellement déséquilibrés, la majorité des pays africains ne peuvent s'offrir le luxe juridique d'un suivisme catholique du maintien de la force obligatoire basée sur une sécurité individualiste. Entre contractants, la sécurité des engagements requiert une flexibilité organisée et orchestrée par le législateur dans la correction du déséquilibre conjoncturel en droit commun.

Conclusion Titre 2

280. Nous concluons cette première partie avec les propos du Professeur FONTAINE sur la recherche d'adéquation entre les textes de l'avant-projet d'acte uniforme et les spécificités africaines : « Ici également, l'opinion unanime de nos interlocuteurs a été que de telles approches protectrices de la partie faible seraient les bienvenues dans le nouveau droit uniforme[1137] ».

1134 Communauté Economique et Monétaire de l'Afrique centrale.

1135 Organisation non gouvernementale '' Urgences panafricaines '' dirigée par KEMY SEBA.

1136 N. ALBALA, *Crimes économiques impunis*, Le monde diplomatique, décembre 2003 cité par V. EDEL, op. cit. p. 37.

1137 L'Avant-projet d'acte uniforme sur le droit des contrats rédigé par le Professeur Marcel FONTAINE, ancien Directeur du Centre de droit des obligations, Faculté de droit de

Certes, le désengagement du législateur face au déséquilibre conjoncturel en valeur est consécutif à une consécration de la liberté contractuelle en droit commun. La possibilité de dompter les meurtrissures du temps sur les contrats peut paraitre exaltante. On ne peut contester que la correction conventionnelle soit une responsabilisation des parties à s'engager et à traiter librement les contrats déséquilibrés. Cependant, le contrat n'échappe pas aux caprices du temps. L'absence d'habilitation légale convenable du traitement judiciaire, malgré les divergences d'intérêts entre les parties, constitue une conception binaire du contrat. N'entrevoir les contrats que sous l'emprise de la volonté individuelle est une idéalisation de la vie de ces engagements obligatoires et de la pacification du règlement de différends commerciaux. Il ne faut pas supprimer la liberté contractuelle pour en faire le deuil mais atténuer la perversion des effets de l'autonomie de la volonté dans la prévention et le traitement judiciaires des contrats structurellement et conjoncturellement déséquilibrés. Cette recherche du juste économique est dépendante du juste juridique pour une sécurité renouvelée des transactions. A cet effet, la nullité et la caducité sont des sanctions adaptées au traitement du déséquilibre structurel. L'anéantissement corrige le défaut de cause[1138] et la caducité[1139] sanctionne la disparition de la cause[1140]. C'est la perspective d'une remise en cause de l'autonomie de la volonté par une révision judiciaire organisée des contrats lésionnaires. Une approche similaire n'est pas encore envisagée dans le traitement judiciaire des contrats déséquilibrés par l'imprévu dirimant entre particuliers en droit malien. L'adaptation conventionnelle précède celle judiciaire du déséquilibre conjoncturel. La révision judiciaire des contrats déséquilibrés n'intervient qu'en cas d'impossibilité de traitement satisfaisant par les parties. La force obligatoire du contrat, pilier de la sécurité des transactions, est assouplie dans certains contrats spéciaux. La sécurité des transactions n'est pas de la mathématique juridique. Elle réclame au-delà d'une promesse de fidélité aux engagements, une régulation achevée des comportements contractuels.

---

l'Université Catholique de Louvain en Belgique et membre du Groupe d'étude d'Unidroit pour la préparation des Principes à la demande de l'Institut international de l'unification du droit privé (UNIDROIT), p. 1.

[1138] G. PIETTE, thèse préc. n ° 670, p. 351.

[1139] L'émergence de la caducité dans l'article 1186 et 1187 de la réforme française nous laisse penser qu'elle puisse constituer davantage une sanction plus pertinente O. DESHAYES, T. GENICON, Y. - M. LAITHIER, Réforme du droit des contrats, du régime général et de la preuve des obligations, commentaire article par article, Lexis Nexis, mis à jour après la loi de ratification du 20 avril 2018, 2ème édition, op. cit. p. 492 et s.

[1140] G. PIETTE, thèse préc. n ° 675, p. 354.

DEUXIÈME PARTIE : L'INTERVENTION DU LÉGISLATEUR DANS LE DÉSÉQUILIBRE CONTRACTUEL

281. Le droit des contrats se spécialise comme en témoignent les abondantes études à travers des régimes dérogatoires revivifiant, revitalisant et revigorant la théorie générale des contrats. Cette dernière, partie de la théorie générale des obligations, pose les règles communes à tous les contrats[1141]. La multiplication des lois, qui constitue l'un des traits dominants de la législation moderne,[1142] s'est traduite en matière contractuelle par le développement d'un très important droit spécial qui menacerait la survie de la théorie générale des contrats[1143]. La congélation du droit autour de quelques principes[1144] en droit commun, nous incite à mettre en exergue l'apport de certains contrats spéciaux au traitement du déséquilibre contractuel. En droit commun, l'interdiction est faite au juge d'aller au-delà de la volonté des parties à travers la découverte d'obligations d'information et de sécurité par une interprétation extensive du déséquilibre contractuel en valeur. Pourtant, le législateur malien dispense le juge de cette interprétation créatrice en mettant à sa disposition des instruments de régulation des comportements dans les contrats spéciaux pour la sanction du déséquilibre des abus de pouvoirs entre les parties. Dans la prévention et le traitement du déséquilibre contractuel, les justes juridique et économique se réconcilient raisonnablement avec la sécurité des transactions en protégeant les parties. Cette exigence est prouvée par des spécificités inséparables de l'exercice du pouvoir dans certains contrats spéciaux. L'intervention corrective du législateur dans le déséquilibre des pouvoirs assainit l'environnement d'exécution des contrats. Au désengagement du législateur face au traitement du déséquilibre en valeur en droit commun, se substitue son intervention corrective dans le déséquilibre des pouvoirs dans certains contrats spéciaux. Cependant, cette intervention est inachevée car elle corrige peu ou prou le déséquilibre externe. Les clauses de pouvoir[1145] se rencontrent dans les contrats d'affaires. Elles ont une nature juridique dès qu'elles trouvent leur origine dans le contrat lui-même. Ce pouvoir est l'essence du contrat qui confère à l'un des contractants, ou même à un groupe

---

1141 P. MALAURIE, *Droit civil, Contrats spéciaux, Les cours de droit*, Paris 1980, p. 3

1142 R. SAVATIER, « L'inflation législative et l'indigestion du corps social », D. 1977, p. 43 et s.

1143 E. SAVAUX, *La théorie générale du contrat, Mythe ou Réalité* ?, L.G.D. J., Bibliothèque de droit privé, tome 264, p. 5

1144 R. DEMOGUE, *Les notions fondamentales du droit privé*, Réédition des Mémoires du droit, 2001. p. 236

1145 Expression utilisée par J. MESTRE, Rapport de synthèse, in *Les clauses abusives entre professionnels*, actes du colloque organisé à Lille le 23 mai 1997, Economica 1998, coll. Études juridiques, sous la direction de C. JAMIN et D. MAZEAUD, p.157 et s., spéc, p.159.

de contractants, la faculté d'imposer une volonté unilatérale. Dans le but d'une harmonisation plus cohérente et plus ambitieuse des régimes de traitement du déséquilibre contractuel, il est incontournable que l'intervention acquise du législateur dans le déséquilibre des pouvoirs (Titre 1) dans certains contrats spéciaux soit complétée par celle requise dans le déséquilibre des prestations (Titre 2) en droit commun.

TITRE 1 : L'INTERVENTION ACQUISE DANS LE DÉSÉQUILIBRE DES POUVOIRS

282. La progression des moyens de traitement du déséquilibre des pouvoirs assure la sécurité juridique dans les contrats spéciaux. De prime abord, parler de sécurité juridique est une tautologie lorsqu'on sait qu'un droit qui n'assurerait pas la sécurité des relations qu'il régit cesserait d'en être un[1146]. Cette sécurité est énergique dans les contrats spéciaux par la régulation des comportements des parties. Les remèdes légaux de prévention et de correction permettent de sanctionner des abus de pouvoir. La notion de pouvoir a diverses facettes dans les contrats concernés par les abus de pouvoir. Le doyen JOSSERAND opposait les "droits-pouvoirs" aux "droits fonctions"[1147]. Les "droits-pouvoirs" sont des prérogatives accordées pour assurer l'intérêt propre du titulaire du droit c'est-à-dire la satisfaction d'un intérêt particulier et égoïste. Les "droits-fonctions" sont accordés à leurs titulaires dans la prise en compte des intérêts d'autrui. La notion de pouvoir est inévitablement attirée vers la théorie des "droits-fonctions" dans la mesure où le pouvoir est conféré à son titulaire afin de satisfaire un intérêt au moins partiellement distinct du sien[1148]. Si le pouvoir, comme le droit subjectif, est une prérogative finalisée, ce n'est pas la même finalité qui leur est assignée. En effet, le droit subjectif exprime l'intérêt de son titulaire tandis que le pouvoir doit exprimer un intérêt au moins partiellement distinct de celui de son titulaire. Il s'agira, selon les cas, de la sanction de l'abus en droit des sociétés[1149] et en droit de la consommation. Relève de la catégorie des contrats déséquilibrés en pouvoirs, tout contrat dans lequel l'une des parties est investie d'un pouvoir déséquilibrant et risque de l'exercer dans son seul intérêt. Ce qui transforme le contrat potentiellement équilibré en contrat déséquilibré[1150]. Les remèdes légaux de prévention (Chap.) sont consolidés par ceux de traitement (Chap.2) du déséquilibre des pouvoirs pour une sécurité adaptée aux contrats spéciaux.

[1146] J. BOULOUIS, " *Quelques observations à propos de la sécurité juridique*, Du droit international au droit de l'intégration", Liber amicorum, Pierre Pescatore, Nomos Verlag, 1987, p. 53.

[1147] V. sur la théorie de l'abus des droits. L. JOSSERAND, *De l'esprit des droits et de leur relativité (Théorie dite de l'abus des droits)*, 2ème éd., Paris, 1939.

[1148] V. LASBORDES, *Les contrats déséquilibrés,* thèse préc. p. 207.

[1149] V. LASBORDES, *Les contrats déséquilibrés*, thèse préc. p. 206.

[1150] V. LASBORDES, *Les contrats déséquilibrés*, thèse préc. p. 209.

CHAPITRE 1 : LES REMÈDES LÉGAUX DE PRÉVENTION DU DÉSÉQUILIBRE DES POUVOIRS

283. Certains contrats spéciaux, par des permissions législatives, privilégient une approche très concrète pesant les avantages respectifs des parties. Dans ces hypothèses, la convention tend à être rééquilibrée[1151]. C'est à cet effet que le législateur intervient dans la prévention du déséquilibre des pouvoirs par la consécration d'une obligation d'information protectrice des consommateurs et des actionnaires minoritaires. Si ces deux catégories de contractants partagent la position de faiblesse, les fondements de leur vulnérabilité sont différents. Les sujets de droit sont présumés incapables de défendre leurs intérêts[1152] pour justifier la vulnérabilité du consommateur. Par contre, dans les contrats de société, le pouvoir n'est pas basé sur la domination ou la dépendance en raison de l'égalité entre associés. Dans ce cas, l'exercice du pouvoir est basé sur l'existence d'un mandat de l'ensemble des associés. C'est une habilitation conventionnelle des dirigeants agissant au nom et pour le compte de tous les actionnaires composant la société commerciale. La vision contractualiste de la société commerciale nécessite l'existence et la consécration de contre-pouvoirs des actionnaires minoritaires pour la sauvegarde de leurs intérêts qui peuvent être menacés par les abus de pouvoirs des dirigeants sociaux. Ces spécificités sont restrictives d'une liberté contractuelle à peau de chagrin[1153]. C'est la combinaison de ses singularités qui exhorte à un dépassement des règles de l'autonomie de la volonté en droit commun pour justifier une application distincte du principe de la force obligatoire du contrat en droit des sociétés[1154]. Il convient de souligner qu'en droit de la consommation, c'est le législateur qui s'arroge le pouvoir de déclarer la faiblesse naturelle d'une catégorie particulière de contractants qu'est le consommateur. La protection de la vulnérabilité du consommateur (Sect.1) accompagnée par celle des actionnaires minoritaires (Sect.) convergent vers une finalité commune avérée de l'intervention légale dans le déséquilibre des pouvoirs.

Section 1 : La protection de la vulnérabilité du consommateur

284. Le consommateur est : « toute personne physique ou morale qui achète, offre d'acheter, utilise ou est bénéficiaire en tant qu'utilisatrice finale, d'un bien, service ou technologie, qu'elle que soit la nature publique ou privée, individuelle ou collective des personnes ayant produit, facilité leur fourniture

---

[1151] S. MUNCK, *Regards sur la théorie de l'imprévision, Vers une souplesse contractuelle en droit privé français,* Mémoire publié aux P. U. Aix-Marseille 1994, préc. spéc. n°119, p. 79.
[1152] V. LASBORDES, *Les contrats déséquilibrés,* op. cit.p. 32, n° 11.
[1153] P. DIDIER, « La théorie contractualiste de la société », *Rev. soc.* 2000, p. 95.
[1154] P. DIDIER, « Brèves notes sur le contrat-organisation », in Mél. F. Terré, L'avenir du droit, Dalloz, 1999, p. 635 et s.

ou leur transmission[1155] ». Le consommateur est un acteur économique à part entière[1156]. C'est la soumission des règles du droit des contrats à celles du droit de la concurrence ou de la consommation[1157]. L'indifférence du droit commun à l'émergence de nouvelles notions[1158] est la conséquence de son inefficacité à assurer l'équilibre dans le contrat. L'exigence ciblée de l'information est une mesure de protection du consommateur[1159] justifiée par le pouvoir dont dispose le professionnel sur le profane. Cette vulnérabilité[1160] est remédiée par la quête de l'information dont l'efficacité requiert une forme dans la prévention du déséquilibre des connaissances (Para.) et une portée dans le déséquilibre des compétences (Para.2).

Paragraphe 1 : La forme de l'information dans la prévision du déséquilibre des connaissances

285. L'identification d'une partie faible en droit commun est crainte pour son soi-disant risque de victimisation ou d'irresponsabilité des contractants grâce à leur égalité juridique parfaite à s'engager sans contrainte pour ne pas se plaindre de la survenance d'un déséquilibre ultérieur. Le législateur contourne

---

1155 Règlement n° 0072007/CM/UEMOA relatif à la sécurité sanitaire des végétaux, des animaux et des aliments dans l'espace UEMOA ; V. aussi dans le même sens la définition de l'art. 3 de la loi n° 2015- 036 du 16 juillet 2015 portant protection du consommateur.

1156 M- B. N'GOM, *Droit et Intégration économique dans l'espace UEMOA : le cas de la régulation juridique de la concurrence,* thèse en cotutelle Université Gaston Berger de Saint Louis et Université de Nantes, n° 82- 83, p. 52, 2007.

1157 L'ordonnance du 1er décembre 1986, abrogeant celle du 30 juin 1945, a substitué à la fixation autoritaire des prix par la puissance publique, le principe de la libre fixation du prix des biens et services ; la loi n° 95- 96 du 1er février 1995 ; art. L. 131-1 du Code de la consommation reprenant l'art. 4-2 de la directive 93/13 CEE du 5 Avril 1993 en droit français de la concurrence ; V. LASBORDES, *Les contrats déséquilibrés*, thèse préc. n° 5 p. 23 ; V. actuellement la loi Hamon.

1158 V. sur la fraternité contractuelle D. MAZEAUD, « Loyauté, solidarité, fraternité : la nouvelle devise contractuelle ? », in Mélanges F. Terré, Dalloz, PUF, Juris-Classeur, 1999 ; V. sur l'équité C. ALBIGES, *De l'équité en droit privé*, éd. LGDJ, 2000 ; V. sur la loyauté D. MAZEAUD, « Loyauté, solidarité, fraternité : la nouvelle devise contractuelle ? », préc. ; V. sur le solidarisme C. JAMIN, « Plaidoyer pour le solidarisme contractuel », in Mélanges J. Ghestin, LGDJ, 2001, p.441; V. sur la proportionnalité S. PECH-LE GAC, *La proportionnalité en droit privé*, thèse Paris XI, éd. 2000.

1159 V. LEGRAND,"L'amélioration de l'information et des droits contractuels des consommateurs dans la loi « Hamon », Petites Affiches Lextenso – éditions du 7 mai 2014, p.5, n°91.

1160 V.sur la vulnérabilité du consommateur J.-P. CHAZAL, « Vulnérabilité et droit de la consommation », Colloque sur la vulnérabilité et le droit, organisé par l'Université P. Mendès-France, Grenoble II, le 23 mars 2000. Pour des positions dissidentes qualifiant le consommateur de « semi-débile » ou d'« incapable en mineur » V. H., L. et J. MAZEAUD et F. CHABAS, Leçons de droit civil, t. 2, 1er vol., Obligations, Théorie Générale, 2ème éd. 1998, n° 32-3, V.sur une infantilisation de l'individu par le droit de la consommation P. BRUCKNER, La tentation de l'innocence, Grasset, 1995, p. 15. Pour ce dernier : « l'infantilisme combine une demande de sécurité avec une avidité sans bornes, manifeste le souhait d'être pris en charge sans se voir soumis à la moindre obligation ».

cette égalité au profit du consommateur bénéficiant d'un droit à l'information au prix d'un sacrifice du devoir de chaque contractant de s'informer. Cette protection du consommateur profane contre le professionnel aguerri passe le formalisme informatif (A) et la qualité de l'information (B).

A- Le formalisme informatif

286. La protection du consommateur se révèle par un formalisme informatif destiné à éclairer son consentement. La diversité du domaine de protection[1161] suscite la réflexion sur le contenu d'une information au service de l'aptitude (1) et de la sécurité (2) du profane.

1- Une information au service de l'aptitude du profane

287. Aux termes de l'article 3 : « le consommateur est toute personne physique ou morale qui acquiert ou utilise pour la satisfaction de ses besoins non professionnels des biens ou services qui sont destinés à son usage personnel ou familial[1162] ». Les consommateurs sont les personnes physiques ou morales de droit privé qui se procurent ou utilisent des biens ou des services pour un usage non professionnel. Telle est la définition proposée par la commission de refonte du droit de la consommation[1163]. Seuls confèrent la qualité de consommateur, la présence des besoins personnels ou familiaux à l'exclusion de ceux qui sont professionnels. C'est l'identification légale d'une catégorie de contractants bénéficiant de cette mesure de protection qui a

---

[1161] V. l'ordonnance n° 00-20/ PRM du 20 Mars 2001 ratifié par la loi n° 01-058 du 03 juillet 2001 créant la direction nationale de la santé qui dans sa division hygiène et publique et salubrité intervient dans le contrôle de l'hygiène des infrastructures. La Direction nationale des services vétérinaires créée par n° 05-010/ PRM du 11 Février 2005 pour la santé vétérinaire. La loi n° 00-40/ PRM du 20 septembre 2000 a pour mission de contrôler la qualité des médicaments, aliments, boissons toutes autres substances importées ou produits et destinés à des fins thérapeutiques, diététique ou alimentaire en vue de la sauvegarde de la santé humaine et animale à travers l'agence nationale de la sécurité des aliments a été créée par la loi n°03-043 du 30 Décembre 2003 pour la sécurité alimentaire des consommateurs. L'accord de Bangui révisé de 1999 assure une convergence entre le régime pour la protection de la propriété intellectuelle de ses membres et les obligations de l'OMC sous l'Accord sur les ADPIC (les autorités combattent activement, dans la mesure des moyens mis à leur disposition, la piraterie et la contrefaçon sur le marché intérieur. Le Mali a révisé son Code des marchés publics en 1999 afin de renforcer la lutte anti-corruption et de nouvelles pratiques. En la matière, la part des marchés conclus par entente directe a baissé sensiblement au profit des marchés conclus par l'appel ouvert. V. à ce propos le décret n°95-401/P-RM du 10 novembre 1995 portant Code des marchés publics modifiés par le décret n° 08-485 / P-RM du 11 août 2008 portant procédures de passation, d'exécution et de règlement des marchés publics et des délégations de service public.

[1162] La loi n° 2015- 036 du 16 juillet 2015 portant protection du consommateur.

[1163] J. CALAIS-AULOY, Propositions pour un code de la consommation, La Documentation française 1990 ; Du même auteur, Droit de la consommation, Précis Dalloz, 4° éd., 1996, spéc. n° 3, p. 4 ; V. aussi G. CORNU, Vocabulaire juridique, P.U.F 1987, " Consommateur", définit comme " tout acquéreur non professionnel de biens de consommation destinés à son usage personne ? "; J. GHESTIN, Traité de droit civil, Le contrat, Formation, 3" éd., LGDJ 1993, spéc. n° 77, le consommateur est la personne qui agit, pour ses besoins personnels, non professionnels, devient partie à un contrat de fourniture de biens ou de services".

permis de déduire la faiblesse naturelle du consommateur. Cette faiblesse est la conséquence de son incapacité supposée ou du moins de sa faible aptitude intellectuelle à mesurer la portée de ses engagements dans certains domaines de l'activité économique. Ce qui fait de lui un profane qui est celui qui ne maitrise pas les qualités techniques d'un bien ou d'un service. Ce manque de domptage de la technicité des qualités des produits et services attribue au consommateur profane, une moindre aptitude justifiant l'anticipation légale de sa vulnérabilité. C'est ainsi qu'est apparue l'idée de restreindre la liberté du plus fort pour plus d'égalité contractuelle[1164] entre vendeurs et acheteurs dans les contrats de consommation. Aux termes de l'article 32 : « tout vendeur de produits, tout prestataire de services doit, par voie de marquage, étiquetage, affichage, communication des barèmes de prix ou tout procédé approprié, informer le consommateur sur le prix et les conditions générales de vente, les limitations éventuelles de la responsabilité contractuelle et les conditions particulières de la vente des modalités et conditions fixées par voie réglementaire[1165]». Cette annonce publique des prix présente l'avantage pratique d'empêcher toute discrimination des vendeurs et prestataires à l'encontre des consommateurs. Dans la vie quotidienne, les sujets de droit que nous sommes contractons dans les domaines dans lesquels nous ne sommes pas assez informés. Cela est d'autant plus réel qu'il suffit qu'un consommateur soit crédité de signes apparents de richesses, de solvabilité pour voir une flambée vertigineuse du prix des produits surtout de premières nécessités à son encontre. L'affichage des prix est une mesure d'information et un instrument de leur contrôle par les agents de régulation. L'information chiffrée anticipe et dépassionne la montée vertigineuse du prix des produits. Ne dit-on pas couramment que l'apparence (du consommateur) est trompeuse ?

288. Au droit de s'informer se substitue l'obligation d'informer autrui. Le terme « information » échappe à toute définition juridique en raison de son aspect immatériel et volatile. On peut la concevoir comme tout message formulé pour être transmis à autrui[1166]. Son caractère fuyant a été souligné[1167].

1164 C.THIBIERGE – GUELFFUCCI, « Libres propos sur la transformation du droit des contrats », art. préc. p.337 et s., spéc., n° 25, p. 376. ; V. aussi, *La protection de la partie faible dans la relation contractuelle, comparaisons franco- belges*, sous la direction de M. Fontaine et J. Ghestin. L.G.D. J., 1996.

1165 Ces dispositions sont complétées par l'ordonnance n°07- 025/P-RM du 18 juillet 2007 portant organisation de la concurrence au Mali dans son Titre 3 : De la concurrence déloyale, de l'information et de la protection du consommateur et des pratiques anticoncurrentielles. En droit comparé, nous avons par exemple l'obligation de renseignement qui procède d'un devoir général de bonne foi dans l'exécution des contrats à travers dans l'art. 103 du COCC Sénégalais. La loi 94 - 64 du 22 Août sur les prix, la concurrence et le contentieux économique qui protège le consommateur sénégalais. L'art. 1602 du Code civil Français qui dispose : « Le vendeur est tenu d'expliquer clairement ce à quoi il s'oblige. Tout pacte obscur ou ambigu s'interprète contre le vendeur ».

1166 P. CATALA, « Ébauche d'une théorie juridique de l'information », Dalloz, chronique, 1984, p. 97 et s.

Le professeur GALLOUX définit l'information comme étant toute : « forme ou (...) état particulier de la matière ou de l'énergie susceptible d'une signification[1168]». Dans la protection cognitive du consommateur vulnérable, elle renseigne sur certaines caractéristiques essentielles des biens et des produits. La pertinence du formalisme informatif[1169] est mise en relief par LARTIGOLLE qui souligne en effet que le formalisme des actes juridiques, s'il s'opposait à une révision des conventions, avait par contre, l'avantage d'éviter la conclusion trop hâtive des engagements respectifs et, par-là, donnait à la réflexion le temps d'apercevoir certaines erreurs, et de dépouiller l'objet désiré des apparences illusoires[1170]. La protection des consommateurs concerne globalement tout acquéreur à partir du moment où le défaut de compétence professionnelle le place dans une situation d'ignorance[1171].

289. A l'heure des nouvelles technologies, l'information fait l'objet de toutes les convoitises. En sus des personnes physiques, les personnes morales peuvent bénéficier d'une obligation d'information dans des domaines qui ne relèvent pas de leur compétence. L'entreprise est une personne morale qui achète des biens et s'octroie des services tout comme les personnes physiques. L'information a un caractère stratégique. L'information générale du consommateur doit être distinguée de l'information typique en tant qu'actif immatériel et élément clé de l'entreprise. Cette exigence est également appréhendée par le droit des contrats, l'immatériel étant au cœur de la croissance économique. Dans ce dernier cas, l'information est partie intégrante du patrimoine de l'entreprise pour la gestion de sa sécurité sur le marché. L'entreprise contractant dans un domaine dépassant ses compétences techniques demeure un client-consommateur au même titre que les personnes physiques.

290. Les formalités sont des mesures d'information sur le mode d'emploi, les précautions à prendre, les dates de péremption et la substance des produits. L'exigence de renseignements exhorte le professionnel à conseiller, orienter et même dissuader le consommateur par la proposition des solutions qui servent au mieux ses intérêts de manière altruiste. Les supports de la publicité sont la

---

1167 M. VIVANT, « La privatisation de l'information par la propriété intellectuelle », Revue internationale de droit économique, 2006/4 t. XX, 4, pp. 361 et s.

1168 J.- C. GALLOUX, « Ébauche d'une définition juridique de l'information », D.1994, chr. p. 229 et s.

1169 V. sur l'utilité du formalisme informatif dans le cautionnement I.-Y. N'DIAYE, « *Réflexion sur le droit cautionnement* », Revue Sénégalaise de droit des Affaires, n°5-6-7-8/ 2005-2006, p. 66.

1170 J. LARTIGOLLE, *Justice commutative et droit positif*, Th. Bordeaux, 1955, p. 30.

1171 cf. civ.1er, 20 Octobre 1992 et 06 janvier 1993, JCP, 1993, éd. G. II. n° 22007, Note Paisant, Doct. G. Paisant, Essai sur la notion de consommateur en droit positif : réflexions sur un arrêt du 25 Mai 1992 de la première chambre civile de la Cour de cassation, JCP, 1993, éd. G. I. n° 3655 cité par A. KANTÉ, "Réflexions sur le droit de la concurrence et la protection des consommateurs dans l'UEMOA : l'exemple du Sénégal", Penant 8711, p. 142 renvoi n° 5.

presse, radio, télévision, affiches et les étiquettes. Les formes d'expression du message sont les écrits, paroles et images. Les essais comparatifs[1172] publiés par les revues de consommateurs ne seraient pas des publicités[1173]. Il en est de même pour un document utilisé après la conclusion du contrat qui n'est pas forcément considéré comme une publicité. Il faut scruter la publicité à travers tout message adressé par un professionnel au public dans le but de stimuler la demande de biens ou services[1174]. Constituent des publicités : l'affiche dans la rue, les pages de magazines ou l'annonce à la télévision soulignant les mérites de tel ou tel produit. L'autodiscipline et la responsabilisation des contractants ne sauraient écarter tous les abus dans la publicité dont sont victimes les consommateurs. Les tribunaux français n'ont pu réprimer la publicité mensongère qu'en utilisant des textes[1175]. Le but incitatif du message est indéniable en ce sens qu'il présente le bien ou le service sous son jour favorable. On pourrait penser au bon dol en droit commun. La publicité mensongère, en particulier, et les méthodes de publicité[1176] en général, les techniques de vente parfois agressives peuvent encourager le consommateur à conclure des contrats dont il n'a pas besoin et qui sont susceptibles de l'amener à s'endetter lourdement[1177]. L'analphabétisme participe à fragiliser l'efficacité de l'information faisant dire que la protection du consommateur est inadaptée en droit malien[1178]. Le constat est loin d'être farfelu et témoigne du degré d'exigence dans la quête de la sécurité du consommateur. Cependant, cette préoccupation ne dissimule pas la portée et la pertinence d'une information disponible au service de la sécurité du profane.

1172 Les essais comparatifs sont ceux auxquels sont soumis différents produits remplissant des fonctions d'usages analogues et dont les résultats permettent de fournir au consommateur une information objective sur les prestations qu'il peut attendre des produits.

1173 Aix, 13 Févr.1980, D. 1980. J. 618, note Endréo.

1174 R. FABRE, « Droit de la publicité et de la promotion des ventes », Dalloz 2002.

1175 Soit l'art. 405 de l'ancien de Code pénal concernant l'escroquerie, soit l'art. 1er de la loi du 1er aout 1905 sur les fraudes. C'est une loi du 02 juillet 1963 qui, la première et sous l'influence du général de Gaulle, vint réprimer la publicité mensongère en tant que telle : elle en fit un délit pénal. Ce texte fut remplacé dix ans plu tard par l'art. 44 de la loi du 27 décembre 1973 dite loi ROYEN, dont les dispositions permettent d'atteindre toute publicité trompeuse, notion plus vaste que celle de publicité mensongère. Il existe donc, depuis 1973, un délit pénal de publicité trompeuse.

1176 Aux termes de l'art. 3 de la loi n° 2015- 036 du 16 juillet 2015, la publicité mensongère est : « toute publicité comportant, sous quelque forme que ce soit, des allégations, indications ou présentations fausses ou de nature à induire en erreur le consommateur ».

1177 V. LEGRAND et D. BAZIN-BEUST, « Droit de la consommation/ droit des contrats : le bilan 20 ans après », Petites Affiches Lextenso – éditions du 15 Avril 2015, p. 6, n° 75.

1178 V. sur l'inadaptation des procédés d'information du consommateur au Mali A. COULIBALY, thèse préc. p. 35, n° 56.

2- Une information au service de la sécurité du profane

291. Des garanties portant sur des conditions générales de vente[1179] sont requises sous différentes formes élargies aux spécificités des produits[1180]. Le législateur fait aussi allusion à des conditions générales de sécurité[1181]. Le droit civil n'intervient qu'après la conclusion du contrat alors que les régimes dérogatoires ont astucieusement élaboré des techniques préventives. Le droit de la consommation intervient avant l'échange des consentements pour instaurer des conditions d'un débat équilibré[1182]. Ce qui a fait dire à LASBORDES que : « (…) le souci de sécurité, jadis attaché aux effets du contrat, à sa force obligatoire, se reporte sur la phase de formation de l'acte. Ce faisant, la sécurité recherchée change de nature ; d'objective et source de protection de la partie forte, créancière, elle devient subjective et permet la protection de la partie faible, du débiteur[1183] ». L'information du consommateur portant sur des mentions obligatoires est destinée à identifier le fabricant ou la provenance des produits. Il s'agit des noms, prénoms, l'adresse ou les délais de livraison. La sécurité est l'effectivité de l'information procédant d'une inversion de la charge de la preuve. Il appartient au débiteur d'une obligation d'information d'établir qu'il s'est exécuté. Faute pour lui d'y parvenir, il sera sanctionné. Le législateur prévoit la sanction qu'encourt le débiteur défaillant[1184] d'une l'obligation d'information. Comme l'obligation d'information qu'il parfait, l'avantage du formalisme n'est pas l'apanage du consommateur et profite à tout contractant. Selon qu'il soit prescrit ad probationem ou ad validitatem[1185], la sanction diffère.

[1179] Art. 34 de l'ordonnance de 2007 dispose que : « Tout bien ou service doit, le cas échéant, comporter le mode d'emploi ou d'utilisation, l'étendue et les conditions de garantie ».

[1180] Il s'agit des art. 35, 36 et 37 de l'ordonnance de 2007.

[1181] Il s'agit des art. 38, 40, 41 et 42 de l'ordonnance de 2007.

[1182] J. CALAIS – AULEY, « L'influence du droit de consommation sur le droit des contrats », *in Droit du marché et droit commun des obligations*, colloque des 24 et 24 oct. 1997 organisé par le centre de droit de la concurrence de l'université de Perpignan et le centre de droit de la consommation de l'université de Montpellier I, Rév. Trim. dr. com.1997, p. 115 et s., spéc., p.116. Pour lui : « Le droit de la consommation intervient dès le processus de formation du contrat. Il agit préventivement de façon à améliorer le consentement du consommateur pendant la période où celui-ci est en voie de formation ».

[1183] V. LASBORDES, op.cit., n° 328, p. 391.

[1184] En France, il peut s'agir de la nullité. Selon l'art. L.141-1 du Code de commerce, quand l'acte de vente du fonds de commerce ne contient pas les mentions informatives prescrites, l'acquéreur peut demander la nullité du contrat. Il peut s'agir de la déchéance : en matière de crédit immobilier, si le préteur ne respecte pas l'obligation d'information qui pèse sur lui en vertu des articles L.311-8 et L.311-13 du Code de la consommation, il est déchu du droit aux intérêts et l'emprunteur n'est tenu qu'au seul remboursement du capital suivant l'échéancier prévu.

[1185] En France, lorsqu'il est imposé ad validitatem, la sanction traditionnelle de la nullité, qui s'applique parfois comme en matière d'enseignement à distance ou de démarchage financier, est remplacée par des sanctions plus appropriées comme la requalification du contrat de travail à

292. L'obligation d'information, par son caractère d'ordre public, est une obligation de résultat[1186] dans la décision de la Cour de cassation du célèbre arrêt Hedreul : « celui qui est légalement ou contractuellement tenu d'une obligation d'information doit rapporter la preuve de l'exécution de cette obligation »[1187]. Différents développements ont été consacrés à l'obligation de sécurité, en droit de la consommation[1188] et en droit commun, dans sa faculté à demeurer une obligation accessoire à la charge de l'un des contractants. Le consommateur ne s'attend qu'à une sécurité compatible avec l'état de la technique et avec les conditions d'utilisation du produit ou du service qui découleraient de l'usage. La sécurité a été distinguée de la conformité[1189]. Pourtant, un produit ou un service peuvent être dangereux et conformes à la réglementation en vigueur notamment dans la vente de cigarettes. Par conséquent, c'est sur le créancier qui se prétend victime d'une violation de l'obligation d'information que pèse la charge d'établir la preuve par tous les moyens. C'est pourquoi les industries du tabac prennent le soin d'indiquer, sur les paquets de cigarettes, que l'abus de sa consommation est nocif pour la santé les fumeurs. L'objectif est d'informer les consommateurs fumeurs sur les risques encourus pour leur santé. Le débiteur de l'information est le professionnel en droit de la consommation. L'enjeu de cette protection du consommateur est la responsabilité du professionnel qui est soumis à une obligation légale de sincérité dans la vente.

293. L'intensité de l'information est une garantie qui la justifie comme mesure de protection. L'information soigne l'erreur et constitue une garantie contre les vices cachés[1190], altération interne de la chose, non visible à l'œil du profane. Ce qui rend la chose impropre à l'usage auquel on la destine. Le vice

---

durée déterminée en contrat à durée indéterminée, ou la déchéance du droit aux intérêts en matière de crédit.

[1186] Ph. LE TOURNEAU, « Responsabilité des vendeurs et des fabricants », Dalloz, 2001, n° 257, p. 58.

[1187] Cass. civ. 1ère, 25 février 1997, Bull. civ. I, n° 75, arrêt Hedreul.

[1188] CALAIS-AULOY, « Ne mélangeons plus conformité et sécurité », D. 1993. chron.130. n° 550 et s.; LAMBERT-FAIVRE, « Fondements et Régime de l'obligation de sécurité », D. 1994, chrono. p.81 ; PAISANT, « L'obligation de sécurité et le droit de la consommation », Gaz., Pal.1997, Doct.p. 15 ; DESSERAND, « Une analyse de l'obligation de sécurité à l'épreuve de la cause étrangère », D.1999, chron.p.364. En France, l'obligation de sécurité fut consacrée par la loi du 21 juillet 1983 dans une disposition qui figure aujourd'hui dans l'article L.221-1 du Code de la consommation : « Les produits et les services doivent, dans des conditions normales d'utilisation ou dans d'autres conditions raisonnablement prévisibles par le professionnel, présenter à laquelle on peut légitimement s'attendre et ne pas porter atteinte à la sécurité des personnes ». L'absence d'allusion au « contrat » et au « consommateur » montre aujourd'hui la généralité de l'obligation de sécurité qui excède les contrats de transport et devient une exigence de la vie en société à la charge du professionnel.

[1189] CALAIS-AULOY, « Ne mélangeons plus conformité et sécurité », art. préc. n° 550 et s.

[1190] Aux termes de l'art. 40 de la loi n° 2015- 036 du 16 juillet 2015.

caché,[1191] différent de l'obligation de délivrance[1192] et du vice apparent, est un défaut susceptible d'être décelé par un non-spécialiste. Cette garantie a connu une profonde évolution[1193] dans le sens d'une incessante extension afin de protéger l'acheteur. Les sources de la garantie des vices cachés sont actuellement nombreuses et résident en droit commun et en droit de la consommation. La garantie des vices cachés constituait un régime de faveur pour la victime dans certains contrats[1194]. Elle protégeait le contractant qui n'aurait pu obtenir une réparation sur le fondement du droit commun où le vice de la chose aurait été considéré comme un cas de force majeure. Pour éviter l'évocation tardive des vices cachés dans la vente, l'information doit être préventive et qualitative.

[1191] Aux termes de l'art. 1625 du Code civil français : « le vendeur doit garantir à l'acheteur que la chose vendue est exempte de défauts cachés ou de vices rédhibitoires ». La première garantie est la garantie d'éviction et la seconde est la garantie des vices cachés. L'art. 1641 du même Code civil Français (ancien) détaille le contenu et l'étendue de cette obligation imposant au vendeur de garantir les défauts cachés de la chose qui la rendent impropre à l'usage auquel on la destine, ou qui diminuent tellement cet usage que l'acheteur ne l'aurait pas acquise, ou n'en aurait donné qu'un moindre prix, s'il les avait connus.

[1192] Le droit reconnait des actions protectrices de l'acheteur et du contractant en général dans le cadre de la vente. La distinction entre l'erreur, le vice caché et la non-conformité a été abordée dans l'arrêt de la 1ère chambre civile du 14 mai 1996. L'action en nullité pour erreur, l'obligation de délivrance conforme et la garantie des vices cachés s'appliquaient indifféremment jusqu'à cet arrêt. Dans cette affaire, une personne avait acheté des tuiles qui vieillissent trop prématurément. Le rapport d'expert conclut un vice de fabrication mais l'acquéreur n'agit en justice que deux ans après pour réclamer des dommages et intérêts. Le litige porté devant les tribunaux, le vendeur lui opposa le bref délai de l'article 1648 du Code civil français. Dans un pourvoi, l'acquéreur reproche à la Cour d'appel d'avoir refusé de considérer qu'il y avait manquement à l'obligation de délivrance conforme alors que le vice rendait la chose non conforme à ce qui était demandé. Il reproche à la juridiction du fond de ne pas avoir recherché l'existence d'une erreur alors que l'achat d'un matériel vicié constitue une erreur sur la substance pour l'acquéreur de la chose. En outre, il considère que la Cour d'appel n'a pas justifié sa considération de dépassement du bref délai. Il s'agissait pour la Cour de cassation de déterminer si le vice de la chose était susceptible de constituer un manquement à l'obligation de délivrance conforme du vendeur et une erreur sur la substance de la part de l'acheteur pour donner droit à des dommages et intérêts. Elle considère que " la Cour d'appel a déduit que l'impropriété ne résultait non pas de ce que les produits vendus soient différents de ceux objets de la commande, mais de ce qu'ils sont affectés d'un vice ". La garantie des vices constituant l'unique fondement possible de l'action exercée, la Cour d'appel n'avait pas à rechercher si M. Chavanne pouvait prétendre à des dommages et intérêts sur celui de l'erreur ". L'arrêt du 14 mai 1996 est le premier arrêt où la Cour de cassation a donné une place à chacune des actions d'un acheteur mécontent (non-conformité, vice caché, erreur) en démontrant ainsi, qu'il est essentiel pour la cohérence juridique et la pratique, que les actions soient fondées sur des notions claires.

[1193] Son origine remonte au droit romain et servait à régir la vente d'esclaves mettant en présence d'un côté des vendeurs orientaux, supposés d'une malhonnêteté proverbiale, d'un autre côté des acheteurs romains, à protéger. La garantie a ensuite été étendue à certaines ventes d'animaux. Le Code civil français a repris la tradition romaine, sans toutefois la limiter à certaines ventes. Elle est aujourd'hui d'application générale.

[1194] V. sur ce point PH. LE TOURNEAU et L. LE CADIET, *Droit de la responsabilité*, Dalloz Action, Paris 1996, p. 617, n° 2864.

B - La qualité de l'information

294. L'information a une dimension qualitative et un caractère décisif. Dans la protection du consommateur contre sa vulnérabilité cognitive, la qualité de l'information est dépendante de sa loyauté (1) à constituer des contre-pouvoirs (2).

1- La loyauté, garantie de la qualité de l'information

295. La loyauté[1195] est une disposition morale qui s'oppose à la duplicité, à la fourberie et à l'hypocrisie. Au niveau des actes, elle s'oppose à la trahison ou à la dissimulation. La loyauté et la notion de bonne foi sont toutes deux liées à celle de la fidélité. L'allégeance aveugle à la loyauté peut la transformer en idolâtrie. Il n'est pas barbatif de rappeler que la loyauté implique l'adhésion à des principes d'action imposant de dire la vérité ou parfois à poser des actes de dévotion. En droit commun, la loyauté est le loyalisme aux intérêts du « souverain créancier » en dépit des difficultés d'exécution du contrat. En droit de la consommation, la loyauté dans l'information est protectrice des intérêts de la partie faible. C'est une attitude positive ayant pour finalité d'informer le consommateur de faible aptitude pour éclairer son consentement. L'information loyale doit être intelligible et dénuée de mensonge pour concilier sa justesse et son utilité. Toutefois, la publicité trompeuse est plus vaste que la publicité mensongère[1196].

296. D'un côté, l'information loyale est destinée à circonscrire la publicité mensongère qui suppose la mauvaise foi du professionnel. On ne manquerait pas d'attribuer au consommateur, à tort ou à raison, de contourner les difficultés liées à la preuve de la mauvaise foi en droit commun. La découverte de l'obligation d'information nécessite de s'intéresser aux mécanismes qui l'ont consacrée à travers l'exigence d'une exécution de bonne foi[1197] et des suites que l'équité, l'usage ou la loi imposent à l'obligation[1198]. Le législateur dispense le juge de cette découverte en instituant une obligation d'information protectrice des intérêts du consommateur. Dans les contrats de consommation, la présence de cette obligation d'information est une économie de l'élargissement de l'interprétation extensive de la notion de la bonne foi en droit commun. L'information doit être lisible, compréhensible[1199], saine et crédible. La bonne foi ne vise pas seulement le mensonge mais également la

---

[1195] V. sur la délimitation de la notion de loyauté K. GRÉVAIN-LEMERCIER, *Le devoir de loyauté en droit des sociétés,* thèse Université de Rennes 1, 2011, n° 6, p. 4 et s.

[1196] La publicité mensongère nécessite la mauvaise foi alors qu'il peut avoir publicité trompeuse sans elle.

[1197] Art. 77 du RGO Malien ; art. 1134 al. 3 du Code civil Français et art. 99 du COCC Sénégalais.

[1198] F. MAGNAN, *De l'obligation d'information dans les contrats*, Th. LGDJ, t. 221, n°436 et s., p. 350 et s.

[1199] V. LEGRAND, L'amélioration de l'information et des droits contractuels des consommateurs dans la loi « Hamon », Petites Affiches 7 Mai 2014, n° 91, p.5 et s.

réticence qui peut être un mensonge par omission ou par abstention du contractant lorsqu'il touche à l'objet du contrat. Pour pallier cela, l'information doit être formulée dans la langue officielle ou dans une langue nationale. La langue officielle au Mali est le Français dans lequel doivent être faits la désignation, l'offre, la présentation, la publicité écrite ou parlée, le mode d'emploi ou d'utilisation, l'étendue et les conditions de la garantie d'un bien ou d'un service.

297. De l'autre côté, il faut préciser que la publicité comparative est celle destinée à persuader les consommateurs de l'intérêt qu'ils ont à se procurer tel bien ou tel service de préférence à tel autre bien ou service concurrent. La publicité comparative doit être loyale, véridique et ne pas être de nature à induire le consommateur en erreur. Elle doit être limitée à une comparaison objective qui ne peut porter que sur des caractéristiques essentielles, significatives, pertinentes et vérifiables des biens ou des services de même nature disponibles sur le marché[1200]. Le professionnel attire le consommateur, surtout analphabète, par la publicité. Il s'agit de considérer que la publicité soit tout message adressé par un professionnel au public dans le but de stimuler la demande de biens ou de services[1201]. Elle est un moyen d'information du consommateur lorsqu'elle est sincère et loyale[1202]. C'est sur la base de cette analyse que la publicité trompeuse est interdite et que la publicité comparative réglementée. Certes, la publicité ne peut être interdite dans une société basée sur l'image. Toutefois, les abus doivent être encadrés sous peine de déduire un laxisme législatif. La réfutation du mensonge à une connotation particulière en matière de vente de médicaments traditionnels. L'identification physique des guérisseurs, vendant des médicaments traditionnels supposés soigner une centaine de pathologies, est une garantie sanitaire pour les consommateurs. L'information doit porter sur les caractéristiques des biens ou des services, dénomination, ingrédients et leur quantité, date de péremption, nom et adresse du fabricant ou conditionneur, lieu de provenance, le prix par le marquage et l'étiquetage. L'exigence des mesures de sécurité est une garantie d'hygiène et de santé publique. La sincérité des mesures d'information est consubstantielle à la bonne foi des professionnels qui doivent être plus motivés par l'intérêt général que personnel de contracter à tout prix.

[1200] V. LASBORDES, *Les contrats déséquilibrés*, thèse préc. n°459, p. 414.

[1201] L'affichage dans les rues, les pages de magazines, les annonces à la télévision et à la radio. L'annonceur attire les clients ; l'agence, sur la demande de l'annonceur, élabore un support qui transmet le message au public.

[1202] LE TOURNEAU écrivait qu' : « en autorisant sous certaines conditions la publicité comparative, le législateur permet au consommateur d'être mieux informé » V., *Les obligations professionnelles*, in Mélanges à la mémoire de L. Boyer, Université des Sciences Sociales de Toulouse 1996, p. 365 et s., spéc., n° 20, p. 372 ; V. aussi du même auteur, *Quelques aspects des publicités commerciales*, Gaz. Pal. 1992,2, doctr., p. 847 et s.; V. LASBORDES, *Les contrats déséquilibrés*, thèse préc. p.412

298. Le législateur n'est pas resté en marge de l'exigence de l'obligation de bonne foi dans l'article 237 de l'AUDCG dans la vente commerciale[1203] en donnant des directives d'interprétation[1204]. La bonne foi dans la vente commerciale suppose une vente sans vice caché qui est une altération interne de la chose, non visible à l'œil du profane et qui rend la chose impropre à l'usage auquel on la destine. Ils doivent d'entrée être distingués des notions voisines[1205] comme l'obligation de délivrance[1206].Cette garantie a connu une profonde évolution dans le sens d'une incessante extension afin de protéger l'acheteur. Le législateur OHADA, à travers la vente commerciale, contribue à la théorie de la formation et de l'interprétation des contrats[1207]. Le vendeur doit livrer les marchandises dans la qualité, la quantité, la spécification, le conditionnement et l'emballage correspondant à ceux prévus au contrat. L'article 224 de l'AUDCG [1208] décrit les conditions de cette conformité à défaut de stipulation contraire des parties[1209]. En tout état de cause, dans les contrats de vente en général, la loyauté de l'information est une composante de la bonne foi souvent assimilable à une présomption de culpabilité donc de responsabilité qui pèse sur le professionnel. C'est dans cette perspective, incarnant la recherche de solutions légales, que les contre-pouvoirs reconnus au consommateur vulnérable contribuent pleinement et entièrement à l'amélioration de la qualité de l'information.

1203 Art. 237 de l'AUDCG adopté le 15 Décembre 2010 à Lomé dispose que : « … Les parties sont tenues de se conformer aux exigences de la bonne foi. Elles ne peuvent exclure cette obligation, ni en limiter la portée ».

1204 Art. 238 de l'AUDCG adopté le 15 Décembre 2010 à Lomé dispose que : « Lorsqu'une clause est ambiguë, la volonté d'une partie doit être interprétée selon le sens qu'une personne raisonnable, de même qualité que l'autre partie, placée dans la même situation, aurait déduit de son comportement » ; V. aussi les art. 206 et 207 AUDCG.

1205 Aux termes de l'art. 1625 du Code civil français le vendeur doit garantir à l'acheteur que la chose vendue est exempte de défauts cachés ou de vices rédhibitoires. La première garantie est connue sous le nom de garantie d'éviction, la seconde sous le nom de garantie des vices cachés. L'article 1641 du même Code détaille le contenu et l'étendue de cette obligation qui impose au vendeur de garantir les défauts cachés de la chose qui la rendent impropre à l'usage auquel on la destine, ou qui diminuent tellement cet usage que l'acheteur ne l'aurait pas acquise, ou n'en aurait donné qu'un moindre prix, s'il les avait connus.

1206 La distinction entre l'erreur, le vice caché et la non-conformité sera ici abordée par le commentaire de l'arrêt de la première chambre civile du 14 mai 1996 qui est le premier arrêt où la Cour de cassation française cherche véritablement à donner une place à chacune des actions d'un acheteur mécontent (non-conformité, vice caché, erreur).

1207 E. NSIE, « La formation du contrat de vente commerciale en Afrique », Penant, n°829, janvier- avril 1999, p. 5.

1208 L'art. 224 de l'AUDCG.

1209 M.- C. OWONO, « Non-conformité et vices cachés dans la vente commerciale en droit uniforme africain », Juris Périodique n° 41, janvier - mars 2000, p.107-127.

2- Les contre- pouvoirs, garantie de la qualité de l'information

299. Pour assurer au consommateur un consentement éclairé, le formalisme serait source d'information et de réflexion[1210]. Le droit de la consommation, par ses techniques préventives, contourne la raideur du droit commun par une brève remise en cause de la force obligatoire du contrat grâce au rallongement des délais de réflexion et de rétractation. L'existence des délais constitue une pression sur le professionnel sachant que le consommateur aura le temps d'aller se renseigner ou d'essayer le produit, objet de la vente, pour ensuite s'engager définitivement ou se rétracter en connaissance de cause. LASBORDES met l'accent sur l'existence de contre-pouvoirs permettant au consommateur faible[1211] de faire face à son partenaire puissant[1212]. Le délai de réflexion est en harmonie avec une reconnaissance du contrat d'adhésion comme figure générale du droit des contrats et contribuera à jeter les jalons d'un droit commun des contrats structurellement déséquilibrés[1213]. En droit commun, l'équilibre du prix n'est pas une condition de validité de peur de ruiner la sécurité juridique dans le contrat[1214]. Le consommateur français, à la différence de son homologue malien, a un délai de rétractation de sept (07) jours[1215] rallongé à 14 jours depuis la loi du 2 avril 2014 durant lequel il peut renoncer au contrat. Le droit de rétractation est le droit pour le consommateur de se retirer du contrat sans avoir à motiver sa décision et sans avoir à subir d'autres coûts que les frais de renvoi des marchandises. Il porte sur la communication d'informations essentielles et précises. A défaut, le délai de rétractation peut être rallongé jusqu'à une période de 12 mois et l'ensemble des coûts y résultant seront supportés par le professionnel tels que les frais de renvoi des marchandises ou de la dépréciation du bien. Cependant, il est des exclusions selon une liste de contrats qui, bien que conclus à distance ou hors établissement, ne permettent pas une possibilité légale de rétractation[1216]. Par

---

1210 F. LUCET, « Consensualisme et formalisme », intervention au Colloque de Deauville organisé par l'association droit et commerce et relatif à ‘‘ L'échange des consentements'', Rév. jur. com.1995, p. 42 et s., spéc. p. 43.

1211 V. sur la notion de partie faible FONTAINE, *La protection de la partie faible dans les rapports contractuels, comparaisons franco-belges,* thèse préc.

1212 V. LASBORDES, op.cit. n° 501, p. 447.

1213 R. THIERRY, « Le projet de réforme et les contrats structurellement déséquilibrés », Recueil Dalloz, 2015, p.1217.

1214 P.-H. ANTONMATTÉI et J. RAYNARD, Droit civil, Contrats spéciaux, 1ère éd., LITEC 1998, spéc., n° 127, p. 113.

1215 Selon l'art. L.121-25 du Code de la consommation : « dans les sept jours, jours fériés compris, à compter de la commande ou de l'engagement d'achat, le client à la faculté d'y renoncer par lettre recommandée avec accusé de réception. Si ce délai expire normalement un samedi, un dimanche ou un jour férié ou chômé, il est prorogé jusqu'au premier jour ouvrable suivant. Toute clause du contrat par laquelle le client abandonne son droit de renoncer à sa commande ou à son engagement d'achat est nulle et non avenue ».

1216 Art. L. 222- 9 et 7 du Code de la consommation. On peut citer dans le secteur artisanal, les contrats comme la vente de biens susceptibles de se périmer rapidement, les travaux urgents d'entretien ou de réparation qui ont été demandés par le consommateur. Pour ce dernier cas, la

ailleurs, le droit français consacre d'autres mécanismes de rétractation à l'instar de la conclusion d'un contrat à distance ou hors établissement[1217] ou en cas de consommation à crédit[1218]. La protection du consommateur impulsif, analphabète et influençable permettrait d'éviter les opérations onéreuses et un risque d'achats inutiles.

300. La libre révocabilité de l'offre est possible grâce au délai de réflexion qui est la période impérative pendant laquelle le législateur a voulu renforcer la protection du destinataire de l'offre contre une acceptation précipitée en lui permettant de ne pas contracter avant l'expiration d'un délai pouvant être incompressible. Ce delai de réflexion est accompagné d'un droit de rétractation appelé droit de repentir qui est un temps de réflexion accordé au contractant protégé, une fois l'échange des consentements réalisé[1219].

301. L'objectif du délai de rétractation est de permettre au contractant, qui en dispose, d'examiner à tête reposée les conséquences de son engagement d'achat, de se renseigner sur le prix des produits équivalents distribués sous une autre forme de vente, de prendre conseil auprès de ses proches ou de ses amis, de ne s'engager qu'après avoir véritablement réfléchi. Le droit de rétractation porte atteinte à la force obligatoire du contrat. L'échange des consentements marque le point de départ du délai préfixé de réflexion. Le droit de rétractation est un droit de révocation unilatérale dont le bénéfice est concédé par la loi au seul consommateur. Il tend à protéger un consentement dont le caractère réfléchi peut être insuffisant en raison des circonstances entourant l'engagement. C'est dire que le consentement du titulaire du droit de rétractation ne possèderait pas de la qualité nécessaire de s'engager raisonnablement en toute conscience : son consentement est imparfait, il a besoin de mûrir.

302. Le régime juridique du droit de rétractation se rapproche des mécanismes comme la vente avec faculté de dédit, de réméré, de la condition potestative. La Cour de justice de la Communauté européenne dans une

---

loi précise cependant que : « Si, toutefois, à l'occasion de cette visite, le professionnel fournit des services venant s'ajouter à ceux spécifiquement requis par le consommateur ou des biens autres que les pièces de rechange indispensables aux travaux d'entretien ou de réparation, le droit de rétractation s'applique à ces services ou biens supplémentaires » V. art. L 222-9 du Code de la consommation de 2014 en France.

[1217] Art. L.121. 21 du Code de la consommation de 2014.

[1218] V. LEGRAND et D. BAZIN-BEUST, « Droit de la consommation/ droit des contrats : le bilan 20 ans après », art. préc. p.7, n° 75.

[1219] Ainsi, en France, à compter de la signature du contrat, le contractant faible dispose d'un délai de sept jours en matière de démarchage à domicile, de courtage matrimonial, de vente à distance ou pour tout acte sous seing privé ayant pour objet la construction ou l'acquisition d'un immeuble à usage habitation. Le delai est de dix jours en matière de formation professionnelle et de contrat de jouissance d'immeuble à temps partagé, quinze jours en matière de démarchage financier et d'opération de placement d'assurance, trente jours en matière d'assurance sur la vie ou d'opération de capitalisation et en matière d'accident de la circulation à propos de l'offre d'indemnité.

décision du 22 avril 1999 précisait que : « le droit de rétractation est un droit autonome, doté d'un régime juridique propre. Il apparaît comme un droit discrétionnaire et gratuit, qui a pour effet de ralentir la conclusion du contrat[1220]». Pour équilibrer les droits des contractants, il a été proposé de mettre à la charge du repentant un sacrifice pécuniaire[1221]. Ce dernier, aussi modeste soit-il, pourrait dissuader le contractant protégé de mettre un terme au processus de formation du contrat. Le paternalisme législatif au profit du consommateur est destiné à amortir les effets néfastes du libéralisme économique par le droit au point de considérer que la faiblesse du consommateur tient de la puissance économique et intellectuelle du professionnel. La maitrise technique des caractéristiques essentiels du produit par le professionnel lui permettrait d'exagérer leurs utilités fonctionnelles. A l'opposé, il n'est pas à exclure que l'état de besoin du consommateur ne lui permette pas d'exprimer au mieux ses vues[1222]. Le consommateur n'est pas un contractant ordinaire. Il est trop simpliste de considérer que l'analphabétisme, qui n'est pas l'apanage des pays africains, pèse significativement sur la libre accessibilité à l'information commerciale. Il est plus cohérent de contrôler une information garantissant la stabilité des prix que de se plaindre indéfiniment de leur qualité. Il faut lever l'équivoque sur le fait qu'en droit de la consommation, dans le rééquilibrage du déséquilibre des compétences, le législateur aussi paternaliste qu'il soit ne saurait reprocher ouvertement l'analphabétisme du consommateur au professionnel malien. Il s'agit plutôt de responsabiliser davantage le professionnel aguerri pour que la faible aptitude intellectuelle de son cocontractant ne soit pas un handicap exploitable. Le déséquilibre, en plus des connaissances, concerne également les compétences.

Paragraphe 2 : La portée de l'information dans la prévision du déséquilibre des compétences

303. L'ancien président américain Kennedy déclarait que : « nous sommes tous des consommateurs[1223] ». Le consommateur est un profane qui est supposé incapable de mieux défendre ses intérêts dans les contrats de consommation qui sont habituellement des contrats d'adhésion ou la partie

---

[1220] Un droit discrétionnaire est un droit dont l'exercice ne dépend que de la volonté de son titulaire, dont les choix ne pourront pas être contestés par une action en responsabilité et son titulaire jouit de la liberté la plus absolue pour se rétracter et mettre un terme au processus de formation du contrat.

[1221] R. BAILLOD, « Le droit de repentir », R.T.D. Civ. 1984, p. 327 et s. p. 249.

[1222] M. FONTAINE, *La protection de la partie faible dans les rapports contractuels*, thèse préc. p.616, n° 2 ; S.-S. K. TAMEGUE, *La protection du débiteur dans les procédures individuelles d'exécution*, thèse préc. p.18, n°3.

[1223] Message du Président J.-F. KENNEDY au congrès de l'union des états – unis le 15 mars 1962 : « « *Les consommateurs ? ... nous tous, par définition* ». On évoquera très vite la confusion passée entre « *consumere* » qui signifie « *consumer* » et « *consommare* » devenu synonyme de perdre et détruire ; V. « *Consommer* » : Dictionnaire historique de la langue française, ss. Dir. A. Rey, Le Robert, p. 460.

faible peut succomber à la ruse du professionnel. Malgré cela, la professionnalisation de l'information (A) mérite d'être mitigée (B).

A- La professionnalisation de l'information

304. La qualité de vendeur professionnel est à l'origine de la protection du consommateur qui est considéré comme « un incapable dont la main doit être guidée ». L'évitement de l'exploitation de la vulnérabilité du consommateur (1) pousse à une légitimation de l'inégalité à son profit (2) faussant certaines règles classiques du droit commun des contrats.

1- L'évitement de l'exploitation de la vulnérabilité du consommateur

305. Pendant longtemps la notion de « professionnel » a été utilement liée à la spécialité[1224]. De façon classique, deux critères peuvent être utilisés pour identifier le consommateur : un critère fondé sur la destination du contrat conclu c'est-à-dire sur la nature des besoins à satisfaire et un critère fondé sur l'incompétence et l'ignorance. C'est le résultat de l'acte accompli qui permet de classer son auteur parmi les professionnels ou les consommateurs[1225]. La liberté contractuelle du professionnel est aménagée[1226]. La partie qui ne dispose pas des mêmes connaissances et compétences que son partenaire n'est pas toujours à même d'apprécier le contenu du contrat ni la portée des engagements qu'elle s'apprête à souscrire.

306. La maitrise technique des biens et des services par le professionnel est la raison primordiale ayant conduit le législateur à reconnaitre une consistante obligation d'information au profit du consommateur. L'abus de faiblesse[1227] ou d'ignorance"[1228] réprime le consentement imposé dans les méthodes de vente où les consommateurs vulnérables sont surtout sensibles à la pression commerciale excessive. La formation d'un contrat valable en droit commun nécessite une rencontre de volonté matérialisée par l'expression totalement libre et éclairée du consentement des parties qui s'obligent. Par contre, cette rencontre de volonté peut être faussée lorsque le professionnel a abusé de l'état de faiblesse ou de vulnérabilité de son client pour obtenir son consentement en droit de la consommation. Le client pourra invoquer l'abus de faiblesse ou de vulnérabilité pour faire annuler le contrat et obtenir éventuellement des

---

[1224] Cass. 1ère civ.20 octobre 1992 : comm. 32.- CA Besançon, 10 juin 1994 : contrats, conc. consom., 1995, comm. 23.- CA Riom, 18 janv.1995 : contrats conc. consom., 1995, comm.172

[1225] J. CALAIS-AULOY et F. STEINMETZ, *Droit de la consommation*, précis Dalloz, 4° éd. 1996, n° 7, p. 6.

[1226] V. LEGRAND et D. BAZIN-BEUST, « Droit de la consommation/ droit des contrats : le bilan 20 ans après », Petites Affiches Lextenso – éditions du 15 Avril 2015, p. 5, n° 75.

[1227] Aux termes de l'art. 3 de la loi n° 2015- 036 du 16 juillet 2015 au Mali : « un abus de faiblesse consiste à exploiter l'état d'ignorance ou de vulnérabilité psychique ou psychologique d'une personne pour l'amener à prendre des engagements dont elle est incapable de voir l'importance ».

[1228] Art. L 123 - 8 du Code la consommation en France.

dommages et intérêts. Les consommateurs en situation de faiblesse ou d'ignorance sont comme des personnes qui ne sont pas en mesure d'apprécier la portée des engagements qu'elles prennent, de déceler les ruses ou artifices déployés pour les convaincre à y souscrire. Ce qui suppose dans la pratique, une inintelligence économique du consommateur profane, quoique circonstanciel, à ne pas pouvoir s'affranchir de la domination du professionnel affuté. L'incitation à s'engager est susceptible de dégénérer à la création d'un besoin psychologique chez le consommateur sous l'emprise de la domination du professionnel averti.

307. Les supports de la faiblesse sont surprenants de pragmatisme dans l'analyse ciblée des dispositifs de protection du consommateur. C'est à croire que l'importance et la vigueur de la protection légale du consommateur en font une « espèce de contractant en voie de disparition ». Les supports les plus persistants de la vulnérabilité peuvent aussi porter sur la sénilité consécutive à l'âge, l'absence de maitrise de la langue, les infirmités rédhibitoires, la déficience physique ou psychique, la minorité ou même un état de grossesse y est apparenté[1229]. La connaissance de la vulnérabilité du consommateur par le contractant professionnel, supposé l'exploiter, est nécessaire pour justifier que le vendeur a profité de la faiblesse physique ou psychique d'un client, de son ignorance ou de sa crédulité pour lui faire intentionnellement souscrire un engagement indiscutablement inadapté à ses besoins.

308. La notion « d'abus de faiblesse » est subjective. La sérénité de son appréciation dépendrait concomitamment de la nature de l'achat effectué et de la personnalité du consommateur concerné. Un achat, aussi farfelu soit-il, ne permet pas de présumer du caractère abusif de l'opération. Il serait trop facile d'assimiler tous les achats à la l'abus de faiblesse. Pour être considérée comme abusive, la vente doit être clairement disproportionnée par rapport aux besoins réels et aux moyens financiers du client.[1230]. Le risque pour le professionnel est l'échange du produit après un achat basé sur l'émotion lorsque l'acheteur baisse de vigilance[1231]. L'absence d'une définition légale uniforme de l'abus de faiblesse ou d'ignorance du consommateur permet au juge d'apprécier et de

---

[1229] D'autres vulnérabilités circonstancielles basées sur des situations d'urgence passagères peuvent également être prises en compte comme les statuts de réfugiés. Cependant, la preuve de la faiblesse doit être rapportée pour que la sénilité consécutive à l'âge ou la maladie ne soient pas des raccourcis malhonnêtes au service du consommateur peu scrupuleux. Pour cela, les causes de vulnérabilité doivent certainement et logiquement préexister à la sollicitation du professionnel et indépendantes des circonstances créées lors de la souscription du consommateur à l'engagement qui l'obligera par la suite.

[1230] C'est, par exemple, l'achat en une seule fois de 200 kg de légumes par une personne âgée vivant seule V. Cass. crim, 2 décembre 1998, n° 98 - 82.001. C'est aussi le cas de plusieurs appareils strictement identiques qui, à la suite de visites répétées du même démarcheur, ont été achetés V. aussi CA Grenoble, 2 novembre 1995.

[1231] Le juge a ainsi débouté une consommatrice, démarchée à son domicile, qui avait acheté 160 kg de pommes, estimant qu'elle était parfaitement en mesure d'apprécier la portée de son engagement V. aussi, CA Caen, 7 février 1997.

caractériser souverainement cette infraction. Cette caractérisation judiciaire de l'abus de faiblesse ou d'ignorance dans les contrats civils nécessite une maitrise de ce mécanisme par le juge. L'utilisation de la notion ne serait pas aussi aisée par le juge pénal dont les pouvoirs d'appréciation et d'interprétation sont plus restreints par rapport à ceux de complétude du juge civil. Cela affecte l'efficacité de la sanction de l'abus de faiblesse ou d'ignorance dans la protection du consommateur. La protection duale de l'abus de faiblesse et d'ignorance en droit civil et en droit de la consommation n'est pas innocente même si elle reste encadrée. Cet abus majoritairement analysé dans les ventes à domicile, dans le démarchage par téléphone en cas sollicitation personnalisée qu'elle soit nominative ou de ventes ouvertes à un public qui sont effectuées sur place ou à domicile. C'est aussi le cas dans la commercialisation des biens ou des services proposés ou dans les foires hebdomadaires et lorsque la transaction a été conclue dans une situation d'urgence mettant réellement la victime de l'infraction dans l'impossibilité de consulter un ou plusieurs professionnels qualifiés qui sont des tiers au contrat. La liste n'est pas exhaustive.

309. L'exploitation abusive de la situation de vulnérabilité du consommateur par le professionnel est considérée comme une violence. Ce qui peut paraitre étonnant dans la définition classique de la violence donnée dans l'article 39 du régime général des obligations en ces termes : « la violence est une contrainte physique ou morale de nature à faire impression sur une personne raisonnable et l'amener à contracter de crainte à exposer sa personne ou ses biens à un mal considérable et présent[1232]». L'exploitation disproportionnée de la vulnérabilité, à laquelle fait recours la notion de violence économique, est une hypothèse récente incluse dans les vices du consentement pour justifier l'annulation des contrats dont la conclusion reposait sur des malices. La violence économique est actuellement considérée comme une nouvelle forme du "vice traditionnel de la violence[1233]". La violence est une notion polymorphe connue dans bien des situations d'exploitation de la vulnérabilité d'autrui. Le dénominateur commun de ces situations délicates est constitué par le fait que chacune d'entre elles traduit la présence d'une profonde inégalité économique. L'état de subordination juridique est inhérent au contrat et une violence économique minimale est constitutive de violence du rapport de travail[1234]. La caractérisation laborieuse d'une situation de violence économique, en droit commun, est contournée par la qualification l'abus de vulnérabilité entrainant une légitimation de l'inégalité au profit du consommateur.

[1232] Art. 39 du Régime général des obligations au Mali.

[1233] V. sur la violence économique A. HUIGENS, La Violence économique, Mémoire de DEA, sous la direction de Christophe Jamin, école doctorale de l'Université de Lille II.

[1234] B. EDELMAN, « De la liberté à la violence économique », préc., n°12, p. 2317.

2- La légitimation de l'inégalité au profit du consommateur

310. L'égalité des armes est une technique de protection qui est différente de l'égalité des chances qui est plutôt une technique de promotion[1235]. Cette égalité des armes se mesure dans une relation de subordination hiérarchique ou de dépendance économique, intellectuelle, juridique et s'exprime par l'inversion artificielle du rapport inégalitaire à travers l'octroi de prérogatives à la partie faible, en occurrence le consommateur, ou l'application de contrainte à la partie forte[1236], qui est le professionnel. L'avant-projet d'acte uniforme n'est pas resté en marge du redressement de l'égalité entre contractants faisant dire que : « Ne doit-on pas considérer l'exclusion du contrat de consommation faite par l'article 00/1, comme étant une indication de la volonté de ce texte d'inclure les contrats civils ? Si la réponse devait être positive, l'on pourrait en déduire que l'avant-projet de texte confirme ainsi la tendance à la protection du consommateur qui est la partie la plus faible, et partant, la volonté de lutter contre le déséquilibre contractuel en redressant les inégalités, à défaut de les supprimer[1237] ». Le déséquilibre des pouvoirs est l'essence des contrats d'adhésion et permet au professionnel d'imposer ses vues et conditions à un consommateur parfois dénué de toute alternative. Le professionnel est le débiteur automatique de l'obligation d'information à cause du déséquilibre des connaissances. Le déséquilibre des pouvoirs présente ostensiblement une nature économique lorsque son existence est la conséquence de l'inégalité des parties au moment de la formation ou de l'exécution du contrat. Les contrats de consommation, spécialement les contrats d'adhésion, sont le réceptacle par excellence des déséquilibres des pouvoirs. Le pouvoir, dans cette logique, au-delà de la formation du contrat prend la forme d'une volonté unilatérale ayant pour objet les conditions d'exécution du contrat. Les contrats conclus entre professionnels et consommateurs constituent la figure particulière du contrat d'adhésion. Certes, le recours au contrat d'adhésion garantit la rapidité et la simplification des échanges commerciaux. Toutefois, son utilité économique doit être conciliée avec le souci de protection de l'adhérent contre le pouvoir normatif ainsi conféré à son partenaire. Ce n'est point un affront de rappeler que le contrat d'adhésion est celui dont le contenu a été fixé, totalement ou partiellement, de façon abstraite et générale, avant la période contractuelle. Ce qui est donc essentiel dans le contrat d'adhésion, qui le distingue du contrat par négociation, c'est l'absence de débat préalable, la détermination unilatérale du contenu

---

[1235] P. MAZIERE, *Le principe d'égalité en droit privé*, PUF, 2003, n° 43, p. 42. Selon l'auteur, l'égalité des chances assure à chaque individu placé dans une situation déterminée ou désireuse de l'être qu'aucune autre ne lui sera préféré en application des critères déloyaux donc injustes.

[1236] P. MAZIERE, *Le principe d'égalité en droit privé*, thèse préc., n°43, p. 42.

[1237] JACQUELINE LOHOUES - OBLE, « L'autonomie des parties : le caractère supplétif des dispositions de l'avant-projet d'Acte uniforme OHADA sur le droit des contrats », Rev. dr. unif. 2008, 325.

contractuel, qu'elle soit le fait de l'une des parties ou d'un tiers[1238]. L'adhésion est une manifestation de volonté unilatérale par laquelle l'une des parties accepte de conclure le contrat et par là même de se soumettre à la loi édictée par son partenaire. C'est cette volonté qui scelle l'accord des parties en conférant à la norme son caractère contraignant et obligatoire. Le contrat ainsi conclu devient la loi des parties même s'il a pour origine la loi du plus fort. Il s'agit de trouver un juste équilibre pour que la loi du marché ne devienne la loi du plus fort pour écraser le plus faible.

311. Dans la phase d'exécution du contrat potentiellement équilibré, il devient déséquilibré en raison du comportement du professionnel. Allant plus loin, un auteur évoque, la notion de "lésion-dénouement" entendue comme un déséquilibre économique qui se manifeste à l'expiration de la relation contractuelle[1239]. Il s'agit là d'une manifestation nouvelle de la lésion qui, selon l'auteur, irait jusqu'à prendre le pas sur la notion habituelle de "lésion-formation". L'inégalité des connaissances caractérise les tumultueuses relations entre professionnels et consommateurs à tel point que l'incompétence de ces derniers se trouve présumée. La négociation n'est pas une garantie d'équilibre dès lors que la volonté de la partie faible est affectée par le besoin ou le désir de conclure le contrat. L'inégalité du pouvoir de négocier est la mesure de la protection de la partie faible. L'inaptitude à la négociation confère à la partie forte un pouvoir déséquilibrant selon qu'elle ait pour origine l'incompétence ou la dépendance économique. Le consommateur est défini en raison de la finalité du droit de la consommation, qui se veut plus protecteur à la limite paternaliste allant jusqu'à confondre le consommateur et le citoyen, l'usager des services publics ou même encore le consommateur-contractant. On pourrait penser au standard de bon père de famille utilisé en droit civil. Cette référence montrerait ses limites en droit de la consommation lorsqu'on sait que dans la théorie générale, le bon père de famille est l'homme prudent, diligent et avisé pour déjouer les pièges. Dans la protection du consommateur, la technicité des produits est une entrave à l'absolutisme d'une sagesse définitive du bon père de famille.

312. Le professionnel et le consommateur ne pas sont considérés sur le même pied d'égalité en sens que si le premier est armé de sa maitrise technique et technologique des qualités du produit, le second se régale dans « une infirmité » légalement consacrée par la reconnaissance d'une vulnérabilité

[1238] G. BERLIOZ, *Le contrat d'adhésion*, thèse, LGDJ, 1973, spéc., n° 42, p. 27.

[1239] M. CABRILLAC, « Remarques sur la théorie générale du contrat et les créations récentes de la pratique commerciale », in Mélanges Marty,1978, p. 247 et s., spéc., n° 7 et s., p. 238 et s. L'auteur insiste sur le déséquilibre dans les risques courus par les parties dans un contrat de situation qu'il oppose aux simples contrats d'occasion "qui correspondent à des opérations épisodiques qui ne mettent pas en jeu l'existence de l'entreprise". En revanche, les contrats de situation dont la concession exclusive de vente fournit, selon l'auteur, le prototype le plus accompli sont, par leur objet, "déterminants pour la vie d'une entreprise ou son niveau d'activité et sont par là le plus souvent l'instrument d'une vassalité économique".

qui peut cacher des incertitudes notionnelles. L'inégalité devient délétère pour le consommateur vulnérable et l'information avilissante pour le professionnel aguerri grâce à l'extension de la notion « d'abus ». Pour cerner l'abus dans les prérogatives contractuelles, l'obligation est présentée comme une aliénation de liberté consentie par le débiteur[1240] pour ensuite la considérer comme un moyen de protection de la confiance du créancier[1241]. Ce qui fait la force obligatoire du contrat, c'est la confiance du créancier, non la promesse du débiteur[1242]. Le contrat devient alors l'expression d'une confiance juridicisée[1243]. Ce qui évoque un peu la théorie anglo-saxonne de la *reliance*, selon laquelle on doit pouvoir se reposer sur les apparences qui ont créé chez nous une attente raisonnable[1244]. La vitalité de l'abus bouscule les régimes de responsabilités au point de faire dire à STOFFEL-MUNCK que : « l'abus est à la limite entre deux ordres de responsabilité de l'article 1134 et la délictualisation de l'article 1134.al. 3 en cas de nullité du contrat[1245] ». En termes de finalité, le consommateur bénéficie d'une protection similaire. Aujourd'hui, les limites de la rigueur du critère professionnel sont de plus en plus repoussées. Le contrat de consommation n'est plus déséquilibré du seul fait que le professionnel soit titulaire du pouvoir de rédiger le contenu du contrat, il ne le deviendra que s'il abuse de ce pouvoir pour insérer des clauses créant un déséquilibre significatif entre les droits et les obligations des parties. Pour autant, la maitrise technique ou technologique du professionnel doit être mitigée.

B – La mitigation de la professionnalisation de l'information

313. Le critère professionnel voit ses limites repoussées par la pratique des affaires à cause de la prolifération de nouveaux biens et services forgés aux besoins et adaptés aux circonstances. De plus en plus, au paternalisme profitable au consommateur (1) se substitue une surestimation de la compétence du professionnel (2) dépassé rétrécissant le fossé dans l'appréciation des critères de compétence.

1- Le paternalisme profitable au consommateur

314. L'exclusivité de la maitrise technique des produits semble reconnue au professionnel. En règle générale, le critère de la compétence professionnelle est le plus extensif. Il existe, en effet, entre le professionnel et le

---

1240 S. MUNCK, *L'abus dans le contrat : essai d'une théorie,* thèse préc. p.471, n° 640.

1241 S. MUNCK, *L'abus dans le contrat : essai d'une théorie*, thèse préc. p.474, n° 644.

1242 J. CARBONNIER, *Obligations*, n° 21, p. 61.

1243 F. TERRÉ, « Le doute et le droit », Synthèse, in "Le doute et le Droit", Dalloz 1994, Coll. Philo du Droit, p.1.

1244 P.- S. ATIYAH, « L'évolution du droit anglais de l'accord vers la *reliance* et l'exclusion de la responsabilité pour vices dans la vente de marchandises », in "Le contrat aujourd'hui, comparaisons franco-anglaises", dir. Tallion et Harris, LGDJ 1987, coll. Bdp., t.196, p. 57 s., spéc. n° 21, et la discussion, p. 77 s., spéc. n° 35 et 36.

1245 S. MUNCK, *L'abus dans le contrat : essai d'une théorie*, thèse préc. p. 114, n° 124.

consommateur un déséquilibre de puissance informationnelle susceptible de dégénérer en abus. L'idée est que le profane accepte, sans connaissances spécifiques, des clauses abusives inhérentes aux déséquilibres significatifs des pouvoirs dans les contrats de consommation. A cet égard, MESTRE rappelle qu'il existe une fracture entre les professionnels selon la puissance économique de chaque contractant et qu'il faut désormais briser cette distinction trop manichéenne entre consommateurs et professionnels[1246]. Le critère qui conduit le juge à assimiler le professionnel au consommateur ne réside ni dans la finalité de l'acte, ni dans le lien objectif existant entre l'acte et la spécialité professionnelle, mais dans la compétence du professionnel quant à l'activité contractuelle qui a donné lieu à la clause donc au contrat. D'ailleurs, des auteurs soulignaient que protéger systématiquement et aveuglément tous les consommateurs implique l'existence de consommateurs abusifs[1247] qui profiteront indûment de la protection conférée par le droit de la consommation. Dans ce cas, le phénomène de surprotection serait une source de déresponsabilisation, de victimisation permanente des consommateurs. Pire, c'est une spéculation discutable sur la vulnérabilité présumée d'une catégorie de contractants considérés d'emblée comme des « majeurs incapables » à protéger. Nous ne fustigeons certes pas la portée d'une telle acception en reconnaissant que face à des consommateurs analphabètes dans un marché mondial infesté de produits et de services de tous genres, l'information est un remède à valoriser. Toutefois, le consommateur n'a pas l'exclusivité de la faiblesse économique et les professionnels se trouvent au cours de l'exercice de leur activité dans un état de vulnérabilité comparable voire supérieur. En effet, alors que le consommateur contracte le plus souvent pour satisfaire des besoins secondaires, la survie d'une entreprise est parfois conditionnée à la conclusion ou au maintien d'un contrat de situation[1248]. Refuser de prendre en compte les inégalités de puissance économique entre professionnels revient à créer des injustices et incite à étendre la notion de consommateur au-delà de ses limites naturelles.

315. L'inégalité des connaissances se manifeste aussi dans les relations entre professionnels lorsqu'ils ne sont pas de la même spécialité ou qu'un produit nouveau, nécessitant des connaissances techniques particulières, apparaît sur le marché. Un auteur s'est interrogé sur l'influence du droit de la consommation sur le droit commun[1249] mais la question de la véritable place

---

1246 MESTRE, « Le consentement du professionnel contractant dans la jurisprudence contemporaine », in Mélanges Breton-Denida, Dalloz, 1991, p. 252 ; le point sur la lutte contre les clauses abusives, RTD civ. 1995, p. 362.

1247 R. MARTIN, « Le consommateur abusif », D. 1987, Chron. p.150 ; A. SINAY, « Protection ou surprotection au consommateur ? », JCP 1991, I, n° 3804.

1248 M.CABRILLAC, « Remarque sur la théorie générale du contrat et les créations récentes de la pratique commerciale », Mélanges G. Marty. p. 238 s.

1249 J. CALAIS AULOY, « L'influence du droit de la consommation sur le droit civil des contrats », RTD civ.1994, p. 239.

de la notion de « consommateur » et des règles qui assurent sa protection face au professionnel, à l'intérieur du droit des obligations n'a que trop rarement été abordée. La relation entre professionnels et consommateurs n'est que l'une des abondantes hypothèses des figures de contrats déséquilibrés par la puissance économique. La protection consumériste attise les convoitises des contractants en situation de vulnérabilité et même certains professionnels viennent chercher dans le droit de la consommation, une protection qui leur fait défaut en droit commun des contrats. L'interprétation extensive ou même la dénaturation de la notion de « consommateur » a pour cause l'absence de mécanismes réellement efficaces de protection des économiquement faibles au sein de la théorie générale des obligations. La mise en place d'un tel mécanisme juridique est indispensable. Ce n'est que dans la mesure où la théorie générale des obligations serait habile à prendre en charge la protection des parties économiquement faibles que la notion de « consommateur » pourra, sans causer davantage d'injustices, être cantonnée dans les limites de son domaine naturel. En attendant, si l'obligation d'information ne détermine pas à elle seule le forçage législatif du contrat, sa qualité est contrôlée quand bien même elle émanerait des professionnels.

316. Le contrôle de proportionnalité peut être utilisé en droit civil comme une alternative à la réception de la violence économique. Face aux résistances de la Cour de cassation d'accueillir plus largement le vice de violence économique, un courant doctrinal propose de s'orienter vers la reconnaissance d'un principe de proportionnalité[247]. Le contrôle de la proportionnalité n'est en effet, en termes généraux, que l'application du principe selon lequel tout acte juridique doit être adéquat à la finalité poursuivie en dépit de l'antagonisme des intérêts. La disproportion d'une clause ou d'un contrat est analysée comme un engagement dépourvu d'intérêts pour le cocontractant. Il s'agit, de cette manière, de sanctionner l'abus de droit en tant que vice objectif à la différence des vices de consentement. Ce qui entrainera infailliblement une subjectivisation de la cause de l'obligation tant redoutée dans le traitement judiciaire du déséquilibre des prestations en droit commun des contrats. En droit prospectif comparé, la violence économique est clairement sanctionnée[1250]. Le professeur STOFFEL-MUNCK[1251] estime que l'avant-

[1250] L'avant-projet de réforme du droit des obligations prévoit, comme cause de nullité, le vice de violence tout en s'en tenant aux solutions retenues par la Cour de Cassation. L'article 1143 de l'avant-projet de réforme du droit des obligations, piloté par le Professeur Catala, prévoit en ce sens que : « il y a également violence lorsqu'une partie s'engage sous l'empire d'un état de nécessité ou de dépendance, si l'autre partie exploite cette situation de faiblesse en retirant de la convention un avantage manifestement excessif ». L'alinéa 2 précise que : « la situation de faiblesse s'apprécie d'après l'ensemble des circonstances en tenant compte, notamment de la vulnérabilité de la partie qui la subit, de l'existence de relations antérieures entre les parties ou de leur inégalité économique ». En revanche, le projet de réforme élaboré par la Chancellerie a souhaité élargir le vice de violence aux cas où « une partie abuse de la situation de faiblesse de l'autre pour lui faire prendre, sous l'empire d'un état de nécessité ou de dépendance, un engagement qu'elle n'aurait pas contracté en l'absence de cette contrainte ».

projet[1252] ne laisse pas le soin à la violence économique d'évoluer à travers d'autres interprétations.

317. Deux obstacles retardent ou empêchent l'effectivité de la théorie de la violence économique et permettent de comprendre les difficultés qu'éprouvent les victimes de cette forme renouvelée de violence. La difficile preuve de la situation d'oppression et la dénonciation laborieuse de la situation de violence par le consommateur, victime contractuelle, sont anecdotiques de l'absence d'alternatives pour le partenaire malheureux à contracter dans des situations pour le moins asymétriques. Ce qui autorise à affirmer que face à la rigueur du droit commun, le droit de la consommation est devenu est un remède permettant d'incruster une vision pratique et renouvelée du traitement anticipé des contrats déséquilibrés. La résistance du droit commun à la révision judiciaire des contrats déséquilibrés en valeur est diluée par un dépassement déviant du critère professionnel qui fait l'objet d'une surestimation dans l'exercice des activités commerciales.

2- La surestimation de la compétence du professionnel

318. Une définition extrêmement étroite de la notion de « consommateur » peut être une garantie de sécurité juridique comparativement à la situation du débiteur en droit commun. En effet, étendre le champ d'application du droit spécial de la consommation risquerait de perturber la théorie générale tant les règles consuméristes dérogent au droit commun des contrats. Si un tel rapport direct ne peut être établi, le contrat restera soumis au droit commun, de sorte que le professionnel ne sera pas protégé, à tout le moins, pas par le droit de la consommation. En revanche, si l'objet du contrat est détachable de l'activité professionnelle exercée, le professionnel pourrait prétendre au bénéfice du droit de la consommation. Ce n'est pas l'incompétence ou l'ignorance qui justifie la protection mais la nature du lien qui existe entre l'activité professionnelle exercée et le contrat conclu. Il est permis d'affirmer, non pas sans regret, que la protection du consommateur est inadaptée dans son ensemble. Cette inquiétude est sous réserve du projet de Code de la consommation au Mali[1253]. Les avancées du législateur français[1254], dans la

---

1251 Ph. STOFFEL-MUNCK, « Autour du consentement et de la violence économique », Revue de droit des contrats, 2006, p. 45.

1252 V. les débats sur l'avant de réforme du droit des obligations et de la preuve du 15 Février 2015 en France.

1253 Un avant-projet de loi de plus de 200 pages a été élaboré par le Centre d'études et de renforcement des capacités d'analyse et de plaidoyer (CERCAP), partenaire des associations des consommateurs, et soumis aux autorités compétentes pour être analysé avant son adoption par l'Assemblée Nationale.

1254 La recherche de l'équilibre affleure sous les prévisions de l'art. 1163 (c.civ.) sanctionnant l'abus dans la fixation du prix sous celles de l'art. 1167 (c.civ) qui retient la nullité du contrat à titre onéreux lorsque la contrepartie convenue au profit de celui qui s'engage est illusoire ou dérisoire. L'art. 1168 (c.civ.) répute non écrite toute clause privant de sa substance l'obligation essentielle du débiteur. Les progrès de cette quête se trouvent aussi dans certaines dispositions

protection du consommateur, pourront inspirer nos législateurs. De plus en plus, le professionnel ne maitrise plus sa propre sphère de compétence habituelle. Il n'est pas étonnant de constater que le professionnel se trouve souvent dans le même état d'ignorance ou pire que le consommateur n'est pas lui-même protégé contre les abus de puissance économique. Il existe des contrats conclus entre des professionnels de même spécialité, donc également compétents, dans lesquels d'importantes inégalités économiques sont exploitées aux dépens des plus faibles. Inversement, deux contractants peuvent évoluer dans des sphères de compétences complètement différentes sans que l'on puisse en déduire un déséquilibre de puissance économique et la nécessité de protéger le cocontractant profane.

319. Dans la réalité, rien ne s'oppose à ce qu'un professionnel soit créancier de l'information dès lors qu'il ne dispose pas des mêmes connaissances que son partenaire. L'exercice habituel d'une activité commerciale à titre de profession ne signifie pas une connaissance parfaite d'un produit nouveau, technique ou dangereux. Toutefois, l'existence de l'obligation d'information est une question laissée à l'appréciation souveraine des juges du fond qui exigent un minimum de diligence de la part du professionnel tenu de se renseigner. Son ignorance doit être légitime et son erreur excusable. Ainsi, le professionnel sera celui qui ignorait une information et n'avait pas la possibilité de l'acquérir ou ne pouvait pas prévoir l'importance de cette information au regard du contrat en cause. La compétence professionnelle est entendue au sens large comme étant constituée non seulement par la compétence technique propre à chaque professionnel mais aussi par les qualités qui découlent de l'exercice habituel d'une profession notamment les facultés d'adaptation, de prévision et de gestion des différentes difficultés pouvant se présenter. La compétence se forge et s'amplifie avec l'habitude et l'expérience. Ce qui devrait conduire à ne pas traiter de la même façon un jeune artisan qui débute et une entreprise renommée qui est entourée de conseillers. Le professionnel non spécialiste doit être identifié en fonction des

---

intéressant l'exécution du contrat notamment dans l'art.1196 (c.civ.) qui envisage la renégociation ou l'adaptation judiciaire du contrat en cas de changement de circonstances imprévisible rendant son exécution excessivement onéreuse pour une partie. Le projet comprend aussi des remèdes au déséquilibre, comme la réduction du prix visée à l'art. 1223 (c.civ), en présence d'une exécution imparfaite du contrat. La disposition phare (l'art. 1169 du c.civ.) consacrant, en droit commun, la notion de déséquilibre significatif ne doit pas masquer que, dans le projet, la quête de l'équilibre ou la sanction du déséquilibre prospèrent souvent de manière innommée. Si l'on se concentre sur l'art. 1169 (c.civ.), la question principale est de savoir s'il constitue ou non une rupture profonde avec le droit existant. Aux termes de l'art. 1169 (numérotation du projet) : « une clause qui crée un déséquilibre significatif entre les droits et obligations des parties au contrat peut être supprimée par le juge à la demande du contractant au détriment duquel elle est stipulée. L'appréciation du déséquilibre significatif ne porte ni sur la définition de l'objet du contrat, ni sur l'adéquation du prix à la prestation ». On ne peut dissimuler la source d'inspiration du législateur à travers les termes employés dans l'art. L 132-1, 1° du Code de la consommation.

circonstances et non de façon objective et abstraite comme l'est la notion de consommateur.

320. Le critère abstrait du lien demeurant entre la profession exercée et la destination du contrat devrait être concilié avec un critère concret tenant compte de la compétence du professionnel au regard du contrat et de sa capacité à se protéger. Pour reprendre les propos de MESTRE, " c'est à ce prix que la lutte contre les clauses abusives prendra sa véritable dimension et cessera enfin d'être une stérile bataille de tranchée opposant, de manière trop simpliste, le camp des consommateurs naïfs aux professionnels roués[1255]. Pour MAZEAUD, le critère qui conduit le juge à assimiler le professionnel au consommateur ne réside ni dans la finalité de l'acte ni dans le lien objectif existant entre l'acte et la spécialité professionnelle, mais bien dans la compétence du professionnel quant à l'activité contractuelle qui a donné lieu à la clause[1256]. Refuser de prendre en compte les inégalités de puissance économique entre professionnels revient à créer des injustices et incite la doctrine et la jurisprudence à étendre la notion de « consommateur » au-delà de ses limites naturelles[1257]. CHAZAL propose de recourir au concept de "lésion qualifiée" afin de vérifier si le déséquilibre de puissance économique ne conduit pas à un déséquilibre manifeste entre les droits et obligations contractuelles au détriment du partenaire ne disposant pas du même pouvoir de négociation[1258]. Ce serait l'exercice "abusif du pouvoir déséquilibrant, dont se trouve naturellement investie la partie économiquement plus puissante, qui serait sanctionnée s'il vient à réaliser un déséquilibre entre les prestations réciproques. Une pareille approche traduirait l'attitude des juridictions qui, pour corriger des déséquilibres en dehors de tout support législatif les y autorisant, font "un appel inavoué au concept de lésion[1259]".

321. La nécessité de protéger le consommateur repose sur la constatation que, de façon générale, les professionnels seraient en situation de supériorité par rapport aux consommateurs, en raison de leurs connaissances techniques, des informations dont ils disposent et souvent de leurs capacités financières[1260]. Un auteur déplore le caractère irréfragable de cette présomption d'incompétence, empreinte de fiction. S'il est cohérent d'instaurer une telle présomption, c'est à la condition qu'elle soit simple et que la preuve contraire puisse être rapportée. À défaut, on instaure une véritable règle de

---

1255 J. MESTRE, Rev. Trim. Dr. civ. 1987, p. 538, obs. sous, Cass ; civ. 1. 28 avril 1987.

1256 D. MAZEAUD, « Le juge face aux clauses abusives », in Le juge et l'exécution du contrat, Colloque organisé par l'institut de droit des affaires d'Aix-en-Provence le &" 1993 P.U Aix-Marseille, 1993, p. 23 et s., spéc., p. 47.

1257 J.- P. CHAZAL, art. préc,, spéc., n° 13, p. 263.

1258 J.-P. CHAZAL, art. préc. spéc., n° 19 et s., p. 264 et s., ; du même auteur, *De la puissance économique en droit des obligations*, thèse préc, 1996, spéc., n° 635 et s.

1259 P. DE FONTBRESSIN, « De l'influence de l'acceptation du concept de prix sur l'évolution du droit des contrats », Rev. Trim. dr. civ. 1986, p. 675 et s.

1260 . CALAIS-AULOY, op. cit, n° 7, p.7.

fond et la protection qui en découle est trop générale et abstraite pour être efficace et juste[1261].

322. L'affichage public des prix prévient l'abus. S'il y a un domaine où il faut réellement protéger le consommateur malien, c'est bien contre la publicité mensongère. Le faible pouvoir d'achat et le harcèlement constant des consommateurs analphabètes requièrent une réglementation urgente et ciblée de l'information. Certes, la publicité mensongère est interdite mais le critère de distinction du consommateur n'est pas sans reproche[1262]. Les professionnels continuent à attirer les consommateurs, doublement vulnérables de l'ingorance et de la pauvrété, par la publicité sur les radios et chaines privées de télévision dans le but de leur vendre des medicaments traditionnels supposés guerir des « centaines de maladies ». La consécration d'une obligation d'information au profit du consommateur profane est une avancée significative amoindrissant le déséquilibre des compétences entre les vendeurs professionnels aguerris et les acheteurs consommateurs analphabètes. La professionnalisation des activités commerciales est porteuse du mérite qui extirperait de l'informel les vendeurs non identifiés pour que n'importe qui arrête de vendre n'importe quoi. Aujourd'hui encore, c'est CARBONNIER qui résume mieux la philosophie consumériste lorsqu'il constate qu' : « il y a vingt ou trente ans encore, l'un des contractants devait être protégé contre l'autre lorsque sa classe sociale ou sa situation financière le mettait en état d'inégalité pour discuter ou refuser le contrat (...). maintenant, l'inégalité que l'on a en vue, c'est davantage une inégalité psychologique, l'inégalité dans l'information[1263]».

Conclusion section 1

323. L'exigence d'un formalisme informatif participe de la volonté du législateur de moraliser les contrats de consommation. D'autres moyens sont mis à la disposition du consommateur pour échapper aux pièges des techniques de commercialisation. Désormais, consommer c'est contracter en connaissance de cause pour moins de manipulations. Des techniques similaires de protection subsistent en droit des sociétés au profit des minoritaires pour empêcher les abus des majoritaires.

Section 2 : La protection de la vulnérabilité des minoritaires

---

1261 J. -P. CHAZAL, « Le consommateur existe-t-il ? », D. 1997, chron. p. 26 et s. spéc. n°28, p. 266

1262 Le doute plane sur la qualité de certains professionnels dans des domaines variés : les personnes morales sont -elles des consommateurs ? ; le consommateur est il l'« utilisateur » ou « un consommateur final » ? ; le consommateur moyen et consommateur citoyen ?. La réponse affirmative semble relever d'une vraie gymnastique intellectuelle.

1263 CARBONNIER, « Introduction à l'évolution contemporaine du droit des contrats », Journées R. Savatier, 24 - 25 Octobre 1985, PUF 1986, p. 29 et s., spéc., p. 36.

324. Aux termes de l'article 4 : « la société commerciale est créée par deux (2) ou plusieurs personnes qui conviennent, par un contrat, d'affecter à une activité des biens en numéraire ou en nature, ou de l'industrie, dans le but de partager le bénéfice ou de profiter de l'économie qui peut qui en résulter. Les associés s'engagent à contribuer aux pertes dans des conditions prévues par le présent acte uniforme. La société commerciale est créée dans l'intérêt commun des associés[1264] ». La cohabitation entre le souci de pérennisation de l'entreprise et le principe de la majorité gouvernante démontrent à suffisance que la société commerciale n'est plus strictement le produit des intérêts égoïstes de ses membres. Préventivement, le législateur s'attaque aux sources potentielles d'inégalités en veillant au fait qu'un associé ou un dirigeant ne tire pas profit de sa situation personnelle au détriment de l'intérêt social. Cette anticipation de l'inégalité informationnelle autorise l'actionnaire, qui pressent des erreurs de gestions et/ou des abus et désire être informé de façon claire[1265], d'exiger la transparence. L'adaptation de l'information est une mesure de transparence (Para.1) dont la pertinence participe d'une moralisation (Para.2) de la gestion sociale.

Paragraphe 1 : L'adaptation de l'information à la transparence dans la gestion sociale

325. L'information est un droit non pécuniaire[1266] protégeant les actionnaires minoritaires qui ne contrôlent pas la société mais qui peuvent craindre que les majoritaires abusent de leur pouvoir de dirigeants pour détourner l'objet social dans le sens de leur intérêt personnel. La consécration de l'information est la reconnaissance d'un droit à la transparence (A) qui est utile (B) dans la prévention des abus de pouvoirs contre de la sécurité des minoritaires.

A- La reconnaissance d'un droit à la transparence

326. La procédure d'alerte est un mécanisme de prévention des difficultés dans les sociétés commerciales dans le but d'inciter les dirigeants à réagir, par des mesures appropriées, lorsque la continuité de l'exploitation est menacée ou altérée. Elle s'inscrit dans une procédure d'information préalable (1) qui peut même être allégée (2) dans certaines circonstances.

[1264] Art. 4 AUSCGIE révisé.

[1265] P.- G. POUGOUE, J. NGUEBOU TOUKAM, F. ANOUHAKA, « Commentaire de l'Acte uniforme du 17 avril 1997 relatif au droit des sociétés commerciales et du groupement d'intérêt économique », in « Traité et actes uniformes commentés et annotés », 3ème éd., 2008, p. 413.

[1266] A titre de rappel, les droits pécuniaires consistent essentiellement dans le versement de dividendes à la différence des droits non pécuniaires qui sont ceux de participer aux assemblées, un droit d'information c'est-à-dire le droit de se faire communiquer différents documents sur la gestion des affaires sociales et la possibilité de se faire élire aux fonctions sociales.

1- Une information préalable dans les procédures d'alerte

327. La procédure d'alerte[1267] est une révolution en droit OHADA[1268] qui est permise sur des faits de nature à compromettre la continuité de l'exploitation[1269]. C'est un outil destiné à pallier la rupture d'égalité[1270] dans l'information entre les associés. Différentes procédures sont prévues dans les sociétés autres que les sociétés par actions[1271] et dans les sociétés par actions[1272]. Elles profitent à tout actionnaire qui l'exerce lui-même ou par son mandataire lors de l'assemblée générale annuelle au siège social[1273]. La procédure est aussi déclenchée par le commissaire aux comptes. Toutefois, les associés ne peuvent en user que deux fois au cours du même exercice social. Dans les SARL, les questions sont posées au gérant tandis que dans les SA, elles sont adressées au président directeur général, au président du conseil d'administration ou à l'administrateur général. La réponse est donnée dans un délai d'un mois, par écrit, dont une copie est envoyée au commissaire aux comptes.

328. L'absence de détermination des actes concernés nous laisse perplexe sur leur domaine étant donné que les actes découlant normalement des pouvoirs des dirigeants peuvent être effectués en lieu et place par d'autres organes de la société. Il est logique que cette procédure permette ainsi de défendre l'intérêt social en interdisant aux dirigeants de dépasser les objectifs communs dans l'exercice des pouvoirs qui leur sont conférés par les associés. Les objectifs de réalisation du profit ne sont pas discutables face à la limpidité de la définition des sociétés commerciales par le législateur OHADA[1274]. Cependant, toutes décisions d'investissements et de stratégies de réalisation du moindre bénéfice ne nécessitent une attitude alarmiste dans l'obtention d'information. Les états financiers de synthèse informent sur la santé économique de l'entreprise à la lumière de documents fiables contribuant à leur élaboration. Les documents comptables s'inscrivent dans cette logique pour empêcher les abus de biens sociaux par les dirigeants.

1267 H.- A. BITSAMANA, Dictionnaire de droit, Ohadata D-05-33 p.166 . C'est une procédure qui permet au commissaire aux comptes, qui relève un fait de nature à compromettre la continuité de l'exploitation, de demander des explications aux dirigeants de l'entreprise. Le comité d'entreprise dispose d'un même droit lorsqu'il constate des faits de nature à affecter de manière préoccupante, la situation économique de l'entreprise.

1268 A. S. ALGADI, « L'alerte de droit des entreprises en difficulté », Droit et patrimoine 2012, n° 211, p. 38.

1269 B. ALDIGE, « La licéité du dispositif d'alerte contenu dans un code de conduite des affaires », Semaine sociale, Lamy, 2009, n°1426, p. 4.

1270 Sur la notion d'égalité entre associés A. FAYE, L'égalité entre associés dans l'AUDSC et GIE, Ohadata D- 04-10, p.1 et s.

1271 Art. 157 AUSCGIE révisé.

1272 Art. 158 AUSCGIE révisé.

1273 Art. 526 AUSCGIE révisé.

1274 Art. 4 AUSCGIE révisé.

329. La procédure d'alerte est un droit de regard des actionnaires sur la gestion de la cause commune actée dans le contrat de société. La maximisation des intérêts consignée dans la réalisation du profit ne devrait pas mener à la faillite à cause des combines et combinaisons diverses des actionnaires majoritaires. Les commissaires aux comptes sont astreints au secret professionnel pour les faits, actes et renseignements dont ils ont pu avoir connaissance à l'occasion de l'exercice de leurs fonctions[1275]. Ils sont chargés de contrôler la comptabilité de la société, de la certifier et plus généralement de vérifier que la vie sociale se déroule dans les conditions telles que voulues par l'ensemble des associés. Les commissaires aux comptes sont des confidents nécessaires appelés à connaître des données dont la divulgation pourrait nuire à la société. Ils sont chargés de contrôler, de certifier et de vérifier la régularité de la vie sociale. Ils ont, à cet effet, le droit de tout savoir avec l'obligation de tout taire. Les informations relatives à l'alerte peuvent être connues des tiers du fait des indiscrétions ou des maladresses. Pourtant, les commissaires aux comptes sont protégés dans l'exercice de leur mission en ce sens que leur responsabilité ne peut être engagée pour la divulgation des faits dont ils ont eu connaissance dans l'exercice de ses fonctions[1276]. Autrement dit, ils bénéficient donc d'une sorte d'immunité s'ils déclarent une alerte alors que la situation n'est pas compromise et que leur initiative intempestive cause préjudice à l'entreprise. Toutes les sociétés ne sont pas tenues de nommer en leur sein des commissaires aux comptes notamment les personnes morales non-commerçantes en plus de certaines entreprises commerciales. Habituellement, se sont les sociétés anonymes qui sont obligées de désigner des commissaires aux comptes devant assurer le contrôle de leur gestion[1277].

330. La procédure d'alerte peut être déclenchée par les associés pour faire réagir la direction d'une société lorsque la continuité de l'exploitation est compromise. Elle tend à prévenir les difficultés dans la société. Les majoritaires, qui sont le plus souvent les dirigeants sociaux, se trouvent alors tentés d'abuser de ce rapport de force fortement déséquilibré à leurs avantages. Le risque est que les fonds sociaux soient utilisés à des fins qui ne servent pas l'intérêt de la communauté des actionnaires et que les intérêts des minoritaires soient sacrifiés. La protection juridique de ces derniers devient dans ce cas un impératif. La procédure d'alerte constitue, dans certaines circonstances, un contre-pouvoirs pour les minoritaires qui se mèlent des pouvoirs des dirigeants majoritaires mandatés dans les fonctions de gestion sociale. Il s'agit de gérer la société de bonne foi car sous cette contrainte, il est attendu des dirigeants sociaux une gestion transparente, intelligente, contrôlée et susceptible d'être

[1275] Art. 717 AUSCGIE révisé.
[1276] Art. 725 al. 2 AUSCGIE révisé.
[1277] Art. 10 AUSCGIE révisé.

prouvée[1278]. Finalement, la procédure d'alerte, selon les types de sociétés, est un moyen redoutable de prévention contre les comportements désobligeants des instances dirigeantes pouvant compromettre la réalisation de l'intérêt commun. Ce qui n'a certainement pas échappé à la vigilance du législateur OHADA de ne pas laisser les actionnaires sceller leur volonté dans un contrat de société sans aménager les contre-pouvoirs empêchant les dirigeants sociaux d'abuser de l'intérêt commun. L'intervention du législateur dans le déséquilibre des pouvoirs, à travers l'information, est allégée dans l'expertise préventive à la différence d'autres procédures exigeant des quotas laborieusement accessibles par les actionnaires.

2- Une information permanente dans l'expertise de gestion

331. Face aux risques d'abus dans l'exercice du pouvoir, il est impératif de prévoir des mécanismes légaux de rééquilibrage des rapports de force qui coexistent entre les divers acteurs sociaux[1279]. L'expertise de gestion a fait l'objet d'une réglementation par le législateur OHADA[1280] qui en fait une prérogative réservée aux seuls minoritaires[1281]. Ce qui lui vaut d'ailleurs l'appellation d'expertise de minorité[1282]. Le législateur OHADA dans ce domaine fait mieux que son homologue français[1283] en allant plus loin que la loi française du 24 juillet 1966[1284].

332. L'article 159 de l'AUSCGIE conditionne le déclenchement de l'expertise de gestion à au moins un cinquième du capital social[1285]. La fixation d'un quota empêche les demandes abusives. En tout état de cause, l'information devrait soulever des interrogations légitimes qui ont conduit le tribunal de commerce de Bamako à reconnaitre la recevabilité d'une action intentée par un co-directeur d'une société pour plus de transparence. En l'occurrence le sieur TOURE, en sa qualité de co-directeur, expose que les

---

[1278] K. AGUEMON, *Réflexion sur l'abus en droit des sociétés dans l'espace OHADA : contribution du droit français*, thèse préc. n° 308, p. 246.

[1279] K. AGUEMON, *Réflexion sur l'abus en droit des sociétés dans l'espace OHADA : contribution du droit français*, thèse préc. n ° 317, p. 252

[1280] Art. 159 AUSCGIE - 160 de l'AUSCGIE et les art. 525 à 528 de l'AUSCGIE révisés.

[1281] Dans la législation française, cette prérogative est ouverte aussi au Ministère public, au comité d'entreprise ou à l'autorité des marchés financiers. En réalité, la procédure d'expertise de gestion n'est pas expressément réservée aux associés minoritaires. Tous les associés peuvent la demander sur des opérations de gestion déterminées. Cependant, les associés majoritaires étant le plus souvent les dirigeants de la société, on voit mal comment ils pourraient demander une expertise sur leur propre gestion. La législation française donne la qualité d'agir à d'autres requérants comme le ministère public, le comité d'entreprise ou encore la commission des opérations de bourse. L'AUSCGIE pourrait progresser par la détermination des critères de recevabilité.

[1282] P.- G. POUGOUE, F. ANOUKAHA et J. NGUEBOU, op. cit., p. 86.

[1283] Le législateur français dans les art. L. 225-231 et 223-37 du Code du commerce réserve le bénéfice de l'expertise respectivement aux sociétés par actions et à responsabilité limitée.

[1284] M. H-D MODI KOKO BEBEY, « La réforme du droit des sociétés commerciales de l'OHADA », Rév. Soc. Avril- juin 2002, p. 255.

[1285] Art. 159 de l'AUSCGIE révisé.

actes passés au nom de la société sont réputés avoir été accomplis sous son autorité sans qu'il ait accès aux documents comptables et financiers de la société. Il prétend n'avoir eu aucune information sur les activités de la société dirigée avec les co-directeurs Sud- Africains. Après avoir demandé le relevé bancaire de la société, le sieur TOURE s'est rendu compte que ladite société était redevable de la banque en dépit de ses activités minières. Le tribunal de commerce jugeait que dans un souci de transparence et dans l'intérêt de la société, qu'il reçoit la demande du sieur TOURE sur le fondement de l'art.159 de l'AUSCGIE[1286]. Dans une autre espèce, la méfiance entre associés avait conduit le juge du tribunal de commerce de Bamako à commettre un expert de gestion. Le sieur KONÉ fait une demande en résolution judiciaire de gérance, une désignation d'administrateur provisoire et une expertise de gestion au motif que le sieur DEMBÉLÉ, en sa qualité de gérant et membre fondateur de la société de K. B. Transport SARL, entretient une entière opacité sur la gestion de la société. Le juge rendait sa décision en commettant un expert-comptable pour procéder, entre autres, à une expertise de gestion en lui impartissant un délai de 45 jours pour déposer son rapport[1287]. Différentes décisions ont été rendues, parfois sur la base d'astuces procédurales, dans le déclenchement de l'expertise de gestion[1288] en droit OHADA.

333. Selon le professeur SAKO, l'expertise de gestion n'est qu'un moyen complémentaire d'information destiné, dans le cas où les conclusions du rapport leurs sont favorables, à permettre aux minoritaires de s'y fonder pour invoquer un abus de majorité ou pour demander la nomination d'un administrateur provisoire. L'institution est un instrument de détection et même de preuve de l'abus de droit[1289]. Bien qu'ouverte en priorité aux minoritaires, rien n'empêche un majoritaire ou même un membre du collectif dirigeant, de s'informer sur la nature, la portée et les effets de certaines opérations de gestion sauf si sa qualité de mandataire social lui permet d'obtenir une

---

[1286] Jugement n° 127 du 8 Octobre 2011 du tribunal de commerce de Bamako portant sur une demande d'expertise de gestion opposant Z. TOURÉ à la société TG- SARL inédit.

[1287] Jugement n°686 du 29 Octobre 2014 du tribunal de commerce de Bamako portant sur une demande de Résolution Judiciaire de Gérance, Désignation d'administrateur provisoire, et Expertise de Gestion opposant I. KONÉ à la B. DEMBÉLÉ, inédit.

[1288] V. TRHC de Dakar, ordonnance de référé, n°1671 du 23 déc. 2002, Aff. A. NDIAYE c/ N. LO, Ohadata J-03-186 sur la légitimité des demandeurs possédant plus de la moitié du capital de la société à solliciter la nomination d'un expert de gestion aux fins d'examiner les comptes de la société ; CA Abidjan, chambre civile et commerciale, 5ème Chambre, arrêt n°10 du 02 janv. 2001, Aff. Polyclinique Avicenne c/ Bassit Assad sur l'irrecevable pour défaut de qualité d'une demande d'expertise de l'associé qui n'a que 152 parts sur 1900 parts, soit 8% du capital ; Tribunal Régional de Niamey, ordonnance de référé n° 245 du 22 oct. 2002, Aff. A. HAMMOUD c/ J. C sur une expertise demandée par un associé détenant 49% du capital social et doutant de la sincérité des résolutions prises en assemblée.

[1289] A. SAKO, *Les groupes de société en Afrique. Droit, pouvoir, dépendance économique*, éd. Karthala , 2010, n° 391, p.185.

information suffisante[1290]. L'intérêt de cette expertise est l'obtention d'information, sur la gestion de la société, qui permettront aux minoritaires d'apprécier l'opportunité de certains actes de gestion. Elle pourra être de nature à justifier l'exercice ultérieur d'actions contre les dirigeants sociaux. Il est évident que les termes de l'article 159 AUSCGIE[1291] ne laissent aucun doute sur le fait que l'expertise de gestion soit une protection taillée sur mesure pour les minoritaires.

B- L'utilité du droit à la transparence

334. L'expertise de gestion est une technique de prévention du déséquilibre des connaissances entre associés et dirigeants sociaux. La démocratisation de l'information est un dispositif de transparence de la gestion sociale. Pour son utilité, l'information doit être adaptée aux besoins pour ne pas créer plus d'abus qu'elle n'en corrige. Elle est occasionnelle dans l'expertise de gestion (1) et allégée dans l'expertise in futurum (2).

1- L'information occasionnelle dans l'expertise de gestion

335. L'expertise de gestion concerne une ou plusieurs opérations particulières. Sans autre précision légale, il peut s'agir de toute décision relevant de la compétence du conseil d'administration, du président directeur général ou du directeur général et de l'administrateur général sur les conventions autorisées par le conseil d'administration, les cautions, avals et garanties souscrits par la société pour des engagements pris par des tiers, les contrats signés au nom de la société par les dirigeants. Les groupes de sociétés[1292] paraissent rejoindre cette logique de prévention de l'abus dans l'information à travers l'expertise de gestion[1293]. Le contrôle effectué par l'assemblée générale n'exclut pas la possibilité pour les minoritaires, ayant voté contre, de demander une expertise de gestion sur la convention concernée. Cela est d'autant plus réel que les dirigeants sociaux sont habituellement les majoritaires. L'information est jugée permanente[1294] et occasionnelle[1295] par le législateur OHADA[1296].

1290 Y.- B. MEUKE, « L'information des actionnaires minoritaires dans l'Ohada, réflexion sur l'expertise de gestion », Rev. Juridique Tchadienne, 2007, n°331, p. 261.

1291 Art. 59 AUSCGIE révisé dispose qu' : « un ou plusieurs associés représentant au moins le cinquième du capital social peuvent, soit individuellement, soit en se groupant sous quelque forme que ce soit, demander au président de la juridiction compétente du siège social, la désignation d'un ou de plusieurs experts chargés de présenter un rapport sur une ou plusieurs opérations de gestion ».

1292 A. SAKO, *Les groupes de société en Afrique. Droit, pouvoir, dépendance économique*, préc., n° 288, p.147.

1293 A.-M. NJANDEU, *L'intérêt social en droit des sociétés*, pref. Paul Gerard Pougoué, Harmattan, 2009, n° 540, p. 322 ; Voir aussi le rôle préventif de l'information contre les abus dans la gestion des groupes de sociétés A. SACKO, *Les groupes de société en Afrique. Droit, pouvoir, dépendance économique,* préc., n° 378, p.180.

1294 A.-M. NJANDEU, *L'intérêt social en droit des sociétés*, thèse préc. n° 335, p. 212 ; A. –M. CARTRON et B. MARTOR, « L'actionnaire minoritaire dans les sociétés de droit », Dossier,

336. Par ailleurs, le fait que les opérations critiquées n'aient pas été ignorées des actionnaires à l'approbation desquelles elles ont été soumises ne peut suffire à faire rejeter une demande d'expertise de certains actionnaires qui n'auraient pas pris part au vote en signe de manifestation de leur désaccord. Le juge détermine l'étendue de la mission et les pouvoirs des experts dont les frais sont supportés par la société. Quant à la mission confiée à l'expert, elle doit être relativement générale puisqu'elle peut comporter l'examen d'un point de droit. Cependant, celle-ci peut paraître étroite en raison du caractère complémentaire de l'information par rapport aux autres moyens de contrôle dont disposent les actionnaires. L'expert de gestion doit être doté de pouvoirs déterminés par le président du tribunal statuant dans ses fonctions de juge de référés avec pour mission de ne pas faire double emploi avec celle d'autres organes chargés d'informer les actionnaires. On peut penser qu'il peut se voir confier une mission d'ordre comptable, alors même que les comptes ont déjà été vérifiés par le commissaire aux comptes. La procédure étant consécutive le plus souvent à des dissensions entre actionnaires pourrait paralyser le bon fonctionnement de la société. Il appartient alors aux minoritaires de donner la suite qu'ils veulent à cette investigation. Le législateur OHADA ne précise pas la suite réservée au rapport de l'expert. Il serait souhaitable pourtant que celui-ci soit communiqué en priorité au demandeur même si les personnes n'ayant pas sollicité la procédure peuvent en avoir connaissance.

337. L'expertise de gestion révèle des faits que les dirigeants taisent et qui méritent d'être connus des associés en évitant que la confidentialité relative à certaines des opérations de gestion ne soit pas un mythe mais une réalité[1297]. A cet effet, la confidentialité de l'alerte est utile pour son efficience. Il peut paraitre superficiellement contradictoire d'exiger la discrétion dans le traitement de l'information lorsque les associés et actionnaires exigent la transparence. C'est la restauration concrète de l'équilibre des connaissances dans les contrats de société pour que la confidentialité ne soit pas une niche d'abus de pouvoirs pour les dirigeants. C'est une prévention contre les pathologies de l'inintelligence sociale, qu'occasionnent des irrégularités de gestion, et les conflits sociaux qui compromettent la continuité de l'exploitation. L'information est un instrument stratégique de régulation des comportements contractuels entre les dirigeants et les associés. L'inquiétude

---

Le droit uniforme africain des affaires issu de l'Ohada, Cahiers droit de l'entreprise, n°1, Janvier – Février 2010, p. 23.

1295 A.-M. NJANDEU, *L'intérêt social en droit des sociétés*, thèse préc. n °336, p. 214 ; A. –M. CARTRON et B. MARTOR, « L'actionnaire minoritaire dans les sociétés de droit », Dossier, Le droit uniforme africain des affaires issu de l'OHADA, Cahiers droit de l'entreprise, n°1, Janvier – Février 2010, p. 24.

1296 Pour la permanence de l'information art. 289-526-157 et le caractère occasionnel 288 -306 - 345-525 de l'AUSCGIE revisé.

1297 Tribunal hors classe de Dakar, ordonnance de référé, n° 901 du 9 août 1999, aff. Hassane Yacine c/ Société Nattes Industries, Ibrahima Yazback et autres, Ohadata J-02-198.

est que l'exigence de l'information n'engendre plus de suspicions que de solutions. L'encadrement de l'expression « opération de gestion » n'est pas dénué de tout reproche. Le législateur OHADA ne s'est pas déployé à éplucher l'expression en raison de sa complexité à être cerné[1298]. Le juge se réfère au standard de celui qui ne se conduit pas comme l'eût fait à sa place un dirigeant diligent ou avisé[1299]. L'intérêt social est la boussole dans l'appréciation des opérations de gestion. Dans la délimitation des opérations de gestion, on peut penser que le mot « gestion » impose d'exclure les décisions prises par l'assemblée générale car celle-ci n'est pas un organe de gestion[1300]. Ce qui, de prime abord, ne paraît pas évident. Le législateur OHADA pourrait fixer une typologie d'opérations anormales sous la base de trois critères comme les fautes par imprudence, les fautes volontaires et les fautes par négligence[1301]. La reconnaissance du droit à l'information et les effets néfastes d'un climat de suspicion peuvent entrainer la méfiance généralisée entre actionnaires. Ce qui exige plus de précision légale sur la notion de « faits de nature à compromettre la continuité de l'entreprise ». A défaut, les interprétations vont bon train même si le bon sens circonscrit et exclut les abus dans la gestion de la société commerciale. Parmi les grandes incertitudes, nous avons le seuil du risque tolérable pour les organes de gestion dans le fonctionnement de la société commerciale. Le droit extrapatrimonial des associés d'être informés ou droit à la transparence n'est pas l'alarmisme à toutes fins utiles même si la procédure d'information est allégée dans l'information préventive.

2- L'information allégée dans l'expertise in futurum

338. Aux termes de l'article 158 alinéa 1er de l'AUSCGIE : « dans une société anonyme, tout actionnaire peut deux fois par exercice poser des questions au président du conseil d' administration, au président directeur général ou à l'administrateur général, selon le cas, sur tout fait de nature à compromettre la continuité de l'exploitation[1302] ». C'est indubitablement à propos du quota que l'expertise préventive est plus adoucie dans son déclenchement.

1298 Sur la difficulté à cerner l'expression « expertise de gestion » Encyclopédie de droit, Dir. P.-G. POUGOUE, Lamy, 2011, n° 23, p. 790.

1299 A. FOKO, « L'essor de l'expertise de gestion dans l'espace », Rev. de droit international et de droit comparé, 2009, p. 157.

1300 K. AGUEMON, *Réflexion sur l'abus en droit des sociétés dans l'espace OHADA : contribution du droit français,* thèse préc. n°317, p. 252.

1301 A. AKAM AKAM, « La responsabilité civile des dirigeants sociaux », RIDE 2007, n° 2, p. 224.

1302 Art. 158 alinéa 1er AUSCGIE. Cette disposition a été calquée sur les dispositions des articles 225 et suivants du Code de commerce Français avant leur nouvelle rédaction résultant de la loi du 15 mai 2001 à la seule différence que ce texte prévoyait que les actionnaires de la société anonyme devaient représenter au moins 1/10 du capital de la société.

339. A titre de rappel, l'expertise in futurum est une expertise préventive dont peuvent se prévaloir les minoritaires lorsqu'ils ne peuvent pas utiliser l'expertise de gestion pour protéger leurs droits. Ils pourront très bien solliciter une expertise préventive aux fins d'établir des faits qui, par la suite, leur permettront d'obtenir l'annulation d'une délibération sociale pour abus de majorité ou l'engagement de la responsabilité des dirigeants sociaux. Elle est prévue par l'article 167 du CPCCS[1303] permettant à toutes personnes de sauvegarder ses droits et intérêts, qu'il n'est permis de laisser sans protection. Lorsque le seuil de 20% exigé par l'AUSCGIE n'est pas atteint, l'expertise préventive permet d'obtenir l'information nécessaire. L'expertise préventive se distingue de l'expertise de gestion en ce que les conditions de recevabilité du premier sont plus souples que celles du second. L'esprit de l'expertise préventive est quelque peu différent de celui de l'expertise de gestion parce que cette dernière relève plus du droit des sociétés donc orientée vers la protection de l'intérêt social par l'intermédiaire de l'action des minoritaires. L'information obtenue par le biais de cette expertise est logiquement destinée à toutes les composantes de la société. De son côté, l'expertise préventive est une technique procédurale dont le seul bénéficiaire est le demandeur qui n'est pas toujours le minoritaire. Le juge, en sus d'une analyse des circonstances, ne saurait se soustraire de la garantie procédurale que constitue le respect du contradictoire dans sa prise de décision. De la crédibilité des griefs dépendra la désignation d'un expert de gestion. La demande sera rejetée chaque fois que les minoritaires n'invoquent que des griefs s'inscrivant dans l'esprit d'un procéduralisme abusif. L'expertise préventive est admise de manière plus libérale surtout lorsque le demandeur justifie le motif légitime qu'il a de vouloir conserver ou établir, avant tout procès, la preuve des faits dont pourrait dépendre la solution d'un litige. Le demandeur n'a pas besoin de préciser la nature et le fondement du litige qui l'opposent ou susceptibles de l'opposer à la société. Il suffit que les faits à prouver soient susceptibles d'influencer la solution du litige c'est-à-dire qu'ils soient pertinents et utiles. C'est en cela que l'expertise préventive peut être un levier procédural[1304] dans l'anticipation du déséquilibre des pouvoirs en droit des sociétés commerciales.

340. Les effets produits par cette autre forme d'expertise montrent qu'elle peut jouer un rôle important aux côtés de l'expertise de gestion dans la transparence de la gouvernance sociale. Les minoritaires disposent de l'expertise préventive grâce à l'information pour sauvegarder légitimement leurs intérêts qui peuvent bien diverger de ceux des majoritaires. L'expertise in futurum est destinée à prolonger le contrôle des commissaires aux comptes auxquels toute immixtion dans la gestion sociale serait en principe interdite.

1303 Art. 167 du Code de procédure civile, commerciale et sociale au Mali.

1304 V. sur le levier procédural S. MONETREY, « La procédure est elle un outil de rééquilibrage des intérêts ? », in les déséquilibres économiques et le droit économiques sous la direction scientifique de Laurence Boy, Larcier Droit- économie internationale, 2015, p. 101.

L'intérêt de cette expertise est l'obtention d'information sur la gestion de la société et l'opportunité pour les minoritaires d'apprécier certains actes. Ce sont parfois des prémisses à l'exercice ultérieur d'actions en justice contre les dirigeants sociaux.

341. Nous retenons que l'expertise in futurum est une expertise préventive disponible pour les minoritaires lorsqu'ils ne peuvent pas utiliser l'expertise de gestion pour mieux protéger leurs droits. Ils sont autorisés à la demander aux fins d'établir des faits pour obtenir l'annulation d'une délibération sociale pour abus de majorité ou l'engagement de la responsabilité des dirigeants sociaux. C'est une voie admettant les minoritaires de contourner la rigueur des quotas dans la protection de leurs droits en réduisant les marges d'abus de pouvoirs des majoritaires. En cela c'est une technique procédurale souple dans ses conditions de recevabilité par rapport à l'expertise de gestion. Les sociétés n'échappent pas à l'exigence et à la délivrance de l'information pertinente pour moraliser la gestion des affaires sociales.

Paragraphe 2 : La pertinence de l'information dans la moralisation de la gestion sociale

342. La contractualisation de l'information dans les sociétés limite les abus dont elle peut faire l'objet. L'abus est l'exercice déséquilibrant du pouvoir. Plus qu'une simple grille de lecture séduisante, la moralisation des comportements contractuels passe par une analyse de l'information aux prismes de la loyauté (A) et de l'abus (B) dans le respect de l'intérêt social.

A- L'information aux prismes de la loyauté

343. Dans l'expertise de gestion et la procédure d'alerte, l'information protège contre la vulnérabilité situationnelle des minoritaires par sa loyauté dans la réalisation de l'intérêt social (1) et la conciliation des intérêts divergents (2).

1- Une loyauté de l'information dans la réalisation de l'intérêt social

344. Le processus décisionnel implique la présence d'une opposition dans l'exercice du pouvoir politique, entre majoritaires et minoritaires, en droit des sociétés. La gouvernance des sociétés commerciales est assimilable à l'exercice démocratique du pouvoir politique. Les minoritaires jouent le rôle du peuple souverain qui désigne ses représentants dirigeant le gouvernement de la société commerciale. La prise de décision, expression de l'exercice du pouvoir par les majoritaires, est conditionnée au vote de l'ensemble des actionnaires. La démocratie peut se transformer en dictature à cause des abus des majoritaires qui sont souvent les dirigeants mandatés à mener la politique économique de la société pour la réalisation des bénéfices. L'interdiction de l'instrumentalisation du pouvoir de gestion par la majorité dirigeante est destinée à pallier toutes les formes d'unilatéralisme au sein de la société. Les majoritaires se sont vus attribués des pouvoirs unilatéraux, conventionnels ou légaux de décision pour satisfaire une finalité précise qui est la réalisation de l'intérêt commun des associés. La décision unilatérale des majoritaires n'est légitime que si elle poursuit l'interêt commun des associés. C'est précisément le respect de cette finalité qui permet d'affirmer que les majoritaires ne sont pas titulaires d'un droit mais détenteurs d'un pouvoir de modification unilatérale. L'unilatéralité désigne extensivement la latitude des majoritaires à décider lors des votes, expression de la démocratie sociale, en dépit d'un droit de blocage des minoritaires. Cependant, l'assimilation globale de toutes les modifications statutaires adoptées par les majoritaires à l'unilatéralisme arbitraire peut paraitre exagérée. Il doit s'agir d'un détournement déséquilibrant de pouvoir par les majoritaires à leur profit personnel et exclusif.

345. Dans les sociétés commerciales, l'intérêt commun ou sécurité collective ordonne de soumettre les décisions importantes à la démocratie par le vote. La majorité n'est pas l'unanimité et non plus la vérité. Pour les minoritaires, les décisions prises en majorité pourraient les obliger à s'aligner. Dans ce cas, la réalisation de l'objectif social se transforme pour les minoritaires en solidarité forcée par la contribution aux pertes en fonction de la forme sociale. C'est à cette fin que l'équilibre des pouvoirs est économiquement fondamental. Selon le professeur NZOUABETH, la société est une structure de partage du pouvoir et du profit au sein de laquelle coexistent deux ou plusieurs intérêts divergents[1305].

346. La divergence d'intérêts conflictualise les rapports entre actionnaires faisant dire que les contrats donnent lieu à des discussions plus âpres, les marges bénéficiaires sont plus réduites, la concurrence est plus vive de telle sorte que le moindre incident risque de transformer les partenaires en adversaires[1306]. La fraternité est moins présente dans les sociétés en l'occurrence dans les sociétés anonymes. En droit des affaires, le nerf de la guerre c'est l'argent[1307]. L'information est une sorte de « légitime défense contractuelle », un contre-pouvoir dont disposent les minoritaires pour mieux se défendre face aux majoritaires.

347. La communauté d'intérêts dans les contrats de société réclame plus de transparence. Les enjeux financiers doivent être conciliés avec les mesures de vigilance pour que la société reste une affectation de biens à l'exploitation d'une activité, pour partager des bénéfices ou profiter de l'économie, et non une contribution aux pertes consécutive au détournement de pouvoir. La description trop idéaliste de la quête de l'information est en déphasage avec les conflits d'interêts dans les sociétés. L'information en elle-même est une source de pouvoir. Son adaptation à la protection des minoritaires est la preuve

---

1305 D. NZOUABETH, *Les litiges entre associés*, thèse UCAD/FSJP, 2005, n° 7, p. 6.
1306 D. NZOUABETH, *Les litiges entre associés*, thèse UCAD/FSJP, 2005, n ° 13, p. 7.
1307 D. NZOUABETH, *Les litiges entre associés*, thèse UCAD/FSJP, 2005, n ° 7, p. 4.

tangible que le législateur est soucieux d'une justice contractuelle pour eux en droit des sociétés. Les décisions judiciaires démontrent la portée dérangeante de ces mesures d'information[1308]. L'expertise de gestion est une arme indispensable à la disposition des actionnaires minoritaires en cas de défiance à l'égard des dirigeants sociaux. Ces minoritaires n'hésitent plus à diligenter des mesures d'expertise judiciaire qui sont de réels préludes à des actions en responsabilité. De plus en plus, on voit se développer la mise en œuvre de mesures d'expertise que les minoritaires utilisent soit pour se faire confirmer la régularité de quelques opérations de gestion des dirigeants sociaux, soit pour se ménager des preuves préalablement à l'engagement de procédures judiciaires à l'encontre des mêmes dirigeants.

348. Pour remédier au déséquilibre des connaissances en droit des sociétés, l'information est un moyen privilégié par le législateur OHADA pour anticiper un désastre collectif. Cela est rendu possible grâce aux procédures d'alerte dans les sociétés anonymes[1309] et pour autres sociétés[1310]. L'expertise de gestion[1311] peut permettre l'obtention des informations en cas d'irrégularités de gestion et de conflits sociaux. Les conflits d'intérêts entre les porteurs de parts ou d'actions constituent une source de difficultés financières pouvant aller jusqu'au dépôt de bilan ou la liquidation judiciaire. Ces spécificités portent atteinte à l'existence d'une société de droit commun[1312]. La tendance

---

[1308] CA de Cotonou, Arrêt N° 256/2000 du 17/8/2000, Affaire Société continentale des pétroles et d'investissements C/ État béninois, http://www.juriscope.net ; Voir Tribunal régional de Niamey, ordonnance de référé N° 245 du 22 Octobre 2002, affaire Abass HAMMOUD c/ Jacques Claude LACOUR et Dame Evelyne Dorothée FLAMBARD, Ohadata J- 04- 80, préc. http:// www. Ohada.com ; tribunal régional hors classe de Dakar, ordonnance de référé N° 901, du 9 août 1999, affaire Hassane Yacine c/ société nattes industries, Hibrahima Yazback et autres, Ohadata J-02-198, préc. http://www.ohada.com; CA d'Abidjan, cinquième chambre civile, arrêt n°10 du 02 janvier 2001, affaire polyclinique Avicennes c/ bassit Assad, ohadata j-02-113, préc. http://www.ohada.com.

[1309] Art. 150 à 152 de l'AUSCGIE révisé. Deux critères sont typiques de la procédure d'alerte prévue par l'AUSCGIE par les art. 158 et 526 al. 3 de l'AUSCGIE pour la société anonyme et l'art. 157 de l'AUSCGIE pour les autres sociétés. La procédure d'alerte est considérée comme une « *une révolution majeure en droit OHADA* » V. à ce propos A. S. ALGADI, « L'alerte de droit des entreprises en difficulté », préc. n° 211, p. 38. Elle est autorisée aux dirigeants sociaux sur des faits de nature à compromettre la continuité de l'exploitation ; V. aussi B. ALDIGE, « La licéité du dispositif d'alerte contenu dans un code de conduite des affaires », préc. n° 1426, p. 4 et A. FAYE, « L'égalité entre associés dans l'AUDSC et GIE », préc. p. 1 et s. ; V. sur l'expertise comme mode de protection des associés minoritaires. AUDE MARIE CARTRON et BORIS MASTOR, « L'associé minoritaire dans les sociétés régies par le droit OHADA », préc. p. 4 et s.

[1310] Art. 157 de l'AUSC révisé.

[1311] V. art. 159 à 160 de l'AUSCGIE révisé. Aussi pour que cette expertise, dite encore « de minorité », puisse être demandée, les associés ou actionnaires, selon le cas, doivent détenir individuellement ou en se groupant, au moins 10 % du capital social pour les SARL et au moins 5 % du capital pour les SA et les SAS.

[1312] P. Le CANNU, « Existe-t-il une société de droit commun ? », in Mél. M. Jeantin, Dalloz, p. 247.

est à la fronde pour les minoritaires qui disposent traditionnellement du droit de poser des questions écrites à l'occasion des assemblées générales. Le droit positif leur concède des stratégies pour affirmer et protéger leur autorité décisionnelle, quoique minime, face aux autres actionnaires notamment par la consécration explicite de l'action en abus de majorité. L'expertise de gestion est en réalité une procédure longue alors que toutes les procédures de détection des difficultés se doivent d'être rapides[1313]. Ce qui devrait être compensé par l'information loyale dans sa qualité pour une meilleure conciliation des intérêts divergents.

2- Une loyauté de l'information dans la conciliation des intérêts divergents

349. La loyauté est le fondement du contrat de société[1314]. Pour garantir une transparence des actes de gestion, le législateur OHADA s'est inspiré des grands principes du droit des sociétés tout en sachant innover à de nombreux égards en tirant les conséquences de certaines insuffisances de ces modèles. Le minoritaire a un droit d'accès à l'information vis-à-vis des dirigeants sociaux et renforcé par diverses procédures[1315]. Pour MEUKE, l'expertise de gestion répond à un souci de garantir une information fiable et nécessaire aux minoritaires[1316]. L'information des administrateurs[1317] figure dans leurs attributions et responsabilités à travers les articles 435 à 452 de l'AUSCGIE. La Cour de cassation dans une décision du 2 juillet 1985[1318] a posé le principe selon lequel le conseil d'administration agit au nom de la société, qu'il s'ensuit que le président de ce conseil doit permettre aux administrateurs d'être en mesure de remplir leur mission en toute connaissance de cause. L'information

[1313] Y. GUYON, Droit des affaires, préc. p. 62.

[1314] A.-M. NJANDEU, *L'intérêt social en droit des sociétés,* préc. n°171, p. 112.

[1315] L'art. 528 de l'AUSCGIE reconnait à tout associé (majoritaire ou minoritaire) la possibilité d'obtenir devant le juge des référés la communication forcée de certains documents sociaux en cas de refus des dirigeants sociaux. Toutefois cette procédure est ouverte en période d'assemblée et n'est justifié que par le refus et non un retard dans la communication d'un document social par les dirigeants sociaux. En octroyant ce pouvoir a tous les associés l'a renforcé le pouvoir des associes minoritaires V. à ce propos M. LECERF, *OHADA,* « la procédure d'alerte : un nouveau moyen de prévention des difficultés des entreprises », in Afrique, Harmonisation du droit des affaires OHADA : CJFE/CFCE, n°2, 1998, p. 325 et s., spéc. p. 331 cité par A.- M. CARTRON et B. MASTOR, op.cit. p. 25.

[1316] B.- Y. MEUKE, L'information des actionnaires minoritaires dans l'espace Ohada : Réflexion sur l'expertise de gestion, Ohadata D-05-56 p. 3.

[1317] A.-M. NJANDEU, *L'intérêt social en droit des sociétés*, préc. n ° 200, p.127.

[1318] Cass. Com. 2 juillet, consorts Cointreau et autres contre Sociétés Remy Martin et autres, Bull. civ. n° 203 ; Rev. Sociétés 1986, p. 231, note P. Le CANNU. La Cour a ensuite précisé dans une décision du 1er décembre 1987 que le '' le conseil d'administration est investi des pouvoirs les plus étendus pour agir en toutes circonstances au nom de la société et que ses membres sont responsables des fautes commises dans l'exercice de leurs fonctions ; qu'il s'en suit que le président ce conseil doit mettre ceux-ci en mesure de recevoir les informations qui leur sont nécessaires'' Cass. Com., 1er déc. 1987. M. DENNERY contre société anonyme établissement Dennery, Bull. civ., IV, n ° 260 ; Rev. Société 1998, p. 237, note P. Le CANNU.

ne doit pas être stérile mais crédible et relative à la gestion sociale. Le devoir de loyauté du dirigeant envers l'entreprise ne doit pas être confondu avec ce que nous qualifierons d'un devoir de bonne gestion[1319]. Le raisonnement consistait à soutenir que le devoir de loyauté est un devoir d'agir dans l'intérêt du bénéficiaire alors que le devoir de bonne gestion se traduit par un devoir d'agir au mieux des intérêts de la société elle-même. Le manquement n'est pas caractérisé de la même façon. Le manquement au devoir de loyauté envers l'entreprise est caractérisé par l'obtention d'un avantage personnel alors que le manquement au devoir de bonne gestion va être caractérisé par un manque de diligence du dirigeant[1320] et par des actes d'imprudence ou de négligence constitutifs d'une faute de gestion. Les devoirs de loyauté et de bonne gestion incarneraient des réalités distinctes. Le devoir de bonne gestion relève d'une appréciation de la qualité de la gestion des dirigeants, du mérite de leurs décisions alors que le devoir de loyauté concerne seulement et précisément les situations où la décision est compromise par un conflit d'intérêts ou la perspective d'un intérêt personnel. Le devoir de loyauté est un devoir général imposé à toute personne titulaire d'un pouvoir d'agir dans l'intérêt d'une personne déterminée. Par conséquent, les dirigeants qui se trouvent dans une situation conflictuelle peuvent être responsables pour manquement à leur devoir de loyauté.

350. Dans l'exercice de leur droit à l'information, les associés aussi doivent agir de bonne foi en excluant tout comportement abusif. Il en est ainsi lorsqu'ils demandent la communication des documents sociaux. Ce droit ne doit pas être exercé de façon intempestive dans les sociétés civiles professionnelles où les associés peuvent prendre connaissance des documents sociaux à toute époque de l'année et aussi souvent qu'ils le souhaitent. Il en est ainsi lorsqu'ils exercent une action en désignation d'un expert de gestion. L'exercice abusif de ce droit s'est illustré dans un arrêt de la Chambre commerciale de la Cour de cassation lorsqu'un associé avait exercé une action en désignation d'un expert alors qu'il savait pertinemment qu'il ne satisfaisait pas aux conditions objectives posées par la loi[1321]. Il en est ainsi lorsque les associés posent des questions écrites aux dirigeants dans le cadre de l'assemblée générale. L'exercice abusif de ce droit est caractérisé lorsque les questions écrites débordent largement le cadre de l'ordre du jour de l'assemblée générale. On a parlé à ce sujet de dévoiement des questions écrites lorsque celles-ci ne sont plus utilisées pour obtenir une information complémentaire mais plutôt pour nuire aux dirigeants. L'exercice abusif des questions écrites s'est tout particulièrement illustré dans un arrêt où un minoritaire avait posé de nombreuses questions écrites aux dirigeants de la

---

[1319] K. GRÉVAIN-LEMERCIER, *Le devoir de loyauté en droit des sociétés*, thèse préc. n °147, p. 99.

[1320] V. D. VIDAL, *Droit des sociétés*, LGDJ, 7ème éd., 2010, p. 221, n° 387.

[1321] Cass. com., 12 janv. 1976, Rev. Sociétés 1976, p. 330, note Ph. MERLE.

société lors de différentes assemblées générales. La société SUEZ avait assigné l'actionnaire pour abus de droit de poser des questions écrites et lui reprochait d'avoir acquis la qualité d'actionnaire dans le seul objectif de poser des questions écrites afin d'obtenir un dédommagement pour des opérations antérieures[1322]. Sous un autre angle, en demandant au juge de sanctionner un actionnaire alors que le but des questions écrites était étranger à l'intérêt social, les dirigeants sociaux n'ont fait que demander la réparation d'un manquement à l'obligation de bonne foi qui doit prévaloir dans ladite société.

351. Le devoir de loyauté impose aux dirigeantx d'informer l'associé cédant des négociations en cours. L'obligation d'information ne s'impose pas en toutes circonstances, son extension à toute opération en cours est écartée en l'absence d'intérêt personnel du dirigeant dans la cession. Cette rigueur est diluée dans l'arrêt de Vilgrain. L'obligation d'information peut porter sur la préparation de l'introduction en bourse de la société. Pour illustrer cette situation, on peut rappeler un arrêt de la Cour d'appel de Paris en date du 4 juillet 2003[1323]. En l'espèce, un associé avait consenti au principal dirigeant de cette société une promesse de cession de ses participations sur la base d'une valorisation de la société à 60 millions de francs (9,15 millions d'euros). Or, trois jours plus tôt, le dirigeant avait confié à une société spécialisée, un mandat exclusif afin de préparer l'introduction en bourse de la société qui fut réalisée quatre mois plus tard sur la base d'une valorisation à 250 millions de francs (38,11 millions d'euros). Le cédant assigna le dirigeant social pour obtenir la réparation du préjudice subi sur le fondement du dol. Débouté en première instance, il obtint gain de cause devant la Cour d'appel qui considéra qu'en application des principes de loyauté et de bonne foi qui s'imposent au cessionnaire, dirigeant du groupe, à l'égard d'un autre associé s'engageant à lui céder ses participations dans le groupe, le dirigeant avait l'obligation au cours de la négociation du prix de cession d'informer le cédant de la décision prise d'introduire en bourse à très court terme les actions de la société opérationnelle du groupe. Cette information privilégiée était de nature à modifier sensiblement l'appréciation de la valeur de la participation que l'associé prenait l'engagement irrévocable de céder. Cet arrêt a été interprété par la doctrine comme une situation pouvant être sanctionnée sur le fondement

---

1322 L'argumentation fut d'ailleurs confortée par le contenu d'un fax où l'actionnaire avouait l'objectif de ses agissements. Le tribunal affirma, dans une conception finaliste de l'abus, que : « le droit de poser des questions écrites a pour but l'information de l'actionnaire pour qu'il participe ainsi à la vie de la société ; que ce droit ne peut être utilisé à la recherche d'un but étranger à l'intérêt social », pour conclure que l'actionnaire avait « détourné son droit de son objet et a fait de son droit un usage abusif. T. com. Paris, 11mai 2004, Jolynews, note G. BARANGER. Disponible sur : http://www.editions joly. com [en ligne le 21/06/2004] ; Bull. Joly 2004, p. 1238, § 252, note P. LE CANNU ; Dr. Sociétés 2004, repère 9, note F.-X. LUCAS ; JCP E 2004, 1154, note A. VIANDIER.

1323 C A Paris, 4 juill. 2003, JCP E 2004, 604, note A. CONSTANTIN ; Bull. Joly 2003, p. 1156, § 240, note J.-J. DAIGRE ; Petites affiches 28 avr. 2004, p. 3, note D. ROBINE.

du devoir de loyauté sans avoir à développer le raisonnement nécessaire pour caractériser la réticence dolosive[1324]. L'arrêt de la Cour d'appel s'inscrit en effet dans une conception jurisprudentielle du devoir de loyauté. D'un côté, l'intérêt personnel pécuniaire du dirigeant est caractérisé par l'acquisition des actions de l'associé à une valeur inférieure à leur valeur réelle puisque les actions furent portées quelques mois plus tard à un cours bien supérieur à leur valeur au jour de la signature de la promesse de vente. De l'autre côté, la dissimulation d'une information déterminante du consentement est caractérisée puisque sans cette information, l'associé n'aurait manifestement pas consenti à la cession dans les conditions stipulées à la promesse unilatérale de vente. La qualité de l'information est améliorée dans l'expertise de gestion qui constitue un réel contre-pouvoir pour les minoritaires. Cette information est aussi analysée sous le prisme de l'abus de droit.

B- L'information aux prismes de l'abus de droit

352. L'exercice du pouvoir par la majorité dirigeante n'est pas sans limites en raison des abus dont il peut faire l'objet. L'intérêt social est la boussole de la société[1325] où l'abus caractérise l'atteinte à cet intérêt social (1) au même titre que la rupture d'égalité entre les associés (2).

1- La caractérisation de l'abus dans l'atteinte à l'intérêt social

353. Les décisions sociales n'échappent pas aux affinités entre actionnaires qui peuvent subjectivement conduire à des abus contre les minoritaires. Le respect des objectifs de la société doit empêcher une banalisation des voix des minoritaires qui ne sont pas des figurants pendant les votes. L'abus de majorité marginalise les minoritaires même s'il doit être nécessairement caractérisé dans son appréciation. Une décision majoritaire n'est pas abusive du seul fait qu'elle déplaît aux minoritaires[1326]. L'alinéa 2 de l'article 130 AUSCGIE retient deux critères cumulatifs pour reconnaître l'abus de majorité : l'abus de majorité est caractérisé lorsqu'une décision adoptée par le ou les actionnaires majoritaires au cours d'une assemblée générale ordinaire, extraordinaire ou encore au cours d'un conseil d'administration, apparaît à la fois contraire à l'intérêt social, et comme ayant été prise dans l'unique dessein de favoriser les membres de la majorité au détriment des autres actionnaires. Il porte fondamentalement atteinte à l'intérêt social lorsque la décision est rendue dans l'intérêt exclusif des majoritaires. Le droit de vote doit être exercé dans l'intérêt social qui est une notion omniprésente dans les dispositions de

---

1324 V. J.-J. DAIGRE, note sous CA Paris, 4 juill. 2003, note préc. ; A. CONSTANTIN, note sous CA Paris, 4 juill. 2003, note préc.

1325 A. PIROVANO, « La ''boussole'' de la société : Intérêt commun. Intérêt social. Intérêt de l'entreprise ? », D.1997, chr. p.189.

1326 V. sur la protection des minoritaires dans les sociétés anonymes A.- FLAVIE STÉPHANIE SENIADJA, La protection des actionnaires minoritaires des sociétés anonymes dans l'espace, Université Catholique de l'Afrique de l'Ouest - DEA en droit privé fondamental, 2008, spéc. p. 9 et s. pour les moyens et spécifiquement par l'expertise de gestion aux p. 22 et s.

l'AUSCGIE[1327] sans qu'elle soit définie explicitement. Cette absence de définition légale alimente un affrontement des conceptions[1328].

354. La première conception aperçoit l'intérêt social comme l'intérêt de la société. C'est l'intérêt de la personne morale ayant une certaine autonomie distincte des associés ou des dirigeants. L'intérêt social ne se mélange pas forcément avec l'intérêt des associés, qu'ils soient majoritaires ou minoritaires. La société a un intérêt social propre qui transcende celui des associés[1329]. L'intérêt propre à la personne morale transcende celui des actionnaires. La distinction réside alors dans le principe selon lequel la société est une personne morale indépendante de la masse des personnes physiques qui la composent. L'intérêt de la personne morale émane de la conception institutionnelle de la société qui doit poursuivre un intérêt qui lui est propre et disposer d'une organisation juridique et autonome par rapport aux associés.

355. La seconde conception voit dans l'intérêt social, celui des associés[1330] en se fondant sur l'analyse contractuelle de la société. Pour les partisans de cette thèse[1331], la société naît d'un contrat dont la cause est le partage des bénéfices. Aux termes de l'article 4 : « La société commerciale est créée par deux ou plusieurs personnes qui conviennent, par un contrat, d'affecter à une activité des biens en numéraire ou en nature, dans le but de partager le bénéfice ou de profiter de l'économie qui pourra en résulter. Les associés s'engagent à contribuer aux pertes dans les conditions prévues par le présent Acte uniforme. La société commerciale doit être créée dans l'intérêt commun des associés[1332]». Il ressort, d'une part, que le but de la société ne peut être que la satisfaction de l'intérêt des associés et, d'autre part, qu'il doit exister une communauté d'intérêts entre les associés qui s'oppose à l'octroi d'avantages à certains d'entre eux. En d'autres termes, l'intérêt social ne peut être que celui des associés qu'il privilégie. Fort heureusement, la recherche du profit maximal doit être opérée, non en dehors de toute activité sociale, mais à travers la réalisation de l'objet. L'intérêt commun a été envisagé à ce moment-là comme l'obligation de chacun de respecter l'intérêt de ses co-associés. C'est d'ailleurs cette approche de l'intérêt social que nous retiendrons à la suite du législateur OHADA dans l'article 4 de l'AUSCGIE.

1327 Art. 130, 131 AUSCGIE.

1328 MEUKE B, De l'intérêt social dans l'AUSCGIE de l'OHADA, www.ohada.com ; Ohadata D- 06-24, p.2.

1329 COZIAN M., VIANDER A. et DEBOISSY F. ; Droit des sociétés 14ème édition, Paris, Litec, 2001, p.175.

1330 Art. 4 al. 2 AUSCGIE révisé.

1331 D. SCHMIDT, *Les conflits d'intérêts dans la société anonyme*, op. cit., p. 11 ; du même auteur, « De l'intérêt social », JCP éd. E 1995, n° 488 ; Y. GUYON, « La société anonyme, une démocratie parfaite ! », in Mélanges Christian Gavalda, Propos impertinents de droit des affaires, Dalloz, 2001, p. 133, n° 13.

1332 Art. 4 AUSCGIE révisé.

356. La troisième conception voit dans l'intérêt social, l'intérêt de l'entreprise. Les tenants de la doctrine de l'entreprise, partisans d'une analyse institutionnelle de la société, voient dans l'intérêt social celui de l'entreprise elle-même. Loin de se limiter au seul intérêt commun des associés, l'intérêt social est également celui des salariés, des partenaires économiques et de l'État. Cette approche offre plus de flexibilité puisqu'elle permet une réelle protection de la société en assurant son fonctionnement et sa pérennité. L'entreprise est un ensemble de moyens en capital et en travail destinés à assurer la production de biens et de services. Il s'agit de l'intérêt d'un organisme économique et de rencontre de multiples intérêts. Pour le Professeur PAILLUSSEAU, la société est une structure d'accueil qui a été constituée pour recevoir une entreprise en plus d'être une organisation juridique de cette entreprise. La société est créée pour exercer une activité économique. L'entreprise naît et se développe, la société est l'organisation juridique de cette entreprise[1333].

357. Le mauvais fonctionnement de la société peut prendre sa source dans les conflits d'intérêts entre les actionnaires. Ce qui justifie une protection sereine des minoritaires qui sont réduites à leur plus petite expression à cause des règles démocratiques de la gestion sociale. La conflictualisation des rapports sociaux nécessite une conciliation de la sécurité et la justice dans les contrats de sociétés. Le législateur en a conscience dans l'article 130 de l'AUSCGIE qui impose de tenir compte de l'intérêt de la société[1334] pour résoudre le conflit d'intérêts lié à l'abus de majorité. Le contrôle judiciaire de l'abus de majorité commis par les dirigeants d'une société est symptomatique de la volonté légale de contrôler les effets de la décision des associés sans procéder directement à un contrôle d'intention. Pour DUPONT, il peut paraitre étrange de faire intervenir l'abus du droit de vote qui n'est pas, à priori, un pouvoir[1335]. Pourtant, l'idée qui consiste à faire du droit de vote un droit-fonction, un pouvoir destiné à servir l'intérêt supérieur de la société et non uniquement les intérêts personnels de l'actionnaire, a progressé dans la doctrine[1336]. Le droit de vote n'est pas un droit subjectif à finalité égoïste. Les décisions adoptées en assemblée par les majoritaires engagent les minoritaires, au-delà la société elle-même, et elles sont assimilables à des actes juridiques contraignant autrui. L'objectivation de l'acte juridique et celle des prérogatives

---

1333 J. PAILLUSSEAU, « La modernisation du droit des sociétés commerciales », D 1996, Chr. p. 289.

1334 Art. 130 AUSCGIE revisé.

1335 N. DUPONT, *L'objectivation en droit privé*, thèse préc. n° 80, pp. 133.

1336 P. LEDOUX, *Le droit de vote des actionnaires*, préf. P. MERLE, éd. LGDJ. Coll. Bibliothèque de droit privé, 2002, p. 10 et s. Le droit de vote apparait tout à la fois « comme un moyen de défense du patrimoine de l'actionnaire » et « comme un procédé de gestion de la société » N. DUPONT, *L'objectivation en droit privé*, thèse préc. n° 80, pp. 132, renvoi 1.

doivent être approuvées car elles permettent de moraliser les relations inter-individuelles[1337] qui s'élargissent singulièrement en droit des sociétés.

2- La caractérisation de la rupture d'égalité dans l'atteinte à l'intérêt social

358. L'atteinte à l'intérêt social n'est pas le seul élément caractéristique de l'abus de majorité. La rupture d'égalité caractérise également l'abus de majorité. L'intérêt commun des associés suppose ainsi une collaboration égalitaire qui distingue le contrat de société d'autres modèles de contrat basés sur des liens de subordination. Dans les sociétés commerciales, la réalisation de l'intérêt social passe par l'indéniable optimisation dans la recherche du profit en vue de partager les bénéfices et profiter de l'économie qui pourrait en résulter. L'intérêt social postule pour une égalité proportionnelle dans le partage des bénéfices sociaux sans discrimination aucune. L'égalité est une application de la justice distributive qui procède d'une répartition des richesses entre les associés en fonction des mérites et de la place de chacun dans la société. La justice commutative préside aux échanges dans les relations entre les associés dans les sociétés commerciales. C'est une égalité proportionnelle et non arithmétique selon la forme sociale où chaque associé reçoit une part de bénéfice et une portion du patrimoine social en fonction de son apport dans le capital social. La preuve de la rupture d'égalité ne sera pas toujours aisée à rapporter et elle ne sera pas, de toute façon, entièrement suffisante. La rupture d'égalité est le fondement de la violation de l'intérêt social[1338]. Elle constitue le critère matériel de l'accomplissement d'un acte contraire à l'intérêt social dans l'appropriation des richesses. SCHMIDT[1339] considère que la rupture d'égalité entre les actionnaires ne se caractérise pas par les manœuvres dont la majorité fait usage dans sa gestion. La distinction ne manque pas de subtilité, à bien des égards, de ne pas assimiler l'exercice normal de tous les pouvoirs des majoritaires à une rupture systématique d'égalité entre actionnaires.

359. La rupture d'égalité est une atteinte à l'affectio societatis c'est-à-dire la volonté de s'associer doublée de l'intention d'une collaboration égalitaire. Le contrat de société est la terre d'élection de l'égalité entre contractants[1340]. En effet, en plus de la contrariété du vote avec l'intérêt sociale, l'abus du droit de vote suppose l'existence d'une rupture d'égalité entre les actionnaires. Il s'agit en fait pour chaque actionnaire de privilégier son intérêt propre. De la formule traditionnellement employée, il ressort que la rupture d'égalité suppose la réunion de deux conditions : d'une part, un avantage personnel retiré par certains actionnaires et d'autre part un dommage subi par les autres. L'actionnaire accepte de subordonner ses intérêts personnels à l'intérêt social dès lors qu'il entre dans la société. C'est en cela que le pouvoir conféré à la

---

[1337] N. DUPONT, *L'objectivation en droit privé,* thèse préc. n° 100, p.159.

[1338] A.- M. NJANDEU, *L'intérêt social en droit des sociétés*, préc. n° 66, p. 55.

[1339] D. SCHMIDT, thèse préc. p.157.

[1340] A. FAYE, L'égalité entre associés, préc. p. 2.

majorité est non pas dans son intérêt personnel mais dans le but de réaliser l'objet social. En cas d'abus du droit de vote par les majoritaires, le rôle du juge est de contrôler la validité de la résolution adoptée au regard de l'intérêt social et de ceux minoritaires. On peut se poser la question de savoir en quoi réside la recherche d'un avantage personnel ? Les majoritaires doivent poursuivre l'intérêt de la société et ne peuvent rechercher leurs intérêts personnels lorsqu'ils prennent une décision. En matière d'abus de majorité, cette notion ne suscite pas de difficultés particulières. En cas de constitutions de réserves, il pourra s'agir de l'octroi aux majoritaires de substantielles rémunérations.

360. NJANDEU apercevait dans l'abus, l'absence partielle de cause de l'obligation et un critère juridique de l'acte contraire à l'intérêt social[1341]. La validité du contrat est liée à une contrepartie formelle représentant une contreprestation quelconque. Le contrôle de la cause dépasse la matérialisation de la cette contrepartie et s'élargit à la moralité et au caractère sérieux et réel de l'avantage qu'elle représente. En droit des sociétés, la rupture d'égalité entre associés traduit un déséquilibre économique dans la répartition des richesses prévue par le contrat de société. Les associés s'engagent à créer une personnalité morale pour exercer une action activité, objet de leur obligation, dans le but de partager les bénéfices ou profiter de l'économie qui peut en résulter, cause de l'obligation. Dans ce cas, l'intérêt fait sortir la cause de la simple contrepartie. L'application d'une telle analyse a pour finalité avouée d'insuffler un certain équilibre dans les relations contractuelles. Elle permet de donner une nouvelle portée et une efficacité au principe d'égalité entre associés[1342]. L'absence partielle de cause est également le fondement de la rupture d'égalité[1343] en ce sens que la répartition égalitaire des bénéfices sociaux, conformément au pacte social, constitue inévitablement pour les actionnaires lésés une absence partielle de contreprestation[1344]. La répartition qui ne respecte pas la proportionnalité du pacte social traduit une absence partielle de cause de l'obligation. En réalité, le partage des bénéfices se rattache à la cause de l'obligation et celle du contrat. La cause objective, assimilée à l'intérêt social serait l'intérêt commun des associés, et celle subjective, assimilée à l'intérêt social serait un instrument de protection de l'intérêt général. Ce qui nous conforte dans notre position en soutenant que la cause objective combinée à celle subjective permet de prendre en compte les objectifs de la société et la protection des intérêts individuels des associés dont la somme compose l'intérêt social commun.

Conclusion de section 2

[1341] A.- M. NJANDEU, *L'intérêt social en droit des sociétés,* préc. n °73, p. 58 et n ° 247, p.155.
[1342] A.-M. NJANDEU, *L'intérêt social en droit des sociétés*, préc. n °76, p. 60.
[1343] Ibidem.
[1344] Ibidem.

361. Le contrat de société organise une mise en commun des services et des biens pour la satisfaction d'un intérêt commun. Elle est, de ce fait, soumise à la justice distributive[1345]. A la différence des contrats entre particuliers, il s'agit d'un contrat-organisation[1346], d'un contrat-partage[1347], d'un contrat-alliance[1348], d'un contrat-concentration ou même du contrat - permutation et du contrat-coopération[1349]. Il faut les distinguer des contrats-échanges de consentement dans les relations individuelles. L'information est un contre-pouvoir obligeant les majoritaires à ne pas échapper à la vigilance des minoritaires. Ce droit de regard, de curiosité et de critique des minoritaires, est une pression d'une utilité incommensurable démontrant à plus d'un titre que la démocratie est la loi de la majorité mais que sans la minorité elle n'existerait pas.

Conclusion chapitre 1 :

362. L'information est un moyen de prévention des abus par la manipulation du pouvoir dont les origines divergent dans la protection du consommateur et des minoritaires. Toutefois, les finalités convergent dans leurs dimensions protectrices. La notion de partie faible, source de vulnérabilité, constitue le point commun entre ces deux catégories de contractants qui se retrouvent alors que tout semble les opposer. L'information est une source de pouvoir et de contre – pouvoir qui constitue un mécanisme de protection pour le consommateur et un droit de riposte pour les minoritaires qui ne sont pas congénitalement faibles. La prévention est une anticipation légale pour contourner la raideur du droit commun des contrats par le droit de la consommation. La pratique contractuelle démontre l'absence d'un bafouillage des droits politiques des actionnaires par une prévision de l'insécurité dans leurs engagements en droit des sociétés. Dans ces dispositifs de protection des intérêts catégoriels, la prévention laisse place à la cure des abus. L'information prévient le risque d'injustice contractuelle par une régulation des comportements en vue d'éviter ou de soigner les abus des dirigeants sociaux. Elle a pour but d'obtenir des renseignements approfondis sur la gestion des dirigeants et démontre pertinemment que la circulation de l'information entre les différents organes sociaux est déficiente voire qu'elle est délibérément

---

1345 B. RECEVEUR, *La Force obligatoire du contrat de société : contribution a l'étude des relations entre droit des contrats et droit des sociétés*, thèse Cergy Pontoise, 2013, p. 25, n° 10.

1346 P. DIDIER, « Le consentement sans l'échange : contrat de société », in L'échange des consentements, RJC 1995, n° spécial, p.74.

1347 V. sur la commutativité F. CHÉNEDÉ, *Les commutations en droit privé, Contribution à la théorie générale des obligations*, Economica, 2008.

1348 V. sur la nature des contrats - alliance J.-F. HAMELIN, *Le contrat-alliance*, Economica, 2012.

1349 S. LEQUETTE, *Le contrat-coopération, Contribution à la théorie générale du contrat*, Economica, 2012.

entravée[1350]. Cette procédure se veut une source d'information et un moyen de contrôle de la gestion sociale par les actionnaires minoritaires[1351]. L'information préventive anticipe l'abus qui sera corrigé à titre curatif par des sanctions légalement prévues.

[1350] Encyclopédie Juridique, Répertoire des sociétés, Entreprises du secteur public à Infractions pénales, « Expertise de gestion », Tome 3, Dalloz, 2003, p. 2.

[1351] INFOREG, « L'expertise de minorité et l'expertise judicaire : deux armes à la disposition des associés minoritaires », Cah. Dr. de l'entreprise 2011, n° 2, p. 68.

CHAPITRE 2 : LES REMÈDES LÉGAUX DE TRAITEMENT DU DÉSÉQUILIBRE DES POUVOIRS

363. Le pouvoir permet à un individu d'agir sur la personne ou le patrimoine d'autrui[1352]. Le déséquilibre des pouvoirs connait des applications variées notamment dans la protection du consommateur et des minoritaires dans les sociétés commerciales. On se rappelle que pour une meilleure protection du consommateur, le législateur emprunte la prévention de l'information pour anticiper les abus. La correction du déséquilibre des pouvoirs s'effectue par le truchement du droit de la consommation qui contourne la rigueur du droit commun. Pour mettre en exergue l'influence du droit de la concurrence sur l'autonomie de la volonté, une auteure parle d'archaïsation du contrat par le droit de la concurrence[1353]. Le droit de la concurrence manifeste avant tout la politique imposée par l'État aux opérateurs économiques afin d'assurer le libre jeu de la concurrence et l'équilibre des marchés[1354]. Indirectement, c'est l'équilibre du contrat qui est assuré[1355]. Le consommateur profite des retombées économiques d'une régulation des comportements contractuels destinée à assainir la concurrence par l'équilibre des marchés. L'abus est le fondement de la correction du déséquilibre des pouvoirs dans la protection du consommateur. La démarche diffère mais les finalités convergent avec la protection des minoritaires grâce à la sanction des abus dans le détournement de pouvoir portant atteinte à l'intérêt social. Réduire les pouvoirs du fort pour protéger le faible est la finalité commune protectrice du minoritaire et du consommateur. La différence entre les sources du pouvoir dans les contrats de consommation et de société n'empêche pas le législateur de réduire la maitrise du professionnel au profit de l'ignorance du consommateur ou d'accorder un droit de vigilance des minoritaires sur la gestion sociale. Les minoritaires sont défendus dans leurs intérêts patrimoniaux en dépit de certaines spécificités de la société comme en témoigne l'adoption de la loi de la majorité[1356]. A la correction indirecte des abus contre le consommateur (Sect.1) s'ajoute celle directe contre les minoritaires (Sect.2).

Section 1 : La correction indirecte des abus contre le consommateur

364. Entre le droit de la concurrence et celui de la consommation, c'est de l'histoire d'un couple qui s'affiche alors qu'on se demande ce qu'ils peuvent bien faire ensemble. Le droit de la consommation s'intéresse à des clauses

---

1352 J. CARBONNIER, *Droit civil, Introduction*, op.cit., n °162.

1353 A.-M. FRISON-ROCHE, « Contrat, concurrence et régulation », RTD.civ. Juillet /Septembre 2004, p. 463.

1354 J. MESTRE, « L'ordre public dans les relations économiques », in L'ordre public à la fin du XXème, Dalloz, 1996, p. 33 et s.

1355 V. LASBORDES, *Les contrats déséquilibrés*, préc. n° 427, p. 391.

1356 P. DIDIER, « Brèves notes sur le contrat-organisation », in Mél. F. Terré, L'avenir du droit, Dalloz, 1999, p. 635.

spécifiques du contrat entre le consommateur et le professionnel contrôlant leur équilibre une à une tandis que le droit de la concurrence vise plus généralement le contrat dans son ensemble[1357]. La concurrence est l'ensemble des règles juridiques qui organisent le jeu des rapports de rivalité et de coopération entre les entreprises, dans le cadre de leur démarche de conquête ou de préservation d'une clientèle[1358]. Le législateur procède à un rééquilibrage des relations entre les opérateurs économiques[1359]. Le droit de la concurrence est un droit dominant et adaptable[1360] favorisant la compétitivité qui est l'essence du libéralisme économique. Le droit de la consommation est un droit des contrats au service des consommateurs[1361]. Technique de protection du consommateur, il peut conduire à une remise en cause de la force obligatoire du contrat[1362]. Le droit de la consommation et celui de la concurrence participent conjointement à la protection du consommateur final. La promptitude de l'extension des moyens (Para.1) complète l'adéquation de la diversification des intervenants (Para.2) dans la correction du déséquilibre des pouvoirs.

Paragraphe 1 : La promptitude de l'extension des moyens

365. La soumission du contrat à l'ordre public concurrentiel est un acquis[1363] même si cette notion d'ordre public est difficile à cerner[1364]. Nous le percevons sous l'angle de l'ordre public de direction protecteur du consommateur à travers le fonctionnement du marché et grâce à un ensemble de règles impératives destinées à protéger l'intérêt général. Le principe est l'interdiction de certaines pratiques anticoncurrentielles individuelles altérant la concurrence et d'autres plus collectives relevant exclusivement du domaine du législateur UEMOA modifiant l'ordonnance de 2007 dans ses

1357 M. BEHAR-TOUCHAIS, « La sanction du déséquilibre dans significatif dans les contrats entre professionnels », RDC 2009, p. 202.

1358 A. KANTÉ, *Réflexions sur le droit de la concurrence et la protection des consommateurs dans l'UEMOA : L'exemple du droit Sénégalais*, Ohadata D- 06 -03, Nouvelles Annales africaines n°1-2009, p.1.

1359 V. LASBORDES, *Les contrats déséquilibrés*, op. cit. p. 32, n°11.

1360 V. BEAUFORT, « A quoi sert la concurrence ? », Petites Affiches Lextenso – éditions du 5 janvier 2015, n° 3, p.10.

1361 V. LEGRAND et D. BAZIN-BEUST, « Droit de la consommation/ droit des contrats : le bilan 20 ans après », art. préc. p.4, n° 75

1362 V. LEGRAND et D. BAZIN-BEUST, « Droit de la consommation/ droit des contrats : le bilan 20 ans après », art. préc.p.7, n°75. Les auteurs estiment que cette remise passe par le droit de rétractation et le surendettement des consommateurs qui bénéficient de l'effacement des dettes non professionnelles à l'exception de certaines créances alimentaires (c. conso. art. L.333-1). Cela n'est pas encore applicable au Mali.

1363 A.- M. FRISON-ROCHE, « Contrat, concurrence et régulation », RTD. civ. Juillet / Septembre 2004, p. 456.

1364 G. COUTURIER, « L'ordre public de protection : heurs et malheurs d'une vieille notion neuve », in Mélanges Flour 1979, p. 95 et s.

insuffisances[1365]. La protection contre les pratiques restrictives individuelles en droit interne (A) est complétée par celle contre les pratiques anticoncurrentielles en droit communautaire (B).

A- La protection contre les pratiques restrictives individuelles en droit interne

366. Les règles du droit de la concurrence ne cessent d'évoluer pour s'adapter à la vitalité du marché[1366]. L'extension de l'ordonnance de 2007[1367] a connu une cure de jouvence à travers celle de 2015[1368] qui se distingue par la lisibilité de son objectif[1369]. La restriction de la liberté des prix (1) est

---

[1365] L'ordonnance de 2007 expose les insuffisances de cette dernière de manière flagrante : la non prise en charge, de façon visible, des préoccupations des consommateurs liées à la qualité des produits ; l'imprécision de certaines infractions notamment celles relatives aux prix imposés, à la vente à perte, aux ventes discriminatoires et au refus de vente ; la non prise en compte de certaines infractions liées aux pratiques de concurrence déloyale affectant la compétitivité des entreprises ; la non précision du traitement à réserver aux marchandises ayant fait l'objet de saisie. A ces insuffisances s'ajoutait l'évolution de l'environnement juridique des affaires au plan régional et sous-régional nécessitant la relecture de ladite ordonnance. Il s'agissait de : l'entrée en vigueur en l'an 2000 des Actes uniformes de l'organisation pour l'harmonisation en Afrique du droit des affaires ; l'entrée en vigueur en janvier 2003 de la législation sur la concurrence dans l'Union économique et monétaire ouest Africaine (UEMOA). Les principales innovations de la nouvelle ordonnance portent sur les prérogatives de la Commission, les dispositions de l'OHADA, les procédures d'enquêtes, les saisies et la saisine du tribunal. Ces innovations concernent : l'harmonisation de la législation nationale avec les textes de l'UEMOA et de l'OHADA, notamment en matière de tenue de la comptabilité et en matière de définition et de répression des infractions liées. Avec l'entrée en vigueur en 2002 du Règlement n°02/ 2002/CM/UEMOA du 23 mai 2002, la définition et la répression des infractions liées aux pratiques anticoncurrentielles relèvent exclusivement de la compétence de l'Union (UEMOA). En matière de tenue de la comptabilité, le projet de loi intègre les exigences l'Acte Uniforme portant organisation et harmonisation des comptabilités des entreprises sises dans les États-parties au Traité relatif à l'OHADA adopté le 22 février 2000. L'obligation faite aux producteurs de mentionner sur les emballages, la composition des produits tant pour les matières premières que pour les produits finis ; la clarification des procédures dans les cas de confiscation définitive de produits par l'institution de la saisine de la justice pour la confiscation définitive des marchandises ayant fait l'objet de saisie provisoire. A ce droit général, s'ajoutent des dispositions spécifiques sur les secteurs des télécommunications, des communications, des marchés publics, de l'électricité et de l'eau.

[1366] M.-A. FRISON-ROCHE, *Définition du droit de la régulation économique*, Recueil Dalloz, 2004, n° 2, p.127.

[1367] L'ordonnance n°07-025/P-RM du 18 juillet 2007 portant organisation de la concurrence.

[1368] La loi n° 2015- 036 du 16 juillet 2015 au Mali.

[1369] Art. 1er précise que la présente loi a pour objet : - de garantir la protection et la défense des intérêts du consommateur quand aux clauses contenues dans les contrats de consommation ; d'assurer l'information appropriée et claire du consommateur sur les biens et services qu'il acquiert et utilise, d'assurer la conformité des biens et services et la sécurité du consommateur par rapport aux normes requises ; de fixer les conditions et les procédures relatives à la réparation des dommages ou préjudices subis par le consommateur; d'assurer la représentation du consommateur à travers les associations constituées conformément aux dispositions de la réglementation en vigueur ». L'art. 2 dispose que : « la présente loi définit les relations entre le fournisseur de biens et de services marchands et le consommateur dans tous les secteurs d'activités économiques à l'exception de la cybernétique et de la biotechnologie. Les personnes

complétée par l'encadrement des pratiques restrictives dans la vente (2) limitant l'autonomie de la volonté en droit de la concurrence.

1-La restriction de la liberté des prix

367. La concurrence est le fruit du libéralisme économique. L'ordonnance de 2007 institue la liberté des prix et de la concurrence[1370]. La liberté contractuelle est un principe cardinal du droit des contrats permettant de s'engager sans contrainte. L'affirmation de la puissance normative de la volonté individuelle n'est limitée que par l'ordre public. Selon le professeur N'BAYE, le libéralisme impose la concurrence, à laquelle des atteintes peuvent être faites, en termes de liberté et de loyauté[1371]. Les engagements des contractants sont bâtis autour d'un prix convenu et assorti au mieux à leurs intérêts lors de la conclusion des contrats. La liberté des prix est reconnue[1372] et encadrée[1373] dans la protection du consommateur.

368. Aux termes de l'article 4 de l'ordonnance de 2007 : « est interdite à toute personne, toute forme de pratique de prix imposé. La marge ou le prix de revente d'un bien, d'un produit, d'une prestation de service est présumé imposer dès lors qu'il lui soit conféré un caractère minimal ou maximal[1374]». Sont considérés comme des prix imposés ceux qui consistent à imposer directement ou indirectement un caractère minimum ou maximum au prix de revente ou à la marge bénéficiaire d'un produit, d'un bien ou d'une prestation de services. Ils sont différents des prix conseillés[1375].On conçoit ainsi que le

---

de droit privé, délégataires de la gestion d'un service public, sont soumises aux mêmes obligations imposées aux fournisseurs par la présente loi. Les personnes morales de droit public sont soumises aux mêmes obligations que les fournisseurs sous réserves des règles et principes qui régissent l'activité de service public qu'elles gèrent ».

[1370] Ordonnance de 2007, n°07-025/P-RM du 18 juillet 2007 en remplacement l'Ordonnance n° 92-021/P-CTSP du 13 avril 1992.

[1371] V. en sens, le rapport de synthèse de M. – N. M'BAYE, du séminaire de formation sur : « Le droit et le contentieux de la concurrence », Dakar, CFJ, du 12 au 14 août 2013, p. 5.

[1372] L'ordonnance n° 07-025/P-RM du 18 juillet 2007 portant organisation de la concurrence dans le titre II intitulé : « de la liberté des prix » consacre 3 dispose que : « les prix des biens, produits et services sont libres sur toute l'étendue du territoire national, et sont déterminés par le seul jeu de la concurrence. Toutefois, dans les secteurs économiques et dans les localités où la concurrence par les prix est limitée pour quelque raison que ce soit, dans des situations de crise ou dans les cas de hausse excessive sur le marché, le gouvernement peut, par décret pris en Conseil des Ministres, réglementer les prix ou les fixer. Il peut également fixer les prix dans le cadre de conventions appropriées ». Pour rappel, c'est l'ordonnance de 1945 qui régissait la France et les colonies V. à ce propos ISSA- SAYEGH, Le droit ivoirien de la concurrence, Ohadata D-06-04, p.1.

[1373] V. art. 4 à 31 de l'ordonnance de 2007.

[1374] Art. 4 de l'ordonnance de 2007 portant sur l'interdiction des pratiques déloyales est le titre III de l'ordonnance de 2007 intitulé la concurrence déloyale, de l'information et de la protection du consommateur et des pratiques anticoncurrentielles notamment donc le chapitre 1.

[1375] Art. 5 de l'ordonnance de 2007 dispose qu' : « Un prix conseillé est autorisé lorsqu'il s'agit simplement d'un indicatif recommandé au détaillant par le producteur, l'importateur ou le grossiste et ne revêtant pas un caractère obligatoire. La pratique de prix conseillé dissimulant un

prix imposé soit une pratique interdite par la loi en raison des altérations négatives qu'elle porte au principe de la liberté des prix, à la concurrence et généralement au bon déroulement des activités économiques. C'est le cas des abus dans les domaines où des opérateurs économiques profitent de leur notoriété qui leur permet d'imposer des prix à leur guise. L'article 6 de l'ordonnance de 2007 précise que : « la pratique de prix imposés comprend l'ensemble des actes et des faits au moyen desquels un ou plusieurs opérateurs agissent à un certain stade du processus de la distribution. Elle vise à fixer, à limiter ou à contrôler les prix, les conditions de transaction ou les marges bénéficiaires pratiquées par des opérateurs appartenant à des stades économiques postérieurs ou antérieurs. Elle concerne les relations économiques entre producteurs et grossistes, producteurs et détaillants et enfin grossistes et détaillants[1376]». La liberté contractuelle est limitée dans ses travers par des interdictions qui sont faites aux professionnels malveillants désireux de réaliser des gains juteux et faciles au détriment des intérêts légitimes des consommateurs. C'est restreindre la liberté du plus fort pour plus d'égalité contractuelle[1377]. Le législateur agit sur les prix à cause de leur pouvoir déséquilibrant dans la manipulation de l'offre et de la demande.

369. D'autres pratiques sont préférablement réglementées comme le prix conseillé[1378]. Elles ne sont interdites que lorsqu'elles cachent un prix imposé c'est-à-dire qu'elles ne doivent aucunement être obligatoires. Le prix d'appel[1379] est considéré comme tout procédé qui consiste, pour le distributeur, à mener une action de promotion sur les prix, sur un produit déterminé ou adopter pour ce produit, un niveau de marge si faible tout en disposant de quantités tellement insuffisantes que les avantages à attendre ne peuvent être en rapport avec l'action de promotion engagée.

370. La liberté est un principe fondamental en droit des contrats dont la transposition en droit de la concurrence est perceptible dans la liberté des prix. La restriction de certaines pratiques individuelles est destinée à éviter, à défaut de supprimer, la cherté de la vie. L'État, à travers l'ordre public concurrentiel,

---

prix imposé est interdite et assimilée à la pratique de prix imposée » ; V. dans le même sens l'art. 29 de la loi de 1994 au Sénégal.

1376 Art. 6 de l'ordonnance de 2007.

1377 C.THIBIERGE-GUELFFUCCI, « Libres propos sur la transformation du droit des contrats », Rév. Trim. dr.civ.1997, p. 337 et s., spéc., n° 25, p. 376 ; V. aussi FONTAINE, *La protection de la partie faible dans la relation contractuelle, comparaisons franco- belges*, sous la direction de M. Fontaine et J. Ghestin. L.G.D.J, 1996.

1378 Art. 5, alinéa 2, 3 et 4 de l'ordonnance de 2007 au Mali.

1379 Art. 9 de l'ordonnance de 2007 au Mali dispose qu' : « Est considérée comme pratique de prix d'appel, tout procédé qui consiste pour le distributeur à mener une action de promotion sur les prix, sur un produit déterminé ou adopter pour ce produit un niveau de marge si faible tout en disposant de quantités tellement insuffisantes que les avantages à attendre ne peuvent être en rapport avec l'action de promotion engagée ».

ne saurait cautionner des augmentations inopportunes des produits de première nécessité. L'encadrement des prix concerne plus globalement la vente.

2- Les pratiques restrictives dans la vente

371. Dans les relations entre professionnels, l'interdiction des pratiques restrictives individuelles vise à réguler les comportements contractuels comme l'imposition de prix de revente, vente à des prix ou conditions discriminatoires, revente à perte[1380]. Le législateur moralise les pratiques malveillantes au nombre desquelles on peut compter le refus de vente, ventes à perte, ventes forcées qui ne sont pas toutes interdites. Les ventes illicites sont incriminées comme refus de vente dans l'article 12 en ces termes : « est illicite le fait pour tout producteur, prestataire de services, commerçant ou artisan de refuser de satisfaire, dans la mesure de ses disponibilités et dans les conditions conformes aux usages commerciaux, aux demandes des acheteurs de produits ou aux demandes de prestations de services lorsque ces demandes ne présentent aucun caractère anormal et qu'elles émanent de demandeur de bonne foi[1381] ». Toutefois, des restrictions sont apportées au refus de vente[1382].

372. La vente avec prime[1383] est celle d'un bien ou d'un service à laquelle le vendeur affecte un bien ou un service autre ou de meilleures qualités que celui cédé. Elle consiste à ajouter gracieusement en cadeau, une prestation ou un produit au bien vendu ou au service rendu à titre onéreux. C'est l'octroi d'une prime, lors de l'achat, qui peut paraître à première vue comme un acte témoignant de la bonté du vendeur et sa générosité alors qu'il n'en est rien dans la mesure ou la prime va pousser le consommateur à accroître ses achats sans se soucier de ses dépenses. Finalement, l'expérience a démontré que derrière la fausse générosité de la prime se cache un piège contre le consommateur. Cela pourrait bien évidemment porter atteinte aux intérêts du consommateur. La prime est la contrepartie d'un engagement contractuel qui n'est accordée au consommateur que s'il s'engage à acquérir le bien ou le service et non une simple récompense dans ce cas d'espèce.

[1380] A. SAKO, « La législation communautaire de la concurrence et les mécanismes alternatifs de règlement de règlement des conflits commerciaux », Ohadata D-05-12, pp. 8. Pour lui : « à la différence des premières (pratiques anticoncurrentielles), celles-ci ne durent pas ».

[1381] Art. 12 de l'ordonnance de 2007 au Mali et l'art. 26 de la loi de 1994 au Sénégal.

[1382] Dans l'art. 13 de l'ordonnance de 2007 : « Le refus de vente se justifie dans les cas suivants : la quantité demandée est anormale au regard des besoins de l'acheteur ou de la capacité de production du fournisseur ; La demande est manifestement contraire aux modalités habituelles de livraison du vendeur par exemple en ce qui concerne le conditionnement, les horaires de livraison, les modalités de paiement ; Le demandeur tente d'imposer son prix ; Le demandeur est de mauvaise foi, c'est-à-dire qu'il a l'intention de nuire au fournisseur ; Le demandeur pratique systématiquement le prix d'appel sur les produits du fournisseur ; Le demandeur ne présente pas de garanties suffisantes de solvabilité ; L'ordonnance réserve la commercialisation du produit à des personnes déterminées (cas de médicaments par exemple) ; Le demandeur n'est pas jugé qualifié par le fournisseur (cas de la concession commerciale exclusive et de la distribution sélective) ; Les motifs d'ordre sécuritaire, sanitaire ou de morale publique ».

[1383] Art. 18 de l'ordonnance de 2007 au Mali.

373. La vente à perte[1384] consiste à revendre tout produit en l'état à un prix inférieur à son prix d'achat effectif qui est à son tour le prix unitaire figurant sur la facture majoré de toutes les taxes afférentes à cette revente et du prix du transport. La vente forcée est le cas d'un vendeur ou d'un prestataire de service qui subordonne à l'achat d'un produit ou d'une prestation de service, l'achat d'un autre bien ou un service ou encore l'achat d'une quantité imposée du même bien ou service. La vente forcée satisfait ses critères de licéité dans les cas suivants : si elle se justifie par les intérêts légitimes du vendeur comme le fait de vendre un produit sans les autres qui aboutira à la dévalorisation de ceux-ci. Dans le commerce en gros, le grossiste ne peut pas vendre en dessous d'une quantité déterminée. Le développement des méthodes de vente, le progrès des techniques commerciales de marketing ont suscité une autre définition de la vente forcée. Le fleurissement de la méthode dite « le porte-à-porte » qui est devenue une occasion pour les vendeurs opportunistes de pratiquer des actes de vente forcée. Cette pratique a pour objectif de forcer le consentement des clients en leur vendant des produits à domicile ou en leur proposant de les garder ou bien de les renvoyer. Est également concernée, la vente ayant pour objet de surprendre le consommateur dans sa quiétude en créant chez lui le besoin d'acheter. Cette technique de vente doit être soumise à la vérification de certaines conditions : si le client demande au vendeur de lui faire parvenir une commande portant sur un bien nécessaire à sa vie privée, le vendeur doit lui fournir un document à signer respectant un certain formalisme et incorporant un formulaire détachable que le client pourra remplir s'il ne désire plus le bien commandé.

374. Le refus de vente est le fait de refuser de satisfaire aux demandes des acheteurs de produits ou aux demandeurs de prestations de services lorsque ces demandes ne présentent aucun caractère anormal et qu'elles seront faites de bonne foi. Le refus de vente n'a pas empêché certains professionnels d'initier des pratiques élusives qui dissimulent ledit acte frauduleux tel que l'ouverture des lieux de vente et de refuser de vendre en dehors des heures habituelles de travail, de s'abstenir à vendre aux étrangers ou à la clientèle de passage d'où le rôle prépondérant que pourrait avoir la jurisprudence en vue de déterminer si une action de refus de vente relève du refus justifié et légitime ou du refus illicite pour l'incriminer. La vente à perte est tolérée dans certaines conditions[1385]. D'autres types de vente ne sont pas interdits mais réglementés

---

[1384] Art. 7 de l'ordonnance de 2007 au Mali et l'art. 30 de la loi de 1994 au Sénégal.

[1385] Art. 7 de l'ordonnance de 2007 au Mali dispose qu' : « Ainsi, la vente à perte peut être appliquée : 1. aux produits périssables à partir du moment où ils sont menacés d'altération rapide ; 2. aux ventes volontaires ou forcées motivées par la cessation ou le changement d'une activité commerciale ; 3.aux produits dont la vente présente un caractère saisonnier marqué ; 4. aux produits qui ne correspondent plus à la demande générale en raison de l'évolution de la mode ou de l'apparition de perfectionnements techniques ; 5. aux produits dont le réapprovisionnement s'effectue en baisse, le prix effectif d'achat étant alors remplacé par la valeur de

pour contenir les dérives qu'elles pourraient comporter. Il s'agit notamment des ventes en solde et les liquidations[1386], les ventes jumelées[1387] qui ne sont interdites que dans certaines conditions à la différence de la vente subordonnée[1388] où l'on regroupe toutes les formes de vente qui obligent l'acheteur à se soumettre à une condition anormale imposée par le vendeur. En font partie, les ventes à boule de neige, les ventes d'une quantité minimale ou les ventes couplées[1389].

375. Les ventes discriminatoires[1390] consistent à faire des traitements injustes et différents à l'encontre d'acheteurs concurrents. La discrimination peut porter soit sur les conditions de vente, le prix ou les délais de paiement. Elle peut soit avantager un concurrent au détriment des autres ou le défavoriser vis-à-vis de ceux-ci. Pour qu'elle puisse satisfaire ces conditions de licéité, la discrimination ne doit pas avantager un concurrent sur les autres ou le désavantager. Cela risque de fausser le libre jeu de la concurrence. Comme exemple de discrimination licite, nous avons le fait d'accorder à un détaillant des conditions de paiement plus favorables en raison des charges commerciales que ce dernier supporte et qui sont plus lourdes que celles de ses concurrents ou encore accorder des ristournes à un client (vendeur) qui achète des quantités importantes. Dans ce dernier cas, la ristourne qui est un avantage se justifie par une contrepartie réelle qui est l'allègement des stocks de l'entreprise. La discrimination peut paraitre suffisamment toxique pour la stabilité des relations commerciales établies surtout pour les concurrents.

376. A la différence des pratiques anticoncurrentielles, les pratiques restrictives sont des comportements habituellement moins durables dont le but est de restreindre la concurrence[1391] dans les relations entre professionnels. Le dénigrement[1392], la confusion[1393], la désorganisation[1394] et le parasitisme[1395]

---

réapprovisionnement ; 6. aux produits dont le prix de revente est aligné sur le prix légalement pratiqué pour les mêmes produits, par un autre commerçant dans la même zone d'activité" ».

1386 Art. 8 de l'ordonnance de 2007 au Mali.

1387 Art.16 de l'ordonnance de 2007 dispose que : « La vente jumelée consiste à imposer l'achat d'un autre produit ou d'un autre service que celui faisant l'objet de la vente principale. La vente n'est pas interdite dans les conditions ci-après : l'opération ne doit pas être présentée explicitement ou implicitement comme avantageuse ; l'achat du lot ne doit pas être obligatoire ; le vendeur ne doit pas cumuler les prix des articles en cas d'acquisition séparée ».

1388 Art. 14 de l'ordonnance de 2007 au Mali.

1389 J. ISSA-SAYEGH, « Le droit ivoirien de la concurrence », préc., pp. 4 et 5.

1390 Art. 10 de l'ordonnance de 2007 du Mali et l'art. 28 de la loi de 1994 au Sénégal.

1391 V. sur le droit de la concurrence A. S. COULIBALY, *Le droit de la concurrence de l'union économique et monétaire ouest africaine,* Ohadata D - 05-27, p. 1 et s.

1392 Il consiste à jeter le discrédit sur un concurrent en répandant à son propos ou au sujet de ses services ou des ses produits des remarques malveillantes. L'objet du dénigrement peut porter sur : la personne d'un concurrent (incompétence professionnelle ou honorabilité du concurrent, par exemple), l'entreprise ou ses produits (mauvaise qualité des produits, manque de sérieux, etc.), le prix des produits ou la qualité des services (produits plus chers et moins bons), les méthodes commerciales (critiques systématiques d'un grossiste contre le système coopératif d'un concurrent par exemple). La volonté de dénigrement sera évidente en cas de diffusion

n'échappent pas à la vigilance du droit de la concurrence. La concurrence déloyale est l'ensemble des pratiques contraires à la loi ou aux usages, constitutives d'une faute intentionnelle ou non et de nature à causer un préjudice aux concurrents. L'article 31 de l'ordonnance de 2007 fait une extension du domaine des pratiques déloyales[1396]. La prohibition des pratiques déloyales ne se limite pas à la seule formation du contrat mais se poursuit dans la phase d'exécution[1397]. D'autres pratiques sont plus collectives et laissent émerger de vrais comportements anticoncurrentiels dans un cadre plus large des entreprises.

B- La protection contre les pratiques anticoncurrentielles en droit communautaire

377. Les pratiques anticoncurrentielles consistent pour une entreprise ou un pool d'entreprises à organiser le marché qui les intéresse de sorte à toujours favoriser leurs intérêts particuliers en bloquant ou en faussant gravement la concurrence[1398]. Le monopole est l'équivalent économique du despotisme[1399] lorsqu'il blesse le libre-échange et viole l'égalité sociale. C'est sous cet angle

---

d'informations malveillantes à propos d'un concurrent. Cependant, la diffusion de renseignements exacts elle-même peut constituer un acte de concurrence déloyale si elle présente un caractère fautif. Le dénigrement est constitué même si le défenseur apporte la preuve de l'exactitude des faits révélés.

1393 Elle peut se traduire par la divulgation des secrets d'affaires, des manœuvres en direction du personnel de l'entreprise (corruption, débauchage du personnel d'un concurrent) ou par la désorganisation commerciale de l'entreprise d'un concurrent (détournement de commandes, de fichiers, démarchage déloyal, désorganisation du réseau de vente d'un concurrent, etc.). Le fait pour une entreprise, ayant récupéré la distribution exclusive de produits, d'embaucher des salariés ayant démissionné de l'entreprise précédemment en charge de cette distribution exclusive ne constitue pas un débauchage fautif.

1394 Il s'agit, soit d'une désorganisation interne de l'entreprise concurrente (révélation de secret, espionnage, détournement de fichier…), soit d'une désorganisation de l'activité ou des méthodes commerciales du concurrent. C'est, par exemple, la suppression de panneaux publicitaires du concurrent, le détournement de commande etc…

1395 Un commerçant peut en effet être tenté de profiter de la réputation d'une marque ou d'une entreprise ou des efforts qui ont été réalisés par cette dernière sur le plan technique ou commercial. Il ne cherche pas nécessairement à créer une confusion dans l'esprit du public entre son entreprise et son produit et l'entreprise ou les produits d'un concurrent (utilisation de la marque PONTIAC pour des produits d'électroménager).

1396 V. dans le Chapitre I : De la concurrence déloyale dans le titre III : de la concurrence déloyale, de l'information et de la protection du consommateur et des pratiques anticoncurrentielles. Article 31 de l'ordonnance de 2007.

1397 V. LEGRAND et D. BAZIN-BEUST, « Droit de la consommation/ droit des contrats : le bilan 20 ans après », Petites Affiches Lextenso – éditions du 15 Avril 2015, p. 5, n° 75.

1398 A. SAKO, « La législation communautaire de la concurrence et les mécanismes alternatifs de règlement de règlement des conflits commerciaux », préc., pp. 8. Il poursuit en précisant que les comportements notoires sous cette rubrique sont les abus de position dominante et les ententes.

1399 P. ROSAWALLON, *Le capitalisme utopique,* Paris, Seuil, 1999, p.71-72 cité par G. LEWKOWIEZ ET M. XIFARAS, *La méthode du droit, repenser le contrat*, éd. Dalloz, 2009, p. 60.

que la protection du consommateur dépasse les seules règles civilistes[1400]. Les pratiques anticoncurrentielles sont déterminées par rapport à l'entreprise[1401]. Le législateur communautaire UEMOA se réserve une compétence exclusive dans certains domaines notamment la prohibition des ententes et les aides d'États (1) mais aussi dans les abus de position dominante (2).

1- La prohibition des ententes et aides publiques

378. Les ententes sont les actions concertées sous forme de conventions expresses ou tacites ou des coalitions. Elles sont les accords ou pratiques concertés entre entreprises qui ont pour objet ou pour effet de restreindre la concurrence donc d'une certaine manière de cloisonner le marché. Les ententes ont une base légale dans l'article 88 a du Traité[1402]. Toutes les ententes ne sont pas en principe sanctionnées mais seulement celles qui faussent la concurrence. Il ne faut pas oublier que les ententes ne sont qu'une application de la liberté contractuelle où seuls les abus sont sanctionnables. A cet effet, des critères permettent de qualifier des pratiques d'ententes, aux termes de l'article 3 du règlement[1403], lorsqu'elles sont incompatibles avec le marché commun. Le législateur communautaire UEMOA en matière d'ententes distingue deux catégories d'accords[1404] : les accords verticaux et les accords horizontaux[1405]. Les ententes sont des comportements des entreprises

---

[1400] L'ampleur du concept consumériste dépasse la notion civiliste des vices du consentement, la protection pénale du consentement du consommateur est assurée par la répression de l'abus de faiblesse » V. aussi V. LEGRAND et D. BAZIN-BEUST, « *Droit de la consommation/ droit des contrats* : le bilan 20 ans après », préc.p. 6, n ° 75.

[1401] Note 1 de l'annexe 1 du règlement n°03/2002/CM/UEMOA.

[1402] Art. 88 a du traité de l'UEMOA.

[1403] Art. 3 du règlement n°2 de l'UEMOA.

[1404] Les accords verticaux sont définis comme ceux conclus entre deux ou plusieurs entreprises, dont chacune opère à un niveau différent de la chaîne de production ou de distribution, et qui concernent les conditions dans lesquelles ces entreprises peuvent acquérir, vendre ou revendre certains biens ou services. Les accords horizontaux sont appréhendés en tant qu'accords conclus à un même niveau de production ou de distribution ou, en d'autres termes, en tant qu'accords entre producteurs ou accords entre détaillants.

[1405] Note 5 de l'annexe 1 du Règlement n°3/2002/CM/UEMOA. Dans le principe, les accords verticaux sont moins restrictifs de la concurrence que les accords horizontaux d'où l'importance de la distinction. Conclus à un même niveau de production ou de distribution tels que, des accords entre producteurs ou entre détaillants, les accords horizontaux peuvent porter sur des échanges d'informations, de répartition du marché, d'exploitation en commun d'une activité et toute autre forme d'entente, entre opérateurs du même niveau de production ou de distribution. Par contre, les accords verticaux portent sur des échanges entre entreprises qui opèrent à différents niveaux d'une chaîne de production ou de distribution. Ces derniers peuvent être bénéfiques pour la concurrence, malgré une possibilité de restriction. Les accords verticaux sont moins dangereux, que les accords horizontaux. Ils peuvent être encouragés, ou se voir réprimés au gré des circonstances. C'est la justification de la politique souple de la Commission à leur égard. Elle considérera, en principe, hors du champ d'application de l'article 88, tous les accords verticaux à l'exception de deux d'entre eux qui ont des effets plus négatifs que positifs : il s'agit des accords comportant une protection territoriale absolue et ceux portant sur la fixation de prix de revente.

qui subissent des pressions constantes justifiées par une finalité de chiffres, de résultats et de bénéfices. Ces entreprises sont fréquemment confrontées à une économie aléatoire dépendante de la mondialisation et de libéralisation des échanges commerciaux avec toutes les conséquences y afférentes. Dans cette course effrénée à la recherche du profit, la raison du plus fort l'emporte sur celle du plus faible. Le corollaire d'une recherche perpétuelle du profit par les entreprises conduit aux ententes donc à l'augmentation du coût des produits au détriment du pouvoir d'achat du consommateur. La volonté d'une conciliation des objectifs de ces entreprises et la protection indirecte des consommateurs explique l'exigence des principes de loyauté, de liberté et d'équilibre dans la concurrence. La collusion dans les échanges commerciaux sur les marchés publics a des effets indésirables les contrats de consommation et frappe davantage les plus pauvres de manière disproportionnée. Des prix élevés les contraignent à consommer moins ou à ne pas consommer du tout des biens et de services les plus elémentaires. Outre le consommateur, personne physique individuelle, les petits entrepreneurs pouvant être considérés comme les plus pauvres risquent de se voir interdire l'accès à des marchés ou d'être affectés par les ententes entre les entreprises de grandes tailles.

379. Les aides publiques peuvent fausser la concurrence sont interdites[1406]. Un certain nombre d'aides sont déclarées compatibles de plein droit avec le marché commun aux termes de l'article 3.1 du Règlement [1407] et des modalités d'application de l'article 88 du Traité[1408]. La réglementation des aides d'États procède à l'idée qu'il faut limiter la liberté de subvention des États en leur appliquant les principes du droit de la concurrence. Sont interdites, les aides publiques accordées par l'État (ou les États), les collectivités locales ou au moyen de fonds publics quelles qu'en soit la forme (subventions, exonérations

---

[1406] Art. 5 du Règlement n°2/2002/CM/UEMOA.

[1407] Art. 3.1 du Règlement n° 4.

[1408] Art. 88 du Traité : « « sans préjudice de l'obligation prévue à l'article 5.1, sont considérées comme compatibles avec le marché commun sans qu'un examen conformément aux dispositions de l'art. 2.2 soit nécessaire : les aides à caractère social octroyées aux consommateurs individuels, à condition qu'elles soient accordées sans discrimination liée à l'origine des produits ; les aides destinées à remédier aux dommages causés par les calamités naturelles ou par d'autres événements extraordinaires ; les aides destinées à promouvoir la réalisation d'un projet important d'intérêt communautaire ou à remédier à une perturbation grave de l'économie d'un état membre ; les aides à des activités de recherche menées par des entreprises ou par des établissements d'enseignement supérieur ou de recherche ayant passé des contrats avec des entreprises, si l'aide couvre au maximum 75% des coûts de la recherche industrielle ou 50% des coûts de l'activité de développement pré-concurrentielle ; les aides visant à promouvoir l'adaptation d'installations existantes à de nouvelles prescriptions environnementales imposées par la législation et/ou la réglementation qui se traduisent pour les entreprises par des contraintes plus importantes et une charge financière plus lourde, à condition que cette aide : soit une mesure ponctuelle, non récurrente ; et (II) soit limitée à 20% du coût de l'adaptation ; les aides destinées à promouvoir la culture et la conservation du patrimoine, quand elles ne restreignent pas la concurrence dans une partie significative du marché commun ».

fiscales, prêts sans intérêts …)[1409]. L'interdiction de ces pratiques relève d'une certaine police des prix mise en place à des fins d'orientation et de contrôle de l'économie. Les États subventionnent généralement les produits de première nécessité pour soulager les consommateurs. C'est le cas au Mali lors du mois de ramadan où l'État subventionne les produits importés par les entreprises privés et autres opérateurs économiques pour justifier son élan de solidarité consistant à stabiliser les prix en aidant les consommateurs qui sont les fidèles musulmans. Ces subventions peuvent se muer en exonérations pour alléger ou maintenir les prix au profit du consommateur final. Décidément, le droit de la concurrence est un droit politique dont dispose les États pour assurer la police des prix. Les États ont conscience que les politiques économiques ont également des impacts non négligeables sur la protection du consommateur[1410]. La catégorie de biens de consommation finale comprend un grand nombre de produits agricoles qui bénéficient, par conséquent, d'un niveau de protection plus élevé que les produits non agricoles bien que ces premiers occupent une place prépondérante dans le budget des consommateurs. Les préférences tarifaires de l'État ne sont pas sans incidence sur le consommateur lorsque les produits ne sont pas subventionnés. Le Mali accorde des exonérations aux droits d'entrée sur les importations de marchandises bénéficiant du régime tarifaire préférentiel transitoire de l'UEMOA[1411]. Les abus de position dominante sont tout aussi strictement encadrés ou interdits pour une concurrence saine, loyale et vertueuse.

[1409]AYAWA AMELIA TSKADI, « De la compétence exclusive de l'union en droit de la concurrence dans l'espace UEMOA », Penant 873, p. 479.

[1410] La réglementation du commerce extérieur au Mali précise que les opérations d'importation peuvent s'effectuer soit par les personnes justifiant de la qualité d'importateur, soit par les entreprises ayant conclu une convention avec l'État et en exécution des dispositions de celle-ci, soit par les entreprises étrangères en exécution d'un marché public, soit par les établissements à caractère administratif, technologique, professionnel, scientifique et culturel, soit par une administration publique pour les besoins de leur fonctionnement (décret N° 00-505/ P-RM du 16 octobre 2000). L'exigence de l'agrément préalable du Ministre du commerce pour les personnes étrangères voulant exercer ces activités est supprimée (loi N° 01-042 du 7 juin 2001). Le programme de vérification des importations (décret N° 89-196/P-RM du 15 juin 1989) s'applique aux importations dont la valeur f.a.b. est égale ou supérieure à 3 millions de francs CFA qui ne sont pas exonérées de contrôles par arrêté. Toutefois, sont exemptés de l'inspection : l'or, les pierres précieuses, les objets d'art, les munitions, armes et explosifs, les animaux vivants, les produits frais, le bois, les métaux de récupération, les plantes et les fleurs, les engrais, les films cinématographiques, les journaux et périodiques, les effets et cadeaux personnels, les colis postaux, les échantillons commerciaux, le pétrole brut, les dons, les sérums et vaccins, les véhicules des chapitres SH 8702, 8703 et 8704, et les importations effectuées par les administrations publiques, les missions diplomatiques ou consulaires et les agences des Nations Unies pour leur propre compte.

[1411] Acte Additionnel N°4/96 (document de l'OMC G/RO/N/35 du 24 septembre 2001), modifié par les Actes Additionnels n°1/97 et n° 4/98. Le Règlement N° 4/2001/CM/UEMOA donne exception à l'application du TEC pour les importations d'intrants taxés plus fortement que certains produits finis. Ceux-ci sont admis en régime douanier suspensif dans le cas où ils seraient destinés à la fabrication des produits pharmaceutiques (Chapitre 30 du SH), les livres,

2- La prohibition des abus de position dominante

380. Il n'existe pas une définition unanime de la position dominante. Du côté de l'entreprise dominante, elle se caractérise par le fait de pouvoir se soustraire des contraintes du marché et d'obliger les concurrents moins puissants à s'aligner sur elle. Dans la peau du dominé, elle se caractérise par une absence de substituabilité lorsque le partenaire est obligé de s'adresser à l'entreprise dominante. L'article 7 du règlement pose en substance le principe de la prohibition des abus de positions dominantes[1412]. Il interdit de plein droit, toutes pratiques d'une ou plusieurs entreprises assimilables à un abus de position dominante sur le marché commun ou une partie significative de celui-ci. Le législateur communautaire UEMOA s'octroie l'exclusivité de déterminer les comportements constitutifs d'abus de position dominante dont la conception est « la situation où, une entreprise a la capacité sur le marché en cause de se soustraire à une concurrence effective, de s'affranchir des contraintes du marché en y ajoutant un rôle directeur[1413]».

381. La domination crée la dépendance économique, l'inégalité économique avec une forte dose d'exploitation de la faiblesse d'autrui. Le droit de la concurrence consacre des mécanismes destinés à compenser cette situation de dépendance rendant difficile à l'un des contractants, la défense de ses intérêts au moment de la conclusion, de l'exécution ou du renouvellement du contrat : c'est la notion d'abus de domination[1414]. Il s'agit d'une inaptitude à la négociation à cause de dépendance économique. La concentration des capitaux et des moyens de production ont entraîné des disparités de puissance économique qui sont très accentuées entre les entreprises elles-mêmes. En plus

---

brochures et imprimés (49 01), ou certaines machines, appareils et leurs parties, dans l'architecture du TEC, les produits pharmaceutiques font partie des produits sociaux de la catégorie zéro (le taux de droit de douane appliqué est nul et les intrants servant à la fabrication de ces produits pharmaceutiques par conséquent sont sujets à l'exception. Les États membres de l'UEMOA ont adopté une réglementation commune dont l'objectif est l'harmonisation des législations au sujet des droits d'accises (Directive N° 3/98/CM/UEMOA). Selon celle-ci, sont soumis obligatoirement à des droits d'accises le tabac, les produits du tabac et les boissons alcoolisées et non alcoolisées (sauf l'eau). En outre, quatre produits sélectionnés d'une liste commune de neuf produits – le café, le cola, les farines de blé, les huiles et corps gras alimentaires, les produits de la parfumerie et les cosmétiques, le thé, les armes et munitions - peuvent y être soumis. Les taux des droits d'accises sont arrêtés librement par chaque État membre dans les fourchettes établies. Les États membres de l'UEMOA ont aussi adopté une réglementation commune dont l'objectif est l'harmonisation des législations au sujet de la taxation des produits pétroliers (Directive N° 6/2001/CM/UEMOA). Les produits pétroliers sont obligatoirement soumis à des droits d'accises. Les États membres de l'UEMOA fixent librement les niveaux de ceux-ci, mais sont tenus de réduire progressivement les écarts entre produits individuels.

1412 Le règlement n° 02 pose le principe de la prohibition établie par le Traité de l'UEMOA, en son article 88 (b).

1413 Le règlement n° 03 relatif aux procédures applicables aux ententes et abus de position dominante à l'intérieur de l'Union Économique Monétaire Ouest Africaine.

1414 V. LASBORDES, *Les contrats déséquilibrés,* op. cit. p.34, n°11.

de ses effets sur la concurrence, cette concentration fait naître pour sa réalisation des relations contractuelles de dépendance entre des entreprises distinctes. Les contrats de dépendance régissent une activité professionnelle dans laquelle, l'un des partenaires, l'assujetti, se trouve tributaire pour son existence ou même sa survie, de la relation régulière privilégiée ou exclusive qu'il a établie avec son cocontractant, le partenaire privilégié. Ce qui a pour effet de le placer sous sa dépendance économique ou sous sa domination[1415].

382. La dépendance économique est caractérisée dès lors que l'une des parties, au moment de la conclusion du contrat ou à l'occasion de son exécution, est privée de toute alternative et ne peut qu'accepter les conditions contractuelles proposées[1416]. Généralement c'est soit parce que le marché du produit ou du service concerné est dominé par une entreprise ou un groupe d'entreprises, soit parce qu'en dépit de l'absence de monopole, une entreprise devient un partenaire obligé. L'absence d'alternative dont est victime la partie qui est dans le besoin de conclure le contrat peut être la conséquence d'un monopole, de fait ou de droit, détenu par une entreprise ou un groupe d'entreprises. Tel est le cas, par exemple, lorsque la notoriété du partenaire ou de sa marque oblige à contracter avec lui ou encore lorsque la conclusion du contrat répond à une nécessité pour l'exercice et la survie de l'activité professionnelle. En présence d'une position dominante, la situation de monopole dans laquelle se trouve une entreprise ou un groupe d'entreprises[1417], lui confère un pouvoir qui déséquilibre la relation contractuelle. C'est le pouvoir d'imposer sa volonté à un partenaire qui n'est pas en mesure de discuter les termes du contrat puisqu'il n'existe pas de concurrents proposant le produit ou le service concerné. L'entreprise dominante devient un partenaire obligé. C'est à l'égard de l'effet anticoncurrentiel de la position dominante détenue par une entreprise que le droit de la concurrence entend s'élever.

383. Pour apprécier la position dominante, la part de marché détenue par l'entreprise est un critère déterminant mais pas exclusif[1418]. Un monopole n'est pas toujours nécessaire pour que la domination soit caractérisée. Il suffit qu'une entreprise ait le pouvoir de faire obstacle à une concurrence effective.

[1415] G. VIRASSAMY, *Les contrats de dépendance, essai sur les activités professionnelles exercées dans une dépendance économique*, thèse, Paris 1, 1985, LGDJ, préface J. Ghestin, spéc., n° 226, p. 162.

[1416] V. LASBORDES, *Contrats déséquilibrés*, op. cit., n° 235, p. 234.

[1417] Pour que la position dominante collective soit établie, les entreprises doivent être liées par un lien financier ou structurel et animées d'une stratégie commerciale coordonnée V. sur ce point, M. MALAURIE-VIGNAL, Droit interne de la concurrence, éd. Armand Colin 1996, spéc., n° 260, p. 196.

[1418] V. sur ce point, L. VOGEL, *Droit de la concurrence et concentration économique*, Economica 1988, n° 102 et s. L'auteur constate le passage d'une vision "statique", assimilant la position dominante à une absence de concurrence, à une vision qualifiée de "dynamique" de la position dominante, caractérisée par le pouvoir pour une entreprise de faire obstacle à une concurrence effective sur le marché concerné.

Inversement, si l'existence d'un monopole participe de l'établissement de la position dominante, ce n'est pas le seul élément à prendre en considération. Pour caractériser une position dominante, il importe peu que le monopole soit de fait lorsqu'une seule entreprise existe sur le marché du produit ou du service concerné, l'essentiel étant que la pratique ait un effet anticoncurrentiel[1419]. Le droit de la concurrence connaît aujourd'hui une finalité sociale à travers la protection de la partie économiquement faible face un partenaire plus puissant[1420]. Il consacre ainsi l'existence d'un pouvoir déséquilibrant dans les relations contractuelles de fait dont se trouvent investies certaines entreprises lesquelles, en raison de leur notoriété, deviennent des partenaires commerciaux incontournables[1421].

384. Par ailleurs, en l'absence de toute position dominante, un distributeur peut être contraint de contracter avec un fournisseur dont la marque est attractive de clientèle. Ainsi, le fournisseur devient un partenaire obligé, le distributeur n'ayant pas de solution équivalente. Il s'agit d'une dépendance pour cause d'assortiment[1422]. Le devoir de loyauté peut être aussi étendu à l'associé influent notamment lorsqu'il concurrence la société. Le pouvoir de l'associé influent est nécessairement factuel. L'associé doit être dans une position telle que vis-à-vis de la société, sa concurrence représente une menace pour cette dernière, une dépendance économique[1423].C'est aussi l'exploitation abusive par une entreprise ou un groupe d'entreprises de l'état de dépendance économique dans lequel se trouve, à son égard, une entreprise cliente ou un fournisseur qui ne dispose pas de solution équivalente.

385. Le droit UEMOA assimile le contrôle des concentrations[1424] aux abus de position dominante[1425]. Il pose d'abord le principe de l'interdiction dans l'article 4.1 al.1 du règlement n°02 et ensuite détermine les manifestations des opérations de concentration[1426]. Avant tout abus, une position de domination doit préalablement exister. Une définition précise est donnée à la notion de position dominante qui naît de : « la situation où une entreprise a la capacité, sur le marché en cause, de se soustraire à la concurrence effective, de s'affranchir des contraintes du marché, en y jouant un rôle directeur[1427]». La

---

1419 V. LASBORDES, *Contrats déséquilibrés*, op. cit., n° 239, p. 238.
1420 V. LASBORDES, *Contrats déséquilibrés,* op. cit., n ° 239, p. 238.
1421 V. LASBORDES, *Contrats déséquilibrés*, op. cit., n ° 239, p. 238.
1422 V. LASBORDES, *Contrats déséquilibrés*, op. cit., n° 242, p. 240.
1423 K. GRÉVAIN-LEMERCIER, *Le devoir de loyauté en droit des sociétés*, thèse préc. n ° 212, p. 150.
1424 V. sur le contrôle des concentrations M. – N. M'BAYE, « Le contrôle des concentrations communautaires dans l'espace OHADA : de l'opportunité d'une coordination des réglementations de la CEMAC et de l'UEMOA », Ohadata D-05-07.
1425 A. COULIBALY, *Analyse de la concurrence et de la régulation en Afrique : cas du Sénégal et du Mali*, thèse Université cheikh Anta Diop de Dakar, 2013 sous la direction du Professeur Mayatta N'DIAYE M'BAYE, n° 113, p. 62.
1426 Art. 4.3 du Règlement n°02/2002/CM/UEMOA.
1427 Note 3, annexe 1 du règlement n°03/2002/CM/UEMOA.

notion juridique de domination trouve son fondement dans celle économique de monopole qui est la situation d'un marché sur lequel la concurrence n'existe pas du côté de l'offre, car il ne s'y présente qu'un seul vendeur. On y distingue deux définitions différentes. L'une dite « statique », part d'un état donné sur le marché en assimilant la position dominante à une situation d'absence de concurrence. L'autre par contre est dite « dynamique », on y voit un pouvoir économique ou une capacité d'action. L'abus de position dominante est l'emprise sur le marché commun à des fins abusives. Les textes de l'UEMOA l'ont définie comme : « la situation ou une entreprise a la capacité, sur le marché en cause, de se soustraire à une concurrence effective, de s'affranchir des contraintes du marché en y jouant un rôle directeur[1428]». Ce qui est prohibé, ce n'est pas la position dominante mais son exploitation abusive aussi bien par les entreprises que les États[1429]. La prohibition des ententes et abus de position dominante relève de l'ordre public[1430]. Divers intervenants coexistent dans la recherche de la justice contractuelle en droit de la concurrence pour le bonheur du consommateur final.

Paragraphe 2 : L'adéquation de la diversification des intervenants

386. Le prononcé des sanctions matérialise la correction du déséquilibre des pouvoirs pour une meilleure protection du consommateur final. Cette cure du déséquilibre externe assainit l'environnement d'exécution des contrats. A cet effet, il convient de souligner l'adéquation de la diversification des intervenants dans cette protection du consommateur contre le professionnel spécialement par le recours aux sanctions judiciaires (A) et administratives (B).

A- Les sanctions judiciaires

387. Le consommateur est toute personne physique qui agit à des fins qui n'entrent pas dans le cadre de son activité commerciale, industrielle, artisanale ou libérale[1431]. Le fondement classique de l'abus en droit commun n'aurait pas permis de sanctionner le professionnel. Le renouvellement de la conception de l'abus (1) et la reconnaissance de l'action judiciaire (2) concourent à la protection du consommateur.

1- Le renouvellement de la conception de l'abus

388. L'abus de faiblesse ou d'ignorance est consacré dans l'article 3 de la loi de 2015 qui dispose qu' : « un abus de faiblesse consiste à exploiter l'état d'ignorance ou de vulnérabilité psychique ou psychologique d'une personne

---

[1428] Annexe 1 du règlement n°3/2002.

[1429] AYAWA AMELIA TSKADI, « De la compétence exclusive de l'union en droit de la concurrence dans l'espace UEMOA », Penant 873, p. 478.

[1430] A.-M. FRISON-ROCHE, « Contrat, concurrence et régulation », RTD.civ. Juillet/Septembre 2004, p. 456.

[1431] C. NOURISSAT, « L'action de groupe, c'est maintenant (ou presque) », Procédures -Revue mensuelle, Lexisnexis jurisclasseur – Mai 2014, p. 5, n° 5.

pour l'amener à prendre des engagements dont elle est incapable de voir l'importance[1432]». La conception classique de l'abus est la mise en œuvre d'un droit dans la finalité de nuire à autrui. Dans la protection du consommateur si l'intention de nuire est un critère de l'abus, ce n'est pas ou plus le seul. L'acte abusif n'est pas nécessairement commis avec l'intention de nuire[1433] dans la protection d'une catégorie de contractants en qui le législateur reconnait une faible aptitude à contracter. Dans cette acception de l'abus, il est nécessaire de se départir du critère restrictif de l'intention de nuire au profit d'une conception plus extensive. Cette attitude traduit le constat que la conception subjective ou intentionnelle de l'abus de droit n'est pas le moyen le plus efficace pour lutter contre les déséquilibres de pouvoir. C'est vers une perception large de l'abus des droits qu'il faudrait s'orienter, non celle qui y voit une limite morale à l'exercice d'un droit en l'enfermant dans les strictes bornes de l'intention de nuire, mais celle qui en fait l'instrument de l'équilibre contractuel[1434]. Abuser de son droit, ce n'est plus seulement agir contre autrui dans l'intention de lui nuire c'est aussi agir dans son seul intérêt sans égard pour l'intérêt de son cocontractant. C'est finalement faire preuve d'égoïsme, de déloyauté dans l'appréciation de l'intérêt d'autrui. Le contractant qui fixe le prix pensera à lui avant de souhaiter porter préjudice à son cocontractant. Aussi faut-il préférer une approche téléologique de l'abus chère à JOSSERAND selon laquelle le droit doit s'exercer conformément à sa fonction sociale. Il distinguait parmi les droits subjectifs, les droits-pouvoirs, c'est-à-dire des prérogatives accordées pour assurer l'intérêt propre du titulaire du droit et les droits-fonctions, qui sont accordés dans l'intérêt d'autrui[1435]. Ces prérogatives sont conférées à leur titulaire pour la satisfaction d'un intérêt dont le non-respect sera constitutif d'un abus. Le critère de l'abus diffère selon les droits subjectifs envisagés : le critère de l'abus des droits-pouvoirs réside dans la faute tandis que le critère de l'abus des droits-fonctions réside dans le détournement du droit de sa finalité sociale. Dans sa conception téléologique, l'abus consiste en un acte réalisé sans intérêt légitime, contraire au but ou à la finalité du droit exercé et qui cause à autrui un dommage. Afin de caractériser et de sanctionner l'abus, le juge doit procéder à une comparaison abstraite entre la finalité du droit et la manière dont en a usé le contractant. Il semblerait qu'a l'exception de l'Angleterre[1436] et

---

[1432] Aux termes de l'art. 3 de la loi n° 2015- 036 du 16 juillet 2015 au Mali.

[1433] Q. LASSALAS, « Les critères de l'abus dans la rupture des relations contractuelles », Rev. Droit et patrimoine Juill./Aout 1997, p. 61 et s., spéc., p. 65.

[1434] C. JAMIN, « Typologie des théories juridiques de l'abus », Revue de la concurrence et de la consommation, n °92, supplément juillet – Aout 1996, p.7 et s. spec. p.12.

[1435] L. JOSSERAND, *De l'esprit des droits et de leur relativité, Théorie dite de l'abus des droits*, Dalloz, 1927, 2° éd., 1939.

[1436] Le droit anglais ne voit pas avec faveur le concept de bonne foi, au contraire du droit américain, dont *l'Uniform commercial code* et les *Restatements* visent un principe d'exécution de bonne foi comparable à l'art. 1134 al. 3 du Code civil français de 1804 ; V. O. ANSELME-MARTIN, « Étude critique du devoir d'exécuter les conventions de bonne foi », Petites Affiches 22 janvier 1997, p. 17, n° 7 et 8.

de la Suède, les pays européens admettent un principe d'abus de droit comme manquement contractuelle[1437].

389. Par-delà la diversité des situations envisagées, une unité pourrait être trouvée à travers l'exigence de la bonne foi contractuelle. Il est frappant de constater que la notion d'abus est toujours dérivée d'une exigence générale de bonne foi dans l'exercice des droits. Parfois même, la réception de la locution "abus de droit" n'est pas apparue nécessaire tant la consécration de l'exigence de bonne foi suffisait à régler les problèmes. Cette éclipse de l'abus par la bonne foi est effectivement caractérisée en droit Grec[1438] et Portugais[1439]. Ces législations l'envisagent comme l'exercice d'un droit qui est "illégitime lorsque son titulaire excède manifestement les limites imposées notamment par la bonne foi" au sens objectif du terme. Il en va de même pour la plupart des droits Maghrebins où la responsabilité du titulaire d'un droit est acquise lorsque ce dernier l'exerce en causant un préjudice important au débiteur alors qu'il aurait pu l'éviter sans dommage ou que l'intérêt à lui procurer était à l'évidence minime[1440]. Les deux notions sont également liées en droit Polonais, Argentin, Turc, Brésilien[1441]. La Chine a introduit l'obligation pour les parties de se conformer aux principes de l'équité, de l'honnêteté et de la confiance, toutes les références morales qu'on peut transcrire par la norme objective de la bonne foi[1442].

390. L'abus est un fondement de correction du déséquilibre des pouvoirs dans les contrats de consommation grâce aux clauses abusives prévues par les législateurs Maliens[1443] et Français en ces termes : « dans les contrats conclus

---

1437 S. MUNCK, *L'abus dans le contrat : essai d'une théorie*, thèse préc. p. 60, n° 56.

1438 Art. 281 c. civ. Grec.

1439 Art. 334 c. civ. Portugais.

1440 Le Code Tunisien des obligations et des contrats, le plus ancien Code arabe encore en vigueur, dispose en son art. 103, alinéa 2 que : "Lorsque l'exercice de ce droit est de nature à causer un dommage notable à autrui et que ce dommage peut être évité ou supprimé, sans inconvénient grave pour l'ayant droit, il y a lieu à responsabilité civile si on n'a pas fait ce qu'il fallait pour le prévenir ou le faire cesser" ; A.-S. ALDEEB ABU-SALIEH, « L'abus du droit en droit musulman », in "Abus de droit et bonne foi", sous la dir. de Widmer et Cottier, éd. univ. de Fribourg, 1994, p. 89 et s., p. 96. Le Code civil égyptien de 1949 contient un article 5 énonçant que "l'exercice du droit est considéré comme illégitime [...] s'il tend à la satisfaction d'un intérêt illicite". Le même critère est repris par des Codes civils irakien de 1951 (art. 7), syrien de 1949 (art. 6), libyen de 1953 (art. 5), Algérien de 1975 (art. 41) et jordanien de 1976.

1441 C. MASSE, "La bonne foi dans les relations entre particuliers - dans l'exécution du contrat - Rapport Général, Travaux Asso. Henri Capitant, T. XLIII, 1992, "La Bonne foi", Litec, 1994, p. 217.

1442 BAKER & Me KENZIE, « Mise en œuvre des règles d'éthique en matière commerciale en République populaire de Chine », Gaz, Pal. 22 et 23 mars 1995, p. 9.

1443 Aux termes de l'art. 3 de la loi n° 2015- 036 du 16 juillet 2015 : « une clause est abusive lorsqu'elle apparait comme imposée au consommateur par la puissance économique de l'autre partie ou donne à cette dernière un avantage excessif ». L'art. 18 dispose que : « les clauses abusives sont interdites dans tous les contrats relevant du domaine de la présente loi ».

entre professionnels et non-professionnels ou consommateurs, sont abusives les clauses qui ont pour objet ou pour effet de créer, au détriment du non-professionnel ou du consommateur, un déséquilibre significatif entre les droits et obligations des parties au contrat[1444] ». La détermination du domaine d'appréciation du déséquilibre significatif[1445] est plus souple en droit de la consommation. Ce déséquilibre significatif a toutefois progressivement gagné la matière commerciale et plus précisément le droit des pratiques restrictives de concurrence pour s'inscrire dans l'avant-projet d'ordonnance portant réforme du droit des obligations[1446]. Une synthèse de la jurisprudence en la matière autorise une distinction entre deux sortes de clauses potentiellement abusives. D'un côté, les clauses qui menacent l'économie de la convention. De l'autre, les clauses qui octroient un avantage au professionnel[1447]. Les clauses qui ont pour objet et pour effet de détruire partiellement ou totalement l'économie des contrats se traduisent par la maîtrise unilatérale de l'évolution du contrat. Ainsi en est-il de la clause réservant au professionnel le droit de modifier unilatéralement les caractéristiques ou le prix du bien à livrer ou du service à rendre[1448].

Toutefois, l'art. 19 précise que : « les contrats dont certaines dispositions sont jugées abusives doit être appliqué en ses autres dispositions ».

[1444] Art. L. 132-1 du Code de la consommation en France. L'art. R 132-1 dressant à ce titre une liste de clauses qui sont présumées abusives de manière irréfragable c'est-à-dire qu'aucune preuve contraire ne peut être apportée pour combattre cette présomption. Parmi ces clauses figurent celles visant à réserver au professionnel, le droit de modifier unilatéralement les clauses du contrat relatives à sa durée, aux caractéristiques ou au prix du bien à livrer ou du service à rendre. La sécurité juridique semblait sauve dès lors qu'une liste de clauses était ainsi dressée. Cependant, ces dispositions ne sont applicables qu'au bénéfice des consommateurs. La loi Hamon du 17 mars 2014 précise qu'est considéré comme un consommateur au sens du Code de la Consommation : « toute personne physique qui agit à des fins qui n'entrent pas dans le cadre de son activité commerciale, industrielle, artisanale ou libérale ». L'omission de l'activité agricole est déplorable.

[1445] S. MUNCK, *L'abus dans le contrat : essai d'une théorie*, préc. p. 306 -310, n° 363 -368.

[1446] En France, le projet d'ordonnance portant réforme du droit des contrats, du régime général et de la preuve des obligations prévoit l'introduction d'un article 1169 dans le Code civil octroyant au juge, sous certaines conditions, le pouvoir de supprimer une clause qui créerait un déséquilibre significatif. La loi sur la modernisation de l'économie du 4 Août 2008 dans son article L. 442-6- I 2 avait instauré une cause de nullité supplémentaire des clauses ou contrats signés entre partenaires commerciaux. L'art. L 442-6 du Code de commerce dispose que : « le fait de soumettre ou de tenter de soumettre un partenaire commercial à des obligations créant un déséquilibre significatif dans les droits et obligations des parties ». Bien que ce texte ne renvoie à aucune liste, le Conseil Constitutionnel a jugé que ces dispositions étaient conformes à la constitution et au principe de légalité des délits et des peines qui impose au législateur de définir en termes clairs, les pratiques sanctionnées. Des succédées jurisprudentielles complètent les clauses de révision de prix en raison du déséquilibre qu'elles présentent. C'est le cas notamment des clauses de taux de service dans certaines clauses de retours d'invendus. V.aussi CA de Paris, pole 5, Chambre 4 du 11 septembre 2013 n° 11/17941 – jurisdata n° 2013-019306.

[1447] V. notamment X. LAGARDE, « Qu'est-ce qu'une clause abusive ? », Étude pratique, JCPE 2006, n° 1663.

[1448] L'art. R. 132-1 du Code de la consommation en France.

391. Les clauses qui menacent l'économie du contrat sont reconnaissables lorsqu'elles assurent une répartition inégale des risques de ce contrat. C'est le cas des clauses élusives ou limitatives de responsabilité[1449]. Concernant les clauses qui, abstraction faite de leur effet sur l'économie de la convention, octroient un avantage au professionnel, celles-ci supposent la réunion de plusieurs éléments : l'avantage doit profiter au seul professionnel et cet avantage ne doit comporter aucune contrepartie. Ces clauses renversant la charge de la preuve sont l'illustration même de ces types de clauses offrant un avantage sans contrepartie[1450]. Celles qui n'ont pas de caractère réciproque rentrent également dans cette catégorie surtout lorsqu'elles accordent au professionnel le droit de résilier discrétionnairement le contrat sans reconnaître le même droit au consommateur[1451]. Le déséquilibre significatif, notion qu'on pensait réserver aux droits spéciaux, intègre avec éclat le droit commun des contrats. Cette quête d'équilibre, même relative, est un remède à la faible correction du déséquilibre contractuel en droit commun. L'émergence d'une justice dans les conventions présente moins ces contrats déséquilibrés comme un champ de bataille où chaque contractant sera armé de son égoïsme aggravant ainsi la divergence d'intérêts. Le droit de la consommation donne le pouvoir au juge, en présence d'un déséquilibre, de purger le contrat des clauses abusives[1452]. MUNCK fait allusion à l'abus comme instrument de l'ordre public de concurrentiel[1453]. Une loi porte sur la loyauté et l'équilibre des relations commerciales[1454]. L'abus par déloyauté est une des formes d'abus en droit de la concurrence[1455] tout comme les abus de position dominante[1456], de dépendance économique[1457] et dans les prix[1458]. Plus qu'une responsabilité individuelle, c'est une réelle problématique d'ordre public économique[1459]. La spécificité des abus anticoncurrentiels au regard des déloyautés civiles se révèle aussi sur le plan des sanctions. Même si l'on croit que la concurrence déloyale comporte une fonction punitive, il reste que les condamnations prononcées contre le fautif profitent également à sa victime[1460]. Le droit des

---

[1449] L'art. R. 132-1 du Code de la consommation en France.

[1450] L'art. R. 132-1 du Code de la consommation en France.

[1451] L'art. R. 132-1 du Code de la consommation en France.

[1452] V. LEGRAND et D. BAZIN-BEUST, « Droit de la consommation/ droit des contrats : le bilan 20 ans après », Petites Affiches Lextenso – éditions du 15 Avril 2015, p. 8, n° 75.

[1453] S. MUNCK, *L'abus dans le contrat : essai d'une théorie*, thèse préc., n° 563 et s.

[1454] La loi n° 96-588 du 1er 1996 sur la loyauté et l'équilibre des relations commerciales dite loi GALLAND a été votée le 1er juillet 1996 sous le gouvernement JUPPE et entrée en vigueur le 1er janvier 1997 en France.

[1455] S. MUNCK, *L'abus dans le contrat : essai d'une théorie*, thèse préc., p. 424, n° 567.

[1456] S. MUNCK, *L'abus dans le contrat : essai d'une théorie,* thèse préc., p. 425 et s. n° 568

[1457] S. MUNCK, *L'abus dans le contrat : essai d'une théorie*, thèse préc. p. 427 et s., n° 572.

[1458] S. MUNCK, *L'abus dans le contrat : essai d'une théorie*, thèse préc. p. 431 et s., n° 572.

[1459] X. DE MELLO, « Loyauté ou liberté de la concurrence », Petites Affiches, 13 juillet 1994, p. 37 et 15 juillet 1994, p. 26.

[1460] S. MUNCK, *L'abus dans le contrat : essai d'une théorie*, thèse précitée, p. 438, n° 589.

pratiques anticoncurrentielles admettrait le prononcé des pénalités au profit de l'État. Cette convenance convergeant vers une finalité correctrice doit prédominer dans le raisonnement du juge au profit du consommateur.

2- La reconnaissance de l'action judiciaire

392. La loi Royer du 27 décembre 1973 a permis aux associations de consommateurs de défendre leurs intérêts collectifs jusqu'alors confondus avec l'intérêt général dont la prérogative du déclenchement dépendait du seul ministère public[1461]. Ces actions judiciaires intentées par les consommateurs sont soit civiles, défendant les intérêts collectifs, soit des actions en cessation d'agissements illicites, en suppression des clauses illicites ou abusives, en intervention volontaire en représentation conjointe. C'est en 1998 que les associations de consommateurs ont obtenu le droit d'agir en suppression des clauses abusives. Elles peuvent le faire de deux manières : soit en demande principale[1462], soit par intervention devant les juridictions civiles dans une action déjà engagée par un consommateur[1463]. La Cour de cassation française avait estimé que les deux actions ne devaient pas être intentées conjointement[1464] et que l'intervention ne pouvait se faire que si la demande initiale a pour objet la réparation d'un préjudice subi par un ou plusieurs consommateurs en raison d'une infraction pénale[1465]. Les associations de consommateurs disposaient des actions judiciaires et extrajudiciaires par le biais de la responsabilité civile du vendeur professionnel en cas d'agissements constitutifs de faute[1466]. Une association régulièrement déclarée peut réclamer la réparation des atteintes portées aux intérêts collectifs de ses membres et son action est recevable dans la limite de son projet social[1467]. Il était de rigueur qu'une personne morale de droit privé ne puisse se substituer aux autorités publiques pour la défense de l'intérêt général qui reste du ressort de l'État à travers le ministère public ou des associations habilitées à agir par la loi. L'intérêt collectif se distingue du préjudice subi directement par les victimes de l'infraction qui, seules, peuvent demander réparation[1468]. L'intérêt collectif est désormais la somme des intérêts individuels. Des associations ont été

[1461] V. A. COULIBALY, *Analyse de la concurrence et de la régulation en Afrique : cas du Sénégal et du Mali,* thèse Université Cheikh Anta Diop de Dakar sous la direction du Professeur Mayatta N'Diaye M'BAYE, 2014, p. 47.

[1462] C. consom., art. L. 421-6, - Cas. 1ère civ., 7 juill. 1998 : comm.18 et CA Douai, 19 fév. 1998 : Contrats conc., consom., 19988, comm.120.

[1463] C. consom., art. L. 421 -7 en France.

[1464] Cass. 1ère civ., 6 janvier 1994 : comm. 19.

[1465] Cass. 1ère civ., 4 mai 1999 : comm.20.

[1466] Cass.com., 3 oct.1995 : comm. 11.- CA Versailles, 28 juin 1993 : comm. 12 in droit de la consommation, éditions du juris – classeur, Hors série – décembre 20002, p. 25

[1467] Cass. 1ère civ., 27 mai 1975 : D. 1976, p. 318. – Cass. Com., 19 janvier 1999 : JCP 2000, éd. G., 197, n° 8, obs. G. Viney.

[1468] Cass. crim., 20 mai 1985 : Bull. crim., n°485 in droit de la consommation, éditions du Juris – classeur, Hors série – décembre 20002, p. 25

admises à intenter des actions en justice pour escroquerie[1469], pour corruption passive[1470], pour les homicides et blessures involontaires constitutifs à un manquement aux règles de sécurité dans un stade[1471].

393. Aujourd'hui, les auteurs mettent l'accent sur les actions de groupe[1472] dans leur utilité pratique. Face à l'émergence du droit de la consommation, les actions de groupe bousculent les certitudes[1473]. Le juge sénégalais parait méfiant face à l'exercice des actions en justice par des associations de consommateurs[1474] à la différence de son homologue malien qui a rendu sa première décision dans ce domaine. Il s'agit d'un jugement du tribunal de commerce de Bamako dans laquelle l'association pour la défense de l'environnement et la sensibilisation des consommateurs (ADESCOM) intentait une action en responsabilité pour publicité mensongère et duperie contre l'industrie des eaux et jus d'Afrique, GASELIA industries[1475]. Cette juridiction a rendu une décision historique en reconnaissant aux associations de consommateurs, la capacité d'ester en justice. Elle reconnait le bien-fondé de la demande, de l'association pour la défense de l'environnement et la sensibilisation des consommateurs, à agir contre la société GISELA. Par

---

[1469] Cass. crim., 30 janv.1995 : comm. 15 in droit de la consommation , éditions du juris – classeur, Hors série – décembre 20002, p. 25

[1470] Cass.com.27 oct.1997, n°5593 P, Carignon et autres : Juris- Data n° 004190.

[1471] Cas.crim., 24 juin 1997 : comm. 13 in droit de la consommation, éditions du juris – classeur, Hors série – décembre 20002, p. 25.

[1472] C. NOURISSAT, « L'action de groupe, c'est maintenant (ou presque) », Procédures- Revue mensuelle lexisnexisjuris - classeur – Mai 2014, p. 5, n°5.

[1473] C. NOURISSAT, « L'action de groupe, c'est maintenant (ou presque) », op. cit. p.5, n° 5.

[1474] A. KANTÉ, « Réflexions sur le droit de la concurrence et la protection des consommateurs dans l'UEMOA : l'exemple du Sénégal », Penant 871, 149 et 150 ; M. FAYE, L'action civile des associations de consommateurs, Mémoire de maitrise sous la direction de A. FAYE , Bibliothèque Faculté de droit de Dakar, 2001 -2002, p. 21et s. Dans l'affaire dite des TV 5, la société EXCAF et son directeur avaient pu convaincre les consommateurs et leur vendre des antennes MMDS connues sous le non d'antennes TV5 pour acceder à un bouquet de douze chaines de télévision. Sur cette base, les consommateurs avaient douze chaines et jouissaient des programmes. Par la suite la société EXCAF avait crypté certaines chaines empêchant d'accéder aux programmes en causant aux consommateurs un trouble de jouissance et un préjudice. Les associations de consommateurs avaient saisi le juge du Tribunal régional hors classe de Dakar aux fins d'ordonner les agissements d'EXCAF ; C. I. M'BODJ, L'action civile des associations de consommateurs, Mémoire de maitrise sous la direction de A. FAYE, 2001-2001, p. 20. Le juge dans sa décision en date du 16 Aout 1996 avait déclaré l'action des consommateurs irrecevable pour défaut de qualité à agir en dehors d'une disposition légale expresse leur donnant un pouvoir de représentation légale. Dans une autre affaire, l'association sénégalaise des consommateurs avait déposé une plainte suite à une augmentation de 100 F sur le prix de l'huile. L'association avait estimé que cette hausse était illicite et son action a été déclaré irrecevable par le juge.

[1475] Jugement du Tribunal de commerce de Bamako n°518 dans son audience publique de vacation dans une instance 31 Octobre 2012 opposant l'Association pour la Défense de l'Environnement et la Sensibilisation des Consommateurs (ADESCOM) à l'industrie des Eaux et Jus d'Afrique filiale de GASELIA Industries Group pour responsabilité pour publicité mensongère et duperie

conséquent, elle ordonne le retrait immédiat du produit incriminé du circuit de commercialisation. La décision fut laborieuse dans la mesure où le juge pour motiver sa décision devait surmonter d'autres obstacles techniques. D'abord, reconnaitre la responsabilité pénale du groupe GISELA sur la base de publicité mensongère et duperie[1476]. Ensuite, la reconnaissance de la capacité des associations de consommateurs à ester en justice[1477] et enfin la protection sanitaire des consommateurs[1478]. La portée juridique de cette décision est d'avoir ouvert la voie à l'exercice des actions judiciaires pour sanctionner les atteintes aux droits des consommateurs.

394. La qualité à ester en justice est protectrice de la sécurité contractuelle collective des consommateurs. Les fondements du droit commun des contrats ne peuvent justifier les largesses protectrices du législateur en droit de la consommation. En droit commun, le principe est que la lésion c'est-à-dire le défaut d'équivalence objective n'est pas une cause de nullité dans les contrats commutatifs. Même si le législateur maintient le caractère équitable de l'action en rescision pour lésion en l'enfermant dans un texte sans vie[1479], le juge ne

---

1476 La loi n° 01-079 du 20 août 2007 portant code pénal malien et l'ordonnance n° 07-025/P-RM du 18 juillet 2007 portant organisation de la concurrence.

1477 L'association pour la défense de l'environnement et la sensibilisation des consommateurs (ADESCOM) est une association qui satisfait aux exigences de l'art. 10 de la loi sur les associations, en ce qu'elle a été agrée à travers le récépissé n°099/MATCL-DNI du 13 février 2001 et l'accord - cadre n°0770/1399 du MATCL/CABD du 29/07/2008 signé par la cellule d'appui au développement à la base représentant le ministère de l'administration territoriale et des collectivités locales. Il résulte de l'analyse combinée des dispositions des articles 44 annexe I, 47 annexe III 16 annexe VI et 29 annexe IV de l'accord portant révision de l'accord de Bangui instituant une organisation africaine de la propriété intellectuelle que toutes personnes intéressées ainsi que tout groupement intéressé de producteurs ou de consommateurs peuvent intenter les actions civiles en justice (tribunaux civils ou de commerce par opposition aux tribunaux répressifs) en matière de litige se rapportant à l'utilisation d'une marque ou une marque contenant indication géographique.

1478 L'art. 89 du règlement n° 07/2007/cm/ l'UEMOA relatif à la sécurité sanitaire des végétaux, des animaux et des aliments du 06 avril 2007 la production et la commercialisation d'aliments nouveaux sont subordonnées à une autorisation préalable délivrée par l'organisme national de sécurité sanitaire des aliments, à la personne responsable de leur préparation, de leur mise en culture ou de leur première sur le marché (…). Cette autorisation doit répondre au principe de précaution qui s'impose particulièrement aux opérateurs économiques et aux autorités publiques dans l'article 35 de l'ordonnance n°07 -25/PR-M du 18 juillet 2007 portant organisation de la concurrence. Le responsable de la première mise sur le marché d'un produit ou d'un bien est tenu de vérifier que celui-ci est conforme aux prescriptions en vigueur. Cette prérogative relève de la compétence de l'agence nationale de la sécurité sanitaire des aliments (ANSSA) créée par la loi n° 03-043 du 30 décembre 2003 et du laboratoire national de la santé qui donnent des avis techniques pour l'autorisation ou l'interdiction de tout produit, médicament, aliments, boissons ou toutes autres substances importées ou produites en république du Mali et destinées à des fins (….) alimentaires et délivre des autorisations de mise sur le marché (AMM).

1479 R. RUEB, « La lésion dans la vente immobilière, un passé plein d'avenir ? », P. Aff. 4 mai 1999, n°88, p.11.

saurait généraliser l'application de la rescision à d'autres contrats[1480] en dehors du domaine expéditif de la loi. Pourtant, le droit de la consommation déroge à cette raideur du droit commun des contrats. La réalité est que la négociation qui conduit à la conclusion du contrat n'est pas une garantie d'équilibre dès lors que la volonté de la partie faible est affectée par le besoin ou le désir de conclure le contrat[1481]. L'inégalité des parties confère au contractant en situation de force, le pouvoir d'imposer une volonté à un partenaire qui ne peut que s'y soumettre. Son manque de compétence ou la nécessité que représente la conclusion du contrat, le privant de toute possibilité de négocier[1482]. C'est la logique en droit la consommation.

395. Le pouvoir de règlement des différends par le régulateur peut aussi se matérialiser par l'arbitrage et la conciliation entre les opérateurs ou fournisseurs. Le professeur SAKO met l'accent sur le règlement des différends en droit de la concurrence par l'arbitrage[1483]. Le pouvoir du régulateur se perçoit ainsi comme la reconnaissance de l'arbitrage en tant que mode de règlement par excellence des différends en affaires. La volonté de préserver les liens d'affaires, à travers une extension de la notion de fraternité contractuelle, est connue en droit des obligations. Ce qui constitue une certaine socialisation du règlement pacifique des différends contractuels. L'annulation des contrats déséquilibrés commande un retour au statu quo ante afin que tout se passe comme si ces contrats n'avaient jamais été conclus[1484] en droit commun. Les prestations réciproques reçues par les parties doivent alors être restituées[1485]. Or, le droit de la consommation a développé l'abus de droit comme fondement renouvelé d'une intervention dans le déséquilibre des pouvoirs pour sanctionner l'exploitation de la vulnérabilité d'autrui. Il y va de la clarification des objectifs étatiques de maitrise et même de suppression des abus contractuels que peuvent subir les contractants faibles. La protection indirecte du consommateur en plus d'être judiciaire est aussi administrative.

B- Les sanctions administratives

396. La protection du consommateur est indirectement assurée grâce à la régulation qui constitue l'ensemble des techniques permettant d'instaurer et de maintenir un équilibre économique optimal requis par un marché qui n'est pas

---

[1480] J. FISCHER, *Le pouvoir modérateur du juge en droit civil Français*, préf. Ph. Le Tourneau, PUAM, 2004, n° 246 et s.

[1481] V. LASBORDES, *Les contrats déséquilibrés,* op. cit., p.216, n° 213.

[1482] V. LASBORDES, *Les contrats déséquilibrés*, op. cit. p.214, n° 211.

[1483] A. SACKO, « La législation communautaire de la concurrence et les mécanismes alternatifs de règlement de règlement des conflits commerciaux », préc. p. 6 -13.

[1484] Conformément à l'adage "*quod nullum est, nullum producit effectum*", ce qui est nul ne produit aucun effet.

[1485] Sur les restitutions consécutives à l'annulation du contrat, v., M. MALAURIE, Les restitutions en droit civil, thèse Paris, éd. Cujas 1991, préface G. Cornu ; C. THIBIERGE-GUELFUCCI, Nullité, restitutions et responsabilité, LGDJ 1992.

capable en lui-même de produire cet équilibre [1486]. L'existence d'un droit de la régulation (1) illustre l'importance des sanctions administratives (2) dans la protection collective des consommateurs.

1- L'existence d'un droit de la régulation

397. La régulation est une forme d'intervention des autorités publiques en amont de l'exercice d'une activité ou de plusieurs activités économiques liées. Nous la traitons spécialement dans le domaine de la télécommunication au Mali[1487].

398. Les institutions chargées de la concurrence sont structurées selon leur domaine[1488]. Pour assurer la transparence, limiter les excès et le respect de certains principes, les autorités administratives sont dotées de la personnalité juridique en plus d'une autonomie financière. Le comité de régulation des télécommunications s'est transformé en une autorité régulation avec plus de pouvoirs dans les secteurs des TIC et des postes[1489]. La reconnaissance d'une personnalité juridique aux autorités de régulation est destinée, en plus de leur autonomisation, à les doter d'une responsabilité qui est le gage de leur

---

[1486] M.-A. FRISON-ROCHE, « La victoire du citoyen – client », Siciétal, 30, 2000 cité par A. COULIBALY, *Analyse de la concurrence et de la régulation en Afrique : cas du Mali et du Sénégal,* thèse 2013 sous la direction de M. – N. M'BAYE, p. 10

[1487] La loi du 28 février 2011 relative aux télécommunications et aux nouvelles technologies de l'information et de la communication, l'ordonnance du 28 septembre 2011 portant régulation du secteur des télécommunications et des postes et l'ordonnance n°99-043/ P-RM du 30 septembre 1999 créant le comité de régulation des télécommunications modifié par la loi n° 00-028/P-RM du 29 mars 2000 puis la loi n°01-005 du 27 février 2001 au Mali.

[1488] La politique de la concurrence relève d'un système comprenant les organes ci-après : - le ministère chargé du commerce est responsable de l'élaboration et de l'exécution de la politique en matière de concurrence. Les services du ministère, en particulier la direction nationale du commerce et de la concurrence (DNCC) et le conseil national de la concurrence (CNC), veillent à l'application du droit de la concurrence et garantissent le libre exercice de la concurrence dans les différents secteurs économiques. En raison du lien de tutelle, ces services ne sont pas indépendants ; - les tribunaux (première et deuxième instances), connaissent essentiellement des recours en annulation contre les décisions prises par les autorités administratives (DNCC, Comités de régulation sectorielle) ; - les instances de régulation sectorielle sont chargées de soutenir le développement des secteurs concernés, défendre les intérêts des usagers et la qualité des services, promouvoir et organiser la concurrence entre les opérateurs. Il s'agit du Comité de Régulation des Télécommunications (CRT), sous la tutelle du ministère chargé des Télécommunications ; la Commission de régulation de l'électricité et de l'eau (CREE) relevant du ministère des Mines, de l'Énergie et de l'Eau ; du Conseil supérieur de la communication (CSC) placé sous la tutelle du ministère chargé des télécommunications ; du Comité de régulation des marchés publics (CRMP) sous la tutelle du ministère chargé des finances. Ces instances disposent de pouvoirs d'enquêtes et de sanctions. Ils sont relativement indépendants et jouissent de l'autonomie financière.

[1489] Le changement était nécessaire pour s'adapter à l'évolution du secteur au Mali par l'attribution d'une troisième licence et l'arrivée de la fibre optique. La troisième licence qui concerne le mobile 2G et 3G, la téléphonie fixe et l'internet font l'objet d'intenses discussions. Ce qui redistribuera les cartes dans un jeu pour l'instant limité à Orange Mali et à SOTELMA (groupe Maroc Télécom). Source http://www.agenceecofin.com/gestion-publique/2512-2658-mali-le-comite-de-regulation-des-telecoms-devient-autorite.

efficacité. Le professeur SAKO écrivait qu'une autorité administrative, dépourvue de personnalité juridique propre, ne peut être réellement indépendante du pouvoir exécutif[1490]. Nous partageons cette opinion dans le sens ou la place de l'exécutif est prépondérante dans la détermination de l'orientation politique en droit de la concurrence. Cette indépendance est à relativiser d'autant plus que l'AMRTP est créé auprès du ministre en charge du commerce et de l'industrie. L'article 85 crée un Conseil National de la Concurrence et l'article 86 du même texte précise que ses missions se limitent à conseiller, donner des avis et à fournir un rapport annuel[1491].

399. Selon le professeur SAKO, la régulation est la tâche qui consiste à assurer entre les droits et obligations de chacun, le type d'équilibre voulu par la loi. Elle implique dans une certaine mesure ce qu'on appelle aujourd'hui une vision systématique de la société et de ses rapports avec l'État[1492]. Le droit de la régulation ne se limiterait pas à la régulation sectorielle verticale car il existe des types de régulation tellement larges, qu'ils ne peuvent s'identifier ni à des marchés en constante évolution, ni à des secteurs dans une conception trop étroite. Le droit de la régulation est une nouvelle branche du droit, centrée exclusivement sur des secteurs s'ouvrant à la concurrence, face à l'incapacité de l'état de garder sous son contrôle le secteur en question, car dépassé[1493]. L'équilibre entre ce qui relève ou pas de la concurrence, dans un même secteur, nécessite l'appareillage de la régulation[1494]. Le régulateur devra concilier équitablement les intérêts légitimes des opérateurs économiques, de l'État souverain et du citoyen-consommateur. L'indépendance des autorités de régulation doit être garantie vis-à-vis du pouvoir politique pour que leur existence ne soit pas simplement fictive. Les États en accordant des pouvoirs qui reviennent à l'autorité de régulation se détachent de certaines de leurs attributions particulièrement le contrôle des abus sur les prix des sociétés de téléphonie dans le secteur des télécommunications au Mali. Au nombre des pouvoirs du régulateur, on peut compter l'homologation des offres de services des sociétés de téléphonie[1495].

[1490] A. SAKO, « La législation communautaire de la concurrence et les mécanismes alternatifs de règlement de règlement des conflits commerciaux », Ohadata D-05-12, p.7

[1491] Art. 85 de l'ordonnance n° 07-025 du 18 juillet 2007 du Mali stipule qu'« Il est créé un Conseil de la National de la Concurrence ».

[1492] A. SAKO, Cours de droit de la concurrence, Master 2007 ; A. COULIBALY, thèse préc. p. 11, n°13 ; V. sur la régulation mixte en droit la concurrence A. SAKO, « La législation communautaire de la concurrence et les mécanismes alternatifs de règlement des conflits commerciaux », préc. p. 5.

[1493] L. BOY, Réflexions sur « Le droit de la régulation », à propos du texte de M.-A. Frison-Roche, Recueil Dalloz 2001, Chroniques p.3031.

[1494] A. COULIBALY, thèse préc. p.18, n°10

[1495] Le 3 mai 2013, l'AMRTP (le Régulateur) constate à travers les médias et des affiches publicitaires en plusieurs endroits de la ville de Bamako, le lancement d'une offre dénommée « Douba » par l'Opérateur Orange Mali SA. L'offre en question n'avait même pas été soumise à l'AMRTP encore moins approuvée par elle. Le 20 mai 2013, l'AMRTP est sollicitée par

400. La configuration de l'économie africaine se caractérise par un sous-développement qui réduit sa participation dans les échanges internationaux. Pour le professeur N'GOM, le consommateur relève de la société de consommation qui est une société d'abondance où le citoyen-consommateur peut exercer une certaine liberté de choix vis-à-vis des produits qui lui sont proposés. Or, l'espace UEMOA, en raison de la pauvreté, n'est pas une société de consommation mais une société de pénurie. Dans ce contexte se pose la pertinence de l'élaboration d'un droit de la consommation. A tout le moins, il se pose une nécessité de mettre en place des dispositifs juridiques de protection des consommateurs qui soient en phase avec les réalités économiques de l'espace et qui ne sont pas dans la simple reproduction d'un droit importé et imposé[1496]. En plus, la globalisation des échanges et les politiques d'ajustement structurel en marche depuis les années 1985[1497] ont manifestement affaibli les économies africaines dans leurs particularités environnementales telles que la pauvreté et les entreprises informelles comme fer de lance de l'économie.

401. Les instruments de protection des consommateurs africains ne rivalisent pas avec les standards internationaux. L'inondation des marchés africains par les produits étrangers expose nos consommateurs à une vitalité parfois néfaste du commerce mondial. La régulation est un remède aux effets pathologiques d'une importation du déséquilibre économique. Sur le plan national, elle est un moyen pour compléter les faiblesses d'une protection des contractants en droit commun par le droit de la concurrence. Le mérite des autorités de régulation est leur aptitude à intervenir dans des domaines spécifiques leur permettant de

---

courrier n°075/DRG/DRJ, de Orange Mali SA pour « l'homologation » de l'offre de service « Douba », alors que sa commercialisation avait déjà été lancée. Par courrier n°145 DG-DC-SOTELMA, l'Opérateur SOTELMA-SA saisit l'AMRTP pour s'étonner qu'il n'a pas connaissance de la décision d'approbation par le Régulateur de l'offre « Douba » commercialisée par Orange Mali SA, décision dont il est sensé en principe être ampliataire. Pour les décisions et correspondances relatives à la commercialisation de l'offre "Douba" de Orange Mali SA : décision n°14-056/MENIC-AMRTP/DG du 02 Juin 2014 portant sanction de Orange Mali SA pour récidive de la violation des décisions n°13-060/MCNTI-AMRTP/DG du 02 Décembre 2013 et n°14-040/MCNTI-AMRTP/DG du 28 Mars 2014 ; Correspondance n°00360 /MENIC-AMRTP-AJI/DG du 21 Mai 2014 ayant pour objet la mise en demeure pour l'arrêt immédiat de la commercialisation de l'offre "Douba" ; Décision n°14-040/MCNTI-AMRTP/DG du 28 Mars 2014 portant détermination des conditions de développement des services fixes sur le réseau mobile GSM ; Décision n°13-060/MCNTI-AMRTP/DG du 02 Décembre 2013 portant examen de l'approbation de l'offre "Douba" soumise par Orange Mali.

[1496] M- B. N'GOM, *Droit et Intégration économique dans l'espace UEMOA : le cas de la régulation juridique de la concurrence,* thèse préc. n° 82-83, p. 52, 2007.

[1497] H.-D. MODI KOKO BEBEY, « Afrique : histoire, économie, politique "De la faillite des Programmes d'Ajustement Structurel en passant par le problème de la dette à travers l'étude de quatre pays : le Ghana, le Sénégal, le Mali et le Zimbabwe" . www.afriquepluriel.ch/ajustement-afrique.htm ; la réforme du droit des affaires de l'OHADA au regard de la mondialisation de l'économie.

s'intéresser aux besoins les plus essentiels des consommateurs sans s'engouffrer dans les grandes théories du droit commun des contrats.

402. La régulation sectorielle réalise les objectifs de loyauté et d'équilibre assignés à la concurrence comme dans le domaine des télécommunications au Mali. Le droit des pratiques anticoncurrentielles est un droit de la compétition qui ne s'occupe pas de la douceur mais de l'existence de cette compétition[1498]. La régulation sectorielle apporte des impératifs de bonne conduite, de civilité contractuelle qui s'imposent à tout un chacun en société dans la pratique des affaires. Lorsque ce savoir-vivre contractuel n'est pas observé, des sanctions administratives sont encourues dans la perspective de l'exiger.

2- L'importance des sanctions administratives

403. L'ordre public économique traduit la volonté du législateur d'orienter la vie contractuelle dans un sens favorable à la justice et à l'utilité sociale[1499]. Le choix du seuil de justice et de sécurité contractuelles est tributaire d'une volonté législative exprimée dans une politique juridique. La sécurité juridique est une condition indispensable du développement économique[1500]. Au souci moderne d'équilibres contractuels, justifiant une intervention unilatérale de rééquilibrage au profit de la partie faible, pourrait bien, demain, se substituer un esprit de collaboration, plus riche parce que naturellement bilatéral[1501]. Les prix des biens, produits et services sont libres et sont déterminés par le seul jeu de la concurrence[1502]. La contribution des autorités administratives renforce la protection du consommateur en constituant une structure de veille et contrôle pour la qualité des produits et des services proposés par les opérateurs économiques. La prérogative est reconnue aux autorités de régulation de régler les différends qui peuvent survenir entre opérateurs ou entre opérateurs et consommateurs. La section administrative de la Cour suprême du Mali peut recevoir les recours contre les décisions qui interviennent en matière de litiges susceptibles de porter notamment sur la violation des dispositions législatives et réglementaires, le refus d'interconnexion, les conditions d'octroi ou de refus d'octroi à un opérateur des droits d'occupation sur le domaine des personnes publiques. Les sanctions administratives sont : la suspension partielle ou totale du droit d'établir un réseau de télécommunications ou de fournir d'un service

---

1498 C. JAMIN, Commentaires sous la loi n° 95-588 du 1er juillet 1996 sur la loyauté et l'équilibre des relations commerciales, RTDC 1996, 1009. Selon l'auteur : "Le libéralisme économique, dont le droit de la concurrence constitue pour l'essentiel la traduction, ne s'intéresse qu'au marché. [...] Peu lui importe que les relations commerciales soient ou non équilibrées ou que les agents adoptent ou non un comportement loyal, s'il n'est pas démontré que le marché concurrentiel s'en trouve affecté".

1499 G. COUTURIER, « L'ordre public de protection, heurs et malheurs d'une vieille notion neuve », in Études offertes à J FLOUR, Defrénois 1978, p. 95 et s.

1500 P. MEYER, La sécurité juridique et judiciaire dans l'espace, Ohadata D- 06-50, p.1, n°1.

1501 J. MESTRE, *D'une exigence de la bonne foi à un esprit de collaboration*, RTD civ., 1985, p. 102.

1502 Art. 3 de l'ordonnance de 2007.

de télécommunications/TIC, le retrait de ce droit ou la réduction de sa durée. Lorsque le manquement n'est pas constitutif d'une infraction pénale, ils peuvent être prononcées alternativement ou cumulativement des sanctions pécuniaires proportionnellement à la gravité du manquement et aux avantages qui en sont tirés. A ces sanctions, s'ajoutent des astreintes financières contre les opérateurs et fournisseurs de services jusqu'à l'exécution totale des obligations. D'autres structures protègent les droits des consommateurs.

404. La loi sur le surendettement des particuliers ne dispose d'aucune assise législative en droit malien. Elle a été réglementée en droit français par la loi 31 décembre 1989[1503] caractérisée par l'impossibilité pour les ménages de faire face au paiement des dettes non professionnelles. Le consommateur surendetté peut se délier de ses engagements en bénéficiant d'une mesure d'effacement de ses dettes non professionnelles à l'exception de certaines comme les créances alimentaires[1504].L'extinction des dettes n'est pas un droit pour le consommateur mais suppose une décision rendue en sa faveur en raison de sa situation et de sa bonne foi. L'extinction des dettes du surendetté est un sacrifice imposé à ses créanciers au nom d'une idée de justice sociale[1505]. Une association n'est pas recevable à intervenir dans une procédure de surendettement[1506]. L'état de surendettement s'apprécie par rapport aux revenus, au capital et notamment les immeubles appartenant au débiteur[1507]. La situation à prendre en compte est celle de l'ensemble du ménage même si les réformes ont fait disparaitre le titre originaire de la loi qui était le « surendettement des particuliers et des familles ». Les dettes sont relatives à celles qui peuvent faire l'objet d'un réaménagement et qui n'ont pas un caractère professionnel. Elles ne doivent pas être fiscales, parafiscales ou être le fait d'un débiteur relevant des procédures collectives applicables aux entreprises[1508]. La situation du consommateur ne doit pas être irrémédiablement compromise. Il s'agit d'une insolvabilité à laquelle il peut être remédié c'est-à-dire un débiteur de bonne foi dans l'impossibilité

[1503] Loi n° 89-1010 du 31decembre relative à la prévention et au règlement des difficultés liées au surendettement des particuliers et des familles, Journal officiel de la république française du 2 janvier 1990. Cette loi a été modifiée par les lois du 8 Février 1995 relatives à l'organisation des juridictions et à la procédure civile, pénale et administrative du J. O du 9 Février 1995, p. 2177 ; la loi n° 98-657 du 29 juillet 1998 relatives à la lutte contre les exclusions (J. O 31 juillet 1998 ; JCP G 1998, III, 20137. En outre les art. 5 et 6 de la loi n°98-46 du 23 janvier 1998 du J. O 24 janv. 1998, p. 1127 ; JCP G 1998, III, 20023) et la loi n° 2003-710 du 1er aout 2003, d'orientation et de programmation pour la ville et la rénovation urbaine, art.35 et 36, J.O. 2 aout 2003, p. 13281

[1504] Art. L.3331-1 du Code de la consommation.

[1505] V. LEGRAND et D. BAZIN-BEUST, « Droit de la consommation/ droit des contrats : le bilan 20 ans après », préc., p. 7, n° 75.

[1506] Cass. 1ère civ., 4 avril 1991 : Contrats, conc., consom., 1991, comm. 153.

[1507] Cass. 1ère civ. 26 mars 1996 : comm. 217. – cass.1èreciv., 15 oct.1996 : comm. 218., cass. 1ère civ., 18 Fév. 1992 : comm. 219.

[1508] Cass. Com., 9 février 1999 : comm. 227.

manifeste de faire face à l'ensemble de ses dettes non professionnelles exigibles ou à échoir[1509] ou dans l'impossibilité d'honorer son engagement. Il est possible de proposer au débiteur insolvable un plan conventionnel de redressement qui est le résultat d'une conciliation avec ses créanciers. Ce plan peut comporter des mesures de report ou de rééchelonnement des paiements des dettes, de remise de dettes, de réduction ou de suppression de taux d'intérêt, des mesures visant à créer, consolider ou substituer une telle garantie. A défaut d'accord, suite à une demande du débiteur, la commission peut faire des recommandations. Il faut encore tenir compte du degré d'insolvabilité du débiteur. Si l'insolvabilité n'est pas trop grave, la commission peut recommander de rééchelonner les paiements, d'imputer les paiements d'abord sur le capital voire dans des cas très particuliers de réduire la dette. Par contre, si l'insolvabilité du débiteur est grave, sans être irrémédiable, la commission peut recommander la suspension de l'exigibilité des créances autres qu'alimentaires ou ordonner l'effacement partiel des créances par proposition spéciale et motivée. Toute recommandation de la commission, quel que soit l'état d'insolvabilité du débiteur, doit faire l'objet d'une homologation par le juge de l'exécution. Quand l'insolvabilité du débiteur est irrémédiable, toute mesure de redressement est impossible. Il ne reste plus qu'une seule solution : il faut liquider le patrimoine du débiteur. Cette procédure qui se nomme la procédure de rétablissement personnel ne peut être ouverte qu'avec l'accord du débiteur. L'ouverture d'une procédure emporte l'arrêt des poursuites contre les créanciers et l'obligation pour le débiteur de ne pas aggraver son insolvabilité.

405. Le surendettement est caractérisé par l'impossibilité de fournir une prestation de somme d'argent en exécution d'un ou de plusieurs contrats ayant donné naissance à des dettes différentes[1510]. La loi sur le surendettement concerne les dettes non professionnelles distinguées des dettes ménagères. La situation de surendettement est caractérisée par l'impossibilité manifeste pour le débiteur de faire face à l'ensemble de ses dettes non professionnelles[1511]. D'autres pays européens se sont inspirés de la même dynamique législative de surendettement des particuliers[1512]. A partir du moment où l'actif réalisable est supérieur au passif, il n'y a une situation de surendettement[1513]. En cas de confusion entre les dettes qui sont professionnelles ou non , la commission de

---

[1509] Art. l330-1 du Code de la consommation en France.

[1510] L. GRYNBAUM, *Les contrats contingents, l'adaptation du contrat par le juge sur habilitation du législateur,* préf. Michelle Gobert, LGDJ, tome 389, 2004, p. 149, n° 198.

[1511] C'est l'article 1er de la loi de 89 devenu l'art. L. 331-2 du Code de la consommation aux termes de la loi 30 de la loi du 8 Février 1995.

[1512] Pour l'Autriche : Konkursordnungnovelle, Bundesgestzblatt, Nr. 974/ 1994 ; Pour l'Allemagne : Insolvenzorbnung, von 5 Oktober 1994, Bundesgestzblatt, Jahnrgang 1994, Teil 1, pp. 2866 - 2910. Le texte allemand n'entrera en vigueur qu'au 1er janvier 1999 ; Pour la Suisse : la loi du 16 décembre 1994 sur la poursuite pour dettes et faillite, Feuille fédérale 1994, V. 977.

[1513] Cass. 1ère civ., 26 mars 1996 : comm. 216 in surendettement, droit de la consommation, éditions du juris-classeur, Hors - série, décembre 2000, p. 231.

surendettement doit opérer une ventilation des dettes[1514]. La personne physique débitrice doit être de bonne foi. Cette bonne foi est analysée séparément lorsque les époux ne sont plus ensemble. Le principe selon lequel la bonne foi du débiteur se présume emporte deux conséquences en matière de surendettement. D'une part, il incombe au créancier de prouver la mauvaise foi du débiteur. D'autre part, le juge ne peut pas soulever d'office une fin de non-recevoir tirée de la mauvaise foi du débiteur. Il incombe au créancier d'alléguer la fin de non-recevoir tirée de la mauvaise foi du débiteur et d'en rapporter la preuve. La présomption légale de bonne foi incombe aux créanciers qui contestent le droit du demandeur de bénéficier de la législation sur le surendettement. Si les créanciers faiblissent dans leur démonstration et sans parvenir à dissiper toute incertitude raisonnable sur l'état d'esprit qui a animé le débiteur, le doute sera retenu à leur détriment. Ce premier corollaire dérive incontestablement de la présomption légale de bonne foi et en emprunte dès lors la valeur juridique et la force obligatoire. L'interdiction est faite au juge du surendettement de statuer de son propre chef sur la mauvaise foi du débiteur en raison du caractère d'ordre public de la législation sur le surendettement des particuliers. Une commission de surendettement a pour rôle de s'assurer que le débiteur remplit les conditions pour bénéficier des procédures de désendettement. Il lui est dévolu un pouvoir d'instruction destiné à vérifier si le débiteur de bonne foi est dans l'impossibilité manifeste de faire face à son passif. Ce qui peut inspirer les législateurs maliens et communautaires OHADA ou UEMOA dans l'élaboration d'un Code de la consommation adapté aux besoins des consommateurs.

[1514] Cass. 1ère civ., 12 décembre 1995 : comm. 230.

Conclusion section 1 :

406. La correction légale dérisoire du déséquilibre des prestations en droit commun est contournée par une régulation encourgeante de l'environnement contractuel. La recherche d'un équilibre du marché entraine indirectement des effets avantageux aux consommateurs. L'information est une mesure de leur protection contre les pouvoirs du professionnel aguerri maitrisant les qualités techniques des biens et services. Le droit de la consommation est un palliatif aux regrettables imperfections de la correction du déséquilibre contractuel en droit commun. Ce dernier est dominé par la majestueuse théorie de l'autonomie de la volonté que le législateur réduit ou écarte sous le couvert de l'ordre public concurrentiel. Le droit de la consommation poursuit un objectif de protection du consommateur par la restauration de l'équilibre contractuel en s'émancipant des théories civilistes[1515]. La moralisation des pratiques commerciales passe par une sollicitation conjointe des règles de la concurrence et de la consommation. D'autres mesures protectrices sont reconnues aux minoritaires dans les sociétés commerciales pour une correction directe des abus.

Section 2 : Une correction directe des abus contre les minoritaires

407. Le droit des sociétés ne cesse d'être modifié[1516]. Son seuil de technicité contribue à son autonomisation par rapport au droit commun des contrats[1517] qui est très peu évolutif. Les relations de pouvoir sont une réalité incontournable des organisations et notamment des entreprises[1518]. La source du pouvoir des dirigeants sociaux est le mandat[1519] dont ils sont dépositaires pour exercer une autorité conventionnelle de direction et de gestion dans l'intérêt de la société. Dans les contrats de société, la notion de pouvoir est l'aptitude d'origine légale, judiciaire ou conventionnelle à exercer les droits d'autrui (personnes physique ou morale) et à agir pour le compte de cette personne dans les limites de l'investiture reçue (pouvoir d'administrer, de disposer, d'agir...) qui correspond en général, pour celui qui l'exerce, non seulement à un droit d'agir qui fonde son intervention (et rend l'acte accompli par lui obligatoire pour le représenté), mais à une mission (emportant soit une obligation d'agir, soit au moins un devoir de diligence avec faculté d'appréciation) [1520]. La conformité des comportements contractuels (Para.1) et

---

[1515] V. LEGRAND et D. BAZIN-BEUST, « Droit de la consommation/ droit des contrats : Le bilan 20 ans après », préc., p. 5, n° 75.

[1516] N. RONTCHEVSKY, « Droit des sociétés : le mouvement perpétuel », D. 2002, p. 2594.

[1517] M. JEANTIN, « Droit des obligations et droit des sociétés », in Mél. L. Boyer, Presse de l'université des sciences sociales de Toulouse, 1996, p. 317.

[1518] D. N'ZOUABETH, *Les litiges entre associés*, thèse UCAD/FSJP, 2005, n°11, p. 7.

[1519] Leur qualité de mandataire est discutée en doctrine selon MM. COZIAN ET VIANDIER, Droit des sociétés, Litec 10° éd. 1997, spéc., n° 354 p. 132 et n° 672, p. 241.

[1520] G. CORNU – association Henry CAPITANT, Vocabulaire juridique, op.cit., V° « Pouvoir ».

la sanction des abus (Para.2) traduisent les exigences de respect de l'intérêt social.

Paragraphe 1 : La conformité des comportements contractuels à l'intérêt social

408. Des pouvoirs sont conférés à leurs titulaires pour la réalisation de l'intérêt social selon l'approche des contrats-échange égalitaires. La remise en cause du postulat de l'égalité par une réalité économique fait du contrat, le produit d'un rapport de force inégalitaire[1521]. La société est un contrat si atypique qu'elle intégrerait une catégorie à part[1522]. Les atteintes aux droits économiques (A) et politiques (B) des associés sont corrigées par la sanction de l'abus.

A- La correction des abus aux droits économiques des associés

409. L'usage par un dirigeant de son pouvoir de gestion, dans un but étranger à l'intérêt social, est un déséquilibre qui provoque des abus dans le contrat de société. L'intérêt social est ébranlé selon une perception de l'abus de biens sociaux (1) dont la répression (2) ne fait l'ombre d'aucun doute.

1- La perception de l'abus de biens sociaux

410. Le législateur africain incrimine[1523] en matière pénale pour laisser aux États la latitude de déterminer les sanctions encourues[1524]. L'abus de biens sociaux est un délit qui frappe les dirigeants des sociétés commerciales. L'article 891 incrimine des comportements constitutifs d'infractions d'abus de biens sociaux[1525] qui ne sont prévus que pour certaines formes sociales notamment les sociétés à risques limités et extensibles à d'autres[1526]. Le délit d'abus de biens sociaux a été institué afin de faire respecter la séparation entre

---

[1521] D. MAZEAUD, « Le nouvel ordre contractuel », *RDC* 2003, p. 295.

[1522] J.-B. SEUBE, « La relativité de la distinction des contrats organisation et des contrats échange », in Société et contrat, Journ. soc. avril 2008, n° 53, p. 38.

[1523] D. NDIAW, « Actes uniformes et Droit pénal des États signataires du Traité de l'OHADA : La difficile émergence d'un droit pénal Communautaire des Affaires dans l'espace », Revue Burkinabé de Droit, 2001, p. 73.

[1524] Art. 5 du Traité portant organisation pour l'harmonisation en Afrique du droit des affaires.

[1525] Art. 891 de l'AUSCGIE révisé.

[1526] « Le délit d'abus de biens sociaux n'étant pas prévu par le Code de commerce à l'égard des gérants d'une SNC ou d'une société en commandite simple, la répression pourra cependant avoir lieu sur le terrain d'une autre disposition, à savoir celui de l'abus de confiance. L'article 314-1 du Code pénal dispose que « L'abus de confiance est le fait par une personne de détourner, au préjudice d'autrui, des fonds, des valeurs ou un bien quelconque qui lui ont été remis et qu'elle a acceptés à charge de les rendre, de les représenter ou d'en faire un usage déterminé. L'abus de confiance est puni de trois ans d'emprisonnement et de 375 000 € d'amende ». Le contrat de mandat est notamment concerné par l'article 314-1 C.P. Or, les gérants d'une société en nom collectif ou d'une société en commandite simple, comme tous dirigeants, sont des mandataires de la société. A partir du moment où ils abusent de leur mandat, en faisant un usage des biens de leur société contraire à l'intérêt social et dans un but personnel, ils commettent un abus de confiance » AGUEMON Khaled, *Réflexion sur l'abus en droit des sociétés dans l'espace OHADA : contribution du droit français*, thèse préc. p.170.

le patrimoine social, d'une part, et le patrimoine personnel du dirigeant, d'autre part. Les actionnaires doivent être protégés contre les comportements immoraux des dirigeants ou des gérants qui, agissant dans un intérêt personnel, accompliraient des actes contraires à l'intérêt social. En effet, la réduction de l'actif social, dans l'intérêt exclusif du dirigeant, déséquilibre le contrat de société en raison de ses répercussions patrimoniales néfastes. L'usage des biens ou du crédit de la société, à des fins personnelles et de mauvaise foi, n'est condamnable que pour autant qu'il s'accompagne de la contrariété à l'intérêt social.La chambre criminelle de la Cour de cassation a d'abord considéré que l'usage des biens d'une société est forcément abusif lorsqu'il est fait dans un but illicite[1527] même si la chambre criminelle s'est ensuite ravisée en prononçant par la suite qu'il n'y a pas une atteinte à l'intérêt social si la dépense a eu un objet illicite mais s'est révélée profitable pour la société[1528]. Cela pose des difficultés liées à la gravité de l'abus dans le détournement et de son rattachement aux risques dans le fonctionnement des sociétés. Le droit pénal, droit protecteur de l'ordre social, ne s'intéresse pas en principe à l'enrichissement de l'auteur de l'infraction mais bien plus à l'appauvrissement de la victime. L'avantage injustifié est un outil d' d'appréciation des abus de pouvoir dans le contrat de société[1529]. La qualification d'abus de biens sociaux présuppose que le dirigeant ait agi dans son intérêt personnel. L'avantage peut être économique, moral, social ou professionnel comme le fait pour le dirigeant de favoriser son fils[1530] ou encore de préserver des intérêts électoraux[1531]. L'abus de biens sociaux est indissociable de la règle morale résultant de l'abus de pouvoir.

411. Les pouvoirs détenus par les dirigeants, ainsi que par les associés ou les actionnaires, sont nécessaires au fonctionnement de la société. Ces pouvoirs doivent être exercés conformément à leur finalité c'est-à-dire dans l'intérêt social. L'abus de biens sociaux porte, quoi que non exclusivement, sur le détournement de l'intérêt de l'entreprise vers leur intérêt personnel. C'est une protection pénale empêchant les atteintes frauduleuses qui mettent en péril[1532] le patrimoine social et personnel de ceux qui sont intéressés par la gestion sociale. Selon MEUKE, le dirigeant doit avoir agi de mauvaise foi c'est-à-dire avoir eu conscience que ce qu'il faisait était contraire à l'intérêt de la société[1533]. La bonne foi s'entend de l'attitude que l'on emploie lorsque nos

---

[1527] Cass. crim., 22 avril 1992, Rev. jur. dr. aff. 1992, p. 835.

[1528] M COZIAN ET A VIANDIER, Droit des sociétés, Litec, 10° éd. 1997, n° 757, p. 277.

[1529] A ROGER, La notion d'avantage injustifié, JCP 1998, p.-102.

[1530] Cass. crim., 20 fév. 1995, Droit pénal 1995, comm. 173.

[1531] Cass. crim., 16 fév. 1971, D. 1971, jur., p. 274 ; JCP 1971, n° 16836 note G Sousi ; Rev. sociétés 1971, p. 425, note B. Bouloc.

[1532] J. LARGUIER, PH. CONTE, « *Droit pénal des affaires* », Armand Colin, 11ème éd., 2004, n° 305.

[1533] Y. B. MEUKE, « L'abus de bien sociaux dans l'espace : ce que les patrons ne pourront plus faire », Revue d'information juridique du cabinet d'avocats jurisfist consult Actualité juridique,

agissements sont conformes au droit et qu'ils ne cherchent pas à tromper ou à nuire à autrui[1534]. Le devoir d'honnêteté contraint les dirigeants à ne pas soustraire les biens sociaux. La sanction de l'abus de biens sociaux est une moralisation des comportements des dirigeants à ne pas extorquer ou dilapider le patrimoine commun. On ne peut manquer d'établir une proximité avec le vol comme toute soustraction frauduleuse de la chose d'autrui. Cependant, le rapprochement n'est que virtuel dans la mesure où le patrimoine social n'est pas seulement celui des actionnaires minoritaires mais aussi des majoritaires. La logique voudrait qu'on ne puisse pas voler ses propres biens. Les dirigeants sont mandatés dans les fonctions de gestion composée du besoin de fructifier les biens de la société pour la maximisation des bénéfices. Le devoir de loyauté des dirigeants envers les actionnaires, en général, et des minoritaires, en particulier, est le baromètre permettant de réguler les comportements contractuels portant atteinte au patrimoine commun. La loyauté est la base de la répression pénale des atteintes d'ordre patrimonial à l'intérêt social[1535]. Le devoir de loyauté des dirigeants garantit également la sécurité économique des minoritaires dont les atteintes sont réprimées.

2- La répression de l'abus de biens sociaux

412. Le détournement des biens sociaux n'est pas normalement inscrit dans l'intérêt social. C'est sans doute un manque de loyauté des dirigeants d'utiliser de mauvaise foi des biens sociaux à des fins personnelles. L'article 891 de l'AUSCGIE dispose qu': « encourent une sanction pénale le gérant de la société à responsabilité limitée, les administrateurs, le président-directeur général, le directeur général, l'administrateur général ou l'administrateur général adjoint qui, de mauvaise foi, font des biens ou du crédit de la société, un usage qu'ils savaient contraire à l'intérêt de celle-ci, à des fins personnelles, matérielles ou morales, ou pour favoriser une autre personne morale dans laquelle ils étaient intéressés, directement ou indirectement[1536]». C'est la même perspective de répression des abus en droit comparé[1537] qu'en droit

---

économique, fiscale et sociale des activités économiques d'Afrique, 2ème numéro, Mars – Avril 2009, p.32. Il poursuit que : « L'indice de cette intention délictuelle pourrait résider dans le fait de n'avoir pas demandé l'accord du conseil d'administration. Ce qui ne signifie pas que toute convention approuvée par le conseil d'administration béni-oui-oui vous protègera en toutes circonstances ».

[1534] http://www.dupuispaquin.com/newsletter/bonne-foi-egalite/dernière consultation, lundi 07 juillet 2014.

[1535] A.-M. NJANDEU, *L'intérêt social en droit des sociétés,* préc. n° 211, p.134.

[1536] Art. 891 de l'AUSCGIE révisé ; V. pour la jurisprudence : pas d'abus de biens sociaux en cas d'amélioration du service conforme à l'intérêt social TRHC Dakar (SENEGAL), Jug. 10 août 2000, aff. Club des Actionnaires de la SONATEL / Cheikh MBAYE et Autres.

[1537] En France, l'abus de biens sociaux est un délit pénal propre aux sociétés de capitaux et prévus par les décrets de 1935, puis par la loi n°66-537 du 24 juillet 1965 aujourd'hui codifiée dans le Code de commerce Cf. art. L 241-3 du Code de commerce pour les SARL et l'art. L 242-6 pour les sociétés par actions, Il est défini en des termes identiques par ces deux textes comme le fait pour les dirigeants « de faire, de mauvaise foi, des biens ou du crédit de la société,

OHADA[1538] traduisant la volonté du législateur de garantir une bonne moralité dans un climat des affaires favorable à l'investissement et à la stabilité économique. Les dirigeants font l'objet de poursuite devant les tribunaux[1539] pour abus de biens sociaux. Cette montée du droit pénal montre qu'elle est une branche du droit qui concourt à la régulation des comportements contractuels en cas d'abus de biens sociaux. Le droit pénal est naturellement au cœur même du sanctuaire de la souveraineté[1540]. L'harmonisation du droit des affaires en Afrique rendait inévitable la rencontre entre le droit pénal et le droit communautaire[1541]. Le professeur SAWADOGO relevait que les normes pénales en la matière sont très faibles et obsolètes[1542]. La logique des incriminations est soulevée par le doyen DIOUF qui souligne que l'une des caractéristiques du droit pénal dans l'espace OHADA est que sa législation a administré les critères[1543] des infractions. Il revient aux législateurs des pays membres de concevoir des sanctions spécifiques applicables qui tiennent compte de leurs données nationales respectives. On peut déplorer le risque d'apparition de paradis pénaux[1544] pouvant perturber l'égalité des individus devant la loi pénale. Ce qui laisse la latitude aux dirigeants sociaux malhonnêtes de choisir les lois en fonction de la légèreté des sanctions dans différents pays d'un même espace juridique. L'évidence en matière d'abus de biens sociaux, c'est que l'intérêt social doit être la boussole du juge africain[1545]. La société est une unité de vie sociale et économique garantissant la paix, pourvoyeuse d'emploi et créant de la plus-value que l'État s'occupe de redistribuer[1546].

---

un usage qu'ils savent contraire à l'intérêt de celle-ci, à des fins personnelles ou pour favoriser une autre société ou entreprise dans laquelle ils sont intéressés directement ou indirectement ».

1538 P.- G. POUGOUE, Encyclopédie du droit, Lamy 2011, n° 86, p. 975.

1539 V. KODO, *L'application des Actes uniformes de l'OHADA*, Bruylant, 2010, p. 75.

1540 M. MAHOUVE, « Le système pénal ou l'uniformisation à mi-chemin », Penant, n° 846, 2004, p. 87.

1541 D. NDIAW, « Actes uniformes et Droit pénal des États signataires du Traité de l'Ohada : La difficile émergence d'un droit pénal Communautaire des Affaires dans l'espace », préc., p. 71

1542 V. commentaire de F. M. SAWADOGO de l'acte uniforme du 10 avril 1998 portant organisation des procédures collectives d'apurement du passif in « Traité et actes uniformes commentés et annotés », Juriscope, 2007, p. 877.

1543 D. NDIAW, « Actes uniformes et Droit pénal des États signataires du Traité de l'Ohada : La difficile émergence d'un droit pénal Communautaire des Affaires dans l'espace », art. préc. p. 71.

1544 ANOUKAHA, A. CISSE, J. NGUEBOU TOUKAM, P-G POUGOUE, M. SAMB., « : *Sociétés commerciales et G.I.E* », Bruylant, 2002, p. 237.

1545 Y. B. MEUKE, « De l'intérêt social dans l'Acte uniforme portant les sociétés commerciales de l'Ohada », www.juriscope.org.

1546 F. M. SAWADOGO, « Droit des entreprises en difficulté », coll. Droit uniforme africain, Juriscope, Bruxelles, 2002 ; F. ANOUKAHA, A. CISSE, J. NGUEBOU TOUKAM, P-G POUGOUE, M. SAMB., « OHADA : Sociétés commerciales et G.I.E », coll. Droit uniforme africain, Juriscope, Bruxelles, 2002.

413. La pénalisation de l'abus de biens sociaux prouve que les pouvoirs publics interviennent pour adapter le droit pénal à la gestion des sociétés en créant le délit d'abus de biens sociaux[1547]. L'incertitude dans la détermination des actes constitutifs d'abus de biens sociaux permet au juge d'avoir un pouvoir d'appréciation très large[1548]. L'absence de critères fiables susciterait le débat sur les orientations à encourager dans les politiques et les aspirations profondes des sociétés africaines[1549]. L'idée est que la sanction peut dépendre de la tolérance, de la morale face certaines infractions. La correction judiciaire des abus, outre les droits patrimoniaux, porte sur des droits politiques.

B- La correction des abus aux droits politiques des associés

414. L'intérêt social projette la société commerciale dans une durée dépassant un simple échange de consentements en droit commun des contrats. La règle de la majorité est le signe de la démocratie dans leur gouvernance. L'acception de l'abus du droit de vote (1) et sa sanction (2) illustrent une rupture aux droits politiques des associés.

1- L'acception de l'abus du droit de vote

415. L'article 53 établit le caractère intangible du droit de vote[1550]. La majorité[1551] ne doit pas mettre en œuvre ses pouvoirs dans le but de nuire aux autres associés. Il y a abus de majorité[1552] lorsque la décision, adoptée par le

---

[1547] L. GODON, « Abus de confiance et abus de biens sociaux », Rév. Sociétés 1997, Chr., p. 291.

[1548] D. NDIAW, « Actes uniformes et Droit pénal des Etats signataires du Traité de l'Ohada : La difficile émergence d'un droit pénal Communautaire des Affaires dans l'espace », art. préc. p.71.

[1549] E. K. YAO, « Uniformisation et droit pénal : esquisse d'un droit des affaires pénales en droit », Rév. Penant 2011, n° 876, p. 301 ; V. sur la référence des pays africains au droit français J. VANDERLENDEN, *Les systèmes juridiques africains*, PUF, 1983, p. 95 ; V. aussi sur l'inspiration du droit OHADA par le droit français D. ABARCHI, « Problématiques des réformes législatives en Afrique : le mimétisme juridique comme méthode de construction », Rev. Nigérienne de droit, 1999, n° 20, p. 53.

[1550] Art. 53 AUSCGIE.

[1551] Il convient tout d'abord d'observer que la notion de majorité dans les sociétés anonymes peut être comprise différemment selon que l'on prend pour cas le Conseil d'Administration ou l'Assemblée Générale. Au sein du Conseil d'Administration, les délibérations ne sont valables que si la moitié au moins de ses membres sont présents, toute clause contraire étant réputée non écrite. Les décisions sont alors prises à la majorité des membres présents et représentés, à moins que les statuts ne prévoient une majorité plus forte. Cette majorité qualifiée peut être prévue pour toutes les décisions du Conseil d'Administration ou seulement pour certaines d'entre elles. Dans les Assemblées Générales, le quorum est fixé par l'art. 549 de l'AUSCGIE, lequel dispose que l'Assemblée ne délibère valablement que si les actionnaires présents ou représentés possèdent au moins le quart des actions ayant le droit de vote. Sur deuxième convocation, aucun quorum n'est requis. La majorité se calcule alors selon les voix exprimées, étant précisé que les abstentions et les votes blancs sont considérés comme des votes « contre » pour déterminer si cette majorité est atteinte ou non. Quant à l'assemblée générale extraordinaire, elle statue à la majorité des deux tiers des voix exprimées.

[1552] V. sur les abus dans les pouvoirs de vote des associés C. BERR, *L'exercice du pouvoir dans les commerciales*, thèse Grenoble, Sirey 1961, p. 406, D. SCHMIDT, « Les conflits d'intérêts

ou les associés majoritaires, est à la fois contraire à l'intérêt social et prise dans l'unique dessein de favoriser les membres de cette majorité au détriment des autres associés. Il y a abus de droit ou détournement de pouvoir toutes les fois qu'un administrateur ou un associé agit en vue de satisfaire ses intérêts personnels ou ceux de la société qu'il représente au détriment des intérêts collectifs ou des intérêts individuels des autres associés. Cet abus déséquilibrent l'exercice des pouvoirs en mettant en péril la sécurité collective dans ces sociétés commerciales.

416. L'abus de majorité est le fait pour un associé majoritaire d'imposer à la minorité les rémunérations exagérées des dirigeants, le fait pour des actionnaires majoritaires de décider de la prise en charge du passif d'une société filiale dans laquelle ils auraient des intérêts ou le fait d'affecter les bénéfices à la réserve et de refuser leur distribution ou de reporter celle-ci d'un exercice à l'autre. Cela est au détriment des actionnaires minoritaires qui étaient bien fondés à attendre cette répartition des bénéfices[1553]. La finalité de la correction du déséquilibre des pouvoirs est de sanctionner tout comportement abusif rattaché à l'exercice du droit de vote par la majorité[1554]. La notion d'abus de majorité n'échappe pas à la correction du déséquilibre des pouvoirs dans les groupes de sociétés. La concentration des structures économiques conduit souvent à créer une unité de décision dominant les entreprises rattachées à l'opération. Cette situation de groupe accroît l'inégalité du fait que la subordination des sociétés contrôlées emporte nécessairement un déplacement de l'intérêt du groupe[1555]. Il en découle que les sociétés, objet de l'accord, gardent leur individualité juridique, mais ne sont plus en possession de leur indépendance économique au bénéfice d'une autorité dominante.

417. Selon le professeur NZOUABETH, par la méconnaissance du principe majoritaire, les associés verront leur comportement qualifié d'abusif [1556].Tous les associés et actionnaires ne peuvent diriger en même temps la société commerciale. Cependant, la dictature de la majorité vide le contrat de société de tout intérêt pour les minoritaires. JOSSERAND affirme que le droit de

---

dans la société anonymes », Joly éditions, Pratiques des affaires, 1999 ; D. NZOUABETH, *Les litiges entre associés*, thèse préc. p.26, renvois n° 91 et 93.

[1553] http://www.lesafriques.com/droit-africain/l-abus-de-majorite-dans-les-societesanonymes.html?Itemid=224/ dernière consultation lundi 07 juillet 2014.

[1554] A.- M. CARTRON, B. MARTOR, « L'associé minoritaire dans les sociétés régies par le droit », Cah. Dr. De l'entreprise, 2010, n° 1, Dossier, 2, p. 21 ; A. COURET, « A propos de l'ouvrage de Dominique Schmidt : les conflits d'intérêts dans les sociétés anonymes », Bull. Joly sociétés 2004, n° 5, p. 613 ; G. KENGNE, « Le rôle du juge en matière d'abus de droit de vote », PA, 12 juin 2000, n°116, p.10 ; De J.- M. BERMOND De VAULX, « Abus et abandon de majorité », Dr. soc. 1993 in K. AGUEMON, *Réflexion sur l'abus en droit des sociétés dans l'espace OHADA : contribution du droit français*, sous la direction de - M. Franck MARMOZ. - Lyon : Université Jean Moulin (Lyon 3), 2013, p.129.

[1555] D. SCHMIDT, Les droits de la minorité dans la société anonyme, Sirey, 1970, p.154.

[1556] D. NZOUABETH, *Les litiges entre associés*, thèse préc. p.25.

vote, serait en tant qu'organe de formation de la volonté d'ensemble, un droit social c'est-à-dire un « droit- fonction[1557] ». Le droit de vote ne doit et ne peut servir qu'à exposer l'opinion du votant sur ce qu'il croit être la meilleure décision à prendre. L'intérêt dans lequel est accordé le vote n'est pas celui exclusif et personnel du votant[1558]. Une caractérisation a été formulée par un arrêt de principe qui définit l'abus de majorité comme toute résolution prise par l'assemblée générale qui implique une rupture de l'égalité entre les actionnaires et qui est prise contrairement à l'intérêt général de la société, dans l'unique dessein de favoriser les membres de la majorité au détriment des membres de la minorité, est abusive[1559]. L'abus de majorité est constitué par la réunion de deux critères distincts notamment le caractère contraire de la décision à l'intérêt social et prise dans l'unique dessein d'avantager les majoritaires au détriment des minoritaires. Pour le professeur SCHMIDT, cette définition ne convainc pas. Même si théoriquement d'aucuns s'accommodent de l'intervention du juge dans la détermination de l'intérêt social, personne ne saurait soutenir sérieusement qu'une décision prise dans l'unique dessein de favoriser les membres de la majorité au détriment de la minorité puisse être conforme à l'intérêt de la société[1560]. Il s'agit d'un débat qui porte sur un élément particulier à savoir l'unique dessein de favoriser les majoritaires au détriment des minoritaires. L'atteinte à l'intérêt social apparaît inopportune, inutile et parfois impraticable. Inopportun, car cela laisse croire aux plaideurs qu'ils sont en droit de dénoncer la politique sociale au contrôle des tribunaux qui deviendraient en quelque sorte les arbitres entre les majoritaires et les minoritaires voire les juges en appel des décisions collectives. Cela affaiblirait le pouvoir des majoritaires. L'adjonction est également inutile puisqu'en droit, cette atteinte à l'intérêt social est déjà caractérisée par l'usage du pouvoir des majoritaires à des fins partisanes. En fait, la jurisprudence publiée n'offre aucune illustration positive d'une situation dans laquelle l'intérêt social serait satisfait par une décision prise dans l'unique dessein de favoriser les membres de la majorité[1561]. Il avait été suggéré à cette

---

[1557] JOSSERAND, op.cit.

[1558] R. DAVID, *La protection des minorités dans les sociétés par actions*, thèse, Paris, 1928, n° 48. ; J. DABIN, *Le droit subjectif*, Dalloz, Paris, 1952, p. 224 ; F. MASQUELIER, *Le vote en droit privé*, thèse dact., Nice Sophia-Antipolis, 1999.

[1559] Com., 18 avril 1961, Bull. civ. III, n° 175, JCP G 1961, II, 12164, note B. DONDERO., RTD com. 1961, p. 634, obs. R. HOUIN., N. LESOURD. Cette définition est approuvée par la majorité de la doctrine française a été reprise par la plupart des arrêts ultérieurement rendus V. Cass. com., 11 oct. 1967, D. 1968, p. 136 ; Cass. com., 25 févr. 1974, n° 73-10.103 ; Bull. civ. IV, n° 69 ; Cass. com., 30 mai 1980, n° 78-13.836, Bull civ. IV, n° 223, Rév. Sociétés 1981, p. 311, note D. SCHMIDT ; Cass. com., 24 janv. 1995, n° 93-13.273, Bull. civ. IV, n° 27, RJDA 1995, n° 439 in AGUEMON Khaled, *Réflexion sur l'abus en droit des sociétés dans l'espace OHADA : contribution du droit français,* thèse préc. p.133- renvoi 524 et 526.

[1560] D. SCHMIDT, note sous Com., 20 mars 2007, Bull. Joly 2007, p. 745.

[1561] D. SCHMIDT, « Les conflits d'intérêt dans les sociétés anonymes », Joly éd., version nouvelle, 2004, 324.

occasion, une révision de la définition prétorienne de l'abus de majorité qui devrait dans la pratique rejoindre celle de l'abus de minorité. En effet, deux arrêts de la Cour de cassation paraissent néanmoins entrouvrir la voie. La première chambre civile[1562] approuve la décision des juges d'avoir relevé que les décisions des majoritaires ont été prises dans l'unique dessein de favoriser les deux majoritaires au préjudice du minoritaire et d'avoir ainsi caractérisé l'atteinte à l'intérêt collectif. Un autre arrêt de la chambre commerciale approuve les juges du fond d'avoir qualifié d'abusives les opérations de réduction et d'augmentation de capital[1563] qui n'avaient pas eu pour seul objectif de satisfaire à l'obligation légale de recapitalisation de la société mais avaient permis aux majoritaires de ne pas honorer leurs engagements envers les minoritaires[1564]. L'absence de contrariété à l'intérêt social n'empêche pas la constatation de l'abus.

418. Le droit a fait preuve de modernité en codifiant deux grands fondements protecteurs de l'intérêt social à savoir les abus de majorité, de minorité ou même d'égalité. La notion d'égalité n'est employée expressément qu'à propos de réduction de capital social[1565] ou de mission du commissaire aux comptes dans la SA[1566]. Le terme égalité est parfois substitué à celui de proportionnalité[1567]. Un jugement rendu par le tribunal régional de Niamey[1568] vient conforter cette position. Dans cet arrêt, les associés majoritaires[1569] ont voté des résolutions qui donnaient quitus au gérant, apuraient les comptes des associés et affectaient les bénéfices de l'exercice en réserves libres. Pour les minoritaires, ces résolutions ne visaient pas l'intérêt social. Elles avantageaient plutôt le gérant associé et sont entachées d'abus de majorité. Le tribunal a rejeté la demande de l'associé minoritaire aux motifs que le fait de donner quitus au gérant de ses comptes, d'apurer les comptes des associés ou encore de ne pas distribuer les dividendes et d'affecter les bénéfices de l'exercice écoulé en réserves libres ne suffisent pas à démontrer qu'il y a eu abus de majorité. Il aurait fallu démontrer qu'il existe des fautes de gestion à

[1562] Cass. 1ère civ., 4 févr. 2006, JCP E 2006, n° 2441, p. 1694, note F.-X. LUCAS ; Dr. sociétés, 2006, comm. n°119, obs. H. LECUYER.

[1563] Articles 360 à 365 de l'AUSCGIE révisé pour l'augmentation de capital et 366 à 370 de l'AUSCGIE révisé pour les réductions de capital dans les SARL ; Art. 562 à 572 de l'AUSCGIE révisé pour l'augmentation du capital et 627 à 638 pour la réduction du capital dans les SA ; V. sur la modification du capital comme réduction du capital M.N. MBAYE, « Le capital social » in Encyclopédie du droit OHADA, n° 148, p. 487.

[1564] Cass. com., 28 févr. 2006, n° 04 -17566.

[1565] Art. 628 de l'AUSCGIE pour les sociétés anonymes et art. 366 de l'AUSCGIE pour les sociétés à responsabilité limitée.

[1566] Art. 714 de l'AUSCGIE révisé.

[1567] Art. 54, 129, 334, 543, 751 et 754 de l'AUSCGIE révisé.

[1568] Tribunal Régional de Niamey - Jugement civil n° 96 du 26 mars 2003, Abass Hammoud c/ Jacques Claude LACOUR, Ohadata, J- 04 -78, préc.

[1569] Cet arrêt concerne une société dont les parts sont détenues à 49% par un associé, et à 51% par des époux dont 40% à l'homme qui est le gérant et 10% à la femme.

l'encontre du gérant ou que les comptes des associés établis sont faux, prouver qu'il y'a eu méconnaissance de l'intérêt social et que ces résolutions prises cette année uniquement dans l'intérêt des époux possédant la majorité. Le jugement nigérien en l'espèce s'appuie sur un rapport d'expertise confirmant l'état des comptes des associés et montrant que la société avait un besoin sérieux de financement en capitaux en plus du fait qu'il était primordial de mettre en réserve tout ou partie des résultats ultérieurs, du moins jusqu'à la restauration de l'équilibre. Les abus du droit de vote sont sanctionnés.

2- La sanction de l'abus du droit vote

419. La définition de l'abus de majorité par la seule rupture d'égalité entre associés permettrait aux minoritaires de s'opposer à des résolutions nécessaires au développement de l'entreprise. Pourtant, elle ne peut justifier à elle seule la condition essentielle. La majorité n'est en situation d'abus que lorsqu'elle cherche délibérément à s'octroyer un avantage exclusif et aux dépens des minoritaires. L'accumulation de ces éléments rassemble aussi des caractères différents consistant à surveiller les conditions de la gestion sociale et s'assurer du respect de l'égalité de traitement entre les associés. L'abus du droit de vote, selon le professeur N'ZOUABETH , ne constitue qu'une manifestation du non-respect de l'obligation de bonne foi exigée dans l'exécution du contrat[1570]. Dans les sociétés soumises aux règles de la majorité, la minorité doit accepter les décisions votées par les majoritaires et ceux-ci doivent les prendre dans l'intérêt de tous. Dans la pratique, les associés méconnaissant le principe majoritaire verront leur comportement qualifié d'abusif. Que ce comportement soit le fait de la majorité ou de la minorité, le devoir de bonne foi est exigé dans l'exécution du contrat collectif qu'est la société[1571]. Il y a détournement du pouvoir par les majoritaires lorsqu'ils ont utilisé leur pouvoir afin de promouvoir un intérêt qui lui est propre[1572]. L'article 72 de l'AUSCGIE interdit à la majorité d'augmenter les engagements des associés[1573]. En réalité, il convient de ne pas abuser de la notion de majorité qui reste fluctuante[1574]. En droit des sociétés, comme en droit civil, le

---

1570 La violation de l'obligation de bonne foi peut se faire hors assemblées, d'autant que les associés n'ont pas l'obligation de voter, ni même d'assister aux assemblées. Ainsi la mauvaise foi de l'associé peut apparaître lorsqu'il établit un lien conventionnel particulier avec la société d'où il apparaît un déséquilibre au détriment de celle-ci ou bien lorsque, tout en étant membre du groupement, exerce pour son compte personnel une activité identique à celle de l'entreprise V. à ce propos D. NZOUABETH, *Les litiges entre associés*, thèse préc. n° 53, p. 26.

1571 V. L. GODON, *Les obligations des associés*, thèse, Paris I, 1996, p. 98.

1572 V. D. N'ZOUABETH, *Les litiges entre associés,* thèse préc. n°58, p. 27.

1573 Art. 72, al. 2 AUDSCGIE.

1574 V. sur la notion de majorité fluctuante Y. GUYON., op.cit., n °443 et A.-M. NJANDEU, *L'intérêt social en droit des sociétés,* préc. n°53, p. 47. Selon l'auteur : « Arithmétiquement, la majorité apparait comme le plus grand des associés. Politiquement, la majorité est le parti qui l'emporte par le nombre dans une assemblée délibérante. Généralement on admet que le droit de la majorité consiste à exprimer la volonté sociale en vue de la réalisation du but social dans l'intérêt de la collectivité des associés. Il est une présomption d'expression de l'intérêt général

devoir de bonne foi s'analyse en un devoir de loyauté qui implique un comportement non fautif. Aucun associé ne doit contrarier ni l'intérêt commun, ni l'intérêt social. Le principe de la force obligatoire a par la suite été façonné pour le contrat-échange à la différence des contrats synallagmatiques entre particuliers porteurs d'intérêts antagonistes et qui ne durent pas[1575] ou moins que la société commerciale.

420. L'abus de majorité serait caractérisé toutes les fois où la résolution litigieuse aura été prise contrairement à l'intérêt général de la société et dans l'unique dessein de favoriser les actionnaires majoritaires. Ce derniers ne sont susceptibles d'être sanctionnés qu'autant qu'il existe une réelle rupture d'égalité entre les associés[1576]. Pour caractériser l'atteinte à l'intérêt général, il ne suffit pas que la modification statutaire déplaise ou même préjudicie aux minoritaires. Il faut, de surcroît, que les majoritaires s'avantagent à leur détriment. Plusieurs décisions judiciaires exigent, en plus, que la rupture d'égalité soit délibérée ou tout au moins que les associés majoritaires aient eu conscience de s'avantager personnellement[1577].

421. L'intérêt commun prône le respect de l'égalité entre associés et celle des associés. Cette volonté de s'associer, en plus d'une collaboration égalitaire, est baptisée l'affectio societatis permettant de sanctionner l'abus de majorité et de minorité[1578]. On constate des assouplissements de la force obligatoire en droit des sociétés. La mésentente entre les associés[1579] ne se résume pas forcément à une perte d'affectio societatis ou l'exigence d'un consentement du cédé, en droit commun, est allégée dans le sort des contrats

... Ainsi lorsque la répartition du capital est de cinquante pour cent entre deux associés, il est impossible de dégager une majorité » ; V. également P. LE CANNU, « L'absence de majorité », RJ com. 1991, p.103. Pour lui : « elle (majorité) mène à l'unanimité ou à la stérilité ».

[1575] LEGRAND et D. BAZIN-BEUST, « Droit de la consommation/ droit des contrats : le bilan 20 ans après », préc., p.7, n° 75.

[1576] Soulignons néanmoins qu'une rupture d'égalité ne dessert pas nécessairement l'intérêt commun et pourra donc être souhaitée et votée par l'ensemble des associés. Selon le Professeur D. SCHMIDT, à propos de la suppression du droit préférentiel de souscription au profit d'une ou plusieurs personnes déterminées ou de la création d'actions privilégiées réservées à certains actionnaires, « dans tous les cas, la rupture d'égalité est consommée, mais elle est voulue car les associés estiment que les faveurs ainsi consenties contribuent au développement de la société et à l'enrichissement collectif, de sorte que la part qui reviendra à chacun sera plus importante que si ces faveurs avaient été refusées. Une rupture d'égalité peut servir l'intérêt de tous : l'inégalité acceptée manifeste la force de la communauté d'intérêt » D. SCHMIDT, « L'intérêt commun des associés », *Rev. dr. banc.* 1994, n° 45, p. 204.

[1577] V. par exemple Cass. com., 29 mai 1972, *Bull. civ.* IV, n° 164 ; *Bull. Joly soc.* 1972, p. 563. La Cour de cassation a caractérisé l'atteinte à l'intérêt des minoritaires puisqu'alors qu'au sein de la société mère tous les associés supportaient le poids de la prise en charge du passif d'une filiale, seuls les majoritaires en profitaient à travers cette filiale.

[1578] A.- M. NJANDEU, *L'intérêt social en droit des sociétés*, thèse préc. n° 39, p. 42.

[1579] D. NZOUABETH, *Les litiges entre associés*, thèse préc.

suite aux opérations de fusion, scissions et apport partiel d'actif[1580]. Ces mariages, divorces et autres affinités particulières entre les sociétés commerciales emportent parfois une transmission universelle de leurs patrimoines malgré les contrats intuitu personae. L'abus des pouvoirs sociaux avait été retenu contre le président d'une société qui avait organisé une fusion à son seul profit et sans tenir compte de l'intérêt de la société[1581]. Ce qui démontre que l'intérêt commun peut être flexible aux besoins sociaux.

422. Les dispositifs de protection des minoritaires sont suffisants et l'intérêt commun implique une égalité des actionnaires. La rupture d'égalité entre les associés traduit un déséquilibre dans la répartition des richesses par le contrat de société. Selon NJANDEU, la cause de l'obligation dans un contrat synallagmatique à titre onéreux est l'enrichissement nécessaire, proportionnel et compensatoire du débiteur. D'un côté, l'absence partielle de cause de l'obligation est un critère juridique de l'acte contraire à l'objet social[1582]. Il est plausible de remarquer qu'il suffit pour que le contrat soit valable, qu'il justifie l'existence d'une contrepartie formelle par le cocontractant, objet de son obligation. Au-delà de cette matérialité, la contrepartie mérite d'être réelle et sérieuse. De l'autre côté, l'absence partielle de cause l'obligation est un fondement de la rupture d'égalité. Le contrat de société est une cohabitation raisonnable et proportionnelle entre des créanciers et des débiteurs. L'absence de répartition égalitaire des bénéfices sociaux, conformément au pacte social et dans le respect des proportions, constitue pour les actionnaires lésés une absence partielle de contreprestation donc de la cause de l'obligation. Le but est la préservation de l'équilibre des patrimoines. Une telle étude des techniques sociétaires a pour finalité voulue de stimuler un équilibre dans les relations contractuelles[1583].

1580 Selon le professeur M.- M. N'DIAYE, *Fusions, scissions et apports partiels d'actif transfrontalières en Afrique*, thèse Paris X Nanterre 2005-2006, p.170. Pour lui : « le projet de fusion, de scission et d'apport partiel d'actif doit faire l'objet d'une information interne et d'une information externe aux sociétés participantes ... pour que ces opérations ne se réalisent pas mépris de la protection des droits des associés ou des actionnaires ». Il poursuit en suggérant que « pour des raisons de transparence, si l'opération doit être réalisée avant l'approbation des états financiers de synthèse du dernier exercice ces derniers doivent être mis à la disposition des actionnaires et associés pour leur approbation ... ». Dans la logique de ne pas fausser le jeu de la concurrence il faut, selon le professeur M'BAYE, permettre aux créanciers et aux concurrents des sociétés participantes de se protéger contre les conséquences de l'opération qui leur seraient nocives » p.172 ; L'art. 674 al. 2 de l'AUSCGIE révisé qui permet à tout actionnaire de pouvoir obtenir a ses frais et sur simple demande copie intégrale ou partielle du projet de fusion. La portée de l'information individuelle qui semblait réduite connait une innovation permettant la mise à la disposition de l'actionnaire des documents par voie électronique dans les opérations de fusion entre sociétés anonymes.

1581 Cass. crim., 10 juillet 1995, JCP 1996, éd. E, II, 780, note J. Paillusseau.

1582 A.- M. NJANDEU, *L'intérêt social en droit des sociétés*, préc. n° 73, p. 58.

1583 A.- M. NJANDEU, *L'intérêt social en droit des sociétés,* préc. n° 77, p. 60.

423. Le postulat d'égalité a été remis en cause par une réalité économique qui fait du contrat, le produit d'un rapport de force inégalitaire[1584]. Le principe de la force obligatoire a été forgé pour le contrat-échange qui réalise une permutation de biens et de services. Le contrat de société organise une mise en commun des services et de biens pour la satisfaction d'un intérêt social. Dans ce sens, il est soumis à la justice distributive[1585], commutative et corrective. Les dirigeants sociaux doivent s'acquitter loyalement de leurs devoirs envers les minoritaires. Les majoritaires ne prendront pas des décisions allant à l'encontre de l'intérêt social. Les droits patrimoniaux des minoritaires leur permettent de bénéficier des instruments légaux de protection dans le but de maintenir leur sécurité dans les contrats de société. La sanction de l'abus dans une conception utilitaire parachève la protection des minoritaires contre les comportements déviants des majoritaires en droit des sociétés commerciales.

Paragraphe 2 : La sanction des comportements contractuels dans l'atteinte à l'intérêt social

424. La sauvegarde et la pérennisation de l'intérêt commun sont indissociables de la réalisation du profit dans les sociétés commerciales. Les minoritaires sont détenteurs de contre-pouvoirs qui les protègent contre leur vulnérabilité situationnelle. De ce fait, l'appréhension de l'abus de pouvoir (A) et sa sanction (B) corrigent des agissements contractuels attentatoires à l'intérêt social.

A- L'appréhension de l'abus de pouvoir

425. L'exclusion d'un associé et le refus de l'agrément à une cession de droits sociaux doivent être conformes à l'intérêt social. Les clauses d'exclusion d'un associé (1) et les clauses d'agrément (2) ne doivent faire l'objet d'abus par un exercice déséquilibrant des pouvoirs.

1- L'abus dans les clauses d'exclusion d'un associé

426. La clause d'exclusion vise à retirer la qualité d'associé ou d'actionnaire aux membres d'une société. C'est un pouvoir dangereux puisqu'il prive l'associé des droits pécuniaires et politiques attachés à sa qualité. Si la clause d'exclusion est une manifestation de l'autonomie de la volonté, sa validité devrait faire l'objet d'une vigilance en raison des abus dont elle peut faire l'objet. Les articles 200-5 AUSCGIE prévoient le retrait pour justes motifs. Pour NJANDEU, l'exclusion de l'associé peut être conventionnelle en ce sens que l'intérêt social est la base de la validité des clauses statutaires d'exclusion[1586]. L'exclusion d'un associé peut répondre à des besoins stratégiques de remède à la dissolution. Dans ce cas, mieux vaut l'amputation

---

[1584] D. MAZEAUD, « Le nouvel ordre contractuel », *RDC* 2003, p. 295.

[1585] B. RECEVEUR, *La Force obligatoire du contrat de société : contribution à l'étude des relations entre droit des contrats et droit des sociétés*, thèse Cergy Pontoise, 2013, n°10, p. 25.

[1586] A.-M. NJANDEU, *L'intérêt social en droit des sociétés*, préc. n° 624, p.357.

que l'euthanasie[1587]. Certains minoritaires peuvent être encombrants dans leur volonté de créer et d'entretenir des actions de guérilla nécessitant leur exclusion forcée à la demande des majoritaires. L'abus n'est toutefois pas l'apanage des majoritaires. Le réalisme économique, dans la réalisation de l'intérêt commun, prend le dessus sur les comportements parfois capricieux et impertinents dont peuvent faire montre les minoritaires. Ce qui a certainement contribué à la prolifération des idées sur le droit de retrait des minoritaires. Notre analyse se fera à partir des propositions des professeurs SCHMIDT et FRISON ROCHE sur les hypothèses d'un droit général de retrait des minoritaires. Le professeur SCHMIDT remarque que le droit de retrait se présente sous des jours particuliers. Il permet à un associé d'obtenir, tantôt le remboursement par la société de la valeur de ses droits sociaux, tantôt l'achat par les majoritaires de ses actions, tantôt la cession ou le remboursement. L'exercice de ce droit est parfois discrétionnaire, parfois subordonné à la réalisation des conditions statutaires de la société ou à la preuve de justes motifs[1588]. Pour lui, ce droit général de retrait aurait pour origine une violation de l'intérêt commun des associés " lorsque les majoritaires poursuivent leur intérêt personnel au mépris de l'intérêt des actionnaires, leur obligation d'acquérir les titres des minoritaires constitue la sanction appropriée de leur comportement fautif"[1589]. Aussi l'auteur voit- il dans le droit général de retrait de nombreux intérêts sur les plans de la prévention et de la répression[1590].

Selon FRISON- ROCHE, le droit général de retrait des minoritaires consiste pour ces derniers à sortir de la société en contraignant les majoritaires ou la société au rachat de leurs actions. Il s'oppose aux droits particuliers par son caractère contraignant car les destinataires ne peuvent jamais refuser l'offre. Comme tout pouvoir, l'exercice de celui d'exclure un associé est contrôlé par les juridictions. Le juge a la possibilité, nonobstant toute clause statutaire contraire, de contrôler la forme ainsi que les motifs de l'exclusion. L'exclusion ne doit pas être mise en œuvre pour des motifs qui seraient en contradiction avec la finalité assignée à la société, l'intérêt social devant constituer la "boussole" des actionnaires et des associés dans l'exercice de leurs pouvoirs. L'exercice de ce pouvoir exorbitant d'exclusion est encadré par le juge qui contrôle qu'il ne s'agit pas d'une mesure arbitraire prise par un groupe d'associés animé du seul souci de se débarrasser d'un autre associé qui a usé de son droit incontestable d'être en désaccord avec la gestion sociale. Les juges vérifient que l'exercice du pouvoir statutaire d'exclusion n'est pas abusif. Ce contrôle juridictionnel ne saurait être limité par une clause des statuts comme l'illustre un arrêt rendu par la chambre commerciale de la Cour de cassation du

1587 D. MARTIN, « L'exclusion d'un actionnaire », RJ com. 1990, pp. 94 et s.

1588 D. SCHMIDT, Les conflits d'intérêts dans la société anonyme, Pratique des affaires, éd. Joly. 2004, n°248.

1589 D. SCHMIDT, op.cit., n° 249.

1590 D. SCHMITH, op. cit., n° 250.

21 octobre 1997[1591]. Dans cette décision, les juges avaient rejeté la demande d'annulation portant sur la gravité des motifs d'exclusion. Il est nécessaire de vérifier que la décision d'exclusion est utile à la société et justifiée par les agissements de l'associé. L'intérêt social constitue donc la finalité assignée au pouvoir d'exclure un associé. Raisonnant par analogie, avec l'abus de majorité ou de minorité, l'exclusion abusive d'un associé est celle qui est décidée contrairement à l'intérêt général de la société et dans l'unique dessein de favoriser le groupe d'associés ayant décidé le retrait forcé au détriment de l'associé exclu.

427. L'exclusion peut représenter une sanction intimidante pour l'associé privilégiant son intérêt personnel à celui de la société. Toutefois, parce qu'elle heurte le droit absolu de l'associé de participer à la société, la mesure doit répondre à des conditions très précises. Sur la forme, l'exclusion est très peu encadrée par le législateur qui minimise l'exclusion forcée. Des dispositions statutaires peuvent prévoir l'exclusion en autorisant la vente des titres des actionnaires ayant manqué à leurs obligations ou en imposant aux majoritaires détenant au moins un pourcentage conséquent des droits de vote, de racheter les actions des minoritaires lorsque celles-ci sont ou ont été admises aux négociations sur un marché réglementé. La cession des actions ou parts d'un ou plusieurs dirigeants sociaux peut être ordonnée lorsque la survie de l'entreprise faisant l'objet d'une procédure de redressement judiciaire, le requiert. L'exclusion peut être statutaire au moment de la constitution de la société ou en cours de vie sociale à l'issue d'un vote unanime. La fixation statutaire des conditions du rachat porte couramment sur la détermination de l'organe compétent, la procédure à suivre, le prix et les motifs du rachat des droits sociaux. Le respect strict de ces conditions éviterait toute contestation ultérieure sur la validité de la clause et par-delà de garantir son effectivité. Sur le fond, l'exclusion doit être motivée. On touche à la question de savoir si le manquement au devoir de loyauté peut constituer un motif d'exclusion de l'associé comme cela a été avancé en doctrine[1592]. La chambre commerciale de la Cour de cassation a admis la validité d'une clause statutaire d'exclusion dans une SNC dès lors que l'associé est exclu pour un motif conforme à l'intérêt social et à l'ordre public[1593]. Dans ces différentes situations, le motif expliquant l'exclusion de l'associé constitue un manquement au devoir de loyauté envers la société. Par extension, l'exclusion peut aussi être motivée par le manquement de l'associé aux différentes obligations découlant de son devoir de loyauté envers la société.

[1591] Cass. com., 21 oct 1997; D. 1997, IR, p. 251; V. aussi, Cass. com., 12 mars 1996, Bull. civ. IV, n° 86, p. 71; D. 1997, jur., p. 133 note Langlès; D. 1996, somm. comm., p. 345, obs, J.- C. Hallouin.

[1592] V. sur l'exclusion comme sanction du manquement au devoir de loyauté Th. FAVARIO, *L'intérêt de l'entreprise en droit privé français,* Lyon III, 2004, pp. 375 à 378, n° 809 à 813.

[1593] Cass. com., 8 mars 2005, D. 2005, p. 839, obs. A. LIENHARD ; JCP E 2005, 1046, n° 9, obs. J.-J. CAUSSAIN, Fl. DEBOISSY et G. WICKER.

428. Dans les sociétés commerciales, le retrait est un droit pour l'associé de faire racheter ses droits sociaux par la société ou ses coassociés[1594]. Ce droit ne constitue pas une prérogative fondamentale de l'associé, ce n'est pas un droit intangible[1595]. En effet, il n'y a pas un droit de retrait général qui apparaît dans certaines formes de sociétés et dans le respect de règles légales et statutaires. Le retrait peut exercer une fonction disciplinaire sur l'action des dirigeants et des associés majoritaires souhaitant favoriser leur intérêt personnel.

Le droit de retrait est aussi envisageable en cas de manquement au devoir de loyauté. Dans ce cas, les auteurs se prononcent en faveur d'un droit de retrait des minoritaires résultant d'un abus des majoritaires[1596]. Le droit de retrait peut être également une solution aux conflits avec la majorité. Le retrait des minoritaires pourrait se substituer à la nullité ou être un complément à l'allocation des dommages-intérêts. Le retrait apporte un dénouement plus satisfaisant à l'abus dont ils sont victimes. Le droit de sortie est fondé sur l'article 1832 du Code civil suite à la divergence d'intérêts entre les majoritaires et les minoritaires[1597]. Une certaine gravité doit être requise : le majoritaire doit être en mesure d'en assumer le rachat et que le rachat ne lèse pas les associés minoritaires restant en place dans la mesure où il (rachat) renforce le pouvoir des majoritaires. Ce droit de retrait doit rester enfermé dans les limites de l'abus de droit. L'associé qui se retire ne doit pas être de mauvaise foi sous peine d'engager sa responsabilité[1598]. Les mécanismes internes de gouvernance ont un incontestable rôle à jouer dans le contrôle du devoir de loyauté[1599]. Pour autant, il convient de souligner par pragmatisme que le contrôle juridique est de temps à autre rudimentaire même si les tribunaux corrigent après le devoir de loyauté des dirigeants et des majoritaires. L'exclusion des associés n'est condamnable que lorsqu'elle est abusive sous la forme d'un retrait forcé. Une autre clause relève de la catégorie des clauses de pouvoir dans le contrat de société, c'est la clause d'agrément.

2- L'abus dans les clauses d'agrément

429. L'article 57 prévoit la libre cessibilité des parts sociales et des actions[1600] dont les modalités sont habituellement statutaires. Elle peut

---

1594 Y. GUYON, *Les sociétés. Aménagements statutaires et conventions entre associés*, *op. cit.*, p. 98, n° 53.

1595 K. GRÉVAIN-LEMERCIER, *Le devoir de loyauté en droit des sociétés*, thèse Université de Rennes 1, 2011, n°521, p. 371.

1596 Y. GUYON, Les sociétés. *Aménagements statutaires et conventions entre associés*, préc. n°53, p. 99.

1597 P. DIDIER, *Le consentement sans l'échange : contrat de société*, RJ com. 1995, n° spécial, « *L'échange des consentements* », p. 74.

1598 Y. GUYON, *Les sociétés. Aménagements statutaires et conventions entre associés*, op. cit., n°119, p. 200.

1599 K. GRÉVAIN-LEMERCIER, *Le devoir de loyauté en droit des sociétés*, thèse préc. n° 587, p. 417.

1600 Art. 57 de l'AUSCGIE.

connaitre des restrictions dans l'intérêt social. La consécration de l'autonomie la volonté est limitée par l'ordre public en droit des sociétés[1601]. L'agrément dans les cessions de parts ou d'actions participe en fonction de la forme sociale, soit de l'ordre public sociétaire, soit de la liberté contractuelle. Il permet de contrôler, de maitriser ou de filtrer l'entrée de nouveaux associés ou écarter les associés indésirables. Selon NJANDEU, cela assure la stabilité du pouvoir par la maitrise du capital et préserve par conséquent la vie de la société[1602]. Dans les sociétés en nom collectif, les parts sociales ne peuvent être cédées qu'avec le consentement unanime des associés[1603]. L'article 275 ne distingue pas si le cessionnaire est un tiers ou un associé[1604]. L'associé est prisonnier de ses titres en cas de refus d'agrément sauf s'il est prévu dans les statuts une procédure de rachat pour permettre le retrait de l'associé cédant. Les associés dans les sociétés en nom collectif n'ont pas d'un véritable droit de retrait[1605] à cause de l'intuitu personae caractérisant ce type de société. L'associé qui voudrait céder ses parts et qui n'obtient pas les consentements nécessaires peut parvenir à un résultat voisin en concluant une convention de croupier. Il s'entendrait avec un tiers à qui il cèdera les bénéfices produits par les parts. En contrepartie, ce tiers lui rembourse leur valeur et s'engage à prendre en charge le passif social éventuel. Cependant, cette convention ne produit d'effet qu'entre les parties dans la mesure où la société n'a aucun rapport avec le croupier[1606]. Les cessions sont libres dans un cercle familial entre conjoints, ascendants et descendants et les parts transmissibles par succession à l'exception des limites statutaires apportées par les articles 318-2 du Code civil et 321-1 de l'AUSCGIE. Pour les cessions de parts sociales à des tiers étrangers à la société, le consentement de la majorité des associés, représentant au moins les trois quarts du capital social, est en revanche exigé dans l'article 319-1 de l'AUSCGIE. L'associé ne demeurera pas prisonnier de ses titres en cas de refus de la société d'agréer le cessionnaire présenté[1607].

430. L'agrément consiste à soumettre la cession de valeur mobilière, projetée par un associé, à l'assentiment d'un organe social. Ne suffisent pas séparement à conclure la cession, la volonté des parties au contrat de cession notamment l'associé et le tiers étranger au contrat de société. La protection de la société peut- elle justifier l'atteinte ainsi portée à la liberté de céder les droits sociaux ? L'agrément assure l'autodéfense de la société contre l'intrusion envahissante de tiers extérieurs. Si la protection de la société s'imagine aisément dans les sociétés de personnes qui sont fermées où la considération de la personne de

---

1601 Y. GUYON, Traité des contrats. *Les sociétés. Aménagements statutaires et conventions entre associés,* 5ème éd. LGDJ, 2002, avant-propos. p. 9.

1602 A.-M. NJANDEU, *L'intérêt social en droit des sociétés*, préc. n° 607, p.350.

1603 Cass. com. 13 Fév. 1996, Bull. civ. IV, n °53.

1604 Art. 275 AUSCGIE révisé.

1605 Y. GUYON, op. cit.p.263.

1606 Art. 1861 du Code civil français.

1607 Art. 319- 4 AUSCGIE sous réserve des procédures de rachat dans l'art 319-6.

l'associé est essentielle, il en va différemment dans les sociétés de capitaux. La pratique révèle la présence de clauses statutaires d'agrément dans les sociétés commerciales. L'organe social titulaire du pouvoir d'agréer la cession est investi d'un pouvoir d'exclusion dans la mesure où la décision prise s'imposera au candidat à la cession en dehors de toute manifestation de sa volonté. Le risque encouru, par le titulaire des titres dont la cession est envisagée, est de ne pas pouvoir céder ses actions alors même que le tiers lui propose un prix très intéressant. Dans le cas d'un refus d'agrément, la loi prévoit, afin que le candidat à la cession ne reste pas prisonnier de ses titres, que la société a l'obligation d'acquérir les titres ou bien de les faire acquérir par un tiers ou un autre actionnaire. Toutefois, il n'est pas certain que la société accepte d'acquérir les actions au prix proposé par le tiers. Le législateur OHADA pourrait prévoir une expertise en cas de désaccord entre les parties[1608] pour garantir une fixation objective de la valeur des titres. De la sorte, l'actionnaire ne vendra pas ses actions pour un prix insuffisant. Le refus d'agrément l'empêche de céder ses titres pour un prix supérieur au prix de l'expert. Bien qu'elle porte atteinte à la libre négociabilité des titres, essence des sociétés de capitaux, la clause d'agrément conférant à la société le pouvoir de s'opposer à la cession des titres est tolérée. Par contre, les dispositions légales autorisant l'insertion d'une clause d'agrément dans les statuts sont d'interprétation stricte. Le domaine des clauses d'agrément est déterminé de façon limitative. Est seule soumise à l'agrément, la cession à des tiers étrangers à la société dans la mesure où la clause a pour finalité de maintenir la situation des associés en place en leur permettant de sélectionner leurs partenaires. Une clause d'agrément ne saurait affecter une cession d'actions entre actionnaires, ni une transmission de nature familiale, ni même une cession d'actions au profit des salariés afin de favoriser l'actionnariat salarial. Ces situations exceptées, l'agrément concerne toute opération de mutation relative à des titres existants comme la vente, la donation, l'échange, l'apport en société ainsi que les opérations de fusion ou de scission.

431. La clause d'agrément suppose des titres nominatifs. A défaut, la société n'aurait aucun moyen de connaître et de contrôler les transferts de valeurs mobilières. La clause n'est réellement opposable aux tiers que si elle fait l'objet d'une publicité légale au registre du commerce et du crédit mobilier. Le refus abusif d'agrément peut être un déséquilibre du pouvoir dans la gestion sociale. L'interêt des minoritaires en sortirait banalisée à cause de l'exercice abusif du pouvoir par la majorité dirigeante. La clause stutataire d'agrément manifeste une volonté d'auto-protection sociale contre des prises de contrôles malhonnêtes. L'usage de ce pouvoir exorbitant doit traduire cette protection pour que le refus d'agrément ne soit pas abusif. L'agrément était

---

1608 C'est la solution prévue par l'article 275 alinéa 2 de la loi de 1966 qui prévoit que le prix des actions sera déterminé dans les conditions prévues par l'art. 1843-4 du Code civil c'est-à-dire par un expert.

traditionnellement analysé sous le prisme d'un droit discrétionnaire qui n'a pas à être motivé et insusceptible de recours. Ce sont les effets de l'intuitu personae dans les sociétés commerciales. En prévention d'éventuelles prises de contrôle, la clause statutaire d'agrément est une faculté reconnue par la loi afin de protéger la société contre les intrusions des tiers. Les juridictions vérifient la motivation du refus d'agrément afin de contrôler si le refus du cessionnaire pressenti est prouvé par ses qualités et ses défauts contraires à l'intérêt social. La sanction de l'abus déséquilibrant de pouvoir est encadrée dans les clauses d'agrément.

B- La sanction de l'abus de pouvoir

432. La sanction des comportements abusifs des dirigeants en faveur des actionnaires minoritaires garantit leur sécurité contractuelle dans les sociétés commerciales. Le détournement de l'intérêt social génère la responsabilité des dirigeants (1) pouvant conduire à la désignation des mandataires sociaux (2) pour la gestion intérimaire de la société.

1- La responsabilité des dirigeants sociaux dans le détournement de l'intérêt social

433. Les dirigeants sociaux peuvent engager leur responsabilité en cas de détournement abusif de l'objet social entrainant des préjudices contre les minoritaires. Le préjudice peut résulter de l'exclusion des minoritaires du bénéfice des droits sociaux par les majoritaires. En vertu des articles 242 et suivants de l'AUSCGIE, les minoritaires peuvent demander l'annulation d'une décision prise par les dirigeants sociaux ou par les majoritaires. La décision doit être préjudiciable aux intérêts personnels ou individuels des minoritaires. Le domaine de la sanction concerne l'annulation des délibérations des assemblées par une nullité facultative pour irrégularités portant sur le défaut de convocation, une atteinte au droit de communication des actionnaires, des inexactitudes ou irrégularités dans l'établissement de la feuille de présence, une méconnaissance des règles de compétence, du quorum et de la majorité ou un manquement dans l'accomplissement des formalités de publicité. La liste n'est pas exhaustive. L'action en nullité des délibérations n'est pas recevable lorsqu'elle est intentée par des associés qui avaient été présents ou représentés à cette assemblée générale. Une décision irrégulière issue de la délibération d'une assemblée régulièrement convoquée doit être considéré comme valable jusqu'à la décision du juge. Les atteintes à l'intérêt social proviennent des majoritaires lorsqu'ils enfreignent à leur devoir de bonne foi. La nullité des délibérations sanctionne des abus de pouvoir émanant des majoritaires et qui constituent une cause de leur révocation. Ce qui peut être un mécanisme de restauration d'une rupture d'égalité réellement préjudiciable aux minoritaires. L'alinéa 2 de l'article 254 de l'AUSCGIE prévoit qu'une décision judiciaire prononçant l'annulation d'une fusion ou d'une scission est sans effet sur les obligations nées à la charge ou au profit des sociétés auxquelles le ou les patrimoines sont transmis entre la date à laquelle prend effet la fusion ou la scission et celle de la publication de la décision prononçant la nullité[1609]. Les effets juridiques de ces opérations sont maintenus. En outre, la nullité, comme sanction des actes abusifs pris par les majoritaires, a plusieurs avantages surtout dans les sociétés anonymes en ce qu'elle constitue une sanction naturelle du détournement déséquilibrant des pouvoirs dans les sociétés commerciales.

434. Les actionnaires majoritaires et les dirigeants sociaux engagent leur responsabilité civile du fait de leur vote abusif ou des fautes commises dans l'exercice de leurs fonctions. L'Acte uniforme aménage un régime de responsabilité civile des dirigeants sociaux[1610]. La responsabilité civile peut être recherchée par la voie d'une action sociale et/ou d'une action individuelle. L'action individuelle répare un dommage subi par un actionnaire et différent de celui supporté par la société du fait de la faute commise individuellement ou collectivement par les dirigeants sociaux dans l'exercice de leurs fonctions. Sa recevabilité est soumise aux conditions du droit commun de la responsabilité. Il faut une faute commise par un dirigeant causant un dommageable à un associé et la justification d'une relation de causalité entre la faute du dirigeant et le dommage subi par l'associé. Il appartiendra à l'actionnaire qui prétend avoir subi un dommage d'en rapporter la preuve. L'exercice de l'action individuelle n'est pas compatible avec un cumul d'action sociale exercée par le même actionnaire en réparation du préjudice que la société pourrait subir. L'action sociale est celle en réparation du dommage subi par la société du fait de la faute commise par le ou les dirigeants sociaux dans l'exercice de leurs fonctions. Elle est soumise à une formalité préalable qui est la mise en demeure des organes compétents. Ce n'est qu'après un délai de trente jours que l'action sociale peut être intentée. Les délais de prescription de l'action sociale sont les mêmes que dans l'action individuelle. Les dommages-intérêts sont une sanction inéluctable lorsque les conditions sont réunies. La responsabilité civile des majoritaires a également un fondement délictuel se concrétisant par l'allocation des dommages et intérêts aux actionnaires victimes de l'abus. A l'instar de la responsabilité civile des dirigeants sociaux, celle des majoritaires suppose un fait dommageable c'est-à-dire un fait ayant causé un préjudice certain et non simplement hypothétique. L'action peut être intentée par les minoritaires mais ne peut en revanche être dirigée contre la société. Il peut s'avérer difficile de détacher la responsabilité individuelle des majoritaires, au cas où ils sont instigateurs de l'abus, de celle du groupe d'actionnaires. C'est la souplesse, l'élasticité des notions de majorité et de minorité dans la gestion des sociétés commerciales.

435. Selon l'article 5 du Traité de l'OHADA : « les actes uniformes peuvent inclure des dispositions d'incrimination pénale. Les États Parties s'engagent à

[1609] Alinéa 2 de l'art. 254 de l'AUSCGIE révisé.
[1610] Art. 161 à 172 de l'AUSCGIE révisé.

déterminer les sanctions pénales encourues[1611] ». Les personnes encourant une responsabilité pénale doivent auparavant être déterminées. L'absence de sanctions pénales peut freiner l'élan du législateur OHADA quant à la protection des minoritaires. Les minoritaires verront leur protection pénale inachevée. Sur la responsabilité pénale des majoritaires, l'AUSCGIE ne désigne pas les minoritaires ou majoritaires qui commettent des abus. La responsabilité pénale ne s'applique alors qu'aux dirigeants sociaux[1612].

436. Rappelons qu'à l'inverse du domaine de la responsabilité civile qui admet qu'une responsabilité puisse être engagée pour le fait d'autrui, le droit pénal exclut la responsabilité pour la faute d'autrui en raison du principe de la personnalité et de l'individualité des peines. La loi penale est d'interprétation stricte. La société n'est pas responsable des infractions pénales commises par le dirigeant. C'est plutôt le dirigeant social qui est pénalement responsable. Les litiges entre associés, à l'instar d'autres mécanismes mettant en mal la volonté de s'associer dans une collaboration égalitaire, entrainent la désignation de tiers intérimaires pour la gestion de la société commerciale.

2- La désignation des mandataires sociaux

437. La sanction des abus des majoritaires démontre qu'ils n'ont que des pouvoirs délégués qui ne riment pas forcement avec l'impunité absolue dans la gestion sociale. L'exercice du pouvoir par la majorité dirigeante est confronté à celui de veille, de vigilance de la minorité pour caractériser la démocratie sociale. Pourtant, il peut s'avérer que les contre-pouvoirs de la minorité ne suffisent pas à contenir les assauts répétés et abusifs des majoritaires. Lorsque ces comportements constitutifs de réponses du berger à la bergère portent atteinte à l'affectio societatis, l'issue de cette solution de crise peut nécessiter le recours à des tiers neutres pour administrer provisoirement les sociétés commerciales. Les minoritaires auront recours à l'autorité du juge soit pour faire intervenir un tiers dans la gestion sociale ou au pire des cas solliciter l'issue irréversible de la prononciation de la dissolution de la société[1613] caractérisant sa mort. L'administrateur provisoire est un mandataire indépendant nommé par un juge en cas de crises graves qui minent le fonctionnement normal de la société commerciale. La désignation d'un administrateur provisoire, par le juge en référé, est une mesure exceptionnelle fondée sur l'article 147 de l'AUSCGIE. Elle peut être demandée par les minoritaires, pour la sauvegarde de leur sécurité patrimoniale, devant le tribunal. Pour que le juge des référés soit compétent, il suffit que le demandeur invoque l'urgence. Le juge se déclarera incompétent s'il estime que la demande n'est pas fondée. L'intervention de l'administrateur provisoire pourrait être consécutive à une gestion abusive de la société commerciale par

---

[1611] Art. 5 alinéa 2 du Traité de l'OHADA.
[1612] Art. 889 à 891 de l'AUSCGIE révisé.
[1613] Art. 200 AUSCGIE al. 5 et 7 révisé.

la majorité. On peut relever que le comportement abusif des majoritaires soit exceptionnellement dénoncé par les minoritaires lorsqu'ils portent atteinte à l'affectio-societatis paralysant le fonctionnement de la société commerciale. La liste n'est pas exhaustive mais dénonciatrice des situations de litiges entre les actionnaires ou de dissentiments graves entre deux groupes d'actionnaires qui rendent impossibles la tenue des assemblées, l'opposition entre les organes de gestion et les actionnaires, les conflits entre deux organes rivaux d'administration. L'abus de pouvoir en droit des sociétés commerciales est un manque de savoir-vivre contractuel. Ce qui symptomatique d'une nuisibilité qui n'a d'égale que la mauvaise foi des majoritaires à marginaliser les minoritaires. Cela conduit, devant la gravité de la compromission de l'intérêt social, à la nomination d'un administrateur provisoire qui est un mandataire rémunéré à la charge de la société avec des pouvoirs précis. La substitution des dirigeants sociaux par l'administrateur provisoire l'investit des pouvoirs et des responsabilités de ces dirigeants à l'égard des associés et même entrainer l'information des tiers. Sa mission de pacificateur l'oblige à être de bonne foi dans l'exercice des fonctions pour ne causer plus de blocage qu'il n'est censé en résoudre.

438. Les autres mesures de protection, outre la nomination d'un administrateur provisoire, sont le recours au séquestre judiciaire et à l'arbitre qui peuvent aussi défendre les intérêts patrimoniaux des actionnaires minoritaires. Le séquestre judiciaire consiste en un dépôt d'une chose litigieuse entre les mains d'un tiers qui s'oblige à la rendre après la contestation terminée à la personne qui sera jugée devoir l'obtenir. Le séquestre judiciaire est ordonné par une juridiction saisie d'une contestation quant à la propriété d'une chose. Sa mission est fixée dans l'acte de désignation. Les mesures de séquestre judiciaire concernent des droits sociaux à la condition qu'il existe un litige sérieux. Il peut s'agir d'un différend grave opposant les membres du conseil d'administration. La mission du dirigeant social serait alors de convoquer l'assemblée générale pour l'élection de nouveaux membres du conseil d'administration. Ainsi, l'assemblée générale aura lieu et les droits des minoritaires seraient protégés. Toutefois, les titres objet du séquestre ne peuvent donner droit au vote dans les assemblées pendant la durée de la mesure. Le séquestre est un facilitateur aplanissant un climat fraternel de collaboration sereine et fructueuse entre les actionnaires. Ce qui n'en fait pas un associé muni d'un droit de vote. C'est plutôt une mission généralement protectrice des droits patrimoniaux des minoritaires. Par ailleurs, le recours à la justice privée est une piste impulsée par le législateur grâce à l'arbitrage[1614]

[1614] Art. 21 du Traité OHADA : « En application d'une clause compromissoire ou d'un compromis d'arbitrage, toute partie à un contrat, peut soumettre un différend d'ordre contractuel à la procédure d'arbitrage prévue par le présent titre ». Le Traité limite le domaine de la convention d'arbitrage au « différend d'ordre contractuel » et l'AUA autorise les personnes

pour trancher les différends contractuels. Les statuts peuvent prévoir une clause d'arbitrage et les associés en litige peuvent recourir eux-mêmes spontanément à l'arbitrage[1615]. Il reste permis à chacun d'y entrevoir ou non un règlement pacifique des différends contractuels en droit des sociétés commerciales. L'administrateur provisoire gère la société pour une sortie de crise en toute neutralité et l'arbitre tranche les différends portant sur des contrats. Il ne faut pas exagérer la portée de cette distinction dans la mesure où diriger c'est pouvoir trancher grâce à une autorité. Les deux intervenants desserrent les goulots d'étranglement infestant la vie sociale avec des méthodes différentes pour une cause commune.

Conclusion section 2 :

439. L'analyse contractualiste de la société en fait la propriété des associés faisant de l'intérêt social celui des associés. La société est une institution autonome comprenant les parties signataires du contrat de société et toutes les composantes de la société. L'intérêt social est l'intérêt de la personne morale en tant qu'entité autonome et indépendante. Une conception mixte de l'intérêt social, s'inspirant d'une double nature institutionnelle et contractualiste de la société, a été proposée dans la théorie du « juste milieu[1616]». Les sociétés commerciales répondent à une communauté d'intérêts qui en fait un contrat-organisation nécessitant une lecture assouplie de la force obligatoire par rapport au droit commun. La divergence des intérêts entre associés ou actionnaires dans les contrats de société requiert une vigilance accrue des minoritaires. Les règles de la démocratie gouvernant le fonctionnement des sociétés commerciales, les dirigeants sociaux ont un devoir de loyauté qui ne doit faire l'objet d'abus. Il est difficile d'établir une liste exhaustive des comportements abusifs à cause de la créativité dont peuvent faire montre la majorité dirigeante.

---

physiques et morales à recourir à l'arbitrage mais uniquement « sur les droits dont elles ont la libre disposition ».

[1615] Art. 148 AUDSC-GIE révisé.

[1616] J.-P. BERTREL, « Liberté contractuelle en droit des sociétés, Essai d'une théorie du « juste milieu » en droit des sociétés », RTD com., 1996, p. 595.

Conclusion chapitre 2 :

440. Le contournement du déséquilibre contractuel, par les règles du droit de la concurrence et de la consommation, démontre la volonté du législateur de contrôler l'équilibre du marché pour protéger le consommateur qui est la partie faible. D'autres mécanismes régulent les comportements des associés et actionnaires pour la recherche de la justice dans les contrats de société. En règle générale, les instruments de protection doivent répondre à des procédures d'urgence. Ils fédèrent enthousiasme ou scepticisme voire une transversalité. Ce qui nous permet de témoigner davantage une certaine responsabilisation des comportements contractuels en fonction de l'acception morale ou économique du standard qui devrait être utilisé. Si le droit de la consommation contourne la rigueur du droit commun, il faut reconnaitre que d'autres dispositifs régulent directement les comportements des contractants comme la protection des minoritaires pour une finalité commune qui est la protection des contractants en position de faiblesse.

Conclusion du Titre 1 :

441. Les législateurs nationaux et OHADA auraient contribué à une avancée remarquable dans la lutte contre le déséquilibre des pouvoirs grâce à l'information dans la prévention et le traitement des abus dans les contrats de consommation et en droit des sociétés commerciales. Ces mesures corrigent le déséquilibre interne par la sanction des abus de pouvoir en régulant les comportements contractuels. Pourtant, la correction du déséquilibre contractuel est inachevée en raison de l'absence de prise en compte des bouleversements de circonstances économiques corrigeant, à la différence des outils précédents, le déséquilibre externe. Ce dernier concerne les risques pouvant surprendre et étouffer l'exécution du contrat en dehors de toute faute du débiteur en droit commun des contrats. Pour pallier l'inconciliabilité conceptuelle entre la justice et la sécurité dans le traitement du déséquilibre contractuel, il est indispensable de procéder à une réécriture des obligations suite aux bouleversements de circonstances économiques. C'est dans ce souci que nous nous proposons de faire une contribution pour une réforme du droit des contrats enrichissant le droit commun qui est la grammaire du droit positif.

TITRE 2 : L'INTERVENTION RÉQUISE DANS LE DÉSÉQUILIBRE DES PRESTATIONS

442. Le contrat est l'habillage juridique d'une relation économique. Il est plus qu'un simple échange de valeur portant sur des patrimoines et entre des personnes que sont les cocontractants. La recherche permanente de l'utilité économique marque une transformation encourageante dans la conception du contrat[1617]. En droit positif, le désengagement du législateur face au déséquilibre conjoncturel minimise la portée de la sécurité des transactions pour le débiteur de bonne foi en droit commun. La régulation des comportements contractuels est un remède au déséquilibre interne. Pour le déséquilibre externe, en cas de survenance du déséquilibre conjoncturel dans les contrats de longue durée, les délais de grâce sont un remède inachevé. Il faut organiser une adaptation du contrat tant que l'opération économique qu'il soutient est encore utile[1618]. L'avant-projet d'acte uniforme relatif au droit des contrats prévoit l'ouverture d'une renégociation en cas de bouleversement des circonstances[1619]. Cette perspective de repenser la sécurité contractuelle ne s'opère pas par une baguette magique. Le préalable à une amélioration du droit des contrats oblige à repenser ses piliers idéologiques comme l'autonomie de volonté. Concilier le pouvoir économique et le vouloir juridique demeure tout l'enjeu du droit moderne des contrats. Le juge est un acteur de résolution des difficultés contractuelles. Pour le justiciable non rompu à l'art du droit, l'insécurité juridique peut être assimilée au rejet de ses prétentions, si mal fondées soient-elles, par un juge dans lequel la confiance des citoyens semble de plus en plus s'émousser[1620]. Le juge est le dernier rempart de la sécurité juridique dans un environnement incertain[1621]. La nécessité d'un renouvellement de la sécurité contractuelle suite au déséquilibre conjoncturel (Chap.1) pour une réhabilitation de la justice contractuelle (Chap. 2) entre particuliers.

1617 E. NSIE, « La sanction de l'inexécution de la vente commerciale », art. préc., p.5, n° 4.

1618 G. ALPA, « Les nouvelles frontières du droit des contrats », in le contrat au début du 21ème siècle, Études offertes à J. GHESTIN, LGDJ, 2001, p. 6.

1619 Art. 6/24 (comp. Pr. U. art. 6.2.3) : « 1*) En cas de bouleversement des circonstances, la partie lésée peut demander l'ouverture de renégociations. La demande doit être faite sans retard indu et être motivée. 2) La demande ne donne pas par elle-même à la partie lésée le droit de suspendre l'exécution de ses obligations. 3) Faute d'accord entre les parties dans un délai raisonnable, l'une ou l'autre peut saisir le tribunal. 4) Le tribunal qui conclut à l'existence d'un cas de bouleversement des circonstances peut, s'il l'estime raisonnable : a) mettre fin au contrat à la date et aux conditions qu'il fixe ; ou b) adapter le contrat en vue de rétablir l'équilibre des prestations* ».

1620 T. PIAZZON, *La sécurité juridique*, thèse préc. p. 2

1621 Y. BENHAMOU, « Brèves réflexions sur la place des juges face à la mondialisation. Contribution à l'intelligence critique de la globalisation », D. 2003, p. 366 et s.

CHAPITRE 1 : LA NECESSITÉ D'UN RENOUVELLEMENT DE LA SÉCURITÉ CONTRACTUELLE SUITE AU DÉSÉQUILIBRE CONJONCTUREL

443. Lorsqu'un débiteur n'exécute pas ses engagements, des moyens de droit s'offrent au créancier pour l'y contraindre. Face à ces mesures d'exécution, une réécriture des obligations contractuelles est envisageable. Le législateur en a conscience mais manque de volonté politique en droit commun. La conscience de l'existence du déséquilibre contractuel laisse entrevoir un répit suspensif des obligations contractuelles à travers les délais de grâce[1622]. Cette faveur est une immunité temporaire profitable au débiteur de bonne foi exclusivement selon la volonté du créancier en raison de la sécurité contractuelle telle que construite sur les fondements baptismaux de l'autonomie de la volonté. L'immobilisme des notions de justice et de la sécurité contractuelles interpelle le législateur pour leur redynamisation. L'ébauche d'un renouvellement de la sécurité par la suspension des obligations contractuelles (Sect.1) devrait s'émanciper par l'urgence du renouvellement des fondements de la force obligatoire (Sect.2) dans le traitement judiciaire des contrats conjoncturellement déséquilibrés en droit commun.

[1622] Le Code de procédure civile, commerciale et sociale notamment le décret n°99-254/P-RM du 15 Septembre 1999 traite les délais de grâce dans les art. 526 à 529 au Mali abrogés par l'art. 39 de l'acte Uniforme du 10 Avril 1998 portant organisation des procédures simplifiées de recouvrement et des voies d'exécution inscrite dans le J. O. du 01 juin 1998 qui dispose que : « *Le débiteur ne peut forcer le créancier à recevoir en partie le paiement d'une dette, même divisible. Toutefois, compte tenu de la situation du débiteur et en considération des besoins du créancier, la juridiction compétente peut, sauf pour les dettes d'aliments et les dettes cambiaires, reporter ou échelonner le paiement des sommes dues dans la limite d'une année. Elle peut également décider que les paiements s'imputeront d'abord sur le capital* ». Cet article est presqu'une reprise de l'art. 1244 du Code civil français de 1804 qui dispose que : « *Toutefois, compte tenu de la situation du débiteur et en considération des besoins du créancier, le juge peut, dans la limite de deux années, reporter ou échelonner le paiement des sommes dues. Par décision spéciale et motivée, le juge peut prescrire que les sommes correspondant aux échéances reportées porteront intérêt à un taux réduit qui ne peut être inférieur au taux légal ou que les paiements s'imputeront d'abord sur le capital. En outre, il peut subordonner ces mesures à l'accomplissement, par le débiteur, d'actes propres à faciliter ou à garantir le paiement de la dette. Les dispositions du présent article ne s'appliquent pas aux dettes d'aliments. Elle peur en outre subordonner ces mesures d'accomplissement, par le débiteur, d'actes propres à faciliter ou à garantir le paiement de la dette* ». Lors de l'élaboration du Code civil de 1804, certaines critiques furent émises à l'encontre de l'admission de cette faculté en raison de l'atteinte portée aux principes de l'autonomie de la volonté et de la force obligatoire des conventions. Finalement, la règle adoptée par les rédacteurs, marquée par sa timidité et sa prudence, fut incluse à l'article 1244 al. 2 du Code Civil français de 1804 en ces termes : « *Les juges peuvent néanmoins, en considération de la position du débiteur et compte tenu de la situation économique, accorder pour le paiement des délais qui emprunteront leur mesure aux circonstances, sans toutefois dépasser un an, et surseoir à l'exécution des poursuites, toutes choses demeurant en l'état* ».

Section1 : L'ébauche du renouvellement par la suspension des obligations contractuelles

444. Le respect de la parole donnée est un pilier de la sécurité des transactions qui justifie le recours aux voies d'exécution lorsque le débiteur n'exécute pas volontairement ses obligations contractuelles. Le délai de grâce constitue une simple faveur accordée au débiteur défaillant, à l'instar des moratoires, la révision de la clause pénale, les délais de paiement accordés par le créancier et la remise de dettes en cas de surendettement[1623] ou le règlement préventif[1624]. Le délai de grâce se distingue du moratoire qui est une mesure exceptionnelle et générale par laquelle le législateur suspend et ajourne les échéances en raison de circonstances d'une gravité exceptionnelle comme la guerre ou une crise économique profonde[1625]. Il (délai de grâce) est un mécanisme destiné à guérir provisoirement le déséquilibre contractuel. L'obtention de cette faveur du créancier au profit du débiteur est soumise à des conditions souples (Para.1) et un encadrement des effets (Para.2).

Paragraphe 1 : La souplesse des conditions d'obtention du délai de grâce

445. Les délais de grâce sont de simples faveurs reconnaissant au débiteur, la possibilité de se reconstituer financièrement par la suspension provisoire des obligations contractuelles. Ils permettent au juge de modérer[1626] le principe que l'exécution de l'obligation doit se réaliser à la date convenue par les parties. Pour éviter l'arbitraire, ils ne sont pas accordés de si bonne grâce[1627] d'où des conditions subjectives (A) et objectives (B).

A- Les conditions subjectives

446. Les conditions subjectives sont celles relatives aux situations respectives des parties notamment celle du débiteur (1) et du créancier (2) dans le respect de la sécurité contractuelle basée sur la volonté individuelle.

1- La situation du débiteur

447. Les délais de grâce sont ceux que le juge octroie au débiteur lorsque le recouvrement d'une créance liquide, certaine et exigible[1628] est demandé suivant une procédure d'injonction de payer. C'est sur cette base que pour se

---

1623 E.- J. ANGELE, « Les délais de grâce avec l'entrée en vigueur de l'acte uniforme portant voies d'exécution », Université de Yaoundé II, Faculté des Sciences juridiques et politiques, Revue Africaine des Sciences juridiques, vol.1, n° 3, 2003, p.150.

1624 Art. 2 al.1, AUPCAP dispose que : « *La procédure de règlement préventif est définie comme une procédure destinée à éviter la cessation des paiements ou la cessation d'activité de l'entreprise et à permettre l'apurement de son passif au moyen d'un concordat préventif* ».

1625 C. –M. OWONO, *La suspension des obligations contractuelles*, thèse préc. p.80, n° 82.

1626 Les professeurs MALAURIE et AYNES enseignent qu': « il (délai de grâce) relève du pouvoir de modérateur du juge et ne cesse de s'étendre », *Les obligations*, op.cit., n°1012, p. 268.

1627 H. SABINE, « De ces délais de grâce accordés de si bonne grâce par nos juges », Ohadata D -11- 94.

1628 Art. 1er Acte uniforme portant organisation des procédures simplifiées de recouvrement et des voies d'exécution adopté le 10/04/1998 à Ouagadougou.

libérer provisoirement, le débiteur doit être de bonne foi dans le but de permettre au juge de tenir compte de la situation personnelle des parties[1629]. Les délais de grâce constituent de légères faveurs accordées au débiteur défaillant. Ils sont judiciaires avec un caractère personnel qui fait qu'ils bénéficient au débiteur malheureux de bonne foi qui en fait la demande[1630]. Le débiteur indigent peut être celui qui est licencié et éprouve des difficultés réelles à faire face à ses engagements à cause de revenus modestes ou d'absence de revenus[1631]. La bonne foi suppose aussi que ces délais de grâce ne soient pas instrumentalisés par le débiteur qui y verrait un abri légal pour ne pas payer sa dette ou un fallacieux prétexte d'une insolvabilité organisée. Ce que redoute le doyen RIPERT qui considère les délais de grâce comme un droit de ne pas payer ses dettes[1632].Les juges font de la bonne foi du débiteur une condition indiscutable de l'octroi des délais de grâce. La bonne foi est la mesure du comportement du débiteur. La jurisprudence malienne est prolixe en matière de délais de grâce[1633] comme en témoigne la récurrence des difficultés environnementales inhérentes à l'exécution des contrats.

448. La preuve de la bonne foi parait moins évidente que celle du malheur du débiteur. Un début de paiement peut être un indice de bonne foi plutôt que de rester dans l'inaction oisive pour le débiteur. Le débiteur qui en fait la demande doit être véritablement malheureux c'est-à-dire éprouver des difficultés réelles et sérieuses à faire face à ses engagements contractuels. Dans l'arrêt de la Cour d'appel d'Abidjan opposant l'Abidjanaise des assurances à la société Afrique énergies industries, les juges ont retenu que : « la société débitrice ne pouvant, de bonne foi, faire face à ses obligations à l'égard de son créancier, eu égard à sa situation difficile de trésorerie, il y a lieu de lui accorder un délai de grâce, conformément à l'article 39 de

---

[1629] J. I - SAYEGH, J.-CI., Civ. : art. 1235 à 1248, fasc. 3, N. Rep. : fasc. 69, n°29 ; J.-M. PANSIER, *Le délai de grâce, thèse Montpellier*, 1937, n° l, p. 5.

[1630] E.- J. ANGELE, « Les délais de grâce avec l'entrée en vigueur de l'acte uniforme portant voies d'exécution », art. préc. n° 3, 2003, p.154

[1631] V. A.-J. ESSAMA, « Les délais de grâce avec l'entrée en vigueur de l'acte uniforme portant voies d'exécution », art. préc. n° 3, 2003, p. 149, renvoi 29 citant Ordon. n° 394/C du 6 mars 2003. Aff. Tsimi Monouga Paul C/Momo Pascal : la qualité d'enseignant et la lourde charge familiale, 5 Mai 1992, Juris – data n°043085 : Retraités aux ressources modestes.

[1632] G. RIPERT, « Le droit de ne pas payer ses dettes », D.H.1936, chr. p.57.

[1633] V. aussi Ordonnance des référés n°150/13 du tribunal de commerce de Bamako Société XINXIANG CHINE MALI ''XCM'' SARL C/ Monsieur MOHAMED FATOGOMA CAMARA dans une instance de demande de délai de grâce ; Ordonnance des référés n°125/13 du Tribunal de commerce SOCIETE SOPAM ENERGIE SA C/ SOCIETE ENVIRONET GIE, Ordonnance des référés n° 126 du Tribunal de première instance de la commune VI du district de Bamako opposant MOUHAMED MALAMINE KOUNTA / AGETIER MALI pour l'obtention d'un délai de grâce ; Arrêt n°142/2010 de la chambre des référés de la Cour d'appel dans son audience publique ordinaire du 30 avril 2010 opposant MOUHAMED MALAMINE KOUNTA / AGETIER MALI pour l'obtention d'un délai de grâce.

l'AUPSRVE[1634] ». En l'espèce, un délai de grâce de huit mois avait été obtenu par l'Abidjanaise d'assurances qui avait fait valoir qu'étant en liquidation judiciaire depuis le 9 décembre 1999, elle avait plutôt intérêt à recouvrer rapidement ses créances. La société Afrique Énergies Industries pour obtenir un délai de grâce n'a pas rapporté la preuve de la difficile trésorerie encore moins de sa bonne foi.

449. L'absence de contrôle du débiteur sur le déséquilibre est une preuve de sa bonne foi. PIETTE[1635], pour vérifier l'absence d'emprise du débiteur sur le déséquilibre, se referait sur les conditions de mise en œuvre de la théorie de la force majeure[1636]. Le débiteur malheureux devrait être celui qui est obligé de faire face aux conséquences d'un événement ayant un caractère de force majeure[1637]. Cette comparaison présente l'utilité de permettre la déduction que lorsque le déséquilibre ne présente pas les caractères d'irrésistibilité et d'inévitabilité pour débiteur, ce dernier peut être de mauvaise foi. Cela exclut le déséquilibre par négligence ou imprudence, accepté ou justifié par un intérêt psychologique qui ne mérite pas une correction judiciaire[1638]. L'impossibilité d'exécution par suite d'un cas de force majeure éteint donc l'obligation[1639].

[1634]Arrêt n° 683 de la Cour d'appel d'Abidjan du 30 mai 2000 opposant Abidjanaise des Assurances a la Société Afrique Énergies Industries (Voies d'exécution – délai de grâce – conditions – bonne foi du débiteur- trésorerie difficile) – Bulletin Juris -, n°3 /2002, juillet – septembre, p. 41, note anonyme - Ohadata J- 02 -142. L'auteur de la note anonyme rappelle que : « si les conditions générales d'octroi du délai de grâce n'ont pas varié fondamentalement, par rapport à la situation antérieure (art. 1244 al.2 c.civ), il n'en va plus de même pour la durée du délai. En effet, en ce qui concerne les conditions, le débiteur poursuivi doit apporter la preuve de la situation difficile de trésorerie ; obstacle essentiel du non respect de ses engagements vis-à-vis de ses créanciers, mais il doit en outre être de bonne foi. Par rapport au délai, une innovation importante est apportée par l'acte uniforme sur les voies d'exécution en ce sens qu'il ne peut excéder une année, pour tenir compte des besoins du créancier, alors que sur la base de l'article 1244 al.2 du Code civil, il n'y avait pas de limitation, des « délais modérés » pouvant seulement être accordés par le juge, précision étant seulement faite qu'il pouvait user de ce pouvoir qu'avec « une grande réserve » V. Anne Marie ESSO, Actes uniformes commentés, Juriscope, 1999, p. 730 ; V. aussi Cour d'appel de Niamey, arrêt n°98 du 17 Avril 2006 dans l'affaire YACOUBA MAYAKI/ Banque Commerciale du Niger, Ohadata J-10 -229, Voies d'exécution – injonction de payer – crédit octroyé par une banque – ancienne té de dette-preuve de la bonne foi non établie- engagements postérieurs pris et non respectés – délais de grâce (non) ou « attendu que … le juge l'a refusé (délais de grâce), en constant que la dette dont le paiement est demandé est vieille de 15 ans (1990-2005) et que le débiteur n'a pas apporté la preuve de sa bonne foi, que même les engagements pris postérieurement par lui pour apurer le reliquat de la dette n'ont jamais été tenus, ni dans les montants ni dans les délais librement fixés par lui ».

[1635] G. PIETTE, *La correction du contrat*, thèse préc. p. 445 à 470.

[1636] La force majeure, comme nous l'avons vu dans le traitement de l'imprévision, est caractérisée par une absence totale d'emprise du débiteur qui ne peut la provoquer ni faire semblant. Cependant, la force majeure rend l'exécution impossible tandis que le déséquilibre la rend onéreuse. La force majeure libère tandis que le déséquilibre incite à la correction V. G. PIETTE, *La correction du contrat*, op. cit. p. 445 à 470 notamment les renvois n° 91 et 92.

[1637] J. A- ESSAMA , op.cit. p.154.

[1638] G. PIETTE, op.cit.p. 470.

[1639] Ph. MALAURIE et L. AYNES, *Les obligations*, n° 760 et p. 827.

Quand l'obstacle de la force majeure n'est que temporaire, la suspension des obligations contractuelles va permettre au contrat de corriger de lui-même l'équilibre rompu[1640]. Ce qui a permis de distinguer la philosophie de la correction de celle de la novation[1641] dans l'octroi des délais de grâce. La novation éteint tandis que la correction du contrat, par l'octroi des délais de grâce, donne un répit au débiteur de bonne foi.

450. Le paiement de la dette[1642] est le commencement de la fin des civilités contractuelles auxquelles se substituent la dure réalité, moins idéaliste, de l'exécution onéreuse du contrat conjoncturellement déséquilibré. L'incapacité du débiteur à faire face à ses dettes est souvent observée comme le dilatoire en vue de l'obtention des délais de grâce. Ce qui peut être réel s'il se vérifie qu'il spécule sur son insolvabilité. Dans ce cas, la bonne foi suppose l'absence de volonté dilatoire du débiteur. L'octroi des délais de grâce n'est pas un droit accordé au débiteur de ne pas payer ses dettes. C'est une simple faveur dont l'usage ne doit pas être abusif. Dans l'arrêt de la Cour d'appel de Niamey, les juges affirment qu': « en application de l'article 39 l'AUPSRVE, le juge doit tenir compte des situations respectives des parties pour accorder des délais de grâce. Doit être débouté de sa demande de délais, la débitrice qui, malgré ses promesses et engagements, n'honore pas une dette ancienne alors que le créancier, acteur économique a un besoin impératif de récupérer sa créance[1643] ». La mauvaise foi diffère l'exigibilité des obligations

---

[1640] C. M - OWONO, *La suspension des obligations contractuelles*, thèse préc. p. 9, n° 7.

[1641] G. PIETTE, op.cit.p. 474. Pour l'auteur, la correction n'a pas pour objectif (de nover), c'est le même contrat qui se développe antérieurement et postérieurement à la correction. Aux termes des art. 1273 du Code civil français et 175 du RGO malien : « *La novation est l'opération juridique par laquelle les parties décident de substituer une obligation nouvelle à une obligation préexistante, qui est corrélativement éteinte* ».

[1642] V. sur la difficulté du paiement de la dette I.- Y. N'DIAYE, « Réflexion sur le droit du cautionnement OHADA », Revue Sénégalaise de droit des Affaires, n° 6, 2007, p. 65.

[1643] Arrêt n° 36 de la chambre civile de la Cour d'appel de Niamey du 30 avril 2003 opposant Zara MAGAWATTA à Idrissa YOBI (Voies d'exécution – paiement – délai de grâce – prise en compte de la bonne ou de la mauvaise foi du débiteur) - ohadata J- 03-262 ; V. aussi l'arrêt n° 98 de la Cour d'appel de Niamey du 17 avril 2006 opposant YACOUBA MAYAKI à la Banque Commerciale du Niger ou les juges ont affirmé que : « La créance résultant du crédit octroyé par un banque a une origine contractuelle , c'est a juste titre que la procédure d'injonction de payer est poursuivie. Doit être refusé le bénéfice du délai de grâce prévue à l'article 39 alinéa 2 de l'AUPSRVE et à l'article 1244 du Code civil , lorsque la dette dont le paiement est demandé est vieille de 15 ans alors même que le débiteur n'a pas apporté la preuve de sa bonne foi, que les engagements pris postérieurement par lui pour apurer le reliquat de la dette n'ont jamais été tenue , ni dans les montants, ni dans les délais librement fixés par lui » ; (voies d'exécution – injonction de payer – crédit octroyé par une banque –ancienneté de la dette - preuve de la bonne foi non établie – engagements postérieurs pris non respectés – délai de grâce (non)-application des articles 1244 du Code civil nigérien - 4 et 39 de l'AUPSRVE – ohadata J-10-229 ; Jugement n°027 du tribunal de grande instance de Ouagadougou du 29 janvier 2003 opposant Balima Abdou au Bureau des Mines et de la géologie du Burkina Faso (BUMIGEB), les juges affirment que : « la demande de délai de grâce du débiteur de bonne foi qui justifie de difficultés financières peut être accordée conformément à l'article 399 du Code de procédure civile du

contractuelles du débiteur en retardant le paiement de la créance. Or, le créancier peut se trouver dans une situation d'insolvabilité similaire à celle du débiteur d'où la nécessité de respecter sa volonté de recouvrer sa créance. C'est la peur de créer un nouveau débiteur en accordant des délais de grâce à un débiteur de bonne ou de mauvaise foi contre la volonté du créancier.

2- La prise en compte des besoins du créancier

451. Le paiement d'une dette est la preuve du respect des engagements pour le débiteur et la réalisation de gain pour le créancier. Cependant, les activités commerciales ne se déroulent pas toujours comme dans les contes de fées. Le juge est garant de l'équilibre des patrimoines. Cette garantie est profitable aux parties et davantage au créancier en cas de difficultés d'exécution. L'emprise de l'autonomie de la volonté plane sur l'exécution de l'obligation contractuelle entre les parties. Le juge ne peut obliger le créancier à octroyer des délais de grâce au débiteur contre sa volonté d'où l'idée d'une prise en compte des besoins du créancier qui pourrait être dans la même situation d'insolvabilité que le débiteur. Il n'est pas surprenant que les parties n'arrivent pas à s'accorder sur l'obtention de délais de grâce en raison des enjeux patrimoniaux. La conciliation des intérêts divergents devient un parcours du combattant.

452. L'engouement ou l'aversion pour les délais de grâce dépendra du degré de tolérance face à l'insolvabilité. D'un côté, les partisans d'une approche libérale de la sécurité contractuelle considèrent hostilement que le délai de grâce est comme un droit de ne pas payer ses dettes. De l'autre côté, les partisans de la justice contractuelle considèrent favorablement que, plus qu'une pitié du créancier, l'obtention des délais de grâce est une reconnaissance d'un droit à l'insolvabilité pour le débiteur de bonne foi. Selon le professeur SERIAUX, la pitié qu'inspire le débiteur ne doit pas faire oublier que le créancier a peut-être lui aussi des raisons personnelles pour obtenir le

---

Burkina Faso qui dispose que le juge peut , en considération de la bonne foi du débiteur et des circonstances économiques, accorder à celui-ci des délais modérés ne pouvant excéder une année pour le paiement de sa dette » : (Procédure simplifiée de recouvrement des créances – injonction de payer – ordonnance d'injonction de payer – opposition – recevabilité (oui) – tentative de conciliation – échec – demande de termes et délais – article 399 du Code de procédure civile Burkinabé – bonne foi du débiteur – délai de grâce (oui) – application des articles 12 et 39 de l'AUPSRVE - 399 du Code de procédure civile Burkina, Ohadata J-04-335 et J-04-324 ; Ordonnance de référés n° 13/03 – ICB de 1ère première chambre civile du tribunal de première instance de Cotonou du 23 janvier 2003, Rôle général n° 188/ RG 2002 opposant les juges affirment qu': « Il convient d'accorder au débiteur le délai de grâce qu'il sollicite puisqu'il établit que ses difficultés à honorer sa dette envers son préteur (la banque) proviennent des difficultés qu'il rencontrent à dédouaner les marchandises importées par lui en vue de les écouler du fait du transitaire à lui imposer par son créancier qui traine à accomplir les formalités douanières requises et exige des tarifs exorbitants » ; (Délai de grâce – retard de paiement du aux négligences d'un tiers agrée par le créancier – débiteur de bonne foi) – application de l'article 39 de l'AUPSRVE Ohadata J- 10-04.

paiement immédiat[1644]. Le délai de grâce est un effort , un sacrifice, une patience pour le créancier[1645]. Cependant, ce sacrifice doit être raisonnable et proportionné pour que le débiteur n'en fasse pas une immunité qui le dispenserait de l'exécution de ses obligations contractuelles. En prescrivant au juge de tenir compte des besoins du créancier, le législateur attire l'attention de celui-ci sur la nécessité de retrouver un équilibre raisonnable qui ne sacrifie pas ses intérêts[1646] sous peine de dénaturer l'esprit de la faveur qu'est le délai de grâce.

453. Les délais de grâce accordés de si bonne grâce[1647] constituent une négation des besoins du créancier en cas de déplacement de la charge financière du déséquilibre contractuel. Le juge doit, autant que possible, concilier les intérêts en présence et ne pas privilégier un seul contractant pour pallier l'injustice. Un délai malencontreusement accordé peut ruiner le créancier à cause d'une prédominance de l'équité correctrice au profit du débiteur. Le créancier s'en trouverait ruiné. Une interprétation extensive de la corruption pourrait même en être faite par le créancier incompréhensif qui conclurait hâtivement que le juge est à la solde du débiteur. Le risque d'insolvabilité est inhérent à la pratique des affaires. Loin de l'idée tant redoutée pour le débiteur de ne pas faire face à ses engagements, il faut rappeler que le rôle du juge dans la correction du déséquilibre contractuel est de s'assurer que l'insolvabilité ne soit une présomption de mauvaise foi. Toutefois, les délais de grâce s'inscrivent dans la logique de ne pas pérenniser une insolvabilité délétère du débiteur de mauvaise foi.

454. L'octroi des délais de grâce est le résultat d'une décision discrétionnaire du juge[1648]. Se sont des mesures de clémence du créancier au profit du débiteur confronté à des difficultés d'exécution de ses obligations contractuelles. La suspension des obligations contractuelles, lorsqu'elle ne respecte nullement les conditions des délais de grâce, peut éviter au contrat une issue qui lui fera manquer son but[1649]. Les délais de grâce sont de brefs remèdes de la justice civile au refus de révision judiciaire du contrat qui est la loi des parties[1650]. Le débiteur défaillant peut ne pas être automatiquement de mauvaise foi. Il peut juste lui avoir été impossible de remplir ses engagements à l'échéance convenue[1651]. Ce qui serait un indice de prise en charge du risque dans les

---

[1644] A. SERIAUX, op.cit. p. 796.

[1645] A. –J. ESSAMA, « Les délais de grâce avec l'entrée en vigueur de l'acte uniforme portant voies d'exécution », art. préc., n°3, p.149

[1646] A. –J. ESSAMA, op.cit.p.155.

[1647] H. SABINE, « De ces délais de grâce accordés de si bonne grâce par nos juges », Ohadata D-11- 94, p.1.

[1648] C A Douala, Arrêt n° 55/ CC du 17 décembre 1993. Lex. Lata n°13, p.3, note P. Nguibé Kanté.

[1649] C.- M. OWONO, *La suspension des obligations contractuelles*, thèse préc. p. 8.

[1650] J. GHESTIN, t. II, *Les obligations*, n°147, p. 140.

[1651] C. M. OWONO, *La suspension des obligations contractuelles*, thèse préc. p.76, n° 79.

contrats d'affaires de longue durée. Ces conditions subjectives sont cumulatives de celles objectives.

B- Les conditions objectives

455. Les conditions objectives d'octroi des délais de grâce sont celles relatives à la cause de la créance principalement le respect des exclusions (1), l'urgence et la motivation de la décision (2) du juge.

1- Le respect des exclusions

456. Le droit OHADA encadre les législations nationales dans le domaine des délais de grâce, singulièrement au Mali[1652] et en Côte d'Ivoire[1653], pour assurer un équilibre entre les intérêts du créancier et ceux du débiteur défaillant. Si le bénéfice des délais de grâce ne peut être dénié, il faut rappeler que son domaine a fait l'objet d'une restriction pointilleuse. L'article 526 exclut du domaine d'application des délais grâce : les dettes fiscales ,

---

[1652]Avis n° 2 /99/EP de la Cour Commune de Justice et d'Arbitrage du 13 Octobre 1999 sur l'article 16 du projet de loi malien selon lequel « lors d'une procédure d'exécution pour un financement a l'habitat , le débiteur ne peut prétendre a un délai de grâce s'il n'a respecté régulièrement les échéances pour s'être acquitté au moins de la moitié de la créance en capital et s'il accuse un retard de plus de trois échéances à la date de la demande » prévoit des conditions supplémentaires et plus lourdes que l'article 39 de l'AUPSRVE , de ce fait , il restreint les droits du débiteur et les pouvoirs du juges tels que prévus par ce texte. Il s'ensuit que le projet de loi malien , en édifiant des conditions nouvelles , impératives et restrictives , contrevient a l'article 10 du Traité OHADA affirmant la force obligatoire des uniformes sur les dispositions du droit interne des États parties et aux articles 336 et 337 de l'acte uniforme sur les voies d'exécution excluant toute possibilité de dérogation aux matières concernées par l'acte (Voies d'exécution – dispositions générales délai de grâce-article 39 AUPSRVE- Article 15 d'un projet de loi Malien-article 10 du Traité – contrariété et incompatibilité des deux textes – supériorité de l'article 39 de l'AUPSRVE) – application des articles 10 du traité et 39 de l'AUPSRVE Recueil de jurisprudence CCJA , n° spécial , janvier 2003, p.71 Observations de Joseph Issa SAYEGH , professeur, Ohadata J-02-02 ; V. aussi SAYEGH J. (-I)., *La portée abrogatoire des actes uniformes de l' sur le droit interne des États-parties* paru dans la revue burkinabé de droit, n° spécial, n° 39-40, p. 51.

[1653] Cour Commune de justice et d'arbitrage, Arrêt n° 002/ 2003 du 30 janvier 2003, SDV – CI c/ CIVEXIM : « Une décision , rendue par le président de la cours suprême de Cote d'ivoire dans une affaire soulevant une question relative à l'application de l'article 39 de l'AUPSRVE , est susceptible de pourvoi en cassation devant la CCJA , en application de l'article 14 alinéa 4 du Traité OHADA , dès lors que le président de la cour suprême , qui n'a pas statué en cassation , a rendu une décision non susceptible d'appel . Par conséquent, le pourvoi est recevable. La demande du délai de grâce formulée par le défendeur au pourvoi doit être rejetée dès lors que les conditions de l'article 39 de l'acte uniforme précitées ne sont pas réunies. En ordonnant le maintien dans les lieux loués , d'un débiteur a l'encontre duquel a été rendue une décision judiciaire d'expulsion passée en force de chose jugée, alors que l'article 39 sus énoncé ne permet à la juridiction compétente , après analyse de la situation du débiteur et prise en considération des besoins du créancier , que de reporter ou d'échelonner le paiement des sommes dues par le débiteur, au cas où celui-ci est poursuivi en recouvrement de créance , la juridiction présidentielle de la Cour suprême de la Cote d'ivoire a violé par une fausse application , la loi susvisée. En conséquence, la décision encourt cassation », Ohadata J- 03-110. Le Juris, n° 1/2003, Janvier – mars 2003, p.23 et note. V. Actualités Juridiques n°38 / 2003, p.14, obs. François KOMOIN. Recueil de jurisprudence de la CCJA, n° 1, janvier – juin 2003, p. 36.

cambiaires, d'aliments et des condamnations pénales[1654]. Néanmoins l'article 39 de l'AUPSRVE ne retient que les dettes d'aliments et cambiaires[1655].

457. D'abord, l'exclusion légale des dettes d'aliments est compréhensible en raison de leur caractère alimentaire. C'est une protection du législateur de ne pas différer le paiement des créances alimentaires dans le souci de ne pas obliger les bénéficiaires à attendre tout le temps que dure les délais de grâce pouvant aller jusqu'à une année. C'est de la survie du créancier dont il peut être indirectement question. Pour les paiements des dettes d'aliments en droit comparé, l'article 1244-1 aliéna 4 prévoit expressément la non-application des règles élaborées par la loi du 09 juillet 1991 pour de telles dettes en France[1656]. Ensuite, quant aux dettes cambiaires, il convient de souligner que ce qui est mis en avant c'est plutôt le refus d'entraver la circulation rapide des effets de commerce du fait de leur caractère négociable. Il y va de la célérité des affaires qui ne saurait être alourdie par un pénible immobilisme inhérent aux effets d'obtention des délais de grâce par le débiteur de bonne foi. Les juges du fond ont pu utiliser la coexistence de la créance cambiaire et de la créance fondamentale pour accorder des délais de grâce à la suite d'un recours non pas de nature cambiaire mais selon le droit commun[1657]. Enfin, l'exclusion des délais de grâce pour les dettes fiscales s'apparente plus à une politique de recouvrement des créances de l'État. La nature complexe de ce type de créance et le fait que l'État soit un créancier particulier nous laissent dubitatifs sur l'avenir d'une flexibilité sur cette dernière exclusion. L'extension du domaine des délais de grâce en matière fiscale n'est pas envisageable de sitôt tant que ces recettes font fonctionner les États africains les moins industrialisés.

458. En droit comparé [1658], les délais de grâce ont été accordés au locataire qui a omis de respecter une obligation issue du contrat de louage[1659], pour les

---

[1654] Art. 526 du Code de procedure civile, commerciale et sociale au Mali.

[1655] Art. 39 de l'AUPSRVE.

[1656] Comme le relève le professeur Yves GAUTHIER : « même s'il est utile de l'avoir reconnu dans une loi, les termes de l'ancien article 1244 étaient déjà suffisamment compréhensifs, pour qu'on puisse l'interpréter dans le cas de l'exclusion en matière de dette d'aliments », obs. sous Soc., 18 novembre 1992, R.T.D. Civ. 1993, p. 613.

[1657] Com., 2 juin 1969, D. 1970, Jur., p.124, note M. CABRILLAC.

[1658] B. M. SOUCRAMANIEN, *Le juge des référés et le contrat*, PUAM, 2002, n°149, p. 110.

[1658] Cass. Req., 3 Janv. 1927, D. 1927, p. 33.

[1659] L'art. 80 de la loi n°48-1360 du 1er septembre 1948 portant modification et codification de la législation relative aux rapports des bailleurs et des locataires occupant de locaux d'habitation ou à usage professionnel et instituant des allocations de logement. V. J.O. du 2 septembre et 27 octobre 1989 et art. 24 de la loi n° 89-482 du 6 juillet 1989 pour les baux d'habitation et tendant améliorer les rapports locatifs et portant modification de la loi du 23 décembre 1986 ; J.O. du 8 juillet 1989 ; art. 25 du décret du 30 septembre 1953.

baux commerciaux[1660] à l'acquéreur d'un bien immobilier ou mobilier qui peine à honorer les traites de son crédit[1661], à l'acheteur d'immeuble à construire qui connait momentanément des difficultés de paiement[1662]. La mise en demeure faite au débiteur antérieurement à la demande de délais de grâce reste en effet efficace[1663]. Il convient de retenir qu'en l'état actuel du droit positif malien, les dettes d'aliments, les effets de commerce, les dettes fiscales et l'expropriation pour cause d'utilité publique sont exclus du domaine des délais de grâce[1664]. A ces exclusions s'adjoignent l'urgence et la motivation de la décision nécessitant des réponses tranchées et objectives du juge dans l'octroi des délais de grâce.

2- L'urgence et la motivation de la décision

459. Les délais de grâce s'obtiennent dans une procédure d'urgence supposant la double pression des difficultés financières persistantes et l'impossibilité d'attendre un procès qui peut être long et couteux pour le débiteur insolvable de bonne foi. L'urgence procédurale dans l'obtention des délais de grâce est démontrée par leur demande en référé contractuel. Le juge des référés peut porter atteinte à la loi des parties lorsque les délais de grâce sont consentis contre la volonté du créancier. L'interdiction est faite aux juges de substituer leur solidarité et leur humanisme à ceux du créancier, qui n'adhère pas au traitement du déséquilibre contractuel, pour légitimer l'octroi des délais de grâce au débiteur malgré sa bonne foi. Ils contournent la force obligatoire du contrat[1665] dans ce cas en accordant des délais de grâce. Ces délais de grâce font partie du pouvoir modérateur du juge de statuer urgemment et dans le sens équité[1666]. La compétence du juge des référés en la matière n'est pas sans limites[1667]. Il n'existe pas de juge unique pour connaitre

---

[1660] Le décret n°53- 950 du 30 septembre réglant les rapports entre bailleurs et locataires en ce qui concerne le renouvellement des baux à loyer d'immeubles et locaux à usage commercial, industriel et artisanal, J.O. 2 Octobre 1953.

[1661] Art. L.313-12 du Code de la consommation.

[1662] Art. L. 261 – 13 et art L. 222- 4 du Code de la construction : l'occupant de locaux d'habitation ou professionnels sur point d'être expulsé (art. L. 613-1 à L. 613-5 du code de la construction).

[1663] Cass. Req., 3 Janv. 1927, D. 1927, p. 33.

[1664] E.-J. ANGELE, « Les délais de grâce avec l'entrée en vigueur de l'acte uniforme portant voies d'exécution », art. préc. n° 3, 2003, p.150

[1665] G. ROUHETTE, *Contribution à l'étude critique de la notion de contrat*, thèse préc. p. 23.

[1666] A. SÉRIAUX, « Réflexion sur les délais de grâce », RTD. civ., 1993, p. 797.

[1667] B. M. SOUCRAMANIEN, *Le juge des référés et le contrat*, thèse préc. n°150, p.110. L'auteure estime que : « pour que le juge des référés soit en mesure d'accorder un délai de grâce au débiteur malheureux encore faut-il qu'il soit compétent et que son action réponde aux différentes conditions de fond des articles 1244-1 à 1244 – 3 du Code civil et 510 du Code de procédure civile (en France) ».

des demandes d'obtention des délais pour exécuter les arrivées à échéances[1668].

460. Le juge des référés peut éviter le péril contractuel pour le débiteur, dans une logique d'opportunité et d'apaisement, en accordant des délais de grâce à la demande de ce dernier. Le juge de l'action ou même de la réaction subsidiarise les règles classiques en les paralysant à cause de l'urgence de la situation du débiteur. Le pouvoir modérateur du juge est évident et traduit une logique de bienveillance faisant recours à son sens de l'équité[1669]. Les délais de grâce suspendent temporairement le respect des intérêts du créancier donc de sa sécurité contractuelle. La clause résolutoire permet au créancier, la résolution de plein droit du contrat sans intervention du juge[1670]. Pourtant, la question s'est posée de savoir si le débiteur menacé d'une telle sanction peut saisir le juge des référés afin de se voir accorder des délais de grâce. Dans cette hypothèse, l'octroi des délais est exclu sur le fondement de l'art 1184 al. 3 du Code civil français puisque la finalité de toute clause résolutoire de plein droit est justement de faire échec aux règles posées par ce texte dans son ensemble. Le juge ne peut que constater la résolution dans la mesure où il est dépourvu de tout pouvoir d'appréciation. La résolution peut être observée contre une décision ayant acquis la force de chose jugée. Certains auteurs ont dénoncé la stérilisation des droits contractuels[1671]. La force majeure peut paralyser la mise en application de la clause résolutoire quand bien même une échéance fixée par le juge n'aurait pas été respectée par le débiteur[1672].

461. La fonction de préservation que le juge des référés peut être conduit à exercer à l'égard d'un contrat l'entraine à agir parfois de manière préventive avant que toute situation potentiellement dangereuse ne dégénère. De manière plus originale, une fois que la difficulté est survenue, la relation contractuelle s'achève[1673]. En réalité, les délais de grâce sont une cohabitation difficile, pour incompatibilité d'intérêts, entre la sécurité contractuelle du créancier et la justice contractuelle pour le débiteur de bonne foi dans la correction du déséquilibre contractuel. C'est la quête de plus de flexibilité pour le débiteur, armé que de sa seule bonne foi, contre le créancier qui répugne le sentimentalisme tendant à faire du contrat un lien en plus d'être un bien. C'est cette situation qui doit être tranchée par le juge dans l'urgence en levant toute équivoque sur la motivation de sa décision. La nécessité de cette motivation de la décision du juge des référés doit démontrer qu'il n'a pas sacrifié la sécurité du créancier en rendant la justice au débiteur malheureux en lui accordant

---

1668 L. GRYNBAUM, *Les contrats contingents, l'adaptation du contrat par le juge sur habilitation du législateur,* thèse préc. p. 249, n°384.

1669 C. BRUNET, *Le pouvoir modérateur du juge*, thèse, Paris, 1973, p.134.

1670 J. M MOUSSERON, Technique contractuelle, 2eme édition, Lefèvre, Paris, 1999, n°1288.

1671 J. L. AUBERT, note sous cass. 3ème civ., 13 avril 1988, D., 1989, p. 334.

1672 Voir cass., 3ème civ., 20 novembre 1985, bull. civ., III, n° 148.

1673 B. M. SOUCRAMANIEN, *Le juge des référés et le contrat*, thèse préc. n° 210, p.144.

autoritairement des délais de grâce de si bonnes grâces. Les avis sont partagés sur l'obligation de motivation de la décision d'obtention des délais de grâce par le juge. L'équité qui fonde l'octroi des délais de grâce voudrait que ce dernier soit un instrument permettant au débiteur de se relever pour faire face à ses engagements. Le juge prendra en compte la situation du débiteur et les besoins du créancier pour accorder des délais raisonnables ne pouvant excéder une année.

462. La décision du juge d'accorder des délais de grâce doit être motivée[1674] sous peine d'être censurée[1675]. Elle peut être demandée la première fois devant la Cour d'appel[1676] ou accordé par le juge de l'exécution[1677]. Le calcul du point de départ des délais de grâce est d'une grande utilité particulièrement lorsque le montant de la dette est très élevé. C'est une course contre la montre pour maitriser le déséquilibre contractuel qui sommeille pendant le temps que dure ces délais de grâce. Ces délais courent à compter du jour où la décision du jugement contradictoire[1678] a été rendue. Ils ne courent dans les autres cas qu'à partir du jour de la notification du jugement. L'ordonnance des référés n'a pas autorité de chose jugée. Le législateur OHADA devrait réfléchir sur la conciliation entre la durée des délais de grâce et l'urgence de la procédure en fonction du montant de la dette. La raisonnabilité des délais grâce n'est pas dans leur pérennisation mais plutôt dans leur utilité à admettre une réalisation satisfaisante du traitement du déséquilibre contractuel. Pour l'heure, l'obtention des délais de grâce se situe dans une procédure d'urgence. Le sursis accordé par le juge des référés au débiteur de bonne foi à travers les délais de grâce n'est pas sans conséquence sur le contrat.

Paragraphe 2 : L'encadrement des effets de l'obtention du délai de grâce

463. L'octroi des délais de grâce suspend les procédures d'exécution contre le débiteur de bonne foi. Le respect de la force obligatoire est momentanément interrompu grâce à l'accord du créancier. Le répit qui est accordé au débiteur de bonne foi lui permet d'échapper provisoirement à l'exécution forcée par la suspension des procédures d'exécution forcée (A) et une réorganisation temporaire (B) des paiements.

A- La suspension des procédures d'exécution forcée

464. Le prononcé de la décision accordant les délais de grâce est destiné à faire patienter le créancier qui ne saurait recourir à l'exécution forcée. La suspension provisoire des mesures d'exécution forcée (1) et l'obtention temporaire de titres exécutoires (2) montrent l'indulgence du créancier envers le débiteur défaillant.

[1674] Civ. 2ème., 3 juin 1999, Bull., II, n° 110, pourvoi n° 97-14. 889.

[1675] Cass. Civ 2°, le 2-12 février 2004, BICC, n° 596 du 15 mai 2004.

[1676] Cass. Civ 1°, le 29 juin 2004, BICC, n° 606 du 15 octobre 2004.

[1677] Cass. Civ, le 2.-16 octobre 2003, BICC, n° 590 du 15 janvier 2004.

[1678] Civ. 2ème 12 février 2004, BICC, n°596 du 15 mai 2004.

1- La suspension provisoire des mesures d'exécution forcée

465. L'octroi des délais de grâce suspend les procédures d'exécution forcée envisagées par le créancier nanti d'une créance exigible. Le patrimoine du débiteur est l'abreuvoir commun de l'ensemble de ses créanciers. Ce qui signifie que le patrimoine entier du débiteur est le gage commun de ses créanciers[1679]. Tous les biens du débiteur pouvant faire l'objet d'une évaluation pécuniaire, garantissant ses engagements, ne seront pas saisis au cas où il ne s'exécute pas. Il n'est pas redondant de rappeler que les biens doivent lui appartenir en plus d'être disponibles. L'insaisissabilité est la situation juridique d'un bien qui est exceptionnellement soustrait au droit du créancier d'agir en exécution forcée[1680]. Les limites raisonnables apportées à ce principe sont l'exclusion de certains biens pour des raisons d'humanité, de dignité et de survie qui les font échapper aux saisies[1681]. Le législateur OHADA permet, sauf si les lois des États- parties disposent autrement, de saisir des biens même détenus par des tiers[1682]. Cette latitude des États-parties à déterminer les biens saisissables de façon discrétionnaire a fait douter sur l'uniformité de l'acte uniforme du fait de la disparité entre les différentes catégories des biens insaisissables[1683]. Sur ce point, le législateur impulse une nouvelle orientation aux actes uniformes en proposant au lieu d'exiger pour permettre une prise en compte des spécificités domestiques dans les Etats-parties. La reconnaissance de cette liberté, aux États membres de l'OHADA, est plutôt une bonne initiative à encourager dans le traitement du déséquilibre contractuel. Aux législateurs de chaque État-partie de définir le seuil de tolérance en ce sens qu'une saisie de biens est encore regardée comme une

---

[1679] Selon les art. 2092 et 2093 du Code civil français.

[1680] A. LEBORGNE., « Droit de l'exécution », décembre 2006 - Janvier 2008, Rec. Dalloz n°17, 24 avril 2008, p. 1170.

[1681] Aux termes de l'art. 705 du CPCCS malien, ne peuvent être saisis : « 1. les effets ou objets mobiliers de première nécessité, c'est-à-dire coucher, effets d'habillement, ustensiles de ménage strictement indispensables à la vie du débiteur et des membres de sa famille, vivant habituellement avec lui, ainsi que ses papiers; 2. les instruments de travail indispensables à la pratique de sa profession ; 3. les provisions nécessaires à son alimentation et à celle des membres de sa famille vivant habituellement avec lui ; 4. la partie de son salaire indispensable à sa subsistance et à celle des membres de sa famille vivant habituellement avec lui et incapables de travailler; 5. les pensions civiles et militaires, les indemnités ou rentes perçues en vertu de la réglementation sur les accidents du travail dont le débiteur est bénéficiaire ». L'art. 177 AUPSRVE dispose que : « Les rémunérations ne peuvent être cédées ou saisies que dans les proportions déterminées par chaque État partie ».

[1682] L'art. 50 de l'AUPSRVE aux termes duquel : « Les saisies peuvent porter sur tous les biens appartenant au débiteur alors même qu'ils seraient détenus par des tiers, sauf s'ils ont été déclarés insaisissables par la loi nationale de chaque État partie ». L'Acte uniforme laisse la détermination des biens et droits insaisissables au pouvoir souverain de chaque État partie dans l'art. 51 qui dispose que : « Les biens et droits insaisissables sont définis par chacun des États parties ».

[1683] M. SOH, « Insaisissabilités et immunités d'exécution dans la législation OHADA ou le passe-droit de ne pas payer ses dettes », Juridis Périodique n°51, 2002, p. 91.

humiliation ayant une portée particulière dans la mentalité des débiteurs africains.

466. Les délais de grâce suspendent les obligations contractuelles pour donner au débiteur défaillant une chance supplémentaire d'honorer ses engagements en créant des conditions plus favorables à la réalisation des objectifs que se sont assignés les contractants[1684]. Jusqu'à une période récente, la protection du débiteur ne paraissait pas être un souci majeur dans les procédures d'exécution forcées. TAMEGUE s'en inquiétait, dans le cadre d'une humanisation des procédures d'exécution, en soulignant que ces exécutions forcées doivent être poursuivies par un auxiliaire de justice ayant une compétence particulière dans ce domaine plutôt que par le créancier recourant à la justice privée ; ne pas s'emparer de tous les biens du débiteur, le respect d'une certaine proportion dans la saisie des rémunérations, détermination des heures pour les saisies, permettre au débiteur d'obtenir la mainlevée en cas de non-respect de certaines formalités ; des dommages et intérêts s'il arrive à prouver que l'exécution a été injustement poursuivie et qu'il a subi un préjudice[1685]. La démarche consiste à souligner qu'une humanisation des procédures d'exécution, contre l'obsession légitime et sans relâche du créancier à recouvrer sa dette, est possible sans empêcher le paiement. Il s'agit de rappeler au créancier que recouvrer sa dette dans le respect des valeurs humaines n'est nullement l'encouragement d'un refus de payer pour le débiteur de bonne foi.

467. L'immunité d'exécution est visée dans l'article 30 qui dispose que : « l'exécution forcée et les mesures conservatoires ne sont pas applicables aux personnes qui bénéficient d'une immunité d'exécution. Toutefois, les dettes certaines, liquides et exigibles des personnes morales de droit public ou des entreprises publiques, quelles qu'en soient la forme et la mission, donnent lieu à compensation avec les dettes également certaines, liquides et exigibles dont quiconque sera tenues envers elles, sous réserve de réciprocité. Les dettes des personnes et entreprises visées à l'alinéa précédent ne peuvent être considérées comme certaines au sens des dispositions du présent article que si elles résultent d'une reconnaissance par elles de ces dettes ou d'un titre ayant un caractère exécutoire sur le territoire de l'État où se situent lesdites personnes ou entreprises[1686] ». Cette suspension ne concerne pas les mesures conservatoires qui peuvent être prises même après l'octroi des délais de grâce[1687] durant une période qui ne peut excéder une année. La suspension

---

[1684] C.- M-OWONO, *La suspension des obligations contractuelles*, thèse préc. p. 9, n° 6.

[1685] S.-S. K, TAMEGUE, *La protection du débiteur dans les procédures individuelles d'exécution*, thèse préc. p. 24, n° 9.

[1686] Art. 30 de l'AUPSRVE.

[1687] E.- J. ANGELE, « Les délais de grâce avec l'entrée en vigueur de l'acte uniforme portant voies d'exécution », art. préc. p.157.

provisoire des mesures d'exécution forcée est indissociable de celle d'obtention des titres exécutoires.

2- La suspension de l'obtention des titres exécutoires

468. Aux termes de l'article 33 : « constituent des titres exécutoires : 1°- les décisions juridictionnelles revêtues de la formule exécutoire et celles qui sont exécutoires sur minute ; 2°- les actes et décisions juridictionnelles étrangers ainsi que les sentences arbitrales déclarées exécutoires par une décision juridictionnelle, non susceptibles de recours suspensif d'exécution, de l'État dans lequel ce titre est invoqué ; 3°- les procès-verbaux de conciliation signés par le juge et les parties ; 4°- les actes notariés revêtus de la formule exécutoire ; 5°- les décisions auxquelles la loi nationale de chaque État partie attache les effets d'une décision judiciaire[1688]». L'obtention d'un titre exécutoire marque la fin d'une procédure et le début d'une autre qui est la procédure d'exécution.

La légitimité de certaines voies de recours ne doit pas hativement dissimuler leurs inconvénients. A cet effet, la juridiction saisie doit être vigilante. Il est de principe qu'en absence d'exécution naturellement volontaire, tout débiteur pourra être contraint par les voies de droit[1689]. Toutefois, lorsqu'une procédure de contrainte fut déclenchée en son encontre, le débiteur pourra obtenir du juge une suspension de l'exécution (délai de grâce) ou sa remise en cause (défenses et le sursis à exécution). La suspension des mesures d'exécution ne dépouille pas le créancier de la faculté de sauvegarder ses intérêts[1690]. Aux termes de l'article 1292 du Code civil français de 1804, la dette assortie d'un délai de grâce est à même de s'éteindre par compensation avec une créance exigible. Les intérêts moratoires restent dus pendant le cours du délai. Les majorations d'intérêts ou les pénalités encourues en raison du retard cessent d'être dues pendant le délai fixé par le juge. L'effet principal des délais de grâce consiste à ajourner à une date ultérieure, l'exécution des obligations contractuelles qui étaient immédiatement exigibles parce qu'échues au moment où ces délais sont accordés. La force obligatoire est perturbée par le mutisme du créancier qui se voit dans l'impossibilité de recourir à une exécution forcée. On peut penser que les délais de grâce ajoutent en effet un terme judiciaire au contrat[1691]. L'alinéa 3 de l'article 39 de l'AUPSRVE prescrit que le juge puisse subordonner ces mesures à l'accomplissement par le débiteur d'actes propres à faciliter ou à garantir le paiement de la dette[1692]. Les

---

[1688] Art. 33 de l'AUPSRVE.

[1689] Les art. 2092 et 2093 du Code civil français justifient et fondent de l'exécution forcée contre le débiteur et ses biens. L'art. 2092 dispose que : « Quiconque s'est obligé personnellement est tenu de remplir son engagement sur tous ses biens mobiliers et immobiliers, présents et à venir ». L'art. 2093 ajoute que : « le patrimoine du débiteur constitue le droit de gage général de ses créanciers ».

[1690] B.- M. SOUCRAMANIEN, *Le juge des référés et le contrat*, thèse préc. n°185, p.128.

[1691] E. de GAUDIN de LAGRANGE, *L'intervention du juge dans le contrat*, thèse Montpellier n°16 et s.

[1692] Art. 39 al.3 de l'AUPSRVE.

actes dont il s'agit peuvent s'entendre du dépôt ou de la consignation par le débiteur de sommes, d'effets ou valeur à titre de garantie ou à titre conservatoire conférant le droit de préférence du créancier gagiste. On est en droit de penser que les délais de grâce réorganisent, ne serait-ce que momentanément, l'exécution des obligations contractuelles.

B- La réorganisation temporaire des paiements

469. Les délais de grâce réorganisent temporairement les paiements en paralysant l'exécution par le report ou le rééchelonnement (1) et les modes d'imputation des paiements (2).

1- Le report ou le rééchelonnement des paiements

470. La limitation de la durée des délais de grâce est une des principales innovations de l'acte uniforme dans l'article 39 alinéa 2 de l'AUPSRVE qui précise que le rééchelonnement du paiement des sommes dues ne peut excéder une année[1693]. Le délai court à compter du jour ou la décision est rendue ou de sa signification lorsque qu'elle est rendue par défaut ou réputée contradictoire. Le report ou l'échelonnement des paiements des sommes dues accordé par le juge ne peut excéder une durée plafonnée à une année. Passé ce délai, les poursuites peuvent reprendre leur cours à moins que le débiteur ne fasse l'objet d'une procédure collective. Les mesures de report ou de rééchelonnement bouleversent substantiellement l'exécution de l'obligation en la fractionnant ou en allongeant sa durée. L'effet principal des délais de grâce est de reporter l'exécution d'une obligation dont le terme est échu. L'exigibilité de la créance est « mise en quarantaine » par l'obtention des délais de grâce. Le report de l'exécution peut être une brève échappatoire à une expulsion ou à une saisie. Le rééchelonnement par le juge n'est pas sans désagrément dans l'exécution des obligations monétaires à exécution successive en matière de crédit ou il a un impact sur la durée du contrat et de manière incidente sur le coût du crédit[1694]. Le coût serait évalué en tenant compte des délais accordés au débiteur pour rembourser sa dette tandis que les intérêts augmentent au fur et à mesure qu'on rallonge la durée de remboursement[1695]. Le débat est passionnant sur la nécessité d'octroi des délais de grâce et l'unanimité reste un fantasme dans le lien entre la sécurité et la justice pour les parties dans la correction du déséquilibre contractuel. C'est au nom de l'humanisme et de la finalité sociale du contrat que la dérogation à la force obligatoire, que sont les délais de grâce, a été justifiée. Selon RIPERT, on ne peut envisager d'une façon abstraite les rapports juridiques car derrière chacun d'eux, il y a des hommes qui ne peuvent avoir l'un des droits, l'autre des obligations, que dans la mesure où la morale permet de tirer d'autrui les profits et services ou ne

---

[1693] Art. 39 al.2 de l'AUPSRVE.

[1694] E.-J. ANGELE, op. cit. p.157.

[1695] Ibidem.

défend pas en tous cas de lui nuire[1696]. Le débiteur doit respecter la parole qu'il a donnée et son premier devoir et sa première obligation, tant juridique que morale, consistent à remplir ses engagements à échéance[1697]. Ce qui participe à la construction d'une confiance dans les relations contractuelles. Pour autant, c'est à se demander en quoi consiste la teneur de la confiance dans les relations contractuelles en l'absence de solidarité du cocontractant devant l'insolvabilité entrainée par les bouleversements de circonstances économiques. Le refus d'octroi de simples délais de grâce au débiteur est assimilable à une vision descriptive et idéaliste de l'exécution apaisée du contrat que la divergence d'intérêts conflictualise. On se pose la question s'il faut construire la sécurité contractuelle à coût de concessions ou maintenir une rigueur, dénommée stabilité, portant atteinte à la pérennisation du lien contractuel ? Certes les délais de grâce ne sont pas un droit de ne pas payer ses dettes. Toutefois, dans la correction du déséquilibre, lorsque l'objectif est une pérennisation du lien contractuel, l'octroi des délais de grâce anticipe l'insécurité probable du créancier qui pourrait se retrouver dans une situation similaire ou pire que celle du débiteur insolvable. Ce qui est évident, c'est que les délais de grâce suspendent provisoirement les effets les obligations contractuelles par l'imputation des délais pouvant maintenir économiquement le débiteur de bonne foi en vie.

2- Les modes d'imputation de paiements

471. De façon classique, la question de l'imputation des paiements ne se pose qu'en cas de pluralité de dettes. Or, le pouvoir reconnu au juge par le législateur OHADA de décider du mode d'imputation des paiements ne semble pas limité à l'hypothèse de pluralité de dettes. Il concerne autant une dette unique[1698].Ce qui constitue une dérogation aux règles traditionnelles de l'imputation des paiements[1699]. Une dérogation légalement discriminatoire au profit du créancier est naturellement protectrice du souci de préserver les intérêts de ce dernier. Ce qui rend incontournable la volonté du créancier dans sa faculté à reconnaitre ou à nier le déséquilibre contractuel. La détermination des modes d'imputation de paiements consacrerait une immixtion significative du juge dans le rapport contractuel lorsque ce dernier accorde des délais de grâce aux débiteurs. Lorsqu'il accorde ces délais de grâce, le juge peut décider dans son ordonnance, en vertu de l'article 39 de l'AUPSRVE, des modalités de paiement des sommes qui seront exigibles au terme d'un délai qu'il aura prescrit. A défaut d'un mode d'imputation conventionnelle, ce sont les règles d'imputation légale qui s'appliquent[1700]. Les règles civilistes de l'imputation des paiements, qu'elles soient de nature légale ou conventionnelle, restent

[1696] G. RIPERT, *La règle morale dans les obligations civiles*, préc. p. 6.
[1697] C. -M. OWONO, *La suspension des obligations contractuelles*, thèse préc. p. 85, n° 88.
[1698] E.- J. ANGELE, op. cit.p.159.
[1699] Ibidem.
[1700] V. art. 1256 du Code civil français.

dominées par le souci de préservation des intérêts du créancier[1701]. Dans l'aménagement de la dette, le juge peut décider que les paiements s'imputeront d'abord sur le capital[1702]. Toutefois, le législateur n'a pas abordé directement le sort des intérêts. A ce propos, à défaut d'avoir permis au juge de réduire le taux d'intérêt, s'agissant des sommes correspondant aux échéances reportées, l'article 39 de l'AUPSRVE, aurait pu prévoir que les sommes dues ne produiront pas d'intérêts pendant les délais de grâce octroyés par le juge. Le débiteur est autorisé à exécuter son obligation à une date ultérieure déterminée comme il peut décider d'échelonner le paiement c'est-à-dire l'étaler dans le temps.

472. Les débiteurs constituent toujours la classe sociale la plus importante et la plus vulnérable. Une loi qui laisserait libre cours, à leur encontre, à une exécution inhumaine serait vite une cause de troubles sociaux[1703]. L'évolution contemporaine du droit, selon JOSSERAND, tend à devenir plutôt que la science du juste et de l'injuste, le code de la richesse et des phénomènes économiques où, si l'on veut, le juste est devenu ce qui cadre avec les postulats et les nécessités économiques, tandis que ce qui est anti- économique apparait comme injuste[1704]. Les délais de grâce, dont le principe n'est plus discuté aujourd'hui, connaissent une reconnaissance de leur nécessité économique et sociale même si les avis restent partagés. Selon le professeur OWONO, les juges doivent veiller à ce que cette institution ne donne pas lieu à des abus qui pénaliseraient les créanciers[1705] particulièrement lorsqu'elle est considérée comme une paralysie des prévisions contractuelles[1706]. Les délais de grâce subissent manifestement des hostilités[1707]qui sont fragilisées par son caractère d'ordre public[1708]. C'est une modification judiciaire du contrat qui déroge aux principes de la force obligatoire et de l'indivisibilité du paiement[1709] nécessitant une autorisation spéciale de loi[1710]. A l'origine du Code civil de 1804, cette situation était exceptionnelle[1711]. Il est assurément une forme d'humanisation du contrat[1712] et une pénétration de l'équité dans le droit[1713].

1701 E.- J. ANGELE, op. cit.p.160.

1702 Art. 39 al. 2 du Code civil français.

1703 G. RIPERT, *Les forces créatrices du droit*, L.G.DJ., 1955, V. spéc. n°34 et s. où l'auteur traite notamment de l'action exercée par les forces sociales sur la législation.

1704 L. JOSSERAND, *L'ordre juridique nouveau*, D.H. 1937, p. 41 et s.

1705 C. – M. OWONO, *La suspension des obligations contractuelles*, thèse préc. p.87, n° 90.

1706 B. M. SOUCRAMANIEN, *Le juge des référés et le contrat*, thèse préc. n° 147, p. 107.

1707 V. RIPERT, « Le droit de ne pas payer ses dettes », DH.1936. chron. p. 57.

1708 Art. 2244 du Code civil français ; V. TERRE, SIMLER et LEQUETTE, *Les obligations*, Dalloz, 5ème éd., n°1108.

1709 E.- J. ANGELE, « Les délais de grâce avec l'entrée en vigueur de l'acte uniforme portant voies d'exécution », art. préc. n° 3, p.149.

1710 JOSSERAND, « Un ordre juridique nouveau », D.H. 1937, chron. p. 41.

1711 J.-I. SAYEH, Contrats et obligations : juris-classeur 1995 fasc. 69.

1712 E.- J. ANGELE, « Les délais de grâce avec l'entrée en vigueur de l'acte uniforme portant voies d'exécution », art. préc. n° 3, p. 150.

Les délais de grâce sont une mise en veilleuse de la force obligatoire. Ce sommeil de la sécurité contractuelle, pour une période ne pouvant excéder une année, ne peut s'obtenir qu'avec le consentement du créancier. La sécurité juridique, selon PIETTE, n'exige pas un délai précis mais nécessite qu'il soit le plus bref possible[1714]. Les délais de grâce corrigent momentanément le déséquilibre contractuel lorsqu'ils sont judiciairement consentis et généralement dans une procédure en référé. Leur finalité est d'empêcher que la créance ne soit provisoirement exécutoire. C'est le cas, par exemple, en cas d'extrême onérosité de l'exécution des contrats conjoncturellement déséquilibrés. Finalement, en dehors de la possibilité de demander l'exécution forcée de l'obligation par le créancier, il est indéniable de souligner que tous les autres effets de l'obligation attachés à l'exigibilité d'une créance subsistent.

1713 V. KAYSER, « L'équité modératrice et créatrice des règles en droit privé français », RRJ. 1999, I. p.14.
1714 G. PIETTE, thèse préc. n ° 831, p. 448.

Conclusion de la section 1 :

473. L'obtention des délais de grâce est la preuve que le législateur malien a conscience des meurtrissures du temps sur le contrat. Sa soumission à la volonté du créancier limiterait sa portée dans la correction du déséquilibre contractuel. Ce qui explique son caractère inachevé dans la réécriture des obligations contractuelles. Les fondements humains ou moraux comme l'équité, la bonne foi peuvent justifier les délais de grâce qui sont requis par le débiteur mais jamais acquis d'avance. Sans prêcher l'immobilisme, l'obtention des délais de grâce pour une dette extrêmement élevée est un soulagement temporaire ne résorbant pas une mort économique programmée du débiteur de bonne foi. Ce qui nous laisse croire que ces délais de grâce s'inscrivent dans une logique d'humanisation inachevée des voies d'exécution. La correction adéquate du déséquilibre conjoncturel n'est possible qu'à travers un renouvellement urgent des fondements de la force obligatoire en droit commun.

Section 2 : L'urgence du renouvellement des fondements de la force obligatoire

474. La réception d'un principe de traitement judiciaire du déséquilibre contractuel nécessite un renouvellement des fondements de la force obligatoire. Cette dernière, socle de la sécurité des transactions, est la conséquence de l'autonomie de la volonté. Le contrat s'impose aux parties et aux juges qui ne peuvent le modifier unilatéralement. L'interdiction de l'intervention judiciaire affaiblit les fondements susceptibles d'être utilisés pour épurer le déséquilibre conjoncturel. Ce qui abandonne le contrat aux meurtrissures du temps. Cette vision des engagements contractuels a montré ses limites. Le renouvellement des fondements de la force obligatoire consacre une obligation de renégociation judiciaire des contrats à exécution successive ou différée en cas de survenance de l'imprévu. Le traitement judiciaire se réalise par la renégociation des contrats conjoncturellement déséquilibrés que nous mettrons en exergue. Ce pari n'est pas gagné d'avance car il bouleverse les mentalités, les habitudes faisant de la conception libérale des échanges, le fondement exclusif du traitement de ces contrats déséquilibrés. Il est urgent de consacrer une obligation de renégociation (Para.1) dont le domaine fera l'objet de précision (Para.2) dans ce traitement des contrats conjoncturellement déséquilibrés.

Paragraphe 1 : La consécration de la renégociation suite au déséquilibre conjoncturel

475. La force obligatoire des conventions est opposée à l'admission d'une renégociation judiciaire des contrats conjoncturellement déséquilibrés contre la volonté du créancier. Pour une thérapie judiciaire des contrats bouleversés par l'imprévu, il faut convenir que les raisons du renouvellement sont rattachées aux limites conceptuelles de l'autonomie de la volonté (A) et une prospection de l'efficacité intemporelle de la bonne foi (B).

A- Les raisons du renouvellement, les limites conceptuelles de l'autonomie de la volonté

476. Le contrat est la chose des parties. Pour autant, la liberté de s'engager sans n'empêche pas la consécration d'une obligation de renégociation judiciaire des contrats conjoncturellement déséquilibrés. La fidélité délétère au dogme (1) perpétue l'instrumentalisation discutable (2) de l'autonomie de la volonté.

1- La fidélité délétère au dogme au l'autonomie de la volonté

477. Le pouvoir normatif de la volonté en fait la base d'une doctrine de philosophie sociale qui fait de l'individu considéré abstraitement comme une volonté libre et isolé du milieu social, l'objet unique, l'unique fondement, la fin unique du droit[1715]. L'autonomie de la volonté est une doctrine de philosophie juridique proclamée dans la continuité logique des idéaux de la révolution française. Elle traduisait à cette époque, la liberté de s'engager dans de simples contrats de vente. La liberté de l'homme dans les échanges est une valorisation de l'absence de contrainte dans la conclusion du contrat. L'individu est un moyen car il va être la seule source des droits subjectifs[1716]. L'adoption de l'autonomie de la volonté donne lieu à une conception particulière du contrat et de son régime. La liberté contractuelle, dans les échanges et l'équilibre des diligences exigées, concède aux parties le pouvoir de déterminer la contrepartie qu'elles souhaitent à l'exception du respect de l'ordre public. L'équilibre se contractualise déniant toute possibilité de déséquilibre dans les engagements obligatoires. Un contrat objectivement équilibré traduit l'exercice d'une liberté avec impossibilité pour une partie d'être lésée ultérieurement. Dans la mesure où l'équivalence des libertés est considérée comme suffisante, l'équivalence des prestations ne compte pas[1717]. L'équivalence dans le contrat est l'équivalence voulue et non une équivalence matérielle ou stimulée.

478. Dans la sphère contractuelle, la principale expression de l'individualisme est dans l'autonomie de la volonté. C'est face à l'incapacité de cette dernière à résoudre les divergences d'intérêts dans les contrats

---

1715 GOUNOT, op. cit, p. 318.

1716 On retrouve cette conception individualiste dans le discours préliminaire sur le projet de Code civil de Portalis en ces termes : « *Il (le législateur) ne doit point perdre de vue que les lois sont faites pour les hommes et non les hommes pour les lois* » PORTALIS, Discours préliminaire au premier projet de Code civil, Collection « Voix de la cité », Ed. Confluences, 1999, p. 16.

1717 D ANDRONESCO, *L'inégalité des prestations dans le contrat*, th. Paris, 1922, p. 53 cité par FIN LANGER, op. cit. p. 67, n° 83 ; V. sur le développement de la puissance économique sous les formes variées de puissance commerciale, patrimoniale et même informationnelle J. P. CHAZAL, *De la puissance économique en droit des obligations*, Th. Grenoble H, 1996, n° 472.

déséquilibrés que naissent, se développent et s'épanouissent des critiques la remettant en cause. Elle a commencé à être considérée comme un dogme de philosophie juridique traduisant la préoccupation du législateur à faire de la volonté individuelle, le socle privilégié du droit des contrats. Faire de la volonté l'épicentre du contrat est une analyse qui fait du consentement, l'élément essentiel[1718] ou l'âme du contrat[1719].Ce qui a des effets considérables sur les notions fondamentales du droit moderne des contrats, comme la justice et la sécurité, qui se renouvèlent lors du traitement du déséquilibre dans les engagements obligatoires entre particuliers. FIN- LANGER considère que l'idée d'équilibre contractuel précise celle de justice commutative. C'est la volonté d'avoir un échange juste et une composition harmonieuse du contenu du contrat entre les prestations ainsi qu'entre les droits et les obligations[1720]. La liberté contractuelle caractérisant l'individu finit par l'isoler. ARISTOTE parle de la philosophie de l'homme comme animal social [1721] dont la liberté ne l'exclut pas de l'influence de la société. Pour GOUNOT, la volonté ne constitue qu'un moyen et non une fin du droit. Ce que le droit protège dans l'acte de volonté, c'est donc bien moins la volonté elle-même que le but qui la met en mouvement[1722]. La présentation trop abstraite et isolée de l'individu idéalise trop l'autonomie de la volonté[1723].

479. L'autonomie de la volonté a permis l'exploitation du faible par le fort en raison du postulat de l'égalité parfaite entre les contractants[1724]. Dès la fin du XIXème siècle, les postulats de la liberté individuelle et de l'égalité des hommes se sont trouvés en contradiction avec la réalité[1725]. Le débat désormais classique oppose l'égalité abstraite de droit et l'égalité concrète de fait. La doctrine convoite une liberté effective pour les deux parties contractantes. Il ne s'agit pas de supprimer la liberté du plus fort mais d'éviter que la liberté du plus faible ne disparaisse[1726]. A cet effet, le principe de la force obligatoire peut se révéler plus équivoque[1727] face à l'indifférence de la

---

[1718] J. GHESTIN, Traité de droit civil, *La formation du contrat*, 3ème édition, n° 5.

[1719] M. VILLEY, « Essor et décadence du volontarisme juridique », in Archives de philosophie du droit, 1957, Le rôle de la volonté dans le droit, p. 92.

[1720] L. FIN LANGER, *L'équilibre contractuel*, op. cit. n °130.

[1721] GOUNOT, op. cit, p. 321.

[1722] GOUNOT, op. cit, p. 340.

[1723] P. STOFFEL-MUNCK, *Regards sur la théorie de l'imprévision, Vers une souplesse contractuelle en droit privé contemporain*, PUAM, 1994, n°33.

[1724] RANOUIL, *L'autonomie de la volonté, Naissance et évolution d'un concept*, PUF, 1980, p. 133 à 135.

[1725] V. sur l'évolution historique des inégalités avec le développement des contrats d'adhésion F. TERRE, Ph. SIMLER, Y. LEQUETTE, Droit civil, *Les obligations*, 7ème édition, n° 33.

[1726] G.TRUDEL, « Des frontières de la liberté contractuelle », in Problèmes de droit contemporain, Mélanges Louis Baudouin, 1974, p. 223 cité par FIN LANGER, op. cit, p. 99, n°137.

[1727] Sur les différents fondements proposés de la force obligatoire du contrat, v. not. J.-L. AUBERT et F. COLLART- DUTILLEUL, *Le contrat*, 4ème éd., Dalloz, 2010, p. 24 et s.

loi à la situation du débiteur dans le traitement du déséquilibre contractuel en droit commun. Les rédacteurs du Code civil français de 1804 n'ont jamais prétendu faire du contrat l'égal de la loi[1728], ils ont vraisemblablement voulu faire de la force obligatoire une exigence rigoureuse[1729]. Le juge, ministre de la volonté des parties[1730], doit se résigner à l'interpréter strictement. La lecture volontariste de la force obligatoire du contrat est confortée par plusieurs dispositions légales en droit commun[1731]. Cette conception libérale est un héritage du droit canoniste dont la connotation morale réside dans le respect de la parole donnée. La fidélité implique de payer ce que l'on a promis et celui qui n'exécute pas sa promesse commet ainsi un pêché[1732].

480. L'autonomie de la volonté est un dogme, une philosophie entérinée par une politique juridique. Cette liberté, pilier de l'autonomie de la volonté, est la traduction juridique du libéralisme économique. Selon le professeur SAKO, le libéralisme économique a ses conséquences juridiques[1733]. L'autonomie de la volonté a des fondements philosophiques[1734] entrainant l'individualisme et le libéralisme économique qui sont les deux facettes qui, selon LEMAY, sont comparables mais ne sont pas identiques[1735]. Pourtant, ces deux notions ont des effets juridiques similaires sur la liberté contractuelle et la force obligatoire[1736]. L'individualisme est une doctrine philosophique qui peut être définie comme une tendance à donner la primauté à l'individu dans tout[1737].

1728 J.-P. CHAZAL, « De la signification du mot loi dans l'article 1134 alinéa 1er du code civil », RTD civ. 2001, p. 265.

1729 J. MESTRE et A. LAUDE, « L'interprétation active du contrat par le juge », in Le juge et l'exécution du contrat, PUAM, 1993, p. 9, spéc. p. 9. Pour lui : « l'article 1134 alinéa 1er du Code civil pose un principe essentiel de souveraineté de la volonté commune des parties » ; B. HOUIN, *La rupture unilatérale des contrats synallagmatiques*, thèse, Paris II, 1973, p. II. L'auteur rappelait que : « L'article 1134 du Code civil révèle le fétichisme attaché au XIXème siècle à la volonté individuelle ».

1730 F. TERRÉ, P. SIMLER et Y. LEQUETTE, *Droit civil, Les obligations*, 11ème éd., Dalloz, 2013, n° 25.

1731 La limitation du cadre de la lésion, la mise à la disposition du créancier des sanctions inéfficaces en cas d'inexécution du contrat, le refus de révision pour imprévision.

1732 A. ROUAST, « Le respect des engagements librement consentis et le contrat dirigé », Semaine sociale de France 1938, p. 342 ; T. GENICON, La résolution du contrat pour inexécution, LGDJ, 2007, préf. L. Leveneur, n° 360 et s., p. 261 et s., spéc. n° 362, p. 262. Pour lui : « Dans la tradition française, la force obligatoire est fortement pénétrée d'une conception morale qui conduit à la concevoir comme la nécessité de respecter une promesse ».

1733 A. SAKO, « Une introduction à la compréhension de la justice contractuelle », préc. p. 338.

1734 L'autonomie de la volonté a connu l'influence de la doctrine économique libérale dont le fondateur est sans aucun doute l'économiste écossais Adam Smith (1723-1790).

1735 P. LEMAY, thèse préc., p. 305, n° 216. L'auteur considère qu'on peut même penser que l'individualisme est une conception absolutiste du libéralisme juridique. p. 306, n° 217.

1736 FIN LANGER, op.cit. p. 32, n° 23.

1737 L'individualisme est une conception philosophique, politique, sociale et morale qui privilégie les droits, les intérêts et la valeur de l'individu par rapport à ceux du groupe. Il prône l'autonomie individuelle face aux diverses institutions sociales et politiques (la famille, le clan, la corporation, la caste...) qui exercent sur lui de multiples pressions. Il ne faudrait pas confondre

Les philosophes conviennent de l'incongruité définitionnelle de l'individualisme que d'autres expriment par le mauvais terme dont l'emploi donne lieu à des sophismes continuels[1738]. Cela appelle au maintien d'une certaine utilité du contrat qui, en cas de déséquilibre conjoncturel, ne profite qu'au créancier. Dans ce cas, le pessimisme nourri face au renouvellement de la justice contractuelle est lié à l'absence d'imputabilité du risque en cas de bouleversements de circonstances économiques. A défaut pour les contractants d'anticiper solidairement et convenablement l'adaptation du risque dans les échanges, il faut rappeler que ce risque est imputable au débiteur pour son absence de diligence à ne pas prévoir l'aléa économique en droit commun. Cette assimilation réductrice fait porter le risque de l'imprudence, de ne pas prévoir le déséquilibre conjoncturel, exclusivement au débiteur. Cette conséquence de l'autonomie de la volonté est protectrice de la volonté du créancier contre celle du débiteur de revenir sur la sienne en raison des bouleversements sérieux de circonstances économiques. Le maintien délétère de ce dogme rayonne par sa propension à permettre au créancier de garder sa dette intangible en sollicitant l'intervention d'une autorité publique. LOHOUES-OBLE suscitait des interrogations légitimes en se demandant si on peut déduire de l'affirmation de la liberté contractuelle : « qu'on peut mettre à l'abri de l'annulation le contrat procurant à l'une des parties un avantage excessif (...) que le juge ne peut procéder à la réfaction du contrat, à la révision pour imprévision ?[1739] ». Dans la conception classique de l'autonomie de la volonté, contemporaine à l'élaboration du Code Napoléon de 1804, la consécration de la liberté contractuelle avait pour finalité d'exclure la contrainte dans les relations contractuelles. De nos jours, le projet d'acte uniforme portant droit des contrats proclame en très bonne place, dès le chapitre premier consacré aux dispositions générales, le principe de cette liberté en indiquant ainsi son choix non équivoque pour l'autonomie de la volonté[1740]. Il faut préciser que la consécration d'un principe de renégociation judiciaire du contrat suite au déséquilibre conjoncturel n'est pas un plaidoyer pour une suppression lapidaire de la liberté dans les engagements obligatoires. C'est plutôt empêcher que l'instrumentalisation de l'autonomie de volonté ne rende la volonté du débiteur inutile.

---

individualisme et égoïsme. Contrairement à la compréhension populaire, ce n'est que péjorativement que l'individualisme peut se rapprocher de l'égoïsme et se définir comme une tendance à ne vivre que pour soi V. ''Individualisme'' sur www.wikipedia.com.

1738 M. WALINE, L'individualisme et le droit, 1949, p.13, n° 3 cité par FIN LANGER, op. cit.p.42, n° 38.

1739 J. LOHOUES-OBLE, « L'autonomie des parties : le caractère supplétif des dispositions de l'avant-projet d'Acte uniforme OHADA sur le droit des contrats », Rev. dr. unif. 2008, p. 324.

1740 J. LOHOUES-OBLE, « L'autonomie des parties : le caractère supplétif des dispositions de l'avant-projet d'Acte uniforme OHADA sur le droit des contrats », Rev. dr. unif. 2008, 323 ; V. sur la liberté contractuelle : l'art. 206 al.1 AUDCG qui dispose qu' : « En matière de vente commerciale, la volonté et le comportement d'une partie doivent être interprétés selon l'intention de celle-ci, lorsque l'autre partie connaissait ou ne pouvait ignorer cette intention ».

2- Une instrumentalisation discutable de l'autonomie de la volonté

481. La volonté de la personne est sa puissance, sa capacité à poser elle-même sa propre loi, sa liberté[1741]. L'homme est libre de s'engager ou pas dans les liens contractuels. Il ne peut cependant se plaindre subséquemment des bouleversements de l'économie d'une convention à laquelle il a souscrit sans aucune contrainte. Les conséquences de l'autonomie de la volonté sur le contrat sont inconciliables avec un traitement forcé du déséquilibre des prestations par le juge à la place du créancier. Toutefois, l'autonomie de la volonté a été instrumentalisée au fil du temps en passant de la valorisation de la volonté individuelle à s'engager librement en tant qu'être humain, conception originelle, à l'individualisme égoïste du libéralisme dans les échanges commerciaux, conception actuelle. Le mythe de l'autonomie de la volonté a été balayé par des recherches en sciences humaines au profit de la nouvelle vision de l'homme intégré dans les groupes sociaux multiples dont il fait partie et dont il partage des valeurs[1742].

482. L'autonomie de la volonté est une théorie c'est-à-dire une construction de l'esprit apte à traduire ou synthétiser en quelques règles et principes le contenu et l'esprit de la matière[1743] du droit des contrats. De nombreuses études ont dénoncé son caractère systématique et même mensonger[1744]. La vigueur dans sa contestation tente de la dépouiller de sa force obligatoire en la réduisant à un dogme de philosophie juridique sans fondement positiviste lui garantissant une valeur constitutionnelle[1745]. Selon FRISON- ROCHE, l'expression échange des consentements est impropre, il convient de préférer la rencontre de volontés pour designer ce qui fait le contrat. On ne peut échanger un consentement[1746]. L'auteure poursuit que la volonté est au cœur de l'humanisme et marque l'intériorité incommensurable de l'homme tandis que le consentement est un objet, conséquence de la volonté, symbole et

---

1741 M. A. FRISON- ROCHE, « Remarques sur la distinction de la volonté et du consentement en droit des contrats », RTD civ. 3 juill-sept. 1995, p. 574, n° 2.

1742 C. GRZEGORCZYK, *L'acte juridique dans la perspective de la philosophie du droit, L'acte juridique*, p. 50.

1743 Sur le concept de théorie générale du contrat, V. surtout E. SAVAUX, *La théorie générale du contrat, mythe ou réalité ?,* Paris, LGDJ, 1997.Selon ce dernier : « la doctrine aurait tendance à assimiler la théorie générale des contrats (le construit, l'interprétation doctrinale) et le droit commun des contrats (le donné, le droit positif), en faisant comme si la première n'était que la traduction neutre et objective, du second, et non l'expression de déterminations personnelles ou subjectives ».

1744 P. REG, « Éloge de l'exégèse », Droits, 1985, p. 115.

1745 Depuis 1973, le Conseil Constitutionnel français n'emploie plus l'expression d'autonomie de la volonté, mais plutôt celle de liberté contractuelle et de force obligatoire du contrat G. ROUHETTE, « La force obligatoire du contrat, Rapport français », in le contrat aujourd'hui : comparaisons franco-anglaises, 1987, p. 34, n° 8.

1746 M. A. FRISON- ROCHE, « Remarques sur la distinction de la volonté et du consentement en droit des contrats », RTD civ. (3), juill-sept. 1995, p. 573, n°1.

extériorisation de la volonté, mais distinct de la volonté[1747]. La doctrine parait aujourd'hui s'accorder pour rejeter la théorie de l'autonomie de la volonté qu'elle avait longtemps et unanimement admise[1748]. Cette réplique est la conséquence d'un changement de contexte économique, social, culturel et surtout scientifique qui dépasse la conception traditionnelle du contrat au moment de l'élaboration du Code civil français de 1804. La théorie de l'autonomie de la volonté est une fiction qui n'est rien d'autre qu'une gigantesque illusion totalement étrangère à la réalité du droit[1749]. Dans l'assise législative consacrant la force obligatoire du contrat, le terme ''légalement '' montre bien que la volonté ne tire pas d'elle-même le pouvoir de se régir mais de la loi[1750]. La force obligatoire du contrat s'applique également au juge[1751]. Le fétichisme qui lui est attaché reste largement confondu avec l'intangibilité des conventions. Ce qui fait penser que la révision judiciaire est une dérogation à la force obligatoire, au respect la parole donnée[1752]. La révision du contrat pour imprévision est son adaptation d'une sécurité statique dans sa formation à une sécurité dynamique dans son exécution par la correction judiciaire du déséquilibre conjoncturel. L'opposition théorique entre la justice et la sécurité dans le contrat s'exprime par un affaiblissement des fondements de la correction judiciaire du déséquilibre contractuel en général et conjoncturel en particulier. La cessation d'exercice pour incompatibilité d'intérêts entre la sécurité et la justice est consommée dans le traitement judiciaire du déséquilibre contractuel surtout en présence d'un déséquilibre économique.

483. CHAZAL s'interrogeait si on doit s'inquiéter si l'insécurité ne relève pas plus du sentiment que de la réalité[1753] ? L'inquiétude est partagée ou réfutée selon l'approche de l'autonomie de la volonté privilégiée dans le traitement du déséquilibre contractuel. L'instrumentalisation de l'autonomie de la volonté en droit commun des contrats a pour conséquence de minimiser voire d'exclure une renégociation judiciaire du déséquilibre financier contre la volonté du créancier. CARBONNIER soutenait que l'obligation ne disparaît pas à la veille de l'exécution, elle s'incarne dans l'exécution, l'exécution par la force : elle se fait force elle-même[1754]. La révision du contrat pour imprévision pourrait être admise en cas de bouleversements de circonstances économiques. Ce qui donnerait plutôt à l'autonomie de la volonté un rayonnement particulier

---

1747 Idem.

1748 M. FABRE-MAGNAN, *Droit des obligations*, PUF, 3ème édition, 2012, Tome 1, p.64.

1749 G. WICKER, « Les fictions juridiques, contribution à l'analyse de l'acte juridique », op.cit., n° 21, p. 32.

1750 L. LEVENEUR, « La liberté contractuelle en droit privé », art. préc. p. 676.

1751 P. ANCEL, « Force obligatoire et contenu obligationnel », art. préc. p. 771.

1752 L. THIBIERGE, Le *contrat face à l'imprévu*, thèse préc. n° 6, p. 7.

1753 J.-P. CHAZAL, « Les nouveaux devoirs des contractants : Est-on allé trop loin ? », in La nouvelle crise du contrat, dir. Ch. JAMIN et D. MAZEAUD, art. préc. p. 99, p. 127.

1754 J. CARBONNIER, *Flexible droit, Pour une sociologie du droit sans rigueur*, op.cit. p. 325.

au-delà d'un dogme juridique délétère. Si l'on postulait traditionnellement que la force obligatoire du contrat se réduisait aux seules obligations voulues par les parties, nous reconnaissons le mérite au professeur ANCEL d'avoir infirmé cette idée[1755]. Le maintien intemporel des effets de l'autonomie de la volonté sur le contrat n'efface pas les meurtrissures du temps. Cette théorie a montré ses limites conceptuelles. La volonté aurait un sens moral et pas juridique[1756]. L'application de la théorie de l'imprévision suppose un déséquilibre très grave, un dommage sérieux, la constatation d'une perte avérée et durable[1757]. Les difficultés d'exécution du contrat ont conduit MAZEAUD à proposer une réecriture de sa force obligatoire en ces termes : « les conventions légalement, loyalement et équitablement formées tiennent lieu de loi à ceux qui les ont faites. Elles peuvent être révoquées ou révisées de leur consentement mutuel, pour les causes que la loi autorise et lorsqu'un déséquilibre excessif prive le contrat de toute cohérence ou de tout intérêt pour l'un des contractants. Elles doivent être négociées, conclues, exécutées et rompues de bonne foi[1758] ». Ce qui est plutôt révélateur des tensions générées par les interdictions faites au juge ou la reconnaissance d'un pouvoir unilatérale et implicite au débiteur de corriger le déséquilibre contractuel même sans d'adhésion du créancier.

484. Les atteintes à la force obligatoire peuvent être d'origine judiciaire[1759] ou législative[1760]. Elles émanent du législateur sous la bannière de l'ordre public de protection. C'est le cas du plafonnement des loyers par les autorités publiques pour des raisons d'intérêt général. Ces modifications peuvent porter sur les contrats de bail en cours à partir des dates fixées par décret. L'intérêt général prime l'intérêt particulier. C'est aussi le cas des contrats d'assurance obligatoire sur prescription légale. En tout état de cause et quelles que soient

---

1755 P. ANCEL, « Force obligatoire et contenu obligationnel », RTD civ. 1999, p. 771 et s.

1756 J. CARBONNIER « Droit civil », P.U.F., tome IV, « *Les obligations* », 22ème édition, 2000, spéc. p. 60, n° 20 ; V. RANOUIL, « L'autonomie de la volonté. Naissance et évolution d'un concept », P.U.F., 1ère édition, 1980, spéc. p. 55.

1757 Ph. STOFFEL-MUNCK, « Regards sur la théorie de l'imprévision. Vers une souplesse contractuelle en droit privé français contemporain », préc. p.115.

1758 D. MAZEAUD, « La réduction des obligations contractuelles », intervention dans un Colloque tenu à Chambéry le 28 avril 1997 sur le thème : « Que reste-t-il de l'intangibilité du contrat ? », Dr. et Pat, n° 58, mars 1998, p. 68.

1759 V. L. CADIET, « *Interrogations sur le droit contemporain des contrats* », extrait des travaux sur ''Le droit contemporain des contrats'', Economica, 1987, p. 7 à 35, spéc. p. 8-9, n° 2. L'auteur considère que « le droit s'est publicisé, entraînant dans son sillage une socialisation du contrat dont les manifestations les plus claires sont (...) les multiples atteintes portées à la force obligatoire du contrat, à l'égard des contractants, (...) lorsque le contrat est modifié par la loi ou par les tribunaux.». V. aussi THIBIERGE-GUELFUCCI C., « Libres propos sur la transformation du droit des contrats », art. préc.p. 357 et s. spéc. p.371, n° 17.

1760 L. JOSSERAND, « Aperçu général des tendances actuelles de la théorie des contrats », R.T.D. civ., 1937, p. 1 à 30, spéc. p. 18 à 21, n° 17 et 18. Selon l'auteur : « le législateur, au lieu de prêter aide et protection au créancier pour lui faire obtenir son dû, vient au secours du débiteur pour desserrer l'étreinte du lien obligatoire dans lequel il était cependant volontairement et librement entré ».

les origines des atteintes légales portées à la force obligatoire du contrat, il est essentiel aujourd'hui de constater que de nouvelles tendances doctrinales s'inspirent du renouvellement des notions comme celles de la souplesse, de l'adaptabilité, du sauvetage du contrat, d'égalité contractuelle, du solidarisme contractuel, de la proportionnalité, de l'utile et du juste, du principe de cohérence bref d'équilibre contractuel. La flexibilité et toutes les vertus énergiques aujourd'hui reconnues à la renégociation judiciaire du déséquilibre conjoncturel l'ont été aussi pour l'autonomie de la volonté à une autre époque ou elle n'avait pas été pervertie. L'autonomie de la volonté est un pilier du droit des contrats qu'il ne faut pas dépouiller de son mérite qui a été à une époque d'incarner la liberté de l'homme face l'oppression dans la construction de la sécurité contractuelle. Elle a été garante de l'équilibre contractuel à une ère ou les individus avaient moralement une certaine tenue. Aujourd'hui, le monde s'industrialise et c'est le déséquilibre contractuel qui est le principe et l'équilibre contractuel est l'exception en raison de la quête immodérée du bénéfice en tout et partout. La pratique contractuelle a évolué avec de nouveaux types de contrats. Il n'est nul besoin de fustiger l'autonomie de la volonté au point d'en faire le deuil. Il ne faut certes pas la supprimer. Cependant, il est convenable d'entrevoir la rationalisation de ses effets en droit commun grâce à la prise en compte du risque causé par les bouleversements de l'économie générale du contrat. La consécration légale d'une obligation de renégociation judiciaire des contrats suite au déséquilibre conjoncturel doit être fondée sur la bonne foi renouvelée et intemporellement efficace.

B- Le renouvellement de l'efficacité intemporelle de la bonne foi

485. La renégociation judiciaire des contrats suite au déséquilibre conjoncturel sollicite un fondement qui la justifie en lui reconnaissant une existence juridique dépassionnée. La bonne foi existe en droit des contrats sous toutes ses coutures mais elle est interprétée dans le sens de la sécurité juridique. En cas de traitement du déséquilibre conjoncturel par le juge, elle doit être un fondement unifié (1) et bilatéralisé (2) pour incarner une efficacité intemporelle en droit commun.

1- Une bonne foi, fondement unifié de la renégociation judiciaire

486. La divergence théorique entre la justice et la sécurité dans les contrats s'est construite autour de la distinction entre le devoir et l'obligation de bonne foi. L'intérêt de la distinction[1761] entre deux est la délimitation des pouvoirs du juge dans l'utilisation même de la notion de bonne foi. Le devoir de renégocier trouve un fondement naturel dans la bonne foi contractuelle[1762]. La bonne foi est une notion infructueuse dans le sens d'une interprétation du contrat en faveur du débiteur dans le traitement judiciaire du déséquilibre conjoncturel.

[1761] Sur la distinction entre le devoir et l'obligation de négociation V. THIBIERGE, *Le contrat face l'imprévu*, thèse préc. n° 797.

[1762] A. BÉNABENT, Les obligations, op.cit., n° 285.

Elle est plutôt favorable à la sécurité contractuelle du créancier dans une conception purement libérale basée sur l'autonomie de la volonté en droit commun. Ce qui a suscité des doutes sur la formule du fondement de la force obligatoire qui est taxé d'ambigu[1763]. La bonne foi permet ainsi de rétablir un déséquilibre imposé par une partie[1764]. En même temps, elle exprime le respect du contrat comme doit être respectée la loi[1765]. La force obligatoire du contrat souffre de vives contestations doctrinales principalement lorsqu'elle est distinguée du contenu obligationnel[1766]. Ce qui a pour conséquence de moins dogmatiser la force obligatoire qui n'est qu'un moyen, un instrument en vue d'atteindre un certain équilibre social[1767]. La recherche de l'équilibre social renouvèle les fondements de la force obligatoire. Plus qu'une norme supérieure, la bonne foi en droit des contrats est un ensemble de valeurs supérieures dans l'interprétation de la force obligatoire. Dans la doctrine moderne, elle sanctionne les comportements contractuels à éviter[1768]. THIBIERGE a fait une analyse presque exhaustive des comportements réprimés sous l'égide de la bonne foi[1769]. Nous déduisons que ces

---

[1763] F. TERRE, « Le doute et le droit », Synthèse, in *Le doute et le droit*, Dalloz, 2004.

[1764] V. EDEL, *La confiance en droit des contrats*, thèse préc. p.152, n° 216.

[1765] J.- P. CHAZAL, « De la signification du mot loi dans l'article 1134 al.1er du Code Civil », RTD civ. 2001, p. 263.

[1766] P. ANCEL, « force obligatoire et contenu obligationnel du contrat », RTD civ. 1999, p. 772 et s. L'auteur démontre que : « le contrat fonctionne exactement comme la loi, en tant qu'il crée, au-delà des obligations, des normes aux contenus les plus divers, auxquelles les parties sont assujetties, et auxquelles le juge devra se référer pour trancher les litiges nés du contrat. » P. ANCEL, « force obligatoire : jusqu'ou faut-il la défendre ? », in La nouvelle crise du contrat, chr. Jamin et D. Mazeaud, (dir.), Dalloz, 2003, p. 163.

[1767] P. ANCEL, « force obligatoire : jusqu'ou faut-il la défendre ? », in La nouvelle crise du contrat, chr. Jamin et D. Mazeaud, (dir.), Dalloz, 2003, p.163.

[1768] B. FAGES, « Des comportements contractuels à éviter », Droit et Patrimoine, Mai 1998, n° 60, p. 67 et s. spéc. p. 77.

[1769] L'auteur estime que la bonne foi est : abus (différentes décisions sanctionnant l'abus comme l'abus de dépendance économique : Cass.com, 29 janvier 2008, pourvoi n°07-13778 ; l'abus dans le renouvellement du contrat à durée déterminée : Cas.soc., 20 novembre 2007, pourvoi n° 06-41212 jugeant « abusive » la résiliation d'un contrat de travail) ; agressivité (Cass. civ. 3e, 29 Avril 1987, Bull.civ. III. n°93, évoquant « comportement agressif, injurieux et menaçant les bailleurs : Cas.soc., 5 décembre 2007, pourvoi n° 06-41313) ; amateurisme (Saint Denis de la Réunion, 6 Octobre 1989, JCPG 1990, II, 21504 : nullité du contrat en raison de l'amateurisme du cocontractant) ; bavardage (Paris, 14 Février 1997, JCPG 1998, note B. Fages : sanction de la violation d'engagements de confidentialité) ; bêtise (sanction de l'erreur « bête » ou inexcusable, V. Cas.civ. 1ère, 2 Octobre 2007, pourvoi n°04-13003, jugeant que « la faute commise par le pilote impliquait objectivement la conscience de la probabilité du dommage et son acceptation téméraire de sorte qu'elle revêtait un caractère inexcusable » ; Cas. civ. 3ème, 4 juillet 2007, pourvoi n°06-15881, sur l'erreur inexcusable de l'acheteur.) ; Brutalité (Cass. Com., 6 Février 2007, pourvoi n°04-13178, au sujet de la brutalité dans la rupture de relations commerciales établies) ; chicanerie (pour attitude contentieuse : Paris, 10 juillet 1980, juris-Data n°80-735), tracasserie (Cass. com. 3ème, 28 novembre 1992, loyers et copr.1993, n°55) ; curiosité (Cass. civ. 1ère, 19 décembre 1995, bull. civ. I, n°479, D.1997, p.158, note J. Ravanas et RTD civ.1996, p.360, note J. Hauser, pour la sanction de la curiosité d'une caisse de retraite à l'égard de la vie privé d'une de ses adhérentes) ; désinvolture (Cass.civ.1ère, 28 Avril 1988, D.1988, p.1, note Ph.

comportements sont l'expression de l'exigence d'une civilité contractuelle effective et intemporellement maintenue. L'élasticité dérangeante du concept de bonne foi lui a souvent permis d'innerver l'ensemble des contrats[1770] au point d'en faire un principe directeur[1771] de la théorie renouvelée des contrats. D'un simple devoir moral sans véritable consistance, ce concept de bonne foi s'est progressivement transformée en une incontournable obligation

---

Delebecque, concluant que la société débitrice avait « traité avec une négligence et une désinvolture excessive » la prestation promise) ; excès (Sanction de l'excès de zèle du commissaire aux comptes Paris, 19 février 1993, Dr. sociétés 1993, note H. Le nabasque) ; excentricité (sanction des choix du vestimentaires « excentriques » du salarié : Nancy 29 novembre 1982, D.1985, p. 354, note Ch. Lapoyade- Deschamps) ; folie (la force majeure ne peut être logiquement pas caractérisée du simple fait de la folie qui la folie qui affecte le contractant, la condition d'extériorité faisant défaut (Cass. ass. plén., 14 février 2006, écartant cette condition) ou l'action en comblement de passif est ouverte contre le dirigeant social victime de troubles mentaux (Cass. Civ. 1ère, 9 novembre 1983, D.1984, p. 139, note F. Derrida) ; fraude (Cass. com.21 janvier 1997, RTD.civ.1997, p.652, obs. J. Mestre, déclarant inopposables des cessions au visa de l'adage *fraus omnia corrumpit) ;* fuite (Cass.civ.1er, 18 décembre 1990, inédit, n°89-16942, sanctionnant la « dérobade » du destinataire d'une mise en demeure qui en avait tiré prétexte pour rompre son engagement.) ; gourmandise (Rouen, 15 septembre 1992, JCPG 1993, II, 21981, note R. Martin, reprochant à l'avocat d'avoir manqué de bonne foi en exigeant, outre les honoraires exorbitants eu égard à la faible complexité de l'affaire, l'anticipation de la perception de la première fraction desdits honoraires) ; harcèlement (Paris, 9 mai 1997, RTD civ.1997, p.932, obs. J. Mestre, reprochant au concédant (la Rover France) d'avoir fait preuve de « harcèlement malveillant » à l'égard de l'un de ses concessionnaires) ; Immixtion (Cass.com., 30 octobre 2007, pourvoi n°06-12677) ; légèreté blâmable (Cass.civ.1er, 8 juin 1994, Bull.civ.I, n° 204 : la légèreté blâmable du banquier dispensateur de crédit) ; maladresse (Cas.com., septembre 1996 : Chronopost pour un retard dans l'acheminement d'un pli postal) ; omniscience (l'omniscience a deux conséquences particulières : a celui qui est omniscient est imposé une obligation d'information parfois renforcée. Quant à celui qui se prétend omniscient, il serait bien avisé de ne pas fournir de réponse légère et infondée, sauf à engager sa responsabilité) ; paresse (V. C. Charbonneau et F.-J. Pansier,« 35 heures : le droit de la paresse ou la paresse du législateur», Petites Affiches 2000, n°24, p.16) ; routine (Paris, 11 juin 1987, D.1987, I. R., p. 166 : licenciement d'un chef d'économat pour cause d'attitude « routinière » dans la politique d'achats) ; surenchère (Les exigences disproportionnées et abandon des pourparlers lors de la conclusion du bail peuvent engager la responsabilité délictuelle du propriétaire :Cass.com., 22 février 1994, Bull.civ.IV, n° 79) ; tapage (le tapage nocturne et autres nuisances sonores à des heures de repos sont des motifs légitimes et sérieux retenus par les juridictions dans le non renouvellement du bail) ; zizanie (le développement de la faculté de résiliation unilatérale du contrat en cas de mésentente rendant impossible la poursuite de la relation contractuelle) ; vantardise (Cass.com., 17 juin 1997, JCPE 1997, p. 1022, note F. Labarthe.) L. THIBIERGE, *Le contrat face à l'imprévu*, Economica 2011, p. 204.

1770 P. LE TOURNEAU, v° Bonne foi, in *Rép. civ.*, Dalloz, n° 13. La bonne foi est l': « *exemple type de la notion cadre, au contenu flou, et donc à la grande souplesse, dont l'interprétation peut facilement évoluer avec le temps et les circonstances*».

1771 Sur l'évolution en droit européen des contrats V. D. MAZEAUD, « La matière du contrat », in *Les concepts contractuels français à l'heure des principes du droit européen des contrats*, Dalloz, 2003, p. 81, spéc. p. 94 ; B. FAUVARQUE-COSSON et D. Mazeaud, « L'avant-projet de réforme du droit des obligations et du droit de la prescription et les principes du droit européen des contrats : variations sur les champs magnétiques dans l'univers contractuel », *LPA*, 24 juillet 2006, n° 146, p. 3.

juridique[1772] dont sont tenues les parties tout au long de la durée du contrat[1773]. Si la bonne foi est qualifiée d'exigeante[1774], c'est en raison de son polymorphisme à l'instar d'autres notions qui ont aussi la même efficacité embarrassante à légitimer le traitement judiciaire du déséquilibre contractuel, en général, et conjoncturel, en particulier. La bonne foi est réduite initialement à son versant négatif qui est le manque de loyauté. Les auteurs lui reconnaissent aujourd'hui un versant positif qui est la coopération[1775]. Loin d'être concurrentes, la loyauté et la coopération sont des obligations qui définissent le contenu de la bonne foi en droit des contrats[1776]. Le renouvellement consiste à considérer qu'exécuter le contrat de bonne foi, ce n'est plus seulement et négativement se comporter de mauvaise foi mais implique aussi de tout mettre en œuvre pour que l'objectif contractuel commun recherché par les deux parties, se réalise[1777]. La force obligatoire ne signifie plus strictement que le débiteur est tenu d'exécuter ses obligations et qu'il y sera éventuellement contraint par l'autorité publique qui veille au respect des contrats comme à l'observation de la loi. Elle signifie, en outre, une mutualisation réelle de la bonne foi entre le débiteur et le créancier plutôt que de rester sur l'approche classique selon laquelle les obligations qui doivent être ainsi exécutées le soient toutes et seulement telles qu'ont voulu les parties[1778].

487. Dans la doctrine africaine, MBIKAYI[1779] estime que l'avant-projet d'acte uniforme relatif au droit des contrats a repris judicieusement les

---

1772 D. MAINGUY, « Remarques sur les contrats de situation et quelques évolutions récentes du droit des contrats », in *Mél. M. Cabrillac*, Litec, 1999, p. 165, spéc. p. 169 ; G. CORNU, « La bonté du législateur », *RTD civ.* 1991, p. 283, spéc. p. 283 ; la notion de bonne foi « *est belle, à la fois mystérieuse et la plus juridique des règles* » ; G. PIETTE, th. préc. n° 438, p. 229.

1773 E. SAVAUX, « Solidarisme contractuel et formation du contrat », in *Le solidarisme contractuel, Mythe ou réalité ?*, sous la dir. de L. Grynbaum, Economica, 2004, p. 43, spéc. p. 49 et s.; M. BILLIAU, « Regards sur l'application par la Cour de cassation de quelques principes du droit des contrats à l'aube du XXIe siècle », in *Mél. J. Ghestin, Le contrat au début du XXIe siècle*, LGDJ, 2001, p.119, spéc. p.126 ; V. B. JALUZOT, *La bonne foi dans le droit des contrats, étude comparative des droits français, allemand et japonais*, Dalloz, 2001.

1774 B. FAGES, *Le comportement du contractant*, PUAM, 1997, préf. J. Mestre, n° 558, p. 301.

1775 D. MAZEAUD, « La matière du contrat », in *Les concepts contractuels français à l'heure des principes du droit européen des contrats*, Dalloz, 2003, p. 81, spéc. p. 94 ; B. FAUVARQUE-COSSON et D. MAZEAUD, « L'avant-projet de réforme du droit des obligations et du droit de la prescription et les principes du droit européen des contrats : variations sur les champs magnétiques dans l'univers contractuel », *LPA*, 24 juillet 2006, n°146, p.3.

1776 D. MAZEAUD, « A propos du droit virtuel des contrats, Réflexions sur les principes d'Unidroit et de la Commission Landro », in *Mél. M. Cabrillac*, Litec, 1999, p. 205, spéc. p. 210.

1777 B. FAGES, th. préc., préf. J. Mestre, n° 570, p. 310 ; J. Mestre, *RTD civ.* 1986, p.101.

1778 P. ANCEL, « Force obligatoire et contenu obligationnel du contrat », RTD civ. 1999, n°1, p.773.

1779 M. MBIKAYI, « La confirmation des principes de bonne foi et de loyauté dans l'avant-projet d'acte uniforme sur le droit des contrats », Rév. dr. unif. 2008, Actes du colloque organisé

principes de bonne foi et de loyauté pour justifier la naissance et surtout l'exécution des contrats[1780]. Selon lui, l'avant-projet a également retenu et organiser, à l'instar des principes d'Unidroit, certaines conséquences de la règle de bonne foi et de la loyauté par l'intermédiaire de l'interdiction de se contredire[1781], la mauvaise foi dans les négociations[1782],un devoir de collaboration[1783], l'atténuation du préjudice[1784], la protection de la partie faible[1785] contre les contrats léonins et les clauses abusives, l'exclusion en l'encontre de la partie de mauvaise foi, le bénéfice des clauses limitatives ou exclusives de responsabilité en cas d'inexécution d'une obligation[1786], la réduction raisonnable de l'indemnité forfaitaire prévue au contrat (clause pénale) si elle est excessive par rapport au préjudice découlant de l'inexécution et aux autres circonstances[1787]. Au-delà des bouleversements de circonstances économiques, il existe d'autres succédanés qui complètent la bonne foi dans l'appréciation de la situation de la partie faible.

à Ouagadougou sur l'harmonisation du droit OHADA des contrats du 15 au 17 novembre 2007 qui avait notamment pour objet la discussion de l'avant-projet d'acte uniforme OHADA sur le droit des contrats (2005) élaboré par UNIDROIT à la demande de l'OHADA. Suite à la disparition de l'auteur, les organisateurs précisent que le texte ici reproduit reprend sa brève communication écrite avant le colloque, complétée par sa présentation orale.

[1780] Art. 1/6 de l'avant-projet d'acte uniforme sur le droit des contrats dispose que : « 1- Les parties sont tenues de se conformer aux exigences de bonne foi. 2- Elles ne peuvent exclure cette obligation ni en limiter la portée ».

[1781] Art. 1/7 dispose qu' : « Une partie ne peut agir en contradiction avec une attente qu'elle a suscitée chez l'autre partie lorsque cette dernière a cru raisonnablement à cette attente et a agi en conséquence a son désavantage »

[1782] Art. 2/15 prévoit que : « 1- Les parties sont libres de négocier et de ne peuvent être tenues pour responsables si elles ne parviennent pas a un accord. 2- Toutefois, la partie qui, dans la conduite ou la rupture des négociations, agit de mauvaise foi, est responsable du préjudice qu'il cause à l'autre partie. 3- Est, notamment, de mauvaise foi la partie qui entame ou poursuit des négociations sachant qu'elle n'a pas l'intention de parvenir à un accord ».

[1783] Art. 5/3 prévoit que: « Les parties ont entre elles un devoir de collaboration lorsque l'on doit raisonnablement s'y attendre dans l'exécution de leurs obligations ».

[1784] Art. 7/26 prévoit que : « 1- Le débiteur ne répond pas du préjudice dans la mesure ou le créancier aurait pu l'atténuer par des moyes raisonnables. 2- Le créancier peut recouvrer les dépenses raisonnablement occasionnées en vue d'atténuer le préjudice ».

[1785]Art. 3/10 prévoit à l'encontre de la partie qui a bénéficié d'un avantage excessif, des sanctions diverses qui consistent notamment à l'annulation du contrat (3/10.1) ou à l'adaptation par le tribunal, à l'initiative de la partie lésée, de ce contrat ou de la clause incriminée afin de les rendre conformes aux exigences de la bonne foi.

[1786]Art. 7/6 de l'avant-projet prévoit que : « Une partie ne peut se prévaloir d'une clause limitative ou exclusive de responsabilité en cas d'inexécution d'une obligation, en lui permettant de fournir une prestation substantiellement différente de celle à laquelle peut raisonnablement s'attendre l'autre partie, si, eu égard au but du contrat, il serait manifestement inéquitable de le faire ».

[1787] Art. 7/31. 2 prévoit que : « 2) Toutefois, nonobstant toute stipulation contraire, l'indemnité peut être réduite à un montant raisonnable si elle est manifestement excessive par rapport au préjudice découlant de l'inexécution et aux autres circonstances ».

488. La conception renouvelée des dynamiques correctrices du déséquilibre contractuel, en général, et du déséquilibre conjoncturel, en particulier, démontrent que la force obligatoire ne doit plus être basée seulement sur l'autonomie de la volonté. Elle doit reposer sur un cumul de fondements économiques, sociaux, juridiques et moraux[1788] particulièrement l'attente légitime[1789], la cause subjective combinée à la cause objective, la discrimination égalisatrice[1790], la bonne foi[1791], l'absence d'abus[1792], le juste et l'utile[1793], la fraternité[1794], l'équité[1795], la loyauté[1796], la solidarité[1797], la proportionnalité[1798], la clause de renégociation tacite[1799], l'enrichissement sans cause[1800], la cohérence[1801], la conciliation des intérêts[1802]. L'abondance des

---

[1788] FIN LANGER, op.cit, p.106 et s. n° 153.
[1789] FIN LANGER, op.cit, p.106 et s. n° 148.
[1790] FIN LANGER, op.cit, p. 269, n° 393.
[1791] FIN LANGER, op.cit, p.106 et s. n° 150.
[1792] FIN LANGER, op.cit, p. 278 et s. n° 402.
[1793] FIN LANGER, op.cit, p. 106 et s. n°155 ; V. aussi J. GHESTIN, « L'utile et le juste dans les contrats », D. 1982, chron. pp. 1 à 10 ; DION N., « Le juge et le désir du juste », Dalloz, 1999, p. 195 à 199, spéc. p. 195, n°1. Pour lui : « à travers toutes les époques, la pensée religieuse, philosophique, juridique a recherché la clef du juste. Pourtant, cette'' quête passionnée du Graal juridique'' porte sur des valeurs universelles qui conservent, malgré leur enracinement dans la conscience des hommes, une part de mystère et de transcendance, et sur lesquelles il nous semble essentiel de toujours revenir » ; Selon E. NSIE « L'utile et le juste » constitueraient ainsi les ferments du contrat à l'aune desquels l'acte uniforme fait une place à l'analyse économique du droit des contrats ; E. NSIE, *La sanction de l'inexécution de la vente commerciale*, Revue du CERDIP, volume 2, n°1, janvier- juin 2003 ; P. LEMAY, thèse préc., p. 274 et s., n° 187.
[1794] J. MESTRE, « L'évolution du contrat en droit privé français », art. préc. p. 41 et s. ; V. sur « le souci d'équilibre » et « le souhait de collaboration » C. THIBIERGE-GUELFUCCI, « Libres propos sur la transformation du droit des contrats », art. préc. p. 357 et s. spéc. p. 366, n° 11.
[1795] V. sur l'équité C. ALBIGES, *De l'équité en droit privé*, thèse préc.
[1796] R. DESGORCES, *La bonne foi dans le droit des contrats : rôle actuel et perspective*, thèse, Paris II, 1992 ; D. MAZEAUD, « Loyauté, solidarité, fraternité : la nouvelle devise contractuelle ? », préc., p. 603.
[1797] C. JAMIN, « Plaidoyer pour le solidarisme contractuel », in Mélanges J. Ghestin, LGDJ, 2001, p. 441.
[1798] S. PECH-LE GAC, *La proportionnalité en droit privé,* thèse Paris XI, éd. 2000 et M. BEHAR-TOUCHAIS, Rapport introductif, Colloque « Existe-t-il un principe de proportionnalité en droit privé ? », Les Petites Affiches, 30 septembre 1998, p. 5, n°6 ; FIN LANGER, op.cit, p.274 ets. n° 399 et p. 223 et s., n° 335.
[1799] Cette clause signifiant littéralement : « tant que les choses demeurent en l'état » V. L. THIBIERGE, Le *contrat face à l'imprévu*, éd. Economica, 2011, n°194, p. 126. Selon l'auteur : « Cette clause *rebus sic stantibus* ressemble à une volonté implicite de renégociation qui a également été proposée pour fonder la révision judiciaire du contrat déséquilibré. Cette stipulation prévoit que le consentement est subordonné à la persistance de « l'état de fait existant au jour où il a été exprimé ».
[1800] A. BENABENT, *Les obligations*, *Droit civil,* Paris, Montchrestien, Domat, 7 éd. 1999, n°484, p.298. Le professeur Bénabent, au sujet de l'enrichissement sans cause, estime que la jurisprudence a été trop loin dans l'encadrement de cette action et qu'avec un peu plus de souplesse on viendrait à son rôle de « *soupape d'équité* ».
[1801] D. HOUTCIEFF, *Le principe de cohérence en matière contractuelle*, op.cit. n° 59 et s., p. 66 et s.

fondements est anecdotique de la diversité des approches pour une finalité commune consistant à épurer les contrats de la pathologie du déséquilibre. La diversité des fondements est liée à la nature des contrats soumis au traitement du déséquilibre sans enlever le mérite des uns et des autres. FIN-LANGER propose quelques critères de l'équilibre contractuel spécialement l'équivalence des prestations[1803], la commutativité[1804], la proportionnalité[1805] et la réciprocité[1806]. Il ne s'agit pas d'une compétition entre les fondements, ni d'une subordination des uns et des autres à la bonne foi. La réalité est que la cacophonie doctrinale entre des fondements aux utilités différentes risque de créer plus d'insécurité au lieu de corriger le déséquilibre conjoncturel. Ces notions ont été développées par les auteurs pour expliquer l'utilité de la correction du contrat en dénonçant la liberté qui lie et l'impossibilité pour le juge de délier les parties. La renégociation judiciaire de bonne foi entre les contractants permet un réaménagement pour éviter que déséquilibre ne perdure[1807]. Ce qui lui vaut l'irréductible mérite d'un fondement rassembleur au service des autres et vers lequel tous convergent dans la renégociation judiciaire des contrats conjoncturellement déséquilibrés. C'est la bonne foi bilateralisée.

2- Une bonne foi, un fondement bilateralisé de la renégociation judiciaire

489. La correction judiciaire du déséquilibre conjoncturel privilégie une conception renouvelée du contrat placée sous le sceau de la bonne foi. La remise en cause de manière fréquente de l'intangibilité du contrat, plus qu'une fronde, est une rébellion à la sécurité contractuelle telle que basée sur la conception libérale de l'autonomie de la volonté en droit commun. Pour une bilateralisation intemporelle de la bonne foi, qui ne servira pas que le créancier en cas de déséquilibre conjoncturel, le contrat valablement formé devrait rester rentable pour les deux parties de la conclusion à l'exécution jusqu'à sa disparition en absence de faute du débiteur. L'égalisation du contrat à la loi semble être des paroles énergiques qui, en élevant les contrats à la hauteur de la loi, leur en communiquent la grandeur et la majesté disait LAROMBIERE à propos de l'article 1134 al.1er[1808]. Le Code civil de 1804 ne prévoit pas une obligation générale de coopération à la charge des parties[1809]. Pour cette

---

1802 A.- S. COURDIER-CUISINIER, op. cit., note 7, n° 372, p. 242.

1803 L. FIN - LANGER, *L'équilibre dans le contrat*, op. cit, p. 200, n° 287 et s.

1804 L. FIN - LANGER, *L'équilibre dans le contrat*, op. cit,p. n° 328 et s.

1805 L. FIN - LANGER, *L'équilibre dans le contrat*, op. cit., p. 218 et s, n° 328 et s.

1806 L. FIN- LANGER, *L'équilibre dans le contrat*, op. cit., p. 217 et s. et n° 326 et s.

1807 V. J. CEDRA, « L'obligation de renégocier », RTD. Com, 1985, p.265, spéc.p. 283 ; B. CHABAS, *L'inexécution licite*, préf. GHESTIN, L.G.D.J, Biblio. droit privé, tome 380, 2002, p. 421 et s.

1808 Giboulot, note sous Civ. 6 mars 1876, préc.

1809 F. DIESSE, « Le devoir de coopération comme principe directeur du contrat », préc. p. 259, spéc. p. 266.

raison, l'alinéa 3 de l'article 1134 est rapidement apparu comme son fondement naturel[1810]. Ont vu le jour sur ce fondement[1811], les obligations d'information[1812], de conseil, d'assistance, de transparence[1813], de renégociation ou de sécurité[1814]. Si de par le passé son manque de définition a pu la desservir, la bonne foi contenait en réalité les germes de son évolution[1815]. Le contrat, acte de prévision, est un pari sur l'avenir tant que les bouleversements de circonstances économiques ne s'y invitent pas pour miner son exécution. MOUSSERON disait que les prophètes du passé sont plus nombreux que les devins de l'avenir[1816]. En cas de survenance de l'imprévu, c'est au débiteur que revient la charge de ne pas anticiper le risque externe[1817]. L'injustice que représente la survenance de l'imprévu en fait un déséquilibre économique qui rend l'exécution onéreuse et non impossible[1818]. Selon THIOYE, la notion d'imprévision renvoie à la situation des parties qui se trouvent confrontées à des modifications importantes de données économiques de leur contrat à exécution successive, lesquelles modifications étaient prévisibles au moment de la conclusion de l'accord[1819]. Les données

1810 B. FAGES, *Le comportement du contractant*, préc. n° 495, p. 268-269 . Pour lui : « les tribunaux ne se sont pas arrêtés à l'exigence de loyauté qui fondait l'article 1134 alinéa 3, et ont vu dans cette disposition, en insistant sur l'esprit de collaboration, la matrice d'un nombre toujours croissant de règles de conduite ; cette extension n'ayant à notre avis rien de choquant » ; J.-P. CHAZAL, « Les nouveaux devoirs des contractants, Est-on allé trop loin ? », in *La nouvelle crise du contrat*, art. préc. p. 99, spéc. p. 115 ; C. THIBIERGE-GUELFUCCI, « Libres propos sur la transformation du droit des contrats », art. préc. spéc. p. 364.

1811 G. PIETTE, *La correction du contrat*, thèse préc. n°426, p. 225.

1812 V. not. M. De JUGLART, « L'obligation de renseignement dans les contrats », *RTD civ.* 1945, p.1 et Y. BOYER, *L'obligation de renseignement dans la formation du contrat*, thèse Aix, 1977 ; M. FABRE-MAGNAN, *De l'obligation d'information dans les contrats, Essai d'une théorie*, thèse Paris I, 1992 ; P. JOURDAIN, « Le devoir de se renseigner », *D.* 1983, chron. p. 139, spéc. p. 139.

1813 J. MESTRE, « Transparence et droit des contrats », in *La transparence*, *RJC* 1993, n° spécial, p. 77 et s., spéc. p. 84 et 85 ; N. VIGNAL, *La transparence en droit privé des contrats*, PUAM, 1998, préf. J. Mestre.

1814 L'obligation de sécurité à la charge du médecin, du transporteur, du fabriquant de produits dangereux peut également être rattachée à l'obligation de coopération puisqu'elle consiste à prendre en considération l'intérêt de l'autre pour que les intérêts respectifs des deux parties soient satisfaits. V. F. DIESSE, art. préc., spéc. p. 275.

1815 V. not. A. BÉNABENT, « La bonne foi dans l'exécution du contrat », Rapport français, in *Travaux de L'Association Capitant, Journées Louisianaises, La bonne foi*, T. XLIII, Litec, 1992, p. 291.

1816 M. MOUSSERON, *Technique contractuelle*, n°1281.

1817 C. JAMIN, « Révision et Intangibilité du contrat ou la double philosophie de 1134 du code civil », art. préc. p. 53.

1818 J. GHESTIN, C. JAMIN et BILLIAU, *Traité de droit civil, Les effets du contrat*, op.cit., n°290.

1819 M. THIOYE, *Recherches sur la conception du prix dans les contrats*, thèse prec., p. 432, n°139.

juridiques[1820], économiques et sociales modifient les situations concrètes des contractants[1821]. Toutes ces réflexions ont en commun de tenter de renouveler les bases philosophiques d'une sécurité contractuelle immobilisée dans la force obligatoire.

490. En complément de la bonne foi, en fonction de la nature du contrat, l'interprétation subjective[1822] qui consiste à rechercher la commune volonté des parties est présentée aujourd'hui comme ayant, sans aucun doute, valeur de principe[1823]. La présomption de clairvoyance des parties dans la formation du contrat repose sur l'idée que les contractants sont des personnes raisonnables et sensées[1824]. Cette certitude théorique perd de la vitesse devant une réalité pratique qui est construite et vécue en droit moderne des contrats d'où l'urgence d'un renouvellement de la philosophie de l'équilibre dans les engagements obligatoires. La conception minimaliste de la liberté contractuelle nous exhorte à penser que l'individualisme devient de l'égoïsme excluant le risque et le droit de se tromper de bonne foi. THIOYE souligne, à juste titre, que la théorie individualiste favorable au maintien du contrat insiste sur la nécessaire sécurité des transactions[1825]. Nous regrettons cependant que cette sécurité individualiste des transactions à connotation libérale, ne soit pas celle des deux parties qu'en absence de bouleversements de circonstances économiques. La fonction renouvelée de la bonne foi dans l'interprétation des contrats déséquilibrés à fortement contribué à l'intensité de la production législative dans les projets de réforme portant droit des contrats. Sans être le seul, nature des contrats oblige, la bonne foi rassemble les autres fondements pour plus d'efficacité grâce à sa bilateralisation, sa mutualisation entre créancier et débiteur dans la correction du déséquilibre conjoncturel. La

1820 La faiblesse peut résulter de la nature même du contrat, le lien de subordination en est l'exemple. V. notamment M. FONTAINE, « La protection de la partie faible dans les rapports contractuels », in la protection de la partie faible dans les rapports contractuels. Comparaisons Franco-belges, sous la direction de J. Ghestin et M. Fontaine, Biblio. Dr. privé, t. 261, LGDJ, 1996, n° 6.

1821 Ch. BOURRIER, *La faiblesse d'une partie au contrat*, coll. « thèses sciences humaines », vol.12, Louvain- la – Neuve, Bruylant – Academia, 2003, n°5.

1822 Art. 1156 du Code civil français.

1823 P. SIMLER, *Interprétation des contrats*, J.-Cl. Contrats et Obligations, art. 1156 à 1164, fasc. 20, 1992, n°16.

1824 J. GHESTIN, C. JAMIN, M. BILLIAU, sous la dir. De J. GHESTIN, *Traité de droit civil*, Les effets du contrat, 3ème éd., L.G.D.J., 2001, p. 45.

1825 M. THIOYE, *Recherches sur la conception du prix dans les contrats*, Thèse Toulouse, 2000, p. 378, n° 41 et 42. Il poursuit en soulignant que les inconvénients de la généralisation de la lésion dépassant les parties et atteint les tiers lorsque : « tout acquéreur d'un bien serait embarrassé d'en disposer à son tour, étant donnée la menace latente de restitution attachée à une éventuelle rescision ; quant au vendeur, il serait tout autant gêné de disposer du bien de vente perçu, car il pourrait être ultérieurement contraint de rembourser ; enfin , les tiers seraient sans doute entravés vu qu'ils auraient alors à faire preuve de plus de vigilance et à s'enquérir de l'action de en rescision à l'instar de ce qui se fait en matière de suretés , notamment hypothécaire ».

bilatéralisation désigne l'exigence de la bonne foi pour toutes les parties au contrat en occurrence créancières et débitrices en cas d'imprévu dirimant rendant son exécution trop onéreuse. La possible consécration d'une obligation de renégociation judiciaire en droit malien des contrats incarnerait une habilitation législative concrète de la correction du déséquilibre conjoncturel sous la pression de la bonne foi intemporellement bilateralisée. Pour des raisons de stabilité contractuelle, le domaine de cette renégociation judiciaire doit être précisé et organisé pour éviter la tentation que tout soit corrigible.

Paragraphe 2 : La précision du domaine de la renégociation suite au déséquilibre conjoncturel

491. Dans la renégociation des contrats conjoncturellement déséquilibrés par le juge, leur inefficacité économique ne doit pas être laissée à l'appréciation exclusive des parties. L'extrême patrimonialisation des liens contractuels nous laisse dubitatifs sur une idéalisation du règlement pacifique des différends. Tout déséquilibre conjoncturel n'est pas guérissable. Une clarification du seuil de renégociabilité (A) et de la fonction renouvelée du juge dans la conciliation des intérêts divergents (B) sont vitales.

A-La clarification du seuil de renégociabilité

492. Le seuil de renégociabilité des contrats conjoncturellement déséquilibrés n'est pas mathématique comme le rééquilibrage dans la lésion objective[1826]. Néanmoins, il serait peu utile de renégocier un contrat non économiquement viable. Le juge apprécie l'opportunité d'un contrôle des bouleversements de l'économie générale du contrat (1) et l'absence de stérilité (2) afin de déclencher leur renégociation suite au déséquilibre conjoncturel.

1- L'opportunité d'un contrôle des bouleversements de l'économie générale

493. L'économie générale du contrat est une notion incontournable. L'atteinte portée par l'usure du temps sur l'économie générale du contrat est la mesure d'une appréciation judiciaire de la gravité des bouleversements de circonstances économiques. Pour évaluer l'intérêt économique, la notion d'économie générale pourrait englober la lettre et l'esprit des conventions. Ce qui lui prête l'élasticité des notions à contenu variable susceptibles de permettre au juge de déclencher la renégociation des contrats conjoncturellement déséquilibrés. L'économie générale du contrat est basée sur le maintien de la volonté initiale des parties mais s'oriente vers une

---

[1826] A titre d'exemples l'art. 1674 du Code civil français : « si le vendeur a été lésé de plus de sept douzièmes dans le prix d'un immeuble, il a droit de demander la rescision de la vente (...) » ; Art. L 131-5 du Code de la propriété intellectuelle en France dispose qu': « en cas de cession du droit d'exploitation, lorsque l'auteur aura subi un préjudice de plus de sept douzièmes dû à une lésion ou à une prévision insuffisante des produits de l'œuvre, qui pourra provoquer la révision des conditions de prix du contrat.

flexibilité dans l'interprétation extensive des contrats déséquilibrés. La difficulté majeure dans l'appréciation de l'économie générale des contrats conjoncturellement déséquilibrés c'est l'applicabilité d'un seuil chiffrée de renégociabilité. Dans beaucoup de contrats à exécution successive ou échelonnée de faibles valeurs économiques, la renégociation judiciaire n'est pas toujours opportune. La souplesse ou la rigidité du seuil est tributaire du seuil de tolérance accordée au juge, sur habilitation du législateur, dans le traitement du déséquilibre conjoncturel. La notion d'économie générale est la boussole et la bonne foi est la lumière pour frayer le chemin qui mène à la révision judiciaire du contrat pour imprévision. La sécurité des transactions n'est ni conservatisme, ni l'immobilisme mais un ensemble de solutions pour que le dynamisme du droit n'aboutisse à une certaine précarité et même à une précarité certaine[1827]. La théorie de l'imprévision est rejetée en raison de sa propension à considérer que le déséquilibre des prestations réciproques se produit dans les contrats à exécution successive ou différée à cause d'événements imprévus bouleversant l'économie générale du contrat et indépendamment de la volonté des parties. Ces événements se montreraient si extraordinaires, si anormaux, qu'il n'était guère possible de raisonnablement les prévoir[1828]. L'insubmersibilité du volontarisme contractuel est palpable dans la distinction entre l'imprévision et la force majeure. Les deux notions partagent la survenance de circonstances imprévisibles. La force majeure constate l'onérosité de l'exécution à la différence de la théorie de l'imprévision qui rallume la flamme de la révision du contrat dont l'économie est bouleversée. L'absence d'effet libératoire de la force majeure l'empêche d'être un remède à l'imprévu dévastateur.

494. Il est des limites processuelles, quoique superficielles, qui dissipent l'inquiétude de tout renégocier au détriment de la stabilité des engagements et d'une juridicisation excessive des relations contractuelles. Le seuil limitant l'abus des actions en justice est énoncé dans l'article 9 de la loi portant réorganisation judiciaire au Mali : « les tribunaux de première instance, les sections détachées des tribunaux de première instance et les justices de paix à compétence étendue connaissent en premier et en dernier ressort des actions civiles et coutumières dont le montant n'excède pas 100.000 francs en principal et 10.000 francs de revenu mensuel déterminé soit en rente, soit par prix du bail »[1829]. La Cour commune de justice et d'arbitrage dans une affaire

---

[1827] P. T- FALL, « Normes communautaires et sécurité juridique », art. préc., p. 200.

[1828] V. sur l'imprévision Ph. STOFFEL MUNCK, *Regards sur la théorie de l'imprévision*, préf. R. BOUT, avant-propos A. SERIAUX, PUAM, 1994.

[1829] Loi n° 88 – 39 / AN – RM du 50 Avril 1988 portant réorganisation judiciaire au Mali. En droit comparé, c'est la loi n° -010/93/ADP portant organisation judiciaire au Burkina Faso et la loi 028-2004/AN du 08 septembre 2004 dans son art. 41 dispose que : « Les Tribunaux d'instance connaissent à charge d'appel de tous litiges en matière civile et commerciale dont le taux évalué en argent est supérieur à cent mille (100 000) francs CFA sans pouvoir excéder un million (1.000.000) francs CFA, conformément aux dispositions du Code de procédure civile » ;

relevait son incompétence en raison du fait que l'intérêt du litige ne dépassait pas 500000 FCFA[1830]. La consécration d'une obligation de renégociation ne saurait encourager les contractants qui raffolent des actions en justice pour les contrats portant sur des montants dérisoires. La détermination du seuil de renégociabilité judiciaire du contrat suite aux bouleversements de circonstances économiques est moins problématique que son uniformisation à cause de la diversité des origines du déséquilibre et des catégories de contrats. Au-delà, il faut faire confiance au juge dans l'appréciation de l'opportunité de la renégociation des contrats conjoncturellement déséquilibrés.

495. La finalité de l'échange économique, dont le contrat est le support juridique, est de procurer une contrepartie. A défaut, le contrat est vidé de son caractère onéreux et se réduit au bénévolat lorsqu'il est mutilé de tout intérêt pour le débiteur. Le loyalisme théorique attaché à la sécurité contractuelle est confronté à une analyse économique plus pratique basée sur la survie de la contrepartie dans la renégociation judiciaire des contrats suite au changement de circonstances. L'analyse économique est une grille de lecture séduisante dans sa vocation d'humanisation de la relation contractuelle[1831]. Finalement, il est étonnant de chercher l'humain dans l'économique. C'est plutôt la convergence de finalités de maintenir une contrepartie qui est inséparable de son titulaire dans la renégociation judiciaire des contrats conjoncturellement déséquilibrés. L'impératif de pérennité contractuelle[1832] nivelle la sécurité des transactions dans une théorie générale descriptive et rigoureuse. C'est rehausser la justice contractuelle pour que le juste juridique soit moins individualiste dans l'analyse du juste économique entre particuliers. En l'état actuel du droit commun des contrats dans la majorité des pays francophones ouest africains s'inspirant du Code civil de 1804, le pari est loin d'être gagné. L'exécution extrêmement onéreuse des contrats conjoncturellement

---

la loi l/95/021 /CTRN du 6 juin 1995 portant réorganisation de la justice en République de Guinée modifiée par la loi l/98/014/AN du 16 juin 1998, amendée par le décret du 17 mai 2001 /PRG/SGG.

1830 V. CCJA 3ème Chambre, arrêt n°24 du 15 mars 2012 affaire : A C/ F CCJA – Compétence – Questions relevant des Actes uniformes ou des Règlements prévus au Traité (non) – Justification de la référence à la violation de l'article 558 de l'Acte uniforme (non) – Réunion des conditions de compétence de la CCJA (non) – Incompétence : La CCJA doit se déclarer incompétente pour connaitre de la cause, dès lors que les conditions de sa compétence ne sont pas réunies. En l'espèce sur le pourvoi enregistré au greffe de la CCJA le 16 mai 2008 sous le n° 037/2008/PC et formé par Monsieur A dans la cause qui l'oppose à Monsieur F en cassation de l'Arrêt n° 14/08 du 11 janvier 2008 rendu par la Cour d'appel d'Abidjan (Côte d'Ivoire) suite à une ordonnance n° 2588 faisant injonction à A de payer à F la somme de 175 000 francs CFA représentant le reliquat du prix de vente d'un climatiseur en application des articles 5 et 6 du Code de procédure civile ivoirien lorsque que l'intérêt du litige n'excède pas 500 000 francs alors qu'aux termes des dispositions de l'article 15 de l'Acte uniforme sus énoncé la décision rendue sur opposition est toujours susceptible d'appel.

1831 P. LEMAY, thèse préc. p. 284 et s., n°197.

1832 Pour une étude de la notion V. A.-S. LAVEFVE LABORDERIE, *La pérennité contractuelle*, thèse préc.

déséquilibrés entrainerait surtout leur infécondité financière conduisant sûrement à leur inexécution. L'insolvabilité est quotidiennement vécue comme un malheur dans la réalité culturelle africaine. C'est une interprétation humaniste qui tombe dans l'oreille du sourd face à une théorie volontariste du contrat qui se veut dénuée de toute vertu compatissante. C'est fort de ces constats que nous déduisons que le seuil de bouleversement de l'économie générale des contrats substantiellement déséquilibrés doit être laissé à l'appréciation souveraine des juges de fond. Le préalable à toute renégociation contentieuse des contrats déstabilisés par l'imprévu dirimant doit être leur viabilité économique. Ils ne doivent pas être irrémédiablement compromis.

2- L'absence de stérilité du contrat suite au déséquilibre conjoncturel

496. La renégociation judiciaire du déséquilibre conjoncturel requiert comme préalable, le contrôle de sa viabilité économique. Ce qui est loin d'être une lapalissade parce que le juge ne présumerait pas de l'inopportunité automatique du déclenchement de la procédure de renégociabilité des contrats suite au déséquilibre conjoncturel. L'intérêt d'une telle précaution est indiscutablement le gain en investissement financier, en temps et en affection. L'intervention du juge plutôt qu'une autopsie après la mort doit être une thérapie pour maintenir une viabilité économique du contrat au service de sa pérennité. La renégociation judiciaire est un traitement lorsqu'elle améliore, soigne le contrat en le purgeant du déséquilibre conjoncturel. Tant que le contrat reste viable, la renégociation judiciaire conserve toute sa pertinence. Pour cela, il est opportun d'éviter que le juge ne soit le médecin après la mort du contrat. L'inefficacité économique est souvent caricaturée par la perte de vie, l'absence ou la rupture de tout intérêt du contrat. L'insolvabilité entraine infailliblement une inexécution fautive pour le débiteur qui n'exécutera pas ses obligations en raison d'une onérosité ultérieure à laquelle la conception volontariste du contrat serait restée indifférente. La rénegociation judiciaire porte sur les contrats de longue durée en cours d'exécution. Le juge constate l'impossibilité matérielle de poursuivre la relation contractuelle en cas de « ménopause » économique. L'acharnement légitime du créancier à recouvrer l'entièreté de sa créance comporte un sens particulier en droit malien à cause de la contrainte par corps qui est un mode de coercition et non d'extinction de l'obligation[1833]. L'onérosité de l'exécution des contrats déséquilibrés par

[1833] Décret n° 99-254/P-RM du 15 septembre 1999 portant Code de procédure civile, commerciale et sociale dans ses art. 725 à 731 au Mali spécialement l'art 725 qui dispose que : « La contrainte par corps a pour but d'obliger le débiteur négligent ou de mauvaise foi, à s'acquitter d'une dette non contestée et reconnue par un jugement ou par titre authentique ou sous seing privé. La contrainte par corps est un moyen de coercition et non d'extinction de la dette. Le créancier impayé pourra y recourir autant de fois qu'il le désire, tant que la créance n'aura pas été définitivement réglée, à la condition de prouver chaque fois que le débiteur est négligent ou de mauvaise foi. Le recours à la contrainte par corps ne peut intervenir qu'après épuisement de toutes les voies ordinaires d'exécution et de recouvrement. Il ne préjudicie en rien

l'imprévu destructeur fait que le recouvrement de la créance devient une menace pour la liberté du débiteur qui peut aller en prison. La liberté contractuelle peut conduire à une perte de liberté pour le débiteur de bonne foi par son emprisonnement si l'onérosité de l'exécution des contrats déséquilibrés entraine son insolvable. Le débiteur de bonne foi peut perdre sa liberté à cause d'une onérosité l'empêchant d'honorer ses engagements contractuels.

497. Le juge dans la constatation de l'absence de stérilité devra être vigilant pour qu'à la protection du débiteur de bonne foi ne se substitue une insolvabilité organisée ou une victimisation incessante. Ce qui est autant dangereux pour les affaires que l'absence d'une prise en compte du risque dans les changements destructeurs de circonstances. C'est ce juste milieu que traduit l'utilité d'un principe d'équilibre contractuel dans les relations commerciales. Pour déclarer la renégociabilité des contrats déséquilibrés par l'imprévu, le juge doit s'assurer de son absence de stérilité économique. A cet effet, il mesure l'opportunité d'entreprendre une procédure de renégociation des contrats suite au déséquilibre conjoncturel. Sans trancher directement et définitivement le litige pour lequel son office est sollicité, il prépare des parties à entrer en renégociation selon la gravité des bouleversements de circonstances économiques. La renégociation des contrats déséquilibrés et économiquement infructueux serait une perte de temps et une débauche incommensurable d'énergie pour le juge et les parties tout comme les bouleversements de circonstances économiques le sont pénibles pour le débiteur impécunieux de bonne foi. Le juge autoritaire est comme un médecin s'apprêtant à prodiguer délicatement des soins-remèdes à l'onérosité pathologique engendrée par les bouleversements de circonstances économiques qui constituent les maux du déséquilibre conjoncturel. Lorsque les maux sont guérissables, la renégociation judiciaire sera déclenchée pour concilier les intérêts divergents dans une fonction renouvelée du juge.

B- La fonction renouvelée du juge dans la conciliation des intérêts divergents

498. La renégociation du contrat suite au déséquilibre conjoncturel transforme la fonction de juger par le passage de témoin entre le juge, machine à emprisonner, à celui imprégné des risques de l'activité économique. Le juge officie dans une double fonction de pacificateur (1) et d'autoritaire (2) dans la conciliation des intérêts divergents.

---

au droit du créancier de faire saisir et vendre les biens du débiteur ». L'art. 728 du même texte dispose que : « La durée de la contrainte par corps est réglée comme suit : deux à dix jours pour dette comprise entre 100.000 et 500.000 F ; onze à vingt jours pour dette comprise entre 500.001 et 1.000.000 F ; vingt et un à quatre-vingt-dix jours pour dette supérieure à 1.000.000 F ».

1- La juge pacificateur

499. De prime abord, le juge n'est pacificateur que lorsque la loi ou les parties l'y autorisent en fonction de la spécificité des contrats concernés. Cette permissivité est requise mais loin d'être acquise dans les rapports entre débiteur et créancier dans les relations individuelles. La philosophie africaine de la justice en fait un facteur de paix et d'équilibre social. Ce qui a des répercussions non négligeables sur l'équilibre individuel. Le professeur BADJI , en parlant de modes alternatifs de règlement des différends, écrivait que les plaideurs tombent d'accord et la fraternité n'est pas compromise[1834]. Lorsque le contrat est asséché de sa substance économique par la survenance du déséquilibre conjoncturel, le juge doit d'abord tenter de déconflictualiser la divergence d'intérêts. La conciliation a une connotation particulière dans la philosophie africaine ou elle fraternise le contentieux pour baisser les tensions individuelles en vue de garantir la paix sociale[1835]. La conciliation doit davantage être intégrée dans l'office du juge lors de la renégociation du déséquilibre conjoncturel. C'est la fonction renouvelée du juge conciliateur. La pacification de l'office du juge a conduit à l'utilisation indistincte du juge et de l'arbitre amenant jusqu'à parler de juge- arbitre. En plus de la possibilité de statuer en amiable compositeur, il faut signaler que l'enjeu c'est l'autorité. Le droit n'est pas toujours absent lorsque l'arbitre est appelé à statuer le litige en amiable compositeur. Il suffit, pour s'en convaincre, de préciser que même dans cette posture, l'arbitre n'est pas dispensé de l'obligation de suivre les règles d'ordre public[1836]. C'est dans cette logique qu'il est indispensable de renouveler la fonction du juge. Par la pacification, le juge adapte les contrats déséquilibrés tant que cela est possible. Selon THIBIERGE, le juge doit être un facilitateur, un médiateur ou un conciliateur pour accompagner les parties à la table des négociations et les aider à accoucher d'un compromis[1837]. En se limitant à faciliter la discussion, le juge doit aussi sanctionner les comportements susceptibles de mener la renégociation à une impasse[1838]. Le juge est même réconciliateur[1839]. Cet effort ne découle pas de sa fonction juridictionnelle mais son office est sollicité dans sa vocation de régulation sociale et de pacification[1840]. Son pouvoir de médiation est qualifié de pouvoir d'assistance et d'initiative[1841]. Le juge entendra les contractants et confrontera

---

1834 P. BADJI, *Les garanties du justiciable dans le procès civil sénégalais : étude comparative avec le droit français,* thèse préc. n °160, p.117.

1835 P. BADJI, *Les garanties du justiciable dans le procès civil sénégalais : étude comparative avec le droit français*, thèse préc. n° 117, p.160.

1836 A. -A. AKAM, « La loi et la conscience dans l'office du juge », art. préc. n ° 27 p. 515.

1837 L. THIBIERGE, *Le contrat face l'imprévu,* thèse préc. n° 812.

1838 L. THIBIERGE, *Le contrat face l'imprévu,* thèse préc. n° 813.

1839 L'expression réconciliation est utilisée par B -M. SOUCRAMANIEN, *Le juge des référés et le contrat,* thèse préc. n° 303,p. 201.

1840 P. ANCEL, « Le contrat référé », D. 2006, p. 2409.

1841 A. BENABENT, Intervention au colloque de la Revue des consacré aux « *prévisions contractuelles à l'épreuve de la crise économique* », Paris, 22 octobre 2009.

leurs points de vue pour leur permettre de trouver une solution au conflit qui les oppose. Dans la perspective d'un pouvoir de conciliation, il tentera d'amener les parties vers un compromis. Il favorise entre le débiteur et son créancier un accord amiable, un aboutissement fructueux des négociations destinées à mettre fin aux difficultés entre les parties.

500. Le recours à la conscience du juge met au centre de son activité l'intime conviction[1842] qui lui permet de décider en prenant sa conscience à témoin. Pour cela des notions d'ordre public, de bonnes mœurs, de bonne foi, d'équité, d'intérêt général, d'intérêt social, d'intérêt de l'enfant, de bon père de famille, de justes motifs, de fraude[1843] constituent des tremplins pour l'ensemble des mécanismes de renégociation judiciairement pacifique en droit privé. Le juge n'est pas un redresseur de torts dans la conception africaine. Insidieusement, nous pensons qu'il serait d'ailleurs contraire à la forme républicaine de l'État d'introniser des Kadis[1844] dans les juridictions étatiques pour régler les litiges entre associés ou la sanction de l'abus d'ententes et les positions dominantes en droit de la concurrence. Cette démarche entrainerait une confusion des fonctions du juge avec les conciliateurs informels ou traditionnels. Il n'est pas non plus demandé au juge d'être un psychologue à toutes fins utiles mais d'être juste dans l'application de la loi des parties tout en sachant diluer sa rigueur pour l'adapter aux circonstances nouvelles. Nous soulignons que la conception extensive du juste juridique dans la conception africaine est trop vaste. Nous émettons des réserves sur le manque de critères scientifiques du seuil d'humanisation qu'il incarne. Par contre, nous reconnaissons qu'elle ne manque pas d'intérêts même si l'interprétation extensive du juste juridique dépasse toute idéalisation d'une justice contractuelle à l'échelle africaine. La justice étatique tranche les droits subjectifs tandis que la justice coutumière est conciliatrice[1845]. La conception occidentale de la justice repose sur des principes philosophiques, juridiques et moraux et des fondements qui découlent des réalités de la vie sociale et de la civilisation[1846]. La conception de la justice traditionnelle africaine est liée à d'autres facteurs qui l'inspirent comme les croyances religieuses[1847], le respect de la tradition des ancêtres. Cette justice coutumière a subi une profonde modification sous l'influence de

[1842] Pour une vue générale de cette notion, V° RACHED, *De l'intime conviction du juge*, th. Paris, 1942 ; C. TOURNIER, « L'intime conviction du juge », PUAM, 2003.

[1843] A. - A. AKAM, « La loi et la conscience dans l'office du juge », art. préc. n° 24 p. 514.

[1844] Se sont des juges traditionnels en droit musulman.

[1845] Plutôt que de trancher le litige, comme dans le sens de la justice occidentale vindicative, la justice africaine trouverait une solution équilibrée pour tous. V. G. DIOUF, *La résistance du droit coutumier africain aux législations coloniales et postcoloniales*, thèse préc. p. 227.

[1846] Dictionnaires et encyclopédies sur « Academic » http://fr.academic.ru/dic.nsf/frwiki/838189 dernière consultation le 20 septembre 2012.

[1847] M. AROUALA, « Mali, vitrine de la justice du XIIème au XVIIIème siècle », Bamako, MSI Publications, art. préc. p. 14.

la colonisation et de l'islam depuis sa pénétration au 12ème siècle[1848]. Pour le professeur SY, le chercheur ne peut se limiter à étudier, analyser, éclairer ou interpréter les textes. Il doit aller au-delà et prendre en compte l'environnement économique, politique, social et culturel dans lequel baigne le juge[1849]. Ce qui nous laisse penser que les valeurs traditionnelles d'une justice pacifique à l'africaine s'occidentalisent par une forte théorisation à travers le solidarisme contractuel, la fraternité contractuelle pour un retour du droit des contrats aux fondamentaux : l'humain.

La pacification du contrat suite à la renégociation du déséquilibre conjoncturel consiste à transformer l'autorité du juge à un pouvoir de management dans la conciliation des intérêts des parties. C'est le cas dans les conflits collectifs ou l'intérêt général prime l'intérêt particulier. La collectivisation des intérêts donne plus de visibilité et de vigueur à celle de la sécurité contractuelle. La primeur donnée à la renégociation par les parties n'empêche pas le juge de sanctionner les comportements compromettant le sort des discussions. Le juge dans la conciliation des intérêts opposés intervient dans la renégociation des contrats suite déséquilibre conjoncturel, comme dans un mariage qui bat de l'aile. A l'emprisonnement du débiteur, pour sa responsabilité pour inexécution du contrat suite à l'onérosité entrainée par le déséquilibre conjoncturel, devrait se substituer une tentative de conciliation judiciaire. L'incitation des parties à entreprendre des concessions raisonnables et supportables dans la renégociation des contrats conjoncturellement déséquilibrés contribue à renouveler la fonction du juge pacificateur. Le juge est pacificateur lorsqu'il apaise, incite les parties à consentir des sacrifices raisonnables en cas de dégradation de l'économie générale du contrat. Plus qu'un bien dans sa patrimonialité, le contrat est aussi un lien dans son humanité sollicitant des concessions réciproques. L'adaptation conventionnelle, quoi qu'utilement pacificatrice, montrerait ses limites devant l'argent en droit commun des contrats. L'autorité du juge intervient en dernier recours en substituant la renégociation judiciaire à celle pacifique pour en constater l'échec. C'est l'ultime recours à son indispensable pouvoir de trancher autoritairement et définitivement.

2- Le juge autoritaire

501. La possibilité d'une conciliation des intérêts divergents contre la volonté du créancier est la raison principale de la restriction des pouvoirs du juge dans l'ensemble des dispositifs de traitement du déséquilibre contractuel. L'équilibre initial préserve les effets du contrat tels que voulus par les parties à la différence d'un équilibre judiciairement stimulé suite à une interprétation des contrats conjoncturellement déséquilibrés. Les parties sont les meilleurs

---

[1848] G. DIOUF, *La résistance du droit coutumier africain aux législations coloniales et postcoloniales*, thèse préc. p. 227.

[1849] D. SY, « La condition du juge en Afrique : l'exemple du Sénégal » in Le statut du juge en Afrique, art. préc. p. 349.

juges de leurs intérêts. De ce fait, elles ont choisi leur sécurité et leur justice conformément aux réalités contemporaines à l'échange des consentements. A cet effet, la conflictualisation de la divergence d'intérêts, en cas de survenance du déséquilibre conjoncturel, restreint la renégociation judiciaire forcée à un faux prétexte, à une excuse. L'intervention judiciaire n'a pas sa raison d'être si les parties peuvent y arriver entre elles. Dans l'imaginaire populaire, le juge est en même un garant et une menace pour la liberté individuelle du débiteur insolvable de bonne foi. La sacralisation de l'office du juge laisse entrevoir qu'il peut être une machine à emprisonner et un véritable acteur de régulation des activités économiques. Nous n'exagérerons pas la portée de ces craintes qu'inspirent les juges. Son intervention, en dehors d'une consécration légale de la renégociation du déséquilibre conjoncturel, a été considérée comme un forçage, un grossissement du contenu obligationnel, une délictualisation du contrat, une crise du contrat ou même une objectivation du droit privée. L'inquiétude est la substitution du juge plus dynamique à un législateur à la traine dans la correction du déséquilibre externe pour une restauration de la justice contractuelle en droit commun. L'autorité du juge est indispensable à posteriori pour ramener les parties à la raison, désigner le contractant qui supporte ou partage les coûts supplémentaires occasionnés par l'exécution onéreuse des contrats déséquilibrés par l'imprévu. Le juge dépourvu du pouvoir de sanction devient une tête de plus ou même de trop à la table de renégociation des contrats suite au déséquilibre conjoncturel. La divergence d'intérêts entre les cocontractants est difficile à trancher sans l'autorité du juge. L'idée d'une adaptation consiste à rendre le contentieux moins rigide avec la participation du juge[1850] qui interprète, adapte, complète la loi des parties aux faits nouveaux, aux situations nouvelles. Le juge est un législateur supplétif qui doit être outillé pour réhabiliter la sécurité contractuelle rompue en rendant des décisions pertinentes. Le fondement volontariste de la force obligatoire du contrat ne justifie plus le rejet de la théorie de l'imprévision[1851].

En l'absence d'habilitation légale d'un traitement de l'imprévu par le juge, la renégociation n'est envisageable qu'à travers une interprétation créatrice en cas de changement de circonstances bouleversant l'économie générale du contrat. L'office du juriste qui peut s'appeler interprétation[1852], reste un office particulier[1853]. Pour témoigner de la complexité pratique de cette mission, il est essentiel pour le juge de prendre la mesure des divergents d'intérêts et les arguments des parties. L'interprétation recherche la commune volonté des

---

[1850] R. DECOTTIGNIES, « La résistance du droit africain à la modernisation en matière d'obligations », art. préc. p. 67.

[1851] A. ARSAC-RIBEYROLLES, *Essai sur la notion d'économie du contrat*, thèse l'université Clermont, 2005, p. 220, n° 377.

[1852] M. VILLEY, Archives de Philosophie du Droit, tome. XVII, 1972 ; du même auteur *L'interprétation dans le droit*, p. 3.

[1853] V. sur l'idée d'offices (au pluriel) du juge, M- A. FRISON-ROCHE, « Les offices du juge », in Mél. J. FOYER, Paris, éd. PUF, 1997, p. 463.

parties[1854], la signification réelle du contrat[1855], clarifie la volonté du débiteur à accepter implicitement seul le risque. Il s'agit préciser si le créancier et le débiteur sont tenus du coût supplémentaire généré par le traitement du risque imprévu et ce personnellement ou proportionnellement . La renégociation est une révision des contrats conjoncturellement déséquilibrés en passant d'une sécurité statique à une sécurité dynamique plus protectrice des prévisions[1856]. Adapter le contrat c'est sauvegarder sa stabilité[1857], permettre aux affaires de gagner en sécurité par une révision équitable[1858]. Pour les partisans de cette révision, il n'apparaît pas que le pouvoir modérateur accordé au juge porte une atteinte sérieuse à la sécurité des contrats[1859]. C'est le triomphe du rationalisme sur l'absurdité que de respecter la volonté des parties lorsque celle-ci est évidente[1860]. Dans la renégociation, il faut noter que le manque à gagner justifierait parfois la démarche du créancier à dénoncer l'insécurité d'une décision judiciaire défavorable.

502. Le juge endosse un double rôle dans la renégociation des contrats à exécution successive ou différée. La sollicitation de ses pouvoirs de sanction n'intervient qu'en cas d'échec de toute renégociation pacifique dans son office. Le juge doit trancher autoritairement et définitivement la divergence d'intérêts face à la résistance des contractants à adhérer au compromis. La patrimonialisation croissante des rapports contractuels suscite la méfiance face à une idéalisation coupable des modes de règlement pacifique. L'objectif de la renégociation est d'améliorer l'exécution des contrats déséquilibrés même contre la volonté du créancier. Il faut un dépassement des conséquences de l'autonomie de la volonté ayant gouverné la conclusion du contrat. Le recours à l'autorité du juge est nécessaire pour empêcher les demandes impossibles du créancier faites au débiteur de bonne foi. Contrairement aux revirements jurisprudentiels influençant le législateur français, le juge malien a besoin d'être doté d'une législation intelligible consacrant une obligation de renégociation des contrats suite au déséquilibre conjoncturel. La minimisation des dangers de la renégociation autoritaire ne passe pas par une inflation législative mais une crédibilisation et une responsabilisation qui sont utiles à la fonction de juger. L'autorité du juge doit être renouvelée au service de

---

1854 P. MALAURIE, L. AYNES, Ph. STOFFEL-MUNCK, *Droit civil, Les obligations*, Paris, éd. Defrénois, 2004, n° 772.

1855 A. SERIAUX, *Droit des obligations*, Paris, éd. PUF, 1998, 2ème éd., n° 43.

1856 VOIRIN, *De l'imprévision dans le rapport de droit privé*, thèse préc., 1922, p.55.

1857 DELMAS-SAINT-HILAIRE, « L'adaptation du contrat aux circonstances économiques », in La tendance à la stabilité du rapport contractuel, art. préc. p. 189.

1858 CARBONNIER, *Droit civil*, tome 4, collection Thémis, P.U.F., 16ème édition, 1992, n° 149.

1859 D. TALLON, « La révision du contrat pour imprévision au regard des enseignements du droit comparé », in Études à la mémoire d'Alain SAYAG, Litec, 1997, p. 410.

1860 J. MESTRE et A. LAUDE, « L'interprétation "active" du contrat par le juge », in "Le juge et l'exécution du contrat", Colloque IDA, 28 mai 1993, publié par les éd. PUAM, 1993, coll. IDA, p. 9 et s.

l'intelligence économique et au détriment de l'individualiste égoïste évinçant l'aléa dans les contrats de droit commun. Le juge devient autoritaire lorsque, malgré la pression de sa présence, les parties n'arrivent à prendre à mutualiser le risque généré par les bouleversements de circonstances économiques. Il doit les contraindre à s'entendre. Le juge menace les parties pour les contraindre à mieux renegocier[1861]. Il peut même faire des propositions pour enrichir les discussions dans le but de poursuivre l'activité des parties[1862]. Les réunions les plus productives sont celles de la dernière chance[1863]. La pertinence de l'autorité du juge est de contraindre un contractant à adhérer aux propositions pertinentes ou éviter la mauvaise foi à travers des agissements négatifs pouvant conduire à l'échec de la renegociation . En cas d'echec de l'adaptation par les parties, le juge corriger le déséquilibre conjoncturel. L'accroissement des pouvoirs du juge l'investit de l'autorité indipensable pour soigner le déséquilibre contractuel c'est-à-dire remédier à l'insécurité des transactions en cas de bouleversements notoires de circonstances économiques. En vérité, dans l'interprétation des contrats conjoncturellement déséquilibrés, le pouvoir du juge étatique est uniquement celui que le législateur daigne lui reconnaitre. La révision judiciaire pour imprévision porte atteinte à la force obligatoire du contrat dans la conception libérale.

Conclusion section 2 :

503. L'urgente consécration de la renégociation judiciaire du déséquilibre conjoncturel est la conséquence des limites conceptuelles de l'autonomie de la volonté. Il ne faut pas en faire le deuil mais optimiser les effets du contrat pour les parties. Il s'agit d'admettre que si la volonté lie, le juge doit délier. L'unicité du fondement de l'autonomie de la volonté, dans la correction judiciaire du déséquilibre conjoncturel en droit commun, doit être renouvelée. L'obligation de renégociation est fondée sur la bonne foi et conduite sous l'autorité du juge. La finalité est d'éviter la détérioration de l'économie générale du contrat en l'absence d'une faute du débiteur dans la survenance de l'imprévu dirimant. La mobilisation de la bonne foi, unifiée et bilateralisée pour une efficacité renouvelée, est essentielle dans la renégociation du déséquilibre conjoncturel. Ce qui nous fait penser que la bonne foi est un gage de civilité contractuelle, une formule pacifique de politesse qu'il faut autoritairement exiger lorsqu'elle n'est pas respectée dans le traitement du déséquilibre conjoncturel.

Conclusion chapitre 1 :

[1861] L. THIBIERGE, *Le contrat face l'imprévu*, thèse préc. n°. 814

[1862] V. pour le cas des entreprises L. THIBIERGE, *Le contrat face à l'imprévu*, thèse préc. n° 813, p. 458.

[1863] J. MESTRE et B. PAGES, « Portée des clauses de réunion ou de rencontre stipulées en vue de faciliter la renégociation du contrat », RTD civ. 2006, p.112.

504. L'obtention des délais de grâce est un remède éphémère au déséquilibre contractuel par la suspension provisoire des obligations au profit de la partie qui en fait la demande. Cependant, elle est conditionnée à l'accord du créancier et la capacité du débiteur à mobiliser son humanisme. La sécurité contractuelle du débiteur de bonne foi résulte de la volonté du créancier à lui consentir librement ces délais de grâce. A défaut, lorsque l'onérosité conduit à l'inexécution, le débiteur est responsable de la survenance de l'imprévu. Redynamiser la pitié du créancier n'est pas évident en raison des enjeux patrimoniaux. L'autorité du juge est incontournable pour que le déséquilibre conjoncturel ne soit pas exclusivement imputable au débiteur de bonne foi en droit commun. C'est une écriture inachevée des obligations contractuelles. Le droit est l'art de la solution juste et équitable qui n'existe qu'en relation étroite avec la réalité concrète[1864]. L'immobilisation des volontés dans un contrat est la pire forme d'insécurité en cas de déséquilibre conjoncturel. L'obligation de renégociation judiciaire doit être optimisée pour une réhabilitation de la justice contractuelle.

[1864] P. MAZIÈRE, *Le principe d'égalité en droit privé*, préc. n° 17, p. 26

CHAPITRE 2 : LA NECESSITÉ D'UNE RÉHABILITATION DE LA JUSTICE CONTRACTUELLE SUITE AU DÉSÉQUILIBRE CONJONCTUREL

505. L' exigence de justice contractuelle commande la correction des contrats déséquilibrés[1865]. D'entrée, l'équivoque mérite d'être levée sur le déni futile d'une justice dans les réalités contemporaines à la conclusion du contrat. Dans l'exécution, c'est plutôt les effets de l'autonomie de la volonté qui sont dénoncées en cas de survenance du déséquilibre conjoncturel. L'imputabilité du risque au seul débiteur, en cas de bouleversements de l'économie générale du contrat, est réccurente. Le contrat est la chose des parties dans une exécution sans difficulté mais devient un purgatoire pour le débiteur qui endosse seul son manque de diligence dans l'anticipation du risque inattendu. Ce qui justifierait une renégociation faisant du juge, un acteur de la justice contractuelle dans le but de résorber les conséquences du déséquilibre conjoncturel. L'engagement du législateur à autoriser cette renégociation ultime n'est possible que par une réforme du droit malien des contrats. La renégociation judiciaire intervient après celle extrajudiciaire infructueuse pour la réhabilitation de la justice contractuelle rompue par l'imprévu de façon contingente. La renégociation judiciaire des contrats conjoncturellement déséquilibrés soigne une « faute » plus imputable à l'aléa qu'aux parties. Toutefois, l'intervention du juge, garant des patrimoines, n'est pas intempestive. Elle est organisée, graduée pour une optimisation des sanctions soignant les effets du risque sur les contrats devenus déséquilibrés. La réhabilitation de la justice contractuelle prendrait en compte la sécurité du débiteur de bonne foi. Cette restauration de l'équilibre rompu des prestations passe par l'optimisation des sanctions (Sect.1) et de la portée (Sect.2) de la renégociation judiciaire.

Section 1 : L'optimisation des sanctions dans la renégociation judiciaire

506. Le contrat est la traduction juridique d'une stratégie économique[1866] et efficiente[1867]. L'optimisation économique contribue à la tentative de sauvegarde d'une contrepartie attendue mais faussée par l'imprévu pour les contractants. Le changement de circonstances rendant l'exécution extrêmement onéreuse pour une partie qui n'avait pas accepté d'en assumer le risque, celle-ci peut demander une renégociation à l'autre partie. C'est seulement en cas de refus ou d'échec de cette renégociation par les parties, qu'elles peuvent décider de résoudre le contrat, le faire adapter par le juge qui pourrait le réviser ou y mettre fin. Pendant cette renégociation judiciaire, les

---

[1865] V. LASBORDES, *Les contrats déséquilibrés*, thèse préc. n°15, p. 38.

[1866] A. FRISON ROCHE, « Contrat, concurrence, régulation », RTD. civ., 2004. 451, spéc. n° 33 ou l'auteure parle du contrat sous sa dimension économique en le considérant comme doublement nécessaire et préalable à l'échange.

[1867] V. aussi A.-J. KERHUEL, *L'efficience stratégique du contrat, un champ d'action de la liberté contractuelle*, thèse préc. p. 34.

sanctions-remèdes n'anéantissent les contrats déséquilibrés par l'imprévu qu'en cas d'échec de ladite renégociation judiciaire. Cette ultime intervention judiciaire apporterait des améliorations en maintenant le contrat pour le soigner de la pathologie du déséquilibre ou l'euthanasier à l'impossible. Le pragmatisme dans la minimisation des sanctions inadaptées (Para.1) et l'altruisme dans le prononcé de la sanction ultime (Para.1) en cas d'échec maximisent la portée de la renégociation judiciaire du déséquilibre conjoncturel.

Paragraphe 1 : Le pragmatisme dans la minimisation des sanctions inadaptées

507. Lorsque l'extrême onérosité conduit à l'inexécution du contrat en cas de bouleversements de circonstances, les parties pourraient stratégiquement user de mécanismes destructeurs ayant la même finalité que l'anéantissement. Le but est de maintenir judiciairement le contrat renégociable pour diagnostiquer sa curabilité. La destruction est une sanction inadaptée (A) tout comme la réfaction est limitée (B) dans la renégociation judiciaire du déséquilibre conjoncturel.

A- La destruction, une sanction inadaptée

508. L'exigibilité des obligations demeure malgré l'apparition de l'imprévu déséquilibrant. Toute extinction anticipée anéantissant le contrat renégociable avant l'échec des discussions serait proscrite. L'inadaptation des mécanismes destructeurs (1) entraine celle de toute restitution des prestations réciproques (2) dans la renégociation judiciaire du déséquilibre conjoncturel.

1-L'inadaptation des mécanismes destructeurs

509. Le juge est saisi pour statuer sur les seules conditions de l'imprévision par le débiteur confronté à une exécution extrêmement onéreuse que le créancier refuse de reconnaitre. Les pouvoirs du juge sont colossaux dans la procédure contentieuse par une appréciation de l'opportunité et du maintien des contrats déséquilibrés par l'imprévu mais renégociable. Après une phase extrajudiciaire de renégociation conventionnelle, le juge est saisi par une partie dans une phase judiciaire pendant laquelle certains mécanismes sont discutables. Il n'est pas redondant de rappeler que les sanctions destructrices anéantissent le contrat. En effet, elles méritent la qualification de destructrices pour symboliser l'esprit du tout ou rien qu'elles incarnent. En parlant d'anéantissement[1868] on pourrait souligner la proximité destructrice entre la nullité, résiliation, la résolution[1869] ou la caducité. Ce qui pourrait prêter à

[1868] V. sur l'anéantissement du contrat pour sanction du défaut de cause G. PIETTE, thèse préc. n° 670, p. 351.

[1869] Depuis la réforme française du droit des obligations, entrée en vigueur le 1er octobre 2016, la résolution désigne la sanction de l'inexécution de son obligation par le débiteur en mettant fin au contrat. La résolution procède de trois hypothèses. Lorsqu'elle résulte de l'application d'une clause résolutoire précisant les engagements dont la défaillance provoque la résolution,

confusion voire à spéculation. Aucune obsession pour l'innovation ne permet d'invoquer la nullité pour sanctionner les contrats conjoncturellement déséquilibrés. Il n'en a jamais été question. Nous rappelons que la nullité[1870] est la sanction l'inobservation des conditions de formation des contrats[1871]. Elle n'est pas évoquée dans les bouleversements de circonstances qui ne concernent que le contrat valablement formé produisant des effets perturbés par le temps et non du fait des parties. Aux termes de l'article 104 du RGO : « dans les contrats synallagmatiques, chacun des contractants peut refuser de remplir son obligation tant que l'autre n'exécute pas la sienne. L'exception d'inexécution suppose un manquement suffisamment grave pour justifier le refus d'exécuter l'obligation corrélative[1872]. Elle nous semble plus un moyen de défense qu'un instrument de sanction. Lorsque les bouleversements de circonstances conduisent à l'inexécution du contrat, il y a d'autres sanctions que sont la résolution[1873] ou la résiliation. La résiliation n'a certes pas d'effet

---

elle est dite « conventionnelle ». Lorsqu'elle procède d'une décision du créancier agissant à ses risques et périls en cas d'inexécution suffisamment grave, on parle de résolution unilatérale par notification du créancier qui est ndépendante de toute clause et de toute action en justice. Cette forme de résolution est consacrée par le Code civil. Lorsque la résolution résulte d'une décision de justice, elle est dite « judiciaire ». Quant à ses effets, l'ordonnance n°131 du 10 février 2016 portant réforme du droit des contrats fait une distinction essentielle. Lorsque les prestations échangées ont trouvé leur utilité au fur et à mesure de l'exécution réciproque du contrat, il n'y a pas lieu à restitution pour la période antérieure à la dernière prestation n'ayant pas reçu sa contrepartie ; la résolution n'a pas d'effet rétroactif, on la qualifie de résiliation. Au contraire, lorsque les prestations échangées n'ont eu d'utilité qu'en cas d'exécution complète du contrat résolu, les parties doivent se restituer l'intégralité de ce qu'elles se sont procuré l'une à l'autre ; en ce cas il y a rétroactivité : c'est une résolution.

[1870] V. sur la nullité comme sanction de l'absence de cause G. PIETTE, op. cit. n° 671, p. 352.

[1871] Art. 61 du Régime général des obligations au Mali. Si les parties sont tenues par les obligations souscrites, c'est que les conditions de la formation aient été respectées. A défaut, la nullité est encourue V. dans ce sens M. MEKKI, « Nullité et validité des contrats : un exemple de pensée par les contraires », RTD 2006, p. 679 ; V. art. 1129 de l'avant-projet de réforme et art. 90. du projet du droit des obligations et de la prescription en France. On la qualifie de rescision lorsqu'elle est prononcée pour cause de lésion. Elle diffère de l'inopposabilité sanctionnant l'inobservation des conditions de publicité. Il n'y pas de nullité sans action en justice. Les Principes du droit européen du contrat (art. 4.112 et 4.113), les Principes d'Unidroit (art.3.14 et 3.15) admettent que l'annulation d'un contrat peut se faire que par voie de notification à l'autre partie dans un délai raisonnable ou par déclaration dans un délai de prescription de dix courant du jour de la conclusion dans l'avant-projet de Pavie (art.141).

[1872] Art. 104 du RGO au Mali et art. 108 du COCC au Sénégal disposent que : « dans les contrats synallagmatiques, lorsque l'une des parties est dans l'impossibilité d'exécuter sa propre prestation, l'autre est déliée du contrat ». En parlant de ce dernier, une auteure retenait que ce texte comporte la lacune de ne pas préciser quel est le sort de la partie dont l'exécution de la prestation se révèle impossible mais surtout de ne pas s'étendre plus amplement sur cette impossibilité et qu'un grand mérite revient ainsi au Code civil français dont les termes de définition utilisés sont plus clairs. Il n'y a lieu à dommages et intérêts lorsque par suite d'une force majeure ou d'un cas fortuit, le débiteur a été empêché de donner ou de faire ce à quoi il était obligé, ou a fait ce qui lui était interdit. N.-S. DIAGNE, thèse préc. n° 434, p.190 et s.

[1873] H.-A. BITSAMANA, Dictionnaire de droit Ohada, Ohadata D- 05-33, p. 185. Mise à néant d'un contrat, ordonné par le tribunal, en cas d'inexécution par l'une des parties de ses obligations.

rétroactif et elle anéantit le contrat pour l'avenir[1874]. Quand l'une des parties est dans l'impossibilité définitive de fournir sa prestation, le contrat est résolu c'est à- dire anéanti avec rétroactivité. Ainsi, le contrat sera résolu parce que la survenance d'une cause étrangère empêche le but poursuivi d'être atteint. La résolution judiciaire présente des inconvénients contrairement à la caducité. D'une part, elle mêle deux questions différentes relatives à la responsabilité contractuelle et au sort du contrat. D'autre part, elle est inadaptée à la phase contentieuse de la renégociation parce qu'elle est rétroactive. Le débiteur doit continuer à s'exécuter et la reconnaissance de l'onérosité suppose qu'elle daterait du moment où elle a commencé à se faire sentir. On pourrait entrevoir une sorte de moralisme du droit des contrats, plus soucieux de sanctionner l'une des parties que d'envisager le sort du contrat objectivement privé d'un élément nécessaire à son fonctionnement. Il est une contradiction flagrante entre une rétroactivité qui commande des restitutions croisées et des dispositions qui prohibent toute allocation de dommages-intérêts. La qualification de résolution judiciaire, à défaut d'être conventionnelle, serait inadaptée à la renégociation des contrats conjoncturellement déséquilibrés.

510. TALLON prédisait, en son temps, que tôt ou tard la révision du contrat pour imprévision sera consacrée en droit français en raison de l'impulsion des projets d'harmonisation du droit européen[1875]. L'onérosité conduisant à l'inexécution laisse la latitude au créancier de recourir à l'exécution forcée et à la responsabilité contractuelle du débiteur. Ce qui est logique au regard du caractère obligatoire du contrat. Une fiction juridique nous laisse penser que le tripatouillage de l'exception d'inexécution, légitime défense dans les contrats synallagmatiques, peut être une stratégie du créancier de maintenir le mutisme en refusant toutes concessions et propositions du débiteur ou en refusant d'aller à la renégociation judiciaire. La renégociation judiciaire des contrats suite au déséquilibre conjoncturel ne doit pas être prise en otage par les comportements néfastes des parties les empêchant d'aboutir à un compromis. Pour certains auteurs, lorsque le contrat perd tout intérêt pour l'une des parties, celui qui est victime peut demander une médiation judiciaire ou demander au

---

Exemple : le non-paiement du prix entraîne la résolution de la vente. Tous les effets qu'a pu produire un contrat résolu sont rétroactivement anéantis.

[1874] H.-A. BITSAMANA, Dictionnaire de droit Ohada, Ohadata D-05-33, p. 185. C'est une mise à néant d'un contrat à exécution successive en cas d'inexécution par l'une des parties de ses obligations. Exemple : le non-paiement des loyers entraîne la résiliation du bail. La résiliation, à la différence de la résolution n'opère que pour l'avenir. Avant l'ordonnance n°131 du 10 février 2016 portant réforme française du droit des contrats, on enseignait que la résiliation était une résolution non rétroactive provoquant l'anéantissement du contrat pour l'avenir seulement dans les contrats à exécution successive. Désormais, la résiliation est une résolution caractérisée par l'absence de restitution autant dans les contrats instantanés que dans les contrats à exécution successive.

[1875] D.TALLON, « La révision pour imprévision au regard des enseignements récents du droit comparé », in Études à la mémoire d'Alain Sayeg, art. préc.p.403.

tribunal la résiliation[1876]. En tout état de cause, le caractère brutal de la résolution semble excessivement rigide et impossible à appliquer lorsque perdure une relation commerciale constante entre les parties. Il parait approprié d'empêcher les parties d'anticiper l'échec de la renégociation judiciaire du contrat viable. Les difficultés liées à la restitution ne sont pas conciliables avec l'onérosité engendrée par les bouleversements de circonstances.

2- L'inadaptation de la restitution des prestations réciproques

511. La disparition des contrats conjoncturellement déséquilibrés n'est pas le souhait des contractants qui chercheraient plutôt une issue faste à leur différend dans une renégociation judiciaire. Cette solution est normalement destinée à pérenniser la relation contractuelle à exécution successive et échelonnée. De façon générale, pendant la renégociation judiciaire et selon la nature des contrats en cause, la destruction entrainant une restitution serait inappropriée en plus d'une exécution déjà onéreuse. La résiliation est le plus souvent présentée comme un diminutif de la résolution[1877]. Dénuée d'autonomie de rétroactivité, elle remplirait la même fonction que la résolution dans le domaine des contrats à exécution successive. Lorsque le contrat porte sur des prestations ne pouvant être restituées, la résiliation peut être utilisée en lieu et place de la résolution. La résiliation est alors le nom que prend la résolution dans les contrats successifs qui excluent la rétroactivité. La résolution par notification[1878] est entrevue comme une sanction du déséquilibre contractuel dans une série d'arrêts rendus la 1ère chambre civile de la Cour de cassation[1879]. Cependant, cette résolution a pour cause une inexécution imputable au débiteur et nécessite une faute. La faute, manquement à une obligation préexistante de quelque nature que ce soit, permet de sanctionner le comportement des contractants. Elle est le fondement de la responsabilité entrainant une réparation. Malgré les changements majeurs de circonstances économiques, il n'y a pas de faute tant que l'onérosité ne conduit pas à l'inexécution du contrat par le débiteur. L'onérosité conduisant à l'inexécution des contrats conjoncturellement déséquilibrés entrainerait la responsabilité du débiteur. Les arguments, quoi qu'opposés, se valent. La survenance des

---

[1876] V. art. 1135-3 de l'avant-projet de réforme du droit des obligations et de la prescription 1ère et 2ème version P. MALIVAUD, D. FENOUILLET, Droit des obligations, Litec 2010, n °501, p. 394.

[1877] Art. 107 du Régime général des obligations au Mali.

[1878] La résolution du contrat sur notification : La résolution des contrats synallagmatiques par déclaration unilatérale de volonté dans les Principes d'Unidroit (7.3.1) ; en droit allemand (art. 324.325 du BGB) et les principes du droit européen des contrats (4. 301 ; 4. 304 et 3. 103) ; la convention de Vienne sur la vente internationale de marchandises (art 49 et 64) ; avant-projet OHADA (7/14) ; E.- J. BILE KANGAH, Mémoire, Université Catholique d'Abidjan, Ohadata D-08-10, p. 46.

[1879] V. N. MOLFESSIS, *Le renouveau des sanctions contractuelles*, éd. Economica, Fév. 2007, n° 5, p. 6.

bouleversements de circonstances économiques n'est imputable à aucune des parties. La résiliation du contrat ne doit pas être prononcée. La mobilisation de la bonne foi comme moyen de régulation de la conduite des parties, pendant la renégociation judiciaire, est indispensable. Seulement, la partie à l'origine de la rupture de cette renégociation autoritaire pourrait se voir sanctionnée pour une résiliation aux torts exclusifs avec à la clé des dommages et intérêts. L'idée séduit en ce qu'elle fournit une vive incitation à mener la renégociation judiciaire du déséquilibre conjoncturel de bonne foi. Elle véhicule néanmoins une conception singulière de la causalité. Au lieu de rattacher la mort du contrat à la disparition accidentelle de son but, on la raccroche à la mauvaise foi des parties pendant la renégociation judiciaire. Faire planer sur la tête des parties, la pression de la résiliation aux torts exclusifs peut constituer une forte incitation à renégocier utilement. L'anéantissement entraine une restitution des prestations inconcialibale avec la renégociation judiciaire suite au déséquilibre conjoncturel. La recherche théorique d'un retour au statu quo fait mauvais ménage avec l'insolvabilité longue et incurable.

512. L'impossibilité de la restitution rendrait l'anéantissement inadapté à la renégociation judiciaire des contrats déséquilibrés par l'imprévu et faussant les prévisions initiales des parties. Le déséquilibre conjoncturel n'est pas un vice originel mais une perte d'efficacité ultérieure dans l'exécution des contrats. Le droit utilise une autre technique de correction qui est le rééquilibrage pour concilier les deux exigences qui innervent la théorie générale des contrats notamment la sécurité juridique, d'une part, et la justice contractuelle, d'autre part. En effet, le rééquilibrage conduirait le juge à supprimer la cause du déséquilibre en maintenant le contrat. La cause du déséquilibre conjoncturel est le hasard, l'aléa économique. Les restitutions s'avèrent délicates en cas de déséquilibre conjoncturel. Lorsque le débiteur est suffisamment solvable pour restituer les biens reçus du contrat, il est plus propice de continuer son exécution au lieu de demander sa renégociation sous l'autorité du juge. C'est surtout une raison économique qui commande, dans certains cas, la survie du contrat. En effet, lorsque le contrat constitue le support de l'exercice d'une activité professionnelle, des emplois y sont attachés. Dans cette logique, sa disparition en raison du déséquilibre qui en affecte l'économie n'est pas opportune. Le contrat revêt dans ce cas une valeur économique et patrimoniale qui commande sa survie après un rééquilibrage. C'est d'ailleurs, cet enjeu économique que traduisent les clauses de renégociation, fréquemment insérées dans les contrats commerciaux, internes et internationaux. L'imprévu rend difficile et coûteuse l'exécution des obligations pour les parties. Pour éviter la résolution du contrat pour inexécution, les parties devraient l'adapter. Le contrat "constitue une valeur économique dont il faut à l'occasion modifier le contenu pour assurer le maintien de ses utilités essentielles"[1880]. Les sanctions

---

[1880] V. M.-A. FRISON-ROCHE, « Le contrat et la responsabilité : consentements, pouvoirs et régulation économique », Rev. Trim. Dr. Civ. 1998, p.43 et s., spéc., n° 8 et s., p. 45.

anéantissant d'emblée le contrat économiquement viable dans la renégociation judiciaire ne sont pas adaptées. La réfaction aurait des spécificités propres à la vente commerciale. Ce qui laisse subsister des doutes sur sa pertinence dans la correction judiciaire des contrats conjoncturellement déséquilibrés.

B- La réfaction, une sanction limitée

513. La réfaction[1881] est le pouvoir que détient le juge d'obliger l'acheteur insatisfait de la chose livrée à la conserver contre une réduction du prix. Cette technique propre à la vente commerciale corrige les contrats déséquilibrés par une exécution défectueuse des obligations du vendeur[1882]. C'est une sanction du défaut de conformité (1) et de l'exécution insuffisante (2).

1-La réfaction, sanction du défaut de conformité

514. La réfaction permet à l'acheteur, qui se plaint d'un défaut de conformité, d'obtenir une réduction du prix. Il faut un défaut de quantité ou de qualité de la marchandise livrée qui ne doit pas être impropre à l'usage auquel elle est destinée. L'intérêt à agir de l'acheteur est d'éviter la résiliation. C'est refaire au lieu de le défaire, conserver la chose en obtenant une diminution du prix. Le vendeur peut avoir intérêt à solliciter la réfaction pour s'opposer à une demande de résiliation de l'acheteur. La réfaction suppose un contrat synallagmatique de vente qui engendre des obligations réciproques et interdépendantes impliquant par nature un équilibre de droit et de fait entre deux obligations essentielles. Elle sanctionne la rupture de l'équilibre pour inexécution de l'obligation de délivrance non conforme. L'acheteur ne paiera le prix total de la marchandise que lorsque le vendeur s'acquittera de son obligation de délivrance. Lorsqu'une des parties n'accomplit pas son obligation, l'autre n'exécutera pas non plus la sienne dans les mêmes termes. Une certaine équivalence des prestations est exigée dans les obligations réciproques des parties. L'équivalence voulue par les contractants réside dans la délivrance de la chose convenue en contrepartie du prix. Dès lors que la délivrance n'est pas conforme, une inégalité entre les obligations, source de déséquilibre, s'installe dans la relation. La réfaction dans la sanction des inégalités combat le déséquilibre causé par une délivrance non conforme. L'acte uniforme portant droit commercial général met l'accent deux aspects de la conformité. L'article 255 al.1 dispose : « le vendeur doit livrer les marchandises dans la quantité, la qualité, la spécification, le conditionnement conformes aux stipulations du contrat[1883]». L'article 32-1 de la convention de

---

[1881] H.-A. BITSAMANA, Dictionnaire de droit Ohada, Ohadata D – 05 -33, p.180. Réduction sur le prix de marchandises accordées par le juge lorsque la quantité ou la qualité des choses livrées n'est pas conforme à celle qui avait été convenue lors du contrat.

[1882] C. ALBIGES, « Le développement discret de la réfaction du contrat », art. préc. p.3

[1883] Art. 255 al.1 de l'AUDCG révisé ; l'acheteur qui a reçu livraison et acquis la propriété d'un véhicule sans en vérifier la conformité ne peut, postérieurement à sa mise en circulation et à son exploitation, ni en contester la conformité pour causes de défaillances ni revendiquer la propriété d'un autre véhicule prévu dans le contrat V. CA Ouagadougou (Burkina Faso), ch.civ. et com.,

Vienne énonce que : « le vendeur est responsable de tout défaut de conformité qui existe au moment du transfert des risques à l'acheteur même si ce défaut n'apparait qu'ultérieurement[1884]». L'obligation de délivrance conforme ne consiste plus à transporter la chose vendue en la puissance et possession de l'acheteur. Elle se manifeste par la mise à disposition d'une chose qui corresponde en tout point recherché par l'acheteur. Le vendeur est tenu de livrer la chose vendue telle qu'elle a été promise. Il en résulte que si la chose ne correspond pas totalement à ce qu'espérait l'acquéreur, l'obligation du vendeur n'est exécutée que partiellement créant de la sorte un déséquilibre entre les obligations en présence. L'équilibre du droit de la vente se reconstitue autour de l'obligation de délivrance qui est l'essence même de contrat de vente. Pour parvenir à cet équilibre rompu par une inexécution partielle, un réajustement de l'obligation de l'acheteur s'avère nécessaire. Le défaut de conformité inclut le vice caché en germe au moment de la vente mais dont les effets n'apparaissent qu'ultérieurement. La convention de Vienne soumet à un régime uniforme, le défaut de conformité et la garantie des vices cachés. L'acte uniforme dans son article 257 met à la disposition de l'acheteur un examen des marchandises qui doit être bref[1885]. L'obligation de conformité à une valeur patrimoniale. La réfaction connait un essor en droit anglais par la technique de la *substantial perfermance* et en droit allemand grâce à la réforme de 2002 qui a modifié le droit dit « des troubles dans l'exécution des obligations[1886] ». La convention de Vienne prévoit la réfaction dans son article 50 qui autorise l'acheteur : « en cas de défaut de conformité des marchandises au contrat à réduire le prix proportionnellement à la différence entre la valeur que les marchandises effectivement livrées avaient au moment de la livraison et la valeur que des marchandises conformes auraient eue a ce moment[1887] ». Les principes d'Unidroit donnent la possibilité à l'arbitre de refaire le contrat lorsque le prix qui est fixé unilatéralement par une des parties s'avère « manifestement déraisonnable[1888]». L'arbitre substitue alors un prix raisonnable. Les principes du droit européen des contrats prévoient la réfaction en cas d'inexécution en énnonçant que : « la partie qui

---

Arr. n°133/06, 18 août 2006, Aff. SANKARA Noraogo Moussa C/Société burkinabé de financement (SOBFI) & Société commerciale ivoirienne de matériel industriel (SCIMI).

[1884] Art. 32-1 de la convention de Vienne.

[1885] Art. 257- 1 de l'AUDCG révisé.

[1886] Le BGB contient deux textes qui permettent au juge d'utiliser la réfaction. Le § 242 du BGB donne la possibilité au juge de rééquilibrer le contrat en énonçant que le débiteur a l'obligation de fournir la prestation comme l'exige la bonne foi compte tenu des usages. Le § 441 du BGB prévoit la diminution du prix de la vente. Ce texte prévoit que la réfaction peut être réclamée de la même façon que la résolution. La résolution en droit allemand est extrajudiciaire et intervient à la simple déclaration de volonté adressée par l'une des parties à l'autre par le titulaire du droit (§349 BVB).

[1887] Art. 50 de la convention de Vienne sur la vente internationale de marchandises du 11 Avril 1980.

[1888] Art. 5.7- 2° des principes d'Unidroit.

accepte une offre d'exécution non conforme au contrat peut réduire le prix. La réduction est la différence entre la valeur de la prestation au moment où elle a été offerte et celle qu'une offre d'exécution conforme aurait à ce moment. La mise en œuvre de la réfaction intervient donc de façon unilatérale par la victime de l'inexécution conforme[1889]». Dans la renégociation des contrats conjoncturellement déséquilibrés, l'écoulement du temps fausse la conformité de la volonté initiale par rapport à celle de l'exécution dans les contrats de longue durée et pas un défaut de conformité des marchandises dans des contrats de vente à exécution instantanée.

515. La réfaction judiciaire est possible selon les principes du droit européen qui disposent que : « lorsque le prix ou tout autre élément du contrat doit être déterminé unilatéralement par l'une des parties et que la détermination de celle-ci est manifestement déraisonnable, un prix ou un autre élément raisonnable lui est substitué nonobstant toute disposition contraire[1890]». Le juge peut donc refaire le prix pour rééquilibrer une situation abusive dans la fixation du prix à travers la réfaction. Le défaut réside dans la divergence entre l'état de la chose livrée et celui de la chose convenue contractuellement c'est-à-dire lorsque la marchandise livrée par le vendeur est affectée d'une qualité ou d'une quantité minime. Le caractère minime de l'inexécution peut se définir de deux manières objective et matérielle. La livraison présente alors un caractère défectueux car elle est diminuée quantitativement. Ceci signifie que l'inexécution peut se définir de manière mathématique. Elle consiste en une différence matérielle entre la chose livrée et la chose promise. La marchandise doit demeurer conforme à l'usage auquel elle est destinée. Par conséquent, l'objectif de l'acquéreur doit rester accessible. Le défaut représente alors une absence de qualité de la chose vendue. Il faut remarquer que le fait que l'acquéreur conserve la livraison défectueuse n'est pas exclusif de la réfaction. Bien au contraire, si l'acheteur accepte de conserver la marchandise qui est livrée alors que celle-ci est d'une qualité inférieure à celle qui avait été commandée, ce ne peut être qu'en contrepartie d'une diminution du prix initialement convenu.

516. L'exécution de l'obligation de délivrance est une obligation essentielle du contrat. Elle fait partie du minimum intangible de cette fraction non réductible du contrat que traduit l'obligation essentielle. L'inexécution voulue de cette obligation fondamentale peut entraîner un déséquilibre entre les parties qui sera sanctionné par le juge. La pratique des affaires montre que l'usage de la réfaction unilatérale du prix, en présence d'une livraison de marchandises non conformes, s'impose au détriment de la résolution et de la nullité en tant sanctions inadaptées. La réfaction a lieu si la différence entre la marchandise achetée et celle livrée bouleverse profondément les prévisions du

---

[1889] Art. 4.401 al. 1 des principes du droit européen des contrats.

[1890] Art. 2. 102 des principes du droit européen des contrats.

client, bien que la différence de valeur soit très faible. C'est le cas lorsque la différence touche à la référence, la nature, l'origine de la chose ou sa marque. Par conséquent, l'inexécution sanctionnée par la réfaction représente plus un manquement à une obligation essentielle qu'une inexécution minime. En cas de renégociation des contrats déséquilibrés par l'imprévu, l'inexécution n'est pas consécutive à une simple faute imputable aux parties sauf à considérer le fait du hasard comme fautif dans l'exécution du contrat.

2- La réfaction, sanction de l'exécution insuffisante

517. La réfaction ne concerne que les hypothèses ou le vendeur a exécuté ses obligations de manière insuffisante. Cette insuffisante se rapporte à un défaut d'exécution lorsque le vendeur délivre une quantité ou une qualité inférieure ou excédentaire des marchandises en méconnaissant son obligation de délivrance contrairement à celle prévue contractuellement. La réfaction intervient en présence d'une bonification c'est-à-dire d'une augmentation du prix et non d'une révision à la baisse. Dans un tel cas, l'acheteur n'est pas fondé à refuser la marchandise ni par conséquent à demander la résolution du contrat et il n'est pas possible de le contraindre à payer le supplément du prix représentant l'excédent de délivrance. Un excédent dans l'exécution du contrat ne constitue pas un préjudice ni une inexécution susceptible d'entraîner la résolution de la vente. Toutefois, l'excédent d'exécution doit rester à la charge du vendeur qui a délivré plus qu'il ne devrait le faire et ne saurait lui donner le droit de réclamer à l'acheteur une augmentation du prix. Le déséquilibre peut être dû à la volonté des parties. La liberté contractuelle permet aux parties de choisir l'équilibre entre le prix et la valeur réelle de la chose, de vendre ou d'acheter cher ou bon marché. Les parties choisissent ou acceptent un déséquilibre entre leurs prestations réciproques sans égard à un éventuel défaut de la marchandise ou de la prestation. Le déséquilibre existe malgré la libre volonté des parties et indépendamment de tout vice dans l'exécution du contrat. Dans cette hypothèse, on ne peut pas invoquer une quelconque inégalité entre les obligations des parties à laquelle elles ont volontairement adhéré. Le déséquilibre peut être dû à une défectuosité. Lorsque le vendeur livre une chose défectueuse, les prestations réciproques se révèlent déséquilibrées. Ce déséquilibre échappe à la volonté des parties dans la mesure où il est la conséquence du défaut. L'acheteur qui s'attendait à obtenir la chose convenue ne reçoit qu'une chose de moindre voire d'une valeur dérisoire. Ce déséquilibre non voulu par les parties devra être corrigé pour parvenir à une adéquation avec la volonté des parties.

518. La réfaction trouve un terrain d'élection dans la vente commerciale même si elle ne lui est pas spécifique. La généralisation de cette technique prouve qu'elle s'applique indifféremment à la vente civile ou à la vente commerciale. La réfaction comblerait les insuffisances du droit commun en garantissant le respect d'un principe d'équilibre contractuel et en remédiant un déséquilibre économique constaté selon le degré d'inexécution du contrat.

L'objectif consiste à sauver le contrat tout en maintenant une certaine égalité dans les prestations. La réfaction constitue une sanction proportionnée au déséquilibre engendré par l'inexécution ou tout autre événement de nature à entraîner une telle distorsion. Il a d'ailleurs été relevé que le trait d'union entre la mesure et la sanction du déséquilibre semble réalisé grâce au principe de proportionnalité. La réfaction élimine ainsi la disproportion qui resterait d'une destruction totale du contrat à la suite d'une inexécution de caractère modeste par le biais d'un rééquilibrage des prestations réciproques. Elle est une technique sanctionnant une défaillance de l'un des contractants suffisamment préjudiciable à l'autre partie pour ne pas rester impunie tout en esquivant la disproportion qui pourrait résulter de la destruction totale du lien contractuel. La réfaction peut intervenir lorsqu'elle est prévue par une clause contractuelle ou les dispositions des actes uniformes. A ce propos, DJOGBENOU souligne que : « lorsque le prix n'est pas encore payé, la réfaction s'assimile à une forme d'exception d'inexécution. Cependant, lorsque le prix avait été déjà payé, l'intervention judiciaire pourrait être nécessaire si la partie débitrice de la restitution ne libère pas son obligation de manière amiable. Dans ce cas, le créancier serait dans une posture de recouvrement de créance[1891]». La réfaction est une sanction adaptée aux relations économiques entre les professionnels par rapport à celles civiles trop rigoureuses. Ce qui explique que les professionnels de la vente insèrent dans les contrats des clauses destinées à leur donner une plus grande liberté d'action dans l'exécution de leurs conventions. Ils mettent en œuvre les usages professionnels et admettent certaines différences entre la qualité convenue et la marchandise à livrer. Face à une inexécution partielle de l'obligation de délivrance, le premier réflexe de l'acheteur consiste à rechercher une solution amiable, à mettre en œuvre la clause contractuelle qui oblige les contractants à régler de manière amiable le différend, avant de recourir à la voie contentieuse, tant la poursuite des relations contractuelles reste nécessaire et souhaitable. Les différentes techniques de la réfaction par le juge et par les parties nous révèlent que la place que cette notion se fait au soleil dans le traitement du déséquilibre contractuel.

519. La réfaction partage avec la renégociation autoritaire de corriger les contrats déséquilibrés en les améliorant dans la perspective de les maintenir et même de les pérenniser. Cela débarrasse le circuit économique des contrats morts et favoriser la survie de ceux qui peuvent encore jouer leur rôle, sans pour autant faire la part belle au débiteur, ni causer une gêne excessive au créancier. Toutefois, le recours à la réfaction présuppose que la correction du déséquilibre n'affecte pas l'intérêt économique du contrat et que le reste des engagements à accomplir présente toujours une tangible utilité pour le créancier. En matière de bouleversements de circonstances économiques, la

---

[1891] J. DJOGBENOU, « La cause dans les contrats conclus sur le fondement des actes uniformes », art. préc. p.17.

renégociation judiciaire dispenserait le débiteur de prétendre à une réfaction du contrat difficilement justifiable. L'acheteur tout comme le vendeur peuvent naturellement demander la réfaction[1892]. Le recours à cette réfaction est envisageable pour purger le contrat du déséquilibre conjoncturel. Par contre, elle ne fait pas ses preuves face aux épreuves de la renégociation des contrats déséquilibrés par l'imprévu dirimant . Refaire au lieu de défaire un contrat non économiquement viable conduirait à une sollicitation intempestive du juge. La réfaction pourrait être une sanction provisoirement pertinente mais peu décisive dans la renégociation judiciaire du déséquilibre conjoncturel. Cela est d'autant plus réel qu'en cas d'échec de la renégociation judiciaire, d'autres sanctions sont techniquement plus adaptées en raison de leur vocation à mettre fin au contrat pour éviter le maintien en l'état. Ce qui est démontré par l'altruisme dans le prononcé de la sanction ultime.

Paragraphe 2 : L'altruisme dans le prononcé de la sanction ultime

520. La caducité est une sanction dans la formation des contrats[1893] que nous transposons dans leur exécution en cas d'échec de la renégociation judiciaire pour épurer le vice ultérieur causé par le déséquilibre conjoncturel. Ce renouvellement de l'efficacité des sanctions peut paraitre problématique. La caducité[1894] serait la sanction ultime d'un vice ultérieur (A) consacrant l'inefficacité (B) des contrats conjoncturellement déséquilibrés.

A- La caducité, sanction d'un vice ultérieur

521. D'ordinaire la caducité n'est pas invoquée en cas de bouleversements de circonstances. Il est rare qu'un contrat disparaisse par caducité[1895] sauf en cas de disparition de ses éléments essentiels. Techniquement, elle s'impose par la recherche d'une sanction qui éteint sans rétroactivité et sans dommages et intérêts. Désormais, la caducité serait une sanction revisitée (1) et libératoire (2).

1- La caducité, une sanction revisitée

Dans sa conception classique, la caducité sanctionne un vice ultérieur à la formation du contrat. Le signe distinctif de la caducité a toujours été son caractère non rétroactif qui faisait qu'elle n'avait d'incidence sur l'opération

---

1892 G. PIETTE, op.cit. n° 99, p.77.

1893 O. DESHAYES, T. GENICON, Y. - M. LAITHIER, Réforme du droit des contrats, du régime général et de la preuve des obligations, commentaire article par article, Lexis Nexis, mis à jour après la loi de ratification du 20 avril 2018, 2ème édition, p. 392 et s.

1894 V. sur la caducité comme sanction de la disparition de la cause G. PIETTE, op. cit. n° 675, p. 354.

1895 V. sur la notion de caducité : V. WESTER- OUISSE, « La caducité en matière contractuelle : une notion à réinventer », JCP, 2001, I, 209 ; B. SEUBE, « Caducité et ensemble contractuel indivisible : timidité jurisprudentielle ou audace doctrinale ? (un aspect de l'avant projet de reforme du droit des obligations) », in Mél. Foyer, Economica, 2007 ; S.- N. DIAGNE, *La pratique du montage contractuel : réflexion sur une figure juridique en construction,* thèse préc. p. 198 et s.

que pour l'avenir[1896]. En dehors du décalage temporel entre la formation et l'exécution, la sollicitation de la caducité répondrait à des conditions presque similaires d'impossibilité survenue de l'objet et de la disparition (ultérieure) de la cause. Le recours à la caducité serait aussi l'état d'inefficacité pour l'avenir d'un acte juridique initialement valable. Cette option, de prime abord, n'est qu'un vœu face à la fonction actuelle assignée à la caducité. Les législateurs maliens, sénégalais et français ne prévoient la caducité que dans la formation du contrat.[1897] . De façon classique, deux types d'éléments sont déclencheurs de la caducité lorsque l'acte est affecté par la non-survenance d'un événement nécessaire à la production de ses effets ou la disparition accidentelle des éléments essentiels. L'avant-projet de réforme portant sur la modernisation du droit des obligations et de la prescription propose des exemples de caducité : l'incapacité de jouissance apparaissant en cours d'exécution rend le contrat caduc[1898] de même que la nullité d'un contrat appartenant à un ensemble contractuel rend les autres contrats caducs[1899]. Mais avant, une décision avait atténué l'effet automatique de la caducité en autorisant le bénéficiaire d'une condition suspensive à y renoncer[1900]. L'arrêt de la chambre commerciale du 5 juin avait retenu la caducité rétroactive au sein d'un ensemble contractuel complexe et indivisible[1901]. La caducité semble plus adaptée aux ensembles contractuels pour pallier les nullités en cascades. En parlant de caducité une auteure rappelait que cette exigence commande que dans le cadre du montage contractuel, des sanctions comme la résolution ou la résiliation soient mises à l'écart au profit de cette caducité réputée pour son caractère inoffensif[1902]. L'auteure soulignait que la caducité apparaît plus attrayante comme sanction, les parties n'ayant ni le souci, ni la tourmente de la recherche de la sanction adaptée à leur situation. Il leur suffira de s'inquiéter de la reconnaissance par le juge du principe de l'anéantissement par cascades. Si tel ne devait pas être le cas, c'est-à-dire si l'anéantissement en cascades n'était pas admis, l'origine

---

[1896] V. sur la caducité qui vaut destruction du contrat pour le futur et sans rétroaction P. MOUSSERON, J. RAYNARD et J. B. SEUBE, *Technique contractuelle*, op. cit. p.532, n° 1340.

[1897] Art. 44 du RGO Malien et art. 80 al. 2 du COCC Sénégalais et art.1186 du Code civil Français après la réforme du droit des contrats, du régime général et de la preuve des obligations et sa loi de ratification du 20 avril 2018.

[1898] Art. 1131 du projet de réforme et 1186 du Code civil français àprès la réforme du droit des contrats, du régime général et de la preuve des obligations après la loi de ratification du 20 avril 2018.

[1899] Art. 1172-3 du projet de réforme en France.

[1900] Cass.civ. 3e, 23 juin 1996, Defr. 1996, p. 1359, obs. Ph. Delebecque ; cass. Civ. 3e, 13 juillet 1999, Bull. civ.III, n° 179, Defr. 1999, article 37079, p. 1332, obs. D. Mazeaud.

[1901] Cass. Com., 5 juin 2007 ; D. 2007, 1723, ob. X Delpech ; JCP 2007, II, 10184 et note Y.-M. Serinet ; Dr. Et patrimoine 2007, 89, obs. L. Aynès et Ph. Stoffel –Munck ; RTD, civ. 2007, 569, obs. B. Fages.

[1902] N.-S. DIAGNE, thèse préc. n° 502, p. 220.

du problème serait plus lointaine et remonterait à la question de l'existence d'une indivisibilité ou non[1903].

Législateur malien (africain ?) doit entreprendre une réforme du droit des contrats dans laquelle il clarifierait la vocation renouvelée de la caducité dans les ensembles contractuels et dans les contrats uniques en cas d'échec de la renégociation judiciaire du déséquilibre conjoncturel. Deux audacieuses raisons motivent cette anodine proposition dans les bouleversements de circonstances. D'un côté, c'est en raison de la neutralité de la caducité[1904] qui est une sanction revisitée pour pallier la faiblesse des sanctions classiques à mieux protéger la partie faible de bonne foi. De l'autre côté, la caducité est une sanction qui a le mérite d'être utilement souple dans la renégociation judiciaire du déséquilibre conjoncturel.

522. La renégociation judiciaire du contrat suite au déséquilibre conjoncturel est prioritairement destinée à le maintenir en l'adaptant tant que c'est possible. Pourtant, malgré l'autorité du juge et la bonne volonté des parties, ces derniers peuvent ne pas aboutir à un accord en raison d'une stérilité ultérieure du contrat. En réalité, c'est cette flexibilité de la caducité qui nous permet de la proposer dans les contrats uniques c'est-à-dire dire entre particuliers dans les contrats de longue durée souffrant de pathologie incurable du déséquilibre conjoncturel. Pour l'option d'une sanction exceptionnelle de la caducité dans ce cas, le juge doit impérativement constater l'impossibilité matérielle de l'adaptation du contrat aux circonstances nouvelles bouleversant son économie. Il s'agit plutôt de l'admission d'une sanction techniquement aboutie et juridiquement adaptée à l'échec de la renégociation judiciaire du contrat suite au déséquilibre conjoncturel. C'est y mettre fin par la caducité en tant que sanction ultime. L'aversion du législateur malien pour la révision judiciaire du contrat suite aux bouleversements de circonstances s'explique par la construction d'une sécurité juridique basée sur l'autonomie de la volonté. Il s'agit d'admettre que la liberté de s'engager n'empêche pas les meurtrissures du temps sur l'exécution du contrat. A cet effet, le contrat reste la chose des parties malgré la survenance du déséquilibre conjoncturel. Pourtant, l'article 1195 dans la réforme française consacre la renégociation judiciaire en cas de changement de circonstances imprévisible qui rend l'exécution excessivement onéreuse pour une partie qui n'en avait pas accepté d'en assurer le risque. Le juge, sur l'initiative d'une des parties, doit adapter le contrat ou à défaut y mettre fin. Le législateur français met l'accent sur la fin du contrat comme une option. Ce qui revient à dire qu'en cas d'imprévu entamant l'économie générale du contrat, la primauté est reconnu à l'adaptation. Certes, nous adhérons à une logique similaire. Cependant, le faible dynamisme du juge malien dans la correction des contrats déséquilibrés en cas de bouleversements

---

[1903] N.-S. DIAGNE, thèse préc. n° 487, p. 214.
[1904] N.-S. DIAGNE, thèse préc. n° 487, p. 213.

de circonstances ne nous laisse nullement le choix de garder l'équivoque sur la sanction ultime en cas d'échec de la renégociation. Nous proposons sans énigme ni tergiversation, la caducité des contrats uniques, au-delà des ensembles contractuels, comme la sanction ultime de l'imprévu dirimant. Suite à l'imprévu insoluble, il n'est nul besoin de protéger le contrat non économiquement viable. La caducité est la sanction judiciaire ultime appropriée à l'échec de la renégociation des contrats suite au déséquilibre conjoncturel. Elle ne serait effective qu'à partir de son prononcé par le juge qui « mettra fin au contrat » irréversiblement déséquilibré en l'absence d'aucune possibilité d'adaptation fructueuse. Dans cette optique, la caducité serait une sanction revisitée que va prononcer le juge dans le but de libérer les parties.

2- La caducité, une sanction libératoire

523. Lorsque la commune intention des parties débouche sur un compromis pour corriger le déséquilibre conjoncturel, tout recours au juge est inutile parce qu'il s'agirait d'une adaptation conventionnelle. La renonciation volontaire du créancier compréhensif serait comme une « caducité conventionnelle ». Ces hypothèses sont généralement rencontrées dans l'exécution des petites créances qui ne nécessitent pas un long et couteux processus de renégociation judiciaire. Lorsque le juge est saisi d'un litige portant sur la survenance d'un déséquilibre conjoncturel, la caducité sera logiquement contestée par le créancier en raison de ses conséquences extinctives sur un contrat valablement conclu mais rattrapé par l'imprévu en droit commun. C'est pour cela qu'il est indispensable de recourir au juge pour défaire ce que les parties ont librement fait mais qu'elles sont incapables de refaire en raison des divergences d'intérêts.

524. Le juge prononcera la caducité en cas de disparition définitive du but contractuel. C'est le constat de la stérilité ultérieure du contrat rendant son exécution impossible. Dans cette logique, il n'est pas à exclure que les parties elles-mêmes conviennent de la nécessité de mettre un terme à leur relation. Le bémol serait qu'elles ne parviennent pas à s'accorder sur les modalités et les conséquences de l'extinction. Dans ce cas précis, le juge après avoir relevé le désaccord, se prononce sur la caducité dans une procédure de renégociation irrémédiable. Aussi, en cas de désaccord des parties sur la caducité du contrat, le recours au juge s'impose pour forger un dénouement libératoire. Cette solution serait contestable pour deux raisons. D'une part, elle aurait l'audace de « mettre fin » aux contrats déséquilibrés par l'imprévu même contre la volonté du créancier. D'autre part, c'est admettre que malgré l'absence de seuil chiffrable, le juge devrait avoir la sagesse de prendre la mesure des contrats déséquilibrés par l'imprévu dirimant avant de mettre en péril leur stabilité. L'objectif de la renégociation autoritaire est de ne corriger que les déséquilibres les plus significatifs. Le juge prononcera la caducité seulement lorsque la disparition du but contractuel atteint une détérioration irréversible de son économie générale. Pour cela, l'absence de faute[1905] du débiteur devrait caractériser la contingence dans la survenance du déséquilibre conjoncturel. Il y va de la consistance des enjeux financiers. La caducité n'opère pas de manière automatique. Il appartient au juge de la prononcer[1906]. Il faut souligner qu'en cas de bouleversements de circonstances, la caducité demeure par principe une sanction judiciaire. Celui qui résilie unilatéralement le contrat le fera à ses risques et périls[1907]. La caducité, dans la sanction du déséquilibre conjoncturel, porte sur une inéquivalence substantielle et irréversible des obligations réciproques à cause de l'imprévu. Elle n'est pas rétroactive, elle n'a d'incidence sur l'opération que pour l'avenir[1908] et libère le débiteur en cas de stérilité économique ultérieure du contrat. Techniquement, la caducité est une sanction libératoire évitant les restitutions à la différence de la résolution. L'essence de la caducité la ramène fondamentalement à une situation objectivement neutre poussant à tirer les conséquences du constat de l'impossibilité de poursuivre l'exécution du contrat. Le fait d'y recourir est un choix nécessaire aussi bien dans les ensembles contractuels[1909] que dans les contrats uniques.

525. La sanction ultime de la caducité est plus allégée et plus pragmatique dans ses effets libératoires. Elle a le mérite de sanctionner une impossibilité matérielle à laquelle s'ajoute une impossibilité juridique pour justifier une renégociation judiciaire infructueuse en libérant le débiteur de bonne foi. L'effet libératoire est inséparable de l'absence de restitution. Sur le plan pratique, les contrats de durée s'accommodent difficilement des restitutions propres à la rétroactivité. MOUSSERON reconnait que la caducité trouve son origine dans une impossibilité d'exécuter tenant à l'objet du contrat[1910]. Ce qui ressuscite en elle les velléités libératoires matées dans la force majeure. ANTONMATTEI soulignait que lorsqu'elle provoque d'emblée une impossibilité d'exécuter jugée définitive, la force majeure est une cause de caducité du contrat[1911]. On attache traditionnellement à la force majeure une autre sanction : la résolution judiciaire du contrat. Dans sa construction théorique, la force majeure est un événement extérieur et imprévisible. Nous

---

[1905] C'est l'absence de cette idée de faute qui fait l'essence même de la caducité ; V. les Professeurs B. STARCK, H. ROLAND et L. BOYER, Introduction au droit, Paris, Litec, 4e éd., 1996, n° 97. Ils définissent la caducité comme une stérilité qui atteint un acte juridique pour une cause accidentelle et non substantielle.

[1906] R. BOFFA, « Cause, caducité, indivisibilité : un bel ensemble notionnel », D. 2006, p. 2656.

[1907] Rappr. Ph. Stoffel-Munck, « le contrôle a posteriori de la résiliation unilatérale », Dr. Et patr. 2004, n°126, évoquant la « responsabilité susceptible de frapper celui qui, de créancier vindicatif, est devenu débiteur défaillant ».

[1908] V. sur l'absence de rétroactivité de la caducité P. MOUSSERON, J. RAYNARD et J. B. SEUBE, *Technique contractuelle*, op. cit., p. 532, n°1340.

[1909] V. sur la caducité dans les ensembles contractuels S. –N. DIAGNE, thèse préc., n° 449, p. 199.

[1910] J.-M. MOUSSERON, *Technique contractuelle*, éd. Francis Lefebvre, 3e éd., 2005, n°1285.

[1911] P.-H. ANTONMATTEI, thèse préc. n° 329.

constatons, pas sans regret, que l'amputation de l'irrésistibilité et de l'insurmontabilité n'est pas une exclusion innocente car ce serait reconnaitre que la force majeure a un effet libératoire. La sécurité juridique construite sur des fondements volontaristes répugne cette logique. La force majeure consacre l'impossibilité d'exécution alors que jusque-là l'imprévision porte sur l'onérosité de l'exécution. La libération du débiteur en cas d'impossibilité définitive d'adaptation passe par la caducité en cas de bouleversements substantiels de l'économie générale. C'est la raison d'une sollicitation de la caducité revisitée sans rétroactivité ni dommages et intérêts. L'effet extinctif de l'anéantissement, entrainant la rétroactivité, est une négation complète de l'existence juridique du contrat. La nullité ne saurait être retenue à cause de la légendaire rigueur destructrice demandant des restitutions si le contrat pouvait être anéanti pour une impossibilité d'exécution. L'un des rares cas de figure ou la rétroactivité peut trouver une place tient dans le contrat à exécution différée qui n'aurait pas reçu un commencement d'exécution[1912]. C'est dans cette hypothèse que la caducité rétroagit au jour de la conclusion du contrat ou qu'elle intervient plus tard. Elle aura peu d'incidence dès lors que l'exécution n'a pas encore eu lieu. La caducité est jugée plus accommodée que la nullité dans les ensembles contractuels en raison de leur interdépendance et indivisibilité cumulées au souci d'éviter l'anéantissement en cascades. Même par rapport à un contrat unique, la caducité est une sanction dont l'application n'est pas souvent sollicitée par les parties en ce qu'elle constate une situation déjà réalisée sans possibilité de leur accorder une protection particulière[1913]. Un cocontractant qui poursuit l'anéantissement de son contrat suite à la défaillance, même non fautive, de son partenaire est beaucoup plus tenté d'en demander la nullité ou la résolution dont il est assuré, une fois accordée, qu'elle peut éventuellement s'accompagner de dommages et intérêts[1914]. La disparition de l'objet du contrat aura entraîné dans sa chute, celle de la cause de l'obligation dont il est en réalité la traduction matérielle. L'anéantissement par la caducité se rapproche d'autres mécanismes notamment de l'annulation, de renonciation, de résolution ou de résiliation[1915]. La portée pratique de la renégociation des contrats conjoncturellement déséquilibrés, en dehors de tout verbalisme quelles qu'en soient les raisons, est de reconnaitre quelque part que la force majeure peut avoir les mêmes effets libératoires pour le débiteur de bonne foi que l'échec définitif de cette procédure de renégociation judiciaire. Le prononcé de la caducité, comme sanction ultime, y contribue fortement. C'est admettre qu'un vice ultérieur paralysant l'efficacité économique du

---

[1912] Y.-M. SERINET, « Effet de l'anéantissement en cascade d'un ensemble contractuel complexe et invisible », JCPG 2007, n°46, II, 10184.

[1913] S. DIAGNE, thèse préc. n °449, p. 198.

[1914] Ibidem.

[1915] Cass. civ., 1e, 1e juillet 1997, Bull. civ., I, n° 224, D., 98, p. 32 obs. L. AYNES ; Cass. civ.,1ere, 4 avril 2006, RDC, 1er juillet 2006, n° 3, p.700 ; Cass. civ., 5 juin 2007, n° 04-20.380, D., 2007, p. 1732, obs. X. DELPECH.

contrat peut conduire à libérer définitivement le débiteur devenu insolvable de bonne foi et constater réellement qu'à l'impossible nul n'est tenu. L'insolvabilité conduisant à l'inexécution des contrats conjoncturellement déséquilibrés sera une faute dans leur exécution. La caducité sanctionne une inefficacité ultérieure.

B- La caducité, sanction de l'inefficacité

526. La mort du contrat est la traduction d'une disparition du but entrainant l'inutilité d'une renégociation conventionnelle[1916] ou judiciaire du déséquilibre conjoncturel. La caducité sanctionne la disparition de l'utilité (1) du contrat en cas d'échec de la renégociation judiciaire (2).

1- La caducité, sanction de la disparition de l'utilité

527. La caducité sanctionne la disparition d'éléments essentiels dans la formation du contrat et celle de son utilité dans son exécution. Cependant, il convient de relever que le déploiement inhabituel de la caducité en dernier recours n'intervient qu'après l'echec d'une renégociation infructueuse des contrats conjoncturellement déséquilibrés. Lorsqu'aucune adaptation n'est possible, l'échec de la renégociation judiciaire est sanctionné à cause de la perte d'utilité du contrat[1917]. La sanction de la disparition définitive du but contractuel est la caducité d'un acte originellement valable dont un évenement imprévu aura privé ultérieurement de toute utilité, de toute cause. On s'aperçoit que cette sanction ultime par la caducité est hantée par la théorie de la cause justifiant la nécessité compensatoire d'une contrepartie déjouée par l'imprévu imputable au hasard qu'à la seule inexécution fautive par le débiteur de bonne foi.

La caducité ne s'impose pas uniquement en cas de disparition définitive du but contractuel. Elle constitue également la sanction adéquate de la disparition totale de l'intérêt à l'exécution. Le but contractuel peut toujours être atteint au prix de sacrifices économiques déraisonnables. Exiger le maintien d'une telle convention s'avère ainsi sans intérêt. Le débiteur sera contraint de s'exécuter sans réaliser de bénéfice et le créancier supportera un surcoût déraisonnable. En cas de déséquilibre conjoncturel, le contrat peut être économiquement stérile. Face à l'imprévu irrémédiable dans ce cas, toute renégociation judiciaire sera vaine. Le recours au juge en revanche est nécessaire pour acter autoritairement l'impossibilité matérielle de poursuivre la relation contractuelle. Les effets du changement de circonstances impévisible gangrènent l'avenir contractuel. Il est pragmatique de souligner que sans utilité concrète, le contrat n'a plus de vitalité économique justifiant son maintien. L'inaccessibilité ultérieure du but contractuel en fait un purgatoire à cause de

[1916] L. THIBIERGE, thèse préc. n° 837.

[1917] Rappr. Projet de réforme du droit des contrats (Ministère de la Justice, juillet 2008), article 100 et 101. L'art. 100, relatif aux contrats interdépendants, envisage explicitement la perte totale d'intérêt du contrat.

l'extrême onérosité. La poursuite du contrat ne présente plus aucun intérêt pour les parties. De ce fait, le maintien du contrat devenu inutile paraît superflu et peu judicieux sur un plan économique. Lorsque le mal s'avère incurable, il convient de l'euthanasier. C'est alors un remède qui s'impose[1918] et non une sanction. Le remède est la caducité qui consiste à prendre acte de la disparition ultérieure, quoi que contingente, d'un élément essentiel au contrat. L'élément disparu sous l'effet des bouleversements de circonstances économiques est le but contractuel qui est l'intérêt au contrat[1919]. Le but contractuel emprunte à la fois à la théorie de la cause, dans une acception pragmatique et économique, et à celle de l'objet du contrat, compris comme l'opération juridique voulue par les parties[1920].

En cas de bouleversements de circonstances économiques, la seule tentative de faire remonter la caducité au début du contrat est une reconnaissance de la nécessité d'une mutualisation des risques. D'un point de vue technique, se sont plutôt les effets de la caducité qui dérangent. La solution est dédramatisée dans la consécration d'une renégociation judiciaire par l'admission de la théorie de l'imprévision suite au déséquilibre conjoncturel. Dans ce cas, pendant la renégociation judiciaire du déséquilibre conjoncturel, l'objectif est le maintien du contrat tant que la situation n'est pas irrémédiablement compromise. Le juge est un acteur de la renégociation régulant les comportements contractuels dans la perspective d'un dénouement heureux accouchant d'un compromis, d'une adaptation raisonnable. A défaut, la caducité libère les parties en rompant les contrats conjoncturellement déséquilibrés. Dans la conception originelle, le domaine de la caducité était limité aux actes juridiques qui n'ont reçu aucune exécution, il était donc absurde d'envisager la rétroactivité de la caducité[1921]. Le juge devra préciser deux choses distinctes en occurrence le départ de la fin d'utilité du contrat et le seuil de renégociation des contrats déséquilibrés conjoncturellement. La disparition définitive de l'utilité du contrat le dénuant de tout intérêt met en même temps le débiteur devant ses responsabilités. L'exécution du contrat parait une mission impossible. L'extrême onérosité entame l'exécution du contrat devenu déséquilibré et conduirait à la mise en œuvre de la responsabilité du débiteur. En plus, l'idée d'une réparation paraît fortement liée à une inexécution dommageable pour le créancier. La diversité des sources du déséquilibre est une obstruction technique à l'éventualité d'une sanction avec un seuil uniforme dans la

[1918] Sur la distinction entre « remède » et « sanction », S. LE GAC-PECH, « Vers un droit des remèdes », Petites Affiches 2007, n°242, p.7

[1919] Projet de réforme du droit des contrats en France (Ministère de la Justice, juillet 2008), article 102 prévoit que : « le contrat valablement formé devient caduc par la disparition de l'un de ses éléments constitutifs ou la défaillance d'un élément extrinsèque auquel était subordonnée son efficacité ».

[1920] J. MESTRE, « De quelques annulations de contrats pour illicéité de la cause », RTD, av. 1997, p. 115.

[1921] R. CHAABAN, *La caducité des actes juridiques*, *Étude de droit civil*, op cit, p. 333, n° 371.

renégociation judiciaire des contrats conjoncturellement déséquilibrés. La non-rétroactivité de la caducité évite de faire supporter aux parties le maintien d'un contrat dont l'infécondité est rédhibitoire et ultérieure en plus de l'échec de la renégociation judiciaire. La caducité sanctionnant la disparition du but contractuel peut avoir les mêmes effets libératoires que la force majeure. Le juge a longuement et astucieusement circonscrit les effets la force majeure en droit privé. En cas d'échec de la renégociation des contrats conjoncturellement déséquilibrés, il doit prononcer la caducité.

2- La caducité, sanction de l'échec de la renégociation judiciaire

528. La neutralité est une caractéristique constamment mis en relief dans les différentes définitions qui ont été données de la caducité. Cette dernière est une sanction qui frappe un acte régulièrement formé et qui perd postérieurement à sa conclusion, un élément essentiel indépendamment ou partiellement de leur volonté[1922]. La renégociation des contrats en raison d'un changement de circonstances serait l'expression modernisée de l'imprévision[1923]. En la matière, l'ordonnance réalise de réelles innovations spécialement dans l'article 1195 dont l'alinéa 1er énonce que : « si un changement de circonstances imprévisible lors de la conclusion du contrat rend l'exécution excessivement onéreuse pour une partie qui n'avait pas accepté d'en assumer le risque, celle-ci peut demander une renégociation du contrat à son cocontractant. Elle continue à exécuter ses obligations durant la renégociation. En cas de refus ou d'échec de la renégociation, les parties peuvent demander d'un commun accord au juge de procéder à l'adaptation du contrat. À défaut, une partie peut demander au juge d'y mettre fin, à la date et aux conditions qu'il fixe[1924]». Ce texte est la reprise quasi identique de l'article 89 alinéas 1er et 2ème du projet Terré[1925] lequel était lui-même très directement inspiré de l'article 1131 de l'avant-projet Catala[1926] qui posait deux hypothèses de caducité : la disparition d'un élément constitutif du contrat et la défaillance d'un élément extérieur au contrat dont dépend son efficacité. Reprise des Principes du droit européen du contrat[1927], la condition d'excessive onérosité de l'exécution soulèvera plus tard une réelle difficulté d'interprétation. Dans

---

[1922] P. TERRE, P. SIMLER, Y. LEQUETTE, *Droit civil, les obligations*, Paris, Dalloz,10e éd., 2009, p.1001, n° 82.

[1923] G. WICKER, « La suppression de la cause par le projet d'ordonnance : la chose sans le mot ? », Recueil Dalloz, 2015, p.1557.

[1924] Art. 1195 du Code civil français issu de l'ordonnance de 2016 portant sur la modernisation du droit des obligations et de la prescription en France.

[1925] Art. 89, al. 1er et 2, projet Terré : « Le contrat valablement formé est caduc si l'un de ses éléments constitutifs disparaît ... il en va de même lorsqu'un élément extrinsèque auquel était subordonnée son efficacité fait défaut (...) ».

[1926] Art. 1131 avant-projet Catala : « La convention valablement formée devient caduque par la disparition de l'un de ses éléments constitutifs ou la défaillance d'un élément extrinsèque auquel était subordonnée son efficacité ».

[1927] Art. 6-111 des principes du droit européen du contrat.

une perspective causaliste, elle pourrait être appréciée par rapport à l'équilibre contractuel initialement convenu. La préférence doit être donnée au fait que c'est à la date de la disparition du but contractuel, acception pragmatique de la cause[1928], que le contrat a été privé d'un élément essentiel. De ce fait, c'est à cette date qu'il est devenu caduc. La condition sera alors remplie lorsque, du fait du changement de circonstances économiques, la contrepartie est désormais excessivement onéreuse pour le débiteur de bonne foi. À l'opposé, il pourrait être avancé que l'onérosité de l'exécution doit être caractérisée par rapport à la situation de la partie qui subit les conséquences du changement de circonstances économiques, de sorte qu'elle sera remplie si le maintien du contrat en son état initial devait la conduire à la ruine. Selon cette seconde approche, la révision ou l'anéantissement du contrat procéderaient de la clause tacite de renégociation et s'inscriraient dans une conception relativisée de la force obligatoire du contrat.

La structure du texte de l'article 1195[1929] montre bien que le législateur français dans l'ordonnance souhaite avant que le remède de l'imprévision vienne des parties elles- mêmes[1930]. Cette fausse solution conçoit l'intervention du juge en outre de résoudre le contrat plutôt que de le réviser. L'idéal législatif est que l'intervention judiciaire n'ait jamais lieu car elle est pensée comme un repoussoir, selon les professeurs O. DESHAYES, T. GENICON, Y. - M. LAITHIER, pour forcer les parties à s'entendre. Ils estiment que l'article 1195 du Code civil ne sert à rien[1931]. La priorité est accordée à l'adaptation par les parties et le débiteur saisit le juge qui disposera de l'opportunité de la résolution ou de la révision pour préférer finalement le maintien du statu quo. La primauté accordée à la rénégociation et la résolution conventionnelles en plus de caractère supplétif de droit commun de l'article 1195 nous laisse dubitatif sur la volonté du législateur français d'aller au bout de son raisonnement. Au lieu de laisser directement le juge prononcer la caducité des contrats déséquilibrés par l'imprévu, le législateur français se cache furtivement derrière l'expression « mettre fin ». La survivance de l'attachement à la stabilité des conventions est rapportée dans l'alinéa 1er de l'article 1195 qui dispose que le débiteur est obligé de poursuivre l'exécution

---

1928 D. MAZEAUD, « L'effet extinctif des groupes de contrats », D. 2000, p. 363. La Cour de cassation se fonde sur la notion de cause étendue comme le but contractuel commun aux parties, l'intérêt poursuivi par les contractants au stade de la conclusion des contrats en question.

1929 Art. 1195 de l'ordonnance de 2016 portant sur la modernisation du droit des obligations et de la prescription en France.

1930 O. DESHAYES, T. GENICON, Y. - M. LAITHIER, Réforme du droit des contrats, du régime général et de la preuve des obligations, commentaire article par article, Lexis Nexis, mis à jour après la loi de ratification du 20 avril 2018, 2ème édition, p. 437.

1931 O. DESHAYES, T. GENICON, Y. - M. LAITHIER, Réforme du droit des contrats, du régime général et de la preuve des obligations, op. cit. p. 438. Les auteurs citent le rapport du président de la république française : « l'imprévision a vocation à jouer un rôle préventif, le risque d'anéantissement ou de révision du contrat par le juge devant inciter les parties à négocier ».

du contrat pendant la renégociation. La force obligatoire du contrat résiste et dépasse le déséquilibre conjoncturel à fortiori sa procédure de renégociation. De façon pratique, THIBIERGE estime qu'il y a un temps[1932] qui déterminera le sort[1933], le dénouement[1934], le succès[1935]ou l'échec[1936] de la négociation des contrats déséquilibrés par l'imprévu. Il propose la caducité comme sanction de l'imprévu dirimant[1937]. En cas de disparition du but contractuel, le contrat frappé par l'imprévu doit être caduc[1938].

529. Des réticences sont admises lorsqu'il faut abandonner l'exécution du contrat à l'application d'un principe de bonne foi malgré la survenance du déséquilibre conjoncturel. Devant les insuffisances de cette solution, il est nécessaire que le champ d'application de l'imprévision soit organisé par la loi. Pour un auteur, la force obligatoire des contrats ne doit pas être remise en cause. Toutefois, les bouleversements majeurs de circonstances économiques doivent imposer aux parties de renégocier et permettre au tribunal de rompre ou adapter en cas d'échec[1939]. La caducité est une sanction judiciaire pragmatique en cas d'échec de la renégociation des contrats conjoncturellement déséquilibrés. Cette renégociation ne saurait aboutir au maintien en l'état en cas d'échec définitif et inguérissable. La disparition de la cause ou de l'objet dans la phase d'exécution entame l'efficacité du contrat qui sera voué à la caducité[1940]. Cette caducité qui était une sanction presque oubliée[1941] connait actuellement un encourageant retour en grâce[1942] dans le concert des sanctions qui sont incontournables et particulièrement dans la renégociation judiciaire du déséquilibre conjoncturel. La caducité s'est révélée opportune pour répondre aux exigences de la question des anéantissements en

---

[1932] THIBIERGE, *Le contrat face l'imprévu*, op.cit, n° 816 et s.
[1933] THIBIERGE, *Le contrat face l'imprévu*, op.cit, n° 818.
[1934] THIBIERGE, *Le contrat face l'imprévu*, op.cit, n° 818.
[1935] THIBIERGE, *Le contrat face l'imprévu*, op.cit, n° 821et s.
[1936] THIBIERGE, *Le contrat face l'imprévu*, op.cit, n° 825.
[1937] THIBIERGE, *Le contrat face l'imprévu*, thèse préc. n° 835.
[1938] C. PELLETIER, *La caducité des actes juridiques en droit privé français*, thèse Paris XII, 2000, L'Harmattan 2004, préface Ph. Jestaz, spéc. n° 33. Selon lui : « lorsqu'il résulte des circonstances que les fins poursuivies par les parties ne peuvent plus être réalisées, il y a défaillance partielle ou totale, momentanée ou définitive de la cause, c'est-à-dire un "hiatus entre les desseins poursuivis et la réalisation, entre l'attente et le résultat, qui autorise l'extinction de l'acte juridique ».
[1939] C. BOUIX, *Les mécanismes correcteurs d'origine prétorienne*, thèse, Université Jean Monnet de Saint Étienne, 2012, n° 312, p. 434.
[1940] A. CERMOLACE, *Cause etexécution du contrat*, Thèse, PUAM, 2001, n° 157 et s, p. 92 et s.
[1941] J.- B. SEUBE, « Caducité et ensemble contractuel indivisible : timidité jurisprudentielle ou audace doctrinale (un aspect de l'Avant-projet de réforme du droit des obligations) », op cit, p. 925.
[1942] M. C. AUBRY, « Retour sur la caducité en matière contractuelle », RTD civ., 2012, p. 625.

cascades dans le cadre des montages contractuels[1943] et également dans les contrats uniques[1944]. L'obligation de renégociation judiciaire contraindrait les parties à parvenir à un accord. L'autorité du juge n'est pas sans intérêt dans le prononcé de la caducité pour une culture de la flexibilité contractuelle qui convertirait la sécurité statique, de l'autonomie de la volonté, en sécurité dynamique résultant d'une solidarité judiciairement forcée à défaut d'être volontaire.

Conclusion section 1

530. Le sort d'une renégociation judiciaire des contrats conjoncturellement déséquilibrés n'est jamais connu d'avance. Les parties en dépit de leur bonne volonté peuvent ne pas s'entendre. A la pression de la présence du juge pour les contraindre à trouver un terrain d'entente peuvent répondre les impératifs économiques rendant les positions irréversiblement inconciliables. Les effets de l'autonomie de la volonté conduisent à une perte contingente d'utilité du contrat pour le débiteur devenu insolvable face à un créancier hostile pouvant opter pour la contrainte par corps en droit malien. L'intervention du juge s'avère obligatoire dans la renégociation pour empêcher la détérioration de la situation du débiteur de bonne foi et sanctionner les conséquences néfastes des bouleversements de circonstances en adaptant le contrat ou en le déclarant caduc en cas d'échec. Ce qui a une portée remarquable qui ne saurait être passée sous silence.

Section 2 : L'optimisation de la portée de la renégociation judiciaire

531. La renégociation judiciaire peut s'inscrire, selon les types de contrats concernés, dans un long et éprouvant processus en termes de coût et de manque de temps. Le juge rééquilibre les prestations, canalise les émotions et oblige les parties à être raisonnables. Ce qui parait fort logique en raison des enjeux patrimoniaux à sauvegarder et la persistance des divergences d'intérêts. Dans la renégociation des contrats conjoncturellement déséquilibrés, le juge facilite les discussions et dispose du pouvoir de sanctionner les comportements négatifs qui la rendront infructueuse. L'optimisation met en relief la perte d'efficacité du contrat en sanctionnant une carence ultérieure plutôt qu'un vice originel. Au-delà des sanctions, le juge doit pouvoir maitriser l'efficience du raisonnable procédural (Para.1) et optimiser la flexibilité qui est la plus-value juridique (Para.2) de la renégociation du déséquilibre conjoncturel.

[1943] V. pour la caducité dans les ensembles contractuels S.-N. DIAGNE, thèse préc. n° 581, p. 282.

[1944] V. sur les sanctions inadaptées qui selon, l'auteur, la révision judiciaire, la résiliation et le maintien en l'état L. THIBIERGE, *Le contrat face l'imprévu*, thèse préc, n° 854 et sur l'adaptation de la caducité dans les contrats uniques comme sanction de l'imprévu dirimant, n° 835.

Paragraphe 1 : L'efficience, expression du raisonnable procédural

532. L'efficience est rattachée à l'articulation d'un juste raisonnable entre une procédure longue ou brève en fonction des contrats conjoncturellement déséquilibrés et renégociables. L'amélioration de la procédure judiciaire de renégociation de l'inéquivalence ultérieure des prestations réciproques passe par des mesures d'accompagnement qui concourent à sa réussite. La maitrise temporelle (A) et substantielle (B) aident à une certaine efficience procédurale.

A- La maitrise temporelle

533. La maitrise du temps dans la renégociation judiciaire du déséquilibre conjoncturel est une technique de contrôle du dilatoire des parties. Elle a pour but de concilier les raisonnables juridique et économique dans le procès. La raisonnabilité des délais (1) et la maitrise du dilatoire (2) contribuent à cette optimisation de la renégociation judiciaire des contrats conjoncturellement déséquilibrés.

1- La raisonnabilité des délais

534. Législateur mènerait une fausse guerre contre le droit mou. Pourtant, il est à l'origine de l'utilisation des notions floues pour justifier l'impossibilité de son action à s'inscrire directement dans la prise en compte des cas particuliers. C'est le cas de la notion de « délai raisonnable » qui mérite un éclaircissement dans la renégociation judiciaire des contrats conjoncturellement déséquilibrés. L'avant-projet d'acte uniforme portant droit des contrats dans son article 6/24 précise que le tribunal qui conclut à l'existence d'un cas de bouleversement des circonstances peut, s'il l'estime raisonnable, mettre fin au contrat à la date et aux conditions qu'il fixe[1945]. Cette raisonnabilité laisse une marge de manœuvre au pouvoir d'interprétation du juge dans l'appréciation temporelle des circonstances qui commandent la fin de vie du contrat ou non[1946]. Le raisonnable a une dimension temporelle et non factuelle qu'il ne faut pas minimiser. Le raisonnable est la loi de la raison. Dans la procédure de renégociation judiciaire du déséquilibre conjoncturel, on pourrait s'interroger sur une hypothétique brièveté du délai raisonnable. Le raisonnable dans l'urgence signifierait une appréciation du déséquilibre conjoncturel d'une manière juste et dans un bref délai. L'urgence d'une situation défavorable issue des bouleversements de circonstances économiques peut conduire le juge à mettre fin à un contrat ne présentant point d'intérêt pour les parties. On se demande si le délai raisonnable est un bref délai ?

On enseigne que le raisonnable peut jouer deux rôles : d'une part, celui d'un modèle qui est le raisonnable de conformité[1947] et d'autre part, celui d'un

---

1945 Art. 6/24 alinéa 4 de l'avant-projet d'acte uniforme portant droit des contrats.

1946 Cette position est celle sous-tendue par les principes Unidroit de l'art. 6.2.3 alinéa 4 (a).

1947 G. KHAIRALLAH, « Le raisonnable en droit privé français - Développements récents », art. préc. p. 449.

facteur de modération qui est le raisonnable de modulation[1948]. En tant que modèle, il est douteux que le raisonnable parvienne plus à constituer un standard à l'instar du « bon père de famille ». Le rôle du raisonnable est celui d'un facteur de « modération-minimisation ». Il permet d'adopter des attitudes plus humanistes dans la détermination de ce qui est ou non prévisible, évitable et surmontable pour les parties. Le raisonnable serait l'outil permettant de restituer son caractère humain à la prévisibilité. Il s'apparente alors à un contrôle de normalité. C'est une notion qui module la règle de droit, selon chaque situation, de manière à obtenir une solution acceptable.

535. L'appel législatif à la notion de raisonnable porte sur les délais[1949]. Le raisonnable entretient des liens avec l'équité dans la poursuite du même but pour échapper à la rigidité des règles de droit et instituer un véritable pouvoir modérateur du juge[1950]. C'est dégager le juste dans le concret[1951]. L'utilité d'une prise en compte du raisonnable par le législateur est d'actualité. L'appréciation du délai normal s'effectue en fonction d'un idéal de justice qui est l'équité processuelle[1952]. Selon OPPETIT, le délai déraisonnable est un délai injuste[1953] et son institution est au contraire le signe et le moyen de la juridiction de l'équité. L'équité subjective est modératrice de l'injustice de la loi (des parties) dans les cas particuliers et l'équité objective est applicable in abstracto[1954]. L'équité processuelle considère la procédure dans le sens du juste et de l'injuste. Ce qui pourrait condamner la procédure trop longue. La raisonnabilité des délais, en fonction des contrats déséquilibrés en cause, peut respecter les mêmes limites que les délais de grâce allant jusqu'à une année. La mauvaise foi plane dans de nombreuses situations comme lorsque les parties manipulent les délais dans la renégociation du déséquilibre conjoncturel. Le dilatoire du débiteur consisterait à ne pas faire face à ses engagements devenus onéreuses au contraire du créancier réfractaire qui n'est pas enclin à supporter le coût des changements de circonstances économiques dans la renégociation du déséquilibre conjoncturel.

2- La maitrise du dilatoire

536. Le dilatoire est une manipulation du temps de mauvaise foi. Cette intention malveillante n'est pas toujours facile à prouver. C'est l'absence de

---

1948 G. KHAIRALLAH, « Le raisonnable en droit privé français - Développements récents », art. préc., p. 446. Le raisonnable permet la modulation de la règle selon la situation de manière à obtenir une solution acceptable.

1949 Ibidem.

1950 V. sur le pouvoir du juge modérateur BRUNET, Le pouvoir modérateur du juge en droit civil français, th. Paris 1973.

1951 BATIFFOL, « Significations de l'égalité pour la philosophie du droit », in Choix d'articles, Paris, 1976, p. 447.

1952 V. sur la question de l'équité du juge civil L. CADIET, L'équité dans l'office du juge civil, Justices, 1998.

1953 B. OPPETIT, Philosophie du droit, Dalloz, 1999, p. 121.

1954 B. OPPETIT, Philosophie du droit, op. cit, p.124.

diligence, de modération des parties. En cas d'insolvabilité du débiteur, il est fréquent que tout prête à croire qu'il est de mauvaise foi pour circonscrire les effets de l'imprévu. Le processus de renégociation judiciaire peut être utilisé à des fins dilatoires par les deux parties en cas de déséquilibre conjoncturel. Pour le débiteur, c'est à cause de l'onérosité générée par l'exécution des contrats suite aux bouleversements substantiels de circonstances économiques qui retardent le paiement de ses dettes. Du côté du créancier, son insécurité patrimoniale consiste dans l'obligation implicite de partager le risque. C'est l'exploitation de deux facettes manipulables du délai raisonnable qui est jugé floue et dangereux pour la sécurité juridique et précisément sur la sécurité des transactions[1955]. Le traitement de la crise contractuelle s'accommoderait mal des lenteurs de la justice[1956]. Cette lenteur de la justice est habituellement imputable à l'existence des pratiques dilatoires[1957].

Le droit d'être jugé dans un délai raisonnable est un droit qu'un juriste du XIXème siècle ou de la première moitié du XXème siècle aurait du mal à comprendre[1958]. Il doit être considéré comme un nouveau type de droit subjectif à travers la célérité du procès. Le droit d'être jugé dans un délai raisonnable n'a été consacré que très tardivement par le droit objectif[1959]. La procédure trop longue[1960] est injuste lorsqu'elle n'atteint pas les effets recherchés. Le temps passé en justice est toujours synonyme d'angoisse, de perte d'argent et d'espoir en suspens. Une appréciation de la justice, au regard de la condition humaine, de la condition économique et sociale d'une personne normale inscrite dans un temps social de plus en plus court, démontre que le temps du procès, comme moment de règlement d'un conflit, est perçu différemment[1961]. Un procès censé résoudre un différend et qui dure une éternité est relativement injuste en ce sens qu'il ne peut plus remplir correctement la fonction de renégociation judiciaire du déséquilibre conjoncturel. Les pertes de temps occupent et perturbent une tranche trop importante de la vie humaine. En raison des impératifs sociaux actuels de

---

1955 V. sur le flou du raisonnable à engendrer l'insécurité juridique F. DIENG, « Réflexions sur l'article 6/24 de l'avant projet d'acte uniforme sur le droit des contrats », art. préc. p. 54, 2014.

1956 L. THIBIERGE, *Le contrat face l'imprévu*, thèse préc., n° 794.

1957 F. M. SAWADOGO, « L'accès à la justice en Afrique francophone : problèmes et perspectives. Le cas du Burkina Faso », Rev. jur. et pol.1995, pp. 167 et s., spéc. 187 et 188. Selon l'auteur, la lenteur de la justice est due à la conjugaison de plusieurs facteurs : un nombre peu élevé de magistrats, pratiques de renvois dilatoires sollicités par les avocats ne maitrisant pas leurs dossiers ou souhaitant retarder l'avènement de décision et accordés avec légèreté par les juges, utilisation systématique et abusive des voies de recours, manque de moyens matériels de divers ordres.

1958 D. CHOLET, *La célérité de la procédure en droit processuel*, thèse, LGDJ, 2006, p. 271.

1959 M. GUISSÉ, *Le droit d'être jugée dans un délai raisonnable*, thèse université Cheikh Anta Diop de Dakar sous la direction de N'Diaw DIOUF, 2011, p. 1, n° 2.

1960 M-A FRISON – ROCHE, « La procédure injuste », in De l'injuste au juge, Dalloz 1997, p.72.

1961 D. CHOLET, « La célérité, de la procédure en droit processuel », op.cit, p. 81.

recherche d'immédiateté et du concret, le gaspillage du temps dans la renégociation judiciaire de longue durée apparaît logiquement injuste. La Cour européenne a fixé le délai raisonnable en fonction d'une série de critères qu'elle estime normaux[1962]. Le droit d'être jugée dans un délai raisonnable est un droit essentiel dans le monde des affaires ou la célérité est une denrée rare. Le droit d'être jugé dans un délai raisonnable est un droit humain dont doit bénéficier toute personne en procès[1963]. Ce serait même un droit humain de première génération qui suppose plus de compassion dans la prise en compte de la situation délicate du bénéficiaire en position financière inconfortable. Ces droits de l'Homme, appliqués à l'insolvabilité, offriraient des garanties assurant la dignité humaine et demeurent des garanties réelles contre l'arbitraire. Ce sont des droits indivisibles, inaliénables et imprescriptibles. Le juge doit renégocier les contrats conjoncturellement déséquilibrés dans un délai raisonnable. Le droit d'être jugé dans un délai raisonnable reste un droit humain intangible, une garantie procédurale du procès équitable.

537. On se demande si le délai raisonnable n'est pas un délai bref ? L'exemple du délai de l'ordre d'un mois entre la notification et l'ouverture rapide de la renégociation ou un délai deux mois pour renégocier un contrat suite à un déséquilibre conjoncturel énorme parait - il approprié ?

Il faut préciser d'emblée qu'une prise en compte de la spécificité des contrats s'impose. Entre laisser aux cocontractants le temps de s'organiser pour la renégociation des contrats conjoncturellement déséquilibrés et l'urgence de remédier à l'insolvabilité, les délais n'échappent pas à la manipulation. La théorie de l'abus de droit légitime la sanction de celui qui profite du temps à des fins dilatoires par la manipulation de ces délais. Un délai trop bref peut aboutir à une saisine trop fréquente du juge. A l'inverse, un délai trop long paralyserait davantage l'exécution les contrats déséquilibrés par l'imprévu en donnant lieu à de longues, incessantes et interminables discussions. La dénonciation utilitaire du droit mou qu'incarne les notions à contenu variable, dans le dilatoire ou le raisonnable, est dévoilée à cause de leur probable menace contre la sécurité contractuelle. Ces notions sont utilisées dans le sens de la sécurité des transactions lors d'une procédure de renégociation judiciaire des contrats conjoncturellement déséquilibrés. La persistance des agissements dilatoires peut détourner la finalité de cette renégociation judiciaire des contrats suite au déséquilibre conjoncturel. Le principe du délai raisonnable doit davantage faire l'objet d'une attention législative particulière par sa délimitation ou son rallongement en fonction de la valeur et de la catégorie des contrats concernés. Le législateur ne doit pas procéder à une délimitation expéditive des délais uniformisés à tous les contrats mais plutôt en fonction des catégories de contrats civils ou commerciaux.

[1962] J. CARBONNIER, « La part du droit dans l'angoisse contemporaine », in Flexible droit, LGDJ, 2001, p. 207.

[1963] M. GUISSÉ, *Le droit d'être jugée dans un délai raisonnable*, thèse préc.p.13, n°41.

B- La maitrise substantielle

538. Le juge régule les mauvais comportements pour une optimisation de la renégociation des contrats suite au déséquilibre conjoncturel. Pour une maitrise substantielle, le processus de renégociation judiciaire doit maintenir l'exigibilité des obligations (1) et profiter de l'opportunité d'un renforcement qualitatif (2).

1- L'exigibilité des obligations

539. Les changements de circonstances, bien que déséquilibrant l'économie générale des prestations, ne suspendent pas automatiquement les obligations des parties. Ils ouvrent la voie à la conduite et à un possible dénouement réajustant les obligations contractuelles par une renégociation judiciaire pendant laquelle l'exigibilité des prestations suscite des inquiétudes. L'exigibilité des obligations est délicate pendant cette phase contentieuse. Il est redouté que le débiteur de mauvaise foi puisse entrevoir, dans la suspension des obligations contractuelles, l'opportunité de ne pas payer ses dettes. Le caractère suspensif des obligations contractuelles avait fait l'objet de longues discussions en droits prospectif et comparé. L'avant-projet d'acte uniforme OHADA dispose que : « les parties sont tenues de remplir leurs obligations, quand bien même l'exécution en serait devenue plus onéreuse sous réserve des dispositions suivantes[1964]». Les mêmes dispositions sont contenues dans les Principes Unidroit[1965] et les Principes du droit Européen du contrat selon lesquels la partie victime de l'imprévu et qui suspendrait l'exécution de ses obligations en raison de leur extrême onérosité le ferait à ses risques et périls[1966]. L'accroissement des pouvoirs du juge, en cas d'imprévu destructeur, lui permet d'ordonner l'exigibilité des obligations lors de la renégociation judiciaire. Différents corps de règles admettent en cas de hardship[1967], la possibilité pour les parties de demander une renégociation du contrat pour l'adapter ou d'y mettre fin à défaut d'accord entre les parties[1968].

[1964] Art. 6/22 de l'avant-projet d'acte uniforme portant droit des contrats complété par les articles 6/23 et 6/24 du même texte.

[1965] Art. 6.2.1 des Principes Unidroit disposent que : « les parties sont tenues de remplir leurs obligations, quand bien même l'exécution en serait devenue plus onéreuse, sous réserve des dispositions suivantes relatives au hardship ».

[1966] Art. 6.111 des Principes du droit européen du contrat.

[1967] Art. 6.2.2 des Principes Unidroit : « Il y a hardship lorsque surviennent des événements qui altèrent fondamentalement l'équilibre des prestations, soit que le coût de l'exécution des obligations ait augmenté, soit que la valeur de la contre-prestation ait diminué, et a) que ces événements sont survenus ou ont été connus de la partie lésée après la conclusion du contrat ; b) que la partie lésée n'a pu, lors de la conclusion du contrat, raisonnablement prendre de tels événements en considération ; c) que le risque de ces événements n'a pas été assumé par la partie lésée ».

[1968] Art. 6.2.3 des Principes Unidroit dispose que : « Le tribunal qui conclut à l'existence d'un cas de hardship peut, s'il estime raisonnable : a) mettre fin au contrat à la date et aux conditions

540. La renégociation judiciaire est une procédure de correction des contrats conjoncturellement déséquilibrés. Dans le vocabulaire législatif des réformes, le changement de circonstances économiques sont l'appellation moderne de la théorie de l'imprévision. L'affranchissement de l'arrêt canal de Craponne doit s'opérer par l'admission d'un principe de renégociation judiciaire des contrats déséquilibrés par l'imprévu dirimant. C'est une réhabilitation ultérieure de la justice contractuelle rompue. Instinctivement, la renégociation judiciaire n'a pas pour objectif de suspendre l'exécution des obligations contractuelles. Les délais de grâce répondent déjà à cette logique de suspension momentanée de ces obligations contractuelles en aménageant un répit au débiteur de bonne foi en situation économique inconfortable mais avec l'accord du créancier. Pour résoudre la survenance de l'imprévu, la renégociation judiciaire corrige, si possible, le contrat dans le but de l'améliorer. Par contre, elle n'est pas synonyme de délai de grâce dissimulé ou d'une échappatoire pour éterniser l'immobilisme en faveur du débiteur de mauvaise foi. Dans la prévention conventionnelle du déséquilibre conjoncturel, des clauses incriminées peuvent avoir des conséquences dommageables pour l'un des contractants[1969]. Par ailleurs, une clause incriminée, dans le déséquilibre conjoncturel, imputerait l'aléa au seul débiteur. Le contrat produit ses effets pendant la phase de renégociation judiciaire malgré la prégnance de la question de l'exigibilité des prestations. La suspension de l'exigibilité des obligations serait une forme de paralysie pour le créancier. Une hypertrophie du contrat par le juge obligera le créancier à consentir des sacrifices déraisonnables dans l'espoir d'un prompt retour à l'exécution normale. Le dilatoire est plus envisagé du côté du débiteur insolvable à cause d'une exécution devenue trop onéreuse. L'immobilisme par la suspension de l'exigibilité des obligations peut légitimement faire croire à une modification des contrats déséquilibrés par le tripatouillage de la volonté initiale des parties. La modification judiciaire des obligations peut influencer la qualification des contrats renégociés. Cette transformation des volontés initiales se réalise dans la conciliation des intérêts divergents. L'intérêt de la distinction est une opposition entre une sécurité contractuelle individualiste, déniant le déséquilibre, et la justice contractuelle prônant la renégociation judiciaire du déséquilibre conjoncturel. La force obligatoire du contrat est une manifestation de la sécurité des transactions s'opposant à la suspension judiciaire de l'exigibilité des obligations du débiteur pendant la renégociation surtout contre la volonté du créancier.

---

qu'il fixe ou b) adapter le contrat en vue de rétablir l'équilibre des prestations » ; Art. 6 : 111 des Principes du droit européen du contrat reprennent une formulation similaire en ces termes : « faute d'accord des parties dans un délai raisonnable, le tribunal peut : (a) mettre fin au contrat à la date et aux conditions qu'il fixe, (b) ou l'adapter de façon à distribuer équitablement entre les parties les pertes et profits qui résultent du changement de circonstances ».

[1969] C'est en substance l'idée que le professeur OPPETIT étaye lorsqu'il explique que le contrat résultant de la renégociation n'est pas un nouveau contrat qui se grefferait sur le contrat initial.

La suspension des obligations contractuelles peut revêtir une portée différente selon une procédure longue ou une procédure d'urgence. Permettre à une partie d'obtenir une autorisation temporaire de suspension de l'exécution de ses obligations en saisissant le juge en référé ne manque pas d'intérêt. Pour THIBIERGE, le juge accordera son autorisation en présence d'une situation d'urgence c'est-à-dire lorsque l'écoulement du temps nécessaire à la nouvelle négociation risque de mener à la ruine ou à l'inexécution[1970]. Cette solution est plus avantageuse pour le débiteur insolvable en reconstruction financière. Par contre, dans les contrats avec de forts enjeux patrimoniaux, la procédure de référé peut aboutir à une décision précipitée. La problématique cruciale des contrats conjoncturellement déséquilibrés est leur extrême onérosité. Peut-être qu'il sied de ne pas suspendre les obligations tout comme l'argument contraire peut être admis en fonction des finalités recherchées. Nous effectuons un parallèle entre la suspension des obligations contractuelles en droit commun et la suspension des procédures destinées à éviter la cessation de paiements dans les sociétés commerciales[1971]. Force est de constater que l'intérêt commun prime pour la sauvegarde des emplois et justifie de telles discriminations légales au profit des sociétés commerciales. La suspension judiciaire des obligations du débiteur de bonne foi pendant la renégociation n'est protectrice que de ses intérêts particuliers. C'est une évidence de dire que l'intérêt général prime l'intérêt particulier. Les aménagements législatifs organisent et orientent la sécurité des transactions notamment devant l'opportunité d'un renforcement qualitatif de la procédure de renégociation judiciaire.

2- L'opportunité d'un renforcement qualitatif

541. La justice africaine se trouve face à des enjeux de plus en plus importants dans de nombreux domaines. La tâche du juge n'en sera que plus cruciale et plus âpre.[1972]. Les domaines de progression de nos juges suscitent des réflexions en ce qu'ils sont comme des médecins généralistes auxquels on demande le traitement des maladies nécessitant des consultations spécialisées. Le sursaut qualitatif vers la spécialisation s'effectue par deux voies pour une optimisation de la renégociation judiciaire des contrats conjoncturellement déséquilibrés : le recours à l'arbitrage, justice privée, plus imprégné de la réalité des contrats d'affaires et la magistrature économique qui est le prolongement de la justice étatique. D'un côté, l'arbitrage est un mode

---

[1970] L.THIBIERGE, *Le contrat face l'imprévu*, op.cit, n° 820.

[1971] V. sur les questions de suspension des poursuites individuelles A. DELABRIERE, « L'article 11 de l'acte uniforme sur les procédures collectives : outil de sauvegarde ou de discrimination ? », Penant, 870, p. 63 ; B. MEUKE, De la suspension des poursuites individuelles dans la procédure de règlement préventif de l'OHADA : le sort de la caution (note à propos de l'ordonnance n°135 /08 du 6 mars 2006 du tribunal de commerce de Bamako portant atteinte à l'art. 18 al 3.), Ohadata D- 08 -104 et 14.

[1972] V. G. CONAC, « Le juge de l'État en Afrique », in La justice en Afrique, Afrique contemporaine, op. cit., p. 13 ; J. DU Bois DE GAUDUSSON, « Le statut de la justice dans les États d'Afrique francophone », in La justice en Afrique, op. cit., p. 6.

conventionnel de règlement des litiges. Des efforts considérables ont été faits pour pallier l'inaccessibilité géographique de la Cour commune de justice et d'arbitrage de l'OHADA située à Abidjan grâce à la création des centres d'arbitrage dans les Etats membres notamment au Mali[1973], au Sénégal[1974], en Guinée[1975] et au Congo[1976]. Ce qui contribue à une spécialisation du règlement des différends dans le traitement du déséquilibre contractuel, en général, et celui du déséquilibre conjoncturel, en particulier. A côté de cet arbitrage institutionnel, il y a un arbitrage informel entre les opérateurs économiques maliens portant sur de petites créances sous forme d'arrangements « à l'africaine » entre débiteurs et créanciers.

De l'autre côté, trouver un équilibre satisfaisant entre la légalité, garante de la sécurité juridique, et l'opportunité, réponse aux défis économiques, telle est au demeurant la fonction essentielle du droit économique[1977]. La montée en puissance de la spécialisation est attendue par l'émergence organisée d'une solide magistrature économique. L'idée d'une magistrature économique peut séduire dans la mesure où elle permettrait de réduire parfois l'arbitraire du pouvoir, de guider des évolutions et d'apporter, dans l'application du droit et de l'économie, la sagesse d'un conciliateur informé[1978]. Les marges de progression de nos juges sont considérables dans des domaines comme le droit de la

---

[1973] La création du centre de conciliation et d'arbitrage au sein de la chambre de commerce et d'industrie du Mali (http://www.malikounda.com/Economie/centre-de-conciliation-et-d-arbitrage- du-mali CECAM.html). Le décret n°99 -254/P-RM du 15 Septembre 1999 portant Code de procédure civile, commerciale et sociale dans l'art. 753 qui dispose que : « Les règles relatives à l'arbitrage sont celles prévues par l'acte uniforme portant sur le droit de l'arbitrage dans le cadre du Traité de l'OHADA ».

[1974] La Chambre arbitrale au sein de la Chambre de Commerce, d'Industrie et d'Agriculture de Dakar. Le Sénégal a entamé sa réforme de la procédure civile en affirmant une réelle volonté de promouvoir l'arbitrage, en tant que mode alternatif de règlement des litiges, offrant ainsi un cadre très favorable à son développement. La loi n° 98-30 du 14 avril 1998 sur l'arbitrage ajoute un Livre VII à la deuxième partie du Code des obligations civiles et commerciales. Elle est complétée par les décrets n° 98-492 du 5 juin 1998 relatif à l'arbitrage interne et international et n° 98-493 du 5 juin 1998 relatif à la création d'institutions d'arbitrage. On notera également qu'une place prééminente est faite aux institutions permanentes d'arbitrage. Une partie de la doctrine considère qu'il peut s'agir d'une anticipation à la mise en place d'une Cour commune de justice et d'arbitrage (CCJA) par le Traité relatif à l'harmonisation du droit des affaires en Afrique.

[1975] « L'arbitrage ne peut naître que d'une convention le prévoyant expressément » (Code des Activités économiques de la République de Guinée, art. 1114). C'est cette exigence que traduit l'art. 21 du Traité : « En application d'une clause compromissoire ou d'un compromis d'arbitrage, toute partie à un contrat, ... peut soumettre un différend d'ordre contractuel à la procédure d'arbitrage prévue par le présent Titre ».

[1976] V. sur la création d'un centre de médiation et d'arbitrage au Congo (CEMEACO) I. FEVILIYE, Ohadata D-13-07 ou publié à la Revue Congolaise de droit et des Affaires, n°8, 2012, p.11.

[1977] Sur ce thème général CHAMPAUD, « Contribution à la définition du droit économique », *Rec. Dalloz,* 1967. p. 215.

[1978] R. HENRION, Exposé de synthèse, *in Actes du colloque sur la magistrature économique,* sous la direction de A. JACQUEMIN et G. SHRANS, Bruylant et Oyez, 1976, p. 13.

concurrence[1979], le droit des entreprises en difficulté, le droit des sociétés, les règles juridiques de dépénalisation sans cesse croissante du monde des affaires. Le droit économique, en raison des enjeux qu'il comporte, sollicite des compétences particulières qui ne laissent aucune place au tâtonnement et au colmatage des décisions de justice qu'elle réduirait à de "l'auto-amusement intellectuel"[1980]. La création des tribunaux de commerce[1981] et des pôles économiques, juridictions d'instruction spécialisées, participent à ce processus de spécialisation. Au-delà, l'expertise a pour objet d'éclairer le juge dans sa prise de décision. Aux termes de l'article 276 du CPCCS : « l'expertise n'a lieu d'être ordonnée que dans le cas où des constatations ou une consultation ne pourraient suffire à éclairer le juge[1982] ». Le médiateur judiciaire est distinct de l'expert judiciaire[1983] qui n'a pas pour mission de concilier les parties au contrat mais de recueillir des informations sur une situation de fait dont la complexité nécessite l'intervention d'un spécialiste. L'article 6/24 ne l'avant-projet d'acte uniforme portant droit des contrats ne prévoit pas l'expertise. Ce qui est fort curieux[1984] dans la mesure où elle pourrait compenser les limites du juge dans des domaines spécifiques en éclairant davantage sa lanterne. L'expertise ne lie pas le juge donc n'est pas une garantie à fortiori une stratégie ou une probabilité pour emporter le procès. L'expert judiciaire ressemble à une variation de l'avocat. L'expertise guérit l'erreur à travers l'asymétrie informationnelle qui décrit les situations dans lesquelles un contractant possède une caractéristique cachée non directement observable. Nous reconnaissons néanmoins que les frais supplémentaires qu'elle génère pourraient développer certaines réticences. En dehors des entreprises, le recours à l'expertise judiciaire est couteux. La renégociation du déséquilibre conjoncturel suppose une incommodité financière pour le débiteur en raison des aléas liés à l'exercice de l'activité commerciale. On peut bien se demander, dans ce cas, si l'expertise n'est pas une spécialisation trop couteuse. Dans un monde où l'argent est devenu le nerf de toute guerre, seuls les nantis ont les moyens de demander justice, sans se laisser décourager par les lourds

---

1979 V. CHAMPAUD, Caractère du droit de la concurrence, *Juriscl. Traité concurrence et consommation*, fasc. 30, n° 78 et s.

1980 Nous caricaturons par cette expression le bavardage, l'absence de crédibilité.

1981 A. MBARGA, « Pour la généralisation des tribunaux de commerce dans la zone et l'adoption d'un acte uniforme portant organisation des juridictions et de la procédure commerciale », Revue trimestrielle de droit Africain, n° 882, Janv-Mars 1013, p. 28et s. p. 32. L'auteur estime que la spécialisation des juridictions et des juges est un gage de sécurité juridique et judiciaire.

1982 Art. 276 du Code de procédure civile commerciale et sociale au Mali.

1983 V. sur la distinction entre le médiateur judiciaire et l'expert judiciaire C. JAROSSON, Médiation et conciliation, définition et statut juridique, art préc, p. 42.

1984 V. F. DIENG, « Réflexions sur l'article 6/24 de l'avant-projet d'acte uniforme sur le droit des contrats », art. préc. p. 52.

frais que cela entraîne[1985]. La méfiance de l'investisseur face à la justice étatique peut l'amener à solliciter la Cour commune de justice et d'arbitrage ou l'expertise pour un règlement spécialisé. Cela ne saurait prouver la vampirisation du juge africain même s'il n'est pas exempt de tout reproche. Il est plus utile de l'outiller que de le fustiger de critiques parfois acerbes. La flexibilité contractuelle serait la plus-value juridique d'une renégociation judiciaire satisfaisante.

Paragraphe 2 : La flexibilité, plus-value juridique de la renégociation

542. La structure libérale du droit des contrats est peu encline à admettre la renégociation judiciaire des contrats déséquilibrés contre la volonté du créancier et surtout sans habilitation légale. Le renouvellement des fondements de la force obligatoire est au cœur des réformes en droit moderne des contrats[1986]. La prospection de la flexibilité contractuelle en est la cause et le déséquilibre, l'anomalie. Le remède de la renégociation judiciaire apporterait une sécurité rénovée (A) et cohérente (B).

A- La flexibilité, une sécurité rénovée

543. Le contrat n'est utile aux parties qu'à la condition d'être juste[1987]. Le juste contractuel, faussement opposée à la sécurité des transactions, est réhabilitée par la flexibilité qu'apporte une modification substantielle et intelligente. A cet effet, une réécriture des obligations contractuelles mènerait à une sécurité restaurée (1) et humanisée (2).

1- La flexibilité, une sécurité restaurée

544. La sécurité juridique[1988] n'est pas une notion facile à définir en dépit de son apparente simplicité. Ce qui accentue l'impression que sa systématisation est malaisée pour ne pas dire impossible[1989]. La sécurité des transactions en est

---

[1985] P.- N. MVONDO, « La crise de la justice de l'Etat en Afrique noire francophone – Études des causes du divorce entre la justice et les justiciables », préc., p. 218.

[1986] V. les réformes en droit comparé préc.

[1987] V. C. THIBIERGE-GUELFUCCI, « Libres propos sur la transformation du droit des contrats », art. préc. p.357, spéc. p. 376. Les auteurs affirment en général l'existence d'une opposition entre les notions d'« utilité » et du « juste » alors qu'elles ont en réalité vocation à être associées. Alors que l'utile correspond davantage aux valeurs classiques de la théorie générale, même si la notion d' « utilité » a elle aussi évolué, le juste quant à lui incarne des aspirations grandissantes à l'égalité et à l'équilibre dans le contrat. Il s'agit alors de combiner cette double aspiration afin d'en dépasser la contradiction. V. en ce sens G. PIETTE, *La correction du contrat*, thèse préc. n° 281 et s., spéc. n° 282, p.157. Il pense que lorsqu'un contrat est déséquilibré, son utilité sociale diminue et sa conformité à la justice contractuelle disparaît.

[1988] T. PIAZZON, *La sécurité juridique*, thèse préc. n° 48, p. 62. Aux dires de l'auteur, la sécurité juridique est l'idéal de fiabilité d'un droit accessible et compréhensible qui permet aux sujets de droit de prévoir raisonnablement les conséquences juridiques de leurs actes ou comportements et qui respecte les prévisions légitimes déjà bâties par les sujets de droits dont il favorise la réalisation ; V. aussi P. LEMAY, thèse préc. n° 203 et s., pp. 290 et s.

[1989] J. HAUSER, *Objectivisme et subjectivisme dans l'acte juridique : Contribution à la théorie générale de l'acte juridique*, préc. p.184.

une facette, une composante[1990]. Dans la généralité des mécanismes correcteurs du déséquilibre contractuel et la particularité de la renégociation du déséquilibre conjoncturel, la sécurité des transactions est analysée sous l'emprise de la théorie de l'autonomie de la volonté[1991]. On en déduit, à la suite de THIBIERGE GUELFUCCI, que la rencontre des volontés produit une sorte de cristallisation contractuelle qui échappe aux contractants et qui confère au contrat une sécurité immobile, cette teneur immuable, cette imperméabilité presque absolue qui le préserve des mouvements et des contingences de la vie et du temps[1992]. La contingence du déséquilibre contractuel entraine son lot de bouleversement de l'économie générale du contrat. La situation du débiteur ne saurait être limitée à son acharnement contre le hasard mais doit se conjuguer avec une sécurité dynamique, une intelligence économique.

L'éclosion de la bonne foi dans le rééquilibrage du contrat[1993] participe de cette conception renouvelée de la force obligatoire. L'immobilisme est une obstruction à la sécurité des transactions qui est plus individualiste et moins dynamique. L'objectif de flexibilité revivifie, revigore, fortifie[1994] le contrat déséquilibré dans la renégociation autoritaire en cas de bouleversements majeurs de circonstances économiques. Un acte juridique excessif dès sa conclusion n'est pas, au sens de l'article (1134 al. 1er du Code civil français), légalement formé, puisqu'à la fois inutile et injuste, il heurte les finalités poursuivies par le droit objectif. Ce qui a fait dire que : « la seule démesure manifeste entre les données, objet d'une comparaison, peu importe la cause, suffit (rait-elle) à justifier une sanction[1995]». L'affirmation d'une sécurité dynamique met en exergue un besoin de flexibilité, quoi que récurrent, de la conception libérale. Le temps fait mentir les prévisions. L'inflexibilité dans la négation de la théorie de l'imprévision reste problématique en droit commun des contrats[1996]. La théorie de l'imprévision ne tend pas à rééquilibrer tous les contrats initialement équilibrés mais ceux rattrapés par le déséquilibre dans l'exécution. Elle remédie aux conséquences économiques désastreuses pour

---

1990 Pour certains auteurs comme LEMAY : « La sécurité des transactions n'est qu'une facette de la sécurité juridique » P. LEMAY, thèse préc., n°209, p. 297 ; G. PIETTE, *La correction du contrat*, thèse préc. n° 205, p. 124 et s. Pour lui : « la sécurité des transactions c'est la sécurité juridique appliquée aux relations contractuelles ».

1991 P. LEMAY, thèse préc., n° 210, p. 297.

1992 C.THIBIERGE GUELFUCCI, « Libres propos sur la transformation du droit des contrats », art. préc. p. 359.

1993 B. RECEVEUR, *La force obligatoire du contrat de société : contribution a l'étude des relations entre droit des contrats et droit des sociétés*, thèse Cergy-pontoise, 2013, n ° 370, p. 341.

1994 J. MESTRE, '' Chronique : obligations et contrats spéciaux'', RTD. Civ., 1990, p. 648.

1995 D. BAKOUCHE, *L'excès en droit civil*, préf. M. Gobert, Biblio. Dr. privé, t.432, LGDJ, 2005, n°452.

1996 D. MAZEAUD, « La révision du contrat », Petites Affiches, 30 juin 2005, p. 4.

les parties suite à une altération des prévisions contractuelles[1997]. Certains auteurs proposent l'abandon de l'imprévisible pour celui de l'imprévu[1998] même si les d'autres préfèrent le premier[1999]. Le choix de l'imprévu plutôt que celui de l'imprévisible n'est pas innocent en ce sens qu'il élargit le champ de la théorie de l'imprévision[2000]. Deux mécanismes juridiques sont généralement sollicités lors du rééquilibrage du contrat par la théorie de l'imprévision : la révision du contrat par le juge et sa renégociation[2001]. Le refus de bénir le lien entre le juge et le contrat, pour motif d'illégitimité[2002], est un désaveu de toute correction judiciaire des contrats déséquilibrés contre la volonté du créancier. La révision du contrat par le juge n'est pas la voie privilégiée[2003]. La préservation de la sécurité juridique justifie en effet de ne pas ouvrir la porte à toute sorte de modification du contrat en cours d'exécution[2004]. L'obligation de renégociation judiciaire ne doit être mise en œuvre que lorsque l'évènement à l'origine de la modification des circonstances se révèle imprévisible[2005]. Ce qui exclurait une simulation des difficultés économiques dans l'exécution du contrat.

545. La nécessaire conformité de l'utilité à la sécurité contractuelle s'impose. La renégociation judiciaire s'imposerait lorsque l'effectivité des conditions de formation se heurte à l'efficacité dans la réalisation de l'effet attendu[2006]. Dans l'appréciation des effets de cette renégociation judiciaire, la modification est un remède à l'inefficacité objective du contrat en cas de survenance de l'imprévu. Il s'agit de savoir si la renégociation judiciaire donne lieu à une convention nouvelle poursuivant l'objet et la cause avec d'autres moyens. Ce qui en fait une sorte d'avenant[2007] qui modifie ou complète le contrat conjoncturellement déséquilibré. C'est une forme de modification de la règle inappropriée[2008]. La logique de cette modification est naturelle lorsqu'elle permet au juge, un ajustement de la règle pour la poursuite d'une exacte

---

[1997] L. THIBIERGE, *Le contrat face l'imprévu*, préf. AYNES (L), op.cit., p. 326 et s.

[1998] L. THIBIERGE, *Le contrat face l'imprévu*, préf. AYNES (L), op.cit., p. 19 et s.

[1999] V. sur la force majeure M. MEKKI, « La définition de la force majeure ou la magie du clair-obscur », RLDC, 2006, n° 29, p.17.

[2000] C. STOYANOVITCH, *De l'intervention du juge dans les contrats en cas de survenance de circonstances imprévus. Théorie de l'imprévu*, op.cit., p.118.

[2001] E. SAVAUX, « L'introduction de la révision ou de la résiliation pour imprévision – Rapport français », *RDC*, 2010, p.1057.

[2002] D. MAZEAUD, « Le juge et le contrat, variations optimiste sur un couple '' illégitime'' », in *Mélanges en l'honneur de Jean Luc Aubert*, Dalloz, 2005, p. 235.

[2003] L. THIBIERGE, *Le contrat face l'imprévu*, préf. AYNES (L), op.cit., p. 443 et s.

[2004] R. DEMOGUE, « Des modifications aux contrats par volonté unilatérale », RTD civ. 1907, p.245, spéc. p. 246 et s.

[2005] L. THIBIERGE, *Le contrat face à l'imprévu*, n° 538 et s., p. 316 et s.

[2006] Y.- M. LAITHIER, *Étude comparative des sanctions de l'inexécution du contrat*, préf. MUIR WATT H., LGDJ, op.cit., p.19, n° 8.

[2007] J. M-. PEYRICAL, *Encyclopédie des collectivités locales*, Dalloz, 2005, V° « Exécution des marchés publics », 2005, spéc. n° 42.

[2008] C. BOUIX, *Les mécanismes correcteurs d'origine prétorienne*, thèse préc. n° 46, p. 63.

proportionnalité entre la finalité de cette règle et ses effets pratiques[2009]. La renégociation judiciaire aboutit à une modification de l'architecture originelle du contrat. Pour un auteur, l'obligation de renégociation n'emporte pas celle de réviser[2010]. Le changement de circonstances économiques qui doit conduire à la renégociation judiciaire est conditionné à un événement extérieur susceptible de nous rapprocher de la force majeure[2011]. La renégociation judiciaire correctrice est distinguée de la novation. Cette dernière est une substitution à une obligation que l'on éteint, d'une obligation nouvelle que l'on crée par changement de créancier, de débiteur, d'objet ou de la cause[2012]. Aux termes de l'article 175 du RGO : « la novation est la substitution d'une obligation nouvelle à une obligation ancienne qui se trouve ainsi éteinte. Elle ne se présume pas mais doit résulter de la volonté clairement exprimée par les parties de remplacer une obligation par une autre[2013]». Pour caractériser la novation, il faut l'extinction d'une obligation, la création corrélative d'une obligation nouvelle et l'intention de nover. La renégociation judiciaire ne présenterait aucune de ces conditions. L'idée d'une novation parait adulatrice à plusieurs égards. La modification des contrats conjoncturellement déséquilibrés par la renégociation judiciaire n'est plus tout à fait le contrat initial même s'il conserve un fort lien de dépendance avec lui[2014]. La novation ne se présume pas[2015]. Lorsque la modification porte seulement sur des modalités d'exécution, la question se pose moins car la transformation de l'obligation n'apparait pas assez pour qu'elle engendre une nouvelle obligation. Même si l'obligation subit une transformation, son objet et sa cause subsistent en restant identiques. C'est ce qu'un auteur a baptisé la double fongibilité[2016]. La renégociation judiciaire corrige les contrats déséquilibrés pour les améliorer, les maintenir et non de mettre fin à une obligation préexistante par une autre nouvelle. Par contre, la novation peut être comparée à la renégociation judiciaire notamment sous l'angle de l'extinction[2017]. Cette renégociation par le juge peut avoir un effet extinctif dans un but de

---

2009 J. FISCHER, Le pouvoir modérateur du juge en droit civil français, XXX, n°14, p. 29 et s.

2010 D. MAZEAUD, « Renégocier ne rime pas avec réviser ! », D. 2007, p. 765.

2011 S. TISSEYRE, *Le rôle de la bonne foi en droit des contrats : Essai d'analyse à la lumière du droit anglais et du droit européen*, thèse Paris I Panthéon – Sorbonne, 2010, n° 126, p. 122.

2012 G. CORNU, Vocabulaire juridique, préc., V '' Novation''.

2013 Art. 175 du Régime général des obligations au Mali.

2014 En ce sens, P. SENE, *La notion de novation*, thèse Reims, 2006, dir. M. Billiau, n° 234 et s. spéc. p. 295, sur les étroits rapports entre novation, avenant et *mutuus dissenssus*.

2015 L'art. 1273 du Code civil français dispose que : *« La novation ne se présume point ; il faut que la volonté de l'opérer résulte clairement de l'acte »*.

2016 A. GHOZI, *La modification de l'obligation par la volonté des parties*, thèse préf. D. TALLON, LGDJ 1980, n° 68 et s., p. 33. La fongibilité doit, pour l'auteur, s'apprécier non seulement en raison de l'intérêt des parties mais également au regard du but que l'acte juridique modifié doit satisfaire. Le critère de la double fongibilité est mis à la disponibilité du juge pour vérifier si la modification n'emporte en réalité pas novation du contrat.

2017 G. PIETTE, thèse préc. n°1123, p. 597.

rééquilibrage contractuel. Le rapprochement est tentant entre l'effet extinctif du mécanisme de la novation et la sanction ultime de la procédure de renégociation judiciaire menant à la caducité[2018]. Dans ce cas, la renégociation judiciaire corrige, transforme et maintient, si possible, le contrat en le soignant de la pathologie du déséquilibre des prestations.

Parmi les conséquences de la caducité sur les contrats renégociés, la piste des ensembles contractuels a continuellement attiré l'attention. En effet, la sophistication de l'ingénierie contractuelle conduit à limiter qualitativement la portée de la caducité dans les contrats isolés à la différence des ensembles contractuels. Les groupes de contrats sont constitués de chaines et d'ensembles contractuels. La chaine de contrat est une succession de conventions organisées à propos d'une même chose autour d'une même prestation essentielle[2019]. Ces différents types de contrats ont une identité d'objet. Un ensemble de contrats est la réunion de plusieurs conventions qui participent à la réalisation d'un même objet. Dans certaines hypothèses, un seul contrat n'est pas apte à permettre à son instigateur d'obtenir ce qu'il recherche[2020]. Il va contracter avec différentes personnes par la conjonction de prestations en fonction de l'intérêt qu'il poursuit. Les contrats formant une chaine sont soumis à l'identité d'objets à la différence de ceux composant un ensemble qui sont liés par une identité de cause[2021]. La réforme française envisage d'abord la caducité dans un contrat valablement formé lorsque qu'un des éléments essentiels disparait[2022]. Ensuite, la caducité est une sanction dans les ensembles contractuels et n'intervient que si le contractant contre lequel elle est invoquée connaissait l'existence de l'opération d'ensemble lorsqu'il a donné son consentement[2023]. La caducité est une sanction adaptée aux ensembles

---

[2018] Selon l'art. 1187 de l'ordonnance n° 2016 -131 du 10 février 2016 portant réforme du droit des contrats, du régime général et de la preuve des obligations ratifiée par la loi n ° 2018 -287 du 20 Avril 2018 publiée au Journal officiel du 21 avril 2018 dispose que : « La caducité met fin au contrat ».

[2019] B. TEYSSIE, *Les groupes de contrats*, thèse préc. n° 69 ; V. aussi dans le même ouvrage pp. 41 à 67 où l'auteur distingue deux sortes de chaines de contrats. La première dite « chaine par addition » dans laquelle des contrats s'ajoutent successivement aux précédents comme dans les ventes du même bien notamment dans les rapports entre détaillants et grossistes. La seconde catégorie se nomme « chaine diffraction » qui nait de l'éclatement de la première convention comme la sous-traitance (le débiteur charge une autre personne de l'exécution de tout ou partie de son obligation) et la sous location (le locataire principal fait bénéficier le sous locataire de son droit de jouissance).

[2020] G. PIETTE, thèse préc. n°1158, p. 615.

[2021] B. TEYSSIE, *Les groupes de contrats*, thèse préc. n° 62 et s.

[2022] L'ordonnance n° 2016 -131 du 10 février 2016 portant réforme du droit des contrats, du régime général et de la preuve des obligations ratifiée par la loi n ° 2018 -287 du 20 Avril 2018 publiée au Journal officiel du 21 avril 2018.

[2023] L'ordonnance n° 2016 -131 du 10 février 2016 portant réforme du droit des contrats, du régime général et de la preuve des obligations ratifiée par la loi n ° 2018 -287 du 20 Avril 2018 publiée au Journal officiel du 21 avril 2018.

contractuels pour remédier aux anéantissements en cascades[2024]. Enfin, la caducité est la sanction appropriée aux ensembles contractuels et en cas d'échec de la procédure de renégociation judiciaire des contrats uniques conjoncturellement déséquilibrés. Pour Sophie DIAGNE, la caducité par disparition de la cause de l'obligation dans un contrat unique et celle par disparition d'un contrat cause d'un autre dans un montage contractuel apparaissent comme les deux versants d'une même montagne. Elles traduisent toutes deux des situations dans lesquelles le vice survient après formation et l'anéantissement résulte d'une situation extérieure à la personne des intervenants[2025]. Dans l'exemple du crédit-bail[2026], la disparition d'un contrat pourrait entraîner celle de l'autre donc un possible anéantissement en cascades. Le montage contractuel met en scène deux contrats que sont une vente et une location dont les modes de disparition ne peuvent être identiques. Il est possible que la caducité soit une sanction dont l'application n'est pas souvent sollicitée par les parties en ce qu'elle ne fait que constater une situation déjà réalisée sans possibilité de leur accorder une protection particulière[2027]. A tout point de vue, le législateur français aurait dû aller au bout de son raisonnement dans la formulation de l'article 1195 du Code civil pendant la réforme par une consécration de la caducité pour sanctionner l'échec de la renégociation du déséquilibre conjoncturel dans les contrats uniques de longue durée à la suite des ensembles contractuels. Le caractère supplétif du texte de droit commun ne permet pas d'exagérer la portée de cette proposition dans la mesure ou l'intervention du juge est un recours ultime. Pour autant, le spectre de la révision judiciaire est une pression qui pourrait avoir une portée humaniste.

2- La flexibilité, une sécurité humanisée

546. L'exigence d'équilibre contractuel est le reflet de la mutation des postulats sur lesquels repose la théorie des contrats[2028]. La force obligatoire du contrat est un moyen d'atteindre un équilibre social[2029]. La flexibilité dans sa réalité sociale donne la primeur aux valeurs humaines qui ne sont pas toujours prises en compte dans le monde des affaires. Ceci est un plaidoyer pour une humanisation des pratiques contractuelles à travers une renégociation suite aux bouleversements de circonstances économiques. La réalité du droit vécu en

---

[2024] N.-S. DIAGNE, thèse préc. n°484, p. 213. Elle parle de l'ajustement du régime juridique de la caducité dans le montage contractuel.

[2025] N.-S. DIAGNE, thèse préc. n° 479, p. 211.

[2026] V. sur le crédit-bail A. - W. NDIAYE, *Le développement du crédit-bail au Sénégal*, sous la direction du Professeur Mayatta N'DIAYE M'BAYE UCAD/FSJP, Mai 2013.

[2027] N.-S. DIAGNE, thèse préc. n° 449, p. 198.

[2028] D. MAZEAUD, « Les nouveaux instruments de l'équilibre contractuel », in la nouvelle crise du contrat, Jamin C., MAZEAUD D., art., n°4, p.136.

[2029] L. WEILLER, « Processualisation et force obligatoire du contrat », in *Regards comparatistes sur le phénomène contractuel*, PUAM, 2009, p. 157 et s. spéc. p.167.

dehors des prétoires, après cinquante années d'indépendance, est que le droit moderne ne cesse de repousser les limites de la frontière qui le sépare du droit traditionnel[2030]. La renégociation judiciaire des contrats déséquilibrés n'y déroge pas et la perspective ne manque pas d'intérêt. La parentalisation des conflits commerciaux privilégie souvent le recours aux logiques endogènes de règlements des conflits commerciaux[2031]. Nous n'exagérons pas par contre la portée de cette fraternisation des échanges commerciaux en raison des enjeux patrimoniaux dans les contrats. Certes, pour TOHON, les acteurs du commerce informel se réfèrent souvent à des comportements à caractère obligatoire qui s'apparentent à des contrats sans formalisme solennels[2032]. Malgré cela , l'optimisme abstrait est talonné par les réalités concrètes du droit contemporain des contrats. L'émergence d'un droit au développement[2033] exclusif aux pays africains, dans ce domaine précis, pourrait porter en lui les germes d'une auto-exclusion de la mondialisation des échanges et de la globalisation de l'économie mondiale. La sécurité contractuelle, bien que collective dans l'intérêt général, à une signification particulière dans la sociologie juridique africaine. L'examen de l'imprévu destructeur démontre un désengagement, une passivité coupable du législateur malien face à cette donnée en droit commun des contrats. La renégociation judiciaire peut adapter les contrats déséquilibrés par l'imprévu à certaines réalités socio-politiques et économiques indissociables de leur exécution. La vampirisation du juge africain pourrait être un prétexte justifiant le déni du traitement judiciaire du déséquilibre contractuel, en général, et du déséquilibre conjoncturel, en particulier. Pourtant, nous continuons à croire que face à la persistance des divergences d'intérêts, seule l'autorité du juge peut lui permettre de trancher définitivement l'antagonisme entre les cocontractants dans la renégociation des contrats conjoncturellement déséquilibrés.

547. La fonction de juger est d'une complexité qui dépasse toute tentative d'une application servile de la loi. La conception libérale de l'autonomie de la volonté limite le rôle du juge dans l'interprétation de la force obligatoire du contrat lorsqu'il doit rechercher au-delà de la commune intention des parties qui n'est autre chose que la volonté initiale[2034]. Pourtant, FRISON-ROCHE écrit : « qu'un grand juge est celui qui juge bien, c'est-à-dire celui qui non seulement manie bien les règles de droit qui sont ses instruments, mais encore

---

2030 G. DIOUF, *La résistance du droit coutumier africain aux législations coloniales et postcoloniales*, thèse préc., p. 19.

2031 O. CONSTANTIN TOHON, *Le droit pratique des Affaires : l'exemple du Benin*, thèse préc. pp. 234 et s.

2032 O. CONSTANTIN TOHON, *Le droit pratique des Affaires : l'exemple du Benin*, thèse préc. p.175.

2033 V. sur l'exemple du "Droit du développement'' A.- SOW. SIDIBE, *Le pluralisme juridique en Afrique*, Paris, LGDJ, 1998, p. 229 et s.

2034 V. sur la réduction du pouvoir d'interprétation du juge face à la force obligatoire FIN LANGER, op. cit.p. 61, n° 74.

trouve la solution particulière efficace pour éteindre le litige, mais encore arrive à rencontrer, voire à faire naître un sentiment de justice en la personne des parties (…). Le grand juge est habité par le sentiment de justice[2035]». L'office du juge lui permet de rechercher la solution de droit qui lui paraît la meilleure possible voire la plus juste. La consécration légale d'une obligation de renégociation judiciaire organisée éviterait de transformer le juge malien en correcteur divin de l'injustice contractuelle par la découverte de volontés supposées cachées des parties. La loi gagnerait en lisibilité et la partie faible en sécurité contractuelle en cas de consécration légale d'une obligation de renégociation judiciaire. Le professeur AKAM AKAM écrivait que : « si le juge est d'abord une personne publique dépositaire d'un pouvoir régalien qui s'exerce dans le cadre fixé par les lois, il n'en est pas moins une personne privée, c'est-à-dire un homme comme tous les autres semblables avec ses convictions, ses sentiments, ses passions, ses croyances[2036]». Cela est d'autant plus réel que dans les modes alternatifs de règlement des litiges, l'arbitre n'est pas souvent tenu d'appliquer des règles de droit lorsque les parties lui ont confié une mission d'amiable compositeur[2037]. La question que pose l'amiable composition est celle de la nature des règles applicables. L'intime conviction, la bonne foi et l'équité ne sont des notions floues que lorsqu'elles permettront au juge d'interpréter le contrat à l'encontre de la sécurité des transactions telle que définie dans l'ombre de l'idéologie de l'autonomie de la volonté. Ces notions ne sont pas floues en réalité lorsqu'elles interprètent le déséquilibre conjoncturel en conformité avec la force obligatoire fondée sur le volontarisme contractuel. L'intime conviction du juge lui permet d'écarter l'application injuste de la loi des parties. Dans la renégociation du contrat suite au déséquilibre conjoncturel, en zones rurales majoritairement analphabètes, le juge est considéré comme un tiers intellectuel mais qui n'est pas investi de la sagesse nécessaire pour pouvoir renoncer à appliquer la loi lorsqu'elle est injuste. La conception de la justice africaine ne consiste pas à se référer à un ensemble normatif édicté préalablement et à caractère général et absolu mais plutôt à interpréter concrètement au cas par cas des comportements connus de tous et qui maintiennent la cohésion sociale[2038]. Ce qui a fait dire à CONSTANTIN-TOHON que le concept de la norme dans la pensée africaine doit s'entendre comme un modèle et non une règle comme dans la tradition

---

2035 FRISON-ROCHE, « Le juge et le sentiment de justice », Mélanges Bézard, 2002, p. 40 s.

2036 A. - A. AKAM, « La loi et la conscience dans l'office du juge », art préc. n° 3 p. 503. Pour l'auteur, la conséquence de cette double nature est que le juge est engagé dans l'instance comme une personne publique tenue d'appliquer la loi mais aussi comme une personne privée rendant justice en toute conscience.

2037 G. CORNU, « Le juge-arbitre, Le juge amiable compositeur au sein de la juridiction étatique, », in L'art du droit en quête de sagesse, préc. p. 155 et s.

2038 M. ALLIOT, Anthropologie et juristique, Bulletin de liaison LAJF, n° 6, Paris, Janv. 1983, p.189 et s.

juridique romano-canonique[2039]. Aux dires du professeur FALL : « nous souhaiterions en effet replacer le juge africain dans sa réalité : celle d'un acteur dans une société donnée, qui est en l'occurrence essentiellement relationnelle, et à qui on a confié une fonction particulière que tout le monde lui reconnaît. Dans sa conception initiale datant de la période coloniale et maintenue après l'indépendance, peut-on dire qu'il incarne véritablement l'idée que les populations africaines se font, d'une part, de l'institution de la justice, et d'autre part, de la personne investie de la sagesse et de la capacité de juger[2040] ».

548. En principe, l'arbitre est investi par les parties du pouvoir de statuer en équité. On considère que le juge statue en équité lorsqu'il est amené à écarter les règles de droit dont l'application paraît trop rigoureuse ou peut conduire à l'injustice. En d'autres termes, le juge apporte au litige la solution qui lui semble la plus adéquate à départager les parties sans considération juridique. L'amiable composition se présente ainsi comme un tempérament à la juridiction étatique. Le juge étatique est tenu d'une obligation de trancher le litige par application du droit[2041]. La flexibilité a des fondements juridiques et socio- économiques. La renégociation judiciaire des contrats déséquilibrés par l'imprévu dirimant, que nous privilégions, gagnerait en flexibilité en tenant compte des fondements humains qui rendront la sécurité des transactions plus dynamique donc moins statique. L'absence d'une théorie générale africaine des contrats ne nous autorise pas envisager une sécurité dynamique propre aux réalités locales. Par contre, la sécurité contractuelle dans plusieurs pays africains, à l'instar du Mali, se veut une sécurité humanisée, une solidarité bâtie à coût de concessions réciproques entre contractants pour une pérennisation des relations d'affaires. Ce qui devrait être plus perceptible dans notre droit positif des contrats par la mutualisation du risque dans la renégociation des contrats conjoncturellement déséquilibrés entre particuliers. En réalité, les contrats d'affaires ne se nouent pas qu'entre africains. Lorsque les divergences d'intérêts sont confrontées à celles liées à la mentalité, il ne serait pas exagéré de soutenir que lorsque la loi lie, le juge doit pouvoir délier les contractants en cas de bouleversements substantiels de circonstances économiques. La cohérence du droit des contrats devrait plus s'inscrire dans cette perspective pour plus de flexibilité.

B- La flexibilité, une sécurité cohérente

549. La portée de la renégociation judiciaire des contrats conjoncturellement déséquilibrés est la flexibilité dans ces engagements obligatoires. Il s'agit d'un

---

[2039] O. CONSTANTIN TOHON, *Le droit pratique des Affaires : L'exemple du Benin*, thèse préc., p. 175.

[2040] A. –B. FALL, « Le juge, le justiciable et les pouvoirs publics : pour une appréciation concrète de la place du juge dans les systèmes politiques en Afrique », in Le statut du juge en Afrique, préc. p. 312.

[2041] A. – A. AKAM, « La loi et la conscience dans l'office du juge », art. préc. n° 27 p. 515.

plaidoyer pour une prise en charge du risque contractuel grâce à une sécurité mutualisée (1) et moralisée (2).

1- La flexibilité, une sécurité mutualisée

550. Parler de cohérence du droit des contrats peut paraitre plus provocateur qu'évocateur. Un regard isolé en verrait instinctivement la prétention de fustiger une incohérence du droit des contrats. Pourtant, c'est la recherche de la justice contractuelle pour le débiteur de bonne foi qui l'exige manifestement en cas de renégociation judiciaire du déséquilibre conjoncturel. L'équilibre contractuel oppose deux thèses qui consistent à dire que seul le contrat garantit la justice entre les parties ou qu'il doit reposer sur la justice[2042]. La justice contractuelle en cas de bouleversements de circonstances économiques passe par une mutualisation des risques. Le contrat n'est pas un mariage pour le meilleur et pour le plus mais pour le meilleur et le pire. Pour des auteurs, le remariage judiciaire des « divorcés » dans la renégociation est loin d'être une solution viable[2043] dans la pratique surtout par la contractualisation du risque engendré par l'imprévu. Le législateur en a conscience dans l'article 1195 de la réforme en insistant sur l'acceptation explicite du risque depuis la formation du contrat. Quoi qu'on dise, devant l'absence de disposition similaire en droit positif malien, la constante dans la renégociation judiciaire du déséquilibre conjoncturel est que le lien qui résulte du contrat évoque toujours plus l'idée d'attachement et d'enchainement[2044]. La renégociation judiciaire des contrats conjoncturellement déséquilibrés est un processus qui mutualiserait le risque par une obligation de prise en charge des intérêts du débiteur comme dans l'esprit d'une contribution aux pertes en droit commun. La légitimation d'une communauté d'intérêts fait naître une obligation de coopération réciproque au profit et à la charge des parties, créancière et débitrice, pour la pérennisation de la relation contractuelle. A cette fin, il convient de relever que l'obligation de coopération se métamorphose en obligation de renégociation des contrats devenus déséquilibrés par les bouleversements de circonstances économiques. Le créancier en position de force sera tenu d'une obligation de renégociation des contrats déséquilibrés par l'imprévu dévastateur grâce à une intensification de sa bonne foi. Cet effort symbolise une solidarité concrète permettant de fléchir la force obligatoire du contrat. Lorsque la solidarité n'est pas volontaire et utilement altruiste, le juge peut l'imposer dans une procédure contentieuse de renégociation des contrats déséquilibrés par l'imprévu dirimant. C'est la consécration opportune d'une obligation de secours et d'assistance entre les

---

2042 A.- A. NGWANZA, « L'équilibre contractuel dans l'avant-projet d'acte uniforme sur le droit des contrats », art. préc. p. 497.

2043 L'expression remariage judiciaire est empruntée aux auteurs O. DESHAYES, T. GENICON, Y. - M. LAITHIER, Réforme du droit des contrats, du régime général et de la preuve des obligations, op. cit. p. 468.

2044 A. –S. ALGADI, *Contrats et droit des procédures collectives, Études à la lumière du droit français,* préf. Marie Helène Monsière, L'harmattan, 2009, p. 29.

contractants dont l'aboutissement mutualiserait la prise en charge du risque. On se rappelle de l'arrêt de la chambre commerciale de la Cour cassation française du 21 janvier 1997 dans lequel la chambre commerciale avait conclu que n'avait pas commis d'abus, le franchiseur qui a laissé le franchisé la liberté de négocier les prix, selon la loi du marché, sans souffrir d'une position dominante ou arbitraire. La clause contractuelle proposait un vaste guide des achats ainsi qu'un catalogue de produits et un tarif de vente indicatif[2045]. A contrario, la privation totale de liberté, l'absence de marge de manœuvre ainsi que l'existence d'une position dominante pourraient contribuer à caractériser un comportement abusif. A cet effet, l'abus apparait chaque fois que la domination d'un partenaire sur l'autre est excessive[2046] dans les contrats de dépendance. Selon LASBORDES, ce n'est pas l'intention de nuire qui est sanctionnée mais le comportement égoïste du fournisseur consistant à user de son pouvoir déséquilibrant pour fixer un prix sans tenir compte de l'intérêt du débiteur du prix[2047]. FAGES écrivait sur le prix qu'il "doit être fixé à un niveau qui n'empêche pas l'autre partie de faire fonctionner normalement son activité dans la situation de dépendance qui est la sienne[2048]". Le profit devient illégitime et l'abus caractérisé lorsque le comportement du fournisseur conduit à priver le distributeur des moyens de pratiquer des prix concurrentiels en l'empêchant de se maintenir sur le marché du produit ou du service concerné. C'est ce qui a été jugé dans l'arrêt Huard du 3 novembre 1992[2049]. Dans cette affaire, les juges du fond ont retenu un manquement du fournisseur à son obligation d'exécuter le contrat de bonne foi pour avoir "privé son distributeur des moyens de pratiquer des prix concurrentiels". Par un contrat de distribution de produits pétroliers, le garagiste s'engageait pour quinze ans, à acheter une quantité minimale de carburant, au prix fixé par la société BP. Suite à une augmentation des prix de vente au détail des carburants, le garagiste se trouvait dans une situation financière délicate dans la mesure où un concurrent vendait les produits identiques à un prix inférieur. En dépit des demandes formulées par le garagiste, la compagnie pétrolière refusa de lui consentir des tarifs préférentiels d'approvisionnement. Le comportement du fournisseur n'avait tenu aucunement compte de l'intérêt de son cocontractant perturbant ainsi l'économie du contrat espérée par le distributeur. La solution a été rendue sur le fondement de la bonne foi mais elle serait transposable sur le terrain de l'abus. Lutter contre les déséquilibres excessifs ne serait- ce pas revenir à la bonne foi contractuelle évoquée dans son alinéa 3 par l'article 1134

2045 Cass.com., 21 janv. 1997, Dalloz Affaires 1997. p. 311.

2046 B. FAGES, « L'abus dans les contrats distribution », in l'abus de droit dans les contrats, Cah. dr. entrep. 1998, n°6, p. 11 et s. spéc. p.15.

2047 V. LASBORDES, *Contrats déséquilibrés*, op. cit., n°388, p. 349.

2048 B. FAGES, art. préc. n°13, p.13.

2049 Cass. corn., 3 nov.1992, Bull. civ. IV, n° 338, p. 241; JCP 1993, H, 22164, note G. Virassamy; Rev.trim. dr.civ.1993, p.124, obs. J. Mestre; Defrénois 1993, p.1377, obs. J.-L. Àubert.

du Code civil ? [2050]. L'inégalité de pouvoir, qui crée un déséquilibre injustifié en faveur de l'une des parties au contrat au détriment de l'autre et contrairement à l'intérêt commun, sera alors sanctionnée. II y a tout à attendre d'une théorie de l'abus dans laquelle la prise en compte de la poursuite d'une finalité commune pourrait tempérer les excès commis. Pour MAZEAUD, sans pour autant sacrifier la conception excessive car objective de l'abus défendu par JOSSERAND, l'impératif de solidarité contractuelle du droit positif a induit une lecture dynamique de l'article 1134 alinéa 3 du Code civil conduisant nécessairement à une appréhension de l'abus qui dépasse la volonté de nuire mais qui ne délaisse point une analyse subjective du comportement incriminé[2051].

551. Le doyen CARBONNIER disait de la sécurité juridique que c'est le besoin juridique élémentaire et même animal[2052]. Elle vise à exclure du champ juridique, le risque d'incertitude ou d'un changement brutal dans l'application du droit[2053]. La double finalité assignée à la sécurité est que négativement elle prévient le risque et positivement elle tend à imposer une lisibilité de la règle de droit. La sécurité juridique impose une stabilité de l'environnement juridique[2054]. Elle se décline en une facette matérielle et une facette temporelle. L'impératif en matière contractuelle est de ne pas modifier la sécurité des transactions pour une justice ultérieure dans ces conventions. Les changements de circonstances économiques ne sont réellement imputables à aucune des parties. La sécurité, c'est en somme tout à la fois savoir et prévoir[2055]. Elle ne devrait pas être une rupture de solidarité conduisant à l'abandon du débiteur de bonne foi à son seul sort en cas de survenance d'un déséquilibre conjoncturel. La sécurité des transactions n'est pas l'intangibilité stricte, l'immobilisme délétère, l'habillage juridique d'un conservatisme économique, un mécanisme institutionnalisé de préservation des situations acquises même injustes à cause de la stabilité de la règle de droit. Le besoin de confiance est également une affaire de sécurité des transactions. L'inquiétude et la méfiance naissent de l'incertitude de la règle normative qui peut être un facteur de défaitisme civil[2056]. Les prévisions des parties portent sur la lettre du contrat et globalement sur l'esprit d'équilibre de l'opération qu'il organise. La révision judiciaire du contrat en cas de bouleversement des circonstances économiques permettrait le passage de l'illusion d'une sécurité figée à une sécurité mobile

2050 J. CALAIS - AULOY, L'influence du droit de la consommation sur le droit civil des contrats, préc. p, 239 et s., spéc., p. 249.

2051 D. Mazeaud, Obs. sous Cass. corn, 3 juin 1997.

2052 J. CARBONNIER, *Flexible droit*, L.G.D.J., préc. p. 172.

2053 A. KDHIR, « Vers la fin de la sécurité juridique en droit français ? », art. préc. p. 538.

2054 A. CRISTA, « L'exigence de sécurité juridique », art. préc. p. 2815.

2055 B. PACTEAU, « La sécurité juridique, un principe qui nous manque ? », art. préc, p. 154.

2056 A. CHIREZ, *De la confiance en droit contractuel*, thèse préc. n° 51, p. 84.

réellement protectrice des prévisions contractuelles[2057]. C'est l'objectif d'une reconstitution de la sécurité des transactions dévolue à la renégociation judiciaire des contrats déséquilibrés. Contrairement aux apparences, le traitement par le juge ou les parties est la meilleure garantie de stabilité et de pérennisation du lien contractuel.

552. La prise en charge du risque n'est pas un partage équitable de toutes les suites néfastes du déséquilibre conjoncturel. Une responsabilité solidaire ou différenciée est concevable dans la mutualisation des effets du déséquilibre engendré par l'imprévu dévastateur. L'idéal serait que chacune des parties assume une quote-part du risque contractuel entre particuliers. La bonne foi bilateralisée est le fondement de la renégociation judiciaire aboutissant à une prise en charge du risque. Cette prise en charge est maximisée par une approche plus active de la bonne foi surtout dans l'obligation de coopération. On peut apercevoir une différence de nature ou de degré entre la coopération et la renégociation. En réalité, cette dernière manifesterait un degré plus élevé de coopération. L'adhésion à la renégociation consiste à tout mettre en œuvre pour servir les intérêts de son cocontractant dans la satisfaction de l'objectif commun. La renégociation sauvegarderait tant les intérêts du créancier que ceux du débiteur. Situer la renégociation hors du champ de la coopération est la conséquence de l'absence de sa consécration légale. La mutualisation du risque optimiserait un comportement plus actif du créancier à faire des concessions intelligentes pour la pérennité des liens d'affaires. L'obligation de renégociation des contrats conjoncturellement déséquilibrés serait considérée comme exécutée dès lors que le créancier aura accepté et réalisé de véritables efforts pour un dénouement faste. En effet, loin d'être statique, le temps est influent[2058] et il ne peut toujours être traversé en toute quiétude. Il consolide la relation entre les parties et perturbe la stabilité d'un contrat[2059] prétendant résister indifféremment à l'évolution des circonstances économiques, sociales, politiques, monétaires, commerciales, technologiques et légales.

553. Le chemin qui mène à la mutualisation du risque est tortueux et parsemé d'embuches dans la quête d'équilibre contractuel surtout en dehors d'une habilitation légale. Certains législateurs sont prudents à l'idée d'équilibre contractuel en parlant d'une régulation des intérêts en conflits[2060]. D'abord, des auteurs estiment que le juge doit créer une obligation de renseignement dans l'exécution des obligations contractuelles[2061]. D'autres

---

[2057] VOIRIN, *De l'imprévision dans le rapport de droit privé*, thèse préc. p. 55, DELMAS-SAINT-HILAIRE, « L'adaptation du contrat aux circonstances économiques », in La tendance à la stabilité du rapport contractuel, art. préc.p. 189.

[2058] A.-S. LAVEFVE LABORDERIE, thèse préc., n° 345, p.196-197 et n° 303, p.177.

[2059] C. THIBIERGE-GUELFUCCI, « Libres propos sur la transformation du droit des contrats », op. cit. p. 357, spéc. p. 359 et s.

[2060] V. sur le cas japonais ISHIDA MINORI MIMPO SOSOKU, partie générale du Code civil japonais éd., Yuyusha, Tokyo, op.cit.1992, p. 43.

[2061] MALAURIE et AYNÈS, Obligations, n° 638.

orientent le débat vers la manière de gérer l'aggravation de cette obligation au profit d'un contractant ou au détriment de l'autre[2062]. L'information est plus active en tant qu'instrument de prévention et de cure du déséquilibre des pouvoirs. Ensuite, l'interprétation de la cause pourrait susciter le débat sur sa possibilité à fonder la mutualisation du risque. La force obligatoire exclut la mutualisation forcée du risque qui n'est pas explicitement contractuel entre les particuliers. On ne peut déduire de la cause objective ou subjective, la volonté d'une partie d'assumer seul le risque ultérieur et imprévu à la formation du contrat. Le cantonnement de l'efficacité de la cause à la formation du contrat et sa suppression pour qu'elle reste moins dominante, formelle et réduite[2063] n'encouragent pas cette réflexion de traitement d'un déséquilibre apparaissant dans les effets du contrat. Enfin, on pourrait fonder la mutualisation du risque sur la doctrine solidariste dans la renégociation judiciaire du déséquilibre conjoncturel. L'approche solidariste est composée de deux facettes permettant de concevoir et de préserver l'équilibre obligationnel entre les parties et la conciliation des intérêts dans le contrat. La solidarité consubstantielle au contrat serait à l'origine de la prise en charge des intérêts de chaque contractant par l'autre. Quant à la conciliation des intérêts, elle obéit à deux principes de proportionnalité et de cohérence intervenant dans le contenu obligationnel. Le courant solidariste va plus loin que la vision libérale du contrat en ce qu'il permet l'arrivée de deux autres devoirs. Il s'agit précisément du devoir de tolérance vis-à-vis du contractant qui éprouve des difficultés à exécuter ses prestations et celui d'adaptation du contrat soumis au changement de circonstances qui lui sont extérieures. C'est un ensemble de mesures de coopération ou de collaboration admettant la conception et la préservation de l'équilibre contractuel. Il a été souligné par TABI qu'il faut davantage préciser la portée du solidarisme contractuel pour préserver l'avenir des rapports d'obligation[2064]. Ce doute est plus soutenu dans la mutualisation implicite du risque entre particuliers. Entre acharnement et résistance, l'obligation de prise en charge est porteuse d'espoir.

554. La renégociation des contrats conjoncturellement déséquilibrés peut être allégée ou contournée par le système assurantiel qui est l'expression d'une solidarité institutionnalisée. La solidarité s'institutionnalise à travers les systèmes de prévoyances sociales pour les ouvriers et les paysans grâce à la substitution du risque social à la responsabilité individuelle. La prise en charge du risque caractérise la renégociation judiciaire et le système assurantiel. Les deux mécanismes ne prendraient pas en compte le risque volontaire ou calculé.

2062 V. sur l'accroissement du profit. GRYNBAUM, *Le contrat contingent, l'adaptation du contrat par le juge sur habilitation du législateur,* thèse préc. n° 31, p. 30.

2063 V. G. WICKER, « La suppression de la cause et les solutions alternatives », in La réforme du droit des obligations en France, 5ème Journées franco-allemandes, Société de législation comparée, 2015, p. 107 et s.

2064 G. T- TABI, *Les nouveaux instruments de gestion du processus contractuel*, thèse préc. p. 99.

La contingence est une condition d'appréciation du déséquilibre conjoncturel. La renégociation a pour finalité de purger, modifier et améliorer, si possible, les contrats conjoncturellement déséquilibrés. Dans la mentalité traditionnelle africaine, le malheur de l'insolvabilité, auquel mènerait l'extrême onérosité de l'exécution de ces contrats, est parfois qualifié de « sinistre » à cause de ses effets dévastateurs. L'assurance couvre un sinistre à travers la victime avec qui l'assureur n'a pas de relation contractuelle directe et avérée. Ce qui n'est pas le cas dans une procédure de renégociation judiciaire qui traite le déséquilibre économique dans la relation contractuelle entre un créancier et un débiteur. La flexibilité qui en résulte, sous l'autorité de juge, est considérée comme une désobéissance des contractants à une sécurité égoïsme et immorale.

2-La flexibilité, une sécurité moralisée

555. La recherche continue d'une sécurité du débiteur de bonne foi dans la renégociation judiciaire du déséquilibre conjoncturel est indissociable d'une analyse économique de la perversion de l'autonomie de la volonté. Le libre-échange, le laisser-aller et le laisser-faire qu'exige le libéralisme économique seraient moins avantageux pour les contractants africains dans le commerce mondial. L'orientation des politiques économiques de développement vers le libéralisme des marchés est sans conteste au Mali. Après l'expérience socialisme de 1960 à 1968, le pays s'est engagé dans le libéralisme pour relancer son développement socio-économique. Dans le cadre des premiers accords d'ajustement structurel de 1982[2065], l'État malien s'est désengagé progressivement des secteurs productifs en entreprenant une longue série de

2065 Un programme d'ajustement structurel (terme dérivé de l'anglais structural adjustment) sont des réformes économiques que le Fonds monétaire international (FMI) ou la Banque mondiale mettent en place pour permettre aux pays touchés par de grandes difficultés économiques de sortir de leur crise économique. Il s'agit d'un ensemble de dispositions dont certaines agissent sur la conjoncture et d'autres sur les structures et qui résultent d'une négociation entre un pays endetté et le Fonds monétaire international (FMI) pour modifier le fonctionnement économique du pays (le FMI conditionnant son aide à la mise en place de réformes qu'il considère pérennes). Ces crédits sont dénommés entre autres prêts d'ajustement structurel ou des prêts d'ajustement sectoriel (Structural adjustment loans ou sectoral adjustment loans). Les crédits sont débloqués par tranches successives au fur et à mesure que le programme d'ajustement structurel est mis en place. La Banque mondiale intervient dans le financement des restructurations économiques de secteurs ou d'administrations à problème dans les pays en voie de développement. Elle aide par des prêts les ajustements structurels en dehors des périodes de crise, dans une optique de prévention de celles-ci. Ainsi, les programmes d'ajustement des secteurs en difficultés sont-ils proposés, comme le cas du FMI, par les gouvernements et la société civile. Des conditionnalités sont là également pour valider les étapes que se sont fixées les pays et débloquer les échéances d'aide. La libéralisation des échanges est une réforme quasiment prônée par la Banque mondiale afin d'améliorer la compétitivité des secteurs industriel, tertiaire ou agricole du pays et préparer son insertion dans le commerce international. V. sur l'ajustement structurel www.wikipedia. com. date de dernière consultation 27 décembre 2015.

réformes macro-économiques[2066]. L'objectif principal était l'émergence d'un secteur privé dynamique appelé à jouer un rôle central dans la politique de croissance économique et de développement durable. Les différents gouvernements ont maintenu la stratégie de réduction des missions de l'État qui sont limitées, par conséquent, à celles de souveraineté et de régulation pour laisser plus de place au secteur privé. L'idéologie du libéralisme économique est basée sur la liberté d'entreprendre, la liberté des prix et de la concurrence et la liberté des échanges commerciaux[2067]. Cette politique est assurée sur le plan communautaire par l'union économique et monétaire ouest-africain[2068] qui a adhéré aux règles de l'accord général sur les tarifs douaniers et le commerce (GATT[2069]) à laquelle succédera l'organisation mondiale du

[2066] De l'année 1987 à nos jours, le gouvernement malien a entrepris une série de réformes macro-économiques par l'élaboration et la mise en œuvre d'une politique commerciale axée sur la compétitivité de l'économie nationale.

[2067] En France pour la 1ère fois par l'ordonnance n°86-1243 du 1er décembre 1986 relative à la liberté des prix et de la concurrence complétée par un décret d'application n° 86- 1309 du 29 décembre 1986.

[2068] Pour rappel, l'Union Economique et Monétaire ouest africaine (UEMOA) a été créée le 10 janvier 1994 par le Traité de Dakar. Elle est composée du Bénin, le Burkina Faso, la Côte-d'Ivoire, le Mali, le Niger, le Sénégal et le Togo et la Guinée-Bissau et se fixe des objectifs fondamentaux dont la compétitivité des activités économiques et financières de ses États membres dans le cadre d'un marché ouvert et concurrentiel et d'un environnement juridique rationalisé et harmonisé. Ces objectifs sont poursuivis en relation avec la création d'un marché commun basé entre autres sur la libre circulation des personnes, des biens, des services et des capitaux entre les États membres, sur l'institution d'un tarif extérieur commun (TEC) et d'une politique commerciale commune dans les rapports avec les pays tiers (art.4 du Traité).Les textes de droit dérivé du 23 mai 2002, constitués de trois règlements et de deux directives, sont les suivants : le règlement n° 02/2002/CM/UEMOA relatif aux pratiques anticoncurrentielles à l'intérieur de l'Union Economique et Monétaire ouest africaine ; le règlement n° 03/2002/CM/UEMOA relatif aux procédures applicables aux ententes et aux abus de position dominante à l'intérieur de l'Union Economique et Monétaire ouest africaine ; le règlement n° 04/2002/CM/UEMOA relatif aux aides d'État à l'intérieur de l'Union Economique et Monétaire ouest africaine et aux modalités d'application de l'article 88 (c) du Traité ; la directive n° 01/2002/CM/UEMOA relative à la transparence des relations financières d'une part entre les États membres et les entreprises publiques, et d'autre part entre les États membres et les organisations internationales ou étrangères ; la directive n° 02/2002/CM/UEMOA relative à la coopération entre la Commission et les structures nationales de concurrence des États membres pour l'application des articles 88, 89 et 90 du Traité de l'UEMOA. L'entrée en vigueur des trois règlements a été fixée pour le 1er janvier 2003 tandis que celle des deux directives l'a été plus tôt le 1er juillet 2002. Un délai de six mois s'étalant jusqu'au 31 décembre 2002 a été laissé aux États membres pour conformer leur législation interne à ces deux directives. V. à ce propos A.-SAÏB COULIBALY, « Le droit de la concurrence de l'union économique et monétaire ouest africaine », Revue burkinabé de droit, n° 43-44, 1er et 2ème semestre 2003, Ohadata D- 05 -27, p. 1.

[2069] L'accord général sur les droits de douane et le commerce est signé le 30 octobre 1947 et entré en vigueur en 1948 avec pour objectif de favoriser le commerce mondial par une libéralisation des échanges à travers la réduction voire la suppression des barrières tarifaires et non tarifaires en plus de l'instauration des règles communes de la libre concurrence.

commerce (OMC[2070]). Selon le professeur SAKO, l'UEMOA a compris que dans un contexte de libéralisation et de mondialisation, la survie des acteurs économiques est subordonnée à leur capacité de résistance face à une concurrence de plus en plus ardue. Le droit de la concurrence part d'une prise de conscience de la menace que constituent les pratiques prohibées sur l'équilibre économique des pays africains[2071].

556. Le Mali est signataire du Traité de l'OHADA[2072] qui a pour principal objectif de favoriser l'investissement pour remédier à l'insécurité juridique et judiciaire en plus du Traité de l'UEMOA régissant le domaine de la concurrence dans les États-parties[2073]. Il est pertinent de rappeler que l'insécurité juridique s'explique parfois par la vétusté des lois en vigueur. Le défi est intelligemment et subtilement relevé, notamment dans certains contrats spéciaux, par le législateur OHADA[2074]. La faible industrialisation des pays du tiers-monde nous laisse croire en l'importation quantitative et inquiétante du déséquilibre contractuel à cause de la contribution dérisoire des pays africains dans les échanges mondiaux[2075]. Or, l'autonomie de la volonté a

---

[2070] L'accord de Marrakech du 15 avril 1994 instituant l'organisation mondiale du commerce remplace désormais le GATT qui entre en vigueur le 1er janvier 1995 pour la poursuite des mêmes objectifs. L'OMC interdit ou limite fortement les politiques de dumping consistant à vendre sur les marchés extérieurs à des prix inférieurs à ceux pratiqués sur le marché national dans le but d'accaparer ses marchés en faisant disparaitre les concurrents surtout lorsque le dumping cause un préjudice à une branche de la production nationale du pays vers lequel les produits en question sont exportés.

[2071] A. SAKO, « La législation communautaire de la concurrence et les mécanismes alternatifs de règlement des conflits commerciaux », art. préc. Ohadata D - 05-12, p. 6.

[2072] Organisation pour l'harmonisation en Afrique du droit des affaires comprenant 17 pays dont le Benin, le Burkina Faso, Cameroun, Centrafrique, Comores, Congo, Cote d'ivoire, Gabon, Guinée, Guinée Bissau, Guinée Équatoriale, Mali, Niger, Sénégal, Tchad, Togo et République démocratique du Congo.

[2073] Dans les art. 83 et 76 du Traité de l'UEMOA, on décèle la libéralisation des échanges intra-communautaires, l'institution d'un tarif extérieur commun (TEC) et de règles communes, le respect des principes de l'accord général sur les tarifs douaniers et le commerce (GATT) en matière de régime commercial préférentiel. L'UEMOA contribue au développement harmonieux du commerce intra-africain et mondial, elle favorise le développement des capacités productives à l'intérieur de l'union, protège les productions de l'union contre les politiques de dumping et de subventions des pays tiers.

[2074] Nous notons que des efforts restent à faire dans le domaine des nouvelles figures contractuelles comme le crédit-bail V. sur le crédit-bail A-. W. N'DIAYE, *Le développement du crédit-bail au Sénégal,* thèse préc. ; V. sur les montages contractuels S. – N. DIAGNE, *La pratique du montage contractuel : réflexion sur une figure juridique en construction,* thèse préc.

[2075] https://www.imf.org/external/pubs/ft/fandd/fre/2006/12/pdf/Gupta.pdf. La croissance de l'Afrique reste inférieure au taux de 7 % qu'elle devrait enregistrer pour atteindre l'objectif du Millénaire pour le développement consistant à réduire de moitié la pauvreté. Les exportations africaines sont toujours dominées par les produits primaires, les carburants représentant environ 40 % et les produits agricoles plus de 25 %. Seuls quelques pays, comme la Zambie et le Kenya, ont quelque peu diversifié leurs exportations et la part des produits industriels dans les exportations totales du continent stagne autour de 30 %, date de dernière consultation 16/10/2016.

une finalité redoutablement individualiste, égoïste. La grille de lecture du libéralisme économique, qui est sa traduction dans l'économie de marché, est inachevée. La liberté contractuelle, dans ses retombées économiques, ne protège plus à hauteur souhait l'acteur économique africain dans le commerce mondial. Selon certains auteurs, le libéralisme économique est une chance[2076] pour le développement des pays africains à l'opposé d'autres plus sceptiques[2077]. Nous ne remettons pas radicalement en cause la libéralisation des marchés, comme modèle de développement et de croissance économique dans nos États africains. Toutefois, une maitrise de ses conséquences funestes sur le droit des contrats est plus que jamais d'actualité. En s'interrogeant sur les sources d'inspiration du nouveau droit harmonisé, un auteur s'est demandé s'il faut prendre comme modèle les sources de tradition civiliste ou bien la Common Law ? il poursuit en écrivant qu' on peut se demander s'il ne nous convient pas en Afrique de réfléchir à une approche nouvelle en ayant comme objectif un texte conforme à nos mentalités et en même temps respectueux des impératifs du développement[2078]. Un droit commun dans l'espace OHADA tarde à émerger de l'adoption de l'avant-projet d'acte uniforme portant des contrats. Nous pensons que, quelle que soit la tradition juridique, elle sera influencée par les effets néfastes du libéralisme économique qu'il faut contenir par l'exigence d'une moralité contractuelle. A travers sa quête de moralisation du contrat, le droit chercherait une justification pour exprimer et stimuler une nouvelle conception basée sur une flexibilité dans les relations commerciales.

557. La moralisation du droit des contrats doit être considérée en liaison avec la théorie sociale ou solidariste[2079], une vision foncièrement en rupture avec la conception libérale du contrat[2080]. Comme conséquence de cette philosophie solidariste du contrat, on notera tout particulièrement le recul sensible du rôle de la volonté dans le processus contractuel. La liberté contractuelle est une liberté débridée, une liberté déléguée par le législateur qui en définit le domaine et la portée dans l'ordre public. Quand bien même elle serait pleinement et entièrement consacrée, il importe de ne pas la laisser se déchaîner abusivement dans le « laisser aller, laisser faire » mais de la cantonner dans les limites raisonnables d'un ordre public adapté aux réalités modernes du commerce mondial. C'est une philosophie qui incite et invite les

---

[2076] M. KOULIBALY, Le libéralisme, seule alternative crédible pour l'Afrique, publié le 21 janvier 2012 disponible sur http://www.contrepoints.org/2012/01/21/65812-le-liberalisme-seule-alternative-credible-pour-lafrique, date de dernière consultation 01/11/2016.

[2077] S. M'BAYE, L'Afrique noire face aux pièges du libéralisme, in Le monde diplomatique , Juillet 2002, p. 22 et 23 disponible sur http : //www. monde diplomatique. Fr / 2002 / 07 / MBAYE / 16703, date de dernière consultation 16/10/ 2016.

[2078] K. MBIKAYI, « La confirmation des principes de bonne foi et de loyauté dans l'avant-projet d'Acte uniforme OHADA sur le droit des contrats », art. préc. p. 224.

[2079] D. MAZEAUD, « Loyauté, solidarité, fraternité : la nouvelle devise contractuelle ? », art. préc. p. 603 et s.

[2080] Ch. JAMIN, « Quelle nouvelle crise du contrat ? », art. préc. p. 7 et s.

investisseurs nationaux et mondiaux à envisager le contrat comme un instrument de solidarité où l'échange des services doit l'emporter sur l'opposition des intérêts[2081]. La moralisation s'entend par la juridicisation des règles à coloration morale en leur accordant la sanction juridique. Le droit est fondé sur des valeurs extérieures qu'il a pour mission d'exprimer. L'intérêt d'une référence à la morale consiste à valider, aux yeux des contractants, les interventions du législateur ou du juge pour corriger le déséquilibre dans les relations entre les parties. La référence aux valeurs morales renvoie aux règles juridiques qui s'en réclament, à un fondement supérieur à la traditionnelle conception volontariste du contrat. L'immoralité du droit des contrats suscite la controverse sur la réduction des conséquences vicieuses de l'autonomie de la volonté pour une amélioration de l'exécution des conventions de longue durée. Selon NGWANZA : « le libéralisme économique défend l'idée d'un marché dérégulé ou les échanges sont le produit de la seule volonté individuelle (…) les juristes parlent d'autonomie de la volonté, les obligations contractuelles ayant pour unique source l'intention des parties[2082] ». Le monopole blesse le libre-échange et viole l'égalité sociale. Il est l'équivalent économique du despotisme[2083]. Le législateur doit garder la cohérence du droit des contrats à permettre aux contractants d'attendre, de sauvegader et de justifier une contrepartie en l'absence de toute faute. La moralisation dénonce, régule et soigne de nombreuses pratiques néfastes pour être un remède dans la correction des contrats déséquilibrés.

558. La justice contractuelle a des rapports avec l'équilibre et l'égalité qui ne doivent pas être fictifs. La justice corrective doit viser des échanges équilibrés et équitables entre partenaires économiques. La justice contractuelle se réalise dans les échanges. C'est la justice relative aux rapports entre contractants c'est-à-dire une justice envers autrui que détermine l'exigence éthique de relations équilibrées. La justice-égalité peut être conçue de deux manières. D'une part, une justice-égalité formelle qui adopte un critère abstrait de répartition et d'autre part une justice-égalité matérielle qui indique un critère concret de répartition. Aujourd'hui, le principe de justice-égalité est un principe général du droit qui oscille entre une conception formelle, abstraite et une conception réaliste, matérielle. En effet, la notion de justice formule une égalité concrète tirée d'une expérience sociale. La consécration du principe d'égalité concrète, par l'effet de la loi, se manifeste sur le terrain du droit des contrats par une

---

[2081] C. JAMIN, « Quelle nouvelle crise du contrat ? » , art. préc. p.13.

[2082] A.- A. NGWANZA, « L'équilibre contractuel dans l'avant-projet d'acte uniforme sur le droit des contrats », art. préc. p. 497. L'auteur poursuit en écrivant que : « cependant, une telle vision des choses tient pour réelle une égalité virtuelle, car les contractants ont rarement la même imprégnation de l'objet du contrat. Par opposition au courant libéral, les partisans de la moralisation des transactions professent que trop de liberté tue la justice car entre le riche et le pauvre c'est la liberté qui opprime… ».

[2083] ROSAWALLON P., *Le capitalisme utopique*, Paris, Seuil, 1999, p. 71-72 ; G. LEWKOWIEZ ET M. XIFARAS, *La méthode du droit, repenser le contrat*, préc. p. 60.

remise en cause du concept primitif de l'autonomie de la volonté. L'influence de la moralisation des pratiques contractuelles a porté sur la réduction de prérogatives relatives à l'idée de droits-pouvoirs c'est-à-dire des pouvoirs conférés par la loi à la volonté individuelle. La notion de droit-pouvoir, individualiste et subjectiviste, ne tient pas utilement compte des exigences de la vie sociale. Les critiques adressés aux droits-pouvoirs ont conduit au développement de la théorie des droits - fonctions selon laquelle chaque droit a une fonction à remplir que le sujet doit respecter sauf à répondre d'un abus[2084]. Le pouvoir est une prérogative attribuée pour un intérêt précis, partiellement altruiste, sur le fondement de laquelle l'agent peut émettre des actes juridiques unilatéraux contraignants pour autrui[2085]. La moralisation du droit des contrats ou même de celui des affaires, pour plus de justice et d'égalité réelles, permet de protéger les assujettis, les sujets faibles contre l'égoïsme individuel du fort[2086]. C'est à ce prix que la flexibilité se réalise dans la renégociation judiciaire des contrats conjoncturellement déséquilibrés pour une sécurité plus souple et plus cohérente.

Conclusion section 2

559. L'évolution des idéologies, l'apparition de nouvelles technologies et bien d'autres facteurs trop connus, pour que l'énumération en soit opportune, ont conduit à une profonde mutation dans la perception de ce qui doit être un rapport contractuel. Certaines valeurs, autres que les préceptes de l'individualisme, ont pénétré les conventions. Ce qui a décidément eu pour conséquence de les moraliser[2087]. La moralisation du contrat et l'efficacité économique forment un binôme incontournable. La coopération vise justement à favoriser la satisfaction de ce double impératif[2088]. L'autorité du juge est plus efficace pour résorber la divergence d'intérêts dans le traitement du déséquilibre conjoncturel. En effet, en cas d'échec de la renégociation judiciaire, la sanction ultime est la caducité des contrats uniques comme dans

---

[2084] V. sur l'objectivation des prérogatives N. DUPONT, *L'objectivation en droit privé*, thèse préc., n° 56 -57, pp. 104 et s. La notion d'abus s'objective en perdant son caractère intentionnel. L'abus peut être caractérisé par le seul fondement d'un défaut de motif légitime sans aucune référence à l'intention de nuire. Il s'agit pour le juge de sanctionner des comportements objectivement déraisonnables et anormaux. V. n° 63, p. 112 du même ouvrage.

[2085] N. DUPONT, *L'objectivation en droit privé*, thèse préc. n° 77, p.130.

[2086] M. FONTAINE, « Rapport de synthèse », in La protection de la partie faible dans les rapports contractuels, rapp. préc. p. 623 et s.

[2087] G. PIETTE, thèse préc., n°136, p. 94.

[2088] P. JESTAZ, « Rapport de synthèse, Quel contrat pour demain ? », in La nouvelle crise du contrat, sous la dir. de C. JAMIN et D. MAZEAUD, art. préc, p. 243, spéc. p. 246. Selon lui : « si les mots de fraternité et de solidarité ont une connotation morale trop forte, pourquoi les juristes ne s'accorderaient - ils pas sur la nécessaire coopération des parties, laquelle n'a rien de creux ni d'utopique ? » ; G. WICKER, « Force obligatoire et contenu du contrat », in Les concepts contractuels français à l'heure des principes du droit européen des contrats, sous la dir. de P. Remy-Corlay et D. Fenouillet, Dalloz, 2003, p.151, spéc. p. 166.

les ensembles contractuels malgré le décalage temporel. La renégociation autoritaire apporte au droit des contrats une flexibilité optimisée par une intervention judiciaire ciblée, utile et organisée. En l'état actuel du droit malien des contrats, il ne faut pas s'attendre aux grands revirements jurisprudentiels pour mesurer la participation des juges à l'amélioration qualitative de la loi des parties. Il ne s'agit ni d'une théorie générale des obligations propre à l'Afrique, ni d'un droit au développement[2089] dans ce domaine précis mais d'assainir les pratiques contractuelles qui s'y déroulent. Le législateur malien doit coordonner des réformes, au-delà des contrats spéciaux, en droit commun pour permettre au droit des contrats de garder son efficacité qui justifie sa raison d'être.

Conclusion chapitre 2

560. De l'indéboulonnable autonomie de la volonté, symbole de l'équilibre voulu, il ne reste que les décombres d'une sécurité statique, individualisée en droit commun et consignée dans une force obligatoire en perte de vitesse. Les contractants sont un couple en perdition pour incompatibilité d'intérêts dans le traitement judiciaire du déséquilibre contractuel en droit commun. Le motif de cette inintelligence financière est la patrimonialisation exagérée des relations d'affaires entrainant la sauvegarde égoïste du profit entre les contractants en dépit d'un déséquilibre conjoncturel qui entame substantiellement l'économie générale du contrat. L'obstruction du législateur à la renégociation autoritaire, en droit commun, est un déplorable déni de justice contractuelle. Le traitement du déséquilibre ne peut être un sacrifice automatique des droits du créancier en droit commun[2090] et dans certains contrats spéciaux[2091]. Il est de principe que

---

2089 A.- S. SIDIBE, *Le pluralisme juridique en Afrique : l'ensemble du droit successoral Sénégalais*, thèse préc. p. 413. Pour elle : « le droit du développement sera l'ensemble des instruments juridiques permettant de provoquer les changements socio - culturels favorables au développement ».

2090 L'action paulienne permet d'illustrer l'influence du déséquilibre contractuel sur la sanction d'un comportement frauduleux et peut être définie comme l'intention de nuire ou la simple « connaissance qu'a eue le débiteur du préjudice qu'il causait au créancier en se rendant insolvable ou en augmentant son insolvabilité » V. J. GHESTIN, Ch. JAMIN, M. BILLIAU, *Les effets du contrat*, in Traité du droit civil, dir. J. GHESTIN, 3e éd., LGDJ, 2001, n° 842. Selon lui : « Seule la volonté du débiteur de soustraire ses biens aux poursuites des créanciers, donc de les frustrer, devrait alors pouvoir rendre critiquable un acte qui, en soi, demeure correct, puisque normalement équilibré » J. FRANÇOIS, Droit civil, dir. Ch. LARROUMET, t. 4, *Les obligations*, Régime général, Economica, 2000, n° 318.

2091 La sanction, par la nullité, de certains engagements de la période suspecte relève de l'exercice de l'action paulienne V. S. SABATHIER, *Le droit des obligations à l'épreuve du droit des procédures collectives*, th. préc. n°355 et s. ; Cette lutte contre la fraude est une application de la lésion en droit positif V. notamment, M.-H. MONSÉRIÉ, *Les contrats dans le redressement et la liquidation judiciaire des entreprises*, préf. C. Saint-Alary-Houin, Bibl. dr. Entr., t. 33, Litec, 1994, n° 444 ; V. arrêt de référé de la première chambre de la Cour d'appel n° 452 du 27 Avril 2001, AXA-IARD c/Alain Guilleman et Jean Luc Henry Ruelle : procédure de liquation des biens (faillite) – paiements effectués pendant la période suspecte – inopposabilité à

la modification des règles juridiques doit être notable des circonstances[2092] pour que la recherche de l'équilibre contractuel ne vire à l'équilibrisme. Le respect rigoureux de la force obligatoire du contrat entre particuliers est dilué dans les contrats de transport[2093], dans les opérations de fusion scissions et apports partiels d'actifs[2094]. Le pragmatisme dans le respect de la finalité de ces types de contrats spéciaux fait qu'ils se permettent des atténuations qui les émancipent de la conception individualiste de la sécurité des transactions telle que conçue en droit commun.

561. Ce n'est pas une lapalissade de souligner la distinction entre la théorie générale et les contrats spéciaux[2095]. Le traitement du déséquilibre interne est basé sur le comportement des cocontractants à la différence du déséquilibre externe relatif aux bouleversements de circonstances économiques. La consécration légale d'une obligation de renégociation judiciaire des contrats uniformiserait les régimes de traitement du déséquilibre des prestations et des pouvoirs dans les contrats civils et commerciaux aussi bien en droit commun que dans les contrats spéciaux. Finalement, la liberté de s'engager n'est plus la garantie d'un meilleur choix. Pour cela, le contrat ne doit pas être un

---

la masse - art. 69 AUPCAP- conventions passées entre la société et un de ses administrateurs- absence d'approbation du conseil d'administration- nullité des conventions, Ohadata J-02-79.

2092 P. T- FALL, « Normes communautaires et sécurité juridique », art. préc. p. 200.

2093 Selon le professeur AKAM : « l'AUCTMR décide que l'absence, l'inexactitude ou l'irrégularité des déclarations de l'expéditeur n'affecte ni l'existence, ni la validité du contrat de transport. Il apparait ainsi qu'en excluant la nullité du contrat de transport même lorsque l'expéditeur a fait sciemment une fausse déclaration, la loi uniforme considère que la violation de l'obligation d'information n'est pas génératrice d'un vice du consentement » V. A.- A. AKAM, *Formation des juristes camerounais en droit OHADA : l'information dans le contrat de transport de marchandises par la route* organisée du 11 au 22 Avril 2011, p. 1- 36.

2094 L'art. 674 al. 2 de l'AUSCGIE permet à tout associé ou actionnaire de pouvoir obtenir à ses frais et sur simple demande une copie intégrale ou partielle du projet de fusion. La portée de l'information individuelle est réduite dans le projet de fusion, scission et apport partiels d'actif. Selon le professeur M'BAYE : « le projet de fusion, de scission et d'apport partiel d'actif doit faire l'objet d'une information interne et d'une information externe aux sociétés participantes ... pour ces opérations ne se réalisent pas mépris de la protection des droits des associés ou des actionnaires » V. M.-N. M'BAYE, *Fusions, scissions et apports partiels d'actif transfrontalières en Afrique*, thèse Paris X Nanterre 2005-2006, p.170 et s. Il poursuit en suggérant que pour des raisons de transparence, si l'opération doit être réalisée avant l'approbation des états financiers de synthèse du dernier exercice, ces derniers doivent être mis à la disposition des actionnaires et associés pour leur approbation. Pour ne pas fausser le jeu de la concurrence, il faut permettre aux créanciers et aux concurrents des sociétés participantes de se protéger contre les conséquences de l'opération qui leur seraient nocives.

2095 J. DABIN, La *théorie générale du contrat*, 2° éd. Dalloz, 1969, n° 7, p. 8. L'auteur estime que la théorie générale doit tenter de : « dégager la signification de la norme juridique telle que peut la révéler une analyse de sa finalité et de sa fonction, d'une part, de sa structure et de ses spécificités, d'autre part ... » ; M. BERGEL, *Théorie générale du contrat*, préc. p. 3. Pour lui : « La théorie générale du droit a pour objet de saisir le phénomène juridique par l'étude de sa raison d'être, de ses finalités, de ses concepts fondamentaux, de sa mise en œuvre, de ses instruments, de sa méthode ... En un mot, elle étudie l'ordre juridique dans sa globalité, à travers son " pourquoi ? " et son " comment ? " ».

assujettissement stérile des parties qui en font maladroitement un pari aveugle sur l'avenir. Le mythe de la maitrise parfaite de l'avenir par le contrat est un optimisme qui frise la naïveté dans la pratique des affaires. Le contrat n'est pas une passerelle vers l'inconnu.

CONCLUSION GÉNÉRALE

562. Le droit est l'art de la solution juste et équitable et ne saurait exister que dans une relation étroite avec la réalité concrète. Il ne saurait se satisfaire de raisonnements exprimant des idées dont la généralité se confine aux vœux[2096]. La quête du juste et de l'équitable est celle de valeurs dont la réalisation n'est pas opposée à l'exigence de précision qui incombe à la règle de droit[2097]. Des incertitudes et inquiétudes liées à l'environnement externe des contrats dans les pays africains, comme les dévaluations monétaires, sont aggravées par la confrontation aux dures exigences de la mondialisation de l'économie et de la globalisation des marchés. Dans ces rapports égoïstes, l'obsession pour la réalisation effrénée du profit dans les activités commerciales nourrit l'adversité devant le gain dans une conception capitaliste sans foi ni loi. La conception du libéralisme économique est la traduction juridique de l'autonomie de la volonté qui fait l'objet d'une instrumentalisation délétère dans les traitements conventionnel et judiciaire du déséquilibre contractuel en droit commun.

Le désengagement du législateur face au déséquilibre des prestations en droit commun, au profit de l'autonomie de la volonté, a une incidence sur le droit positif malien. Cette indifférence face au déséquilibre des prestations entre les particuliers résulte d'une surévaluation du traitement conventionnel. C'est l'absence d'habilitation du juge par le législateur dans le traitement autoritaire du déséquilibre en valeur en droit commun. L'adaptation conventionnelle ne doit pourtant pas être béatifiée en tant que fondement privilégié de cure du déséquilibre contractuel. La conformité aux conséquences de l'autonomie de la volonté fait du déséquilibre contractuel, en général, et le déséquilibre conjoncturel, en particulier, des anomalies sympathiques en minimisant la portée de l'injustice et de l'insécurité dans ces rapports obligatoires. Cette description nettement liberticide banalise la divergence d'intérêts par une pacification à outrance des liens contractuels.

L'intervention du législateur corrige les abus pouvoirs dans certains contrats spéciaux par une régulation du comportement des parties. Cette immixtion est acquise dans le déséquilibre des pouvoirs mais requise dans le déséquilibre des prestations en droit commun. De ce fait, la nécessité d'une réforme du droit des contrats est d'actualité au Mali. La consécration organisée d'une obligation de renégociation des contrats conjoncturellement déséquilibrés, par le législateur, contribuerait à une évolution des mentalités et des habitudes dans l'exercice des activités économiques. La plus-value juridique de cette obligation de renégociation par le juge est la flexibilité contractuelle qu'elle

---

2096 V. Ch. PERELMAN, « L'usage et l'abus des notions confuses », in '' Éthique et droit'', éd. de l'Université de Bruxelles, 1990, p. 803 ; P. MAZIERE, *Le principe d'égalité en droit privé*, PUF, 2003, n°17, p. 26.

2097 P. MAZIERE, *Le principe d'égalité en droit privé*, préc. n° 17, p. 26.

apporte. Les vertus éducatives de la flexibilité se manifestent régulièrement par des agissements positifs transformant le traitement du déséquilibre contractuel en une correction de soi pour les contractants. La culture de la flexibilité est un remède contre les incohérences contractuelles. Lorsque les contractants prennent conscience que les déséquilibres contractuels les plus flagrants feront l'objet d'une correction judiciaire, lorsqu'elles n'y arrivent pas, elles seront obligées d'être davantage de bonne foi dans la formation et l'exécution de ces conventions.

Notre contribution est d'encourager le législateur malien (et même africain ?) à éliminer l'injustice engendrée par les formes tentaculaires du déséquilibre contractuel. La sollicitation incidente du droit comparé a été l'opportunité de démontrer que les grandes théories qui ont obstruée le traitement judiciaire du déséquilibre contractuel s'essoufflent même en droit français qui nous inspire encore. La progression fulgurante d'une intervention du législateur dans le déséquilibre des pouvoirs dans certains contrats spéciaux en droit OHADA ne dissiperait pas l'obstacle regrettable au traitement judiciaire du déséquilibre conjoncturel en droit commun. L'avant-projet d'acte uniforme portant droit des contrats, dont l'adoption traine, pourra constituer un jour le droit commun des contrats dans les pays membres de l'OHADA. La renégociation judiciaire du déséquilibre conjoncturel consiste à une mutualisation du risque plutôt qu'une spéculation sur le concept de sécurité des transactions ou même de sécurité juridique. Prévenir ou guérir l'absence de solidarité contractuelle à travers les comportements utiles, humanisés, cohérents et altruistes des parties passe par leur éducation pour davantage forger leurs habitudes dans les relations commerciales pérennes. La reconnaissance et la fondamentalisation claires des valeurs humaines doivent désormais être les nouvelles priorités du droit malien des contrats. Nous ne nous cacherons pas à affirmer, soutenir et même revendiquer dans un esprit critique, que les activités commerciales gagneraient en utilité, particulièrement dans les pays africains, en cas de consécration légale de la renégociation des contrats conjoncturellement déséquilibrés. L'utilité de cette renégociation judiciaire en fait une obligation de résultat à la charge des parties en cas de bouleversements de circonstances économiques dans les contrats à exécution successive et échelonnée.

Le débat dépasse une opposition théoriquement capricieuse et pratiquement infructueuse d'environnements africains et européens pour s'inscrire dans une perspective incitative pour les législateurs des pays en voie de développement à moderniser davantage les lois pour contrecarrer les effets pervers d'une libéralisation des échanges mondiaux. L'individualisme économique délétère résulterait des conséquences juridiques de l'autonomie de la volonté. Quand la volonté lie, la loi devrait pouvoir délier. Le dérèglement économique des rapports juridiques et sociaux occasionne des résultats perturbateurs d'une libéralisation à outrance des liens contractuels. L'avilissement économique des effets juridiques individualistes de la liberté contractuelle emporte une dégradation sociétale des valeurs humanistes à « l'africaine » qui sont basées sur le groupe. Le capitalisme a transformé notre monde en un village planétaire où la patrimonialisation exubérante des rapports contractuels semble exclure l'humain des objectifs du droit des contrats au bénéfice du profit et de l'individualisme égoïste. Dans la recherche effrénée du gain, la concurrence vertueuse est une illusion libérale qui consiste à croire que le marché de l'offre et de la demande pourrait résoudre toutes les difficultés contractuelles.

Malgré l'enthousiasme de la liberté contractuelle, il ne faut pas manquer de rappeler que le scepticisme talonne l'espérance face à l'immoralité du droit des contrats. Le contrat n'est plus intemporellement juste mais s'inscrit plutôt dans la logique d'une sécurité libérale, égoïste et individualiste. La nouvelle sécurité des transactions doit être construite selon les croyances de chaque peuple. C'est pour cela que nous souscrivons, au bénéfice de tous ces constats, à la vision de CARBONNIER qui écrivait que : « le droit n'est pas cet absolu dont souvent nous rêvons. Le droit est droit, sans doute, mais les hommes le plient en tous sens, le ploient à leurs intérêts, à leurs fantaisies voire à leur sagesse. Flexible droit, droit sans rigueur. Faut-il, d'ailleurs, s'en lamenter ? Il peut être salutaire que le droit ne soit pas cette massue, ce sceptre qu'on voudrait qu'il fut[2098] ». Le droit est un moyen et la sécurité devrait être la finalité première du droit des contrats en droit commun et dans les contrats spéciaux. Lorsque le droit des contrats cesse d'être juste, à cause de l'immoralité des effets du libéralisme économique au profit d'une sécurité statique et individualisée des transactions, construire sa propre sécurité devient une préoccupation existentielle pour les parties faibles dans les pays du tiers-monde. Ces contractants faibles peuvent être le débiteur de bonne foi en droit commun, l'actionnaire minoritaire dans les sociétés commerciales, le consommateur en droit de la concurrence et de la consommation et le cocontractant africain dans le commerce mondial. Le droit des contrats dans les pays africains doit refléter une certaine flexibilité qui émanerait d'un traitement du déséquilibre des prestations et des pouvoirs. Certes, les notions de justice et sécurité des transactions sont des instruments admettant l'équilibre contractuel. Toutefois, l'ensemble des pays africains en voie de développement sont face à leur destin pour construire leur sécurité et leur justice contractuelles. Aussi, la justice serait-elle une sécurité individuelle ou celle du groupe en droit des contrats. En tout état de cause, la moralisation est un dépassement de l'ordre moral par l'ordre juridique, une juridicisation des règles morales par des sanctions juridiques inspirées des valeurs morales et formulées par le droit. En raison d'une patrimonialisation démesurée des attaches contractuelles entre les particuliers, la consécration légale d'une obligation de renégociation judiciaire des contrats conjoncturellement déséquilibrés est un processus irréversible. Ce qui serait une technique de

[2098] J. CARBONNIER, *Flexible droit. Pour une sociologie du droit sans rigueur*, préc. p. 379.

moralisation du droit des contrats. Cette thèse en est une esquisse dans la théorie générale des contrats en droit africain.

BIBLIOGRAPHIE

I- OUVRAGES GENERAUX, MANUELS ET DICTIONNAIRES

- **ALGADI A. –S.,** Contrats et droit des procédures collectives, Études à la lumière du droit français préf. Marie Helène Monsière, L'harmattan, 2009 ; du même auteur : L'alerte de droit des entreprises en difficulté, Droit et patrimoine, 2012.
- **ANDERLINDEN J.**, « Les systèmes juridiques africains », PUF, 1983.
- **ANOUKAHA F., CISSE A., NGUEBOU TOUKAM J., POUGOUE P-G, SAMB M.**, « OHADA : Sociétés commerciales et G.I.E », coll. Droit uniforme africain, Juriscope, Bruxelles, 2002.
- **ANOUKAHA F., CISSE-NIANG A., FOLI M., ISSA-SAYEGH J., NDIAYE I. Y.** et **SAMB M.**, OHADA, Les sûretés, Bruylant Bruxelles, 2002.
- **ANTONMATTEI P.-H. et RAYNARD J.,** Droit civil, Contrats spéciaux, 1ère éd., LITEC 1998.
- **ARISTOTE**, Éthique à Nicomaque, Paris, Librairie générale française, 1992.
- **ARNAUD J-A.,** Dictionnaire encyclopédique de théorie et de sociologie du droit, L.G.D.J., 1993.
- **AROUALA M.,** Mali, vitrine de la justice du XIIème au XVIIIème siècle, Bamako, MSI Publications, 1ère édit., 2003.
- **ASSI-ESSO A.-M.**, OHADA : Traités et Actes uniformes commentés et annotés, Juriscope, 2002.
- **ATIAS Ch.**, Contentieux contractuel, Libr. Univ. Aix, 4ème éd., n°249, 2008 ; du même auteur, Épistémologie juridique, Dalloz, 2002.
- **AUBERT J.-L. ET COLLART- DUTILLEUL F.**, Le contrat, 4e éd., Dalloz, 2010.
- **BATIFFOL H.,** La philosophie du droit, 3 éd., coll. « Que sais – je ? », PUF, 1996.
- **BEMBA J.**, Dictionnaire de la justice international de la paix et du développement, col. Justice, Harmattan, Paris, 2004.
- **BÉNABENT A.**, Droit civil, Les contrats spéciaux civils et commerciaux, Domat droit privé, Montchrestien, 3° éd. 1997.
- **BENABENT A.**, Droit civil, Les obligations, 9ème éd., Domat, Montchrestien, 2003.

- **BERGEL J.- L.**, Théorie générale du droit, 4ème éd., Dalloz, 2003 ; du même auteur, Méthodologie juridique, PUF, Thémis, Droit privé, 2001.
- **BITSAMANA H. -A.**, Dictionnaire de droit, Ohadata D-05-33.
- **BOULOUIS J.**, " Quelques observations à propos de la sécurité juridique, Du droit international au droit de l'intégration", Liber amicorum, Pierre Pescatore, Nomos Verlag, 1987.
- **BOURGEOIS**, Solidarité, Paris, Armand Colin, 1896, réed. En 1998 aux presses universitaires du Septentrion.
- **BRUCKNER P.**, La tentation de l'innocence, Grasset 1995.
- **CAMARA S.**, « Gens de la parole. Essai sur la condition et le rôle des griots dans la société malinké », A.C.C.T, édition Khartala, Paris, 1992.
- **CANNU P.**, Droit des sociétés, Montchrestien, 2003.
- **CARBONNIER J.**, Droit civil, t. 4, Les obligations, PUF. Thémis, 22ème éd. 2000 ; du même auteur : Flexible droit, L.G.D.J., 7ème éd., 1992 ; Droit civil : Les personnes, Personnalité, incapacités, personnes morales, t. 1, 21ème éd, P.U.F, 2000 ; Droit civil, Introduction, 27e édition, PUF, 2000.
- **CHABAS B,** L'inexécution licite, préf. GHESTIN, L.G.D.J, Biblio. droit privé, Tome 380, 2002.
- **CHABASF.** et **PETERKA N.**, Répertoire civil, 1997.
- **CHEMILLER – GENDREAU M.**, Droit international 3, Pedone 1987/1988.
- **CISSOUMA S. – F.**, Droit civil, Les obligations au Mali, 1ère édition, Agence Malienne d'édition et de communication, 2011.
- **COLIN A., CAPITANT H.**, Cours élémentaire de droit civil français, 7ème édition, Paris, Dalloz, Tome II, 1932.
- **COLLART-DUTILLEUL F. -DELEBECQUE Ph.,** Contrats civils et commerciaux, précis Dalloz, 4° éd., 2010.
- **CORNU G.**, Introduction, Les Personnes, Les Biens, Droit civil, Paris, Montchrestien, Domat, 9e éd., 1999, du même auteur Vocabulaire Juridique, Association Henri CAPITANT, PUF, 3ème éd., 1992.
- **COZIAN M., VIANDIER A., DEBOISSY F.**, « Droit des sociétés », Lexisnexis, 25ème éd., 2012
- **COZIAN MM., VIANDIER**, Droit des sociétés, Litec 10° éd. 1997.

- **DABIN J.**, La théorie générale du contrat, 2ème éd. Dalloz, 1969, du même auteur : Le droit subjectif, Dalloz, Paris, 1952.
- **DEMOGUE R.,** Les notions fondamentales du droit privé, 1911 réédition des Mémoires du droit, 2001, du même auteur Traité des obligations en général, t.VI, Effets des obligations, Paris, A. Rousseau, 1932.
- **DEZALAY Y.**, Dictionnaire Encyclopédique de théorie et de sociologie du droit, Paris, LGDJ, 1993.
- **DUGUIT L.**, « Traité de droit constitutionnel », édition de Boccard, tome 1, 3ème édition, 1927.
- **DUPICHOT PH.**, Le pouvoir des volontés individuelles en droit des sûretés, L.G.D.J. 2005.
- **DURKHEIM E.**, « De la division du travail social », Alcan, 1893 réédition en 1986, P.U.F., 11 ème édition.
- **ELLUL J.**, « Histoire des institutions du XVI° et XVIII° siècle », P.U.F., tome IV, 12e édition, 1994.
- **FABRE-MAGNAN M.**, Droit des obligations, vol. 1 Contrat et engagement unilatéral, PUF, 2012, de la même auteure, Les obligations, Paris, PUF, 2004.
- **FLOUR J., AUBERT J.** et **SAVAUX E.**, Les obligations, l'acte juridique, tome 1, 13ème éd. Sirey, 2009.
- **FOUILLÉE A**, La science sociale contemporaine, Hachette, 2ème éd. 1985.
- **FRANÇOIS J**, Droit civil, dir. Ch. Larroumet, t. 4, Les obligations, Régime général, Economica, 2000.
- **GAMANDA M.-N.,** Le droit à un procès équitable, Paris, édit. Droit et idées nouvelles, Academia Bruylant, 2002.
- **GAUDEMET E.**, Théorie générale des obligations, Sirey 1937.
- **GAUDEMET Y.**, « Traité de droit administratif », L.G.D.J., tome II, « Droit administratif général », 16 ème édition, 2001.
- **GENY F.**, Science et technique en droit privé positif, Tome II, Sirey, 1921.
- **GHESTIN J., BILLIAU M., LOISEAU G.**, Le régime des créances et des dettes, LGDJ, 2005.
- **GHESTIN J., JAMIN Ch., BILLIAU M.**, Les effets du contrat, in Traité du droit civil, dir. J. Ghestin, 3ème éd., LGDJ, 2001.
- **GHESTIN J.**, La formation du contrat, Traité du droit civil, Paris, L.G.D.J., 3ème éd.1993, du même auteur : La notion d'erreur dans le

droit positif actuel, préf. J. Boulanger, Bibl. dr. Privé, t. 41, LGDJ, 1963, 2ème éd. 1971 ; Traité de droit civil, La formation du contrat, 3è éd., L.G.D.J., Paris, 1993.

- **GUYON Y.**, Traité des contrats. Les sociétés. Aménagements statutaires et conventions entre associés, 5ème éd. LGDJ, 2002.
- **HUET J.,** Les principaux contrats spéciaux, LGDJ, 2ème éd., n 11264.
- **JOSSERAND L.**, « De l'esprit des droits et de leur relativité, Théorie dite de l'abus des droits », Dalloz ,1927, 2 ème éd., 1939.
- **KELSEN H.**, La théorie juridique de la convention », Archives de philosophie du droit, Sirey, numéro spécial, t.13, 1940.
- **KODO**, L'application des Actes uniformes de l'Ohada, Bruylant, 2010.
- **LAITHIER Y.-M.,** Étude comparative des sanctions de l'inexécution du contrat, préface H. Muir Watt, LGDJ, Coll. Bibliothèque de droit privé, t. 419,2004.
- **LARGUIER J., CONTE PH.,** « Droit pénal des affaires », Armand Colin, 11ème éd., 2004.
- **LARROUMET**, Droit civil, Les obligations, Le contrat, 3° éd., t. 3, Economica, 1996.
- **LEQUETTE S.,** Le contrat-coopération, Contribution à la théorie générale du contrat, Economica, préf. C. Brenner, 2012.
- **LEWKOWIEZ G.** et **XIFARAS M.**, La méthode du droit, Repenser le contrat, éd. Dalloz, 2009.
- **MALAURIE P., AYNES L., GAUTHIER P.**, Contrats spéciaux, CUJAS, 13ème éd. 1999-2000.
- **MALAURIE P., AYNES L., STOFFEL-MUNCK Ph.,** Droit civil, Les obligations, Paris, éd. Defrénois, 2004.
- **MALAURIE P.,** Droit civil, Contrats spéciaux, Les cours de droit, Paris 1980, p.3.
- **MALAURIE Ph. et AYNES L.**, « Droit civil, les obligations », Cujas, 10 ème édition, 1999-2000.
- **MALAURIE Ph.** et **MORVAN P.**, Droit civil, Introduction générale, Defrénois, 2003.
- **MALAURIE Ph., AYNÈS L.** et **STOFFEL-MUNCK Ph.**, « Droit civil ; Les obligations », Defrénois, 2004.
- **MALINVAUD Ph.**, Droit des obligations, Litec, 2007.
- **MALIVAUD P., FENOUILLET D.,** Droit des obligations, Litec 2010.

- **MARTY G. - RAYNAUD P.**, « Droit civil, les obligations », Sirey, tome I, « Les sources », 2 ème édition, 1988.
- **MAXIDICO**, Dictionnaire encyclopédique de la langue française, Paris, éd. de la Connaissance, 1996.
- **MAZEAUD D.**, La notion de clause pénale, LGDJ, 1992.
- **MAZEAUD et TUNC**, Traité théorique et pratique de la responsabilité civile, t. 1, Montchrestien, 6 ème éd., 1965.
- **MERLE P.**, Droit commercial : Sociétés commerciales, Dalloz, 15 ème éd., 2011.
- **MESTRE J., VELARDOCCHIO D.**, « Lamy société commerciale », éd. Lamy, 2012.
- **MEYER, P.**, Droit de l'arbitrage, Bruxelles, BRUYLANT, 2002.
- **MOLFESSIS N.**, Le renouveau des sanctions contractuelles, éd. Economica, 2007.
- **MONSERIE M.-H.**, Les contrats dans le redressement et la liquidation judiciaire des entreprises, préf. C. Saint-Alary-Houin, Bibl. dr. Entr., t. 33, Litec, 1994.
- **MOUSSERON J.-M.**, Technique contractuelle, 3ème éd., Francis Lefebvre, 2005.
- **N'DIAYE A. – A.**, L'urne et le glaive - Réflexions sur les concepts socio - politiques et judiciaires au Mali de 1960 à la troisième République, édit., Jamana, Bamako 1997.
- **NICOLEAUP.**, Lexique de droit privé, Paris, édit., ellipses, 1996.
- **NKOUENDJIN YOTNDA M.**, Le Cameroun à la recherche de son droit de la Famille, Bibliothèque africaine et Malgache, 1975, p.192.
- **NOUGEIN H. - J., REINHARD Y., ANCEL P., RIVIER M.- C., BOYER A., GENIN P.**, Guide pratique de l'arbitrage et de la médiation commerciale, Litec 2004.
- **OPPETIT B.**, Philosophie du droit, Dalloz, 1999.
- **PEYRICAL J. M-.**, Encyclopédie des collectivités locales, Dalloz, 2005.
- **PLANIOL M.** et **RIPERT G.**, « Traité pratique de droit civil français », L.G.D.J., tome VI, « Théorie générale des obligations », 2 ème édition, 1952.
- **PORTALIS**, Discours préliminaire au premier projet de Code civil, Collection « Voix de la cité », Ed. Confluences, 1999.
- **POUGOUE P.-G.**, « Encyclopédie du droit, », Lamy, 2011.

- **POUSSON A.**, L'affection et le droit, Paris, éd. CNRS, Centre régional de publication de Toulouse, 1990.
- **PRADEL J.**, Procédure Pénale, Paris, CUJAS, 12ème édit., 2004.
- **RADÉ C.,** « Droit du travail et responsabilité civile », LGDJ, bibl. de dr. privé, t. 282, 1997
- **RANOUIL V.,** L'autonomie de la volonté, Naissance et évolution d'un concept, PUF, 1980.
- **RIPERT G.** et **BOULANGER J.**, « Traité élémentaire de droit civil d'après le traité de PLANIOL », L.G.D.J., tome 2, 2ème édition, 1957.
- **RIPERT G.** et **ROBLOT R.**, par **DELEBECQUE PH** et **GERMAIN M,** Droit commercial, T. 2, 17 ème éd., LGDJ, 2004.
- **RIPERT G.**, La règle morale dans les obligations civiles, 4 éd., LGDJ, 1949, du même auteur : Le déclin du droit : Études de législation contemporaine, LGDJ, 1949 ; Les forces créatrices du droit, L.G.DJ., 1955.
- **ROLAND H.**, et **AUBERT L.**, Adages du droit français, 4 ème éd., Litec, 1999.
- **ROUVEYRAN J.- C.**, ''Contribution a une sociologie du droit, Année sociologique, 1977.
- **SACCO R.**, Le droit africain – Anthropologie et droit positif, Paris, Dalloz, 2009.
- **SAINCTELETTE C.**, De la responsabilité et de la garantie (accidents de transports et accidents de travail) Bruylant et Marescq, 1884.
- **SAINT-ALARY-HOUIN C.**, Droit des entreprises en difficulté, 4ème éd., Montchrestien, 2001.
- **SAVAUX E.**, La théorie générale du contrat, Mythe ou Réalité ?, L.G.D. J., préf. Aubert (J.-L.), L.G.D.J., Bibliothèque de droit privé, Tome 264, 1997.
- **SERIAUX A.**, Droit des obligations, Paris, éd. PUF, 2ème éd., coll. Droit fondamental, 1998.
- **SIMLER Ph.**, La nullité partielle des actes juridiques, Bibl. dr. privé, LGDJ.1969. Tome 101.
- **STARCK B., ROLAND H. et BOYER L.**, « Droit civil, obligations », Litec, tome II, « Le contrat », 6 ème édition, 1998.
- **TERRE F.**, Introduction générale au droit, Droit civil, Paris, Dalloz, 4ème éd., 1998.

- **TERRÉ F., SIMLER P. et LEQUETTE Y.**, Droit civil, Les obligations, 11e éd., Dalloz, 2013.
- **VIANDIER A.,** La notion d'associé, Bibliothèque de droit privé, t. 156, Paris, LGDJ, 1978.
- **VIDAL D.**, Droit des sociétés, LGDJ, 7 ème éd., 2010.
- **VIGNAL N.**, La transparence en droit privé des contrats, PUAM, préf. J. Mestre, 1998.
- **VIGNAL T.**, Droit international privé, Armand Colin, 2005.
- **VINCENT J. et GUINCHARD S.**, Procédure civile Dalloz précis, 27ème édition, 2003, des mêmes auteurs : Institutions judiciaires, 7ème éd., Paris, Dalloz, « Précis », 2003.
- **VINEY G.** et **JOURDAIN P.**, Les conditions de la responsabilité, LGDJ, 3ème éd., 2006.
- **VINEY G.**, Traité de droit civil, introduction à la responsabilité, sous la direction J. Ghestin, éd. LGDJ, 2ème éd., 1995, n° 65, p.107 et spéc.108.
- **VOGEL L.**, Droit de la concurrence et concentration économique, Economica 1988.
- **WEILL et TERRE**, Droit Civil, Les Obligations, Précis Dalloz, 4ème édition, 1986.
- **WICKER G.,** Les fictions juridiques, contribution à l'analyse de l'acte juridique, L.G.D.J., 1997.
- **WITZ**, Droit privé allemand, t. 1, Actes juridiques, droits subjectifs, Litec, 1992.

II- OUVRAGES SPECIALISÉS, THESES ET MEMOIRES

- **ABARCHI D.**, Problématiques des réformes législatives en Afrique : le mimétisme juridique comme méthode de construction, Rev. Nigérienne de droit, 1999, n° 20, p. 53.
- **ABDOURHAMANE B. - I.**, Les juges à l'épreuve de la démocratisation l'exemple du Niger, in Le statut du juge en Afrique, p. 375.
- **ADJITA A.-S.** L'interprétation de la volonté des parties dans la ventecommerciale (OHADA), Penant, n° 841, octobre-décembre 2002, p. 473.
- **AFFOUSSIATOU B.,** « La procédure d'arbitrage devant la Cour Commune de Justice et d'Arbitrage » Ohadata D-12-71, p.2 et s.

- **AGBOYIBOR P.**, « Activités de la Cour Commune de Justice et d'Arbitrage », RDAI, 1999, n°6 p. 677.
- **AGUEMON K.**, Réflexion sur l'abus en droit des sociétés dans l'espace OHADA : contribution du droit français, thèse sous la direction de - M. Franck MARMOZ. - Lyon : Université Jean Moulin (Lyon 3), 2013.
- **AKAM AKAM. A.**, « La responsabilité civile des dirigeants sociaux en », RIDE 2007, n° 2, p. 224, du même auteur : La loi et la conscience dans l'office du juge, Revue Ersuma, n° 1, juin 2012, n° 3 p. 503.
- **ALBIGES C.**, Le développement discret de la réfaction du contrat, Mélanges M. Cabrillac, Dalloz-Litec, 1999, p.3.
- **ALBIGES C.**, De l'équité en droit privé, préf. R. CABRILLAC, L.G.D.J., Bibliothèque de droit privé, t. 329, 2000.
- **ALDEEB ABU-SALIEH**, L'abus du droit en droit musulman, in "Abus de droit et bonne foi", sous la dir. de Widmer et Cottier, éd. univ. de Fribourg, 1994, p. 89 s., p. 96.
- **ALDIGE B.**, « La licéité du dispositif d'alerte contenu dans un code de conduite des affaires », Semaine sociale Lamy 2009, n° 1426, p. 4.
- **ALLIOT A**, Anthropologie et juristique, Bulletin de liaison LAJF, n° 6, Paris, Janv. 1983, pp.189-203.
- **ALLIOT M.**, Les résistances du traditionnelles au droit moderne dans les États d'Afrique francophones et à Madagascar, Étude de droit Africain et de droit malgache, Paris, Cujas, 1965, pp. 235-236.
- **ALPA G.**, « Les nouvelles frontières du droit des contrats », in le contrat au début du XXIème siècle, Études offertes à J. GHESTIN, LGDJ, 2001, p.1.
- **AMOUSSOU- GUENOU R.**, L'arbitrage dans le traité relatif à l'harmonisation du droit des affaires en Afrique, RDAI, 1996, n°3, p.324.
- **ANCEL J. P.**, L'arbitrage et la coopération du juge étatique, Les grandes articles de doctrine de l'OHADA, Recueil Penant de 2000 à 2013, éd. Juris africa 2013, p. 317 ; du même auteur :« Arbitrage et ordre public fiscal », Rev. arb. 2001, n° 2, spéc. p. 277 ; « Arbitrage : convention d'arbitrage, condition de fond, litiges arbitrables », J.- Cl. procédure civile Fasc. 1024 ou J.-Cl. com. Fasc. 212, n°80.
- **ANCEL M.-E.**, La vente dans le Code civil : raisons et déraisons d'un modèle contractuel, in Code civil et modèles du Code au Code comme modèle, dir. Th. Revet, Bibl. andré Tunc, t. 6, LGDJ, 2005, p.285, spéc. n° 6.

- **ANCEL P.**, « Force obligatoire et contenu obligationnel », RTD civ. 1999, p.771 et s., du même auteur : force obligatoire : jusqu'ou faut-il la défendre ?, in La nouvelle crise du contrat, chr. Jamin et D. Mazeaud, (dir.), Dalloz, 2003, p. 163 ; Le contrat référé, D.2006, p. 2409.
- **ANGELE E.- J.**, Les délais de grâce avec l'entrée en vigueur de l'acte uniforme portant voies d'exécution, Université de Yaoundé II, Faculté des Sciences juridiques et politiques, Revue Africaine des Sciences juridiques, vol.1, n°3, 2003, p.150.
- **ANSELME-MARTIN O.,** Étude critique du devoir d'exécuter les conventions de bonne foi, Petites Affiches 22 janvier 1997, p. 17, n° 7 et 8.
- **ANTOINE DELABRIERE**, « L'article 11 de l'acte uniforme sur les procédures collectives : outil de sauvegarde ou de discrimination ? », Penant 870, p. 63.
- **ANTONMATTEI**, Contribution à l'étude de la force majeure, thèse LGDJ, 1992.
- **ANVILLE N'GORAN J.-J.**, La lésion dans la vente d'immeuble, th. Nancy, 1991.
- **ARSAC-RIBEYROLLES A.**, Essai sur la notion d'économie du contrat, thèse l'université Clermont, 2005.
- **ASUNCION PLANESK.,** La réfaction du contrat, préf. PICOD (Y), L.G.D.J, Biblio. droit privé, Tome 476, 2006, p. 26 et s.
- **AURÉLIEN S.**, La résiliation unilatérale du contrat : regards sur la force obligatoire du contrat à l'épreuve de la résiliation unilatérale, Université de droit, d'économie et des sciences d'Aix-Marseille, mémoire pour l'obtention du D.E.A. droit privé présenté et soutenu le 9 septembre 2003.
- **BADJI P.**, Les garanties du justiciable dans le procès civil sénégalais : étude comparative avec le droit français, thèse Toulouse 2011.
- **BAKOUCHE D.**, L'excès en droit civil, préf. M. Gobert, Biblio. Dr. privé, t.432, LGDJ, 2005.
- **BARBIERI J.-J.**, Vers un nouvel équilibre contractuel ? Recherche d'un nouvel équilibre des relations dans la formation et l'exécution des contrats, th. Toulouse, 1981.
- **BERLIOZ G.**, Le contrat d'adhésion, thèse LGDJ, 1973.
- **BERR C.**, L'exercice du pouvoir dans les commerciales, thèse Grenoble, Sirey 1961.

- **BLOND M.**, Le fondement de la lésion dans les contrats, th. Lille, 1935.
- **BLOUGH R.**, Le forçage du contrat à la théorie générale, Presses Universitaires D'AIX-Marseille, 2011.
- **BOISMOIN C.**, Les contrats relationnels, préf. M. Fabre-Magnan Presses Universitaires D'aix Marseille, 2005.
- **BOUIX C.**, Les mécanismes correcteurs d'origine prétorienne, thèse université Jean Monnet de Saint Étienne, 2012.
- **BOURGEOIS L.**, Solidarité, Éditions universitaires du Septentrion, 5ème éd., 1998.
- **BOURRIER Ch.**, La faiblesse d'une partie au contrat, coll. « thèses sciences humaines », vol.12, Louvain - la Neuve, Bruylant-Academia, 2003.
- **BOYER Y.,** L'obligation de renseignement dans la formation du contrat, thèse Aix, 1977.
- **BRUNET**, Le pouvoir modérateur du juge en droit civil français, th. Paris 1973.
- **CALAIS-AULOY J., STCINMETZ F.**, Droit de la consommation, Dalloz Précis, 6e édition 2003.
- **CERMOLACE A.**, Cause et exécution du contrat, Thèse, PUAM, 2001.
- **CHABAS B**, L'inexécution licite, préf. GHESTIN, L.G.D.J, Biblio. droit privé, Tome 380, 2002.
- **CHANTEPIE G.**, La lésion, thèse Paris 1 Panthéon – Sorbonne, 2005.
- **CHARDIN N.**, Le contrat de consommation de crédit et l'autonomie de la volonté, LGDJ, 1988.
- **CHAUVEL P.**, Le vice du consentement, th. Paris II, 1982.
- **CHAZAL J.-P.**, De la puissance économique en droit des obligations, th. Grenoble II, 1996.
- **CHENEDÉ F.**, Les commutations en droit privé, thèse Paris II, préf A. GHOZI, Economica, 2008.
- **CHIREZ A**, De la confiance en droit contractuel, thèse, Nice, 1977.
- **CHOLET D.**, La célérité de la procédure en droit processuel, thèse, LGDJ, 2006.
- **COLLINET M.**, L'équité et la bonne foi dans les obligations, Paris, 1934, p. 262.

- **CONTAMINE-RAYNAUD M.**, L'intuitu personae dans les contrats, Thèse dact. Paris, 1973, n° 28.
- **COULIBALY A.**, Analyse de la concurrence et de la régulation en Afrique : cas du Sénégal et du Mali, thèse Université cheikh Anta Diop de Dakar sous la direction du Professeur Mayatta N'Diaye M'Baye, 2013.
- **COURDIER-CUISINIER A.- S,** Le solidarisme contractuel, préf. ERIC LOQUIN, Lexis Nexis Litec, vol.27, 2006.
- **DAVID R.**, La protection des minorités dans les sociétés par actions, thèse, Paris, 1928.
- **DE GAUDIN E. DELAGRANGE**, L'intervention du juge dans le contrat, thèse Montpellier, 1935.
- **DE MESMAY H.**, La nature juridique de la lésion en droit civil français, th. Paris II, 1980.
- **DE PAGE H.**, A propos du gouvernement des juges : L'équité en face du droit, Paris, Sirey, Bruxelles, 1931, p.161.
- **DEMBÉLÉ M.-B.**, Le procès équitable au Mali, thèse dactylographiée, Université Gaston Berger sous la direction de Samba Traoré, 2013.
- **DESCORPS-DECLÈRE F.**, Pour une obligation d'adaptation des contrats de coopération, contribution à l'étude du contrat évolutif, thèse Paris I, 2000.
- **DESGORCES R.**, La bonne foi dans le droit des contrats : rôle actuel et perspective, thèse, Paris II, 1992.
- **DIAGNE N'DIRE N.-S.**, La pratique du montage contractuel : réflexion sur une figure juridique en construction, thèse sous la codirection des professeurs J. Mestre et Moussa Samb, UCAD, 2015.
- **DIEME A.- A.**, L'idée de contrat en Afrique noire traditionnelle, thèse UCAD, 2013.
- **DIESSE F.**, Le devoir de coopération dans le contrat, thèse, Lille II, 1998.
- **DIOUF G.**, La résistance du droit coutumier africain aux législations coloniales et postcoloniales, thèse, Université Cheikh Anta Diop de Dakar sous la direction de Seydou Diouf, 2014.
- **DOUMBIA S.**, La Zone CFA : le choc de la dévaluation et analyse des nouvelles orientations de la politique économique, thèse Grenoble 2010.
- **DOWIDAR H.,** Du déséquilibre des prestations dans la convention de crédit bail, thèse, bordeaux, 1990.

- **DUPONT N.**, L'objectivation en droit privé, thèse, 2008, Nanterre paris X. n°6, p.13.
- **EDEL**, La confiance en droit des contrats, thèse Montpellier, p.9, n°3, 2006.
- **FABRE R.,** Droit de la publicité et de la promotion des ventes, Dalloz 2002.
- **FABRE-MAGNAN M.**, De l'obligation d'information dans les contrats, Essai d'une théorie, thèse Paris I, 1992.
- **FAGES B.**, Le comportement du contractant, préf. J. Mestre, PUAM, 1997.
- **FAVARIO Th.**, L'intérêt de l'entreprise en droit privé français, thèse Lyon III, 2004.
- **FIN- LANGER L.**, L'équilibre contractuel, préf. C. THIBIERGE, LGDJ, 2002, Tome 366.
- **FISCHER J.,** Le pouvoir modérateur du juge en droit civil français, préf. PH. Le Tourneau, PUAM, 2004.
- **FLAVIE STÉPHANIE SENIADJA A.**, La protection des actionnaires minoritaires des sociétés anonymes dans l'espace, Université Catholique de l'Afrique de l'Ouest - DEA en droit privé fondamental 2008.
- **GAMANDA M.-N.,** Le droit à un procès équitable, Paris, édit. Droit et idées nouvelles, p. 18.
- **GATSI J.,** Le contrat cadre, M. Béhars-Touchais (préf.), LGDJ, 1996.
- **GAUDIN DE LAGRANGE E.**, L'intervention du juge dans le contrat, thèse, Montpellier, 1935.
- **GENICON T.**, La résolution du contrat pour inexécution, LGDJ, préf. L. Leveneur, 2007.
- **GHESTIN J.** et **BILLIAU M.**, Le prix dans les contrats de longue durée, L.G.D.J., 1990.
- **GHESTIN J.**, La notion d'erreur dans le droit positif actuel, préf. J. Boulanger, Bibl. dr. Privé, t. 41, LGDJ, 1963, 2ème éd. 1971.
- **GHOZI A.**, La modification de l'obligation par la volonté des parties, th. Paris II, L.G.D.G., préf. D. Tallon, 1980.
- **GODON L**, Les obligations des associés, thèse, Paris I, 1996, p.98.
- **GOMY M.**, Essai sur l'équilibre contractuel de la convention de non concurrence, P.U. Perpignan, 1999.

- **GOUNOT E.**, Le principe de l'autonomie de la volonté en droit privé, contribution à l'étude critique de l'individualisme juridique, Th. Dijon 1912.
- **GRÉVAIN-LEMERCIER K.**, Le devoir de loyauté en droit des sociétés, thèse Université de Rennes 1, 2011.
- **GRYNBAUML.**, Le contrat contingent : L'adaptation du contrat par le juge sur habilitation du législateur, Bibl. dr. privé, L.G.D.J., Tome 389, 2004.
- **GUIDERDONI B.**, Le forçage du contrat par le juge, thèse, Caen, 2002.
- **GUISSÉ M.**, Le droit d'être jugée dans un délai raisonnable, thèse, université Cheikh Anta Diop de Dakar sous la direction de N'Diaw Diouf, 2011.
- **HAMELIN J.-F.**, Le contrat-alliance, Economica, préf. N, Molfessis. 2012.
- **HOUIN B.**, La rupture unilatérale des contrats synallagmatiques, thèse Paris II, 1973.
- **HOUTCIEFF D.**, Le principe de cohérence en matière contractuelle, t.1, PU A.M., 2001.
- **HUIGENS A.**, La violence économique, Mémoire de DEA, sous la direction de Christophe Jamin, école doctorale de l'Université de Lille II, 2001.
- **IONASCO T.R.**, L'évolution de la notion cause dans les conventions à titre onéreux, Thèse, Paris 1923, p. 41.
- **JALUZOT B.**, La bonne foi dans le droit des contrats, étude comparative des droits français, allemand et japonais, Dalloz, 2001.
- **JOSSERAND L.**, Les mobiles dans les actes juridiques du droit privé, éd. du CNRS, 1984, réédition de l'édition Dalloz de 1928.
- **JOUARY Ph.**, Contribution à l'étude de la valeur en droit privé des contrats, th. Paris 1, 2002.
- **KAMENA B.**, La situation de l'associé minoritaire en France et dans l'espace Ohada, thèse Université Pierre Mendes France (Grenoble II) juin 2005.
- **KERHUEL A.- J.,** L'efficience stratégique du contrat, un champ d'action de la liberté contractuelle, thèse Université Paul Cézanne - Aix Marseille III, 2008.
- **KUTY F.**, L'impartialité du juge en procédure pénale, de la confiance décrétée à la confiance justifiée, collection de thèses, édit. LARCIER 2004.

- **LARTIGOLLE**, Justice commutative et droit positif, thèse bordeaux 1957, p.29 à 33.
- **LASBORDES V.**, Les contrats déséquilibrés, préf. C. Saint-Halary HOUIN, PUAM, 2000.
- **LE GAC-PECH S.**, La proportionnalité en droit privé des contrats, préf. H. MUIR Watt, LGDJ, 2002.
- **LEMAY P.**, Le principe de la force obligatoire du contrat à l'épreuve du développement de l'unilatéralisme, Bibliothèque des thèses, éditions Mare et Martin 2014.
- **LEQUETTE S**, Le contrat-coopération, Contribution à la théorie générale du contrat, Economica, préf. C. Brenner, 2012.
- **LOIR R.**, Les fondements de l'exigence de bonne foi en droit français des contrats, Mémoire de DEA droit des contrats sous la direction de Christophe Jamin, 2001-2002, École doctorale n° 74 - Lille 2.
- **LOUIS – LUCAS P.,** Lésion et contrat, Sirey, 1926.
- **LOUIS-LUCAS P.**, Volonté et cause, Étude sur le rôle respectif des éléments générateurs du lien obligatoire en droit privé, thèse, Dijon, Librairie de la société du Recueil Sirey, 1918.
- **M'BAYE M. -N**, L'arbitrage OHADA : réflexions critiques, Mémoire de DEA de Droit privé, Paris X, Université de Nanterre, 2002-2001 ; du même auteur : Le contrôle des concentrations communautaires dans l'espace OHADA : de l'opportunité d'une coordination des réglementations de la CEMAC et de l'UEMOA, Ohadata D-05-07 ; Fusions, scissions et apports partiels d'actif transfrontalières en Afrique, thèse, Paris X Nanterre 2005-2006.
- **MAGNAN F.,** De l'obligation d'information dans les contrats, Th. LGDJ, t. 221.
- **MALAURIE M.**, Les restitutions en droit civil, thèse, Paris, éd. Cujas 1991.
- **MARTY R.**, De l'absence partielle de cause de l'obligation de l'obligation et de son rôle dans les contrats à titre onéreux, thèse, Paris II, 1995.
- **MASQUELIER F.**, « Le vote en droit privé », thèse, dact., Nice Sophia-Antipolis, 1999.
- **MAURY G.**, Essai sur la notion d'équilibre en droit civil français, thèse, Toulouse 1920.
- **MAZIÈRE P.**, Le principe d'égalité en droit privé, pref. Bertrand TEYSSIE, PUF, 2003.

- **MBODJ E.-H.**, La succession du chef d'État en droit constitutionnel africain (Analyse juridique et impact politique) : thèse UCAD, 1991.
- **MEKKI M.**, L'intérêt général et le contrat, LGDJ, 2004, préf. J. Ghestin, n° 5, p. 5
- **MILLET F.**, La notion de risque et ses fonctions en droit privé, L.G.J.D., 2001.
- **MOLFESSIS N.,** Le renouveau des sanctions contractuelles, éd. Economica, Fév. 2007.
- **MONTHIEU M. –A.**, L'intérêt social en droit des sociétés, Harmattan, 2009.
- **MORVAN P.**, Le principe de droit privé, thèse, Paris II, Préface J. L. SERIAUX, Paris, éd. Panthéon – Assas, 1999.
- **MOTULSKY H.**, Principes d'une réalisation méthodique du droit privé, thèse Lyon, Paris, Sirey, 1948.
- **N'DIAYE. A-W.,** Le développement du crédit-bail au Sénégal, thèse, UCAD/FSJP, Mai 2013.
- **N'DIAYE A.- A.**, L'urne et le glaive - Réflexions sur les concepts socio - politiques et judiciaires au Mali de 1960 à la troisième République, édit., Jamana, Bamako 1997.
- **N'GOM M- B.**, Droit et Intégration économique dans l'espace UEMOA : le cas de la régulation juridique de la concurrence, thèse en cotutelle Université Gaston Berger de Saint Louis et Université de Nantes, 2007.
- **NAJJAR I.**, Le droit d'option, contribution à l'étude du droit potestatif et de l'acte unilatéral, préf. P. Raymond, LGDJ, Bibl. dr. Privé. T.85, 1967.
- **NICOD M.**, « Le solidarisme contractuel, mythe ou réalité ? », Economica, 2004.
- **NJANDEU A.-M.**, L'intérêt social en droit des sociétés, pref. Paul Gerard Pougoué, L'harmattan, 2009.
- **NZOUABETH D.**, Les litiges entre associés, thèse d'Etat, Université Cheikh Anta Diop de Dakar, 2005.
- **O. DESHAYES, T. GENICON, Y. - M. LAITHIER,** Réforme du droit des contrats, du régime général et de la preuve des obligations, commentaire article par article, Lexis Nexis, mis à jour après la loi de ratification du 20 avril 2018, 2ème édition.
- **OWONO C. – M.,** La suspension des obligations contractuelles, Université de Nancy II, 1993.

- **PAGNERRE Y.,** L'extinction unilatérale des engagements, éd. Panthéon-Assas, LGDJ, préf. B. Teyssié et J.-M. Olivier, 2012.
- **PANCRAZI-TIAN M.-E.**, La protection judiciaire du lien contractuel, thèse 1994, P.U. Aix-Marseille, préface J. Mestre, 1996.
- **PANSIER J.-M.**, Le délai de grâce, thèse Montpellier, 1937.
- **PECH-LE GAC S.**, La proportionnalité en droit privé, thèse Paris XI, éd. 2000.
- **PELLETIER C**, La caducité des actes juridiques en droit privé français, Paris, l'Harmattan, 2004.
- **PEROT- MOREL M.A.**, De l'équilibre des prestations dans la conclusion du contrat, thèse Grenoble, Dalloz, 1961.
- **PICOD Y.**, Le devoir de loyauté dans l'exécution du contrat, thèse Dijon, préface de Couturier (G.), Paris, LGDJ, 1989.
- **PIETTE G.**, La correction du contrat, PUAM, préf. M. Menjucq, 2004.
- **PIROVANO A.**, Changement social et droit négocié. De la résolution des conflits à la conciliation des intérêts, Paris, Economica, 1988.
- **RANOUIL V.**, L'autonomie de la volonté, Naissance et évolution d'un concept, PUF, 1980.
- **RECEVEUR B.**, La Force obligatoire du contrat de société : contribution à l'étude des relations entre droit des contrats et droit des sociétés, thèse Cergy pontoise, 2013.
- **REIGNE Ph.**, La notion de cause efficiente du contrat en droit français, Thèse dact., Paris II, 1993.
- **RICOEUR P.**, Le juste, éd. Esprit, 1995.
- **RIEG A.**, Le rôle de la volonté dans l'acte juridique en droit civil français et allemand, th. Strasbourg, préface R. Perrot, L.G.D.J., 1961.
- **ROUHETTE G.**, Contribution à l'étude critique de la notion de contrat, thèse Paris, 1965.
- **SABATHIER S.**, Le droit des obligations à l'épreuve du droit des procédures collectives, th. Toulouse, 2000.
- **SAINT- DIDIER C.**, « Droit du travail et droit des obligations, étude d'une opposition », thèse, Aix/Marseille III, 1996.
- **SAKHO A.**, Les groupes de sociétés en Afrique : droit, pouvoir, et dépendance économique, éd. Karthala et CRES, 2010.
- **SAWADOGO M-F.,** Le régime juridique des sociétés d'économie mixte en Haute – Volta, Université de Paris I Panthéon Sorbonne, 1981.

- **SENE P.**, la notion de novation, thèse sous la dir. de M. Billiau, Reims, 2006.
- **SIMLER Ph.**, La nullité partielle des actes juridiques, Bibl. dr. privé, LGDJ. Tome 101, 1969.
- **SOUCRAMANIEN B. M.**, Le juge des référés et le contrat, PUAM, 2002.
- **SOW D.**, Le déséquilibre dans les relations entre la banque et les usagers, thèse Université Cheick Anta Diop de Dakar 2008.
- **STOFFEL-MUNCK PH.,** L'abus dans le contrat, Essai d'une théorie, préf. R. BOUT, LGDJ, 2000.
- **STOYANOVITCH**, De l'intervention du juge dans les contrats en cas de survenance de circonstances imprévues, thèse Aix-en-Provence 1941, pp.117 et 124.
- **TABI TABI G.**, Les nouveaux instruments de gestion du processus contractuel, thèse université Laval Québec 2011.
- **TAMEGUE S.-S. K.,** La protection du débiteur dans les procédures individuelles d'exécution, préf. J. Overstake, L'harmattan, 2004, p.24, n° 9.
- **TANAGHO S.**, De l'obligation judiciaire, problème moral et technique de la révision du contrat par le juge, th. Paris. LGDJ, 1956.
- **TCHEUMALIEU FANSI MR.**, L'application des procédures collectives aux personnes morales de droit privé non commerçantes, mémoire, DEA, 2001, p. 9.
- **TENWE KAMENI E.**, « L'actionnaire minoritaire dans les sociétés commerciales », DEA, Université de Dschang, 2009.
- **THIBIERGE C.,** Nullité, restitutions et responsabilité, Thèse Paris I, L.G.D.J., 1993.
- **THIBIERGE L.,** Le contrat face à l'imprévu, éd. Economica, 2011.
- **THIOYE M**, Recherches sur la conception du prix dans les contrats, Thèse Toulouse, 2000.
- **TISSEYRE S.**, Le rôle de la bonne foi en droit des contrats : Essai d'analyse à la lumière du droit anglais et du droit européen, Thèse Paris I Panthéon-Sorbonne, 2010.
- **TOHON C. - O.**, Le droit pratique des Affaires : l'exemple du Benin, thèse sous la direction de d'Etienne le Roy, Paris 1, Panthéon Sorbonne, 2002.
- **TRAORÉ A. –D.**, Forces obligatoire du contrat et nouvelles circonstances, Mémoire Master II, Université Cheikh Anta Diop de Dakar, 2010 – 2011.

- **VALMONT M.**, Le fondement juridique de la lésion dans contrats entre majeurs, th. Paris, 1938.
- **VIGNAL N.**, La transparence en droit privé des contrats, préf. J. Mestre. PUAM, 1998.
- **VIRASSAMY G.**, Les contrats de dépendance, essai sur les activités profession essai sur les activités professionnelles exercées dans une dépendance économique, thèse Paris 1, LGDJ, préface J. Ghestin, 1985.
- **VOIRIN P.**, De l'imprévision dans les rapports de droit privé, thèse Nancy, 1922.
- **VOUIN R.**, La bonne foi, notion et rôle actuels en droit privé français, thèse Bordeaux, LGDJ, 1939.

III- ARTICLES ET CHRONIQUES

- **ASSAYA L.**, « Validité des opérations d'equity swap au regard de la prohibition des pactes léonins », Banque et Dr., n°82, Mars - Avr. 2002. p. 25 et s.
- **ATIAS C.**, Définir les définitions juridiques ou définir le droit ? RRJ 1987, p. 1081, n°10, du même auteur : Savoirs et pouvoirs juridiques : des ombres portées, RRJ, 2001, p.59, spéc. p.72.
- **ATIYAH P.-S.**, L'évolution du droit anglais de l'accord vers la reliance et l'exclusion de la responsabilité pour vices dans la vente de marchandises, in "Le contrat aujourd'hui, comparaisons franco-anglaises", dir. Talion et Harris, LGDJ,1987, t.196, p.57 s., spéc. n° 21.
- **AUBERT J.-L.**, « Le contrat. Droit des obligations », in Connaissance du droit, Dalloz, éd. 3ème, 2005, p. 76.
- **AUBRY M. -C.**, « Retour sur la caducité en matière contractuelle », RTD. civ., 2012, p. 625.
- **AUDE MARIE CARTRON et BORIS MASTOR,** « L'associé minoritaire dans les sociétés régies par le droit OHADA », Cahiers de droit de l'entreprise n°1, Janvier- Février 2010, p. 21.
- **AYAWA AMELIA TSKADI**, « De la compétence exclusive de l'union en droit de la concurrence dans l'espace UEMOA », Penant 873, p.479.

- **AYNÈS L**, « La reforme projetée du droit des contrats : synthèse », Droit et Patrimoine, n° 247, Mai 2015 ; du même auteur : « L'obligation de renégocier », RJC 1999, n° 23 et 24, p. 18 ; « Indétermination du prix dans les contrats de distribution : comment sortir de l'impasse ? », D. 1993, chron. p.25 et s., spéc., 29 ; « La cause inutile et dangereuse », droit et patrimoine, n°240, octobre 2014, p. 40.
- **AZARD P.**, L'instabilité monétaire et la notion d'équivalence dans le contrat, J.C.P. 1959, I, 1092, spéc., n° 4.
- **BAILLOD R.**, « Le droit de repentir », R.T.D. Civ. 1984, p. 327 et s, p. 249.
- **BAKER & KENZIE M**, « Mise en œuvre des règles d'éthique en matière commerciale en République populaire de Chine », Gaz, Pal. 22 et 23 mars 1995, p. 9.
- **BATIFFOL H.**, « La crise du contrat et sa portée », Archives de Philosophie du Droit, T. XVIII, Sirey, 1968, p. 13.
- **BATTIFOL**, « Significations de l'équité pour la philosophie du droit » in Choix d'articles, Paris, 1976, p.447.
- **BAYO BYB B.-I,** « L'efficacité de la convention d'arbitrage en droit OHADA, Ohadata », D -12-75, p.1-16.
- **BEAUFORT VIVIANE**, « A quoi sert la concurrence ? », Petites Affiches Lextenso – éditions du 5 janvier 2015, p.10, n°3.
- **BEHAR-TOUCHAIS M.**, « La sanction du déséquilibre dans significatif dans les contrats entre professionnels » : RDC 2009, p. 202 ; du même auteur : L'équilibre du contrat en droit commercial, p.27 à 40 ; Rapport introductif, Colloque « Existe-t-il un principe de proportionnalité en droit privé ? », Les Petites Affiches, 30 septembre 1998, p. 5, n° 6 ; « Existe-t-il un principe de proportionnalité en droit privé ? Rapport introductif au colloque du 20 mars 1998, L.P.A. 30 septembre 1998.
- **BEIGNIER B.**, Le fondement juridique du contrôle des clauses abusives par le juge judiciaire, Petites affiches, 09 mars 1994, p. 20.
- **BELL J.**, « Incidence des changements de circonstances, Rapport anglais », in Le contrat d'aujourd'hui : comparaisons franco-anglaises, sous la direction de D. TALLON, et D. HARRIS, Paris, LGDJ, 1987, n°59, p. 245.
- **BENABENT A.,** « L'équilibre contractuel : une liberté contrôlée » L.P.A., 06/05/1998, p.14 ; du même auteur : « autour de la méthode générale, ainsi que des militės et autres sanctions », RDC 2006, p. 33.

- **BENHAMOU Y.**, « Brèves réflexions sur la place des juges face à la mondialisation : Contribution à l'intelligence critique de la globalisation », D. 2003, p. 366 et s.
- **BENILLOUCHE M.**, La valeur primordiale de la du devoir de bonne foi en droit européen des contrats est elle une originalité purement formelle ?, P.A. 29 juillet 2004, n° 151, p. 6.
- **BERMOND De VAULX De J.-M.**, « Abus et abandon de majorité », Dr. soc. 1993.
- **BERNARD A.**, L'estimation, in, Exigences en matière de prix, Cah. dr. entrep. 1997, p. 23 et s.,spéc., p. 30 à 32.
- **BERTREL JP.**, « Liberté contractuelle et sociétés. Essais d'une théorie du juste milieu endroit des sociétés. », RTD com.1996, p. 595 ; Du même auteur, « Le débat sur la nature de la société », in Études A. SAYAG, Litec, 1998, p.131
- **BILLIAU M.**, « Regards sur l'application par la Cour de cassation de quelques principes du droit des contrats à l'aube du XXI ème siècle », in Mél. J. Ghestin, Le contrat au début du XXI ème siècle, LGDJ, 2001, p. 119, spéc. p. 126.
- **BOCCARA B.**, Définir l'indexation (en marge des arrêts de 1983 sur le loyer variable et l'actualisation), J.C.P. 1985, I, 3187, spéc., n° 21
- **BOFFA R**, « Cause, caducité, indivisibilité : un bel ensemble notionnel », D. 2006, p. 2656.
- **BOIZARD M.**, La réception de la notion de violence économique en droit, P. Aff. 16 Juin 2004, n°120, p. 5.
- **BORYSEWICZ M.**, Les règles protectrices du consommateur et le droit commun des contrats, Études Pierre Kayser, Tome I, PUAM, 1979, p. 91, p.109.
- **BOULANGER P.** « L'arbitrage et l'harmonisation du droit des affaires en Afrique » Revue de l'arbitrage 1999 n°3 p. 541 et s.
- **BOULOUIS J.**, " Quelques observations à propos de la sécurité juridique, Du droit international au droit de l'intégration", Liber amicorum, Pierre Pescatore, Nomos Verlag, 1987, p. 53.
- **BOY L.**, « Les utilités du contrat », LPA, 10 septembre 1997, n° 109, p. 3 ; du même auteur : Réflexions sur « Le droit de la régulation » à propos du texte de M.-A. Frison-Roche, Recueil Dalloz 2001, Chroniques p.3031 ; A propos des clauses d'indexation : Du nominalisme monétaire à la justice contractuelle : Mélanges Marty 1978, p. 87 et s.

- **BRETON J-M,** Légalité et État de droit : statut et perception du juge de l'administration en Afrique noire francophone, Contribution à une réflexion transversale in Le statut du juge en Afrique, p. 398.
- **BRICKER G**., Reformer le code civil par ordonnance : point de vue d'un publiciste, Droit et Patrimoine, dossier, n° 247, Mai 2015, pp. 48- 49.
- **BUGADA A.,** Équilibre contractuel et justice sociale, in droits, pouvoirs et sociétés sous la direction de Gwendoine LARDEUX, 2012, PUF p.75 à 82.
- **BURGE A**., « Le code civil et son évolution vers un droit imprégné d'individualisme libéral », R.T.D. civ., 2000, p. 1 à 24, spéc. p. 2.
- **CABRILLAC M.**, Remarques sur la théorie générale du contrat et les créations récentes de la pratique commerciale, Mélanges dédiés à G. MARTY, Université des sciences sociales de Toulouse, 1978, pp. 235 et s.
- **CADIET L.,** « Interrogations sur le droit contemporain des contrats », extrait des travaux sur ''Le droit contemporain des contrats'', Economica, 1987, p. 7 à 35, spéc. p. 8-9, n° 2 ; « Les jeux du contrat et du procès », Mélanges Gérard Farjat, Paris, Éditions Frison- Roche, 1999, pp. 23 ; « Une justice contractuelle, l'autre », in Mélanges Jacques Ghestin, Paris, Librairie générale de droit et de jurisprudence, 2001, pp. 177 ; L'équité dans l'office du juge civil, Justices, 1998 ; La renonciation à se prévaloir des irrégularités de la procédure d'arbitrage, Revue de l'arbitrage 1996, pp. 3.
- **CALAIS – AULEY J.**, L'influence du droit de consommation sur le droit civil des contrats, in Droit du marché et droit commun des obligations, Rév. Trim. dr. com. 1997, p. 115 et s., spéc., p.116 ; du même auteur : Droit de la consommation, Précis Dalloz, 4° éd., 1996, spéc., n°3, p. 4 ; « Ne mélangeons plus conformité et sécurité », D. 1993. chron.130. n° 550 et s.
- **CANNU P**., « Existe-t-il une société de droit commun ? », in Mél. M. Jeantin, Dalloz, p. 247 ; « L'abus de minorité », Bull. Joly, 1986, 429 ; L'absence de majorité, RJ com. 1991, p. 103.
- **CARBONNIER J.**, « La part du droit dans l'angoisse contemporaine », in Flexible droit, LGDJ, 2001, p. 207.
- **CARTRON et B. MARTOR A. –M.**, L'actionnaire minoritaire dans les sociétés de droit, Dossier, Le droit uniforme africain des affaires issu de l'Ohada, Cahiers droit de l'entreprise, n°1, Janvier-Février 2010, p. 23.
- **CATALA P.,** « Ébauche d'une théorie juridique de l'information », Dalloz, chronique, 1984, p. 97 et s.

- **CEDRA J.**, « L'obligation de renégocier », RTD. Com, 1985, p. 265, spéc. p. 283.
- **CERLES A.** et **SEJEAN M.**, « Le cautionnement : du Code civil au code de la consommation ou les illusions de la protection », Études offertes à Philippe SIMLER, Litec / Dalloz, 2006, p. 277.
- **CHAMPAUD C.**, « Le contrat de société existe-t-il encore ? », in Le droit contemporain des contrats : bilan et perspectives, Economica, 1987, p. 125, spéc. p. 130 ; du même auteur : « Contribution à la définition du droit économique », Rec. Dalloz, 1967.p. 215 ; « Caractère du droit de la concurrence », Juriscl. Traité concurrence et consommation, fasc. 30, n° 78 et s.
- **CHANTEPIE G.**, « L'efficacité attendue du contrat », RDC, 2010, p. 347.
- **CHAPUISAT**, « La méfiance de la jurisprudence et du législateur à l'égard de l'exclusion de garantie », RGAT, 1983, p. 5.
- **CHARDIN N.**, Le contrat de consommation de crédit et l'autonomie de la volonté, n°20.
- **CHARPENTIER E.**, « Les fondements théoriques de la transformation du rôle de l'équilibre des prestations contractuelles », Les Cahiers de droit, vol. 45, n° 1, 2004, p. 69.
- **CHAUVEL P.**, « Erreur substantielle, cause et équilibre des prestations dans les contrats synallagmatiques », Droits, n°12, 1990, p. 93 ; du même auteur : « Violence, contrainte économique et lésion », in Mélanges en l'honneur d'Anne -Mairie Sobm, PU Clermont-Ferrand, 2004, p.19, n°30.
- **CHAZAL J, - P.,** « Le consommateur existe-t-il ? », D. 1997, chron., p. 26 et s., spéc., n 28, p. 266 ; du même auteur : « La violence économique violence économique ou abus de faiblesse? », Droit & Patrimoine – dossier, Octobre 2014, n°240, p. 47 ; « De la signification du mot loi dans l'article 1134 alinéa 1er du code civil », RTD civ. 2001, p. 265 ; « Les nouveaux devoirs des contractants, Est-on allé trop loin ? », in La nouvelle crise du contrat, Dalloz, 2003, p. 99, spéc. p. 115.
- **COHEN D.**, « La bonne foi : éclipse et renaissance », in 1804-2004, Le Code civil, un passé, un présent, un avenir, Dalloz 2004, p. 517.
- **CONSTANTIN A.**, « La tyrannie des faibles. De l'abus de minorité en droit des sociétés », Mélanges Y. GUYON, Dalloz, 2003, p. 213.
- **CORNELIS L.**, « La bonne foi : aménagement ou entorse à l'autonomie de la volonté », in la bonne foi sous la direction de S.

David- Constant, éd. du jeune barreau de Liège, 1990, p. 17 et s., spéc. n° 41.

- **CORNU G.**, « L'élaboration du code de procédure civile », Rev. d'histoire des facultés de droit et de la science juridique, 1995, n°16, p. 241 ; du même auteur : ''Les modes alternatifs de règlement des conflits'', Congrès international de législation comparée, Damas, 5 au 8 octobre 1996, Rév. Int. dr. comp., 1997-2, p. 323 ; « La bonté du législateur », RTD civ. 1991, p. 283, spéc. p. 283 ; « Le juge-arbitre (Le juge amiable compositeur au sein de la juridiction étatique) », in L'art du droit en quête de sagesse, p.155 s. ; « Regards sur le titre III du livre III du Code civil, Des contrats ou des obligations conventionnelles en général », in Les cours de droit, 1977, p.1; « Plaidoyer pour une renaissance de l'amiable composition judiciaire », D. 1997, p. 236, n°14 et s.
- **COULIBALY A. S.,** Le droit de la concurrence de l'union économique et monétaire ouest africaine, Ohadata D-05-27, p.1 et s.
- **COURET A.**, « A propos de l'ouvrage de Dominique Schmidt : les conflits d'intérêts dans les sociétés anonymes », Bull. Joly sociétés 2004, n° 5, p. 613.
- **COUTURIER G.**, « L'ordre public de protection : heurs et malheurs d'une vieille notion neuve », in Mélanges Flour 1979, p. 95 et s.
- **COUVRAT P. et GIUDICELLI- DELAGE G.**, « Conciliation et médiation », Juris- classseur procédure civile, fascicule 160, 1997.
- **CRISTA B.**, L'exigence de sécurité juridique, D. 2002, chr. p. 2815.
- **DAIGRE J.**, « La pratique des modes alternatifs », Revue de jurisprudence commerciale, n°11, nov.1999, p.70-76.
- **DE JUGLART M.**, « L'obligation de renseignement dans les contrats », RTD civ. 1945, p.1.
- **DE MELLO X.,** « Loyauté ou liberté de la concurrence », Petites Affiches, 13 juillet 1994, p. 37 et 15 juillet 1994, p. 26.
- **DECOTTIGNIES R.**, « La résistance du droit africain à la modernisation en matière d'obligations », Revue sénégalaise de droit, juin 1977, 11ème, Année, numéro spécial Colloque de Dakar 5-9 juillet 1977, p. 67.
- **DELABRIERE A**, « L'article 11 de l'acte uniforme sur les procédures collectives : outil de sauvegarde ou de discrimination ? », Penant 870, p. 63.
- **DELEBECQUE P.**, « Arbitrage et droit de la consommation », Petites affiches, mai 2002 n°104, p. 46 ; du même auteur : « La

dispersion des obligations de sécurité dans les contrats spéciaux », Gaz. Pal, 23 septembre 1997 p. 1184.

- **DELMAS-SAINT-HILARE J.-P.**, « L'adaptation du contrat aux circonstances économiques », in La tendance à la stabilité du rapport contractuel, Étude de droit privé, dir. P. DURAND, LGDJ, 1960, p. 189, n° 2.
- **DEMOGUE R.**, « Des modifications aux contrats par volonté unilatérale », RTD civ. 1907, p. 245, spéc. p. 246 et 247.
- **DEPREZ J.**, « La lésion dans les contrats aléatoires », RTD civ., 1955, p. 1, n° 3.
- **DESSERAND**, « Une analyse de l'obligation de sécurité à l'épreuve de la cause étrangère », D.1999, chron. p. 364.
- **DESVAUXS.-B.**, « Le droit de la consommation : entre protection du consommateur et régulation du marché », Revue Lamy droit des affaires, n° 69, Mars 2012.
- **DIDIER P.**, « Brèves notes sur le contrat-organisation », in Mél. F. Terré, L'avenir du droit, Dalloz, 1999, p. 635 et s. ; du même auteur : « La théorie contractualiste de la société », Rev. soc. 2000, p. 95 ; « Le consentement sans l'échange : contrat de société », in L'échange des consentements, RJC 1995, n° spécial, p. 74.
- **DIENG F.**, « Réflexions sur l'article 6/24 de l'avant projet d'acte uniforme sur le droit des contrats », Annales africaines, nouvelles série, volume 1, décembre 2014, p. 45.
- **DIESSE F.**, « Le devoir de coopération comme principe directeur du contrat », Archives de Philosophie du Droit 1999, p. 259, spéc. p. 266.
- **DION N.,** « Le juge et le désir du juste », Dalloz, 1999, p. 195 à 199, spéc. p.195, n° 1.
- **DIOP C-A.**, « L'unité culturelle de l'Afrique noire, Paris, 1982, p. 219
- **DIOUF A-A**, « Étude critique de l'impossibilité morale dans la preuve des actes juridiques en Afrique noire francophone », R.I.D.C. 2-2013, p. 26.
- **DJOGBENOU J.**, « La cause dans les contrats conclus sur le fondement des actes uniformes », Ohadata, D - 09-46- p.17.
- **DREIFUSS-NETTER F.**, « Droit de la concurrence et droit commun des obligations », RTD civ. 1990, p. 369.
- **DUONG L.,** « Le raisonnable dans les principes du droit européen des contrats, r.i.d.c. 3-2008, p.1.

- **DUPEYROUX JJ.**, « Droit civil et droit du travail : l'impasse », Dr. soc. 1988, p. 371.
- **DUPICHOT J.**, Pour un retour aux textes : défense et illustration du « petit guide-âne » des articles 1156 à 1164 du Code civil, Mélanges Flour 1979, p. 186.
- **DUPICHOT P.**, « Regard (bienveillants) sur le projet de reforme du droit français des contrats », Droit et Patrimoine, dossier, n° 247, Mai 2015, pp. 32 - 48.
- **DURRY G.**, « Les obligations de sécurité portant sur la personne du contractant », RTD Civ. 1977, p. 323.
- **EDELMAN B.**, De la liberté et de la violence économique, D. 2001, Chr., p.2315.
- **ETOUNDI F. O.**, Les principes d'Unidroit et la sécurité juridique des transactions commerciales dans l'avant-projet d'acte uniforme sur le droit des contrats, Revue de droit uniforme, Institut international de l'unification du droit privé, Vol X, 2005, p. 2.
- **FABRE MAGNAN M.**, Le Sadisme n'est pas un droit de l'homme, (CEDH, 17 février 2005), D., 2005, p. 2973.
- **FAGES B.**, « Quelques évolutions du droit français des contrats à la lumière des Principes de la Commission LANDO », D. 2003, doct. p. 2388 ; du même auteur : « Des comportements contractuels à éviter », Droit et Patrimoine mai 1998, n° 60, p. 67 et spéc. p.77 ; « L'abus dans les contrats distribution, in l'abus de droit dans les contrats », Cah. dr. entrep. 1998, n° 6, p. 11 et s. spéc. p. 15.
- **FALL P. -T**, « Normes communautaires et sécurité juridique », Nouvelles Annales Africaines, Revue de la Faculté de Sciences Juridiques et politiques de Dakar, n°1, 2007, p.199.
- **FAUVARQUE-COSSON B., MAZEAUD D.**, « L'avant projet de réforme du droit des obligations et du droit de la prescription et les principes du droit européen des contrats : variations sur les champs magnétiques dans l'univers contractuel », LPA, 24 juillet 2006, n° 146, p. 3.
- **FAYE A.,** « L'égalité entre associés dans l'AUDSC et GIE », ohadata D - 04-10, p.1 et s.
- **FENEON A.**, « Un nouveau droit de l'arbitrage en Afrique, de l'apport de l'acte uniforme sur le droit de l'arbitrage dans l'espace OHADA », Revue Penant, numéro 827, mai 2000, p. 126 et s.
- **FENOUILLET D.**, « Les effets du contrat entre les parties : ni révolution, ni conservation, mais un entre-deux perfectible », RDC 2006, p. 67 et s.

- **FERRIER D.**, Droit de la concurrence et droit de la consommation, JCP éd. E, Cah, Dr. Ent, 2000, n° 3, p. 36.
- **FEVILIYE I.**, La création d'un centre de médiation et d'arbitrage (CEMACO) au Congo, Revue Congolaise de droit et des Affaires, n°8, 2012, p.11.
- **FOKO A.,** « L'essor de l'expertise de gestion dans l'espace », Rev. de droit international et de droit comparé, 2009, p. 157.
- **FONTAINE M.**, La protection de la partie faible dans les rapports contractuels in la protection de la partie faible dans les rapports contractuels. Comparaisons Franco-belges, sous la direction de Ghestin J. et Fontaine M., Biblio. Dr. privé, t. 261, LGDJ, 1996, n°6 ; du même auteur : « Les clauses de force majeure dans les contrats internationaux », D. P.C.I, 1979, p.469 et s. ; « Les clauses de Hardship, aménagement conventionnel de l'imprévision », D.P.C.I., 1976, p.42.
- **FONTBRESSIN P.**, « De l'influence de l'acceptation du concept de prix sur l'évolution du droit des contrats », Rev. trim. dr. civ. 1986, p. 675 et s.
- **FORIER P.**, « Réflexions sur l'équité et la motivation des jugements », La pensée juridique de P. FORIER, Bruxelles, Bruylant, 1984, note 23, p. 232.
- **FORIERS P.,** Présomptions et fictions, in les présomptions et les droit, Bruxelles, Bruylant, 1974, p.7, n° 9.
- **FORTIER V.,** « La fonction normative des notions floues », RRJ, 1991, pp. 755 -768.
- **FOUCHARD P.**, « Le système d'arbitrage de l'OHADA », Petites affiches, n° 205, 13 octobre 2004, p. 54.
- **FOYER DE COSTIL H.,** « Le vol d'aigle du juge des référés », Études offertes à B. Bellet, Litec, 1991, p. 343.
- **FRANCON D.**, « La clause de Hardship », in « Troubles d'exécution du contrat en droit français et allemand », Rapport du 11ème séminaire commun des facultés de droit de Montpellier et Heidelberg, heidelberg 1981, p. 299.
- **FRISON – ROCHE M-A.**, « La procédure injuste », in De l'injuste au juge, Dalloz, 1997, p. 72 ; du même auteur : « Contrat, concurrence, régulation », RTD. Civ., 2004. 451, spéc. n°33 ; « Remarques sur la distinction de la volonté et du consentement en droit des contrats, RTD civ. (3), juill-sept. 1995, p.574, n°2 ; Définition du droit de la régulation économique, Recueil Dalloz, 2004, n°2, p.127 ; « Le contrat et la responsabilité : consentements,

pouvoirs et régulation économique », Rev. Trim. Dr. Civ. 1998, p. 43 et s., spéc., n° 8 et s. ; « Les offices du juge », in Mél. J. FOYER, Paris, éd. PUF, 1997, p. 463 ; « Le juge et le sentiment de justice », Mélanges Bézard, 2002, p. 40 et s.

- **GAC-PECH S**., « Vers un droit des remèdes », Petites Affiches 2007, n° 242, p. 7.
- **GALLOUX J.-C.**, « Ébauche d'une définition juridique de l'information », D.1994, chr., p.229 et s.
- **GHARBI M. -E**, « La justification de l'obligation d'information : contribution à l'étude de la moralisation du droit des contrats », RRJ 2004, p.723.
- **GHESTIN J.,** L'authenticité, l'erreur et le doute, in Le droit privé français à la fin du XXe siècle, Études offertes à Pierre Catala, Litec, 2001, p. 457 et s. ; du même auteur : « L'utile et le juste dans les contrats », D. 1982, Chr. I, p. 6. ; « La fraude paulienne », in Mélanges dédiés à Gabriel Marty, PU, Toulouse, 1978, p. 569, n° 842 ; « La réticence, le dol et l'erreur sur les qualités substantielles », D. 1971, Chr., p. 247.
- **GILBERG K.- V.,** « Mieux légiférer" au cœur de la révision de l'Acte uniforme relatif au droit commercial général », Dr. et patri., n° 201, mars 2011, Dossier : « Un nouveau droit commercial pour la zone OHADA, p. 51.
- **GODON L.,** « Abus de confiance et abus de biens sociaux », Rév. Sociétés, 1997, Chroniques, p. 291.
- **GRAU E. R**, « notes sur les concepts juridiques », RRJ, 1993-3, p. 769.
- **GREGOIRE A- M.**, « La lésion qualifiée : est-il possible de nuire impunément à autrui en droit québécois ? », Les Cahiers de droit, vol. 50, n° 2, 2009, p. 301-325.
- **GRIDEL J. P.**, « Remarques de principe sur l'article 35 de la loi n° 78-23 du 10 janvier 1978 relatif à la prohibition des clauses abusives », D. 1984, chr., 153, p. 154.
- **GRIMALDI C.**, « Les maux de la cause ne sont pas qu'une affaire de mots : À propos du projet d'ordonnance portant réforme du droit des contrats, du régime général et de la preuve des obligations », Recueil Dalloz -16 avril 2015 - n° 14, p. 814.
- **GRIMALDI M.**, « L'Acte uniforme portant organisation des sûretés » in Petites affiches, n° 205 du 13 oct. 2004, n° 8, p. 33.

- **GROSS B.**, Propos dubitatifs sur l'obligation de sécurité pesant sur le vendeur professionnel du fait des produits vendus, D. Aff. ; 1996, p. 667.
- **GROUTEL H.** « Un nouveau risque d'instabilité des clauses d'exclusion » Resp. civ et assur. 1991, chron. 16.
- **GRUA F.,** Les effets de l'aléa et la distinction des contrats aléatoires et des contrats commutatifs, RTD civ. 1983, p.263, spéc. n°45.
- **GRZEGORCZYK C.**, L'acte juridique dans la perspective de la philosophie du droit, in Droits, n°7, 1988, L'acte juridique, p. 48, n°2 et p. 3.
- **GUÉGUEN J.-M.**, « Le renouveau de la cause en tant qu'instrument de justice contractuelle », D. 1999, p. 352.
- **GUENOU A.- R.**, « L'Afrique, la mondialisation et l'arbitrage international », Les petites affiches, 7 décembre 1998, n°146, p. 8-11.
- **GUYON Y.**, « Le droit des contrats à l'épreuve du droit des procédures collectives », in Le contrat au début du XXI ème siècle, Études offertes à J. Ghestin, LGDJ, 2001, p.405.
- **HADDAD S., «** De ces délais de grâces accordées de si bonne grâce par nos juges », D-11-94, p.1.
- **HALPERIN J-L.,** « La naissance de l'obligation de sécurité », Gaz. Pal, 23 sept. 1997, p. 1176.
- **HAUMONT L.**, « Risques émergents, Ces fantômes qui hantent les contrats », Argus 12 janvier 2001, p. 20.
- **HENRION R.**, Exposé de synthèse, in Actes du colloque sur la magistrature économique sous la direction de A. JACQUEMIN et G. SHRANS, Bruylant et Oyez, 1976, p. 13.
- **HOUTCIEFF D.**, « Le principe de cohérence en matière contractuelle », t. 1, PU A.M., 2001, n° 59 - 61, p. 66 - 67.
- **INFOREG**, « L'expertise de minorité et l'expertise judicaire : deux armes à la disposition des associés minoritaires », Cah. Dr. de l'entreprise 2011, n° 2, p. 68.
- **IVAINER T.**, La lettre et l'esprit de la loi des parties, J.C.P.1981, I, 3023, n°48.
- **JAMIN C.**, « Plaidoyer pour le solidarisme contractuel », Dalloz, Mélanges offerts à J. Ghestin, 2001, p. 441 à 472, spéc. p.471 ; du même auteur : « Révision et intangibilité du contrat ou la double philosophie de l'article 1134 du Code civil », extrait du Colloque de Chambéry intitulé : ''Que reste-t-il de l'intangibilité du contrat ? '', Droit et patrimoine, mars 1998, p. 46 à 57 ; « Henri Capitant et René

Demogue : notation sur l'actualité d'un dialogue doctrinal », Dalloz, P.U.F. et Edition du Juris-classeur, L'avenir du droit, Mélanges en hommage à F. Terré, 1999, p. 125 à 139, spéc. p.129, 130 et 139 ; « Une brève histoire politique des interprétations de l'article 1134 du Code civil », Dalloz, 2002, n°11, p. 901 à 907, spéc. p. 905 et 906 ; « Commentaires sous la loi n° 95-588 du 1er juillet 1996 sur la loyauté et l'équilibre des relations commerciales », RTDC 1996, p.1009 ; « Plaidoyer pour le solidarisme contractuel », in Mélanges J. Ghestin, LGDJ, 2001, p. 441 ; « Réseaux intégrés de distribution : « De l'abus dans la détermination du prix au contrôle des pratiques abusives », JCP 1996,1, 3959, spéc., n° 24, p, 347 ; « Typologie des théories juridiques de l'abus », Revue de la concurrence et de la consommation, n°92, supplément juillet-Aout 1996, p.7 et s. spéc. p.12.

- **JAMIN Ch.** et **MAZEAUD D.**, "la nouvelle crise du contrat", Dalloz 2003 et (dir. de) L. Grynbaum et M. NICOD, « Le solidarisme contractuel, mythe ou réalité ? », Economica, 2004.
- **JAROSSON C.**, « Les modes alternatifs de règlement des conflits : présentation générale », Revue internationale de droit comparé 1997, pp. 311 et s., spéc. pp. 325-345, n° 11 et n° 15 ; du même auteur : « Le nouvel essor de la clause compromissoire après la loi du 15 mai 2001 », JCP G 2001, I 333, p. 1317, n°5.
- **JEANNEAU B.**, Le traitement de l'équité en droit français, Les travaux de Recherches de l'institut de droit comparé de Paris, Paris, Cujas, Tome XXXIII,1970, p. 21.
- **JEANTIN M.**, Réforme du droit des faillites et logique concurrentielle, Actes 1983, n° 41 ; du même auteur : « Droit des obligations et droit des sociétés », in Mélanges L. Boyer, Presse univ. des Sc. Soc. de Toulouse I, 1996, p. 317.
- **JESTAZ P.**, « L'évolution du droit des contrats spéciaux dans la loi depuis 1945 », in l'évolution contemporaine du droit des contrats, PUF, Publications de la Faculté des Sciences Sociales de Poitiers, 1986, p.135.
- **JOSSERAND L.**, « La protection du faible par le droit », in évolutions et Actualités, Sirey, 1936, p.159 et 169 ; « Aperçu général des tendances actuelles de la théorie des contrats », R.T.D. civ. 1937, p.1 à 30, spéc. p.18 à 21, n° 17 et 18 ; « L'ordre juridique nouveau », D.H. 1937, p. 41 et s.; « Le contrat dirigé », D., 1933, chron p. 89.
- **JOURDAIN P.,** « Le devoir de se renseigner », D. 1983, chron. p. 139, spéc. p. 139.

- **JUGLART D.**, « L'obligation de renseignement dans les contrats », RTD.civ. 1945, p.1.
- **JULIENNE F.**, « L'office du juge en droit des contrats (confrontation du droit positif aux projets de reformes internes et aux projets européens) », Revue de recherche juridique - droit prospectif (RRJ), n° 124, PUAM 2008-, p. 4.
- **KADDOUCH R.**, « L'irréductible droit de vote de l'associé », JCPE, 2008, 1549.
- **KAMÈNA B., «** Vers une inversion des rapports de force en droit privé Malien ? », Revue des sciences juridiques et politiques du CAMES, vol.1, n°1,2015, p.121.
- **KANTÉ A.**, « Réflexions sur le droit de la concurrence et la protection des consommateurs dans l'UEMOA : l'exemple du Sénégal », Penant 871, 149 et 150.
- **KAYSER V.**, « L'équité modératrice et créatrice des règles en droit privé français », RRJ. 1999, I. p.14.
- **KDHIR A, «** Vers la fin de la sécurité juridique en droit français ? », Rev. adm. 1993, p. 538.
- **KELSEN H.,** « La théorie juridique de la convention », Archives de philosophie du droit, Sirey, numéro spécial, 1940 ; du même auteur : Théorie pure du droit, Dalloz, 2ème éd.1962, trad. Ch. Eisenmann ; '' La théorie juridique de la convention '', APD, 1990, p. 33.
- **KENGNE G.**, « Le rôle du juge en matière d'abus de droit de vote », PA, 12 juin 2000, n°116, p.10.
- **KHAIRALLAH G.,** « Le "raisonnable" en droit privé français. Développements récents », RTD. civ., 1984, p. 446.
- **KIRSCH M.,** « Historique de l'OHADA », Revue Penant n° spécial OHADA n° 827 mai – Août 1998 pp. 129.
- **KODO**, « L'application des Actes uniformes de l'Ohada », Bruylant, 2010, p. 75.
- **KPOTSRA S.-E.,** « Le contrat de vente à l'épreuve de la dévaluation du Franc CFA », Revue internationale de droit africain, n°26, Juillet-Aout- Septembre 1995, p. 17.
- **LAFARGE P.**, « La médiation judiciaire en matière sociale, de jurisprudence commerciale », n°11, nov.1999, p.117-135 ; du même auteur : « La renégociation en droit social », in le contrat au secours de l'entreprise : « les modes de contractuels de règlement des conflits », Revue de jurisprudence commerciale, n°11, nov.1999, p. 23- 44.

- **LAGARDE X.**, « Qu'est-ce qu'une clause abusive ? », Étude pratique JCP E 2006, n° 1663.
- **LAITHIER Y.- M.**, « L'analyse économique du contrat par le juge civil », in L'analyse économique du droit des contrats : outil de comparaison, facteur d'harmonisation, Gaz. Pal. 9 et 10 Mars 2005, p. 14.
- **LAMBERT-FAIVRE Y.**, « Fondement et régime de l'obligation de sécurité », D. 1994, chron p. 81.
- **LARDEUX G., «** L'équilibre contractuel et la sécurité juridique », « Droits, pouvoirs et sociétés » sous la direction de Gwendoline LARDEUX, PUAM, 2012, p.59 et s.
- **LARGUIER J., CONTE PH.**, « Droit pénal des affaires », Armand Colin, 11 ème éd., 2004, n° 305.
- **LASSALAS Q,** , « Les critères de l'abus dans la rupture des relations contractuelles », Rev. Droit et patrimoine juill. / août 1997, p. 61 et s., spéc., p. 65.
- **LE BOULANGER P.**, « L'arbitrage et l'harmonisation du droit des affaires en Afrique » Revue de l'arbitrage 1999, n°3 p. 541 et s.
- **LE TOURNEAU Ph.**, Responsabilité des vendeurs et des fabricants, Dalloz référence 2001, n°257, p.58 ; du même auteur : « Quelques aspects de l'évolution du droit des contrats, » Mélanges offertes à Pierre Raynaud, Dalloz – Sirey 1985, pp. 349 et s. et n° 4, p.351.
- **LEBOIT A**, « Erreur d'étiquetage et erreur sur le prix », Cont. Com. Elec. 2002, Chr., n°7 et s.
- **LEBORGNE A.**, Droit de l'exécution, Rec. Dalloz n°17, 24 avril 2008, p. 1170.
- **LECLERC F.,** « L'avancée des M.A.R.C. : ordre ou désordre ? Contribution à une théorie générale des M.A.R.C. », in Colloque international d'Alger sur les modes alternatifs de règlement des conflits du 06 au 07 Mai 2014, Annales de l'université d'Alger 1, n°3, 2014, p. 9.
- **LECUYER H.,** « Le contrat, acte de prévision », Mélanges en l'honneur de François Terré, Dalloz – PUF, 1999, p.643 ; du même auteur : « Redéfinir la force obligatoire du contrat ? », extrait du 94° Congrès des Notaires de France à Lyon intitulé : « Le contrat : liberté contractuelle et sécurité juridique », Les Petites Affiches, 6 mai 1998, p. 44 et s.; « Le contrat, acte de prévision », in Mélanges en hommage à F. TERRE, Dalloz, éditions J.-Cl., PUF, 1999, p. 658.
- **LEDUC F.**, « La spécificité de la responsabilité contractuelle du fait des choses », D, 1996, chron. p. 164.

- **LEGRAND et BAZIN-BEUST D.**, « Droit de la consommation/ droit des contrats : le bilan 20 ans après », Petites Affiches lextenso - éditions du 15 Avril 2015, p.4, n° 75.
- **LEGRAND V., «** L'amélioration de l'information et des droits contractuels des consommateurs dans la loi « Hamon », Petites Affiches lextenso – éditions du 7 mai 2014, p. 5, n° 91.
- **LEVENEUR L.,** « La liberté contractuelle en droit privé », AJDA, 1998, p. 676 ; Le forçage du contrat, Droit et patrimoine, Mars 1998, n 58, p.69.
- **LIBCHABER R.**, « Réflexions sur les effets du contrat », in Mél. J.-L. Aubert, Propos sur les obligations et quelques autres thèmes fondamentaux du droit, Dalloz, 2005, p. 211.
- **LICHERE F.**, L'équilibre contractuel et intérêt général, « Droits, pouvoirs et sociétés » sous la direction de Gwendoline LARDEUX, PUAM, 2012, p. 83 à 97.
- **LOISEAU G.**, L'éloge du vice ou les vertus de la violence économique, Dr. Et Patr. Sept. 2002, n°107, p. 26.
- **LOQUIN E.**, Arbitrage. - Compromis et clause compromissoire, J.-Cl. procédure civile, Fasc. 1020, n° 86 ; du même auteur : L'amiable composition en droit comparé et international, Contribution à l'étude du non droit dans l'arbitrage international, Litec, 1980, n° 22 et s.
- **LOUIS-LUCAS P.**, « L'autonomie de la volonté en droit privé interne et en droit international privé », in Études à la mémoire d'Henri Capitant, 1939, p. 469.
- **LUCET F., «** Consensualisme et formalisme, intervention au colloque de Deauville organisé par l'association droit et commerce et relatif à L'échange des consentements », Rév. jur. com.,1995, p. 42 et s., spéc. p. 43.
- **LYON-CAEN G.**, « De l'évolution de la notion de bonne foi », RTD civ. 1946, p. 75, spéc. p. 83 ; du même auteur : « Du rôle des principes généraux du droit civil en droit du travail », RTD civ. 1974, p. 229.
- **M'BAYE K.**, « Le destin du Code civil en Afrique », dans Le Code civil 1804-2004, Livre du bicentenaire (Paris), 2004, p. 515-537 ; du même auteur : « L'organisation judiciaire du Sénégal », Penant, 1965, p.194 ; Avant-propos numéro spécial OHADA de la Revue Penant n° 827, 2000, p.126.
- **MAHOUVE M.**, « Le système pénal ou l'uniformisation à mi-chemin », Penant, n° 846, 2004, p. 87.
- **MAINGUY D.**, « Le raisonnable » en droit des (affaires) ohadata D-13-32 ; du même auteur : « Remarques sur les contrats de situation et

quelques évolutions récentes du droit des contrats », in Mél. M. Cabrillac, Litec, 1999, p. 165, spéc. p.183.

- **MALAURIE VIGNAL M.,** « Droit de la concurrence et droit des obligations », JCP éd. E, Cah, Dr. Ent, 2000, n°3, p.11.
- **MALINVAUD P.**, De l'erreur sur la substance, D. 1972, p. 215.
- **MANARA C.**, « Le juge condamne L'Oréal et eBay à s'entendre ! », D. 2009, p. 1474.
- **MARTIAL-BRAZ N.**, « Indivisibilité et caducité… ou l'art de la conciliation exercé par la cour de cassation », Rev. Lamy dr.civ. 2008, n° 45, spéc. n° 1.
- **MARTIN D.**, « L'exclusion d'un actionnaire », RJ com 1990, pp.94 et s.; du même auteur : Le consommateur abusif, D. 1987, Chron. p.150.
- **MARTIN-LAVIGNE Y.**, « Clause de ratchet : de la pratique anglo-saxonne en droit français », D. 2002, p.1540.
- **MASCALA C.**, « Accident de gare : le déraillement de l'obligation de sécurité », D., 1991, chron p. 80.
- **MAZEAUD D.,** « Pour que survive la cause en dépit de la reforme », in Droit et patrimoine, n° 240, octobre 2014 ; du même auteur : « Renégocier ne rime pas avec réviser ! » D. 2007, p.765 ; « Le juge face aux clauses abusives », in, Le juge et l'exécution du contrat, colloque organisé par l'institut de droit des affaires d'Aix-en-Provence, P.U Aix-Marseille, 1993, p. 23 et s., spéc., p. 47 ; « A propos du droit virtuel des contrats, Réflexions sur les principes d'Unidroit et de la Commission Lando », in Mél. M. Cabrillac, Litec, 1999, p. 205, spéc. p. 210 ; « La matière du contrat », in Les concepts contractuels français à l'heure des principes du droit européen des contrats, Dalloz, 2003, p. 81, spéc. p. 94 ; « Le nouvel ordre contractuel », RDC 2003, p. 295 ; « Regards positifs et prospectifs sur le nouveau monde contractuel », LPA, 7 mai 2004, n° 92, p. 47, spéc. p. 53 ; « Reforme du droit des contrats : haro, en Hérault, sur le projet », D. 2008. p. 2675 ; « L'effet extinctif des groupes de contrats », D. 2000, p.363 ; « Le juge et le contrat, variations optimiste sur un '' couple illégitime'' », in Mélanges en l'honneur de Jean Luc Aubert, Dalloz, 2005, p. 235 ; « Le principe de proportionnalité et la formation du contrat », L.P.A du 06 mai 1998, p.15 ; « Un droit européen en quête d'identité. Les principes du droit européen des contrats », D. 2007, p. 2959 ; « La révision du contrat », Petites Affiches 30 juin 2005, n°129, p.4 ; « Le nouvel ordre contractuel », RDC 2003, p.295, n°25 s. ; « Le régime de l'obligation de sécurité », Gaz. Pal, 23 septembre 1997, p.1201 ; « Les nouveaux instruments de l'équilibre

contractuel. Ne risque-t-on pas d'aller trop loin ? », in La nouvelles crise du contrat, dir. Ch. Jamin et d. Mazeaud, Dalloz, 2003, p.135, n°26 : « Loyauté, solidarité, fraternité : la nouvelle devise contractuelle ? », in Mélanges F. Terré, Dalloz, PUF, Juris- Classeur, 1999, p. 603 ; « Solidarisme contractuel et réalisation du contrat », in Le solidarisme contractuel, Mythe ou réalité ? sous la dir. de L. Grynbaum, Economica, 2004, p. 57, spéc. p. 59

- **MAZEAUD D. et T. REVET**, « Éditorial », RDC 2007, p. 219.
- **MBARGA A.**, « Pour la généralisation des tribunaux de commerce dans la zone et l'adoption d'un acte uniforme portant organisation des juridictions et de la procédure commerciale », Revue trimestrielle de droit Africain, n°882, Janv-Mars 1013, p. 28.
- **MEKKI M.** Nullité et validité des contrats : un exemple de pensée par les contraires : RTD 2006, p. 679 ; du même auteur : « Les doctrines sur l'efficacité du contrat en période de crise » RDC, 2010, p. 383 : « La définition de la force majeure ou la magie du clair-obscur », RLDC, 2006, n° 29, p.17 ; « Les principes généraux du droit des contrats au sein du projet d'ordonnance portant sur la reforme du droit des obligations », Recueil Dalloz, n° 14, 16 Avril 2015, p. 816
- **MEKKI S.-A.** et **FAUVARQUE-COSSON B.**, « Panorama droit des contrats octobre 2009- novembre 2010 », D. 2011.p. 472.
- **MÉNARD C.**, « Imprévision et contrats de longue durée : un économiste à l'écoute du juriste », in Mél. Ghestin, Le contrat au début du XXIe siècle, LGDJ, 2001, p. 661, spéc. p. 669.
- **MESTRE J.**, « L'égalité en droit des sociétés, Aspects de droit privé », Rév. Sociétés 1989, p. 399 ; du même auteur : « De quelques annulations de contrats pour illicéité de la cause », RTD civ. 1997, p.115 ; « L'évolution du contrat en droit privé français », in l'évolution contemporaine du droit des contrats, journées H. SAVATIER, PUF, 1986, p. 41 et s., spéc.p. 49 ; « Chronique : obligations et contrats spéciaux », RTD. Civ., 1990, p. 648 ; « D'une exigence de bonne foi à un esprit de collaboration », RTD civ. 1986, p. 101 ; « Recueil d'études sur les droit et UEMOA », vol. I, PUAM, 2010, p. 209 ; « L'ordre public dans les relations économiques », in L'ordre public à la fin du XXème, Dalloz, 1996, p.33 et s.; « Transparence et droit des contrats », in La transparence, RJC 1993, n° spécial, p.77 et s., spéc. p. 84 et 85.
- **MESTRE J. - PAGES B.**, « Portée des clauses de réunion ou de rencontre stipulées en vue de faciliter la renégociation du contrat », RTD civ. 2006, p. 112.

* **MESTRE J. et LAUDE A.**, « L'interprétation "active" du contrat par le juge », in Le juge et l'exécution du contrat, Actes du colloque IDA, 28 mai 1993, PUAM, 1993, p. 9 s. spéc. p. 17.
* **MEUKE B.**, De la suspension des poursuites individuelles dans la procédure de règlement préventif de l'Ohada : le sort de la caution (note à propos de l'ordonnance n°135 /08 du 6 mars 2006 du tribunal de commerce de Bamako : portant atteinte a l'art. 18 al 3., Ohadata D-08-104 et 14 ; De l'intérêt social dans l'AUSCGIE de l'OHADA, Ohadata D-06-24, p. 2 ; L'information des actionnaires minoritaires dans l'Ohada : Réflexion sur l'expertise de gestion, Ohadata D-05-56, p. 3 ; « L'abus de bien sociaux dans l'espace : ce que les patrons ne pourront plus faire », Revue d'information juridique du cabinet d'avocats jurisfist consult, Actualité juridique, économique, fiscale et sociale des activités économiques d'Afrique, 2ème numéro, Mars – Avril 2009, p. 32.
* **MEYER P.**, « L'acte uniforme de l'OHADA sur le droit le droit de l'arbitrage », RDAI, 1999, numéro 6, p. 629 et s.; « La sécurité juridique et judiciaire dans l'espace OHADA », Ohadata D- 06 -50, p.1, n°1 ; « L'Acte Uniforme de l'OHADA sur le droit de l'arbitrage (Organisation pour l'Harmonisation en Afrique du Droit des Affaires) », RDAI n°6, 1999, p. 648, n°44 ; Le droit de l'arbitrage, Programme de formation en ligne avec le soutien du fonds francophone des inforoutes, professeur à l'université de Ouagadougou U.F.R. de sciences juridique et politique, p. 4.
* **MODI KOKO BEBEY H-D**, « La reforme du droit des sociétés commerciales de l'OHADA », Rév. Soc. Avril- juin 2002, p. 255.
* **MOLIÈRE A.**, « La consécration de l'enrichissement injustifié : premiers regards sur le projet d'ordonnances et premières propositions de remaniement », Petites Affiches, n° 96-67 du 14 et 15 Mai 2015, pp. 6 -10.
* **MONETREY S.**, « La procédure est elle un outil de rééquilibrage des intérêts ? », in les déséquilibres économiques et le droit économiques sous la direction scientifique de Laurence Boy, Larcier Droit-économie internationale 2015, p. 101.
* **MONOD F.**, « L'ajustement du prix de souscription à une augmentation de capital par utilisation des bons de souscription d'actions dite clause de ratchet », Dr. Sociétés, Actes Pratiques, 2002/62, p. 3.
* **MONSALLIER M.- C.**, Abus d'égalité : définition et encadrement de la mission du juge au regard des sanctions, JCP G 2010, p.726.

- **MONSERIE M. H**, « Aperçu sur les apports récents de la confrontation du droit des procédures collectives et du droit des obligations », in Prospectives du droit économique, Dialogues avec M. JEANTIN, Dalloz, 1999, p. 429.
- **MOREL M.-A. P.**, « De l'équilibre des prestations dans la conclusion du contrat », Dalloz, 1961, p. 25.
- **MORELON P.**, « Quels sont les dangers de la reforme annoncée du droit des contrats pour les professionnels du conseil et de la rédaction d'acte ? », Droit et Patrimoine, dossier, n° 247, Mai 2015, pp. 52 et s.
- **MORIN G.**, « La désagrégation de la théorie contractuelle du Code », Archives de philosophie du droit, Sirey, numéro spécial, 1940, p.7 et s. spéc. p. 14 ; du même auteur : « Le devoir de coopération dans les contrats internationaux : droit et pratique », DPCI, 1980, t. 6 p. 9 et s.
- **MOULAYE Z., DIABATÉ A. et DOUMBIA Y.**, Gouvernance de la justice au Mali, Gouvernance de la justice au Mali, Bamako, éd., imprim. Color, Novembre 2007.
- **MOULAYE Z.**, Gouvernance démocratique de la sécurité au Mali. Un défi de développement durable, Bamako, édit., Imprim color - Friedrich Ebert Stiftung, 2005.
- **MOUSSERON J.M.**, « Responsable mais pas coupable », - La gestion des risques d'inexécution du contrat, in Mélanges Ch. MOULY, Litec 1998, n°3, p.143 ; du même auteur : « Lexmercatoria- Bonne mauvaise idée ou mauvaise bonne idée ? », Mélanges dédiés à L. BOYER, Toulouse, Université des sciences sociales de Toulouse, 1996, n° 22, p. 488.
- **MUNCK STOFFEL-PH.**, « Le contrôle *a posteriori* de la résiliation unilatérale », Dr. Et patr. 2004, n° 126.
- **MVONDO N.- P.**, « La crise de la justice de l'Etat en Afrique noire francophone – Études des causes du divorce entre la justice et les justiciables », in Revue des droits des pays d'Afrique, n° 824 mai – août 1997, p. 208.
- **N'DIAYE I.-Y.**, Réflexion sur le droit cautionnement, Revue Sénégalaise de droit des Affaires, n°5-6-7-8/ 2005-2006, p. 66 ; du même auteur : « Regards sur quelques décisions rendues en matière d'imprévision », Revue de l'association Sénégalaise de droit Pénal, déc-janv.1996, n° 4 et 5, p.137 et s. ; « L'art de mal légiférer, Propos irrévérencieux sur certains textes de lois », Revue de droit Sénégalais, juillet-décembre 1995, p. 4
- **N'DIAYE M-B.**, « La dévaluation du Franc CFA et les situations contractuelles », Revue Internationale de droit Africain, Octobre-Novembre - Décembre 1995, n° 27, p. 103 et 104.

- **NAMBOJ -J.**, Quelques héritages de la Justice coloniale en Afrique noire, Droit et Société 51/52-2002 p. 336.
- **NARAYAN-FOURMENT H.**, « Le maître des prix : hors du droit de la concurrence, point de salut », D. 2004, Chr., p. 2023 ; du même auteur : L'approche concurrentielle et contractuelle de la détermination du prix (dans les ventes commerciales et les contrats-cadres), PUAM, 2003.
- **NDIAW D.**, « Actes uniformes et Droit pénal des États signataires du Traité de l'OHADA : La difficile émergence d'un droit pénal Communautaire des Affaires dans l'espace », Revue Burkinabé de Droit, 2001, p. 73.
- **NGOUHOUO I.**, Les investissements directs étrangers en Afrique centrale, attractivité et effets économiques, thèse, sc. Éco., Université du sud de Toulon Var, 2008, p. 53.
- **NGWANZA A. - A.**, L'équilibre contractuel dans l'avant projet d'acte uniforme sur le droit des contrats, Rév. dr. unif. 2008, p. 497.
- **NIANE D.-T.**, Redécouvrir la charte du Mandé (XIIIème Siècle) Communication dans le cadre de la table ronde sur les sources africaines des droits fondamentaux – Rencontres du Programme Lascaux « Nourrir le monde : la parole au citoyen », en partenariat avec l'Université Permanente, Nantes le 30 novembre 2012, p. 5.
- **NIANG M.**, Régime des terres et stratégie de développement rural au Sénégal, Annales Africaines, p. 245.
- **NOURISSAT C.**, « L'action de groupe, c'est maintenant (ou presque) », Procédures- Revue mensuelle Lexisnexis jurisclasseur – Mai 2014, p.5, n°5 ; du même auteur : « La violence économique, vice du consentement : beaucoup de bruit pour rien ? D. 2000, Chr., p.369.
- **NSIE E.**, « La sanction de l'inexécution de la vente commerciale, Revue CERDIP, Volume 2, n°1, janvier – juin 2003, p.5, n ° 4.
- **OMMESLAGHE P. V.**, « Les clauses de force majeure et d'imprévision (Harsphip) dans les contrats internationaux », Revue de droit international et de droit comparé 1980, p.7.
- **OPPETIT B.**, « Éthique et vie des affaires », in Mél. A. Colomer, Litec, 1993, p. 319, spéc. p. 323 ; du même auteur : « L'endettement et le droit » aux Mélanges Breton et Derrida, Dalloz, 1991, p. 295 et s.
- **OST F.**, « Temps et contrat, critique du pacte faustien », in La relativité du contrat, Trav. Assoc. Henri Capitant, tome IV, Nantes, 1999, LGDJ, 2000, p. 152.

- **OWONO M.- C.,** « Non conformité et vices cachés dans la vente commerciale en droit uniforme africain », Juris Périodique n° 41, janvier-mars 2000, p. 107-127.
- **PACTEAU B.**, « La sécurité juridique, un principe qui nous manque ? », AJDA 20 juin 1995, n° spécial, p. 151.
- **PAGNERRE Y.**, L'extinction unilatérale des engagements, éd. Panthéon-Assas, LGDJ, 2012, préf. B. Teyssié et J.-M. Olivier, n° 442, p. 479.
- **PAILLUSSEAU J.**, « La modernisation du droit des sociétés commerciales »; D 1996, Chr. p. 289.
- **PAISANT G.,** L'obligation de sécurité et le droit de la consommation, Gaz. Pal, 23 Septembre 1997, p. 1189.
- **PELISSIER J.**, « Droit civil et contrat individuel de travail », Dr. soc. 1988, p.387.
- **PERELMAN C.**, Droit, logique et épistémologie, in Le droit, les sciences humaines et la philosophie, Librairies philosophiques, J. VRIN, 1973, p. 228 ; « Les notions à contenu variable en droit », essai de synthèse, in Le raisonnable et le déraisonnable en droit, LGDJ, Bibliothèque de philosophie du droit, vol.29, 1984, p.132 ; « Le raisonnable », Arch. philo. dr. 1978, pp. 36 et s.
- **PERROT**, « Nouveaux juges, nouveaux pouvoirs ? », Paris, Dalloz, 1996, p.575.
- **PIAZZON T,** La sécurité juridique, thèse Université Panthéon-Assas Paris II, sous la direction de Laurent Leveneur 2006.
- **PICOD Y.**, « L'obligation de coopération dans l'exécution du contrat », JCP G 1988, 3318, n° 2 ; « Le devoir de loyauté dans l'exécution du contrat », JCP, 1988, I, 3318.
- **PIROVANO A.**, « La '' boussole'' de la société : Intérêt commun. Intérêt social. Intérêt de l'entreprise ? » D.1997, chr. p.189.
- **PIZZIO J. -P.**, « La protection des consommateurs par le droit commun des obligations », RTD com. 1999, p. 53.
- **POUGOUE P.-G., NGUEBOU J., TOUKAM, ANOUHAKA F.,** « Commentaire de l'Acte uniforme du 17 avril 1997 relatif au droit des sociétés commerciales et du groupement d'intérêt économique », in Traité et actes uniformes commentés et annotés », 3e éd., 2008, p. 413.
- **PUTMAN E.**, « Kant et théorie du contrat », RRJ. 1996, p. 685 et s.
- **RACHED**, De l'intime conviction du juge, th. Paris, 1942.

- **RADE C.**, « Le solidarisme contractuel en droit du travail : mythe ou réalité ? », in Le solidarisme contractuel, Mythe ou réalité ?, sous la dir. de L. Grynbaum, Economica, 2004, p. 75, spéc. p. 77.
- **REG P.**, « Éloge de l'exégèse », Droits, 1985, p. 115.
- **RÉMY P.**, « La genèse du solidarisme », in Le solidarisme contractuel, dir. L. Grynbaum et M. Nicod, Economica, 2004, p. 3.
- **REVET T.**, « Le projet de reforme et les contrats structurellement déséquilibrés », Recueil Dalloz 2015, p.1217.
- **RICATTE J.**, « La clause dite "du client le plus favorisé" : questions soulevées par son éventuelle mise au point dans un contrat de droit interne français », Gaz. Pal. 24 oct. 1991, p. 601.
- **RICOEUR P.**, « Le juste », éd. Esprit, 1995, p.188.
- **RIPERT G.**, « Le droit de ne pas payer ses dettes », D.H.1936, chr. p. 57.
- **ROCHEFELD J.**, « Les modes temporels d'exécution du contrat », RDC 2004, p. 47.
- **ROGER A**, « La notion d'avantage injustifié », JCP, 1998, 1,102. p. 66.
- **ROLAIN M.**, « Entre contractualisation et sujétions : Le brouillage des pistes dans le traitement des difficultés », Petites Affiches lextenso - éditions, 17 décembre 2014, p.7, n° 251.
- **RONTCHEVSKY N.**, « Droit des sociétés : le mouvement perpétuel », D. 2002, p. 2594.
- **ROUAST A.**, « Le respect des engagements librement consentis et le contrat dirigé », Semaine sociale de France 1938, p. 342.
- **ROUHETTE G.**, « La révision conventionnelle du contrat », R.I.D.C comp., 1986, p. 369 et ss., spéc. n° 3 ; du même auteur : « Droit de la consommation et théorie générale du contrat », in études Rodière, Dalloz, 1981, p.265, spéc., p. 269 ; « La force obligatoire du contrat », Rapport français, in Le contrat aujourd'hui, LGDJ. 1987, t.196, n° 8, p. 27.
- **ROULOT N. - C.**, « L'avant projet de reforme du droit des obligations : une consécration en demi- teinte des obligations essentielles », Revue de recherche juridique - droit prospectif (RRJ), n°119, PUAM, 2007, p. 3.
- **ROUTIER R.** « Les clauses de ratchet en droit des sociétés » Bull July 2002 p. 859.
- **ROYER G.**, Caractérisation et sanction d'un abus d'égalité en droit des sociétés, JCP E 2009, 1844.

- **RUDDEN B.**, « Le domaine du contrat », in Le contrat aujourd'hui sous la dir. de D. Tallon et D. Harris, LGDJ, 1987, p. 125.
- **RUEB R.**, « La lésion dans la vente immobilière, un passé plein d'avenir ? », P. Aff. 4 Mai 1999, n° 88, p.11.
- **SAKO A.,** « La législation communautaire de la concurrence et les mécanismes alternatifs de règlement de règlement des conflits commerciaux », Ohadata D-05-12, pp. 6-13 ; du même auteur : « Une introduction à la compréhension de la justice contractuelle », Nouvelle Annales Africaines de la Faculté des Sciences Juridiques et Politiques, n° 2/08, p. 338.
- **SAVATIER R.**, L'inflation législative et l'indigestion du corps social, D.1977, pp. 43.
- **SAVAUX E.**, « La dilution des catégories », in Forces subversives et forces créatrices en droit des obligations, sous la dir. de G. Pignarre, Dalloz, 2005, p. 33, spéc. p. 37 ; du même auteur : « Solidarisme contractuel et formation du contrat », in Le solidarisme contractuel, Mythe ou réalité ?, sous la dir. de L. Grynbaum, Economica, 2004, p. 43, spéc. p. 49 et s.; « L'introduction de la révision ou de la résiliation pour imprévision – Rapport français », RDC, 2010, p.1057.
- **SAWADOGO F. M.**, « Commentaire de l'acte uniforme du 10 avril 1998 portant organisation des procédures collectives d'apurement du passif », in Traité et actes uniformes commentés et annotés, Juriscope, 2007, p. 877 ; du même auteur : « L'accès à la justice en Afrique francophone : problèmes et perspectives. Le cas du Burkina Faso », Rev. jur. et pol.1995, pp. 167 et s., spéc. 187.
- **SAYEGH J. - I**, « Le droit ivoirien de la concurrence », Ohadata D-06-04, p.1 ; du même auteur : La portée abrogatoire des actes uniformes de l'Ohada sur le droit interne des États-parties paru dans la Revue burkinabé de droit, n° spécial, n° 39-40 ; Réflexions dubitatives sur le droit de l'arbitrage de l'OHADA, ohadata D-02-20, p. 2.
- **SAYEH J.-I.,** Contrats et obligations : juris-classeur 1995 fasc. 69.
- **SCHMIDT D.,** « Les droits de la minorité dans la société anonyme », Sirey, 1970, p. 154 ; du même auteur : Les conflits d'intérêts dans la société anonyme, Pratique des affaires, éd. Joly. 2004, n° 248.
- **SÉRIAUX A.**, « La notion de contrat synallagmatique », in Mél. J. Ghestin, Le contrat au début du XXIe siècle, LGDJ, 2001, p.777 ; du même auteur : « Le futur contractuel », in Le droit et le futur, PUF, 1985, p.77, n° 27 ; « Réflexion sur les délais de grâce », RTD.civ., 1993, p. 797.

- **SERINET Y. - M.**, « chronique de droit des obligations », JCPG 2007, n° 23,1, 161, spéc. n° 1 ; du même auteur ; « Effet de l'anéantissement en cascade d'un ensemble contractuel complexe et invisible », JCPG 2007, n° 46, II, 10184.
- **SEUBE B.**, « Caducité et ensemble contractuel indivisible : timidité jurisprudentielle ou audace doctrinale ? », (un aspect de l'avant projet de reforme du droit des obligations) in Mél. Foyer, Economica, 2007, p.925 ; du même auteur : « La relativité de la distinction des contrats organisation et des contrats échange », in Société et contrat, Journ. soc. avril 2008, n° 53, p. 38.
- **SIDIBÉ I.**, « L'insécurité juridique et ses ambigüités », Annales Africaines, Nouvelle série, numéro spécial, publication CREDILA, 2014, p. 89.
- **SIMLER P.**, Interprétation des contrats, J.-Cl. Contrats et Obligations, art. 1156 à 1164, fasc. 20, 1992, n°16 ; du même auteur : « L'équilibre du contrat en droit du crédit, in Laboratoire de droit privé & de sciences criminelles, Équipe Pierre KAYSER Fédération de recherche, « Droits, pouvoirs et sociétés » sous la direction de Gwendoline LARDEUX, CNRS, n°3076, p.15 et s.
- **SINAY A.**, « Protection ou surprotection au consommateur ? », JCP 1991, I, n° 3804.
- **SMORTO G.**, La justice contractuelle, R.I.D.C. 3-2008, p. 588.
- **SOH FOGNO D. - R.**, « Le contentieux de l'annulation des sentences issues de l'arbitrage traditionnel dans l'espace ohada », Ohadata D- 06 - 27, p. 4.
- **SOH M**, « Insaisissabilités et immunités d'exécution dans la législation OHADA ou le passe-droit de ne pas payer ses dettes », Juridis Périodique n°51, 2002, p.91.
- **SOSSA D.- C.**, La question de l'introduction du principe de l'estoppel en droit communautaire, Revue Penant, n° 883, Avril-Juin 2013, p.145 ; du même auteur : Le système judiciaire en Afrique francophone in la réforme des systèmes de sécurité et de justice en Afrique francophone séminaire organisé du 28 au 29 mai 2009 à Lomé, p.128.
- **STOFFEL-MUNCK P.**, « Regards sur la théorie de l'imprévision, Vers une souplesse contractuelle en droit privé », PUAM, 1994, préf. A. Sériaux, n° 89, p. 64 ; du même auteur : « Autour du consentement et de la violence économique », Revue de droit des contrats, 2006, p. 45 ; « le contrôle a posteriori de la résiliation unilatérale », Dr. Et patr. 2004, n°126.

- **SY D.**, « La condition du juge en Afrique : l'exemple du Sénégal » in Le statut du juge en Afrique, p.347.
- **SZUSKIN. L JUHAN. J-L,** « Quelques clauses originales venues d'ici et d'ailleurs » RLDC suppl. au n° 25. mars 2006- p. 18 et s.
- **TABI TABI G.,** « La remise en cause contemporaine du volontarisme contractuel », Les Cahiers de droit, vol. 53, n°3, 2012, p. 577- 622.
- **TALLON D.**, « La révision du contrat pour imprévision au regard des enseignements su droit comparé », in Études à la mémoire d'Alain SAYAG, Litec, 1997, p. 410.
- **TCHANTCHOU H. et NDZUENKEU A., «** L'exécution provisoire à l'ère de l'OHADA », in RTDA, Janvier – Mars 2005, n° 850, p. 46.
- **TEMPLE H.**, « Quel droit de la consommation pour l'Afrique : une analyse critique du projet d'acte uniforme sur le droit de la consommation », ohadata D- 05 -26, p.3.
- **TENDLER R.**, « Indexation et ordre public », D. 1977. 245.
- **TENIER**, La règle du droit de la faillite et le sort économique des entreprises en difficulté, RTD com. 1985, p. 570.
- **TERRÉ F.,** « Inestimable Code civil », in 1804-2004, Code civil, un passé, un présent, un avenir, Dalloz, 2004 ; « L'inutile et l'injuste », in Le contrat au début du XXIe siècle, études offertes à Jacques Ghestin, LGDJ, 2001, p. 865 et 867 ; « Le doute et le droit : synthèse », in "Le doute et le Droit", Dalloz 1994, Coll. Philo du Droit, p.1.
- **THIAM S.**, « Une vieille habitude malheureuse de la procédure pénale sénégalaise de la légalité a la transgression de la personne humaine », Annales Africaines, Nouvelle Série, volume 2, Décembre 2014, CREDILA, p. 255.
- **THIBIERGE C**, « Le droit souple. Réflexion sur les textures du droit », RTD civ. 2003, p. 611.
- **THIBIERGE L.**, « Le traitement du déséquilibre économique par le droit commun des contrats », Actes du Séminaire organisé par le Centre de Droit Civil, des Affaires et du Contentieux Economique sous la direction de Manuella Bourassin et Janine Revel, 2013, p. 233.
- **THIBIERGE-GUELFUCCI**, « Libres propos sur la transformation du droit des contrats », Rév. Trim. dr. civ. 1997, p. 376.
- **THIERRY R.**, « Le projet de reforme et les contrats structurellement déséquilibrés », Recueil Dalloz, 2015, p.1217.
- **TIGER P.**, Que sais-je ? « Le droit des affaires en Afrique - OHADA ». Ed. PUF, nov. 1999, p. 2.

- **TOURNAFOND O.**, « Les mauvais penchants de la reforme du droit des contrats », Droit et Patrimoine, Dossier, n° 247, Mai 2015, pp. 50-51.
- **TOURNEAU Ph. et LEROY M.**, « La distinction des obligations de moyens et des obligations de résultat et l'obligation de sécurité », J-CL Civ, 2002, art. 1136 à 1145, fisc. 30.
- **TOURNEAU Ph.**, « Quelques aspects de l'évolution du droit des contrats », Mélanges offertes à Pierre Raynaud, Dalloz – Sirey 1985, pp. 349 et s. et n° 4, p. 351 ; du même auteur : « Responsabilité des vendeurs et des fabricants », Dalloz, 2001, n° 257, p. 58.
- **TRAMIER D.**, « L'équilibre dans les conventions d'honoraires d'avocat », in Laboratoire de droit privé & de sciences criminelles, Équipe Pierre KAYSER ,Fédération de recherche, « Droits, pouvoirs et sociétés », CNRS n°3076 sous la direction de Gwendoline LARDEUX, PUAM, 2012, p. 42 à 56.
- **TRAORE S.,** « Droit coutumier et coutumes, Réflexions sur le langage du juriste des institutions traditionnelles africaines (quelques exemples de concepts tirés du droit Soninké du Gajaaga-Sénégal) », Annales Africaines, Revue de droit, d'économies et de gestion de la faculté des sciences juridiques et économiques de l'université Cheikh Anta Diop de Dakar, 1999 -1990-1991, p. 47.
- **TRASBOT A., «** La dévaluation monétaire et les contrats de droit privé », in le droit Privé Français au milieu du XX ème, Études offertes à Georges RIPERT, tome III, p. 160, LGDJ 1950, p.162.
- **TREILLARD J.**, « La violence comme vice du consentement en droit comparé », in Mélanges offerts à marcel Laborde-Lacoste, Bordeaux, éd. Bière, 1963, p.419, n°1.
- **TRICOT D.**, « Abus de droits dans les sociétés, abus de majorité et abus de minorité », RTD. com., 1994, p. 618.
- **TRIGEAUD J.-M.,** « Justice et fidélité dans les contrats », Archives de philosophie du droit, tome 28, Sirey 1983, p. 215.
- **TSKADI A. –A.,** « De la compétence exclusive de l'union en droit de la concurrence dans l'espace UEMOA », Penant 873, p. 478.
- **TUNC A.,** « Le droit en miette », APD, 1977, p. 31 et s.
- **VAN OMMESLAGHE P.**, « Les clauses de force majeure et d'imprévision (Harsphip) dans les contrats internationaux », Revue de droit international et de droit comparé 1980, p.7.
- **VIGNAL M. -M.,** « Droit de la concurrence et droit des contrats », D. 1995, Chron. p. 51 ; du même auteur : « Faut-il avoir peur du déséquilibre significatif », Revues juris-classeur, contrats concurrence

consommation, n° 9, Juillet 2015, p. 7 ; « Solidarisme, distribution et concurrence », in Le solidarisme contractuel, Mythe ou réalité ?, sous la dir. de L. Grynbaum, Economica, 2004, p. 95, spéc. p. 104 ; Droit interne de la concurrence, éd. Armand Colin 1996, spéc., n° 260, p. 196.

- **VIGNAL N.**, « La vie du lien contractuel », Lamy droit civil, droit des contrats, 1999, n° 405-49.
- **VIGNAL**, « Droit de la concurrence et droit des contrats », D. 1995, Chron. p. 51.
- **VILLEY M.**, « Préface historique à l'étude des notions de contrat », Archives de Philosophie du Droit, T. XVIII, Sirey, 1968, p. 1 et s. ; du même auteur : « Essor et décadence du volontarisme juridique », in Archives de philosophie du droit, 1957, Le rôle de la volonté dans le droit, p. 92.
- **VIVANT M.**, « La privatisation de l'information par la propriété intellectuelle », Revue internationale de droit économique, 2006/4 t. XX, 4, p. 361-388.
- **VOGEL L.**, Droit de la concurrence et concentration économique, Economica 1988, n° 102 et s.
- **WEILLER L.**, « Processualisation et force obligatoire du contrat », in Regards comparatistes sur le phénomène contractuel, PUAM, 2009, p. 157, spéc. p. 167.
- **WESTER-OUISSE V.**, « La caducité en matière contractuelle : une notion à réinventer », JCP, 2001, I , 209.
- **WICKER G.**, « Force obligatoire et contenu du contrat », in Les concepts contractuels français à l'heure des principes du droit européen des contrats, sous la dir. de P. Remy-Corlay et D. Fenouillet, Dalloz, 2003, p.151, spéc. p.173 ; du même auteur : « La suppression de la cause et les solutions alternatives », in La réforme du droit des obligations en France, 5ème Journées franco-allemandes, Société de législation comparée, 2015, p. 107 s. ; « La suppression de la cause par le projet d'ordonnance : la chose sans le mot ? », Recueil Dalloz 2015 p.1557.
- **WIEDERKEHR G.**, « Qu'est ce qu'un juge ? », in Mélanges en l'honneur de Roger PERROT, Nouveaux juges, nouveaux pouvoirs ? , Paris, Dalloz, 1996, p. 575.
- **XAVIER L. – F.**, « Réflexions sur l'impécuniosité », Petites Affiches, lextenso - éditions 20 juin 2014, n°123, p. 7.
- **YAO E. K.**, « Uniformisation et droit pénal : esquisse d'un droit des affaires pénales en droit », Rév. Penant 2011, n° 876, p. 301.

- **ZENATI F.**, « Le juge et l'équité », Annales de la faculté de droit de Lyon, Lyon L'hermès, 1985, n° 10, p. 93-94.
- **ZUSKIN. L S JUHAN J.-L.**, « La clause dite de benhmarking dans les contrats de prestation de services ou comment rendre un contrat compétitif », RLDC, 2004/11, n° 434.

IV- RAPPORTS, SEMINAIRES ET COMMUNICATIONS

- **BA. M. - A**, « La coopération un juge étatique dans le déroulement de la procédure arbitrale », Séminaire international sur le nouveau droit de l'arbitrage dans l'espace OHADA organisé du 10 au 12 Aout 2000, p. 4.
- **BENABENT A.**, Intervention au colloque de la Revue des consacré aux « prévisions contractuelles à l'épreuve de la crise économique », Paris, 22 octobre 2009 ; du même auteur : « La bonne foi dans l'exécution du contrat », « Rapport français », in Travaux de L'Association Capitant, Journées Louisianaises, La bonne foi, T. XLIII, Litec, 1992, p.291 ; « La dans les relations contractuelles entre particuliers, dans l'exécution du contrat. Rapport français », in La bonne foi, Travaux Assoc. Henri Capitant, 1992, p. 293.
- **CALAIS – AULEY J.**, L'influence du droit de consommation sur le droit civil des contrats, in Droit du marché et droit commun des obligations, Colloque des 24 et 24 oct. 1997 organisé par le centre de droit de la concurrence de l'université de Perpignan et le centre de droit de la consommation de l'université de Montpellier I.
- **DANKERS-HANGENAARS D.**, « Rapport néerlandais sur le contrat et les sources de la notion de bonne foi dans l'exécution du contrat'', in La bonne foi, Travaux de l'association Capitant 1992, Litec, p. 317.
- **JESTAZ P.**, « Rapport de synthèse, Quel contrat pour demain ? », in La nouvelle crise du contrat, sous la dir. de C. Jamin et D. Mazeaud, Dalloz, 2003, p. 243, spéc. p. 246.
- **MASSE C.**, La bonne foi dans les relations entre particuliers - dans l'exécution du contrat -Rapport Général, Travaux Asso. Henri Capitant, T. XLIII, 1992, "La Bonne foi", Litec 1994, p. 217.
- **MAZEAUD D.**, « Rapport de synthèse », in « Constat sur le contrat, sa vie, son droit », extrait du 94ème Congrès des Notaires de France à Lyon intitulé : ''Le contrat : liberté contractuelle et sécurité juridique'', Les Petites Affiches, 6 mai 1998, p. 8 à 13, spéc. p. 9.

- **M'BAYE M.-N.**, Séminaire de formation sur : « Le droit et le contentieux de la concurrence », Dakar, CFJ, du 12 au 14 août 2013, p. 5.
- **MBIKAYI K.**, La confirmation des principes de bonne foi et de loyauté dans l'avant-projet d'Acte uniforme OHADA sur le droit des contrats lors du Colloque de Ouagadougou sur "L'harmonisation du droit OHADA des contrats" tenu à Ouagadougou (Burkina Faso) du 15 au 17 novembre 2007, p. 2.
- **MESTRE J.**, « Rapport introductif », in Durée et Contrat, RDC 2004, n° spécial, LGDJ, p.7 ; Rapport de synthèse, « Les clauses abusives entre professionnels », actes du colloque organisé à Lille le 23 mai 1997, Economica 1998, coll. Études juridiques sous la direction de C. Jamin et D. Mazeaud, p.157 et s., spéc, p. 159 ; « Regards contractuels sur l'Ohada », Actes du colloque sur la sécurisation des investissements des entreprises en Afrique Francophone : « Le droit OHADA », organisé par le centre de droit économique de l'université Paul – Cézanne d'Aix en Provence le 20 Mars 2009, Ohadata D -10-14 p. 1.
- **PAISANT G.**, « Rapport introductif », sur le Colloque de Chambéry « Que reste t-il de l'intangibilité du contrat ? » , Droit et patrimoine, mars 1998, p. 41 à 45, spéc. p. 42.
- **PIZZIO J. -P.**, « L'exigence de loyauté dans les rapports de consommation », in "Après le code de la consommation, grands problèmes choisis", Colloque de Reims, Litec 1995, p. 60 et s.
- **SAKO A.**, Séminaire International sur le Droit de l'Arbitrage Abidjan du 10 au 12 Août 2000, p.11, n°4 ; L'Acte uniforme sur l'arbitrage, thème n° 6 de la première session de formation des formateurs de l'École Supérieure Régionale de la Magistrature (E.R.SU.MA), p. 26.
- **TERRÉ F.**, « Rapport introductif », in L'ordre public à la fin du XXème siècle, Dalloz 1996, p. 3.

V- JURISPRUDENCE

- Arrêt n° 232 de la deuxième chambre civile de la section judiciaire de la Cour suprême du Mali – pourvoi n° 46 du 17 février 1999 ; Arrêt n° 259 de la 2ème chambre civile de la Cour suprême du Mali du 29 Septembre 2003 – pourvoi n° 36 du 28 Janvier 2002 ; Arrêt n ° 149 de la 2ème chambre civile de section judiciaire de la Cour suprême du 22 Aout 2006 - pourvoi n°297 du 04 février 2006 ; Arrêt n ° 167 de la 2ème chambre civile de section judiciaire de la Cour suprême du 15 novembre 2004 - pourvoi n°253 du 14 Aout 2003 ; Arrêt n° 200 de la 2ème chambre civile de section judiciaire de la Cour suprême du 26 décembre 2006 - pourvoi n°76 du 22 Avril 2006 ; Arrêt n ° 61 de la

1ère chambre civile de section judiciaire de la Cour suprême du 06 décembre 1998 - pourvoi n°115 du 04 février 1997 ; Arrêt n °046 de la 1ère chambre civile de section judiciaire de la Cour suprême du 18 Mars 2002 - pourvoi n°03 du 28 Aout 2000 ; Arrêt n °107 de la 2ème chambre civile de la section judiciaire de la Cour suprême du 28 Avril 2003 - pourvoi n°367 et 380 ; Arrêt n °208 de la 2ème chambre civile de la section judiciaire de la Cour suprême du 23 Septembre 2002 - pourvoi n°19 du 30 janvier ; Arrêt n °232 de la 2ème chambre civile de la section judiciaire de la Cour suprême du 26 décembre 2001 - pourvoi n°46 du 14 février ; Arrêt n °37 de la 2ème chambre civile de la section judiciaire de la Cour suprême du 24 Février 1998 - pourvoi n° 94 du 13 Avril 1995 ; Arrêt n °387 de la 2ème chambre civile de section judiciaire de la Cour suprême du 24 décembre 1998 ; Arrêt n° 102 de la 1ère chambre civile de la section judiciaire du 18 Mai 1998 de la Cour suprême Mali – pourvoi n° 13 du 17 janvier 1997 ; Arrêt n° 149 de la 2ème chambre civile de la section judiciaire de la Cour suprême du 22 Aout 2006 ; Arrêt n° 152 de la 2ème chambre civile de section judiciaire de la Cour suprême du 25 Octobre 2004 ; Arrêt n° 167 de la 2ème chambre civile de la section judiciaire de la Cour suprême du Mali du 15 Novembre 2004 – pourvoi n° 253 du 14 Aout 2003 ; Arrêt n° 200 de 2ème chambre civile de la section judiciaire de la Cour suprême du Mali du 26 décembre 2006 – pourvoi n°76 du 22 Avril 2005 ; Arrêt n° 208 de la 2ème chambre civile de section judiciaire de la Cour suprême du 23 septembre 2002 – pourvoi n° 19 du 30 janvier 2001 ; Arrêt n° 212 de la 2ème chambre civile de section judiciaire de la Cour suprême du 8 octobre 2007 – pourvoi n°454 du 22 novembre 2002 ; Arrêt n° 259 de la 2ème chambre civile de la Cour suprême du Mali du 29 Septembre 2003 – pourvoi n° 36 du 28 Janvier 2002 ; Arrêt n° 33 de la 2ème chambre civile de la section judiciaire de la Cour suprême du 21 février 2002 – pourvoi n° 36 du 13 janvier 1999 ; Arrêt n° 387 de la 2ème chambre civile de la section judiciaire de la Cour suprême du 24 novembre 1998 ; Arrêt n° 46 de chambre civile du 18 Mars 2002 de 1ère civile de la Cour suprême du Mali – pourvoi n° 3 du 28 Aout 2000 ; Arrêt n° 61 du 06 Avril 1998 de la 1ère chambre civile de la section judiciaire de la Cour suprême du Mali – pourvoi n° 115 du 04 juin 1997 ; Arrêt n° 83 de la 2ème chambre civile de section judiciaire de la Cour suprême du 18 avril 2000 – pourvoi n° 28 du 20 juin 1999 ; Arrêt n°191 de la 2ème chambre civile de section judiciaire de la Cour suprême du 30 novembre 2006.

- Arrêt n° 032/C du 18 février 2011 de la Cour d'appel du littoral, J-14-20 ; Arrêt n° 057 / c de la Cour d'appel du littoral du 15 mars 2013,

Arrêt n° 168 de la Cour d'appel du littoral du 05 novembre 2012, J-14-18.

- Arrêt n° 207 de la chambre civile de la section de la Cour suprême de la Cote d'ivoire du 14 avril 2005 ; Arrêt n° 683 de Cour d'appel d'Abidjan du 30 mai 2000, J-02-142.
- Arrêt n° 228 de la chambre commerciale et civile de la Cour d'appel de Dakar, J-03-271.
- Arrêt n° 100 de la Cour d'appel de Ouagadougou du 19 juin 2009 sur appel du jugement n° 906/2007 du 28 novembre 2007 Ohadata J-10-208.
- Arrêt n° 36 de Chambre civile de la Cour d'appel de Niamey du 30 avril 2003, J-03-26.
- CCJA arrêt n°18/2003 du 19 oct 2003 ; société AFROCOM contre caisse de stabilisation et soutien des prix des productions agricoles dite CSSPA-www.OHADA.com. Le Juris OHADA n° 4, 2003, P. 10 ; CCJA le 16 mai 2008 sous le n° 037/2008/PC formé par Monsieur A dans la cause qui l'oppose à Monsieur F en cassation de l'arrêt n° 14/08 du 11 janvier 2008 rendu par la Cour d'appel d'Abidjan ; CCJA 17 juillet 2012 sous le n°007/2012/ARB. Sources : Le journal ' L'Indépendant' en date du 08 Janvier 2014 sous le titre ' La Cour commune de justice et d'arbitrage de l'Ohada tranche dans l'affaire Huicoma ; Cour commune de justice et d'arbitrage, avis n° 2/99/EP du 13 Octobre 1999, Recueil de jurisprudence de la CCJA, n° spécial, janvier 2003, p. 71, J-02-98.
- Jugement du tribunal Régional de Thiès du 21 Mars 2002, J- 03-36 ; Jugement n° 2533 du tribunal Régional hors classe de Dakar du 24 novembre 2004, J- 05- 129.
- Jugement n° 060 du tribunal de commerce de Brazzaville du 20 Septembre 2011 ; Jugement n° RCE. 3140 du tribunal de commerce de Kinshasa du 22 octobre 2013, Ohadata J-14-27 ; T.P.I de Dakar n° 264 du 14 Février 1970 N'DIAYE / DIOP Sandicoly ; Trib. Rég. 11.04.1994. Cour d'appel de Dakar 29 juillet 1994 ; Trib. Rég. Dakar, 1er Février 1994. Cour d'appel de Dakar 8 Avril 1994.
- Jugement n° 236 du tribunal de grande instance de Ouagadougou du 14 mai 2003, Ohadata J-04-243.
- Jugement n° 172 du tribunal de commerce de Bamako du 27 Février 2013 ; Jugement n° 405 du tribunal de commerce de Bamako du 29 Mai 2013 ; Jugement n° 578 du tribunal de commerce Bamako du 28 Août 2013 ; Jugement n°518 du tribunal de commerce de Bamako du 31 Octobre 2012 ; Jugement n° 172 du 27 février 2013 du tribunal de commerce de Bamako.

- Ordonnance de Référé n° 13/03- ICB de la première chambre civile du tribunal de première instance de Cotonou, J -10-04.
- Ordonnance des référés n°123/13 du tribunal de commerce de Bamako du 23 juin 2013 ; Ordonnance des référés n°189/13 du tribunal de commerce de Bamako du 17 décembre 2013.
- Jugement civil n° 96 du 26 mars 2003 du Tribunal Régional de Niamey, Abass Hammoud c/ Jacques Claudée LACOUR, Ohadata, J-04-78.
- Cass.Civ. 3ème, 4 juillet 2007, Bull. Civ. III, n° 124, CCC 2007, obs. L. LEVENEUR ; Defr. 2007, p. 1535, note Y. DAGORNE-LABBE, et p.1737, note E. SAVAUX.
- Civ. 6 mars 1876 DP. 1876, 1, 193 note GIBOULOT ; S. 1876, 1, 161 ; 8 mai 1933 DH. 1933, 395.
- Cass. com., 8 mars 2005, D. 2005, p. 839, obs. A. LIENHARD ; JCP E 2005, 1046, n° 9, obs. J.-J. CAUSSAIN, Fl. DEBOISSY et G. WICKER.
- Cass. Civ. 1, 7 nov. 1984, Bull. civ. I, n° 91, p. 74 ; Rév. Trim. Dr. Civ. 1985, p. 174, obs. J. MESTRE
- Cass. Civ. 1, 6 juin 1984, J.C.P. 1985, II, 20471, note J.-Ph. LÉVY.
- Cass. Civ. 1, 9 janv. 1974, J.C.P. 1974, II, 17806, note J.-Ph, cass. Civ. 3, 16 juill. 1974, D. 1974, jur., p. 681, note Ph. MALAURIE.
- Cass. Civ. 3, 15 fév. 1972, J.C.P. 1972, II, 17094, note J.-Ph. LÉVY.
- Cass. Civ. 3, 17 juill, D. 1973, jur., p. 238, note Ph. MALAURIE.
- Cass.civ. 3, 6 juin 1972, D. 1973, jur., p. 151, note Ph. MALAURIE.
- Com.7 janvier 1975, D.1975.jur.516, note Ph. MALAURIE, JCP.1975.II.18167, note J. GHESTIN.
- Civ.3ème 15 février 1972, D.1973.jur.417, note J. GHESTIN, RTD, Civ. 1972. 616 obs. G. CORNU, J.C.P. 1972.II.17094 note J. Ph. LEVY.
- Civ. 3ème, 5 janvier 1983, Bull. III, n°5, RTD com. 1984, p. 71, note M. PÉDAMON.
- Cass.3ème civ.15 févr.1972, n° 70-13.280, Bull. civ. III, no 100, JCP G 1972, II, n° 17094, obs. LÉVY
- Paris, 1er fév. 1991, D. 1991, somm. Comm., p. 363, obs. L. ROZÈS.
- Cass. Civ. 3, 6 janv. 1993, Bull. civ. III, n° 3, p. 2 ; DEFRÉNOIS 1993, art. 35458, p. 225, note J. DERRUPPÉ ; Rev. Trim. Dr. Civ. 1993, p. 379, obs. P.-Y. GAUTIER ; rév. Trim. Dr. Com. 1993, p.

295, obs. M. PÉDAMON ; D. 1994, somm. Comm., p. 49, obs. L. ROZÈS.

- T.G.I. Soissons, 5 janv. 1966, D. 1967, jur., p. 704, note B. EDELMAN ; Cass. Civ. 3, 24 juin 1971, J.C.P. 1972, II, 17191 note J. GHESTIN.
- Cass. Civ. 3, 13 fév. 1969, Bull. civ. III, n° 134, p. 102; J.C.P. 1969, II, 15942, note J.-Ph. LÉVY; Rev. Trim. Dr. Civ. 1971, p. 627, obs. Y. LOUSSOUARN.
- Civ.3e 13 février 1969, JCP éd. G.1969.II 15942, note J.- PH. LEVY.
- Cass. Com., 3 nov. 1988, Bull. civ. IV, n° 287, p. 196; D. 1988, jur., p. 93, note Ph. MALAURIE; Rev. Trim. Dr. Civ. 1989, p. 301, obs. J. MESTRE.
- Cass. Com., 3 nov. 1988, D. 1989, p. 93, note Ph. MALAURIE.
- Cass. Com. 16 nov. 2004, n° 02-15202, JCP éd. E, 2005.II.1441, note J. STOUFFLET et S. DUROX ; RTD Civ. 2006.117, obs. J. MESTRE et B. FAGES.
- Com., 3 Novembre 1992, Bull. civ. IV, n° 241, p. 325; R.T.D. Civ. 1993, n° 7, p. 124, obs. J. MESTRE; J.C.P.1993, II, 22164 note G. VIRASSAMY.
- Com., 4 décembre 1998, R.T.D. Civ .1999, n°10, p.98, obs. J. MESTRE ; Rép. DÉFRENOIS 1999, art. 36953, n°1516 p. 371, obs. D. MAZEAUD ; J.C.P. 1999, I, 143, n° 2, obs. Ch. JAMIN : Contrats-Conc- Consom, 1999, n° 56, p.14, obs. M. MALAURIE- VIGNAL ; R.T.D. Civ. 1999, n°3, p. 646, obs. P.- Y. GAUTIER ; J.C.P. 1999, II, note Y. PICOD.
- Cass. com., 22 oct. 1996, Contrats, conc., consomm.,1997, comm. n° 24, obs. L. LEVENEUR ; D. 1997, 121, note A. SÉRIAUX, somm. comm., 175, obs. P. DELEBECQUE ; Defrénois, 1997, 333, obs. D. MAZEAUD ; JCP 1997.I.4002, obs. M. FABRE-MAGNAN et 4025, obs. G. VINEY et II. 22881, obs. D. COHEN ; RTD. civ. 1997, 418, obs. J. MESTRE. p. 379.
- Cass. com. 17 juin 1997 J.C.P. éd. G., 1998, I, 103 obs. Ph. SIMLER et Ph. DELEBECQUE ; J.C.P. éd. E., 1997, 1007, note D. LEGEAIS.
- Com. 15 janvier 2002, Dalloz, 2002, p. 1974 à 1979, note Ph. STOFFEL-MUNCK, spéc.p.1978-1979, n° 16.
- Civ.3e 22 janv. 1997, Bull. n°16; D. 1998, somm., 105, obs. PIÈDELIÈVRE.
- Civ. 3e 20 déc. 2000, Bull. n° 200; Bull. Joly 2001, p.305, obs. Le NABASQUE.

- Versailles, 30 sept. 1993, Dr. Sociétés 1994, n°29. Pour une cession de fonds de commerce ; Cass. com. 10 déc. 2002, RJDA 2003, n°521 ; RTD com. 2004, p.813, obs. MARTIN-SERF.
- Pau, 10 nov. 1992, Rév. Proc.Coll.1995, 448, obs. LEMISTRE.
- Cass. com. 26 juin 2001, Rév. Proc. Coll. 2002, 275, obs. BLANC.
- Cass. civ. 1re 3 juin 2003, Bull. n°136 ; D. 2003, 2655, note MARLY.
- CE 30 mars 1916, D. 1916, 3, 25, S. 1916, 3, 17, note HAURIOU.
- Cass. com., 3 Novembre 1992, Arrêt Huard, RTD civ. 1993, p. 124, obs. J. MESTRE.
- Com., 24 nov. 1998, Arrêt Chavassus-Marche, JCP 1998, I, 143, obs. Ch. JAMIN ; Defrénois 1999, 371, obs. D. MAZEAUD.
- Cass. civ. 3e 28 mai 2002, Dr. Et Patr. 2002, n°3161, obs. CHAUVEL ; Paris, 8 nov. 2002, Dr. Sociétés 2003, n°66, obs. F.-X. LUCAS.
- Cass. com. 27 févr. 1996, Bull. n°65 ; JCP 1996, II, 22665, note GHESTIN.
- Cass. civ. 1re 3 mai 2000, Bull. n°140, obs. LEVENEUR ; D. 2002, 928, obs. TOURNAFOND ; obs. CHAUVEL ; JCP 2000, art. 37237, p.1110, n°64, obs. LOISEAU.
- Cass. civ. 3e 28 mai 2002, Dr. Et Patr. 2002, n°3161, obs. CHAUVEL ; Paris, 8 nov. 2002, Dr. Sociétés 2003, n°66, obs. F.-X. LUCAS.
- Paris, 12 janv. 200, D. 2001, 2067, note FADEUILHE ; JCP 200, II, 10433, note PIERRE.
- Civ. 1re, 1er juill. 1997, n° 95-15.642, Bull. civ. I, n° 224; D. 1998. 32, note L. AYNÈS, et 110, obs. D. MAZEAUD.
- Com. 15 juin 1999, n° 97-12.093, JCP 2000. I. 215, obs. A. CONSTANTIN ; 15 févr. 2000, n° 97-19.793, Bull. civ. IV, n° 29 ; D. 2000. 364, obs. P. DELEBECQUE ; RTD civ. 2000. 325, obs. J. MESTRE ET B. FAGES ; JCP 2000. I. 272, obs. A. CONSTANTIN.
- Com. 22 oct. 1996, n° 93-18.632, Bull. civ. IV, n° 261; D. 1997. 121, note A. SÉRIAUX, 145, chron. C. LARROUMET, et 175, obs. P. DELEBECQUE ; RTD civ. 1997. 418, obs. J. MESTRE, et 1998. 213, obs. N. MOLFESSIS ; RTD com. 1997. 319, obs. B. BOULOC ; JCP 1997. II. 22881, note D. COHEN.
- Com. 14 oct. 1997, n° 95-14.285, D. 1998. 333, obs. D. FERRIER; 8 févr. 2005, n° 03-10.749, Bull. civ. IV, n° 21; D. 2005. 639, 1085, chron. T. LAMBERT, 2836, obs. S. AMRANI-MEKKI et B. FAUVARQUE-COSSON, et 2006. 512, obs. D. FERRIER ; RTD com. 2005. 825, obs. B. BOULOC.

- Com. 23 oct. 2012, n° 11-23.376, Bull. civ. IV, n° 190 ; D. 2013. 686, note D. MAZEAUD, et 391, obs. S. AMRANI-MEKKI ET M. MEKKI ; Rev. sociétés 2013. 160, note A. REYGROBELLET ; RTD civ. 2013. 112, obs. B. FAGES ; RDC 2013. 1321, note T. GENICON.
- Com. 9 juin 2009, n° 08-11.420, RTD civ. 2009. 719, obs. B. FAGES.
- Com. 18 mars 2014, n° 12-29.453, D. 2014. 1915, note D. MAZEAUD, et 2015. 529, obs. S. AMRANI-MEKKI ET M. MEKKI ; AJCA 2014. 78, obs. J. DUBARRY ; RTD civ. 2014. 884, obs. H. BARBIER ; RDC 2014. 345, note Y.-M. LAITHIER.
- Civ. 1re, 3 juill. 1996, n° 94-14.800, Bull. civ. I, n° 28; D. 1997. 500, note P. REIGNÉ; RTD civ. 1996. 901, obs. J. MESTRE; RTD com. 1997. 308, obs. B. BOULOC; JCP 1997. I. 4015, obs. F. LABARTHE.
- Cass. Com., 5 juin 2007 ; D. 2007, 1723, ob. X. DELPECH ; JCP 2007, II, 10184 et note Y.-M. SERINET ; Dr. Et patrimoine 2007, 89, obs. L. AYNÈS et Ph. STOFFEL –MUNCK ; RTD, civ. 2007, 569, obs. B. FAGES.
- Cass.civ. 3e, 23 juin 1996, Defr. 1996, p. 1359, obs. Ph. DELEBECQUE ; cass. Civ. 3e, 13 juillet 1999, Bull. civ.III, n° 179, Defr. 1999, article 37079, p. 1332, obs. D. MAZEAUD.
- Civ. 3e, 13 octobre 1999, Mulac c/Gaugain, JCPG 2000, n° 24, I, 237, obs. J. ROCHFELD.

VI- WEBOGRAPHIE

- www.droit-afrique.com: informations textuelles et jurisprudentielles sur le droit africain, date de dernière consultation, 11/01/2015.
- www.legifrance.gouv.fr date de dernière consultation, 30 Décembre 2015.
- www.ohada.com: textes, jurisprudence et doctrine sur le droit OHADA, date de dernière consultation, 14 juillet 2015.
- www.uemoa.org: informations institutionnelles et textuelles sur l'UEMOA, date de dernière consultation, 22 Septembre 2015.
- http://www.erudit.org/apropos/utilisation.html, date de dernière consultation, 24 Décembre 2015.

INDEX ALPHABÉTIQUE

(Les chiffres renvoient aux numéros des paragraphes)

TABLE DES MATIERES

Structures éditoriales du groupe L'Harmattan

L'Harmattan Italie
Via degli Artisti, 15
10124 Torino
harmattan.italia@gmail.com

L'Harmattan Hongrie
Kossuth l. u. 14-16.
1053 Budapest
harmattan@harmattan.hu

L'Harmattan Sénégal
10 VDN en face Mermoz
BP 45034 Dakar-Fann
senharmattan@gmail.com

L'Harmattan Cameroun
TSINGA/FECAFOOT
BP 11486 Yaoundé
inkoukam@gmail.com

L'Harmattan Burkina Faso
Achille Somé – tengnule@hotmail.fr

L'Harmattan Guinée
Almamya, rue KA 028 OKB Agency
BP 3470 Conakry
harmattanguinee@yahoo.fr

L'Harmattan RDC
185, avenue Nyangwe
Commune de Lingwala – Kinshasa
matangilamusadila@yahoo.fr

L'Harmattan Congo
67, boulevard Denis-Sassou-N'Guesso
BP 2874 Brazzaville
harmattan.congo@yahoo.fr

L'Harmattan Mali
ACI 2000 - Immeuble Mgr Jean Marie Cisse
Bureau 10
BP 145 Bamako-Mali
mali@harmattan.fr

L'Harmattan Togo
Djidjole – Lomé
Maison Amela
face EPP BATOME
ddamela@aol.com

L'Harmattan Côte d'Ivoire
Résidence Karl – Cité des Arts
Abidjan-Cocody
03 BP 1588 Abidjan
espace_harmattan.ci@hotmail.fr

Nos librairies en France

Librairie internationale
16, rue des Écoles
75005 Paris
librairie.internationale@harmattan.fr
01 40 46 79 11
www.librairieharmattan.com

Librairie des savoirs
21, rue des Écoles
75005 Paris
librairie.sh@harmattan.fr
01 46 34 13 71
www.librairieharmattansh.com

Librairie Le Lucernaire
53, rue Notre-Dame-des-Champs
75006 Paris
librairie@lucernaire.fr
01 42 22 67 13

www.ingramcontent.com/pod-product-compliance
Lightning Source LLC
LaVergne TN
LVHW011224061026
849535LV00001BA/170
9782343191041